추천사 1

최근 한국 교회는 자유주의 성경해석의 급격한 증가세로 개혁주의적인 성경관과 성경해석의 심각한 위기에 처해 있다. 이러한 시점에 성경은 정확무오한 하나님의 말씀이라는 개혁주의적이며 보수적인 성경관에 따라 언약과 메시아 중심의 구약신학 교재가 출판되는 것을 기쁘게 여긴다.

이 책은 구약정경의 시작부터 구약신학 특히 언약신학의 주제와 원리를 요약하고 다시 구약성경을 창조언약과 구속언약으로 구분하여 하나님의 창조역사와 보존 및 섭리를 다루었다. 마지막으로 구속언약의 주제 아래 창세기부터 말라기까지 구약 전체 속에 담겨 있는 메시아(그리스도)를 이해하려고 노력한 점이 특히 돋보인다.

이 책의 가장 큰 특징은 신학 위에 성경을 놓는 방법이 아니라, 성경이 성경을 해석하는 개혁주의자들의 성경해석의 원리 아래 모형론적이며 예표론적 해석에 충실히 하려고 노력한 점이다. 지금 한국 교회는 성경으로 돌아가는 제2의 개혁 시대로 접어들었다. 이러한 시대 상황에 어렵고 딱딱하게만 느껴지는 구약성경의 본문을 성경신학적 입장에서 그 핵심을 이해하기 쉽고 명확하게 정리해 놓은 것도 이 책의 큰 장점이다. 그리스도와 성경을 사랑하는 모든 분과 특히 신학생들과 목회자들에게 이 책을 기쁘게 추천하는 바이다.

고(故) 김 의 환 박사
전(前) 칼빈대학교 총장
전(前) 총신대학교 총장

추천사 2

이 책은 구약 전체를 성경의 주제인 언약과 메시아 사상 아래 요약한 구약 성경신학 교재인 동시에 창세기부터 말라기까지 구약의 주요 내용을 쉽게 해석한 구약 강해서라고 평가할 수 있다. 나의 제자 중 하나인 저자 김두석 교수는 학창 시절부터 히브리어에 재능이 있었으며 구약성경을 히브리 사상과 메시아언약 중심으로 해석하는 일에 몰두해 왔다.

내가 알기에 저자는 총신대학교와 신학대학원 및 대학원에서 구약을 전공했으며 총신대학교 신학대학원에서 히브리어와 구약 원문을 가르치기 시작한 이래 지금까지 칼빈대학교에서 후학들을 가르치고 있다.

지금까지 개혁주의 입장에서 오랫동안 구약신학과 성경을 가르쳐 온 저자의 경험을 토대로 금번 이 구약신학 교재가 나오게 된 것을 매우 기쁘게 생각한다. 이 교재를 통해 하나님의 속성 즉 하나님은 긍휼과 사랑의 하나님이시며 또한, 심판과 구원의 하나님이심이 바르게 선포되기를 소망한다. 또한, 구약 전체의 내용을 성경신학의 주제와 결합해 잘 이해할 수 있도록 쉽게 풀어 해석한 이 책을 통해 한국 교회가 한 단계 더 성장하리라 믿는다. 성경을 하나님의 말씀이라고 믿는 모든 그리스도인과 특히 일선 목회자들과 성경을 공부하는 신학도들에게 이 책을 추천하는 기쁨이 매우 크다.

유 재 원 박사
전(前) 총신대학교 부총장
전(前) 총신대학교 신학대학원장
전(前) 총신대학교 목회신학원장
전(前) 총신대학교 구약신학 교수

구약의 언약과 그리스도

-그리스도 중심의 언약과 구약성경 이해-

책 내용은 저의 분신과도 같으며 언약신학 입장에서

오경, 역사서, 시가서, 대선지서, 소선지서를 차례로 강의하면서 강의안을 만들었고

그 후 한 권의 책으로 만들면서 성경형성사 및 외경과 위경을 첨부하였으며,

성경번역사도 첨가하여 성경에 관한 궁금증을 해갈하게 했으며,

무엇보다 하나님의 특별 간섭으로 구약성경의 역사는 그리스도 중심의 언약역사

곧 언약사임을 드러낸 것이 이 책의 특징이자 장점입니다.

– 김두석 박사 –

The Christ and the Covenant in the Old Testament
Written by DooSeok Kim
All rights reserved.

구약의 언약과 그리스도:
그리스도 중심의 언약과 구약성경 이해

초판발행 | 2023년 2월 10일

지 은 이 | 김두석
편   집 | 필립구
발 행 인 | 김선경
발 행 처 | 국제헤세드선교회
주   소 | 경기도 수원시 영통구 매원로 29-6 비2호
전   화 | 031 262 8213
홈페이지 | www.ictbible.com
등록번호 | 제2022 - 000090호

ISBN 979-11-981320-0-0(93230)

The Christ and
the Covenant in the Old Testament

구약의 언약과
그리스도

그리스도 중심의 언약과 구약성경 이해

김 두 석 편저

국제헤세드선교회
HESED MINISTRIES INTERNATIONAL

목 차

추천사

고(故) 김의환 박사 ㅣ 전(前) 칼빈대학교 총장, 전(前) 총신대학교 총장   1

유재원 박사 ㅣ 전(前) 총신대학교 부총장, 전(前) 총신대학교 신학대학원장,

전(前) 총신대학교 목회신학원장,

전(前) 총신대학교 구약신학교수   2

감사의 글   9

책머리에 구약성경의 주요 흐름, 언약과 그리스도!   11

제1부 ㅣ 구약성경의 형성과 전승

제1장 구약의 기록과 전승   14

1. 구약 성경의 형성 과정   14

2. 구약성경의 전승(사본)   18

3. 구약의 역본   22

제2장 정경, 외경 및 위경   28

1. 구약의 정경   28

2. 구약의 외경   30

3. 구약의 위경   42

제2부 ㅣ 구약성경 이해의 기초

제3장 구약성경 이해의 두 요소   45

1. 구약성경의 요소   45

2. 구약성경의 외적 요소(역사)   47

3. 구약성경의 내적 요소(언약)   48

4. 구약성경의 주요 핵심 내용   53

제3부 | 창조사역과 창조언약

제4장 언약과 메시아 사상   57
    1. 언약의 특징   57
    2. 언약의 구분   60
    3. 언약의 주제인 메시아   61

제5장 창조와 일반계시   64
    1. 창조의 목적과 창조질서(창 1, 2장)   64
    2. 하나님의 절대창조(*creatio ex nihilo*)   69

제6장 창조언약과 창조질서   92
    1. 창조언약의 일반 규례   92
    2. 창조언약의 특별 규례   103

제4부 | 구약역사와 구속언약

제7장 오경 속의 메시아언약   111
    1. 창세기와 메시아언약   111
    2. 출애굽기와 메시아언약   163
    3. 레위기와 메시아언약   178
    4. 민수기와 메시아언약   180
    5. 신명기와 메시아언약   191

제8장 역사서의 메시아언약   202
    1. 여호수아서와 메시아 이해   202
    2. 사사기의 메시아 이해   209
    3. 룻기의 메시아 이해   212
    4. 사무엘서의 메시아 이해   217
    5. 열왕기서의 메시아 이해   230
    6. 역대기의 메시아 이해   255
    7. 에스라서의 메시아 이해   337
    8. 느헤미야서의 메시아 이해   370
    9. 에스더서의 메시아 이해   416

제9장 시가서의 메시아언약　　452

1. 욥기와 메시아 이해　　452
2. 시편과 메시아 이해　　469
3. 잠언과 메시아 이해　　527
4. 전도서와 메시아 이해　　535
5. 아가서와 메시아 이해　　539

제10장 대선지서의 메시아언약　　569

1. 이사야서와 메시아 이해　　569
2. 예레미야서와 메시아 이해　　585
3. 예레미야 애가와 메시아 이해　　589
4. 에스겔서와 메시아 이해　　591
5. 다니엘서와 메시아 이해　　615

제11장 소선지서의 메시아언약　　640

1. 소선지서 서론　　640
2. 호세아서의 메시아 이해　　642
3. 요엘서의 메시아 이해　　645
4. 아모스의 메시아 이해　　647
5. 오바댜의 메시아 이해　　649
6. 요나서의 메시아 이해　　651
7. 미가서의 메시아 이해　　653
8. 나훔서의 메시아 이해　　654
9. 하박국의 메시아 이해　　656
10. 스바냐의 메시아 이해　　658
11. 학개의 메시아 이해　　659
12. 스가랴서의 메시아 이해　　660
13. 말라기서의 메시아 이해　　662

참고문헌(Bibliography)　　665

1. 성경 및 사전　　665
2. 일반 서적　　665
3. 번역 서적　　666
3. 외국 서적　　667

김 두 석 박사

　최근까지도 한국 교회에 계속 소개되고 있는 대부분의 구약 입문서는 최근의 몇몇 구약신학에 관한 책을 제외하고는, 단편적인 내용이나 구약 각 권의 내용 분해를 전달하는 정도에 그치고 있다. 따라서 한국 교회의 구약성경 이해는 목회자나 성도들 모두 구약 총론 수준에 머무르고 있다고 해도 과언은 아니다. 심지어 구약 총론 수준을 지나 구약성경신학으로 넘어간다고 하더라도 성경의 극히 일부분만을 소개하는 정도에 그치고 있다.

　좀 더 구체적으로 구약을 다루는 한 과정으로서 언약과 메시아 사상을 중심으로 구약성경의 전체 내용을 개괄적으로 훑어보는 과정과 그러한 작업이 아쉽기만 하였다. 특히 한국 교회의 신학이 미국이나 유럽 신학의 복사판 신학이라는 일반적인 비판을 감안할 때 나름대로 독창적인 방법으로 구약 전체를 유기적이며 점진적인 언약 구조로 이해하는 방법이 요청되기도 했다. 이것은 구약성경이 성령의 인도 아래 실재 역사가 선택되어 기록되었거나 기록자의 관점에서 해석된 역사의 기록이기 때문에 오늘날 그 역사를 읽는 사람은 성경의 역사 속에 담겨 있는 주제 곧 언약과 메시아 사상을 이해해야 하기 때문이다.

　성경은 역사 속에 계시된 하나님의 말씀이라는 정의 아래 구약의 형식적 요소인 역사 곧 해석된 역사를 중심으로 그 속에 내재된 언약과 메시아 사상 아래 그리스도를 이해하려고 노력했으나 먼지만큼의 흔적에 불과하다. 하지만 구약에 처음 입문할 때 구약 개론, 구약 총론, 구약 서론, 구약신학 서론 등의 이름의 학문에 접하게 된다. 어떤 깊은 학문을 위한 기초로써의 준비 과정을 의미한다. 이것은 구약을 이해하기 위한 기초 학문으로 구약성경에 대하여 개괄적으로 훑어보는 중요성은 있으나 구약성경의 모든 내용을 이해하는 학문은 아니다. 즉 성경에 대해서 아는 방법이지 성경을 아는 방법은 아니다. 즉 하나님에 대해서 알기 위해 성경을 읽는 것과 하나님을 알기 위해 성경을 읽는 것은 분명 다른 것과 같다.

하지만, 이미 한국 교회에 소개된 기존의 구약 입문서나 단편적인 구약신학 내용을 소개하는 수준을 뛰어넘으려고 노력했으며 언약의 핵심인 메시아(그리스도)를 구약성경 전체에서 다루어 보려는 독창적인 시도에 대해서는 우리 주님이 아실 것으로 확신한다.

이 책은 전체 4부, 11장으로 구성되어 있다. 구약신학에 처음 입문하는 분들은 제1장부터 정독하길 바란다. 그러나 과거에 신학 공부를 다 마친 목회자들이라 할지라도 적어도 제3장부터 제6장까지의 언약신학의 핵심에 대해서는 세심한 정리가 필요하다. 왜냐하면 구약의 역사를 유기적이며 점진적인 언약의 구조 아래 해석하는 언약신학이 구약신학의 한 분야로 집중적으로 소개된 것은 최근에야 가능했기 때문이다.

마지막으로 제7장부터 제11장까지는 구약 전체를 구속언약과 메시아(그리스도)를 중심으로 요약하였다. 즉 오경 창세기부터 소선지서 말라기까지 구약의 전 역사를 구속언약 중심으로 요약하였다. 이 과정에서는 오경 가운데 창세기를, 역사서 중에는 역대기와 에스라 느헤미야 에스더서를, 시가서 중에는 시편을, 선지서 중에서는 에스겔서와 다니엘서를 집중 강해하기도 했다.

이 책의 출판을 위해 물심양면으로 도움을 주신 분들께 감사를 드린다. 특히 에쉐르의 최명국 장로님께 감사드린다. 지금까지 부족한 나를 묵묵히 내조해 준 아내, 김진월 사모와 믿음 안에서 잘 자라 준 두 딸 소라, 소정에게도 감사를 전한다.

아무쪼록 이 책을 읽는 모든 목회자와 신학도 그리고 일반 평신도에 이르기까지 구약성경 속에 계시된 삼위일체 하나님과 그리스도(메시아)를 더욱 깊이 알아가는 일에 조금이라도 도움이 되기를 바라는 마음 간절하다.

2022년 10월

구약성경의 주요 흐름, 언약과 그리스도!

김 두 석 박사

　이 책이 처음 출판(2006년)된 이후, 총신대학교 및 칼빈대학교 총장을 지낸 고(故) 김의환 박사는 이 책의 우수성을 인지하고 이 책을 영어로 번역하는 일에 착수하였다. 그러나 김의환 박사는 번역을 완수하지 못하고, 하나님의 부르심을 받고 천국으로 가셨다.

　그 후 16여 년의 세월이 지난 2021년 6월에 이 책의 저자인 본인은 췌장암 4기의 판정을 받고 삶을 정리하며 이 책이 후학도들을 위해, 다양한 언어로 번역되어 전세계에 전해지기를 바라는 열망으로 기도하기 시작했다. 마침내 저자의 기도를 들으신 주님께서 국제헤세드선교회의 도움으로 이 책이 먼저는 영어로 번역되도록 섭리하셨음을 믿는다(2022년 10월).

　이 책이 한국어로 출간될 뿐만 아니라, 영어, 불어 및 다양한 언어로 번역 및 출간되어, 언약과 그리스도 중심으로 성경을 연구하고자 하는 후학도들을 위해 전 세계에 널리 전파되기를 다시 한번 간절히 소망한다.

　성경은 구약과 신약 곧 옛언약과 새 언약으로 구성되었다. 따라서 성경을 읽고 해석하는 일은 곧 성경을 언약과 그리스도 중심으로 이해하고 해석되어야 한다는 것을 전제(premise)하고 있다. 이 책은 언약신학적인 구조 아래 언약과 그리스도 중심으로 창세기에서 말라기까지 구약성경 전체를 개괄적으로 요약하였다.

저자의 구약성경 이해와 해석은 예수 그리스도의 구약 이해 방법 및 사도들의 구약해석 방법을 따른 것이다. 우리 주님 예수 그리스도께서는 구약성경을 그리스도 자신을 보여 주는 말씀이라고 직접 말씀하셨다(요 5:39; 눅 24:44; 막 12:36). 또한, 기독교 초기의 사도들 곧 베드로, 요한 및 사도 바울 등도 예수 그리스도와 동일한 방법으로 구약성경을 이해하고 해석하였다(베드로서신들, 바울서신들, 요한서신들 참조). 히브리서 저자도 구약성경의 모든 피흘림의 제사와 절기 등은 모두 언약의 본질인 그리스도 예수 우리 주님의 인격과 사역을 드러낸 것이라고 해석하였다.

종교개혁자들도 하나같이 성경을 그리스도 중심으로 이해하고 해석하여 그리스도를 교황 위에 두는 개혁에 앞장섰다. 특히 마틴 루터(M. Luther)는 그리스도의 "십자가만이 유일한 신학이다"(CRUX SOLA EST NOSTRA THEOLOGIA)라고 외치며 그리스도 위에 교황을 두었던 당시 로마 가톨릭교회를 존 칼빈(J. Calvin)과 함께 맹비난하였다.

오늘날 세계적으로 성경해석에 있어서는 문예비평주의를 비롯하여 많은 문학적인 성경해석이 주류를 이루고 있으나, 그러한 해석은 우리 주 예수 그리스도와 사도들의 성경해석 방법 및 종교개혁 시대의 성경해석과는 거리가 멀다.

이 책은 철저히 언약신학적 입장에서 예수 그리스도와 사도들의 성경해석 및 종교개혁자들의 성경해석 원리 아래, 구약성경을 언약과 그리스도 중심으로 이해하고 요약하였음을 밝힌다. 이 책을 읽고 저자의 강의(김두석언약신학연구소 www.ictbible.com)를 듣는 모든 분이 언약과 그리스도 중심으로 구약을 해석하는 일에 사명감을 가지고, 그 명맥을 이어가 주기를 간절히 부탁드린다.

2022년 10월

제1부

구약성경의 형성과 전승

제1장 구약의 기록과 전승

제2장 정경, 외경 및 위경

구약의 기록과 전승

1. 구약 성경의 형성 과정

1) 구약 성경의 기록

성경은 역사 속에 계시된 하나님의 말씀이라고 정의할 때, 특히 구약은 하나님께서 죄인인 인간을 구원하시기 위해 메시아를 보내 주실 것에 대한 약속의 말씀이 역사 속에 유기적이며 점진적인 방법으로 기록된 하나님의 계시이다.

성경 곧 신구약 전체는 약 1600여 년 동안 40여 명의 저자에 의해 기록되었다고 알려져 왔다.[1] 특히 구약은 모세 시대에 기록되기 시작하여 바벨론 포로후 시대인 에스라 시대까지 약 1200년 동안 기록되어 왔을 것으로 여겨진다.

이처럼 오랜 세월동안 모세를 비롯하여 하나님의 감동을 받은 자들이 기록으로 남긴 구약의 원본들은 약 1세기 정도 존재하면서 수많은 사본을 남기고 없어진 것으로 추측된다. 이렇게 남겨진 수많은 사본 가운데 역사성이 분명하고 진실되며 하나님의 권위가 있는 사본들을 중심으로 오랜기간 정경화 작업이 이루어졌고, 드디어 구약 39권(처음에는 24권으로 구성)만을 정확무오한 하나님의 말씀으로 인정하게 되었다(B.C. 4-5세기 전후). 그 후 이 정경이 계속 사본

---

1   전통적인 견해 아래서 성경이 1,600여 년 동안 기록되었다는 의미는 오경의 기록 연대를 모세 시대로 인정할 때(B.C 1,400여 년경) 모세가 살던 시대부터 기록되기 시작한 성경은 신약의 말씀이 기록으로 남겨진 A.D. 2세기 사도들이 살던 시기까지로 보는 것이다.

으로 만들어져 구약 원문으로 전승되어 왔으며, A.D. 90년 얌니아 회의 이후
에는 구약 39권의 정경성 문제가 더 이상 논란이 되지 않고 있다. 히브리어로
된 구약정경은 히브리인 학자들에 의해 사본으로 전승되어 오다가 다른 언어
로 번역되기 시작했으며 지금은 고대 역본을 비롯하여 수많은 현대어 역본으
로 전해져 지구촌의 거의 모든 종족에게 읽혀지게 되었다.

오늘날에는 세계 6,500여 언어 가운데 약 1,300여 개 이상의 언어로 성경
이 번역되기에 이르렀다.[2] 인류에게 언어와 문자가 생긴 이래로 이렇게 많은
언어로 번역되고 있는 책은 역사 속에 계시된 하나님의 말씀으로서의 성경
뿐이다.

2) 구약성경의 영감(靈感)

성경은 하나님의 성령의 감동으로 기록된 역사 속의 계시이다(성경의 영감
론). 히브리어로 된 구약성경과 헬라어로 된 신약성경은 즉각적으로 영감되었
고 주의 특별하신 보살핌과 섭리로 모든 시대에 깨끗하게 유지되었다.[3] 하나
님께서는 기록자들을 기계처럼 사용하지 않으시고 그들의 인격, 경험, 지식,
삶의 배경 등 모든 것을 유기적으로 사용하시면서 기록자들을 성령 안에서 강
하게 붙드시고 성경을 기록하게 하셨다(유기적 영감설). 그 결과 그들이 기록한
성경은 오류가 없을 뿐만 아니라(원본의 무오성) 인간에게 있어서는 그 무엇과
비교할 수 없을 정도로 가장 크고 가치 있는 하나님의 선물이 되었다(구원).

기록자들이 성령의 감동을 받았다는 의미는 성령께서 성경 기록자의 인격
을 통제하거나 억압하신 것을 가리키는 것이 아니라 도리어 그의 인격을 차원
높은 활동의 수준까지 끌어올려 하나님의 뜻을 정확하게 표현하도록 섭리하
셨음을 말한다(요 14:26). 그리고 인간 저자의 개성이 파괴되지 않았으므로 성
경에서 우리는 매우 폭넓은 문체와 언어의 다양성을 발견하게 된다. 그 저자

2   세계성경번역회의 2003년 3월 기준 자료. 여기서 번역된 언어의 숫자는 신구약성경 전
     체가 약 1,303개 언어로 번역된 것이 아니라 성경의 어느 일부, 예컨대 복음서 한 부분
     (마가복음 또는 누가복음)이라도 번역된 언어의 숫자를 의미한다.
3   웨스트민스터 신앙고백 1:8.

가 특정한 시공(時空) 속에 태어나게 하시고 그에게 특별한 재능을 주시고 또 일정한 교육으로 준비시키시고 예정된 경험 세계를 체험하게 하시며 특정한 사실들과 그 의미를 되새기게 하심으로써 성령은 그 저자의 인간적 의식(意識)을 준비하셨다.

마지막으로 성령께서는 그가 기록하도록 감동(感動)하셨다. 기록하는 동안에도 원저자(原著者)께서는 철저한 유기적 연관 아래 그 인간 저자의 마음속에 언어와 문체를 생각나게 해 주셨다. 이렇게 기록된 성경은 고대로부터 현대까지 하나님의 말씀으로서의 권위를 유지해 왔으나 역사상 문예 부흥이 일어나고 인본주의가 크게 발전하면서(18-19세기) 성경은 하나님의 말씀으로서의 권위가 크게 약화되기도 했다. 그러나 성경은 하나님 계시 중심의 경건한 신학과 신앙의 토대 위에 여전히 하나님의 말씀으로서의 권위가 보존되고 있다.[4]

3) 성경의 무오성(無誤性)

오늘날 한국 교회는 대부분 성경의 무오(無誤)를 인정하고 있으나 점점 성경의 무오를 받아들이지 않는 경향으로 나아가고 있다. 특히 개혁주의를 표방하는 신학자들조차도 성경의 유오(有誤)를 인정함으로써 성경의 절대 권위를 부정하는 경우가 많다. 심지어 성경의 절대 권위를 인정하면 수구주의자나 근본주의자로 몰리는 풍토가 조성되고 있는 한국 교회 현실은 암담하기조차 하다. 또한, 구원과 윤리 부분에서는 성경의 무오를 주장하고 역사와 과학 부문에서는 성경의 유오(有誤)를 주장하는 것은 자가당착이다. 그리고 성경이 하나님의 말씀을 포함하고 있다고 보거나 성경이 하나님의 말씀이 된다고 말하는 것도 하나님 말씀의 권위를 인정하는 개혁주의 신학의 성경관과는 거리가 있

---

4   오늘날 한국 교회는 '성경'으로 부르면 보수주의요, '성서'로 부르면 자유주의로 여기는 듯한 인상을 갖고 있는데 너무 과잉 반응적인 태도이다. 본래 이 말들은 '성경전서'의 준말로 사용된 것이며 둘 다 '거룩한 책'이라는 본래의 의미가 있다. 즉 하나님의 말씀이 기록된 거룩한 책(성서)이라는 의미는 이미 성경 자체 안에서 널리 사용되고 있다. 예를 들어 오경을 성경 안에서는 율법의 책(수 1:8) 또는 모세의 율법책(수 8:31) 등으로 이미 부르고 있지 않은가! 성경전서의 줄임말로서 성경 또는 성서는 둘 다 사용할 수 있다.

다.[5] 성경은 정확무오한 하나님의 말씀이며 역사 속에 계시된 하나님의 말씀이다. 개혁주의 신학의 성경관은 '웨스트민스터 신앙고백서'에 표현된 성경의 영감성과 무오성을 믿으며 성령의 내적 조명 아래서만 하나님의 계시를 깨달아 알 수 있다고 믿는다.[6]

4) 개혁주의 성경해석 원리

개혁주의 성경해석 원리는 개혁주의 성경관에서 비롯된다. 소위 자유주의 성경관은 인간의 이성이나 과학을 성경의 권위보다 더 강조하며 가톨릭교회는 성경의 권위보다 교회의 전통이나 해석을 더 강조한다. 또한, 신정통주의자들은 성경이 하나님의 말씀이 된다고 믿으며 자신을 성경 안에 두는 것이 아니라 성경을 자신 안에 두고 영적 체험을 강조하는 신비주의 경향을 지향하고 있다. 이 세 가지는 개혁주의 성경관과는 거리가 멀다.

개혁주의자들은 성경을 하나님의 말씀으로 믿으며 모든 성경은 영감되고 무오하며 성령의 감동으로 기록된 것으로서 믿는 신앙고백적 태도를 견지한다. 구약신학에 대한 개혁주의 성경해석의 원리는 "하나님의 계시 의존 신앙"과 "성경이 성경을 말하게 하라"는 두 요소이다. 그러므로 성경해석은 성경의 원저자가 하나님이시기 때문에 성령의 내적 조명과 계시를 의존하는 신앙 속에 기도로 시작하지 않으면 안 된다.

그뿐만 아니라, 성경은 성령의 감동을 받은 기록자에 의한 기록이기 때문에 그 기록자의 역사적 배경(제의적, 사회적, 문화적)과 함께 성경의 주제인 언약과 메시아 중심의 해석을 끌어냄으로써 결국 그리스도 예수를 성경해석의 결과로 드러내야 한다(눅 24:44). 따라서 최근의 개혁주의 구약신학의 방법은 하나님의 계시 의존 신앙에 바탕을 두고 문법적 해석과 역사적 배경 및 문예적 해석과 수사학적 접근에 이르기까지 폭넓은 작업이 확대되고 있으나 그 어떤 방법도 인간의 이성이 계시의존보다 앞서서는 안 된다. 개혁주의 신학은 문법적

---

5   권성수, "개혁신학과 한국교회" 『개혁신학과 한국교회』 (서울: 개혁신학회, 2003년 봄), p. 12.

6   웨스터민스터 신앙고백 제1장 1-10항.

역사적 개혁신학적 성경해석을 주창해 왔다. 루터의 그리스도 중심의 성경해석과 칼빈의 간단명료성(lucid brevity) 원리는 개혁주의적인 성경해석의 원리를 드러낸 것이다. 하나님의 계시 의존 신앙과 성경이 스스로의 소리를 발하게 하라는 개혁주의적인 성경해석의 원리를 벗어나서는 안된다.[7]

개혁주의 성경해석의 원리는 '성경은 성경으로 해석된다.'는 것이다. 예를 들어 창세기 37-50장의 역사적 사건은 시편 105편 16-21절의 말씀이 해석하고 있다. 또 이스라엘 백성들의 광야 생활 40년의 역사는 시편 78-80편에서 그 해석을 찾을 수 있다. 성경은 성경 안에서 그리스도 중심으로 해석된다. 그 뿐만 아니라 구약사의 해석에 있어서는 유기적이며 점진적인 언약신학의 구조를 따른다.[8] 더 나아가 메시아 중심의 언약에 기초하여 예언과 성취 면에서 모형론적이며 예표론적 방법으로 그리스도를 발견한다.

2. 구약성경의 전승(사본)

모세 시대(B.C. 15세기)에 기록되기 시작하여 바벨론 포로 시대 후(B.C. 4-5세기)까지 기록된 구약 각 책들의 원본들은 성령의 감동으로 기록된 후 약 1세기 가량 존재하며 사본을 남기고 없어진 것으로 추측된다. 이렇게 남겨진 수많은 사본을 중심으로 구약 24권(지금의 39권)이 정경화된 이후에 이 구약정경을 사본으로 남기는 일을 주 업무로 삼았던 유대 학파들이 대단히 많다. 그중에 서기관 학파(Sopherim), 틴나임 학파, 맛소라 학파 등은 오늘날의 구약성경이 있기까지 가장 큰 공헌을 하였다. 오늘날과 같은 사본 곧 모음 부호와 분리 부호를 비롯하여 각종 부호가 있는 맛소라 사본 이전과 그 이후로 나누어 구약 원문 전승에 노력한 주요 학파들의 공헌은 다음과 같다.

---

7   권성수, op. cit., p. 13. "Let the Bible speak for itself.".

8   Jonathan Edwards, A History of the Work of Redemption, ed. by John Wilson(New Haven : Yale University Press, 1989), pp. 109-118. 에드워즈의 구속사 연구는 개혁주의 성경해석 입장과 일치하며 그 방법이 너무나 탁월하다. O. P. Robertson의 The Christ Of the Covenants와 함께 유기적이며 점진적인 구약연구에 큰 공헌을 하고 있다.

1) 맛소라 학파 이전

(1) 서기관 학파(B.C. 5-A.D. 6세기)

쇼페림 곧 기록자라는 의미의 서기관 학파는 제사장과 함께 유대 사회의 신앙 지도자들이었다. 이들은 주로 백성들에게 직접 율법을 가르치는 일과 성경을 사본으로 기록하는 일을 맡았다. 그들은 성경 본문의 단어 수, 줄 수, 글자 수를 정밀히 계산하여 각 책 끝에 기록하였다. 또한, 그들은 하나님의 권위를 높이는 차원에서 수정도 가했다(창 18:22). 서기관 제도는 다윗시대부터 시작되었으며 B.C. 5-3세기에 가장 왕성한 활동을 하였다.

(2) 쥬고트 학파(B.C. 2-1세기)

서기관 학파를 전수해서 성경을 백성들에게 가르치는 일과 성경 사본을 만드는 일을 계속하였다. 쥬고트라는 히브리말은 두 사람, 한 쌍, 두 사람 한 조라는 의미가 있는 말에서 유래했다. 이들은 두 사람이 한 조를 이루어 구전적 율법을 논했으며 모임을 가졌다.

(3) 틴나임 학파(B.C. 1-A.D. 2세기)

예수님 탄생 전후에 활동한 학파로서 성경을 연구한 많은 업적이 남아 있다. 본문의 보존 및 성경 전승, 교육하는 일에 많은 공헌을 했다. 이 틴나임 학파의 율법 선생을 랍비라고 부르기 시작했다. 성경 교육을 위해 주석하고 강해한 업적은 많으며 대표적인 것으로는 미드라쉬, 토세프타, 탈무드 등이다.

첫 번째, 미드라쉬(B.C. 100-A.D. 300)는 '본문 주석'이라는 뜻이 있다. 틴나임 학파가 본문 해석, 주석, 강해한 책이며 백성들이 성경을 쉽게 알도록 해석한 내용을 모은 것이다. 미드라쉬는 내용상 둘로 분류할 수 있다. 하나는 "할라카"이며 주로 율법적인 것을 주석한 것이다(교리, 율법). 다른 하나는 "학가다"이며 비율법적인 것을 주석한 것으로 교훈적이며 설교적 및 예화적이다.

두 번째, 토세프타(A.D. 1세기-A.D. 3세기)는 '교훈'이라는 문자적 의미가 있으며 틴나임 학파의 교훈집이라고 볼 수 있다.

세 번째, 탈무드(A.D. 100-500)는 문자적으로 교훈이라는 뜻을 갖는다. 유대인의 구전적 율법 곧 모든 사람이 이해하기 쉽게 해석한 전해 내려오는 율법 교훈집이다. 탈무드에는 미쉬나(A.D. 200년경)가 있다. 이것은 탈무드의 주요 내용이며 하나님 유일신에 대한 반복 가르침이다. 유대인의 전통 또는 본문까지 알기 쉽게 해석하였다. 미쉬나에는 여섯 가지 큰 주제의 내용이 있고 63개의 작은 주제의 내용이 있다. 6대 주제는 농업, 여자, 절기(축제), 형법과 민법, 제사와 거룩함, 부정한 것(깨끗지 않다는 개념)이며 63대 소주제는 탈무드의 주요 내용이다. 미쉬나에 이어 게마라가 있다. 게마라는 미쉬나를 다시 주석해 놓은 것이다.

2) 맛소라 학파

전통이라는 의미의 맛소라 학파(A.D. 500-1,000년)는 지금까지 전승되어 온 히브리 본문을 정확히 체계화시키는 데 큰 공헌을 했다. 오늘날 권위 있는 히브리어 본문 가운데 하나인 맛소라 본문(Masoletic Text) 또는 맛소라 사본이라고 일컬어지는 히브리어 원문 성경은 이 학파의 권위를 인정한 데서 비롯되었다. 맛소라 학파는 히브리어성경 본문(자음)을 고정시키고 전수시켰으며 자음을 표준화하였다. 또한, 모음 부호를 히브리인의 발성법에 따라 만들어 자음에 붙여 누구나 똑같이 읽도록 했다. 뿐만 아니라 히브리 원문에 분리 부호를 붙여 장, 절, 구문을 정확하게 나누어 읽고 해석하는 데 큰 도움을 주었으며 띄어쓰기, 붙여쓰기, 엑센트 및 각주까지 친절하게 붙여 놓았다. 이러한 부호들은 후대의 히브리인들에게만 도움을 준 것이 아니라 다른 언어를 사용하는 사람들이 히브리어성경을 쉽게 읽고 해석하는 일에 큰 도움이 되었다.

히브리어 자음만으로 기록된 성경 본문에 모음 부호를 만들어 삽입할 때 누락된 것이나 잘못 기록된 것이 발견되면, 그 자음 본문을 고치지 않고 모음만을 본래 있어야 할 자음에 따라 붙인 후 난 외에다 주를 만들어 그 단어의 본형태를 지음으로 쓰고 거기에다 모음을 붙이는 일을 했다. 이렇게 틀림이 있는 줄 알면서도 그 자음 본문의 단어들을 고치지 않았던 것은 히브리성경 본문의 본래 형태를 그대로 유지하려는데 그 의도가 있었다. 또 자음 본문에 필요 없는 단어, 즉 기록되지 않았어야 할 단어가 있는 경우에는 그 단어에 따라 모음을 붙이지 않고 읽지 말고 넘어가라는 표를 붙여 놓았다. 그리고 단어와 단어 사이에 구분이 잘못된 것도 본문에서 정정치 않고 난 외에서 주(註)를 달아 정정하였다. 구약성경을 세 부분으로 구분하여 율법, 선지서, 성문서 등으로 규정한 것은 구약의 정경이 이루어졌을 때 되어졌으나, 히브리성경의 각 책이 그 배열을 하게 된 것은 맛소라 학파의 공헌으로 볼 수 있다.

3) 맛소라 학파 이후

(1) 벤 아셀과 레닌그라드 사본

맛소라 학파의 업적을 기초로 아론 벤 아셀(Aaron Ben Asher)의 공헌으로 현대 표준 히브리어성경의 기반이 되는 레닌그라드 사본이 나왔다(1008년경). 이 사본은 세계에서 가장 많은 히브리어 필사본이 소장되어 있는 레닌그라드 공립도서관에 분류 번호 B19a로 분류된 채 보관되어 있었던 코덱스형 사본이다. 따라서 이 레닌그라드 사본(B19a)을 가지고 현대적으로 히브리성경을 체계화하는 과정과 오랜 세월을 거쳐 오늘과 같은 히브리어 표준 성경이 되었다. 이로써 표준 맛소라 성경 사본이 만들어졌다. 즉 오늘날의 히브리성경은 맛소라 학자에 의해 현재 형태의 장, 절 구분으로 정해졌으며 그것을 기반으로 레닌그라드 사본이 나왔으며 오늘날과 같은 히브리어성경이 빛을 보게 되었다. 특히 루돌프 킷텔(R. Kittel)이 편집한 사본으로는 두 종류의 히브리어성경 BH3(Biblia Hebrica, the third: 1937년)와 BHS(Biblia Hebrica Stuttgartensia, 1967-1977년)가 있다.

최근에는 세계성서공회연합회가 주선하고 독일성서공회가 후원하여 히브리어성경을 완전 재수정하는 작업이 진행되고 있으며 이 성경이 BHQ(Biblia Hebrica Qiunta)라는 이름으로 곧 출간될 예정이다. 20세기까지는 BH3나 BHS가 구약 본문으로 사용되었으나 앞으로는 BHQ(히브리어성경 제5판)가 구약 본문으로 사용될 날도 머지않았다.[9]

---

9   민영진, 『히브리어에서 우리말로』(서울: 두란노, 1996), pp.109-111.

3. 구약의 역본

역본이란 히브리어성경 본문이 다른 언어로 번역된 성경을 가리키는 말이다. 역본에는 고대어 역본과 현대어 역본이 있다. 고대어 역본은 헬라어, 아람어, 시리아, 라틴어 등의 고대어로 번역된 성경을 의미한다. 현대어 역본은 인쇄술이 발달한 이후에 현대어로 번역된 성경을 가리킨다.

1) 고대어 역본

고대 역본 중에는 70인역이 단연 권위 있는 역본 중의 하나로 인정되고 있다. 헬라어로 번역된 수많은 헬라어 역본(B.C. 250-150년) 가운데 새롭게 편집되어 단권(39권)으로 발행된 헬라어 최고 역본이 바로 70인역(70인역, LXX)이다. 70인역이라는 이름의 유래에 대해서는 여러 가지 학설이 있을 뿐이며 어느 것이 정확한 유래인지는 아직 모른다.[10] 그러나 헬라(그리스) 통치 시대에 유대인 평민들을 위해 헬라어로 된 성경의 필요성 아래 번역되었을 가능성이 매우 크다. 70인역의 성경 배열 순서는 히브리성경의 성경 배열과 다르다. 즉 율법서(5), 역사서(12), 시가서(5), 대선지서(5), 소선지서(12)의 순서로 재배열했다. 오늘날 한글 개역성경 및 영어성경을 비롯 모든 현대어 역본은 히브리어성경 배열을 따르지 않고 이 70인 역의 성경 배열을 따르고 있다.

아람어로 번역된 아람어 역본은 일명 탈굼역이라고도 부른다.[11] 히브리인들은 바벨론 포로 생활 이후에도 아람어를 사용했으며 그때부터 조금씩 아람어로 성경이 번역되어 오다가 A.D. 2세기 이후에 성경의 많은 부분이 번역되었다. 유대인들은 회당에서는 히브리성경을 사용했으나 어린이들에게 성경을 가르치거나 교육용으로 사용할 때는 아람어역(탈굼역)을 사용하였다. 팔레

---

10 헬라어로 번역된 성경 중 가장 권위 있는 최고의 역본이다. 70이라는 수의 라틴어로 셉투아진타(Septuaginta)로 불리는 70인역의 유래에 대해서는 (1) 70인 장로 (2) 70인의 전도인 (3) 산헤드린 공의회 회원 수 70명 (4) 톨레미 2세 통치 아래 72명의 유대인 번역자들의 수 등 여러 견해가 있으나 정확한 것은 아니다.

11 탈굼이라는 말은 번역, 해석 등의 의미를 갖고 있다.

스타인 탈굼, 옹켈로스 탈굼, 요나단의 선지서 탈굼 등이 있다. 시리아 역본은 A.D. 2세기 즈음에 히브리어성경의 본문을 간단 명료하게 번역했다고 하여 '페쉬타'라고 불려지기도 했다. 라틴어 역본(A.D. 390-405년)은 당시 베들레헴의 교부였던 제롬(A.D. 345-420년)이 라틴어로 번역한 성경을 말한다.

라틴어로 불가타(Vulgata) 역이라고 하며 영어로는 벌게잇(The vulgate) 역 이라고 한다. 이 역본은 수차례 수정되었으며 후에 로마 가톨릭교회의 공인(公認)을 받아 높은 권위를 지니게 되었다. 로마 가톨릭의 두에이(Douay) 역본은 제롬이 번역한 벌게이트 역에 다소 수정을 가한 번역본이다.

2) 현대어 역본

(1) 영어성경

제롬이 라틴어로 성경 번역을 완료한 지 얼마 안 되어 선교사들이 앞다투어 대영 제국의 영역 안으로 복음전파를 위해 들어가기 시작했다. 그러나 라틴어성경으로는 청중들에게 효과적인 복음전파를 기대하기 어렵게 되자 영어로 성경을 번역해야 한다는 필요성이 높아져 갔다. 하지만 6세기 말 즉 영국 복음화의 초기부터 14세기 말까지에는 완벽한 영어성경이 없었다. 위클리프(J. Wyclif)가 처음으로 신약성경(1380)을 영어로 번역했으며 그가 죽은 후 손으로 쓴 필사체의 신구약 영어 완역이 나왔다(1382). 그러다가 15세기 인쇄술이 발전되기 시작한 이후에 역본들이 나타나기 시작했다.

영어성경 번역의 아버지라고 불리는 윌리엄 틴데일(W. Tyndale)이 1525년에 번역을 시작하여 1530년에 모세오경을 번역했으나 그는 1536년 로마 교황청으로부터 교살되어 화형에 처해졌다. 그는 처형되면서 '주님 영국의 왕의 눈을 열어 주옵소서'라고 기도하였다. 드디어 1535년 10월 마일스 커버데일(M. Cover-dale)에 의해 인쇄된 최초의 영어성경이 출간되었다. 성경 일부를 맨 처음 영어로 옮긴 사람은 바로 위클리프(John Wycliff)였다. 그런데 그 시대의 종교적 분위기는 매우 험악하였다. 로마 가톨릭의 감독들이나 사제들은 세속화되어 있었고 교황들은 사람들의 영적인 관심보다는 물질적 부요에 관심을 더 쏟았다. 그러나 위클리프의 펜은 절대 무디지 않았다.

그는 성경을 위해 세 가지 일을 해냈다.

첫째, 그는 담대하게 모든 사람은 성경을 읽어야 한다고 말했다. 모든 그리스도인은 남녀노소를 불문하고 신약성경을 확실하게 연구해야 하며 평범한 인간이라 할지라도 성경의 본문을 조건 없이 연구하는 것을 결코 두려워해서는 안 된다고 말했다.

둘째, 그는 성경을 라틴어에서 영어로 옮겼다. 이것을 완성했다는 것 때문에 그는 당시 그의 종교적 적들 곧 교황청으로부터 "저주받을 기억력을 소유한 간교한 마술사, 곧 적그리스도의 앞잡이이며 그 제자'라는 악평을 들어야만 했다.

셋째, 그는 성경의 바른 진리를 전파하기 위하여 그리고 그 책을 일반 사람들에게 보급하기 위하여 한 무리의 자원 사역자들, 소위 롤라드회를 조직하였다. 위클리프의 번역본들은 1382년과 1388년 사이에 출간되었다. 위클리프가 죽은 지 2년 후 윌리암 틴데일이 '신구약영어성경' 번역을 최초로 내놓았다. 영어성경은 위클리프가 시작하고 틴데일이 완성했기 때문에 틴데일을 영어성경의 아버지라고 부른다.

그 후 커버데일의 커버데일성경(Coverdale Bible)이 출간되었고(1535년) 존 낙스(John Knox) 학파의 제네바성경(The Jeneva Bible)이 나왔다(1560년). 이 외에도 1592년 이후에 독일어로 번역된 성경이 나왔다. 1611년에는 영국의 학자 54명이 다시 성경의 원문을 번역하여 성경 번역에 호의를 갖고 있었던 그 당시 왕 제임스 1세에게 헌납하였다. 이 성경이 곧 킹제임스버전(King James Version)이다. 흠정역이라고도 한다. 1611년 간행된 제임스왕 역본 또는 흠정 역본은 그 당시로써는 가장 우수한 히브리어와 그리스어 학자들에 의해 이루어진 것이다. 그러나 틴데일의 신약성경과 흠정역 사이에는 큰 차이가 없다. 이 흠정역은 여러 가지 뛰어난 특징을 갖고 있고 영어권 사람들의 생활에 큰 영향을 끼쳤으나 시간이 흐름에 따라 보다 현대적인 번역의 필요성이 높아갔다. 그 후 1885년 간행된 영어개혁판(The Revised Version)과 1901년에 나온 미국표준개

혁판(The American Revised Standard Version)이다.[12]

또 영국에서는 새영어성경(The New English Bible)이 나왔다(신약은 1961년, 구약은 1970년). 특히 미국을 비롯하여 캐나다, 영국, 아일랜드, 호주, 뉴질랜드 등 많은 영어권 개혁교회가 연합하여 히브리어, 아람어, 헬라어역 사본으로부터 직접 현대 영어로 번역한 새국제역(NIV; New International Version)이 1978년에 출간되었다. 그 이후에도 새제임스왕역(New King James Version, 1979-1982), 미국 신개역표준성경(New Revised Standard Version, 1989), 영어개역성경(Revised English Bible, 1989), 현대영어성경(Contemporary English Version, 1995)등 수많은 영어 사역(私譯)이 출간되었다.[13]

(2) 프랑스어성경

번역은 파리대학교가 중심이 되어 13세기에 처음으로 나왔으며 1487년에 가톨릭 학자들이 번역하여 큰성경(La Grande Bible)이란 이름으로 출간하였다. 그 후 1535년 개신교 측에서 삐에르 로베르(Pierre Robert)가 성경을 번역하였고 몇 번 개정을 한 후 1546년 판에는 칼빈(J. Calvin)이 서문을 쓰기도 했다. 최근

---

12 윌럼 핸드릭슨의 성경 개관, p 42의 연대표 참고.
1. B.C. 336년경 구약성경의 마지막 책이 완성되었을 것으로 추측된다(이 연대는 G. Ch. 올더즈<Aalders>박사가 제시). B.C. 286년 톨레미 필라델푸스(Ptolemy Philadelphus)가 이집트 왕으로 즉위하고 그의 통치 기간 중 70인 역본이 시작됨.
2. A.D.연대 -386년 제롬이 베들레헴에서 벌게이트 역본 완성. 736년 존자(尊者)'베다'가 요한복음을 통속적 영어로 번역 완료한 후 죽다. 1386년(벌게이트가 나온지 천년 만에) 위클리프성경이 나오다. 1536년 틴데일 사형 당하다. 그의 신약성경은 그리스어(헬라어)에서 직접 번역되었다. 그것은 상당 부분이 1611년에 간행된 흠정역 또는 제임스 완역본에 재현되었다. 이 즈음(곧, 1536년 또는 그 직후)에 간행된 다른 역본들은 커버데일(coverdale)성경과 대성서(大聖書)이다. 1886년 영어개역판(English Revised version)출간, 이것은 나중에 1901년에 간행된 미국개역판(American Revised Version)의 기초가 되었다. 위의 연대가 반드시 정확한 것은 아니다. 단지 기억하기 쉽도록 만든 것뿐이다. 대중적인 현대 역본들 가운데는 개역표준판(Revised Standard Version; R.S.V), 신영어성경(New English Bible; N.E.B), 새미국표준성경(New American Standard; N.A.S) 새국제 역본(New International version; N.I.V.)등이 있다. 그리고 잊고 넘어갈 수 없는 것 중에 버클리성경(Berkeley Version), 그리고 예루살렘성경(Jerusalem Bible 로마 가톨릭의 후원에 의한 것)등이 있다.
13 그 후 제네바성경(1560년), 제임스왕 역본(KJV, 1611), 영어개역성경(RV, 1881-1885), 미국표준성경(ASV, 1900-1901), 미국개역성경(RSV,1946-1952), 새영어성경(NEB, 1961, 1970), 현대영어성경(TEB, 1966/1967), 새국제성경(NIV, 1973/1978), 새제임스왕 역본(NKJV, 1979/1982) 등이 차례로 번역 출간되었다.

에는 프랑스어판 예루살렘성경(1956)과 공동번역성경(1971-75)도 나왔다.[14]

(3) 독일어성경

독일어 번역은 6세기에 고트어로 된 구약과 신약이 있었고 8세기에는 라틴어에서 번역한 마태복음이 바바리아 방언으로 번역되었다. 그 후 9세기에 복음서들과 시편 번역이 나왔고 아우스부르그 성경으로 알려진 구약성경이 나왔다(1389-1400년). 독일어 최초의 인쇄본 성경인 멘탈성경(Mental Bible)은 18판이나 출간되었다(1446-1533년). 또 루터의 완역본이 나왔으며(1534년) 그의 번역본은 계속 무려 열 한 번이나 개정되었다(1534-1546).

20세기 그뤼네발트성경(Grueneward Bible)이 나왔으며(1956년) 최근에는 신구교가 공동으로 번역한 공동번역성경(1980년), 현대독일어성경(1982년), 공동번역성경, 새예루살렘성경(1985년)등이 있다.

(4) 중국어성경

중국어성경은 선교사 마르쉬만(Marshiman)이 마태복음을 번역한 이래(1810년) 신구약전서가 모두 발행되었다(1822년). 중국어성경은 두 대표적인 번역본이 있다. 하나는 대표 역본(1854년)으로 하나님을 신(神)으로 표기한 신판(新版)과 하나님을 상제(上帝)로 표기한 상제판(上帝版)이다. 다른 하나는 화합 역본으로서 중국어표준번역(1891-1919년)으로 오늘날 널리 사용되고 있다. 최근에는 홍콩 성서 공회에서 번역한 현대 중문 역본(1979)이 나왔다.

(5) 일본어성경

일본어 번역은 최초 요한복음이 나왔고(1837년) 그 후 신약(1880년)과 구약이 번역되었다(1888년). 이것이 이른바 명치역(明治譯)이다. 그 후 신약이 개정되었으며(1917년) 명치역에 이어 두 번째 일본어완역성경이 구어(口語)로 개정되어 나왔으며 현재까지 가장 널리 사용되고 있다(1954년). 신개역(1970년), 신구교의 공동 번역한 공동번역신약(1978), 신공동역성경(1987년)이 계속 출간

---

14   김정우, op. cit., p. 159.

되었다.

(6) 한글성경

최초의 필사본(1790-1800년)은 천주교회와 성공회 측에서 나왔으며 약 20여 권에 달하는 성경직해광익(聖經直解廣益)이다.[15] 이것은 주일 및 주일 이외의 부활절, 성탄절 같은 축일에 성경을 골라서 읽도록 편집되어 있다.

그 후 네델란드 선교사 구즐라프(C. N. Gutzlaff)가 한문성경을 한국에 소개하면서 처음으로 주기도문을 한국어로 번역하기 시작한 것이 한글성경 번역의 시작이라고 볼 수 있다(1832년). 그 후 로스(John Ross)와 매킨타이어(John McIn-tyre) 목사가 1882년에 누가복음을 한국어로 번역했으며(예수셩교누가복음젼셔) 급기야 영국성서공의회는 로스(John Ross) 선교사가 번역한 신약 전체를 한글로 출판하기에 이르렀다(1887년, 예수셩교젼서). 그리고 1898년에 시편 가운데 62편의 시가 '시편촬요'라는 이름으로 번역 출간되었다.

1910년 4월에 구약성경 번역이 끝나고 1911년 3월에 처음으로 한글로 된 성경이 출판되었다. 이 한글성경은 다시 개역되고 보완되었으며 한글 새맞춤법에 따라 1938년 9월에 한글개역성경이란 이름으로 출판되었으며 1953년 새 한글 맞춤법에 따라 새로 출판되었고 1961년에 수정되었으며 1964년 11월에 대한성서공회가 관주성경을 국한문 혼용으로 출간했다. 또한, 새번역신약 전서(1967년), 공동번역성경(1977년)이 새롭게 출간되었고 1989년 1월에 개역한글판 성경전서가 출간되었으며 1993년 1월에 표준새번역성경전서가 또 다른 한글성경으로 세상에 나왔다. 마침내 2002에 어린이를 위한 '쉬운성경'이 번역 출간되기에 이르렀다. 앞으로도 성경은 알기 쉽고 이해하기 쉬운 말로 계속 번역되어야 하고 더 정확한 표현으로 계속 개정되어야 한다.

[15] Ibid., 162.

제2장

정경, 외경 및 위경

1. 구약의 정경

1) 정경의 의미

구약은 모세 시대부터 바벨론 포로 후 시대인 에스라 시대까지 기록되고 정경화 된 후 사본으로 전해 내려오면서 처음 기록된 구약의 말씀은 약 1세기 정도 존재한 후 사라졌다고 여겨진다. 구체적으로 언제인지 모르지만 모세 시대 이후 기록되어진 수많은 기록 가운데 사본으로 내려오다가 현재의 구약 본문으로 완성된 24권(후에 39권으로 됨)만을 하나님의 말씀으로 인정하는 역사적 절차가 있었다. 권위있는 하나님의 말씀으로서의 표준이 되고 신앙과 행위의 규범이 될 수 있는 것만을 하나님의 말씀으로 인정하기 위한 수많은 논의와 회의를 거쳐 오늘날의 구약 39권의 정경이 탄생한 것이다. 이 39권만을 하나님의 말씀으로 인정하기로 한 이후 계속 사본으로 전해 내려오다가 A.D. 90년 얌니아 회의 이후에는 더이상 논란이 되지 않고 있다.

그리고 종교개혁 이후 웨스트민스터 신앙고백서(1647년)에 따라 구약의 정경 39권만이 영감되고 무오한 하나님의 말씀임을 믿으며 외경은 하나님의 말씀이 아니며 정경으로 받아들이지 않는다고 재천명했다. 헬라어의 카논(자, 척도, 기준, 규범)에서 유래된 정경의 의미는 다른 것을 판단할 표준이 되며 믿음의 표준이 되고 권위있는 문헌이라는 의미가 있다.[1] 요약하면 정경은 하나님

---

[1]   최종진, 『구약성서개론』(서울: 소망사, 2000), p.25.

의 말씀으로써의 표준이 되며 신앙과 행위로써의 표준이라는 의미이다. 정경에 들지 못한 문헌을 외경이라고 말하는데 정경과 외경의 큰 차이점은 다음과 같다.

정경의 특징	외경의 특징
1. 내용이 진실하다.	내용이 허황되다.
2. 하나님의 말씀이며 진실하고 건실하고 교훈적이다.	교훈적일지는 모르지만 진실성이 없다.
3. 역사성이 있다.	역사성이 결여되어 있다.

2) 정경의 구분

현재의 39권으로 되어있는 구약성경은 처음에는 24권(22권)이었다. 이 히브리어 정경은 토라(율법서), 네비임(선지서), 케투빔(성문서) 등 셋으로 크게 구분된다. 토라 곧 율법서(5권)에는 창세기, 출애굽기, 레위기, 민수기, 신명기가 순서대로 언급되고 있다. 네비임 곧 예언서(선지서)는 다시 전기 예언서와 후기 예언서로 분류되며 전기 예언서에는 여호수아, 사사기, 사무엘서, 열왕기서 등 4권이 있고 후기 예언서에는 이사야, 에스겔, 예레미야, 열두 소선지서 등 4권이 있으며 네비임(예언서) 전체는 8권이었다.

마지막으로 케투빔 곧 성문서(11권)는 욥기, 잠언, 전도서 등 지혜서(3권)와 시편, 아가, 애가 등의 시가서(3권)와 룻기, 에스더, 역대기, 느헤미야-에스라 등의 역사서(4권)와 예언서(1권), 다니엘 예언서(1권)등 모두 11권으로 구성되었다.

이와 같은 히브리어정경의 구분은 한글개역성경을 비롯한 현대의 모든 번역본의 성경 배열과 다르다. 오늘날의 모든 번역 성경의 성경 배열은 헬라어 역본인 70인역의 성경 구분 방법을 따르고 있기 때문이다.[2] 이 구분 방법에 따르면 한글개역성경을 비롯한 대부분의 현대어번역성경의 구분처럼 오경(5권),

---

2   김정우, op. cit., p.81. 히브리어성경 구분과 70인역을 비롯한 현대 성경의 성경 구분이 서로 다른 이유에 대해 세 가지를 제시했다. **첫째**, 그것들은 연대기적 편집이 아니며 **둘째**, 아마도 용도에 따른 분류일 것으로 보며 **셋째**, 70인역은 흩어진 유대인의 필요성 때문에 넷으로 분류된 것 같다.

역사서(12권), 시가서(5권), 대선지서(5권) 및 소선지서(12권) 등 다섯 부분으로
구성되어 총 39권으로 분류된다.

2. 구약의 외경

1) 외경의 의미

외경(Apocrypha)은 숨겨진 책이라는 뜻이다. 그 저작자가 분명하지 못하거나
그 내용이 확실하지 못한 책, 즉 그 권위를 인정하기가 어려우므로 정경(Can-
on)에 들지 못하는 책을 가리키는 말이다. 또 외경이란 정경에 들지 못한 것,
정경 밖으로 쫓겨난 것, 기원이 분명치 않은 것 등의 의미가 있다.[3]

넓은 의미에서의 외경은 신구약성경에 함께 적용된다. 그러나 구약성경과
관련하여서 제한적으로 사용되는 것이 보통이다. 구약성경은 본래 각각 낱권
으로 되어 있었다. 그러다가 구약은 B.C. 5세기에 이르러 에스라와 대공회(大
公會)의 회원들에 의해서 39권으로 확정이 되어 한 권의 책이 되었다.

그러나 그 과정에는 상당한 논란도 있었다. 특히 아가서가 그러했다. 외국
에 흩어져 사는 유대인들이 늘어나고 헬라 문화가 세계를 지배하게 되자 성경
은 당시의 공통어인 헬라어로 번역될 필요가 생겨났다. 그중 하나가 70인역이
다. 그런데 이 70인역은 구약 39권의 책 이외에 그때까지 전해 내려오던 책 중
에서 읽으면 도움이 되겠다고 여겨지는 15권의 책을 뒷부분의 여백에다 덧붙
여 번역해 놓았다. 이 책들이 바로 정경 이외의 경전인 외경(外經)이다. 그러므
로 외경은 읽어서 참고가 될 만한 책일 따름이고 권위를 가진 하나님의 말씀
에는 들지 못한다.

로마 교회가 왕성해지자 제롬이라는 사람에 의해서 성경은 라틴어로 번역
이 되었다. 제롬이 번역한 라틴어성경은 불가타역(Vulgate Bible)이라고 불린다.
이때 제롬은 구약성경과 함께 외경도 번역하였다. 그러나 그것은 외경을 하나

---

3   최종진, op. cit., p.36.

님의 말씀으로 인정한 것은 아니라 단지 70인역의 전통을 따르기 위한 것에 불과했다. 이 사실은 외경 속에 서둘러 번역을 한 흔적들이 역력하게 나타나 있는 것을 보아서도 알 수가 있다.

로마 교회는 제롬이 번역한 라틴어성경을 매우 중요하게 여긴다. 이 때문에 로마 교회는 그 안에 포함되어 있던 외경을 마치 정경처럼 받아들이게 되었다. 그리하여 로마 가톨릭교회는 1546년의 트렌트(Trent) 회의에서 공식적으로 외경을 제2의 정경으로 선언했다. 그러나 이것은 제롬의 본래 의도와는 다른 것이었다. 신약성경도 처음에는 각각 낱권의 책이었다. 그러다 A.D. 4기 후반에 이르러서야 27권의 정경이 확정되었다. 그 이전까지는 히브리서, 요한 2, 3서, 베드로 후서, 유다서, 요한 계시록 등에 대한 상당한 논란이 있기도 했다.

2) 외경의 가치와 태도

영국 국교회의 경우 교회는 삶의 실례와 교훈으로 외경을 읽었으나 다만 그것으로 어떤 교리나 신조를 고백함은 허용되지 않는다고 선언했다. 외경을 제2의 성경으로 받아들이는 로마 가톨릭교회는 외경을 종교적 가치로 인정하고 있다. 그러나 대부분의 개신교회에서는 외경을 하나님의 말씀으로 인정하지 않는다. 다만 문학적 가치로써 인정하는 경우가 종종 있을 뿐이다. 즉 외경은 유대 민족의 정치적 변천과 종교적 변화를 서술한 역사문학의 가치를 가진다.

첫째, 외경은 사회적 및 종교적 의무를 취급한 지혜 문학적 가치를 가진다.
둘째, 외경은 하나님의 영광과 대자연의 미를 묘사한 시문학적 가치를 가진다.
셋째, 외경은 이스라엘의 민족의식과 애국심을 고취하는 민족문학으로 가치가 있다.
넷째, 마지막으로 외경은 세상 종말을 예언하는 묵시 문학적 가치가 있다.

그러나 외경은 성경으로서의 권위를 갖지 못한다. 다만 한 번쯤 읽고 그것이 왜 정경에서 빠졌는지를 참고할 필요는 있다. 만일 외경을 읽고 난 후 그것을 성경(정경)만큼 높이고 신뢰를 하게 되는 일이 생겨난다면 차라리 읽지 않는 편이 더 낫다. 오늘날 우리의 주변에서는 새로운 형태의 외경들을 만들어 놓고 이것들을 성경처럼 여기는 사람들의 활동이 여전히 계속되고 있다.[4]

로마 가톨릭교회 곧 천주교회는 구약 정경 39권을 제1정경으로, 외경을 제2정경(14권)으로 인정한다. 그리고 영국 국교회(성공회)는 외경을 정경으로 인정하지는 않으나 교훈적이며 읽을 때 유익하다고 인정한다. 그러나 종교개혁 시대 이후의 일반 개신교회는 외경을 정경으로 인정하지 않고 부정한다. 심지어 평신도들은 외경을 읽지 않는 편이 더 낫다고 가르쳐 왔다. 그렇게 가르치는 가장 큰 이유는 외경의 비역사성과 극도의 신비주의적 내용 때문이다.

3) 정경에 들지 못한 이유

웨스트민스트 신앙고백서(1643)는 "외경은 하나님의 영감으로 기록된 책이 아니므로 정경이 될 수 없다. 따라서 하나님의 교회 속에서는 어떤 권위도 갖지 않는다"라고 선언한다. 외경이 정경에 들지 못하는 이유는 성령께서 영감을 하셨다는 증거를 찾을 수가 없기 때문이다. 성령의 영감은 성경의 무오함과 관련하여서 매우 중요한 의미가 있다. 성경이 성령의 영감으로 기록되었다는 사실은 각각의 성경들 속에 나타나는 직접 또는 간접적인 언급들을 통해서 확인되는 것이 보통이다. 그러나 매 성경들 속에 성령의 영감 사실이 문자적으로 언급되어있는 것은 아니다. 영감에 대한 구체적인 언급을 발견할 수 없는 경우에는 '그 내용의 중심 주제가 그리스도 또는 죄인의 구원과 어떻게 연

---

4 우리 주변에 몰몬경, 내가 본 천국, 새로운 계시록, 교회의 규칙과 법령, 교리서, 설교집, 간증서 등 새로운 형태의 외경이라고 여겨질 만한 책들이 매우 많다. 이단이나 사이비 집단일수록 이러한 의미의 책들을 많이 가지고 있다. 그리고 그런 책들을 성경보다도 더 권위 있는 책으로 여긴다. 또 그 종류도 다양하다. 우리는 이러한 책들이 가지는 위치와 역할이 무엇인지를 분명하게 알고 대처할 수 있어야 한다. 그래서 자신도 알지 못하는 사이에 중독되는 일은 없어야 한다. 성경에 일점이나 일획을 더하거나 빼는 자는 성경에 기록되어 있는 저주를 면하지 못한다(계 22:18,19). 성경의 역사성을 무시하고 검증되지 않은 내용이나 주관적인 내용의 이야기를 성경의 권위만큼 높이는 소위 제2의 외경이나 위경이 홍수를 이루는 시대에 살고 있다. 외경과 제2의 외경에 대한 경각심을 늦추어서는 안 된다.

결이 되어있는가?', '그 도덕적인 수준이 어떠한가, 교회의 역사가 그 권위를 인정했는가?' 하는 것 등을 고려하여서 영감의 여부가 결정되게 된다.

이런 관점에서 볼 때 외경에는 다음과 같은 문제점들이 있다.

첫째, 예수님과 사도들께서 인용하거나 언급을 한 사실이 없다. 신약에는 구약을 직접 또는 간접적으로 인용을 한 경우가 약 630여회나 된다. 그러나 외경을 인용한 경우는 한 번도 없다. 예수님이나 사도들 당시에는 외경이 첨가되어있는 70인역 성경이 널리 이용되고 있었다. 그런데도 예수님이나 사도들께서는 한 번도 외경을 인용하거나 언급하신 일이 없었다. 우리는 이것을 단지 우연의 탓으로 돌릴 수 없다. 이 사실은 외경을 하나님의 말씀으로 인정하지 않겠다는 그들의 의도가 반영된 것이라고 보아야 한다.

둘째, 인명이나 지명 또는 그 연대가 실제 역사적 사실과 맞지 않는 경우가 많다. 성경은 오류가 없는 책이다. 이 사실은 지명이나 인명 같은 고유 명사나 역사적인 순서에도 적용이 된다. 만일 외경 속에 실제 역사적인 사실이나 정경에 밝혀진 내용과 일치가 되지 않는 사례가 있다면 그것은 분명히 오류를 담고 있다. 따라서 외경은 오류가 없는 절대적 권위를 가진 하나님의 말씀으로서의 성경이 될 수가 없다.

셋째, 내용에서 현실성이 없고 매우 허황된 경우가 발견된다. 성경에 밝혀져 있지 않아서 궁금하게 여겨지는 내용을 상상하여 보충한 것이나 바벨론에 갇혀있는 사람들에게 예루살렘의 선지자가 매일 음식을 날라 먹도록 한 것 또는 큰 물고기의 간이나 내장으로 귀신을 이기고 소경의 눈을 뜨게 했다는 것 등은 매우 현실성이 빠져 있다. 성경은 비록 환상이나 예언이라 하더라도 항상 현실에 그 기초를 두고 있다. 그리고 그 목표는 그리스도와 죄인의 구원에 맞추어져 있다. 그러므로 외경은 그 내용상으로 볼 때 허황된 문서에 불과하다.

넷째, 도덕적 기준이 정경보다 매우 저급하다. 성경은 매우 고상한 윤리를 제시하고 있다. 율법에 대해서는 완전한 순종을 요구한다. 그리고 은혜를 통해서 그 율법에 대한 완전한 순종을 가능하게 해준다. 그뿐만 아니라 성경은 비록 선한 목적을 위한다고 하더라도 불의한 수단은 절대 허용하지 않는다.

그래서 우상 숭배는 하나님의 질투 대상으로까지 여겨 어떤 상황에서도 용납하지 않는다. 외경은 이러한 성경의 도덕 기준에서 볼 때 그 수준이 매우 뒤떨어진다.

다섯째, 70인역을 제외한 대부분의 다른 사본들이나 번역본들에는 외경이 없었다. 70인역은 히브리어를 헬라어로 번역한 성경이다. 그런데 70인역보다 먼저 있었던 대부분의 히브리어 사본들에는 외경이 포함되어 있지 않았다. 유대인들이 사용하던 맛소라 사본에도 외경은 포함되어 있지 않았다. 그러므로 외경은 보편적인 권위를 지닌 성경으로 받아들일 수가 없다.

여섯째, 초대 교회와 초대 교회의 지도자들이 외경을 하나님의 말씀으로 받아들이지 않았다. 외경에 대한 비판은 다음과 같이 요약된다.

> 외경에는 정경과 반대되는 교리와 교훈이 많다. 외경은 배타적 민족주의를 고취하는 일방적 문학 작품이다. 또한, 외경은 역사적 사실을 그대로 기록한 정확한 역사 문헌으로는 볼 수 없다. 마지막으로 외경에는 극도의 신비주의적인 내용이 많아 건전한 신앙을 해칠 염려가 많다.

4) 외경의 종류와 내용[5]

(1) 토비트(Tobit)

토빗이라고도 부른다. 본래 아람어와 히브리어로 기록된 토비트는 유대인에게 경건과 도덕성을 가르치고 하나님께 신앙을 둔 사람의 기적적 도움을 말하는 이야기이다. 이 책은 신약시대 전의 기간동안 유대인의 종교와 문화를 상세하게 설명해 준다.

소경이 된 토비트의 아들 토비아가 먼 곳에까지 가서 빛을 받아 오는 도중에 하나님의 사자의 도움을 받아 큰 어려움을 물리치고 아내 사라를 맞게 되는 과정을 통해서 의인의 자녀가 복을 받게 됨을 보여 주는 책이다. 그러나 그

---

5 방경혁 역, 『제2의 성경-외경』(서울: 보문출판사, 1991). 외경에 대한 자세한 내용은 이 책을 참조하라.

내용이 지나치게 허구적이고 인간의 공로를 강조한다. 그 시대적인 배경도 실제 역사적 사실과 거리가 있다. 그리고 악귀들과 싸움에서, 물가에서 얻은 물고기의 쓸개와 염통과 간을 향불에 태워 그 냄새로 이겼고(8장 2절-8장 3절), 눈을 고쳤다는 내용은(11장 11절-11장 15절) 신비적이며 매우 허황되다.

6장 3-9절: 토비아가 발을 씻으려고 물가에 내려갔을 때 커다란 물고기가 물에서 뛰어올라 그 소년의 발을 잘라 먹으려고 하였다. 그래서 그는 소리를 질렀다. 그때 천사가 소년에게 "그 물고기를 놓치지 말고 붙잡아라" 하고 말하였다. 토비아는 그 물고기를 붙잡아서 뭍으로 끌어 올렸다. 그러자 천사 라파엘이 말하였다.

> 그 물고기의 배를 갈라서 쓸개와 염통과 간은 꺼내어 잘 보관하고 나머지 내장은 다 버려라. 그 쓸개와 염통과 간은 약으로 요긴하게 쓰일 것이다.

토비아는 물고기의 배를 가르고 쓸개와 염통과 간을 따로 간수한 다음, 물고기의 일부분은 구워서 먹고 나머지는 소금에 절여두었다.

8장 2-3절: 그때 토비아는 라파엘의 말을 기억하고 자기가 가지고 다니는 자루에서 물고기 간과 염통을 꺼내어 타오르는 향불 위에 올려놓았다. 그 물고기 냄새를 맡고 귀신은 이집트 땅 먼 곳까지 도망을 가버렸다. 그때 라파엘은 그 귀신을 날쌔게 쫓아가서 손발을 묶고 꼼짝도 못하게 해 놓았다.

11장 11-15절: 토비아는 물고기의 쓸개를 손에 든 채 아버지에게 달려가 아버지의 눈에 입김을 불어 넣어드렸다. 그리고 아버지의 팔을 붙잡고 "아버지, 기운을 내십시오" 하고 말하며 그 약을 눈에 발라 드린 다음 양손으로 아버지의 눈구석에서부터 흰막을 벗겨 내었다.

12장 9절: "자선은 사람을 죽음에서 건져내고 모든 죄를 깨끗이 없애 버립니다. 자선을 행하는 사람은 장수하게 될 것입니다."

토비트의 내용 중 선행을 통하여 칭의를 얻는다든가(12장 9절) 성자의 공로를 믿는다는 것은 정경과 어긋나는 내용이다. 토비트의 많은 내용은 천주교의 선행 강조와 공로 구원에 많은 영향을 끼쳤다.

(2) 유디트(Judith)

유딧이라고 부르기도 한다. 용감하고 슬기로운 여인 유딧(유디트)이 아름다운 용모로 적장을 유인하여 죽임으로써, 국가를 위기에서 구해내는 이야기를 담은 책이다. 전형적인 희랍소설의 기법으로 쓰였다. 그러나 느부갓네살이 실제와는 달리 바벨론이 아닌 니느웨를 다스렸다고 언급되어 있기도 하다(1장 1절). 거짓말이 공공연히 행해지고, 자살과 암살 행위까지도 정당시 되어 찬양함으로써(13:7-13:9)정경과 반대되는 교리와 행위의 교훈이 담겨 있다.

1장 1절: 대도시 니느웨에서 앗시리아를 통치하고 있던 느부갓네살왕 제십이 년에 있었던 일이다. 그때 메대인의 왕 아르박삿은 엑바타나에서 백성을 다스리며(13:7-13:9) 그리고 침대로 다가와 홀로페르네스의 머리털을 움켜잡고 "이스라엘의 주 하나님, 오늘 저에게 힘을 주십시오" 하고 말하였다. 그리고 있는 힘을 다하여 홀로페르네스의 목덜미를 두 번 내리쳐서 그의 머리를 잘라 버렸다. 그러고 나서 그의 몸을 침대에서 굴러 내리고 기둥으로부터 휘장을 걷어서 치워 버렸다. 잠시 후에 유디스는 밖으로 나가 홀로페르네스의 머리를 자기 하녀에게 주었다.

(3) 에스더(The Additions to Esther)

본래 히브리어로 된 에스더서에는 없었으나 희랍어로 번역된 70인역에 나오는 내용을 뽑아서 후대 사람이 모두 6장 105절로 모아 놓은 책이다. 아하수에로 왕을 구해낸 사건과 관련된 모르드개의 꿈과 해석, 모르드개와 에스더의 기도, 아하수에로 왕의 칙령과 포고문 등이 나온다. 그러나 기괴 망측한 묵상과 환상 그리고 상징을 내포하고 있어 미신적인 생활로 오도할 위험성을 가지고 있다.

11장 5-12절: 그가 꾼 꿈이란 다음과 같은 것이었다. 울부짖는 소리와 대소동, 뇌성과 지진으로 지상은 온통 뒤죽박죽이었다. 그때 두 마리 커다란 용이 다가서더니 금시라도 서로 싸울 기세를 보이며 크게 으르렁 거렸다. 그 소리에 자극을 받아서 모든 민족이 의로운 백성을 치려고 전쟁 준비를 하였다. 어둡고 음산한 날이 왔던 것이다. 그날 온 땅은 고통과 번민과 불안과 대혼란으로 뒤덮였다. 의로운 백성은 자기들에게 닥쳐 올 재앙을 눈 앞에 보고 겁에 질려 최후의 한 사람까지 죽을 각오를 하고 하나님께 부르짖었다. 그때 그 부르 짖는 소리에서, 마치 작은 샘에서 물이 흘러나오듯이 큰 강이 생겨나 물이 넘쳐흘렀다. 그러자 태양이 뜨고 날이 밝아지더니 그 비천한 백성은 높아지고 힘센 자들을 집어삼켰다.

(4) 솔로몬의 지혜(The Wisdom of Solomon)

잠언의 경우처럼 지혜를 의인화시켜서 찬양하는 책이다. 지혜를 가진 의인을 악인과 대조하면서 지혜의 중요성을 강조하고, 이스라엘 역사 속에 나타난 지혜의 효능을 소개한다. 즉 악이 우세하는 일이 있을지라도, 결국에는 의가 승리를 거두게 될 것을 말함으로써, 고난 중에 있는 자에게는 위로와 격려를 그리고 배교자에게는 깨우침을 주기 위한 글이다. 이 책은 히브리적인 사상과 희랍적인 사상을 훌륭하게 조화시켜 놓고 있다. 그러나 메시아에 관한 언급은 찾을 수가 없다.

1장 13-5절: 하나님은 죽음을 만들지 않으셨고 산 자들의 멸망을 기뻐하시지 않는다. 하나님은 모든 것을 살라고 만드셨으며 세상의 모든 피조물은 원래가 살게 마련이다. 그래서 피조물 속에는 멸망의 독소가 없고 지옥은 지상에서 아무런 힘도 쓰지 못한다. 덕스러운 자들은 지옥을 모르며 의인은 죽지 않는다.

(5) 에스드라 전서(Ⅰ Esdras)

역대하 35, 36장과 에스라서, 느헤미야 8장의 배경과 동일한 이스라엘 민족의 역사를 기록한 책이다. 요시아 왕의 유월절에서부터 시작하여, 에스라의 율법낭독으로 끝을 맺는다. 여기에는 진정한 지혜가 무엇인가에 대하여 다리오 왕궁에서 있었던 세 시종의 대화와, 이스라엘의 귀환과 성전의 재건을 허락하는 고레스의 칙령 등의 기록은 스룹바벨 총독이 어떤 사람이었으며, 이스라엘이 어떻게 하여 포로생활에서 귀환을 할 수 있게 되었는지에 대한 내용들이 포함되어 있다. 그러나 파사 왕들의 순서가 역사적 사실과 일치하지 않게 기록되어 있다.

(6) 에스드라 후서 (Ⅱ Esdras)

유대적인 묵시를 반대하는 입장에서 기록한 여러 가지의 묵시들을 모아 놓은 책이다. 살라디엘의 묵시, 독수리 환상, 메시아 환상, 전설 등이 나온다. 그 형태나 내용으로 볼 때, 신약시대의 그리스도인이 기록한 책으로 여겨진다. 또한, 선행을 통하여 칭의를 얻는다든가(8:33), 성자의 공로를 믿는다는 정경과 어긋나는 교리가 있다.

8장 33절 : 의로운 자들은 그들이 주님을 위해 행한 선한 일 때문에 보상을 받을 것입니다.

13장 46절 : 그들은 그 이후에 거기에 살았다. 마지막 날에 그들은 고향으로 돌아올 것이다.

(7) 므낫세의 기도(The Prayer of Manasseh)

바벨론에 포로로 끌려갔던 므낫세 왕이 드렸다는 기도이다. 15절로 된 짧은 참회의 시 형식이다. 역대하 맨 마지막 부분에 덧붙여지는 때도 있었다.

(8) 시락의 집회서(Ecclesiasticus of Jesus ben Sirach)

외경 중에서는 유일하게 저자의 이름이 밝혀져 있다. 시락의 후손(벤 시락)은 B.C. 2세기 후반에 살았던 유대 현인이었다. 이 책은 마치 잠언처럼, 지혜를 1인칭화하여 찬양하는 시로 되어있다. 하나님을 경외함이 지혜의 근원임을 강조하고, 온 땅에 퍼져 있는 지혜, 특히 예루살렘에 충만한 지혜를 찬양한다. 그러나 하나님의 주권과 사람의 책임, 염세주의와 낙관주의 등 상반된 주제들에 대한 교훈에서 일관성이 부족하다. 오히려 서로 모순을 보이는 경우도 많다. 여자에 대해서는 악으로 유혹하는 자로 봄으로써, 부정적인 태도를 보인다. "조부들의 찬미"라는 제목 부분에는 분간할 수 없을 정도로 이사야서의 여러 부분이 인용되어 있다. 또한, 선행을 통하여 칭의를 얻는다든가(3장 30절), 성자의 공로를 믿는다는 정경과 어긋나는 교리가 있다.

3장 30절: 물은 뜨거운 불을 끄고 자선은 죄를 보상할 수 있다.

25장 24-26절: 죄는 여자로부터 시작하였고 우리의 죽음도 본시 여자 때문이다. 저수지의 둑을 터주지 말 것이며, 고약한 여자에게 자유를 주지 말 일이다. 시키는 대로 하지 않는 여자는 인연을 끊고 보내 버려라. 시락의 집회서도 가톨릭의 선행을 통한 공로 구원에 많은 영향을 끼쳤다.

(9) 바룩(Baruch)

예레미야의 서기관 바룩이 바벨론에 포로로 잡혀가 있는 동족들에게 보내는 글이다. 그 내용은 예레미야, 다니엘, 욥기에서 뽑아낸 부분들을 종합한 것으로, 죄에 대한 고백, 용서와 자비를 구하는 기도, 지혜의 샘에 관한 설교들로 구성되어 있다. 그러나 기괴망측한 묵상과 환상 그리고 상징을 내포하고 있어 미신적인 생활로 오도할 위험성을 가지고 있다. 또한, 예레미야 43장 6절에 바룩이 예레미야와 함께 바벨론이 아닌 애굽으로 갔다고 되어있는 내용과 조화가 되지 않는다.

(10) 예레미야의 편지(The Epistle of Jeremiah)

바벨론에 포로로 잡혀가 있는 형제들에게 보내는 편지 형식의 글이다. 포로의 기간에 대한 예언과 배교에 대한 경고를 담고 있다. 매우 산만함과 불필요한 반복, 그리고 비논리적인 부분들이 눈에 띈다.

(11) 수산나의 이야기(The History of Susanna)

경건하고 현숙한 여인 수산나를 통해서 악을 벌하시고 선을 보상하시는 하나님을 설명하는 책이다. 다니엘은 지혜로운 재판관으로 등장한다. 다니엘은 모함을 받아서 위기에 처해 있던 수산나를 구하고 음탕한 두 재판관을 심판한다. 이 책은 극적인 요소가 많아서 성경 중 최초로 희곡화되어 연극 무대에 올려졌었다. 정의와 공정한 재판을 강조하고 있음에도 불구하고 유대인의 전통적인 율법관과 비교해 보면 상당한 차이를 보인다.

신앙이 좋은 수산나라는 여인은 어느 날 남편의 출타 중 목욕을 하다가 평상시 그녀를 흠모하던 두 명의 불의한 재판관에 의해 억울한 누명을 쓰고 재판정에 끌려온다. 주님께서는 수산나의 절규를 들으시고 그녀가 재판정으로 끌려나갈 때 다니엘이라는 소년의 마음속에 성령을 불어넣어 재빨리 다니엘을 재판정으로 보내신다. 다니엘의 심문을 통해 두 재판관의 거짓이 탄로나고 수산나는 극적으로 구출된다.

(12) 아자리아와 세 청년의 노래[6]

다니엘과 그의 세 친구가 풀무불 속에서 불렀다고 하는 찬송시다. 재난 중에서도 하나님의 정의는 역사를 하고 있음을 찬양하여, 이스라엘에게 용기를 북돋아 주기 위한 책이다. 그러나 우상 숭배에 대해서 매우 모호한 태도를 보인다.

3장 68-81절: 야수들과 가축들이여, 주님을 찬미하여라. 주님께 영광과 영원한 찬양을 드려라. 사람의 아들들이여, 주님을 찬미하여라. 주님께 지극한 영광과 영원한 찬양을 드려라. 이스라엘아, 주님을 찬미하여라. 주님은 우리를 지옥에서 건져 주셨고 죽음의 손에서 빼내 주셨으며 불타는 가마 속에서 구해 주셨고 불길 속에서 구해 주셨다. 주님께 감사를 드려라. 주님은 선하시고 그분의 사랑은 영원하시다. 주님을 경배하는 모든 이들이여, 모든 신 위에 계시는 하나님을 찬미하여라. 그분을 찬양하고 감사를 드려라. 그분의 사랑은 영원하시다.

(13) 벨과 용의 이야기(The Story of Bel and Dragon)

이방의 신(神)인 벨과 용을 섬기는 제사장들의 음모와 악행을 밝혀내는 다니엘의 활약과 지혜를 기록한 책이다. 마치 탐정 소설 같은 느낌이 들게 한다. 이방 신의 이름이 용으로 불려진 것을 보아, 바벨론 보다는 이집트를 배경으로 기록한 듯한 느낌을 갖게 한다. 이집트 사람들이 뱀을 신으로 섬겼기 때문이다. 다니엘이 사자굴 속에 6일 동안 갇혀있었으며, 그동안 매일 하박국 선지자가 유대에서부터 날라다 주는 음식을 먹었다는 내용(14장 33절)은 다니엘서와 상당한 거리가 있고, 현실성도 부족하다. 또한, 우상 숭배에 대해서 매우 생생하고 극적인 묘사를 하고 있다. 다니엘과 괴물이 싸우는 극적인 상황은 어느 신화에나 나오는 해괴한 내용 같다(14장 25절).

---

6 The Prayer of Azariah and the Song of the Three Young Men.

14장 25-27절 : 다니엘은 이렇게 대답하였다.

"나는 나의 하나님이신 주님을 숭배할 뿐입니다. 그분만이 살아계신 하나님이십니다. 폐하, 폐하께서 허락하신다면 내가 칼이나 몽둥이를 쓰지 않고 그 용을 죽이겠습니다."

왕은 그렇게 해보라고 허락하였다. 다니엘은 역청과 비계와 머리털을 한데 섞어 끓여서 여러 덩어리로 만들어 용에게 먹였다. 용은 그것을 먹자 배가 불러 터져 죽어 버렸다. 다니엘은 왕에게 "저것이 폐하께서 숭배하시던 신입니다" 하고 말하였다.

(14) 마카비전서 (I Maccabees)

신구약 중간 시대인 안티오커스 에피파네스 박해 때에 있었던 이스라엘의 혁명 역사를 기록한 책이다. 유다 마카비라는 인물과 그의 형제들을 중심으로 혁명의 배경, 발단, 진행 등을 소개한다. 그 배후에는 이스라엘을 향한 하나님의 섭리는 희랍의 지배 아래서도 계속되고 있음을 보여 주려는 의도가 담겨 있다. 그 내용이 비교적 자세하여, 신약과 구약 중간시대의 역사를 알아볼 수 있는 자료가 된다. 그러나 그 시대에는 이미 선지자들에게서 예언의 영이 떠났다고 하는 내용을 담고 있어서, 스스로 영감된 책의 범주에서 제외시키고 있다.

16장 14-23절: 시몬은 민정을 살피면서 유다의 여러 도시를 순시하고 있었다. 그러다가 시몬과 그의 아들 마따디아와 유다는 177년 세바트월 즉 일월에 예리고로 내려갔다. 아브보스의 아들은 자기가 세운 도크라는 요새로 시몬 일행을 유인하여 자기 부하들을 몰래 숨겨둔 방으로 맞아들이고 주연을 베풀어 주었다. 시몬과 그의 아들들이 술에 취했을 때 프톨레매오와 그의 부하들이 무기를 들고 벌떡 일어나서 연회장에 있는 시몬에게 달려들어 그를 죽이고 시몬의 두 아들과 그의 하인 몇 사람을 죽였다.

이와 같은 큰 반역을 감행함으로써 프톨레매오는 선을 악으로 갚았다. 그후 프톨레매오는 이 사실을 적어서 왕에게 보내며 자기에게 응원병을 보내 줄 것과 유다 나라와 도시들을 자기에게 넘겨 줄 것을 요청하였다. 그는 또 요한을 없애 버리라고 다른 사람들을 게젤로 보냈다. 그리고 천인 대장들에게 편지를 떼워 자기에게 오면 은과 금과 그 외의 선물들을 주겠다고 하였다.

(15) 마카비후서(II Maccabees)

예루살렘이 압제를 당하고 있음에도 불구하고, 하나님은 거룩한 뜻을 가지고 계시므로, 하나님을 원망해서는 안 된다는 사실을 기록한 책이다. 유다에 있는 유대인들이 애굽에 있는 형제들에게 보내는 편지로 시작을 한다. 성전의 거룩함을 강조하는 것이 특징이다.

그러나 시대의 배열 순서에서 역사적인 사실과 다른 내용들이 나온다. 그리고 죽은 자들을 위한 살아 있는 자들의 기도와 헌금 그리고 그 효력으로 말미암는 속죄의 가능성을 말하는 내용도 담겨 있다. 그래서 로마 교회에서는 이 책을 연옥 교리의 근거로 이용을 한다. 이것은 종교개혁자 루터(Martin Luther)가 가톨릭교회가 연옥(마카비후서 12장 43절-45절)과 죽은 자를 위한 기도(12장 43절)와 미사의 효과에 대한 교리들이 증거 자료들을 이 외경의 구절들에서 가져왔음을 발견하고 외경들을 비난했다.

12장 43-45절 : 그리고 유다스는 각 사람에게서 모금하여 은 이천 드라크마를 모아 그것을 속죄의 제사를 위한 비용으로 써 달라고 예루살렘으로 보냈다. 그가 이처럼 숭고한 일을 한 것은 부활에 대해서 생각하고 있었기 때문이었다. 만일 그가 전사자들이 부활할 수 있다는 희망을 품고 있지 않았다면 죽은 자들을 위해서 기도하는 것이 허사이고 무의미한 일이었을 것이다.

3. 구약의 위경

위경(Pseudepigrapha)이란 가짜 또는 허위 문서로써, 몰래 숨어서 읽는 책이라는 의미가 강하다. 구약정경과 외경을 제외한 많은 유대문서들이 위경에 속한다. 본래는 B.C. 200부터 A.D. 100년 사이에 히브리어, 아람어와 헬라어로 기록되었다. 위경에는 주로 묵시문학(默示文學), 전설적 역사(傳說的 歷史), 시편집록(詩篇 集錄)들과 지혜작품(知慧作品)들이 포함되어 있다.

 이런 책들 중 어떤 것들은 아담(Adam), 에녹(Enoch), 모세(Moses), 이사야(Isa-iah) 및 다른 위대한 구약 인물들의 것으로 언급되고 있기 때문에 개신교 입장에서는 이런 문학 전체에 대하여 '위경(僞經)'이란 용어를 적용하게 되었다. 다만 가톨릭(Roman Catholic)에서는 개신교에서 말하는 위경과 그 위경의 내용을 외경이라고 부른다. 위경의 중요성은 신구약 중간기의 유대교와 초기 기독교의 신학적 환경을 이해하는데 있어서 일차적인 자료를 제공해 준다는 데 있다. 사해 두루마리 사본의 발견으로 정경 이외의 수많은 유대 작품이 늘어났기 때문에 위경의 모든 제목을 알기란 어렵다.

 주요 위경의 제목은 다음과 같다.

> 아브라함의 언약, 아담묵시록, 아담과 하와의 생애, 아리스데아의 편지, 바룩의 묵시, 에녹서, 에스라2(4)서, 이사야의 순교와 승천, 예레미야의 예언, 요셉과 아스낫, 기쁨의 책, 선지자의 일생, 모세의 승천, 시편 151편, 시빌의 신탁, 솔로몬의 송가, 솔로몬의 시, 십이족장 언약 등.

제2부

구약성경 이해의 기초

제3장 구약성경 이해의 두 요소

구약성경 이해의 두 요소

1. 구약성경의 요소

성경이란 무엇인가?

특히 구약성경이 질문에 대하여 "성경은 하나님의 말씀이다"라고 말하는 것은 너무 규격화된 대답이 아닐 수 없다. 성경은 분명히 하나님의 말씀이다. 그러나 역사 속에 계시된 하나님의 말씀이다. 또한, 성경은 구원에 이르는 지혜로서 예수 그리스도를 발견하게 해 줄 뿐만 아니라 구원받은 자를 교훈하며 책망하며 바르게 하며 의로운 삶에 이르도록 교육하기에 유익하다(딤후 3:14-17).

기록된 하나님의 말씀으로서의 성경은 단순히 문자적인 의미에만 머무르지 않고 역사 속에 메시아(그리스도) 중심의 언약이 담겨 있으므로 성경의 내용을 바르게 이해하고 해석하기는 결코 쉽지않다. 예를 들면 하나님께서는 왜 선악을 알게 하는 나무의 열매를 따 먹지 말라고 하셨는가. 아담과 하와의 아들들인 가인과 아벨 및 셋은 누구와 결혼했는가. 또 창세기 제4장에는 인류 최초의 가정에서 형이 동생을 죽인 살인 사건이 기록되어 있다. 도대체 이 사건은 성경을 읽는 사람들에게 무엇을 가르치며 어떤 교훈을 주고 있는가. 이러한 물음에 대해 간단히 대답하기란 절대 쉽지 않음을 느끼게 된다.

또 역대기 제1장은 아담의 족보 이야기로 시작하여 제9장에 이르기까지 족보 이야기가 지루하리만치 계속된다. 이때 족보와 함께 달리는 이스라엘의 역사는 하나님의 선택된 민족인 이스라엘이 어떻게 형성되었으며 여자의 후손으로 오실 메시아가 어떤 계보(족보)를 통해 이 땅에 오셨는가를 보여 주고 있음을 바르게 이해할 때, 지루한 것 같은 족보(계보)의 내용도 메시아를 직간접적으로 보여 준다는 의미에서 '너무나 귀한 하나님의 말씀'임을 알 수 있게 된다. 특히 구약은 이스라엘 역사로서 일정한 주제 아래 해석된 역사이다. 또한, 이스라엘의 역사는 단순한 한 민족 이스라엘 역사로서의 의미만 있는 것이 아니라 이스라엘 역사를 중심으로 펼쳐지는 하나님의 인간 구원의 역사에 더 큰 의미가 있다. 가인의 아벨 살인 사건을 통해서도 인간은 죄를 짓기 때문에 죄인이 아니라, 죄인이기 때문에 죄를 짓는 존재임을 성경은 분명하게 가르친다(창 4장).

　구약성경은 역사 속에 계시된 하나님의 말씀이다. 따라서 구약성경을 읽을 때 그것은 성경의 외적 요소인 역사를 읽는 것이다. 그러나 그 역사 속에는 내용과 주제가 있다. 그것이 바로 성경의 내적 요소인 언약이다. 좀 더 구체적으로 말하면 성경은 역사 속에 계시된 하나님의 말씀이기 때문에 문자적인 역사를 읽고 그 역사 속에 담겨 있는 내용을 바르게 이해해야 한다. 성경은 역사가 선택적으로 기록된 것이며 동시에 그 역사 속에 하나님의 뜻(언약)이 담겨 있는 하나님의 계시다. 구약성경은 외적으로는 선택된 역사적 사실의 기록이며, 내적으로는 인간 구원에 관한 언약 곧 메시아언약이 그 중심 내용이다. 역사와 언약 이 둘은 성경을 이해하는 데 가장 중요한 두 요소이다.

　성경은 하나님의 말씀, 곧 역사 속에 계시된(나타난) 하나님의 말씀이다. 문서설 입장의 비평적 견해로 성경을 이해하는 자유주의자들은 '역사'라는 용어보다는 꾸며낸 이야기나 설화 등으로 말하려는 경향이 강하다.[1] 그 이유 중의 하나는 성경의 역사성을 믿지 않기 때문이다. 따라서 한국 교회 내에서도 성경의 역사성을 부인하면서 교묘하게 '이야기' 등으로 피해 나가는 개혁주의자들이 늘어가고 있다. 예를 들면, 창세기 1, 2장의 '하나님의 창조역사'를 '창조 이야기' 또는 '노아의 홍수 사건'을 '홍수 이야기' 등으로 슬쩍 피해 가면서 성경의 역사적 사실을 설화나 꾸며낸 이야기 등으로 간주해 버린다.[2]

---

1   최근 한국 교회 개혁주의 입장의 교단 신학교에서조차 성경의 역사성을 교묘하게 부인하는 신학자들이 늘어나고 있다. 자유주의 입장의 견해처럼 '설화' 또는 '가설'이라고 직접 부르지는 않지만, 슬쩍 '이야기' 등으로 부르며 성경의 역사적 사실을 부인하려는 신학자들이 점차 많아지고 있는 것은 개혁주의 신학의 위기를 의미한다.

2   김정우, 『구약통전』(서울: 이레서원, 2002), p.298. 김정우 교수는 "사실 오경 속에는 많은 이야기와 역사적 설화들이 담겨 있지만, 오경에서 가장 중요한 요소는 하나님께서 시

　개혁주의 성경관 아래서의 성경해석은 성경의 무오성과 영감성에 기초하여 성경의 역사적 실재성을 믿는 믿음에서 출발한다.

2. 구약성경의 외적 요소(역사)

　성경을 읽고 이해하기에 앞서 우선 성경은 역사 속에 계시된 정확무오한 하나님의 말씀이라고 하는 올바른 성경관을 갖는 것이 중요하다. 올바른 성경관은 성경의 외적인 형식적 요소와 내적인 내용적 요소의 특징 아래 정립되어야 한다. 성경의 외적인 형식적 요소는 우선 성경을 읽을 때 드러나는 역사 그 자체를 말한다. 성경은 역사의 무대 속에 실제로 존재한 사건들이 일정한 주제 아래 하나님의 뜻에 따라 선택되어 기록된 것이다. 결국, 성경의 외적 요소는 역사이다. 그래서 구약성경을 읽는 사람들은 선택되어 기록된 역사를 읽는 것이다. 성경을 고대 근동 지방의 여러 문헌 중의 하나라고 하는 간주하는 것도 잘못된 성경관이지만 성경을 하나님의 인간 구원에 관한 계시로 보지 않고 다만 신앙고백적인 문서로만 보아 당시의 저자들이 하나님에 대해서 신앙을 고백했던 문서로 간주하는 것도 잘못된 성경관이다.

　이 두 관점의 성경관은 하나님의 계시 통일성, 즉 점진적인 통일성을 인정하지 않고 있다. 성경은 하나님의 계시이기 때문에 성경에 기록된 역사의 중심은 언약이라는 주제 아래 통일성을 갖고 있다. 따라서 "성경은 하나님의 말씀이다"라고 말하기보다는 좀 더 구체적으로 "역사 속에 계시된 하나님의 말씀"이라고 고백해야 한다. 구약성경은 하나님의 '언약'이 '역사'라는 그릇에 담겨있다고 쉽게 설명할 수 있다. 예컨대 창세기 38장은 과부된 며느리가 일부러 아들을 낳고 싶어서 시아버지를 유혹하여 동침한 사건을 생생하게 역사적 사건으로 기록하고 있다. 이 성경 말씀은 왜 어떻게 하나님의 말씀이라고 말할 수 있는가. 창세기 38장을 역사적 사실로 읽을 때 윤리적인 접근을 통해서는 아무

내 산에서 모세를 통하여 주신 율법에 있음을 강조하기 위함이다"라고 말하고 있다. 오경을 꾸며낸 이야기나 설화로 보는 문서설 입장의 자유주의 견해와 어떻게 다른지 혼란스럽다.

런 의미도 발견할 수 없거나 그 역사적 사건과 내용을 곡해하기 쉽다.

그러나 유다의 가정에서 실천되어야 할 하나님의 거룩한 명령인 '계대 결혼'과 그 계대 결혼에 목숨을 걸고 순종한 다말의 의로운 믿음의 행위를 바르게 이해할 수만 있다면 창세기 38장의 유다와 다말의 계대 결혼은 메시아의 혈통을 잇는 은혜스러운 순종의 행위였음을 알 수 있게 된다. 이런 의미에서 창세기 38장은 비윤리적이고 비도덕적인 고대 근동의 성생활의 일부(자유주의 비평적 견해)가 아니라 계대 결혼이라는 하나님의 말씀에 순종하는 한 여인의 믿음을 통해 '메시아의 혈통'이 이어지고 있음을 보여 주는 그 당시 역사 속에 나타난 하나님의 말씀이다. 특히 이 이야기가 창세기 37장에서 시작되는 요셉의 생애 직후에 나오는 이유는 다음과 같다.

> 일반적으로 하나님의 인간 구원의 언약 역사는 아담에게서 시작되어(창 3:14-17) 노아, 아브라함, 이삭, 야곱과 야곱의 아들 유다로 이어지며 유다의 자손 다윗을 거쳐 예수 그리스도로 이어진다(마 1장). 그런데 창세기 36장까지 계속된 야곱의 가정역사는 37장에서부터 야곱의 열한 번째 아들인 요셉의 역사로 이어져 창세기 50장까지 계속된다. 만약 창세기 38장의 유다의 계대 결혼 내용이 없다면 야곱의 메시아적 계보는 요셉에게로 이어지는 것처럼 오해될 가능성이 너무나 크기 때문에 창세기 38장의 유다의 계대 결혼 사건과 그 후손을 기록함으로써 메시아의 계보는 야곱에게서 요셉으로 내려가는 것이 아니라, 유다에게로 내려감을 분명히 계시하기 위한 하나님의 뜻이 담겨 있다고 보아야 한다. 성경의 외적 요소는 역사이다. 그래서 구약성경을 읽는 사람들은 선택되어 기록되어진 역사를 읽는 것이다. 그러나 그 역사 속에는 내용(언약) 곧 하나님의 인간 구원이라는 주제가 담겨 있다.

3. 구약성경의 내적 요소(언약)

하나님께서는 기록으로 남겨지는 그 역사(성경)를 통해 하나님 당신의 뜻을 인간들에게 알리시려는 분명한 목적과 주제가 있다고 볼 수 있다. 성경 속에 있는 이 주제와 목적이 바로 성경의 내적 요소인 하나님의 인간 구원 약속인 언약(בְּרִית 베리트)이다.[3] 그리고 이 언약의 중심은 메시아 곧 그리스도이다. 그래서 그리스도가 오시기 이전의 역사를 기록한 성경을 옛 언약 곧 구약(舊約)이라고 부르며, 그리스도 이후의 역사가 기록된 성경을 새 언약 곧 신약(新約)이라고 부르는 것이다. 구약성경은 실재 존재한 역사가 기록자(원저자)이신 하나님의 뜻에 따라 '일정한 주제'(언약) 아래 선택되기도 하며 때로는 해석되어 기록된 하나님의 계시다. 즉 성경은 이미 '해석된' 신학적인 의미를 지닌 실제 역사가 기록되었기에 모든 사람이 받아들일 수 있는 과거의 사건만을 기록한 단순한 역사책만은 아니다.

성경은 여호와께서 과거에 이스라엘 백성들에게 행하신 사건을 성경 저자가 하나님께 영감을 받아 어떤 일정한 원리 선택되고 강조되었으며 역사적 순서에 따라 배열되고 때로는 해석되어 언약의 중심인 메시아와 그 메시아를 통한 인간 구원에 관해 기록된 계시 문헌이다. 부활하신 후 주님께서는 제자들에게 모세의 율법과 선지자의 글과 시편에 그리스도를 가리켜 기록된 모든 것이 이루어져야 하리라고 말씀하셨다(눅 24:44).

이 말씀은 구약성경에 메시아적 의미가 내포되어 있음을 가장 잘 선포하고 있는 성경적 근거가 된다. 그래서 성경을 읽는 자들과 모든 성경해석자들은 메시아 중심의 언약을 중심으로 하는 몇 가지 성경 기록의 원리들을 이해함으로써 성경에 기록된 역사와 사건들을 바르게 이해할 수 있게 된다.[4]

첫째, 성경은 선택된 역사이다.

즉 성경은 성경 저자(기록자)가 어떤 주제(언약)를 중심으로 당시의 사건을 취사 선택하여 기록하였다는 것이다. 즉 성경은 역사 속에서 일어난 모든 일을 상세히 기록한 역사 문집이 아니라 일정한 주제 곧 메시아언약을 알리는

3   베리트(בְּרִית)는 하나님의 주권적으로 사역되는 두 당사자 사이에 피로 맺은 약정이다. 이 언약의 특징은 죄인에 대한 하나님의 일방적(주권적)인 약속으로서 인간의 동의를 구하지 않고 성취해 나가시는 하나님의 주권적 은혜의 사역이다.

4   '성경 기록 원리'라는 말은 처음 성경 기록자들이 이 원리에 따라 기록했다는 말이 아니라 후대에 성경을 이해하는 한 방편으로서 이러한 원리에 따라 이해하는 것이 성경을 바르게 이해하는 한 방법임을 발견한 것이다.

사건이나 내용만이 선택되어 기록되었고 나머지는 생략되었다는 것이다. 사
도 요한은 예수의 행적을 기록으로 남길 때 예수님이 행하신 모든 일을 낱낱
이 기록한 것이 아니라 어떤 특별한 목적을 가지고 몇 개의 사건만을 선택하
여 기록했다고 설명하고 있다.

> 예수께서 제자들 앞에서 이 책에 기록되지 아니한 다른 표적도 많이 행하셨으나 오직
> 이것만을 기록함는 너희로 예수께서 하나님의 아들 그리스도이심을 믿게 하려 함이요
> (요 20:30-33).

　이처럼 성경은 기록자들이 수많은 역사적 사건 가운데서 언약과 메시아라
는 주제 아래 일부만을 선택하여 기록하고 나머지는 생략하고 있음을 알 수
있다. 예를 들어 창세기 4장의 살인 사건도 그중의 하나이다. 인류 최초의 가
정인 아담과 하와의 가정 이야기를 기록으로 남길 때, 다른 사건은 다 생략되
고 오직 형이 동생을 죽인 사건만이 선택되어 기록된 것이다. 왜 이것만이 성
경에 기록되었는가. 하나님께 불순종하여 죄인이 되어버린 아담과 하와가 동
침한 결과로 태어난 인간은 역시 죄인이라는 사실을 가르쳐 주기 위한 목적
아래 가인이 그 동생 아벨을 죽인 사건만이 선택되어 기록된 것이라고 이해
할 수 있게 된다. 즉 인간은 죄인이라는 사실과 특히 인간은 죄인이기 때문에
죄를 짓는 것이지 죄를 짓기 때문에 죄인이 되는 것만은 아니라는 것을 분명
히 가르친다.

　이처럼 성경 저자는 하나님의 인간(죄인) 구원(구속) 사건을 가르쳐 주기 위
한 목적 아래 역사적 사건과 내용을 취사선택하여 기록한 것이다. 대부분의
성경에 나오는 족보(계보)들도 선택적으로 기록된 메시아적 족보라고 이해할
수 있다. 창세기 5장에서 시작되는 성경의 족보는 창세기 11장을 거쳐 열왕기
서에 이르고 다시 역대기의 족보(1-9장)를 지나 마태복음 1장과 누가복음 3장
에 이르러 메시아 예수 그리스도에게서 멈춘다. 그러므로 성경의 모든 족보는
선택된 한 민족 이스라엘의 형성에 관한 족보이면서 동시에 메시아 예수 그리
스도에 관한 언약적 족보(계보)임을 알 수 있다.

둘째, 성경은 강조된 역사이다.

강조의 원리는 여호수아서 전반부에 기록된 가나안 땅 정복 전쟁 기록에서 볼 수 있다. 크고 작은 많은 전투 가운데서 여리고성과 아이성에 관한 기록이 가장 길게 그리고 많은 자세한 내용과 함께 강조되어 나타난다.

이와 반면에 이보다 더 큰 성이었던 헤브론, 하솔에 관한 전투는 몇 절의 기록으로 끝내고 있다. 이런 사실에서 성경 저자가 특정한 면을 부각시키고 있음을 알 수 있다. 즉 이스라엘 백성들이 하나님께 순종했을 때는 여리고와 같은 큰 도시도 무너뜨릴 수 있지만, 불순종할 때는 조그마한 아이성 조차도 무너뜨리지 못한다는 사실을 기록함으로써 하나님 앞에서 순종과 불순종이 얼마나 중요한 것인지를 강조하고 있다. 그 다음에 모든 정복이 완성되었다는 이야기는 그 이후의 모든 전쟁은 여리고를 정복했을 때와 같이 백성들이 여호와의 말씀에 순종했으므로 그 땅을 정복할 수 있었다고 하는 것이 여호수아서를 기록한 사람의 관점이다.

창세기 38장의 역사도 선택적이며 강조된 역사이다. 야곱의 열두 아들 가운데 네 번째 아들인 유다의 가정 이야기(역사)가 강조되어 기록됨으로써 겉으로 볼 때는 시아버지와 며느리의 불륜 이야기 같지만, 내면적으로는 계대결혼이라는 하나님의 말씀에 순종하는 며느리 다말을 통해 메시아의 족보(계보)가 다윗으로 이어지고 있음을 보여 주는 계시로서, 창세기 38장도 메시아를 직·간접적으로 보여 주는 '역사 속에 계시된 하나님의 말씀'이다.

셋째, 성경은 배열된 역사이다.

대부분의 성경 기록이 연대기에 기초하여 기록되어 있으나 때로는 특별한 배열 방식을 취하고 있다는 것이다. 이런 경우에는 연대순서에 따라 기록되지 않고 인물이나 중요한 사건을 중심으로 한꺼번에 모아 기록으로 남겼다. 역사서인 사무엘하의 내용 가운데 배열된 역사가 많다. 사무엘하 5장을 보면, 다윗이 여부스족이 살고 있는 예루살렘을 점령했고 6장에 보면 다윗이 장막에 있는 법궤를 예루살렘으로 가지고 올라오는 기록이 나온다. 그리고 7:1에 다윗이 궁에 평안히 곧 안식할 때라고 말함으로써, 신명기 12장10절의 약속이 성취되었음을 밝히고 다윗과 맺은 언약을 기록하고 있다. 그러나 사무엘하 5장, 6장, 7장의 이야기는 연대기적 순서에 맞는 기록은 아니다. 대부분의 학자들은 이 부분의 내용을(삼하 5-7장) 다윗의 통치 말기로 보고 있다. 다윗의 통치 후기에 일어난 역사적 사건임에도 불구하고 이 부분(삼하 5-7장)은 마치 다윗의 통치 초반의 사건처럼 보인다. 성경 기록자는 우선 다윗의 왕권이 견고케 되어가는 주된 사건들을 배열한 후(삼하 1-7장), 다윗의 왕권이 점점 쇠락하여 가는 것을 대조시키면서(8장 이후) 사무엘하의 주제를 다윗의 왕권 강화와 쇠퇴에 맞추고 있음을 알 수 있다.

마찬가지로 열왕기하 22-23장도 연대기적 배열이 아니라 주제 배열에 속한다. 대부분의 비평주의(자유주의) 학자들이 이 부분을 연대기적인 배열이라고 주장하며 성경의 오류를 주장하고 있다. 즉 요시아 치세에 성전 수축을 하다가 율법책을 발견(왕하 22장)하게 되는데, 비평학자들은 이를 신명기로 보고 이것에 기초하여 종교개혁이 시작되었다(왕하 23장)고 말한다. 그러나 역대하 34, 35장을 읽으면 8세에 왕이 된 요시아가 4년 뒤부터 종교개혁 정책을 펴 예루살렘 성전을 제외한 모든 산당을 파괴하다가 재위 10년째 되던 해에 성전에서 성경을 발견하게 되었고 이를 기회로 더욱더 강한 개혁 정책을 밀고 나간 것을 읽을 수 있다. 그러므로 열왕기하 22장은 앞부분과 연결하여 볼 때 연대기적 기록이지만 23장은 일종의 개혁 목록을 나열하고 있는 것이지 22장과 계속하여 연결된 사건들은 아님을 알아야 한다.

넷째, 마지막으로 성경은 해석된 역사이다.

즉 해석의 원리는 성경 곳곳에서 발견된다. 창세기 37장부터 시작되는 요셉의 생애는 창세기 50장에서 끝난다. 하지만 성경에 기록된 요셉의 생애에 대한 긴 기록은 시편 105편 16-21절의 해석을 통해서만 그 진정한 의미를 바르게 이해할 수 있는 것이다. 또한, 이스라엘 백성들의 광야 생활 40년의 역사에 대해서는 시편 78편에 잘 해석되어 있다. 사사기에서 세 번 반복되는 주요한 주제인 "그 때에 왕이 없었으므로 사람마다 자기 소견에 옳은 대로 행하였더라"는 말씀도 사사 시대의 신앙적 암흑 상태를 잘 해석해 준다.

신약성경의 "죽은 자 가운데서 살아나신 후에야 제자들이 이 말씀하신 것을 기억하고 성경과 및 예수의 하신 말씀을 믿었더라"(요 2:22)라는 말씀도 당시 제자들의 상태를 해석하여 기록한 말씀이다. 성경은 역사에 근거한 기록된 계시이지만 성경을 일종의 문서 내지는 역사책으로만 간주하는 것은 잘못이다. 성경은 기록된 문서이며 동시에 역사에 대한 선택적 사실 및 해석된 의미가 내포되어 있다. 그러므로 우리는 성경 저자가 어떤 의도로 사건을 기록하였는지, 다시 말하면 원저자이신 하나님께서 성경 저자에게 어떤 원리와 관점에서 사건을 보게 하며 기록하게 하였는가를 검토하지 않으면 안 된다.

이렇게 성경의 역사는 성경 자체가 해석해 줌으로써 성경 본래의 뜻이 왜곡 전달되는 것을 방지하고 있음을 알 수 있다. 이 원리는 성경을 성경으로 해석해야 한다는 종교개혁자들의 기치(旗幟)가 되기도 했다.

우리는 성경을 읽을 때 성경의 외적 요소인 역사를 읽는다. 그러나 그 역사 속에는 하나님께서 보여 주시고자 하는 계시 곧 언약이 있다.[5] 이 언약은 인간을 죄로부터 구원하시기 위해 메시아를 보내 주시겠다는 하나님의 은혜로운 약속이다.

4. 구약성경의 주요 핵심 내용

구약성경의 주제는 언약이다. 따라서 구약성경의 외적 요소인 역사를 그대로 이해하고 받아들이며 동시에 그 역사 속에 내재된 언약을 이해할 줄 알아야 한다. 특히 성경의 언약을 타락을 기점으로 나눌 때 창조언약과 구속언약으로 나눈다. 창조언약은 인간이 타락하기 전에 하나님과 인간 그리고 모든 피조물과 맺은 언약으로서 타락 후에도 창조질서의 보존의 수단으로 계속되고 있는 언약이다. 따라서 창조언약은 하나님과 피조물 사이에 맺은 언약으로써 보이는 이 세상의 질서를 위해 절대적으로 필요한 언약이다. 창조언약이 깨어지면 하나님께서는 인간을 심판하시면서 역사를 이끌어 가신다.

반면에, 구속언약은 인간의 타락 후 아담에게 주신 언약(창 3:14-17)으로써, 이 언약이 노아, 아브라함, 모세, 다윗을 거쳐 메시아 예수 그리스도의 십자가 사건과 부활을 통해 성취되었다(눅 24:44). 구약성경의 내용 중 가장 중요한 것

---

5   창조주 하나님께서 피조물들에게 당신의 뜻을 알려 주시는 것을 계시라고 한다. 이러한
    하나님의 은혜스러운 계시가 없다면 인간은 스스로 하나님을 알 수도 믿을 수도 없다.

은 메시아(그리스도)를 통한 구원의 성취이다. 우리 주님께서는 부활하신 이후 제자들에게 나타나셔서 구약성경이 무엇을 가르쳐 주는지 그 핵심을 잘 요약하셨다(눅 24:44).

> 내가 너희와 함께 있을 때에 너희에게 말한 바 곧 모세의 글과 율법과 선지자의 글과 시편에 나를 가리켜 기록된 모든 것이 이루어져야 하리라 한 말이 이것이라(눅 24:44).

첫째, 구약성경은 하나님을 선포한다.

성경의 서론이라고 할 수 있는 창세기 1장과 2장은 창조주 하나님을 선포하고 창세기 3장과 4장은 인간이 어떤 존재인가 하는 사실을 가르쳐 준다. 즉 인간은 죄인이며 죄인이기 때문에 반복해서 죄를 짓는 소망 없는 존재이다. 또한, 여호와 하나님은 창조주 하나님이신 동시에 심판의 하나님이심을 가르쳐 준다. 곧 성경은 하나님과 죄인과의 관계를 알려 주기 위한 의도적인 목적 아래 기록된 하나님의 인간구원에 관한 역사적 기록이다.

둘째, 구약성경은 인간이 죄인임을 가르친다.

아담과 하와가 불순종함으로 세상에 죄가 들어왔고 아담의 후손은 모두 죄인으로 드러났다. 따라서 창세기 3장과 4장은 인간이 죄인임을 엄숙히 선언하며 "인간은 죄를 짓기 때문에 죄인이 아니라, 죄인이기 때문에 죄를 짓고 살아가는 존재"라는 사실을 극명하게 가르쳐 준다. 가인이 아벨을 죽인 사건의 기록도 인간이 죄인이기 때문에 죄를 짓는 것임을 나타낸 것이다.

셋째, 구약성경은 범죄하는 인간에 대한 하나님의 심판을 가르친다.

아담과 하와의 불순종 이후의 모든 인간의 역사는 죄에 대한 하나님의 심판으로 이루어져 있다. 구약의 모든 역사는 인간의 죄에 대한 하나님의 심판과 심판 속에서도 긍휼과 자비를 베푸시는 하나님 은혜의 연속이다.

넷째, 구약성경은 심판 중에서도 죄인을 긍휼히 여기시고 은혜를 베푸시는 하나님의 구원 계획을 가르쳐 준다.

하나님의 죄인 구원의 역사는 창세기 3장 15절의 아담으로부터 출발하여 노아, 아브라함, 모세 다윗을 거쳐 예수 그리스도에게로 이어지는 역사로 유기적이고 점진적인 방법으로 전개되고 있음을 보여 주는 것이 성경이다.

다섯째, 구약성경은 하나님의 구원 계획에 따라 메시아를 예언하고 있다.

구약성경은 어느 부분을 읽어도 직·간접적으로 메시아와 연결되어 있다. 루터는 "성경은 메시아가 누워있는 구유와 같다"라고 말했다.

여섯째, 구약성경은 죄인인 인간이 하나님 약속의 말씀을 믿음으로 의롭게 되어 구원에 이르게 됨을 가르쳐 준다. 아브라함이 믿음으로 의에 이른 것 같이, 오늘날도 믿음으로 의롭게 되어 구원에 이르는 원리는 구약과 신약이 모두 같다(창 15:6).

일곱째, 구약성경은 오늘날의 모든 성도에게 여전히 하나님의 말씀으로써, 구원에 이르는 지혜(딤후 3:15)일 뿐만 아니라, 교훈과 경계의 말씀으로 역사한다. 이스라엘 백성의 불신앙적인 40년 광야 생활의 모습은 이 시대를 사는 모든 그리스도인에게 교훈을 줄 뿐만 아니라 경고의 말씀으로 기록된 것이라고 바울 사도는 설명하면서 하나님의 말씀에 순종하며 살 것을 강조하였다(고전 10:11-13).

성경은 역사 속에 계시된 하나님의 말씀이며 특히 구약은 하나님께서 죄인인 인간을 구원하시기 위해 메시아를 보내 주실 것에 대한 약속의 말씀이 역사 속에 유기적이며 점진적인 방법으로 기록된 하나님의 계시이다. 하나님께서는 창조언약 아래서 이 세상을 보존하시고 주권적으로 이끌어 가실 때 구속언약의 완성과 주님의 재림 때까지 창조질서를 유지하신다. 성경의 두 언약 곧 창조언약과 구속언약의 도달점은 같다.[6]

곧 세상 끝날과 주님의 재림으로 이루어지는 인간 구원의 완성이 창조언약과 구속언약의 최종목표다. 창조질서를 유지하기 위한 하나님의 창조언약과 죄인을 구원하시는 하나님의 구속언약의 목표와 성취점은 동일하다.

---

6   O.Palmer Robertson, *The Christ of the Covenants*(Phillipsburg: Presbyterian and Reformed Publishing co., 1980), pp.62-63.

제3부

창조사역과 창조언약

제4장 언약과 메시아 사상

제5장 창조와 일반계시

제6장 창조언약과 창조질서

언약과 메시아 사상

1. 언약의 특징

성경의 주제를 언약이라고 할 때 이 언약은 창조주 하나님과 피조물 사이에 맺어진 약정이다. 언약의 용어 베리트(בְּרִית)는 하나님의 주권적으로 사역되는 두 당사자 사이에 피로 맺은 약정이다.[1] 이 언약은 죄인에 대한 하나님의 일방적(주권적)인 약속으로써, 인간의 동의를 구하지 않고 성취해 나가시는 하나님의 주권적 은혜의 사역이다.

이 약정은 성경 역사 속에서 유기적으로 연결되며 점진적으로 발전해 나간다. 즉 언약의 특징은 유기적이며 점진적이다. 그리고 이 언약의 중심은 메시아(그리스도)이다. 창세기 1, 2장에 계시된 하나님께서 피조물과 맺은 언약대로 이 세상의 질서가 유지되며 주님 재림 때까지 지속될 것이다. 또한, 창세기 3, 4장에 나타난 죄인을 구원하시기 위해 구원 계획을 세우시고 성경 역사 속에서 그 언약을 이루어 가셨다. 언약이 성경의 역사 속에서 어떻게 진행되고 있는가 하는 것이 언약의 특징이다.

1) 유기적인 면

성경은 하나님의 자기계시의 유기적이며 점진적인 과정을 보여 준다. 성경의 역사는 실제 계시의 점진적인 다양한 발전 과정을 말하며 이 계시 발달 과

---

1   O. P. Robertson, op. cit., pp.3-15.

정에는 유기적인 발전이 있다. 유기적인 모델의 한 예로써, 씨앗과 열매를 들수 있다. 온전한 씨앗에서 싹이 나오고 그 싹이 자라 줄기가 되고 그 줄기가 자라 꽃이 피고 급기야 열매를 맺는다. 특히 유기적이라는 말은 씨앗에서 싹이 나오고 또 그 씨앗과 싹에서 줄기가 나오며 마침내 그 씨앗과 싹과 줄기에서 꽃이 피고 열매를 맺는 성격을 말한다.

성경의 언약도 이와 같은 유기적 성격을 갖는다. 최초의 언약인 아담의 언약은 노아의 언약으로 이어진다. 그리고 아브라함의 언약은 아담과 노아의 언약에서 비롯되었으며 모세의 언약은 아담, 노아, 아브라함의 언약에 근거하여 이어져 간다. 처음 언약이 역사 속에서 계속 다양한 형태로 이어져 가지만, 메시아 예수 그리스도를 향하여 통일성 있게 나아가는 것을 언약의 유기적 성격이라고 한다.

2) 점진적인 면

성경의 언약은 씨앗처럼 처음에는 희미하게 나타나지만 점차 싹이 나고 줄기로 자라 꽃이 피고 열매로 드러나듯이, 성경 역사 속에서 하나님의 언약은 점점 메시아(그리스도)에게로 나아가는 점진적 과정을 거친다. 즉 씨앗보다는 싹이, 싹보다는 줄기가, 줄기보다는 꽃이 열매에 더 가까워져 가듯이 하나님의 인간 구원의 언약도 역사 속에서 처음에는 희미하게 시작되지만 역사가 진행됨에 따라 점점 메시아의 탄생으로 가까워져 가는 모습으로 발전해 나간다.

이것은 언약이라는 성경의 중심 주제가 시대마다 다른 역사의 옷을 입고 발전해 가면서 다양한 면과 아울러 통일된 면을 함께 보이며 완전한 형태로 발전해 가는 소위 언약의 점진적 성격을 보여 준다. 창세기 3:14-17은 하나님과 아담이 맺은 최초의 언약이다. 원시언약(原始言約)이라고 불리는 '여자의 후손' 언약은 노아, 아브라함, 모세, 다윗을 거쳐 때가 차매(갈 4:4), 예수 그리스도께서 한 여자 마리아의 몸을 빌어 이 세상에 탄생하심으로 성취되었다.

이처럼 하나님의 언약이 구약역사 속에서 계속 유기적으로 연결되고 있으며(유기적인 면) 동시에 역사가 진전됨에 따라 메시아 예수 그리스도에게로 집중되고 점점 더 발전되어 다가가는(점진적인 면) 두 가지 특징을 갖는다. 특히 최근 구약 이해의 가장 좋은 방법인 유기적 모델은 나무가 점점 자라듯이 계시가 점진적으로 나타난다는 견해이다. 최근에는 이 이론을 중심으로 하는 풍성한 성경신학이 진행되고 있다. 이 이론은 세대주의 견해와 언약이론파의 견해를 능가하는 발전된 견해이다.

세대주의자들은 언약론자들이 성경속의 중요한 구별점을 무시한다고 비판하고 언약론자들은 세대주의를 향해 성경의 핵심적인 통일성을 너무 약화시킨다고 비판했다. 이러한 두 주장의 의견을 수렴하고 보충한 이론이 언약의 유기적 성격과 점진적 성격으로 하나님의 언약을 이해하는 소위 유기적 모델이다. 이 이론은 구속사의 통일성과 다양성을 잘 표현해 주고 있다. 유기적 모델의 견해 아래 구약신학을 정의하면, 구약신학이란 하나님의 주도하에 점진적으로 창조 때부터 종말까지 발전해가는 계시 역사를 연구하는 학문이다. 하나님의 계시 역사는 언약의 점진적이고 유기적인 발전의 역사이다. 안식 제도가 그 좋은 모델이 될 수 있다.

창세기 3장(1, 2절)의 하나님의 안식은 안식 제도의 싹이다. 이 싹의 씨앗은 창조 당시에 이미 심겨졌다가 하나님의 창조사역 직후 일곱째 날의 하나님의 안식에서 그 싹이 돋아났다(창 2:3). 이 안식의 싹은 역사 속에서 안식일(출 20:10-11), 월삭, 안식년(레 25장), 희년(레 25장)의 제도로 유기적이며 점진적인 발전과 성장을 이루어 나갔다. 또한, 이 안식 제도는 구원 개념(신 5:15)과 가나안 땅의 정복(신 12:10)이라는 줄기로 더욱 발전된 모습으로 성장해 나갔다. 특히 이스라엘 백성의 안식의 모형인 가나안 정복 자체도 아직은 하나님의 안식이 아니라고 말하면서 안식의 최종 의미는 미래를 향해 더 나아가고 있다(시 95:11). 마침내 때가 되어 가지에 꽃이 피고 열매가 맺히듯이 최초의 안식(창 2:3)은 그리스도의 구속사건을 통한 구원의 안식으로 성취되었고, 계속 열매를 맺어 가면서 안식은 영원한 나라의 안식(히 4:8-9)을 지향하고 있다. 최초의 안식 제도는 월삭, 안식년, 희년 및 가나안 땅의 안식을 거쳐 메시아 예수 그리스도를 통해 구원의 안식으로 성취되었다. 그러나 이 안식의 완전한 안식의 때 곧 마지막 안식(σαββατισμός)할 때가 하나님의 백성에게 아직 남아 있다(히 4:9). 그러므로 참된 안식이란 단지 하루를 쉰다는 개념만으로 주어진 것이 아니고 영원한 안식이 있는 하나님의 나라를 바라면서 준비하는 쉼의 시간임을 밝히고 있다. 이처럼 하나님의 언약의 계시는 시대마다 다양하게 나타나지만 메시아 중심으로 통일성 있게 역사 속에서 유기적이며 점진적으로 발전해 가고 있다. 이것이 언약의 특징이다.

2. 언약의 구분

오랜 전통적 견해 아래서는 타락 이전의 인간과 맺은 언약을 행위언약과 은혜언약으로 나누어 이해해 왔다. 즉 죄를 범하기 이전의 언약을 행위언약, 죄를 범한 이후의 언약을 은혜언약이라고 불렀다. 이러한 언약의 구분은 성경을 이해하는데 매우 중요한 구분으로 오늘날까지 이르렀으나 최근에는 성경신학의 발전으로 행위언약을 창조언약으로, 은혜 언약을 구속언약으로 부르고 있다. 따라서 죄를 범하기 이전의 언약을 창조 당시에 맺은 언약이라는 측면에서 창조언약 이라고 부르며 아담과 하와의 불순종 곧 인간의 범죄 이후 죄를 범한 인간을 죄에서 구원하시는 언약이라는 의미에서 그것을 구속언약 이라고 부르게 된 것이다. 창조언약은 인간이 타락하기 전 곧 창조 당시에 맺은 언약으로써 안식, 결혼, 노동을 가리킨다. 이러한 언약은 일반적인 창조질서 아래 인간이 반드시 지켜야 할 규례로써 하나님의 창조질서를 이룬다. 이 창조언약은 타락 이후에도 구속언약과 함께 지켜야 할 규례로 여전히 남아 있다.

또한, 창조 당시의 특별 규례로 보이는 하나님의 말씀으로써의 금지명령이 있었다. 구속언약은 하나님의 금지명령에 불순종한 인간의 구원을 위해 메시아를 보내 주시겠다는 하나님의 은혜스러운 언약을 말한다. 장차 이 땅에 오실 구속자로서의 메시아를 중심으로 전개해 나가는 언약을 구속언약이라 부른다. 구약성경을 잘 이해하는 방법 가운데 하나는, 창조언약(창 1장, 2장)과 구속언약(창 3장 이후)으로 구분하여 메시아를 중심으로 이해하는 것이다.

3. 언약의 주제인 메시아

1) 메시아의 의미

언약의 주제는 메시아이며 구약성경의 모든 사건과 내용은 메시아 사상 아래서만 바르게 이해될 수 있다. 메시아(מָשִׁיחַ '마쉬아흐')라는 용어는 명사형으로 동사형은 '마샤'이다.[2] 이 말은 일반적으로 기름 따위를 '바르다' 또는 '붓다'라는 뜻으로 두 가지 말이 파생되었다. 마쉬아흐라는 용어가 초기 단계에는 '메시아 개념'을 드러내는 계시로 사용되지 않았고 계시가 진전됨에 따라 메시아 개념을 선명하게 나타내주는 '메시아'와 '그의 사역'을 지칭하는 뜻으로 사용되게 되었다.

구약성경에서 이 '메시아'(마쉬아흐) 개념은 좁은 의미와 넓은 의미로 사용되는데 이 두 메시아 개념은 서로 뗄 수 없는 관계에 있다. 좁은 의미의 메시아 개념은 왕적 인물(Royal personage)에 대한 메시아 사상이다. '메시아'는 통치한 왕, 통치하는 왕, 약속된 왕, 즉 앞으로 통치할 왕을 말한다. 넓은 의미의 메시아 개념은 구원의 약속들과 약속을 이루기 위해 수행될 일, 자격들, 동원되는 방법들과 설정된 목적들, 메시아가 다스리는 영역과 다스림으로 나타나는 결과들이라고 할 수 있다.

---

2 메시아의 문자적 의미는 기름이나 액체를 바르거나 붓는 말(מָשַׁח, 마샤흐)에서 유래되었다. 즉 이 말(מָשַׁח)의 수동분사 형태의 말이 메시아(מָשִׁיחַ)이다. 그러므로 메시아의 의미는 기름 부음을 받은 자(사람) 또는 기름 부음을 받은 것 등의 문자적 의미를 갖는다. 구약에서는 왕이나 제사장 그리고 선지자들을 임명할 때 그들에게 기름을 부었다. 이처럼 어떤 사명이나 임무를 수행하기 위한 목적으로 머리에 기름을 부었는데, 이렇게 머리에 기름 부음을 받고 특별한 일군으로 세움을 입는 자를 메시아라고 불렀다. 다니엘 9장 25절과 26절의 마쉬아흐(מָשִׁיחַ)는 한글개역성경에 기름 부음 받은 자(the Anointed One)로 번역되어 있으며 한글 공동 번역 성경에는 칠십인역(LXX)을 따라서 기름 부음을 받은 자로 번역되어 있다. 영문 흠정역성경(KJV)은 맛소라사본(MT)의 원문 그대로 메시아(Messiah)로 표기했다.

일반적으로 구약에서의 기름부음의 행위는 네 가지의 특별한 의도가 담겨있다.

첫째, 지명하다(designate), 임명하다(appoint), 또는 선택하다(elect) 등의 의미가 있다. 이 행위는 왕, 선지자 그리고 제사장의 지명, 임명 또는 선택하여 세우는데 적용되었다. 구약의 기름 부음을 받기 위해 지명된 자들은 오직 여호와께서 선택하시는 자들뿐으로 이들을 지명, 임명 또는 선택할 특권을 가지신 분은 오직 여호와이시다.

둘째, '구별하다' 또는 '성별하다'라는 의미가 있다.

왕이나 선지자, 그리고 제사장의 기름부음을 받은 자들은 백성들로부터 구분되어져 특별히 여호와와 가까운 관계가 되었으며, 여호와를 대신하여 백성들 앞에 서고, 여호와 앞에서는 백성들을 대표했다.

셋째, '위임하다'(ordain) 또는 '권위를 부여하다'라는 의미가 있다.

선택, 지명, 임명, 구별, 성별된 사람들에게는 또한, 특별한 일들이 주어졌다. 기름 부음을 받은 자는 자신에게 위임된 일들을 수행할 수 있는 권리, 능력, 권위를 부여받았다.

넷째, 직무와 임무들을 수행할 수 있도록 자질 부여와 소양을 갖춘다는 의미가 있다.

기름부음 받은 자들은 권위를 부여받아 그들의 직무들을 수행해야 했는데 그 직무들을 수행할 수 있도록 여호와께서는 세운 자들에게 직접 자질과 소양을 부여하셨다.

기름을 지칭하는 일반적인 히브리어는 '쉐멘'이다. 이 말은 '연고', '기름짐', '기름진 것들' 등으로 번역되어지며, 기름부음을 행하는 각각의 경우에 사용된 기름의 성분에 대해서는 항상 명시되어진 것은 없고 여호와께서 직접 처방하신 대로 준비되어야 했다.

출애굽기 30:22-38에 보면 모세가 이 기름을 준비하는 방법에 대해 자세히 기록한 말씀이 있다. 향품, 몰약, 육계, 창포, 계피 그리고 감람유를 각기 정한 양대로 섞어 만들었으며, 그 관유는 거룩한 것으로 결코 개인적인 용도로 사용되어서는 안 된다는 것이다. 기름이 주는 의미는 언제나 언약이 갖는 긍정성, 강함, 선, 치유, 능하게 함, 부유함 그리고 언약의 축복을 나타내며 생명의 상징으로 하나님을 상징하는 것에 부어졌다. 구약의 이 기름 부음에 있어서 한 가지 특이한 사항은 여성들에게는 기름부어짐이 없었다는 것이다.[3]

2) 기름 부음 받은 자의 직무

기름 부음 받은 자들의 직무는 하나님과 하나님의 백성 사이에 중재자의 역할을 감당했다. 제사장은 백성들의 구원사역에 관계된 제사 일을, 선지자는 하나님의 대변인으로, 왕은 여호와를 대표하는 언약백성의 구원자로서 공동체를 다스리며 하나님의 백성을 돌보는 목자로서의 역할을 수행했다. 그러나 왕, 선지자, 제사장, 이 세 직분의 기능은 상호간에 밀접한 관계가 있다.

구약성경에 좁은 의미와 넓은 의미로 사용된 메시아에 대한 개념은 역사 속에서 점차 한 인물에게로 집중된다. 히브리어로 '기름부음 받은자'라는 의미의 메시아라는 용어는 헬라어인 그리스도(크리스토스)로 대치되었다. 구약에 예표되어 나타나고 예언되었던 그리스도(메시아)는 하나님의 구원의 때가 이르렀을 때(갈 4:4) 팔레스틴 유대 땅 베들레헴에서 동정녀 마리아의 몸을 빌려 예수라는 이름으로 이 세상에 오셨다. 예수님은 하나님으로부터 선택되고 지명되어 인간을 죄로부터 구원할 구원자로서의 사명을 갖고 이 세상에 오신 것이다. 이런 의미에서 그는 기름부음을 받은 메시아이다. 인간의 죄를 대신 지시고 십자가에서 죽으시고 부활하신 예수가 바로 믿는자들의 진정한 메시아(그리스도)이시다. 메시아가 여기 있다 저기 있다 해도 십자가에서 죽었다가 부활하신 예수님만이 참 메시아이신 우리의 구주이시다.

---

3   여선지자 미리암(출 15:20)과 사사 드보라(삿 4:4) 및 여선지자 훌다(왕하 22:19)는 모두 기름부음 받았다는 기록이 없다.

제5장

창조와 일반계시

1. 창조의 목적과 창조질서(창 1, 2장)

1) 창조주 하나님의 자기계시

성경의 처음 시작인 창세기 1장 1절은 다음과 같이 성경의 문을 열고 있다.

> 태초에 하나님이 천지를 창조하시니라(창 1:1)

이 말씀은 창조주 하나님을 알리는 하나님의 선포 행위이다. 세상이 창조되기 이전에 하나님은 이미 계셨다는 사실을 선포하며 이 세상은 창조주이신 하나님의 능력으로 창조되어 나타났음을 보여 주고 있다. 이것을 신학적으로 삼위일체 하나님의 자기계시 라고 한다.[1]

일반적으로 하나님께서 자신을 드러내시는 소위 '자기계시'는 크게 창조, 심판, 구원의 행위로 요약된다. 창조주 하나님을 믿는 신앙이 없으면 심판의 하나님, 구원의 하나님을 믿을 수 없다. 그러므로 하나님의 자기계시인 창조

---

1 כִּי אֲנִי יְהוָה(키 아니 아도나이): 에스겔서에는 "너희가 나를 여호와인줄 알리라"(겔 6장; 8:10,11)는 말씀이 반복된다. 이것은 불순종하는 자들과 계속 불신앙을 드러내는 자들에게 심판을 통해서라도 하나님의 살아계심을 드러내시겠다는 '하나님의 자기계시'의 의지적 표현이다. 에스겔서의 주제인 "그때에야 비로소 너희는 내가 여호와인줄 알리라"는 말씀은 죄로 인해 하나님의 심판을 받고서야 인간들은 그들에게 심판을 내리시는 분이 하나님이심을 그때서야 비로소 알게 될 것이라는 뜻으로 하나님의 자기계시를 가리킨다. 창조와 더불어 심판과 구원의 행위는 가장 보편적인 하나님의 자기계시다.

를 믿는 신앙은 구원의 하나님 곧 하나님의 형상으로 이 세상에 오신 그리스
도 예수를 믿는 믿음으로 연결될 수 있는 것이다. 창조주 하나님 이외에 아무
것도 존재하지 않았던 때가 있었으며 그 때에 하나님께서 이 세상과 만물과
모든 것을 하나님의 계획과 뜻 아래서 창조하신 것이다. 문자 그대로 무(無)에
서 유(有)의 창조다. 하나님께서는 태초에 하늘과 땅과 그 사이의 모든 것을
하나님의 창조 목적에 따라 지으셨다. 이 세상이 하나님에 의해 창조되었다는
사실은 오직 믿음으로만 알 수 있다. 그러므로 믿음이 없이는 창조주 하나님
을 의지할 수 없는 것이다. 하나님의 창조 목적은 하나님의 자기계시를 통하
여 모든 피조물이 창조주 하나님을 바르게 인식하게 함으로써 창조주 하나님
께 감사하며 그의 영광을 드러내도록 하는데 있다.

> 믿음으로 모든 세계가 하나님의 말씀으로 지어진 줄을 우리가 아나니 보이는 것은 나타
> 난 것으로 말미암아 된 것이 아니니라(히 11:3).

하나님께서 창조하실 당시의 땅은 "혼돈하고 공허하며 흑암이 깊음 위에
있고 하나님의 신은 수면에 운행하시니라"라고 되어 있다(창 2:2). 여기서 혼
돈하고 공허하다는 말은 아직 질서가 잡히지 않고 텅 빈 상태의 땅의 모습을
가리킨다. 그것은 아직 땅 속과 땅 위 아래에 다른 어떤 동식물도 만들어지지
않은 상태를 의미한다. 즉 하나님의 점진적 창조를 보여 주고 있다. 한 번에
동시적으로 모든 것을 만드시지 않으시고 6일 동안 점진적으로 온 세상과 만
물을 지으신 것이다.

또한, "흑암이 깊음 위에 있고 하나님의 신은 수면에 운행하시니라"라는
말씀은 하늘과 땅이 창조된 후 곧 이어 물이 창조되고 또 어둠이 창조되었으
며 땅이 이 어둠과 물로 뒤덮여 섞여 있어서 아직 아무런 생명체가 없었음을
보여 준다. 특히 하나님의 신이 수면에 운행하셨다는 말에서 창조주 하나님의
신비인 삼위일체 하나님의 사역을 엿볼 수 있다. 한 분 하나님께서 성부, 성자,
성령 삼위 하나님으로 계시며 질서있게 운행하시고 사역하시는 모습이 창조
에서도 분명히 나타나고 있다. 수면에 운행하시는 하나님은 분명히 삼위일체
하나님이심을 가리킨다.

성자 하나님이신 예수 그리스도께서는 "보이지 아니하시는 하나님의 형상이요 모든 창조물보다 먼저 나신 자"로서 만물이 그에게서 창조되었다고 바울 사도는 해석하고 있다(골 1:15-17). 창조 당시 수면에 운행하신 하나님의 신은 성부 하나님과 성자 하나님 그리고 성령 하나님으로서 삼위일체 하나님이시다. 창조주 하나님을 믿는 신앙만이 구원의 하나님을 믿을 수 있는 신앙임을 알 수 있다. 왜냐하면 하나님은 자신을 드러내시기 위해 세상을 창조하신 것이다. 즉 창조된 세상을 보고도 하나님이 계시다는 사실을 알지 못하면 하나님 앞에 변명할 수 없다(롬 1:20).

이 세상을 만드신 창조주 하나님을 믿지 못하면 구원의 하나님을 믿을 수 없다. 창조주 하나님을 믿는 것이 신학과 신앙의 출발이다. 처음부터 스스로 계신 하나님께서는 자신을 드러내시기 위해 보이지 않는 세상과 보이는 세상을 창조하셨다. 이렇게 창조된 모든 피조물들은 하나님과의 거룩한 언약 아래서 창조주 하나님을 드러내는 도구로 존재하며 인간의 타락 이후에도 계속 하나님의 은혜 아래서 창조주 하나님의 목적(인간 구원의 계획)을 이룰 때까지 계속되는 창조언약 아래 놓여 있다.

2) 말씀으로 계시하시는 하나님

하나님께서는 이 세상을 말씀으로 창조하셨다(히 11:3). 말씀으로 창조하셨다는 의미는 하나님의 원하시는 뜻대로 이 세상이 창조되었으며 하나님의 소원대로 창조질서가 유지되고 있음을 가리킨다. 즉 아직 아무 것도 없는 상태에서 하나님께서는 당신의 의지와 소원을 말씀하셨다. 따라서 창세기 1장 3절의 빛 창조사역을 기록한 히브리어 문법은 명령문이 아니라 미완료형의 단축형(희구법)이라는 독특한 문법적 형태를 갖고 있다. 희구법이란 하나님께서 그렇게 되기를 바라고 희망하는 것을 표현하는 문법 형태를 말한다. 다시 말하면 한글 개역성경의 "빛이 있으라"에 해당하는 히브리어는 "예히 오르"인데 이 말을 직역하면 '빛 그것이 있기를(생겨나기를) 내가 간절히 희망한다'는 뜻으로 빛

이라는 물체가 생겨나라는 하나님의 말씀이 곧 창조의 능력임을 보여 준다.[2]

창조주 하나님께서 빛이라는 새로운 물질이 만들어지기를 바랄 때 하나님 자체의 능력 안에서 빛이 생겨난 것이다. 이것은 이미 존재하고 있던 빛이 감추어져 있다가 나타난 것이 아니라 전에 없었던 새로운 물체로써의 빛이 생겨난 것을 의미한다.

하나님의 창조사역은 빛이 창조되어 나타남으로써 첫째 날이 시작되었다. 이것은 하나님께서 첫째 날 빛 한 가지만을 창조하셨다는 것을 의미하는 것이 아니라 하늘과 땅 그리고 물과 어둠 및 빛까지를 창조하신 후 그것들에게 이름을 붙이기도 하시며 창조의 일을 계속하셨음을 보여 준다. 창조된 빛을 낮이라 이름 붙이시고 창조된 어둠에게는 밤이라고 이름을 붙이셨다. 그리고 낮과 밤이 교차하는 것을 하루로 정하시고 그렇게 낮과 밤이 교차하는 창조질서가 계속되도록 섭리하셨다. 새로운 것을 만들어 내시는 것도 하나님의 창조행위지만 이름을 붙이고 새롭게 질서를 만들어 가시는 말씀의 사역도 하나님의 놀라운 창조사역이 아닐 수 없다.

둘째 날에는 첫째 날 창조하신 것들을 움직여 질서를 잡으시고 물을 궁창 위와 아래로 모으셨다. 그리고 물이 없는 빈 공간을 하늘이라고 이름을 붙이셨다.

셋째 날에는 물과 섞여 있던 땅이 드러나도록 소망하시며 말씀하셨다. 하나님의 말씀에 따라 물이 한 곳으로 모이고 육지가 드러났다. 하나님은 드러난 육지를 땅이라고 이름 붙이셨다. 그리고 모인 물을 바다라 이름 붙이셨다. 하나님께서는 다시 땅에게 명령을 내리셨다. 땅은 하나님의 말씀에 순종하여 즉시 풀과 채소와 과일나무를 '그 종류대로' 만들어 내었다. 하나님께서 '그 종류대

---

2 יְהִי אוֹר(창 1:3, 예히 오르)에서 יְהִי(창 1:3, 예히)는 명령문이 아니라 칼 미완료 단축형으로서, 일반적으로 미완료 단축형은 화자(話者)의 강한 소망을 나타내는 간접 명령의 의미가 있으므로 '그것이 있기를 간절히 원한다.'는 문자적인 뜻이 있다. 즉 빛이 생겨나기를 간절히 바라는 창조주 하나님의 소망이 담겨져 있다. 여기서 명령법을 사용하지 않은 것은 명령을 받는 대상이 아직 아무것도 없기 때문이다. 히브리어의 명령법은 반드시 명령을 받는 대상이 있을 경우에만 사용된다. 따라서 아직 빛이라는 물체가 없는 상황에서 '빛 너는 나와라'하고 명령문을 사용할 수 없다. 그래서 미완료 단축형을 사용하여 빛이라는 물체가 생겨나기를 원하시는 하나님의 자기 소망에 따라 빛이라는 물체가 생겨나게 된 것이다.

로' 창조하셨다는 말은 인간이 만들어 낸 소위 진화론의 허상을 깨뜨리는 단어임에 틀림없다. 하나님께서는 처음부터 모든 생명체를 각각 '그 종류대로' 만드셨으며 모든 생명체는 그 종류대로 처음부터 이 세상에 나타난 것이다. 아메바는 처음부터 아메바이며 원숭이는 처음부터 원숭이로 창조되었고 지금도 원숭이일 뿐이다. 사람은 처음부터 하나님의 형상대로 창조되었으며 창조 당시부터 지금까지 사람으로 존재하고 있다. 유인원 곧 원숭이가 진화하여 인간이 되었다는 진화론적 상상은 창조주 하나님의 능력과 권위를 무시하는 무서운 불신앙적 행위로서 하나님께서 결코 좌시하지 않으실 것이다.

넷째 날에는 텅 빈 궁창 곧 하늘에 두 큰 발광체를 만드셨다. 큰 발광체 곧 해는 낮을 주관하게 하셨고 작은 발광체 곧 달은 밤을 주관하게 하셨다. 그리고 큰 광명체인 해와 지구와 달이 징조와 사시(지구의 태양 주위 공전)와 일자(지구의 자전)와 연한(지구의 태양 일주)을 이루게 하셨다. 뿐만 아니라 별을 만드시고 그것들이 땅을 비취게 하셨다. 태양과 지구를 비롯한 모든 천체의 궤도를 만드시고 낮과 밤 그리고 봄 여름 가을 겨울, 한 달 두 달, 일 년 이 년 등의 시간과 세월의 흐름을 만들어 주셨다.

다섯째 날에는 물속에 사는 각종 생물체를 그 종류대로 창조하셨으며 땅위 하늘의 궁창에는 날개 있는 모든 새를 그 종류대로 창조하셨다.

여섯째 날에는 땅 위에 사는 생물을 그 종류대로 창조하셨다. 마지막으로 하나님께서는 하나님의 형상을 따라 하나님의 모양대로 사람을 만드셨다. 하나님께서는 남자와 여자를 창조하시고 그들에게 다음과 같이 복을 주셨다.

생육하라. 번성하라. 땅에 충만하라. 모든 생물을 다스리라.

그리고 하나님께서는 인간들에게 씨 맺는 채소와 씨 가진 열매 맺는 과일을 음식물로 주셨다. 또 땅의 짐승과 공중의 짐승에게는 푸른 풀을 먹을 양식으로 주셨다. 하나님께서는 말씀으로 하늘과 땅을 비롯한 모든 만물을 지으시고 하나님의 뜻대로 운행하게 하셨다. 생명을 가진 인간을 비롯한 동식물에게는 먹을 것까지 공급해 주셨으며 비명체들도 하나님의 창조질서대로 움직이도록 섭리하셨다.

말씀으로 창조된 하나님의 창조 세계는 너무나 아름다웠다. 말씀으로 세상을 창조하신 하나님의 능력은 인간을 죄에서 구원하시는 약속의 말씀으로 연결된다. 말씀이 육신이 되어 직접 이 세상에 오신 분이 메시아이신 우리 주 예수 그리스도이시다. 온 세상의 만물은 창조질서에 따라 자신을 창조하신 하나님을 드러내며 영광을 돌린다. 창조 당시 말씀으로 역사하신 하나님은 말씀이 육신이 되어 이 세상에 오신 주 예수 그리스도와 함께 지금도 구원의 능력으로 계속 역사하고 계신다. 하나님이 창조하신 온 세상은 창조주 하나님의 존재와 역사와 주권을 지금까지 계속 계시하고 있는 또 다른 하나님의 말씀이다. 오늘날 하나님의 창조질서가 유지되고 있는 것은 창조주 하나님과 피조물 사이의 언약 때문이다.

2. 하나님의 절대창조(*creatio ex nihilo*)

하나님의 창조는 절대창조인가 아니면 상대 창조인가 하는 신학적 논쟁은 지금까지도 계속되고 있다. 이 끊이지 않는 논란은 1절을 문장 구문론적 입장에서 어떻게 번역하느냐에 따라 의미와 해석이 달라지는 결과 때문에 지금도 계속되고 있다. 일반적인 전통적인 견해는 1절을 독립된 문장으로 번역한다. 그러나 이러한 번역은 특히 2절의 상황을 설명하기가 쉽지 않은 단점을 안고 있다.

또 다른 견해 아래서는 1절을 종속절로 번역한다. 이 경우에는 2절을 주절로 번역해야 한다는 견해와 2절을 삽입된 상황으로 보고 3절을 주절로 번역하는 견해로 또 나뉘어진다. 하나님의 말씀이 히브리어로 정경화된 이후 70인역을 비롯하여 수많은 현대어 번역에 이르기까지 약 이천 년 이상 창세기의 시작인 처음 세 절의 해석은 줄곧 독립된 문장으로 번역되고 해석되어 왔다.[3] 그래서 한글 개역성경을 비롯하여 많은 현대어 번역 성경들과 여러 영어성경에는 창세기 1장 1절이 독립된 문장으로 번역되는 경우가 더 많다.[4] 그러나 1절

---

3   민영진, 『히브리어에서 우리말로』(서울: 두란노, 1996), p.418.

4   영어성경 중에는 The Holy Bible, Revised Standard version(RSV), New International Bible(NIV version) 등이다.

을 종속절로 변역해야 한다는 견해에 따라 1절을 종속절로 번역된 성경들도 많다.[5]

또한, 창세기 1장의 처음 세 절을 어떻게 번역하느냐에 따라 달라지는 신학적인 논쟁은 더 뜨겁다. 창세기 1장 1절을 독립절로 번역하는 쪽에서는 종속절로 번역하는 쪽을 비난할 때 하나님의 절대창조를 부인하는 것이라고 말하기도 한다.[6] 다행히 이러한 세 가지 견해 외에 최근 언약신학적 접근에 의한 창조론이 대두되고 있다. 지금까지의 세 가지 견해를 살펴보고 그 대안으로 소위 '점진적 창조론'의 견해 아래 창세기 1장의 처음 세 절의 번역과 그 해석을 조심스럽게 제시해 해 본다.[7]

1) 창세기 1장 1절의 해석

בְּרֵאשִׁית בָּרָא אֱלֹהִים אֵת הַשָּׁמַיִם וְאֵת הָאָרֶץ

태초에 하나님이 천지를 창조하시니라

(1) בְּרֵאשִׁית(베레쉬트)

우리말로 '태초에'라고 번역된 창세기 첫 단어(בְּרֵאשִׁית, 베레쉬트)는 시작, 최초, 처음 이라는 의미를 가진 추상명사 רֵאשִׁית(레쉬트)에 전치사(בְּ Gen. 1:1

---

5 NEB(New English Bible), NAB(New American Bible), LB(Living Bible), NRSB(New Revised Standard Bible) 등이다.

6 물론 1 절을 연계형 곧 종속절로 번역하는 입장에서는 그것이 하나님의 절대창조를 부인하는 것은 아니며 단지 문장 구문론적 입장에서 종속절로 번역하는 것이 더욱 타당하다는 것을 주장한다고 말한다.

7 구약신학의 최근 경향은 언약의 유기적 성격과 점진적 구조 아래 구약 전체를 메시아 중심의 발전과정으로 다룬다. 아담에게서 시작된 메시아언약은 노아, 아브라함, 모세, 다윗을 거쳐 그리스도(메시아)에게서 성취되는 발전 과정이다. 즉 언약의 씨앗이 자라 싹이 나고 줄기가 되며 꽃이 피고 열매를 맺는 전과정을 다룬다. 마찬가지로 하나님의 창조사역도 유기적이며 점진적인 구조 아래 설명될 수 있다. 창세기 1장 1절에서 시작된 하나님의 창조사역은 2절을 거쳐 3절에서 첫째 날 창조사역이 끝나며 다시 첫째 날을 근거하여 둘째 날의 창조사역이 진행되는 것으로서 이것을 유기적이며 점진적인 창조론이라고 부를 수 있는 것이다.

BHS)가 결합되어 부사가 된 형태다.[8] 이 말은 온세상의 창조의 시작을 선포함
과 동시에 창조의 시작이 곧 처음이며 시작임을 알린다. 이 단어를 독립절로
해석하느냐 종속절로 해석하느냐에 따라 창세기 1장 1절과 2, 3절과의 관계는
서로 달라지고 만다.

(2) בָּרָא(바라)

하나님의 창조 행위를 가리키는 가장 보편적인 동사 바라(בָּרָא)의 완료형으
로서 '그가 창조하셨다'는 의미이다.[9] 무(無)에서 유(有)를 창조하신 하나님의
창조사역을 의미한다.

(3) אֱלֹהִים(엘로힘)

구약성경에 약 2570회 이상 사용된 이 용어는 창조주 하나님, 심판의 하나
님, 구원의 하나님을 가리킬 때 사용되는 일반적인 하나님(God) 칭호이다.[10]
그러나 이 용어는 반드시 여호와 하나님만을 나타내는 것은 아니다. 일반 통
칭 명사로 사용될 때 이(엘로힘)의 용어는 창조주 하나님(God)을 가리킬 뿐만
아니라 일반 다른 신(god)의 개념을 말할 때도 이 명칭이 사용된다. 예를 들어
출애굽기 20장 3절의 십계명의 두 번째 계명의 말씀에 나타난 다른 신(gods)의
개념도 אֱלֹהִים(엘로힘)이다.

그러나 이 용어가 야웨(יהוה 여호와)와 함께 사용될 때는 오직 한 분이신 하
나님을 가리킨다. 이 용어가 복수 형태로 되어 있어서 다신론 사상의 반영이
거나 또는 삼위일체 하나님을 나타낸다고 말하는 것은 적절치 못하다.[11] 이것
은 히브리 사상을 반영하는 것으로서 장엄 복수(pluralis majestatis)라고 한다. 히
브리인들은 너무 위대하거나 장엄해서 감히 문자로 표현하기에 벅찬 사실을
가리킬 때는 복수 형태로 표현하는 습관이 있다. 물론 이 경우 복수 형태는 복

---

8 Brown, Driver and Briggs, *Lexicon of the Old Testament*, p.912.
9 בָּרָא는 만들다, 창조하다는 의미를 가진 בָּרָא(바라)의 칼동사형 완료 3인칭 남성 단
   수이다.
10 유재원, 『창세기 강해 제1장』(서울: 대영사, 1986), p. 11.
11 유재원, pp. 11-12.

수로 해석되지 않고 단수 취급을 한다. 물(הַמַּיִם), 하늘(הַשָּׁמַיִם) 등도 마찬가지로 장엄 복수 형태이다. 창세기 1장 1절의 주어는 장엄복수 형태의 אֱלֹהִים(엘로힘)이지만 동사는 3인칭 남성 단수로서 **בָּרָא**(그가 창조하셨다)이다.

(4) הַשָּׁמַיִם(핫샤마임)

문자적 의미는 '하늘' 이다. 목적격 전치사(אֵת)와 함께 '하늘을'이라고 번역된다. 하나님이 창조하신 이 하늘은 점진적 과정을 거쳐 천체가 존재하는 공간이 되었다. 창조된 하늘은 땅과 더불어 점진적 창조 과정을 거쳐 둘째 날, 셋째 날을 지나 넷째 날에 완전한 창조질서로서의 하늘이 된다.

(5) הָאָרֶץ(하아레츠)

문자적 의미는 '땅'이다. 접속사와 목적격 전치사(וְאֵת)와 함께 '그리고 땅을'이라고 번역된다. 이 땅은 어둠과 물과 섞여 있는 상태로 존재하다가 분리하시고 모으시고 이름을 붙이시는 하나님의 창조 행위에 따라 점진적으로 드러나 육지가 되기도 한다. 물속의 땅도 있고 물 밖으로 드러난 육지도 땅이다. 히브리어 원문대로 번역하면 창세기 1장 1절은 다음과 같다.

בְּרֵאשִׁית בָּרָא אֱלֹהִים אֵת הַשָּׁמַיִם וְאֵת הָאָרֶץ

태초에 하나님이 천지를 창조하시니라

2) 창세기 1장 2절의 해석

וְהָאָרֶץ, הָיְתָה תֹהוּ וָבֹהוּ, וְחֹשֶׁךְ, עַל-פְּנֵי

תְהוֹם; וְרוּחַ אֱלֹהִים, מְרַחֶפֶת עַל-פְּנֵי הַמָּיִם

땅이 혼돈하고 공허하며 흑암이 깊음 위에 있고 하나님의 신은 수면에 운행 하시니라

(1) וְהָאָרֶץ(왜하아레츠)

땅(וְהָאָרֶץ)이라는 주어가 동사(הָיְתָה)앞에 나와 있다.

히브리 문장의 강조 용법의 문장 구조를 이루고 있다. 영(Young) 박사는 2절의 땅은 1절의 땅과 동일한 땅이 아니며 다만 인간이 거주할 수 없는 땅이 있었음을 보여 주는 것이라고 말한다.[12] 하지만 점진적 창조 구조 아래서는 1절의 땅은 2절의 땅과 같은 의미로 본다.[13]

(2) הָיְתָה(호이타)

문자적으로 '그것은 있었다'이다. 즉 땅의 처음 상태를 보여 준다. 1절에서 창조된 땅은 완전한 창조질서를 향해 계속 하나님의 창조 행위 과정 아래 있음을 가리킨다.

(3) תֹהוּ וָבֹהוּ(토후 와보후)

처음 창조된 땅의 상태는 תֹהוּ וָבֹהוּ(토후 와보후)이다. תֹהוּ(토후)라는 문자적 의미는 아직 질서가 잡히지 않은 상태를 가리키는 말로써 하나님의 창조 행위에 따른 한 과정을 보여 준다. 이 의미를 부정적인 혼돈(caos)으로 말하는 것은 적절치 못하다. 보후(בֹהוּ)는 텅 빈 의미로서 아직 하나님의 창조물이 땅 위에 없었음을 보여 준다. 이 텅 빈 땅에 채소와 식물을 창조하시는 계속적인 하나님의 창조의 행위가 진행될 것임을 예견한다. 땅이 혼돈하고 공허하다는 표현은 하나님의 창조 행위가 진행되고 있음을 보여 준다.

(4) וְחֹשֶׁךְ(웨호쉐크)

어둠(חֹשֶׁךְ 호쉐크)의 상태를 설명하고 있다. 하나님의 6일 창조를 전제로 할 경우 어둠은 태초에 이미 존재한 것이 아니라 첫 창조 당시 창조된 것임에 틀림없다. 2절에 어둠이 창조되었다는 분명한 언급은 없다 하더라도 성경의 기록은 선택의 원리에 따랐음을 인정할 때 2절에 언급되는 어둠은 땅과 함께 이미 창조된 하나님의 창조물이다. 빛을 창조 이전에 어둠이 먼저 창조되었음을 보여 준다. 이 어둠은 빛과 대립되는 부정적인 의미의 어둠이 아니다. 하나님

---

12 Edwaid J. Young, 『창세기 제1장 연구』 이정남 역(서울: 성광문화사, 1982), p.55.

13 1절의 땅은 2절을 거쳐 셋째 날의 육지로 완전한 창조 구조를 이루었다. 하나님의 창조 사역은 소위 점진적 창조 구조 아래 6일 창조로 완성된다.

께서는 어두움과 빛을 모두 창조하셨다. 즉 빛은 낮(day)은 위해서 그리고 어두움은 밤(night)을 위해서 창조된 것이다(창 1:5). 하나님은 혼돈의 어두움을 없애기 위해 빛을 창조하셨다는 견해들도 있다.[14] 그러나 이런 견해들은 설득력이 없다. 왜냐하면 하나님의 창조물은 무엇이든지 하나님 보시기에 아름답고 선하기 때문이다. 하나님께서는 분명히 선언하셨다.

나는 빛도 창조한 자요 어두움도 창조한 자이다(사 45:7).[15]

(5) עַל - פְּנֵי תְהוֹם (알 페네이테홈)

"깊음의 얼굴들(표면들) 위에"라는 문자적 의미를 갖는다. 즉 어두움은 깊음의 표면(פְּנֵי תְהוֹם) 위에(עַל) 있는 상태를 설명하고 있다. 땅과 물과 어두움은 하나님의 계속적인 창조 행위의 한 과정에 있음을 보여 준다.

(6) וְרוּחַ אֱלֹהִים (웨루아흐 엘로힘)

문자적으로는 '하나님의 영'을 뜻하는 말이다. 전통적인 견해 아래서는 하나님의 영(신)으로 이해하지만 유대주의와 비평주의 견해 아래서는 하나님의 신(영)을 공포의 대풍(大風)이라고 해석한다.[16] 많은 비평주의 학자가 2절의 רוּחַ(루아흐)를 바람이라고 주장하고 있으나 רוּחַ אֱלֹהִים(루아흐 엘로힘)의 동사 역할을 하는 말은 능동분사인 מְרַחֶפֶת(메라헤페트)이므로 주어의 행위에 능동적으로 참여할 수 있는 대상은 창조주 하나님의 영(신)이어야 한다.[17]

---

14 R. Davidson, *The Cambridge Bible Commentary*, Genesis 1-11, p. 17. 재인용.

15 한글 개역성경에는 "나는 빛도 짓고 어두움도 창조하며"이다.

16 E. J. Young, op. cit., p.63. 유대인 카슈토(Umberto Casuto)를 비롯하여 비평주의 학자 폰라드(Von Rad)는 2절의 하나님의 신을 움직이는 거대한 바람 곧 대풍(大風)으로 해석했다.

17 E. J. Young, op. cit, p.68. 일반적으로 바람은 스스로 움직일 수 없는 창조물이므로 바람이 스스로 능등적으로 '운행하고 있다'는 말과 연결되기는 어색하다고 영(Young) 박사는 주장한다.

(7) מְרַחֶפֶת (메라헤페트)

רָחַף (라하프) '감싸 돌다', '운행하다'의 능동태 분사로서 계속 감싸 돌고 있다는 문자적 의미를 갖고 있다.[18] 본래 암탉이 병아리를 감싼다는 의미가 있는 이 말은 하나님의 성령의 기운(מְרַחֶפֶת)이 능동적으로 창조 행위를 계속하고 있음을 잘 표현한다.

(8) עַל-פְּנֵי הַמַּיִם (알-페네 함마임)

문자적 의미로 '물의 표면 위에'이다. 여기서 물은 무엇이며 언제 창조되었는가 하는 문제도 재고해야 한다. 2절의 세 가지 상황 곧 땅이 아직 질서가 잡히지 않고 텅 비어 있었으며, 어둠(흑암)은 깊음 위에 있고, 하나님의 신(영)은 물표면 위에 감싸 돌고 계시는 상황은 1절의 하늘과 땅이 창조될 때 2절의 어둠과 물 등도 이미 창조되어 계속 하나님의 신(영)의 창조 행위가 계속되고 있음을 보여 준다.[19] 위와 같은 전통적인 성경 번역 아래서 창세기 1장 2절은 다음과 같다.

> 땅은 질서가 잡히지 않았고 텅 빈 상태로 있었으며 하나님의 영은 물표면 위에 감싸 돌고 있었다(2절).

---

18 מְרַחֶפֶת는 רָחַף(감싸 돌다, 운행하다)의 능동태 분사이다. 분사는 보통 명사적 의미, 형용사적 의미, 동사적 의미 등으로 해석되는데 여기서는 주어의 동사적 의미로 해석되어야 한다. 따라서 מְרַחֶפֶת 는 '계속 감싸 돌고 있다'로 번역된다.

19 영 박사는 2절의 땅은 1절의 땅과 다른 땅이라고 말하며 언제 창조되었는지는 알 수 없으나 2절의 선재해 있는 이러한 상황을 기반으로 하여 첫째 날 빛을 창조하신 것이라고 말한다. 이러한 해석은 1절을 무조건 독립절로 번역하여 성경 기록자가 마치 제목처럼 사용했을 것이라는 전제하에 2절과 구분하려는 생각에서 나온 것이라고 추측된다. 만약 1, 2절을 3절과 함께 첫째 날의 연속적인 창조 행위로 볼 수 있다면(소위 점진적 창조) 2절의 땅은 1절에서 창조된 바로 그 땅이며 그 땅의 상태는 텅 비어 있고 역시 처음 창조된 물과 어둠이 땅과 함께 아직 질서가 잡히지 않은 상태로 있었으며, 2절의 상태는 빛 창조와 더불어 둘째 날 셋째 날의 창조 행위가 계속될 것임을 예견하는 것으로 볼 수 있다.

3) 창세기 1장 3절의 해석

וַיֹּאמֶר אֱלֹהִים, יְהִי אוֹר; וַיְהִי-אוֹר:

하나님이 가라사대 빛이 있으라 하시매 빛이 있었고

(1) וַיֹּאמֶר (와요메르)

문자적 의미는 '그리고 그가 말씀하셨다'이다.[20] 빛을 창조하시는 하나님의 말씀은 온 세상을 말씀으로 창조하셨음을 시사(示唆)하는 말이다.

(2) אֱלֹהִים (엘로힘)

창세기 1장 1절의 번역과 해석의 אֱלֹהִים을 참조하라.

(3) יְהִי אוֹר (예히 - 오르)

יְהִי (예히)는 הָיָה (하야)의 칼형 동사의 미완료형 3인칭 남성 단수이며 단축형이다.[21] 미완료형이 단축형으로 사용될 때는 언제나 말하는 자(주어)의 강한 희망과 소원이 담겨있는 의미가 되어 결국 간접 명령문처럼 번역된다. 따라서 יְהִי (예히)는 '그것이 생겨나기를 간절히 바란다'는 의미가 너무 강해 '그것이 생겨나라'는 명령문처럼 번역된다.[22] 여기서 일반 명령문을 사용하지 않은 이유는 일반 2인칭 긍정문은 명령받는 대상이 있어야만 명령을 내릴 수 있으나 창조 당시에는 아무것도 없는 상황에서 창조 행위가 진행되고 있었기 때문에 미완료 단축형을 사용하여 창조주의 명령의 효과를 나타낸 것이다.[23]

---

20 이 말은 אָמַר (말하다)의 칼 미완료 3인칭 남성 단수이다(그리고 그가 말했다). 말씀으로 창조하시는 하나님의 창조 행위를 가리킨다. 온 세상은 하나님의 말씀으로 창조되었음을 시사하는 말이다.

21 הָיָה (하야) 동사는 영어의 be(이다, 있다, 존재하다, 되다) 동사의 의미와 같다.

22 미완료 단축형을 히브리 문법에서 희구법이라고 부른다. 그것은 말하는 자의 간절한 기대와 소망이 담겨 있기 때문이다. 이 희구법은 소위 하나님의 '무로부터의 창조'를 표현할 수 있는 독특한 문법적 요소이다.

23 일반 현대어로는 표현하기 어려운 부분이다. 명령을 받는 대상이 없는 상황에서 명령의 의미를 나타낼 수 있는 유일한 언어가 고전 히브리어라고 학자들은 말한다.

אוֹר(오르)는 빛을 가리킨다. 이 빛은 물질적인 빛이 아닌 영적인 빛이라고 말하기도 하며(Augustine), 또는 넷째 날 드러날 태양 빛 자체라고 말하기도 한다(Halley, Murphy).[24] 그러나 일반 개혁주의 신학자들은 이 빛을 장차 태양으로 완성될 빛이라고 말하면서 하나님의 창조를 점진적 창조로 말하는 듯 보인다. 즉 2절에서 시작되는 땅도 셋째 날이 되어서야 육지라는 이름으로 드러났듯이 3절에서 시작되는 빛도 넷째 날이 되어서야 태양으로 완성되는 창조의 빛으로 드러났다고 볼 수 있다. 창세기 1장 3절의 구문론적 번역은 다음과 같다.

> 그리고 하나님께서 빛이 생겨나라고 말씀하셨다. 그랬더니 빛이 생겨났다(3절).

4) 창세기 1장 1절과 2, 3절과의 관계

창세기 1장 1절 첫단어(베레쉬트)의 해석의 차이에 따라 하나님의 창조는 절대창조와 상대 창조로 구분될 수 있다. 맛소라 사본의 창세기 1장 1절의 문장 구조는, 첫 단어를 제외하고는, 가장 일반적인 히브리 문장 구조와 정확하게 일치한다.[25] 첫 단어를 제외하고 1절의 나머지를 문법적 요소에 의해서만 번역한다면 '하나님께서 하늘과 땅을 만드셨다'가 된다. 그러나 논란의 대상이 되는 것은 이 문장의 맨 앞에 놓여 있는 בְּרֵאשִׁית(베레쉬트)이다. 이 단어를 독립된 부사로 번역하면 1절은 독립된 문장으로 다음과 같이 번역된다.

> 태초에 하나님께서 하늘과 땅을 만드셨다(1절)

이렇게 번역되는 근거는 맛소라 학자들이 이 단어 밑에 붙여 놓은 분리 억양 부호인 티프하 때문이다.[26] 히브리어와 구문법에 정통한 맛소라 학자들의 이 분리 부호를 따라 בְּרֵאשִׁית(베레쉬트)는 독립된 부사로 '태초에' 라고 번역

---

24 Ibid., p.33.

25 히브리어의 동사 문장의 가장 일반적인 형태는 동사, 주어, 목적어 그리고 목적 보어 순으로 이루어진다. 창세기의 첫 절로 명확하게 이 구조를 이루고 있다.

26 민영진, op. cit; p.426.

되어야 한다는 것이다.[27] 창세기 첫 단어를 독립된 부사로 번역해야 한다는 또 하나의 큰 이유는 고대 역본들이 첫 단어를 독립된 부사로 번역하여 1절 전체를 독립 문장으로 번역했다는 것이다. 특히 헬라어 역본인 70인역은 이 첫 단어를 '태초에'라는 의미의 '엔 아르케'(ἐν ἀρχῇ)로 번역했는데 이것은 창세기 1장 1절을 독립된 문장으로 번역한 흔적으로 본다. 창세기의 첫 단어를 독립된 부사로 이해하면 1절은 독립절로 번역되어 2, 3절과 함께 다음과 같이 번역된다.

> 태초에 하나님께서 하늘과 땅을 만드셨다. 그런데 그 땅은 아직 질서가 잡히지 않았고 텅 빈 상태로 있었으며 하나님의 영은 물표면 위에 감싸 돌고 있었다. 하나님께서는 빛이 생겨나라고 말씀 하셨다(1-3절).

그러나 창세기의 첫 단어 בְּרֵאשִׁית(베레쉬트)를 종속절의 시작으로 번역하면 1절은 "태초에 하나님께서 하늘과 땅을 만드셨을 때"가 된다. 이렇게 주장하는 근거는 이 단어의 첫 모음이 카메츠가 아니라 쉐와(ㅘ)라는 점이다.[28] 즉 창세기의 첫 단어가 독립 부사로 בְּרֵאשִׁית(베레쉬트)가 아니라 בָּרֵאשִׁית(바레쉬트)가 되어야 한다는 것이다.[29] 명사와 전치사 사이에 정관사가 있어서 בָּרֵאשִׁית(바레쉬트)가 되면 독립 부사로 '태초에'가 될 수 있지만 정관사 없이 בְּרֵאשִׁית(베레쉬트)가 되면 구성형 사슬의 첫째 요소가 되어 동사와 연결하여 '태초에 … 창조하셨을 때에'라고 번역되어야 한다는 것이다. 탁월한 유대인 학자 중에는 랍비 솔로몬 벤 이삭(Rabbi Solomn ben Isaac, 1040-1105)이 견해를 주장한다.[30] 라쉬(Rashi)는 주장하기를 창세기의 창조 기사는 창조의 순서를 말하려는 것도 아니며 하늘과 땅이 맨 처음에 창조되었음을 말하려는 것도 아니라고 한다. 결국, 라쉬의 견해를 따르는 학자들은 창세기의 첫 절을 종속절(protasis)로

---

27 F. Delitzsch, A New Commentary on Genesis, vol.l, trans. S. Talor(Edinburgh: Qark, 1888; rpt.Klock, 1978), p.46. 재인용.

28 בְּרֵאשִׁית 의 (בְּ)와 בָּרֵאשִׁית 의 בָּ(바)의 차이를 가리킨다.

29 민영진, op. cit., p.422.

30 Ibid.

번역할 때 2절을 삽입절(parenthesis)로 보고 3절을 주절(apodosis)로 번역한다.

> 태초에 하나님께서 하늘과 땅(온 세상)을 마드션음 때에, [땅은 아직 질서가 잡히지 않았
> 고 텅 빈 상태로 있었으며 하나님의 영은 물표면 위에 감싸 돌고 있었는데], 하나님께서
> 빛이 생겨나라고 말씀하셨다(1-3절).

이러한 번역은 빛 창조 전에 이미 삽입절의 땅과 물(물표면)이 이미 존재한
것처럼 보인다는 이유로 하나님의 절대창조인 '무로부터 유' 창조에 어긋난
다는 비판을 받고 있다. 또한, 창세기 1장의 처음 세 절을 종속절(1절), 삽입절
(2절), 주절(3절)의 복합 문장으로 보는 이 견해는 창세기 1장 전체가 보여 주
는 간결한 단문체의 문장들과 어울리지 않는다는 이유로도 비판을 받는다.[31]
한편 창세기 첫 절을 종속절로 번역하는 견해 가운데는 라쉬(Rashi)와는 다
르게 보는 견해도 있다. 즉 1절을 종속절로 보는 것은 같으나 2절을 주절로 보
는 견해다. 유대인 학자 중에 아브라함 이븐 에즈라(Abraham Ibn Ezra 1089-1164)
의 주장이다. 그러나 몇몇 학자를 제외하고는 이 견해를 지지하는 사람은 거
의 없다.[32] 왜냐하면 유대인의 전통적인 견해로도 2절은 1절과 분리된 문장으
로 인정되고 있기 때문이다. 이 견해에 따르면 창세기의 첫 세 절은 다음과 같
이 번역 될 수 있다.

> 태초에 하나님께서 하늘과 땅(온 세상)을 만드셨을 때에 땅은 질서가 잡히지 않았고 텅
> 빈 상태로 있었으며 하나님의 영은 물표면 위에 감싸 돌고 있었다. 그리고 하나님께서 빛
> 이 생겨나라고 말씀하셨다(1-3절).

---

31   Ibid., p.427.
32   Ibid., p.424. 에즈라의 설명은 랍비성경 Miqra'oth Gedoloth(미크라오트 게돌로트)에 있다.

5) 절대적 창조인가 상대적 창조인가

소위 무로부터의 창조(*creatio ex nihilo*) 라는 말은 성경의 용어가 아니라 하더라도 창조의 의미를 신학적으로 이해하는 단계에서 창조주 하나님의 절대창조를 더욱 강조하기 위해 도입된 것만은 틀림없다.[33] 이 말은 교회가 2세기 말부터 보편적으로 받아들인 교리로 여겨진다. 무로부터의 창조 개념은 창조주 하나님을 피조물과 분리하여 거룩히 높이는 의미 외에도 온 세상은 하나님의 의지대로(말씀으로) 창조되었음을 잘 표현하는 전통적 개념이다. 한글로 성경을 번역하는 데 큰 공헌을 한 민영진 박사는 창세기 1장 2절을 어떻게 번역하고 해석하느냐에 따라 절대적 창조인지 상대적 창조인지를 구분할 수 있다고 단언한다.[34] 만약 창세기 1장 2절의 상태를 1절의 동사 בָּרָא(바라)에 연결시키면 영 박사가 지적한 대로 2절의 상황이 1절의 창조 행위보다 앞선 것이 되어 결국 하나님의 절대창조는 무너지고 만다. 그래서 영 박사는 1절의 동사(בָּרָא)를 3절의 동사(וַיֹּאמֶר)와 연관시키는 구문 관계를 택하여 하나님의 절대창조를 강조하였다.

그는 창세기 1장 1절의 천지(하늘과 땅)를 해석할 때 우주 만물 전체로 보았다. 문자적으로 '하늘과 땅을'(אֵת הַשָּׁמַיִם, וְאֵת הָאָרֶץ)이라고 번역되는 창세기 첫 절의 이 말은 문자 그대로 하늘과 땅 두 개체를 의미하는가 아니면 하늘과 땅을 포함한 우주 만물 전체를 의미하는가에 따라 하나님의 6일 창조사역의 내용과 순서가 달라질 수 있다. 거의 대부분의 경우에는 원문의 천지(하늘과 땅)을 문자적 의미인 하늘(הַשָּׁמַיִם)과 땅(הָאָרֶץ)의 의미로 보지 않고 하늘과 땅을 포함한 우주 만물 전체로 본다. 한국 교회의 창조론에 큰 영향을 끼친 영 박사의 창세기 1장 연구에는 창세기 1장의 첫 절을 독립절로 번역하였고 2절의 상황 아래서 3절 빛을 창조한 것으로 주장하고 있으나 여전히 번역의 문제점을 드러내고 있다.[35] 그는 창세기 1장 1절의 첫 단어(בְּרֵאשִׁית)에는 억양 분리 부호

---

33 이 용어는 히브리적 사고는 아니며 단지 창세기 1장에 내재되어 있을 뿐이다. 구약의 다른 부분에도 나타나는가에 대해서는 늘 논란의 대상이 되어 왔다.

34 민영진, op. cit., p.431.

35 Edward J. Young, op. cit., p.29.

가 붙어 있음을 강조한다.[36] 이것은 맛소라 학자들이 이 단어를 절대형으로 해석하라는 의미를 부여한 것으로 보는 것이다.[37] 이러한 이유로 대부분의 히브리어성경들이 이 단어를 절대형으로 구분하고 있다는 것이다.

이러한 이유 외에 영 박사는 בְּרֵאשִׁית(베레쉬트)의 단어를 1절의 동사 בָּרָא(바라)와 연결시켜 두 단어는 그 어근이 서로 같은 연관성에서 하나님의 창조 행위를 함께 표현하고 있다고 주장한다.[38] 즉 하나님께서 창조하셨다는 말(בָּרָא)과 태초(בְּרֵאשִׁית)는 서로 연관되며 그것은 하나님의 창조 행위 자체가 곧 시작임을 나타내고 있다는 것이다.[39] 따라서 1절의 첫 단어는 부사구로 해석되어야 하며 1절 전체는 '태초에 하나님께서 하늘과 땅을 창조하셨다'라고 번역되어야 한다는 것이다. 하나님께서 하늘과 땅을 창조하신 때가 바로 첫 시작임을 선포한다고 본다. 하지만 영 박사는 창세기의 첫 절을 독립절로 번역하면서도 2절의 3가지의 상황이 선재(先在)했다고 보면서 그것은 문법적으로는 타당성이 있으나 하나님의 절대창조(absolute creation) 곧 무로부터의 창조(creatio ex nihilo)와 충돌되기 때문에 받아들일 수 없다는 애매한 논리를 펴기도 했다.[40]

영 박사는 창세기 1장 1절을 독립절로 해석하고 2절과의 애매한 연관성 때문에 1절을 하나님의 창조사역의 제목으로 보는 소위 '제목설'을 주장했다. 즉 1절의 '하늘과 땅을' (הַשָּׁמַיִם וְאֵת הָאָרֶץ) 해석할 때 그것은 단순히 하늘과 땅이라는 두 개체로 보지 않고 하늘과 땅을 포함한 우주 만물 전체로 보았다. 그리고 1절은 모든 피조 세계를 하나님이 창조하셨음을 알리는 광범위한 일

---

36 맛소라 학자들은 현대어의 마침표와 같은 억양 분리 부호인 '티프하'(.)를 붙여 다른 문장 요소와 분리시키고 있다. 따라서 창세기의 첫 단어는 '태초에'라고 부사구로 해석되어야 한다는 견해다.

37 E. J. Young, op. cit., p.17. 맛소라 사본이 오류가 없는 것은 아니지만 그래도 맛소라 학자들의 히브리어 구문론 권위를 조금은 인정할 수도 있다.

38 Ibid., p. 19. בְּרֵאשִׁית(베레쉬트)와 동사 בָּרָא(바라)는 의미상 서로 연결시켜 번역해야 한다는 것이다.

39 창조 시점이 태초이며 또한, 태초에 하나님의 창조가 시작되었다는 논리로써

40 Ibid., p.22. 창2:2의 세 가지 상황이란 (1) 땅이 혼돈하고 공허하며 (2) 흑암이 깊음 위에 있고 (3) 하나님의 신은 수면에 운행하시니라 등을 가리킨다.

반적인 선포라고 했다.[41]

영 박사는 2절의 땅은 1절의 땅과 동일한 의미를 갖고 있지 않다고 말한다. 2절의 땅은 인간이 거주할 수 없는 상태의 땅이 있었음을 알려 주는 땅이라고 말한다. 뿐만 아니라 영 박사는 1장 1절의 동사 בָּרָא(그가 창조했다)를 3절의 동사 וַיֹּאמֶר(와요메르, 그리고 그가 말했다)와 관련지어 해석하면서 1절의 첫 번째 동사는 완료 형태지만 3절의 두 번째 동사는 미완료 와우 계속 법임을 강조하고 1절의 모든 창조 행위가 완료된 후 2절의 세 가지 상태가 계속 되었으며 비로소 3절의 창조 행위가 나타난 것으로 이해했다. 결국, 1절을 하나님의 창조 사역 전체로 보는 영 박사의 소위 제목설 아래서는 2절의 해석이 불가능하거나 모호해지고 만다[42]

영 박사는 위에서 밝힌 라쉬의 구문 관계 곧 1절을 종속절로 보고 3절을 주절로 보는 견해를 비판하면서도 라쉬의 견해를 일부 받아들이는 결과가 되어 3절의 빛 창조 이전에 2절의 상태가 1절의 창조의 결과로 선재해 있었다고 말한다. 하나님께서는 먼저 재료로서 2절의 물질을 창조하신 후, 2절의 상태가 얼마 동안 지속되었는지는 모르지만, 재료를 이용하여 잘 정돈된 우주 만물을 창조하셨다는 것이다.

하지만 영 박사의 주장대로 3절의 빛 창조사역 이전에 2절의 세 가지 상태가 선재해 있었다면 3절의 빛 창조는 첫째 날 창조의 유일한 창조물은 아니거나 무로부터의 창조(creatio ex nihilo)와 충돌될 수 있다. 결국 영 박사는 빛 창조 이전에 인간이 살 수 없는 땅이 창조되어, 얼마의 기간 동안 존재해 있었는지는 모르지만, 선재해 있었다는 모호한 설명에 그치고 만다. 영 박사는 결론 부분에서 창세기 제1장 1절은 하나님의 창조 사실을 광범위하고 포괄적으로 표현한 것이며(마치 제목처럼) 2절은 창조주의 손으로 먼저 창조되어 선재해 있는 재료이며 그 후 빛이 창조되어 오늘날과 같은 지구가 형성되었다는 최종 결론을 내리고 있다.

---

41 Ibid., p.23.

42 즉 2절은 3절의 빛 창조사역이 이루어지기 전에 먼저 창조된 재료와 같은 창조물이라고 주장하는 영 박사의 견해는 이해가 되는 것 같으면서도 애매모호하다.

영 박사의 이러한 견해로는 여전히 창세기 처음 세 절의 관계를 충분하게 밝혔다고 볼 수 없으며 2절의 상황이 선제해 있었다는 말을 좀 더 신학적으로 분명히 정립하거나 새로운 용어를 사용해야 할 단계에 접어들었다고 제안한다.[43] 그는 처음 창조된 하나님의 창조물이 처음 그대로 계속 존재하지 않았고 오히려 그것들을 움직이시고 나누고 모으시면서 하나님의 주권 아래 창조사역을 계속하셨다는 매우 설득력 있는 견해를 주장했다. 비록 유기적이며 점진적인 창조라는 용어를 사용하지 않았지만 처음 창조된 것들을 변경되면서 창조사역이 계속되었다는 영 박사의 이러한 견해는 옳다.[44]

그러나 1절을 소위 제목으로 보고 하나님의 첫째 날 창조사역을 3절의 빛 창조로 시작한다면 2절은 도대체 무엇을 의미하는가 하는 문제를 여전히 남기고 있다. 첫째 날 창조인 빛 창조 이전에 이미 선재해 있던 창조물이 2절의 상태라고 말하는 영 박사의 견해는 다소 무리가 따른다. 그런데도 한국 교회는 영 박사의 견해와 창세기의 첫 절을 독립절로 해석하는 견해 아래서 2절의 상태를 하나님의 빛 창조 전의 선재된 창조물로 보고 하나님의 6일 창조를 다음과 같이 가르쳐 왔다.

첫째 날 창조: 빛
둘째 날 창조: 하늘과 궁창
셋째 날 창조: 육지(땅), 바다, 식물 등
넷째 날 창조: 해, 달, 별 등
다섯째 날 창조: 새, 물고기 등 조류와 어류
여섯째 날 창조: 땅 위의 동물들과 사람

위의 창조 순서 및 내용이 옳다면 "물과 땅과 어둠은 언제 창조되었는가?" 하는 문제에 부딪친다. 또한, "셋째 날의 땅은 이미 창조된 땅이 드러났는가 아니면 처음 창조되었는가?" 따라서 위와 같은 6일 창조 요약은 정확한 성경

---

43 이것은 1절에 이어 2절이 그리고 1, 2절을 기반으로 3절 이하의 창조가 유기적이며 점진적으로 이루어졌다는 새로운 용어의 필요성을 은연중 함축하고 있다.
44 E. J. Young, op. cit., p.29.

번역과 해석의 결과라고 보기에 너무나 큰 무리가 따른다. 그것은 창세기 1장 2절의 번역 상의 문제와 신학적인 문제가 여전히 남아 있기 때문이다. 만약 창세기 1장 1절을 제목으로 보고 3절부터 첫째 날이 시작되었다면 도대체 2절의 상태는 무엇인가?

영 박사의 경우는 1절을 제목으로 보고 3절을 창조사역의 시작으로 보면서도 2절의 상태는 빛 창조 이전의 선재(先在)의 상태라고 말함으로써 자칫 또 하나의 새로운 간격설 (the Gap Theory)처럼 보이는 오해의 소지를 남기고 있다.[45] 그가 말하는 이미 선재해 있는 상황으로서의 2절에 언급되고 있는 땅, 물 및 흑암(어두움)은 무엇이며 언제 창조되었는가 하는 문제도 계속 남아 있다. 비록 창세기 1장의 창조 기록이 창조의 순서를 말하려는 것은 아니라는 견해가 있다 하더라도 창세기 1장 2절의 올바른 번역과 해석은 하나님의 절대 창조를 올바르게 가르치는 일에 있어서 매우 중요하다.

창세기 1장 1절의 첫 단어를 종속절의 시작으로 보고 1절을 종속절로 번역 함으로써 하나님의 창조사역 당시에 이미 땅과 물과 어둠이 혼돈 상태로 선 재해 있었다고 보는 견해는 하나님의 절대창조 개념에 어울리지 않는다. 그것 은 단지 상대적 창조론의 근거가 될 뿐이다. 뿐만 아니라 창세기 첫 단어를 독 립 부사구로 해석하여 1절 전체를 독립된 문장으로 번역 해석하는 영 박사의 견해조차도 2절을 하나님이 먼저 창조하신 선재하는 재료로 해석하는 모호한 입장을 취하고 있다. 비록 그는 1절의 동사를 3절의 동사와 연결시켜 하나님 의 절대창조와 충돌하는 위험은 벗어난 듯 보이지만 창조 당시에 이미 선재(先 在)하는 재료가 있었다는 그의 2절 해석은 너무나 애매모호하다. 영 박사는 선 재하는 재료가 있었다고 2절을 설명하면서도 상대 창조가 아닌 하나님의 절 대창조를 주장하지만 여전히 2절의 상황을 분명하게 설명하지는 못하고 있다.

---

45 일반적으로 중조론(重造論)이라고 불리는 간격설(the gap theory)은 1절을 하나님의 첫 번 째 우주 만물 창조로 보고 3절 이하를 두 번째 우주 만물 창조로 보는 견해다. 이 경우 첫 번째 창조된 온 세상은 천사의 타락으로 하나님의 멸망을 받았으며 그 멸망받은 상 태가 창세기 1장 2절이라고 주장한다. 그리고 첫 번째 창조와 두 번째 창조 사이는 긴 간격(gap) 있었다는 견해이다. 1절의 창조와 3절의 창조 사이에는 긴 간격이 있다는 의 미로 간격설(the Gap Theory)이라고도 하며 1절의 창조사역 이 후 다시 3절 이하의 창조 사역이 있었다는 의미로 중조론(重造論)이라고도 한다.

창세기 1장 1절을 독립절 또는 종속절로 어느 쪽으로 이해하든 창세기 1장 전체에 내재되어 있는 하나님의 절대창조를 설명하기에는 역부족이다. 이런 상황에서 최근 구약신학의 방법론 중에서는 하나님의 언약을 유기적이며 점진적(progressive) 성격으로 이해하는 언약의 구조가 언약신학자들에 의해 체계적으로 소개되었다.[46] 하나님의 창조사역도 유기적이며 점진적인 언약의 구조 아래 설명되어질 수 있음을 밝히며 아직 신학적 용어로는 정착되지 않았지만 소위 점진적 창조론(the Theory of Progressive Creation)을 조심스럽게 한국 교회에 제시해 본다.

6) 창조 구조와 점진적 창조론[47]

창세기 1장의 처음 세 절의 해석을 위해서는 창세기 1장 전체의 하나님의 6일 창조의 구조 속에서 이해해야 된다는 새로운 견해를 제시하고자 한다. 예를 들어 하나님의 둘째 날 창조 행위의 결과 궁창과 하늘이 만들어졌는데 이 하늘은 물과 물 사이를 나누시고 그 물 사이의 넓은 공간이 생겨나게 하심으로써 그 공간을 하늘이라고 명명(命名)하신 하나님의 창조 행위의 결과이다. 이미 존재한 물을 나누시는 행위도 역시 하나님의 창조 행위이다.

그렇다면 둘째 날에 이미 존재하고 있었던 이 물은 언제 창조되었는가?
하나님의 6일 창조 전에 이미 선재해 있었는가?
아니면 재료로서 먼저 창조된 임시 창조물인가?

---

46 하나님의 언약은 유기적이며 점진적인 언약적 구조가 있음을 체계적으로 잘 설명하고 있다. 언약적 구조 아래서 이해되는 메시아 중심의 역사 해석은 구약성경 이해를 한층 더 높은 수준으로 발전시켰다고 평가할 수 있다. 최고의 권위를 자랑하는 언약신학자 중 한 사람인 O. P. Robertson의 *The Covenant of the Christ*라는 책이 김의원 박사에 의해 '계약신학과 그리스도'라는 제목으로 출간된 이래 한국 교회는 언약의 구조 아래 구약 성경을 보는 새로운 눈이 열려졌다.

47 유기적이며 점진적인 언약의 구조 아래 "문자적 6일 창조 안에서의 점진적 창조론"이라고 부르기로 한다. 이것은 오랜 세월을 거쳐 창조되었다는 진화론적인 점진적 창조론과는 전적으로 다르다.

결코 아니다. '태초에' 하나님께서 우주 만물을 처음 창조하실 때 처음 창조하신 완전한 창조물로 보아야 한다. 하나님의 모든 창조는 처음부터 완전한 창조물이며 그것이 변형되고 하나님의 주권에 따라 새로운 질서를 형성해 나갔을지라도 재료로서 창조된 것은 아니다. 또한, 첫째 날의 창조물에 근거하여 둘째 날의 창조사역이 나왔을지라도 첫째 날의 창조를 재료로 사용했다는 말은 적절하지 못한 표현이다. 첫째 날로부터 둘째 날의 창조가 계속되었다는 것은 하나님의 창조 행위가 점진적으로 진행되고 있음을 표현하는 것이며 아직 하나님의 창조사역이 끝나지 않았음을 가리키는 표현 방식이다. 둘째 날의 창조 당시에 이미 물이 있었다면 그 물은 둘째 날 이전 곧 첫째 날에 창조되어 나타난 창조물일 수밖에 없다. 또 셋째 날 드러난 육지(땅)는 물로 덮여 있다가 하나님의 창조의 말씀에 따라 물 위로 그 모습을 드러낸 것이다. 그렇다면 이 땅은 셋째 날 이전에 이미 창조되어 물과 함께 있다가 드러난 것이다(2절의 상황).

이러한 창조 과정은 앞의 날과 뒤의 날이 서로 유기적으로 연결되고 점진적으로 더욱 발전된 모습으로 창조의 날이 거듭할수록 창조 목표에 접근해 나간다. 이것을 소위 점진적 창조라고 조심스럽게 말하고 싶은 것이다. 결국, 창세기 1장의 하나님의 창조사역을 히브리어 원문의 구조를 따라 번역 해석할 경우 하나님의 6일 창조는 첫째 날부터 여섯째 날까지 서로 유기적으로 연결되고 점진적으로 발전되는 창조 구조를 이루고 있음을 알 수 있다.

이제 창세기 1장 첫 절을 독립절로 해석하고 또한, 유기적이며 점진적인 창조 구조 아래 1장 1절과 2, 3절과의 관계를 다음과 같이 새롭게 제시한다.

첫째, 일반 전통적인 견해에 따라 창세기 1장 1절의 첫 단어(בְּרֵאשִׁית)를 독립 부사로 번역할 경우 1절 전체는 독립절로 번역될 수 있다. 즉 "태초에 하나님께서 하늘과 땅을 창조하셨다"(창 1:1)가 된다. 이 경우 하늘과 땅을 우주 만물 전체라고 확대해석하여 하나님의 창조사역의 제목처럼 이해할 필요는 없다. 1절의 하늘과 땅은 문자 그대로 '하늘'과 '땅'이다. 하늘과 땅은 하나님의 6일 창조사역 가운데 첫째 날의 첫 번째 창조물이다.

둘째, 창세기 1장 2절의 번역과 해석도 구문론적 위치에서 문자적으로 해석할 수 있다. 1절에서 창조된 땅과 2절의 땅은 동일한 땅이 아니라고 영 박사는 주장하지만 2절의 땅은 1절에서 창조된 바로 그 땅이어야 한다. 즉 2절의 땅은 1절에서 창조된 바로 그 땅이며 2절의 표현처럼 "땅은 질서가 잡히지 않았고(혼돈) 텅 빈 상태로 있었으며(공허) 하나님의 영은 물표면 위에 감싸 돌고(운행) 있었다"로 번역될 수 있다. 우리말의 "땅이 혼돈하고 공허하며"라고 번역된 말의 어감이 좋지 않아 자칫 나쁜 상태이거나 험악한 혼돈 상태로 2절을 보아서는 안 된다. 처음 창조된 땅은 하나님의 창조 행위가 진행되는 과정에 있기 때문에 아직 완전한 질서가 잡히지 않았고 텅 빈 상태로 있었던 당시 상황을 성경 저자가 그대로 서술한 것이다. 땅이 아직 질서가 잡히지 않았고 텅 빈 상태로 있었다는 것은 하나님의 창조 행위가 더 계속되어야 함을 암시하고 있는 상황 설명이지 나쁜 의미이거나 공허한 부정적인 모습을 가리키는 것은 결코 아니다.

또한, 하나님의 말씀인 성경의 기록은 역사적 사실을 다 기록한 것이 아니라 일정한 주제 아래 선택적으로 기록된 것임을 인정할 때 하나님의 창조사역의 기록도 선택적일 수밖에 없다. 그렇다면 2절에 언급된 물, 흑암(어두움) 등은 첫째 날 창조의 두 번째 창조물로 이해할 수 있다. 하나님께서 창조하신 1절 및 2절의 땅과 물 등은 첫째 날 창조되었으나 주권적 하나님의 질서 아래 땅은 셋째 날에 비로소 물로부터 드러나 육지로 모습을 드러냈으며 물은 모두 모여 바다라는 창조질서를 이루었다. 1절과 2절은 빛 창조 이전에 하늘, 땅, 물과 더불어 하나님께서는 이미 어두움도 창조하셨을 선포하고 있다. 어두움은 본래부터 존재한 것이 아니다. 어두움(흑암)도 하나님께서 창조하신 창조물이다.[48]

셋째, 창세기 1장 3절의 번역은 "하나님께서 빛이 있으라(생겨나라)고 말씀하셨다"이다. 1장 3절의 빛 창조는 첫째 날 창조된 유일무이한 창조물이 아니라 첫째 날의 마지막 창조물로 보아야 한다. 즉 1절의 하늘과 땅은 첫째 날 창조의 첫 번째 창조이며 2절의 어두움(흑암)과 물은 첫째 날의 두 번째 창조물이며 3절의 빛 창조는 첫째 날의 마지막 창조물로 성경 기록자에 의해 '선택적으로 기록된 창조물'로 이해해야 한다. 이것들은 둘째 날, 셋째 날, 넷째 날을 거쳐 온전한 하나님의 창조질서를 이루었다. 결국, 둘째 날의 하나님의 창조사

---

48 이사야 45장 7절.

역은 첫째 날의 창조를 바탕으로 점진되어 나타났으며, 셋째 날의 창조는 첫째 날과 둘째 날의 창조를 바탕으로 더욱 점진되어 발전된 모습으로 드러났다.

또한, 셋째 날의 창조는 첫째 날 둘째 날의 창조를 바탕으로 더욱 점진되어 나타났으며, 넷째 날의 창조는 첫째 날 둘째 날 셋째 날의 창조를 바탕으로 점진되어 나타났다. 이와 같이 유기적이며 점진적인 창조 과정을 거쳐 다섯째 날과 여섯째 날의 창조사역으로 이어졌고 드디어 일곱째 날이 이를 때에 비로소 하나님 보시기에 심히 아름다운 세상으로서 완성되었다. 이것을 유기적이며 점진적인 창조라고 말할 수 있다.

이와 같은 창조 구조 아래서 창세기 1장 1절과 2, 3절과의 관계는 서로 독립된 절로 번역되고 창세기의 처음 세 절은 모두 하나님의 첫째 날 창조 행위와 그 결과로 이해할 수 있다. 하나님의 창조는 첫째 날의 창조에 근거하여 둘째 날의 창조가 나오고 다시 둘째 날의 창조에 기초를 두고 셋째 날의 창조가 이루어진다. 또한, 셋째 날에 근거하여 넷째 날의 창조가 잇따르는 방식으로 6일 창조가 이루어졌다. 이런 유기적이며 점진적인 구조 아래 하나님의 6일 창조는 하나님 보시기에 심히 아름다운 모습으로 창조 목표에 적확하게 완성되었다 이것을 점진적 창조론(The Theory of Progressive Creation)이라고 부를 수 있다.[49]

이러한 점진적 창조론의 창조 구조 아래서 창세기 1장 2절은 하나님의 창조 당시 이미 창조되어 선재해 있었던 재료라고 말하기 보다는 '태초에' 곧 하나님께서 하늘과 땅을 창조하실 때 빛보다 앞서 창조된 첫째 날의 창조물들의 상태(물, 어둠 등)라고 보는 것이 더 적절하다. 결국, 창세기 1장 1절과 2, 3절은 모두 하나님의 첫째 날 창조사역과 그 창조물을 보여 주는 첫째 날의 표정이다. 소위 점진적 창조론의 구조 아래서 창세기 1장의 6일 창조 모습은 지금까지의 견해와는 다르게 요약된다.

첫째 날 창조된 물도 처음 그대로 있지 않고 둘째 날 나뉘고 셋째 날 드디어 한 곳으로 모여 바다를 이루었다. 하나님의 유기적이며 점진적 창조의 모습이

---

49 아직 신학적으로 이런 용어를 쓰고 있지는 않지만 그런 내용으로 이해되어 왔다. 제목설, 간격설 등의 창조론에 이어 "문자적 6일의 점진적 창조론"이라는 용어를 감히 한국교회에 조심스럽게 제시한다.

다. 마찬가지로 첫째 날 창조된 하늘도 둘째 날에 이르러 물과 분리되어 공간으로서의 하나님의 창조질서를 이루었다. 또한, 첫째 날 창조된 빛은 넷째 날 창조된 발광체(해, 달, 별)와 더불어 빛을 비추는 창조질서를 점진적으로 완성했다. 또 다섯째 날에는 둘째 날 완성된 공간에 그 공간을 마음대로 날 수 있는 새 종류를 만드셨고, 또한 셋째 날 완성된 바다에 각종 바다 생명체를 만드셨다. 하나님께서는 여섯째 날에 육지(땅), 곧 첫 번째 날에 창조되었다가 셋째 날에 드러남으로써 각종 씨 맺는 채소로 가득한, 육지(땅)에 동물들을 만드셨으며, 마지막으로 사람(인간)을 만드셨다. 유기적이며 점진적인 창조 구조 아래 창세기 1장의 6일 창조를 요약하면 다음과 같다. 하나님께서 이미 만드신 것을 후에 분리하기도 하시고(물) 이름을 붙이기도 하시는 모든 행위(하늘, 바다 등)도 하나님의 무(無)에서의 유(有) 창조다.

첫째 날 창조: 하늘, 땅, 물, 어두움, 빛
둘째 날 창조: 물과 물 사이를 나눔, 공간인 궁창을 하늘이라 명명
셋째 날 창조: 땅이 드러남(육지), 물이 모임(바다), 식물 등
넷째 날 창조: 해, 달, 별 등(둘째 날 드러난 하늘과 공간에)
다섯째 날 창조: 새(하늘 공간에), 물고기 종류(바다에)
여섯째 날 창조: 땅 위의 짐승, 인간

창세기의 처음 세 절의 올바른 번역과 해석은 하나님의 창조를 이해하는 데 매우 중요한 신학적 기초를 이룬다. 하나님께서 온 세상을 말씀으로 창조하셨다는 선포의 말씀은 손상되지 않는다 할지라도 어떤 방법(how)으로 창조하셨는가에 대해서는 다소간 이견이 있음을 보았다. 전통적 견해는 창세기의 첫 단어를 독립 부사로 번역하여 첫 절을 독립절로 번역해 왔으나 여전히 2절의 세 가지 상황에 대한 설명이 더 명확하게 요구되고 있는 실정이다.[50] 또한, 1절을 첫

---

50 영 박사의 견해는 1절을 제목처럼 독립절로 번역하였고 2절은 이미 창조된 상태에서 선재한 것들이며 3절에서 비로소 첫 창조사역이 진행되었다는 것이다. 이 경우 2절은 언제 창조된 것이며 선재했다는 의미가 무엇인지 정확하게 설명되지 않는다. 따라서 2절의 상태는 하나님의 점진적 창조 구조 아래 1절에서 창조된 땅과 그 후 창조된 물과

단어와 연결하여 종속된 문장으로 해석하기도 하지만 그럴 경우 하나님의 절대
창조를 부정하는 견해라는 비판을 받아왔다.[51] 이에 대한 대안으로 최근 구약신
학의 발전된 형태인 유기적이며 점진적인 언약의 구조를 하나님의 창조 구조에
접합시켜 소위 '유기적이며 점진적인 창조'를 조심스럽게 제시해 보았다. 즉 1
절을 독립된 문장으로 번역하고 2절을 1절에 연속된 유기적 하나님의 창조 행
위로 보며 이어 3절에서의 빛 창조를 끝으로 첫째 날 하나님의 창조사역이 이
루어진 것으로 보는 것이다. 이렇게 해석하면 1절의 하늘과 땅이 2절의 어둠 및
물과 섞여 있는 질서가 잡히지 않은 상태로 있는 상황에서 하나님이 3절의 빛
을 창조하심으로 첫 번째 창조물이 밝히 드러나게 되었다고 볼 수 있다.[52]

　　이러한 견해는 새로운 주장이라기보다는 영 박사의 독립절(1절) 번역을 따
르면서도 2절의 상태를 선재한 상황이라는 용어를 쓰지 않고 1절의 창조사역
과 연관된 유기적이며 점진적 상황으로 보는 견해라고 할 수 있다. 결국, 창세
기 1장 1, 2절과 3절의 관계는 유기적이며 점진적인 하나님의 창조 구조 아래
서 하나님의 절대창조를 보여 준다. 즉 창세기의 처음 세 절은 하나님의 첫째
날 창조물과 창조사역의 점진적 과정이 선택적으로 기록된 것으로 조심스럽
게 결론지을 수 있다.

　　어둠 등이 하나님의 창조 과정 중에 있음을 나타내는 것으로 이해하고 3절의 빛 창조
　　를 통해 첫째 날 창조사역이 이루어졌다고 보는 것이 더 자연스럽다고 생각한다. 이것
　　을 소위 점진적 창조라고 부를 수 있다.

51　물론 1절을 종속절로 해석하는 유대 학자들이나 비평주의 학자들은 종속절로 번역하는
　　것이 하나님의 절대창조를 부정하는 것은 아니라고 하지만, 1절을 종속절로 번역할 경
　　우 하나님의 6일 창조 이전에 이미 무엇인가 선재해 있었다는 의미가 되어 결국 하나
　　님의 절대창조(無에서 有창조)에 심각한 손상을 입힌다.

52　첫째 날 창조된 땅은 둘째 날 셋째 날을 거쳐 식물이 살 수 있는 땅으로 점진되었으며
　　마지막으로 여섯째 날에 그 땅 위에 사는 동물을 창조하심으로서 생명체를 위한 온전
　　한 땅으로 창조질서를 이루게 되었다. 또한, 첫째 날 1절에서 창조된 하늘도 물과 어둠
　　과 뒤섞여 있다가(2절) 둘째 날 셋째 날을 거쳐 넷째 날에 완전한 공간으로 드러나 해
　　달 별 등 천체가 운행하는 공간으로서의 하늘이 되어 그 후에는 태양을 중심으로 모든
　　천체가 창조질서를 이루며 존재할 수 있게 되었다. 이처럼 하나님의 창조사역은 6일 창
　　조라는 점진적 기간을 거쳐 유기적으로 창조되었음을 알 수 있다. 이러한 견해는 새로
　　운 주장이라기 보다는 영 박사의 독립절(1절) 번역을 따르면서 2절의 상태를 선재한 상
　　황이라는 용어를 쓰지 않고 1절의 창조사역과 연관된 유기적이며 점진적 상황으로 보
　　는 견해라고 할 수 있다.

태초에 하나님께서 하늘과 땅을 만드셨다. 그런데 그 땅은 아직 질서가 잡히지 않았고 텅 빈 상태로 있었으며 하나님의 영은 물표면 위에 감싸 돌고 있었다. 하나님께서는 빛이 생겨나라고 말씀 하셨다(1-3절).

제6장

창조언약과 창조질서

1. 창조언약의 일반 규례

창조언약이란 용어는 구속언약이라는 말과 함께 최근에 성경신학적 입장(언약신학)에서 사용되었다.[1] 본래 교의신학(조직신학) 아래 전통적으로는 인간의 타락을 기점으로 행위 언약(타락 전)과 은혜 언약(타락 후)으로 나누어 성경의 언약을 이해해 왔다. 그러다가 성경신학의 발전과 함께 타락 전 창조 당시에 맺은 하나님과의 언약을 창조언약으로, 타락 후 하나님과 인간과의 언약을 구속언약으로 부르게 되었다.

창조언약은 하나님의 창조사역과 더불어 인간을 비롯한 모든 피조물과 맺은 언약을 가리키지만 특히 창조 당시에 인간과 맺은 언약 가운데 안식, 결혼, 노동 등의 일반 규례와 선악을 알게 하는 나무의 열매는 따먹지 말라는 특별 금지 규례를 가리킨다. 창조의 한 부분인 인간은 창조 구조 속에 포함된 이 규례들을 준수해야 할 책임이 있다. 그리고 이 창조언약 규례는 하나님의 창조질서를 이루는 중요한 목적이었다. 안식일 제도, 결혼 제도, 노동 제도 등의 창조 규례는 하나님이 정하신 것으로서 창조된 이 세상을 유지하는 수단이며 세계 구조의 변할 수 없는 내재된 원칙이다. 그래서 하나님의 창조 규례인 안식일, 결혼, 노동은 특별 금지 규례와 함께 선택 사항이 아니라 인간이 반드시 지켜야 할 필수 의무 사항으로서 순종해야만 하는 절대적 규례로 주어졌다.

---

1   O. Palmer Robertson, *The Christ of the Coveriants*(Phillipsburge:Presbyterian and Reformed Publishing co., 1980), pp.67-87.

창조라는 주제 아래 기록된 창세기 1장의 내용은 누가(하나님)이 세상을 창조하였는가에 촛점을 맞추고 있으며 2장과 3장은 하나님의 창조물 가운데 최고의 걸작인 인간 및 그 인간과 맺은 창조언약에 대해 말하고 있다. 다시 말하면 창세기 1장은 창조주 하나님을 선포하고 2장(3:1-3포함)은 인간은 하나님의 창조언약에 순종하며 살아야 할 피조물임을 가르쳐 주고 있다. 하나님께서는 보이는 세상과 보이지 않는 모든 세상을 만드신 후 인간에게 복을 주시며 생육하고 번성하며 땅에 충만하여 모든 생명체를 다스리라고 사명을 주셨다. 이것은 일종의 '노동'의 명령이다(창 1:28).

이 노동의 명령 다음으로 결혼 제도와 안식 제도가 하나님의 창조질서로 엄숙하게 명령되고 있다. 대부분의 거의 모든 성경신학자는 안식과 결혼과 노동을 하나님의 창조질서라고 부르는데 동의하고 있다. 이 세 가지는 창조 당시에 하나님께서 직접 세우신 질서로서 이 세상을 유지하기 위한 하나님의 목적 아래서 창조 때부터 이 세상 끝날 때까지 계속된다는 의미에서 창조질서라고 불려진다. 하나님께서는 이 세상을 창조하신 후 안식과 결혼 및 노동 제도를 통하여 창조하신 세상을 보존하시며 하나님을 드러내고 계신다. 결국, 창세기 제2장에는 인간 창조, 에덴동산 창조 및 인간의 보존을 위한 결혼 제도와 인간이 창조주 하나님을 기억하는 날로서 지켜야 할 안식일 제정이 주요 내용으로 언급된다.

안식과 안식일 제정이 인간으로 하여금 창조주 하나님을 잊어버리지 않도록 하기 위한 하나님과 인간 사이의 중대한 영적 관계 유지의 날이라면 결혼은 이 땅에 경건한 인간을 계속 남기시고 번성케 하시기 위한 하나님의 계획 아래 제정된 창조질서로서 결코 변할 수 없는 제도이다. 노동 역시 이 세상에 태어난 인간들이 세상에 머무르기 위한 수단으로 먹을 것을 공급받기 위해 당연히 감수해야 하는 하나님의 창조질서의 한 부분이다. 하나님께서는 창조 당시부터 노동을 통해서 먹을 것을 공급받도록 섭리하셨으며 인간의 범죄이 후에도 그 은혜는 계속되었다. 그래서 사도 바울도 '일하기 싫거든 먹지도 말게 하라'고 교훈했는데 그것은 노동이 하나님의 창조 규례임을 가르쳐 준 것이다.

안식일(오늘날 주일) 준수, 결혼 및 노동 이 세 가지는 창조 당시부터 이 세상 끝날까지 인간으로 하여금 계속 지켜져야 할 항구적인 창조 규례이다. 결국, 하나님에 의해 창조된 인간은 이 세상에 사는 날 동안 안식일(주일)을 지킴으로서 창조주 하나님을 잊어버리지 않게 되며 자신은 하나님의 창조물임을 확인하고 하나님의 말씀에 순종하는 생활을 계속할 수 있게 된다. 또한, 결혼을 통해서 이 세상에 후손을 남겨야 한다. 이것이 하나님의 창조 규례로써 반드시 지켜져야 할 언약이다. 하나님의 특별한 섭리 없이 결혼을 하지 않는 것은 어느 면에서는 하나님의 창조질서를 거스르는 행위가 될 수도 있다. 뿐만 아니라 열심히 일하는 것만이 먹을 것을 공급받을 수 있는 유일한 수단이 됨을 알아야 한다.

1) 안식 제도

안식일 규례의 안식(שבת 샤바트)의 의미는 중지, 휴지, 정지, 휴식 및 안식 등이다. 안식일은 원래 한 주의 마지막 날로 기본형식은 어떤 계속된 일로부터의 중지를 의미한다(창 2:3, 출 20:8-11; 34:21; 암 8:5; 렘 17:9-27; 느 13:15-22). 안식일 규례의 기원은 성경에서 분명히 하나님이 모범 곧 엿새 동안 일하시고 난 후의 쉼에 그 근거를 둔다. 하나님께서는 이 세상을 창조하신 후 창조된 세상의 주인 되심을 피조물들에게 계속 가르치고 인식시키기 위한 수단으로 창조언약을 주시고 그 언약에 순종하며 살도록 섭리하셨다. 안식일 제도가 갖는 의의는 다음과 같이 세 가지로 요약된다.

첫째, 안식일은 창조를 기념하는 날이다.
창조를 기념하는 것은 창조주 하나님을 기억하며 감사하는 날이다. 이것은 하나님이 세상을 창조하신 후에 하루의 휴식을 두셨다는 데에서 그 의의를 찾을 수 있다. 창조질서에서 안식일의 중요성은 6일의 창조 활동 후에 하루의 휴식이 따라오는 그 형식에만 있는 것이 아니다. 그것은 하나님이 '안식일을 복주사 그 날을 거룩하게 하셨다'라는 말씀에도 명확히 나타난다(창 2:3).

하나님이 안식일을 복 주셨다는 것은 그의 창조에 대해서 특히 인간과 연관되어 있음을 보여 준다. 즉 인간을 위해서 안식일이 생겨난 것이었다(막 2:27). 그것이 창조 전체와 인간에게 좋기 때문에 하나님은 안식일을 제정하였다. 최초의 안식일 제도는 하나님의 창조 기간과 연관되어 나타났으며 하나님은 이 안식 제도를 인간이 지키게 함으로써 피조물인 인간이 창조주 하나님을 잊어버리지 않는 방식을 세우신 것이다.

안식 제도의 신앙적 의미는 인간이 창조주 하나님을 기억하게 하는 방식일 뿐만 아니라 엿새 일하고 하루를 쉬는 반복의 원리를 통해 창조질서를 유지하는 하나님의 방식으로 세우신 것이다. 하나님께서는 오늘날도 주님의 부활의 날로서의 안식의 날인 주일의 거룩한 예배에 가장 큰 관심을 집중시키신다. 주일날 구원의 감격과 기쁨을 가지고 온 가족이 함께 교회에 가는 것은 창조주 하나님을 이 땅에 선포하는 최고의 신앙 표시이다.

둘째, 안식일은 구속을 기념하는 날이다.

모세를 통해 십계명을 주실 때 하나님께서는 이스라엘 백성들이 안식일을 지켜야 할 이유와 근거로서 애굽에서의 해방과 구원을 말씀하셨다(출 20:8-11). 이후부터 하나님의 축복으로 제정된 안식일은 선민 이스라엘 백성이 반드시 지켜야 할 명령으로 선포되었다. 즉 처음 제정된 하나님의 창조를 기념하는 안식일 제도(창 3:1-2)는 언약의 유기적이며 점진적 성격에 따라 구원과 해방을 기억하고 감사하는 의미 아래서 구원받은 백성이 영원히 지켜야 할 날이 되었다.

> 너는 애굽에서의 종 되었을 때와 너의 하나님이 능력의 손과 편 팔로써 구원해 낸 것을 기억하라 그러므로 여호와 너의 하나님이 안식일을 지키라고 너에게 명하셨느니라(신 5:15).

이 말씀에서 엿새 동안에는 농사일과 그 밖의 모든 노동을 권장하면서도 제7일은 안식일로서 이 날이 여호와께 속하고 그에게 영광을 돌리는 날임을 긍정적으로 선언함으로써 모든 노동 행위를 엄히 금하고 있다. 여기서 강조하고 있는 것은 안식일 준수의 이유가 구원 곧 애굽으로부터 해방과 구출함을 받은 사실이다. 오늘날 그리스도인들이 주일의 안식을 누리며 예배를 중심으로 지키는 것도 이미 하나님의 은혜로 죄에서 해방되고 구원을 받은 사실을 기억하고 감사하는데 그 의의가 있다. 신앙인들이 세상의 복을 더 받기 위해 주일의 안식을 지키는 것이 아니라 이미 받은 구원의 은혜를 기억하고 감사하기 위해 주님의 부활의 날을 특별한 감사의 날로 정하고 하나님께 예배를 드리며 감사하는 것이다.

셋째, 안식일은 언약의 표징이다.

안식일의 하루의 쉼은 하나님과 택한 백성 이스라엘 사이의 언약의 표징이다(출 31:13, 17; 사 56:4, 6). 즉 안식일을 잘 지키는 것은 하나님과 자신 사이의 특별한 관계 곧 자신은 하나님의 언약 백성이요 하나님은 자신의 아버지가 되신다는 사실에 대한 표징으로서의 의미가 있다. 이 표징은 하나님의 은혜와 하나님의 거룩성과 하나님의 권위에 대해서 말해 준다. 이러한 신학적 중요성 때문에 본문에서 이 명령을 위반함에 대한 엄격한 벌칙 조항이 발견되는 것은 놀랄 만 한 일이 아니다. 왜냐하면 십계명을 어긴 죄는 언약 그 자체를 부인하는 것이었기 때문이다.

이와 같은 안식일 법은 하나님의 최고 권위의 언약으로서 출애굽기에서 그 모습을 드러내고 시내산에서 율법 수여에 의해 확정되어졌다. 하나님의 안식을 그리스도의 성육신을 중심으로 구분할 때 그리스도 이전의 언약을 옛 언약으로 그리스도 이후의 언약을 새 언약이란 명칭으로 부를 수 있다. 그러므로 그리스도 이전의 옛 언약 아래서의 안식은 약속, 그림자, 예언 등으로 특징지어지는 옛 안식'으로 그리스도 이후의 새 언약 아래서의 안식은 성취, 실재, 실현 등의 모습으로 나타나는 '새 안식'으로 말할 수 있다. 그러므로 오늘날 신자들은 그리스도의 죽으심과 부활을 통하여 옛 안식 제도 아래서 종노릇할 수 없으며 이제는 새 안식에서 자유와 행복과 기쁨을 누리게 되었다. 이런 의미에서 오늘날 그리스도인들의 주일의 안식은 하나님 나라의 축제와 닮았다.

최초의 안식일 제도의 점진적 발전은 월삭, 안식년 및 희년 제도를 거쳐 그리스도 예수 안에서의 구원의 안식으로 성취되었으며 영원한 하나님 나라의 안식으로 이어진다. 동시에 이 안식일 제도는 6일 노동과 하루의 안식(경배)이 반복되는 성격을 통해 역사 속에서 하나님의 창조질서를 이룬다. 일주일마다 반복되는 안식일 제도는 우리 주님의 재림 때까지 계속되는 창조질서이다. 그러므로 주님의 부활을 기념하는 날로서의 안식 제도인 주일의 거룩한 안식은 창조주 하나님과 피조물인 인간 사이의 언약으로서 하루를 쉼으로써 하나님을 기억하고 경배하는 특별한 한 날로 보내야 한다.

2) 결혼 제도

결혼은 인간이 만든 제도가 아니라 창조 당시 하나님께서 제정하신 창조언약이다. 하나님이 제정하셨다는 의미에서 결혼은 신성한 것이며 인간의 선택 사항이 아니라 반드시 순종해야 할 규례이다.

이 결혼 제도는 경건한 후손을 이 세상에 남기시려는 하나님의 창조 목적 아래 제정된 규례이다. 만약 여러 가지 이유와 핑계로 사람들이 하나님의 창조언약에 불순종하여 결혼을 하지 않는다면 하나님의 창조질서는 무너질 것이며 인간은 이 세상에서 사라지게 될 것이다. 하나님께서는 창조 당시 "사람의 독처하는 것이 좋지 못하다"라고 지적하시고 남자와 부합하는 "돕는 배필"을 만드셨다. 여기에 몇 가지 중요한 원리가 담겨 있다.

첫째, 하나님이 세우신 결혼 약정 속에는 상호 결합의 신비가 있다. 즉 하나님께서 최초의 여자를 만드실 때 여자를 남편의 한 부분(갈비뼈)으로 만들었다는 것은 결혼을 전제로 하여 다시 한 몸으로 결합하도록 하기 위한 계획 때문이었다. 따라서 "남자가 부모를 떠나 그 아내와 연합하여 둘이 한 몸을 이룰지로다"(창 2:22-24)라는 말씀은 그들을 하나로 결합시키는 신비 아래 남자와 여자는 결혼이라는 제도 아래서 한 몸을 이루어 살아가는 창조의 신비를 경험하게 된다. 그리스도 우리 주님께서도 남자와 여자는 결혼이라는 제도를 통해 둘이 한 몸을 이루는 신비 속에서 하나로 연합되었기 때문에 이혼이라는 인간의 완악함으로 헤어지는 것은 잘못이라고 지적하셨다(마 19:4-5). 이 하나됨은 결합의 영속적인 상태를 표현하여 취미, 습관, 가정 전통, 소명 등 모든 영역에서 하나됨을 의미한다.

둘째, 결혼 제도는 창조질서의 내부 구조를 결정한다. 하나님은 여자를 만드실 때 아담을 돕는 배필로 만드셨다.[2] 이 문구에서 여자는 그와 동등하게 만들어진 돕는 자로 묘사되어 있다. "돕는자"이지만 동등한 돕는 자로서 결코 존재가 아니다. 이 단어는 여호와에게 사용되어 우리의 부족한 부분을 도와 온전케 하시는 보완적인 의미로 사용되기도 한다. 여자는 "그와 동등하게 창조된" 자로서 남자를 돕는 역할을 감당할 존재이다. 따라서 질서상 먼저 창조된 남자가 가정의 책임자로 부름을 받았고 여자는 그를 돕는 자의 질서를 유지해야 한다. 바울은 남자의 존재 목적이 여자를 돕는 것이 아니라 여자의 존재 목적이 남자를 도움으로 하나님을 영화롭게 하는 것이라고 말한다(고전 11:9).

또한, 여자의 머리는 남자이고 남자의 머리는 그리스도이며 그리스도의 머리는 하나님이라고 말하는 바울 사도의 가르침 속에서 우리는 남자와 여자는 동등하지만 역할 분담에 있어서는 질서상 여자의 머리가 남자라는 사실을 알 수 있다. 이것은 그리스도의 머리가 하나님이라고 해서 하나님이 그리스도 보다 더 높다고 말하는 것이 아니라 질서 상 그리스도는 성부 하나님께 순종하고 성자 하나님은 순종함으로 하나님의 뜻을 이루는 것과 같은 질서를 말하는 것이다. 여자는 이 세상을 완성하게 하는 목적에 있어서 남자의 내조자이다. 결혼을 통해 여자는 하나님의 영광을 위해 온 땅을 관리하는 책임을 남자와 같이 나누고 있다. 이같이 결혼과 가족에 대한 하나님의 질서는 구원 목적에서 연속적인 의미를 가진다. 결혼 제도를 통한 종족의 번식은 하나님의 구원 목적이 실현되는 주요 수단이다.

셋째, 결혼 제도는 남녀 관계의 질서를 유지시켜 주며 경건한 후손을 남기려는 하나님의 계획 아래 잘못된 성적 타락을 방지하는 수단이다. 이런 의미에서 하나님은 일부다처제(一夫多妻制)나 동성 간의 성적 행위(동성애) 및 이혼을 싫어하시고 미워하신다. 또한, 남성으로 태어나 여성으로 살아간다든지 그 반대의 경우로 사는 것은 하나님의 창조질서를 거스르는 불신앙적 행위로

---

2 עזר כנגדו(에제르 케네게도). 문자적으로 '그와 동등한 돕는 자'라는 뜻이다. 여자는 남자와 동등하게 창조되었으나 창조질서상 남자를 돕는 위치에 있어야 했다. 이것은 성부 성자 성령 하나님이 동등하신 하나님이시지만 성자 하나님(예수 그리스도)은 성부 하나님께 순종하는 원리와 같다.

서 창조주 하나님께 정면 도전하는 행위이다.[3] 일부다처제는 오직 둘만이 한 몸이 되어야 하는 하나님의 창조질서에 어긋난다. 또 음행의 경우나 특별한 경우의 이혼(상대의 부정행위 또는 사별)은 성립될 수 있다 하더라도 본래는 이혼이 허용되지 않는 하나님의 규례이다(마 5:32; 고전 7:15). 동성연애 역시 창조질서에 위배된다. 어떤 경우에도 동성연애는 잘못된 것이며 하나님의 진노와 징벌 아래 있음을 가르쳐야 한다. 여인들이 순리대로 쓸 것을 바꾸어 역리로 쓰며 남자가 남자로 더불어 부끄러운 일을 행하면 그에 해당하는 상당한 보응을 그 자신이 받게 된다고 지적하며 이러한 성적 타락자들을 하나님께서 내어 버리신다고 강조했다(롬 1:26, 27).

후천성 면역 결핍증(에이즈, AIDS)이라는 무서운 병은 동성애자들에게서 가장 많이 나타난다는 사실에서도 창조질서를 무시하는 자들이 받는 하나님의 진노가 얼마나 무서운가 하는 사실을 잘 말해 주고 있다. 결혼은 하나님의 구속 사건이 완성될 때까지 이 세상에 경건한 인간을 남기시려는 계획 아래 하나님께서 직접 만드신 제도이며 피조물인 인간은 이 결혼 제도에 순종할 의무만이 있을 뿐이다. 결혼은 선택적 요소가 아니라 하나님이 인간에게 주신 필수 요소이다. 결혼은 이 땅에 경건한 후손을 보존하기 위한 하나님의 방편이며 창조질서 중 하나이다.

3) 노동 제도

하나님의 노동 규례와 창조질서의 결속은 안식 원리와 밀접하게 연관된다. 의미 있는 안식은 노동에 의해서만 경험된다. 즉 육 일 동안 열심히 땀 흘려 일한 자들에게 주어지는 휴식이 안식이라면 노동의 의무를 게을리 하는 사람들에게 있어서 안식은 그 의미가 적어진다. 따라서 칠 일 중 하루를 쉬는 것은 분명히 육일간의 노동을 하라는 것을 의미한다. 하나님의 규례는 단순한 노동

---

3   2002년 12월에 대한민국 법원은 남자로 태어난 한 연예인을 여자라고 인정해 주었다. 그는 본래 남자인데 이제 남자와 결혼할 수 있는(동성연애) 합법적인 사람이 되었다고 법원이 인정한 것이다. 하나님의 창조질서를 부정하고 남자를 여자로 인정한 대한민국 법조인들의 행위에 대해 창조주 하나님께서 반드시 그 책임을 물으실 것이다.

이 아니라 영구성을 가진 노동의 규례로서 이는 의무이며 축복이다. 노동은 신성한 그리스도인의 의무이다(행 20:35; 엘 4:28; 살전 4:11, 5:14; 살후 3:6-12; 딤전 5:13 등). 일하기 싫거든 먹지도 말게 하라는 바울 사도의 훈계는 노동이 하나님의 창조질서이며 하나님은 노동을 통해서 먹을 것을 공급하시는 분이심을 보여 준다.

첫째, 노동은 섬김이라는 의미를 갖는다.

창조 당시 노동의 개념은 창조주 하나님의 말씀에 순종하여 하나님을 섬기는 섬김의 표시였다.[4] 또한, 이 노동은 정복하고 다스리는 통치의 개념도 있다. 따라서 노동은 인간의 타락 이전부터 하나님과의 관계를 나타내는 순종과 섬김의 행위였다. 비록 타락 이후에는 이마에 땀을 흘려야 먹을 것을 공급받게 되었을지라도 그것은 하나님의 은혜였다. 이마에 땀이 흐르는 것은 죗값으로 인한 고통이지만 이마에 약간의 땀이 흐를 정도의 노동을 하게 되면 하나님의 은혜 아래 먹을 것을 공급받을 수 있는 것은 놀라운 긍휼의 은혜가 아닐 수 없다.

둘째, 노동(섬김)의 개념은 문화명령과 밀접한 관계를 가지고 있다(창 1:26-28).

이 문화명령은 하나님이 자기 형상 곧 하나님의 형상대로 사람을 창조하시고 그들에게 복을 주시며 이르시되 땅을 정복하라 모든 생물을 다스리라고 하신 말씀 속에 나타나는데 여기에는 두 개의 다른 명령이 있다.

하나는 종교명령(the Religious mandate)으로써 노동을 통한 인간과 하나님과의 관계이다. 하나님은 자기 형상 곧 하나님의 형상대로 사람을 창조하시고 그 인간에게 그가 만드신 만물을 맡기시고 창조 세계에 대한 통치권을 주셨다는 것이다. 바로 이 일을 하도록 하나님께서는 흙을 가지고 자신의 형상대로 사람을 만드신 후 생기를 그 코에 불어 넣으심으로 사람은 "생령"(living soul)이

---

4   성경 속에서 노동이라는 말은 경작하다(עבד), 다스리다(עבד) 등으로 표현되어 있다(창 2:5, 15). 이 단어의 명사형은 "예배"(עבודה, abodah, 직역하면 '섬김'의 의미이다)라는 말이 된다. 이 단어들은 구약저자들에 의해 긴 세월 동안 기록되어 오면서 '섬김'이란 의미를 잘 보여 주고 있다. 특히 이 단어들이 헬라어 역본(LXX)에서는 제사장이 제사를 드리는 행위(λατρεία), 종이 주인을 섬기는 행위(δουλεία), 일반적인 행함(ποιέω)으로 나누어 번역되었다. 성경 저자들은 삶 전체로서의 노동(섬김)과 부패한 인간을 위해 하나님이 특별히 제정한 제사(섬김)를 구분하지 않고 같은 단어로 표현하였다.

되게 하셨다.

영적 인간은 하나님을 인식할 수 있고 하나님의 음성을 듣고 이에 반응을 보일 수 있게 되었다. 동물에게는 아무리 고등한 동물이라도 하나님을 아는 능력 곧 종교적 본성을 지니고 있지 않다. 동물의 생명과 인간의 생명 사이에는 노동을 통한 문화명령의 실행 여부에 따라 결코 건널 수 없는 뚜렷한 경계가 있다. 인간은 만물의 영장으로 이 세상을 하나님의 '대리인'으로 통치권을 갖고 세상을 다스리면서 하나님의 영광을 이 세상에 반사하는 '반사체'로 창조되었다.

다른 하나는 문화명령 (the Cultural mandate)이다. 이것은 인간과 만물과의 관계 속에서 나타난다. 하나님의 형상으로 창조된 아담은 하나님의 대리자로서 지구를 정복하고 모든 생물을 다스릴 독특한 책임 아래 생육하고 번성하고 다스리는 특권을 갖는다. 인간은 이 특권을 하나님의 뜻대로 대행하여 하나님을 선포하고 하나님을 영원토록 즐거워하면서 창조주 하나님 앞에서 순종하며 살아야 한다. 노동을 통한 문화명령은 하나님의 생령을 가진 인간만이 가지는 고유권한이며 이 고유권한을 통해 하나님을 늘 인식하고 하나님과 올바른 관계를 유지하며 또한, 만물을 잘 다스려 하나님을 선포하는 문화를 창조해야 한다.

셋째, 노동은 구속사와 문화명령의 구도 아래서의 의미가 있다.

하나님의 문화명령 아래서 아담이 에덴동산에서 행하는 모든 일(노동)은 하나님께 대한 섬김이었다. 사도바울의 표현대로 먹든지 마시든지 무엇을 하든지 인간이 이 땅에서 행하는 모든 일(노동)은 하나님께 영광 돌리는 섬김의 표시이다(고전 10:31). 아직은 죄가 세상에 들어오지 않았기 때문에 공적 예배 개념인 어떤 특정한 제사의 방법이 요구되지는 않았으나 에덴에서의 모든 행위(노동)은 하나님이 기뻐 받으시는 아름다운 제물이었다. 그러므로 아담이 하나님을 섬기는 과정(종교명령)속에서 이 땅을 잘 관리하고 잘 보살핌(문화명령)으로써 이 땅에 주어지는 모든 것을 통해서 하나님의 진정한 창조 의도와 영광을 드러내는 온전한 관계가 주어진 것은 창조 때였다. 그러나 인간이 범죄함으로 이 관계에 변화가 생긴다. 이 변화를 말할 때에는 두 개의 요소로 나누어서 말한다.

하나는 하나님과 아담과의 관계(종교적 명령)가 방향성을 상실했다고 볼 수 있다. **또 하나는** 인간이 방향성을 상실해 버렸지만 인간과 만물과의 관계에 나타난 창조의 구도는 변하지 않았다는 것이다.

아담 이후로 모든 자손들이 하나님께서 주신 이 창조의 만물 속에서 다스리고 경작하고 그 속에서 문화를 만들어내고 있다. 그러므로 온전한 창조문화는 종교명령(하나님과 인간과의 관계)을 지닌 인간만이 창조의 올바른 구도에서 이 땅을 바르게 경작하고 다스리는 섬김의 문화명령(인간과 만물과의 관계)을 통해서 주어진다. 타락함으로 종교명령이라는 임무를 잃어버린 인간은 하나님의 영광을 썩어질 사람과 금수와 버러지 형상의 우상으로 바꾸어(롬 1:23-24) 버렸다. 그 결과 문화명령을 통해 얻은 문화계발을 창조주가 아닌 명예, 지식, 물질 등의 우상에게 바치고 만다. 그로 인하여 불신자들은 세상을 계발해서 하나님을 찬양하기보다는 하나님과는 관계없는 문화들을 만들어 간다.

창세기 4장에 보면 하나님과의 관계를 상실한 가인의 후예들은 퉁소를 만들고 성을 쌓고 심지어 무기(칼)를 만들어 폭력적 문화를 발전시켜 가지만 하나님이 의도했던 그 문화의 모습에서 크게 벗어나게 된다.[5] 그러나 그리스도가 오심으로 말미암아 이 구도는 새롭게 변하였다. 그리스도 예수를 통하여 하나님과 우리와의 올바른 관계 회복을 이루고 비로소 종교명령을 되찾은 그리스도인들에게는 창조 이후 계속 인간에게 주어진 '문화명령'의 영역이 온전하게 자리 잡을 수 있게 되었다.

이런 관점에서 우리 주님의 대위임명령(지상명령)은 문화명령과 밀접하게 연결되어 있다(마 28:19-20). 모든 족속을 제자로 삼아야 할 그리스도인에게 주어진 지상명령(至上命令)은 단순히 불신자들에게 복음만 전달하는 것으로 그치는 것이 아니다. 이것은 그리스도 안에 들어와 예수를 믿고 영적으로 구원받은 것으로만 그치는 것이 아니라 구원받은 자들이 창조 때부터 그들에게 주어진 문화명령 곧 세상을 하나님의 이름으로 다스려야 할 책임 영역을 감당

---

5   라맥이라는 한 남자는 자기의 두 아내 아다와 씰라에게 사람을 죽였다고 자랑했다. 자신에게 약간의 상처를 입힌 어른을 죽였고 자기를 때린 한 젊은이(소년)를 죽여버렸다.

해야 하는 것을 의미한다. 이제까지 우리는 그 영역을 하나님과 관계없는 문화 속에서 계발해 왔으나 그리스도 안에 들어옴으로 하나님을 앎과 동시에 창조주와 구속주가 되시는 하나님의 영광을 위하여 우리에게 선물로 주신 가정, 사회, 문화, 경제, 정치의 모든 삶의 영역 속에서 하나님의 진정한 창조의 의도가 드러나도록 힘써야 할 책임을 갖는다.

2. 창조언약의 특별 규례

> 선악을 알게 하는 나무의 실과는 먹지 말라(창 2:17).

선과 악을 알게 하는 나무는 보이는 하나님의 말씀으로 이해할 수 있다. 즉 선악과 나무를 볼 때마다 아담과 하와는 그 열매를 먹지 말라고 말씀하신 하나님의 말씀을 기억해야 했다. 따라서 선악을 알게 하는 나무의 열매는 결코 먹지 말라고 말씀하신 창조언약의 특별 규례는 하나님의 금지명령이다. 창조언약의 일반적 규례인 안식, 결혼 및 노동에 첨가해서 선악과를 먹지 말라는 구체적인 명령이 인간에게 주어졌다(창 2:15-17).

창조언약의 일반적 규례인 안식 결혼 노동의 의무와 권리는 구체적인 명령인 소위 선악과를 먹지 말라는 특별 규례와 함께 서로 보완적인 규정으로 인간에게 주어진 것이다. 다시 말하면 창조언약의 일반 규례인 안식, 결혼 및 노동의 의무를 성실하게 순종하는 것이 하나님의 창조질서 안에서 문화명령을 이루는 것처럼 창조언약의 특별 규례인 금지명령을 순종함으로써 인간은 하나님을 창조주로서 경외하며 영화롭게 하는 것이 된다. 창조 규례의 일반 규례가 하나님의 창조질서를 유지하는 일반 규례라면 선악과를 먹지 말라는 금지명령은 창조주 하나님과 피조물인 인간 사이의 관계를 유지시키는 의미에서 그것은 특별 규례이다.

창조언약의 일반 규례와 특별 규례는 절대적 순종을 요구하는 면에서 서로 닮았다고 볼 수 있다. 오늘날에도 마찬가지이다. 즉 창 2장17절의 금지명령은 인간 전체의 삶과 연관시켜 피조물로서의 전 책임과 유기적으로 연결하여 이해할 필요가 있다. 창조언약에 주어진 인간 책임의 전 통일성을 인식하지 못하면 종교적(영적인) 책임과 문화적(노동의) 책임을 서로 별개의 것으로 이해하는 잘못을 범하게 된다. 피조물로서의 그의 삶은 통일된 전체로 이해해야 한다. 즉 창조의 명령을 아담에게 내려진 금지의 시험으로만 생각하는 것은 기독교를 너무 좁은 영역으로 돌리게 된다. 근본주의자들은 기독교의 의미를 '영혼 구원'으로서의 좁은 견지로 축소한다.[6] 그들은 언약을 배경으로 전삶의 양식을 충분히 고려하지 않기 때문에 그 결과로 구원의 의미를 한정시켜 교회 밖의 경제, 정치, 상업, 문화의 세계로 이끌어 갈 구원받은 인간의 책임을 무시하게 된다.

그러나 언약 관계에서 보여 주는 전인적인 삶의 영역은 대위임명령 곧 지상명령'(마 28:19-20)과 문화명령(창 1:26-28) 사이의 관계가 서로 밀접하게 연관되어 있음을 보여 준다. 하나님의 나라는 회개와 믿음으로써만 들어갈 수 있는데 이것은 복음의 전파를 필요로 하지만 복음을 이러한 좁은 의미로만 이해해서는 안 된다. 이것은 인간을 그리스도의 제자로 삼는 것을 포함함과 동시에 이 제자화 사역의 중심은 하나님의 창조 전체에 대한 인간의 책임을 일깨우는 것이다. 하나님의 형상으로 재창조된 구원받은 인간은 최초의 인간에게 처음으로 부과된 역할인 이 땅을 다스려 창조주의 영광을 선포해야 할 명령을 수행하여야 한다. 이와 같이 복음을 가르치는 임무와 하나님을 영화롭게 하는 문명을 형성하는 임무는 서로 연결되는 것이다. 선악을 알게 하는 나무의 열매를 먹지 말라는 하나님의 말씀에 순종하는 영역 안에서만 인간과 하나님 사이에는 특별한 관계(구원)가 형성될 것이며 그 특별한 관계 속에서만 안식과 결혼과 노동의 일반 규례가 지속되는 하나님의 창조질서 속의 은혜를 계속 맛보게 될 것이다. 선악과 나무는 분명 보이는 하나님의 말씀으로서 창조주 하나님과 피조물인 인간 사이의 분명한 관계 성립의 표적이다. 하나님은 말씀하시고 인간은 그 말씀에 순종할 대상으로 창조질서를 완성하셨다.

---

6 O. P. Robertson, op. cit., pp. 81-87.

1) 창조주와 피조물의 구분 표시

창조언약의 특수한 면은 선악과에 대한 금지명령이었다. 언약의 초점은 오직 이 한 개의 시험에 달려 있었다. 만일 아담이 이 점에서 하나님께 복종했다면 창조언약의 여러 규정 밑에서의 그의 축복은 확실한 것이었다. 인간은 동산의 모든 열매를 먹을 수 있는 특권을 가진 하나님의 관리자이며 모든 것이 그의 소유였다. 그러나 하나의 예외로서 인간이 하나님이 아님을 상기 시켜주는 상징적인 존재로서 선악과 나무가 동산 중앙에 있었다. 즉 처음 인간은 동산 중앙의 선악을 알게 하는 나무를 볼 때마다 그 열매를 먹지 말라는 하나님의 말씀을 기억할 것이며 동시에 그 말씀을 주신 창조주 하나님을 기억하게 될 것이다. 결국, 동산 중앙의 선악과 나무는 '보이는' 하나님의 말씀인 셈이다. 따라서 선악과에 대한 금지명령의 초점은 창조주와 피조물의 구분이다. 인간은 창조주 하나님과 피조물인 자신을 혼동해서는 안됨을 가르치기 위해 이 금지명령을 주신 것이다.

창조주 하나님은 인간을 비롯한 모든 피조물에게 명령하실 수 있고 말씀하실 수 있는 '주인'이시며 모든 피조물과 인간은 말씀하시는 창조주 하나님의 요구에 절대복종해야 하는 피조물임을 알려 주시는 '보이는' 말씀으로서 이 선악과나무를 만드시고 먹지 말라는 금지명령을 하신 것이다. 이 명령은 창조주에 대한 피조물인 인간의 복종을 면밀히 검토하는 데 초점이 있다. '첫째 아담'이 가졌던 절대순종의 경험은 '두 번째 아담'이신 예수 그리스도의 예언적 그림자로서 범죄한 인간을 구원하시기 위해 하나님의 요구인 절대순종을 경험하시는 우리 주님의 절대순종에 대한 모형이다. 이스라엘 백성도 광야생활 동안 만나에 대한 시험을 겪었다. "사람이 떡으로만 사는 것이 아니요 하나님의 입에서 나오는 모든 말씀으로 사는 것"(마 4:4)을 배우게 하시는 하나님의 요구였다(신 8:3).

인간의 존재가 음식을 먹는 데만 달려있지 않다는 것을 알면 빵을 빼앗아가는 하나님의 섭리까지도 삶의 근원이 될 수 있다. 인간의 존재는 하나님과의 교제에 있고 하나님의 명령을 즐거이 믿음 가운데 받아들임으로 주어진다. 같은 시험을 광야에서 겪었던 둘째 아담인 그리스도는 인간에게 주어진 궁극적인 시험을 극복하여 하나님의 말씀에 대한 절대순종을 행함으로 인간의 삶은 전적으로 창조주에게 달려 있음을 보여 준다. 결국, 인간의 삶은 전적으로 하나님의 명령에 순종할 때에 인간 존재의 근본 의미가 있다.[7]

에덴동산의 인간은 선악을 알게 하는 나무의 열매를 볼 때마다 그 열매를 먹지 말라는 하나님의 '말씀'을 기억해야 했으며 그 말씀을 기억할 때마다 자신을 창조하신 '창조주 하나님'을 기억하고 그 말씀에 순종해야 할 대상임을 잊지 말아야 했다. 그렇게 함으로써 자신은 피조물이고 하나님은 창조주이심을 기억해야 했다. 이런 의미에서 선악과 나무의 열매는 창조주와 피조물을 나누는 일종의 경계 표시였다. 후에 뱀이 여자에게 다가와 유혹할 때 선악과를 먹으면 하나님같이 될 것이라는 말했다. 피조물인 인간이 너무나 크고 위대하신 창조주 하나님 같이 된다는 것은 창조주와 피조물 사이의 경계를 무너뜨리는 사탄의 거짓된 유혹임에 틀림없다.

2) 법으로서의 금지명령

선악과를 먹지 말라는 금지명령은 인간이 반드시 지켰어야 할 창조주 하나님의 규례였다. 그러나 처음 인간은 불순종함으로 이 법을 지키지 않았다. 이 불순종이 세상에 죄를 가져왔다. 즉 아담의 불순종함으로 죄가 이 세상에 들어왔다. 일반적으로 대부분의 그리스도인들은 율법을 거론 할 때면 모세에게 주었던 십계명을 중심으로 하는 언약의 책을 생각하게 된다(출 20-23장).

그러나 성경 전체를 통해서 보면 법은 모세 때만 주어진 것은 아니다. 언약에 참여한 모든 사람들의 삶은 항상 언약의 약정을 통해 유지되는데, 여기에는 하나님이 일방적으로 주신 언약의 약속이 있고 이에 대한 응답으로 인간이 지켜야 할 규정 곧 법이 있다. 율법을 모세 시대의 좁은 의미로 해석하기보다는 성경 전 시대를 통하여 나타난 하나님의 뜻으로 넓게 보아야 한다. 즉 언약은 언제나 율법을 포함하며 동시에 율법보다도 더 넓은 의미로 사용되며 이 언약의 구체적 최종 요약이 율법이라는 형태로 후에 모세 시대에 드러났을 뿐

---

7   Ibid.

이다. 모세의 율법은 돌판에 새겨졌기에 외적으로 표현된 하나님의 뜻의 최종 요약이라고 말할 수 있다.[8] 그러므로 창조 때부터 하나님은 인간이 어떻게 살아가야 하는가를 보여 주셨다. 안식과 결혼과 노동에 대한 의무도 하나님의 말씀으로서의 언약이며 지켜야 할 규례로서의 그것은 율법이다.

그뿐만 아니라 "동산 중앙의 선악을 알게 하는 나무의 열매를 먹지 말라는 규례도 언약으로서의 반드시 지켜야 할 율법인 것이다. 그것은 피채 먹지 말아라"(노아언약), "할례를 받지 않는 자는 제거하겠다"(아브라함), "모세의 율례를 지키는 후손에게 왕권이 존속한다"(다윗), 더 나아가 "서로 사랑하라"(새 언약)라고 명하신 것까지 모두가 다 언약이며 율법인 것과 같이 아담에게 주어진 금지명령도 하나님의 복을 전제로 한 율법이었다. 이러한 하나님의 절대 명령인 율법에 순종하는 것은 창조의 언약 아래서 피조물이 누릴 수 있는 복이다. 창조주 하나님이 주인이시라는 사실을 인정하고 온전히 순종하게 되면 인간은 언약의 완전한 축복의 자리에 머무는 영속적 삶을 누리게 될 것이다.

3) 첫 아담의 불순종과 둘째 아담의 순종

인간에 대한 하나님의 언약은 아담의 불순종으로 파기되고 말았다. 처음 인간은 사단의 유혹 곧 하나님같이 되리라는 달콤한 유혹에 넘어가 금지명령을 어김으로 하나님과 인간 사이의 경계를 무너뜨렸다. 피조물인 인간이 창조주 하나님의 주권과 권위에 도전한 첫 사건이었다. 절대복종을 요구하시는 하나님의 말씀에 불순종함으로 죄가 세상에 들어오게 되었다(롬 5:12). 그리고 죄인인 아담과 하와가 동침하여 낳은 모든 후예들은 죄에 오염된 죄인일 뿐이었다. 가인이 아벨을 죽이는 죄를 범했기 때문에 죄인이라고 선포되는 것이 아니라 죄인이기 때문에 그는 아벨을 죽이는 살인자가 되었다고 성경은 밝히고 있다(창 4:7-8). 그러나 하나님께서는 절대복종의 요구에 불순종한 아담과 그 후손을 구원해 내기 위한 방식으로 절대순종할 한 사람(아담)을 예비해 놓으셨다. 즉 한 사람(첫째 아담)의 불순종으로 모든 사람을 죄인으로 가두신 하나님께서

---

8   Ibid.

는 장차 또 한 사람(두 번째 아담)의 절대순종함으로 그를 믿는 많은 사람을 죄
로부터 해방시키시고 의인이 되게 하시려는 계획을 은혜로 허락하신 것이다.[9]
하나님의 아들로 이 땅에 오신 메시아 예수 우리 주님께서는 고난의 쓴 잔을
마시지 않게 해 달라고 하나님 아버지께 부르짖었으나 결국에는 고난을 통해
순종함을 배워 하나님이 원하시는 모든 명령과 율법과 규례를 다 성취하고 그
를 믿는 모든 죄인들을 구원하셨다.[10]

　창조 당시에 세워진 하나님과 인간 사이의 창조계약의 일반 규례와 특별 규
례는 모두 주권적으로 맺어진 삶과 죽음의 약정이다. 인간은 자신의 주인되시
는 창조주 하나님의 이 언약(규례와 명령)에 절대순종함으로 피조물로서 누릴
수 있는 행복을 유지할 수 있었으나 불순종함으로 영육간의 죽음이 왔다. 그
러나 하나님께서는 두 번째 아담이신 예수 그리스도의 완전한 순종을 통해 하
나님과의 새로운 언약 관계를 회복하게 하시고 구원의 은총을 하나님 나라의
선물로 허락하셨다(롬 5:12-17). 아담은 장차 오실 자의 표상이다(롬 5:14). 한
사람(아담)의 순종치 아니함으로 많은 사람이 죄인이 된 것 같이 한 사람(예수
그리스도)의 순종함으로 많은 사람이 의인이 되리라는 사도 바울의 해석은 하
나님의 구원 방법을 가장 적절하게 설명하고 있다.

9　로마서 5:18-19. 한 사람의 불순종으로 모든 사람을 죄인으로 여기신 하나님의 방식은
　장차 한 사람의 순종함으로 그를 믿는 많은 사람을 의인이 되게 하시려는 하나님의 방
　법과 계획에서 나온 것이다.

10　히브리서 5장 8절.

제4부

구약역사와 구속언약

제7장 오경 속의 메시아언약

제8장 역사서의 메시아언약

제9장 시가서의 메시아언약

제10장 대선지서의 메시아언약

제11장 소선지서의 메시아언약

안식, 결혼 및 노동이 하나님의 창조질서를 유지하기 위한 수단으로 인간과 맺은 창조언약이라면 구속언약은 죄인된 인간을 죄로부터 구원하시려는 하나님의 구원 계획에 관한 언약이다. 아담의 타락 이후 하나님의 구원 역사 곧 구속사는 메시아언약과 함께 성경의 주제가 된다. 즉 구속언약은 하나님의 금지명령에 불순종한 인간의 구원을 위해 메시아를 보내 주시겠다는 하나님의 은혜스러운 언약을 말한다. 장차 이 땅에 오실 구속자로서의 메시아를 중심으로 전개해 나가는 언약이라는 의미에서 구속언약이라고 부른다.

하나님의 계시는 언약이라는 성경의 중심 주제가 시대마다 다른 역사의 옷을 입고 발전해 가면서 다양한 면과 아울러 통일된 면을 함께 지녀 완전한 형태로 발전해 가는 모습을 성경의 역사 속에서 보여 준다. 이것을 우리는 성경의 유기적인 면과 점진적인 모습이라고 부른다. 창세기 3:14-17은 하나님과 아담이 맺은 최초의 언약이다. '원시언약'이라고 불리는 여자의 후손언약은 노아, 아브라함, 모세, 다윗을 거쳐 때가 차매(갈 4:4) 예수 그리스도께서 한 여자 마리아의 몸을 빌려 이 세상에 탄생하심으로써 성취되었다.

이처럼 하나님의 언약이 구약역사 속에서 계속 유기적으로 연결되고 있으며(유기적 성격) 동시에 역사가 진전됨에 따라 메시아 예수 그리스도에게로 집중되고 점점 더 다가가는(점진적 성격) 두 가지 특징을 갖는다. 특히 최근 구약 이해의 가장 좋은 방법인 유기적 모델은 나무가 점점 자라듯이 계시가 성경 역사 속에서 점진적으로 나타난다는 입장이다. 유기적 모델을 통해 구약성경을 바라보면 비로소 구약신학의 정의가 보인다.

구약신학이란 창조 때부터 종말까지 하나님의 주도하에 점진적으로 발전해 가는 계시 역사를 연구하는 학문이다. 오경 속의 메시아언약은 아담에게서 시작된 후손언약이 노아, 아브라함, 이삭, 야곱 및 유다에게로 이어지고 마침내 모세의 율법 언약으로 최종 요약됨을 보여 준다. 이 율법 언약은 후에 다윗을 거쳐 다윗의 후손인 예수 그리스도에 의해 성취된다. 구약성경을 잘 이해하는 방법 가운데 하나는 창조언약(창 1, 2장)과 구속언약(창 3장 이후 말라기까지)으로 구분하여 메시아를 중심으로 이해하는 것이다.

제7장

오경 속의 메시아언약

오경의 용어는 '다섯 부분으로 된 한 권의 책'이라는 말(Pentateuch)에서 유래하였다. 히브리어성경에서는 오경을 토라(Torah)라고 부른다.

1. 창세기와 메시아언약

1) 명칭과 주요 내용

모세 오경의 첫 책인 창세기의 히브리어 명칭은 히브리어성경의 첫 단어인 베레쉬트(בְּרֵאשִׁית)에서 유래했다. 헬라어성경인 70인역에는 게네세오스(γενεσεως) 라고 되어 있다.[1] 영어 명칭은 헬라어 명칭을 음역하여 Genesis라고 한다. 기원, 생성, 계보, 족보, 대략 등의 의미를 갖는 말이다. 한글개역성경의 명칭인 창세기는 헬라어 명칭에 근거하여 하나님이 창조사역과 그 기원 및 계보를 알려 주는 책이라는 의미를 갖는다.

창세기의 기록 목적은 하나님의 존재하심과 우주 만물의 기원 및 죄의 기원과 구속언약의 시작과 발전 등을 알려 주기 위한 것이다. 창세기는 크게 두 부분으로 나누어진다.

---

1   히브리어성경의 각 책의 제목은 일반적으로 그 부분의 첫 단어를 제목으로 붙이는 데서 유래했다. 그러나 70인역은 그 책의 내용에 따라 이름을 붙였다. 대부분의 현대어 번역성경은 70인역의 명칭을 번역하여 그대로 사용하였다. "베레쉬트"(בְּרֵאשִׁית)는 '태초에'라는 뜻이며 헬라어 "게네세오스"(γενεσεως)는 '족보, 계보, 대략, 역사' 등의 의미가 있다.

첫째는 제1부로서 창조사역과 족장 이전의 역사를 보여 준다(창 1-11장).

둘째는 제2부로서 족장 아브라함의 선택부터 야곱의 후손이 애굽에 내려간 역사를 보여 준다(창 12-50장). 창세기의 가장 큰 특징은 하늘과 땅을 비롯한 죄와 인간과 민족의 시작과 기원을 알리며 동시에 죄인에 대한 하나님의 은혜스러운 약속(언약)을 보여 준다(창 3:15).

창세기의 메시아언약은 아담에게서 시작하여 노아, 아브라함을 거쳐 이삭과 야곱 및 유다로 이어지고 있다. 이 언약은 아브라함의 언약을 성취하시는 (창 15장) 하나님의 섭리에 따라 출애굽과 가나안 입성의 역사 속에서 십계명과 모세의 율법으로 이어진다.

2) 아담과 메시아언약(창 1-4장)

아담 시대의 메시아언약은 창세기 1-4장의 역사적 사실에 근거하고 있다. 우선 창세기 1, 2장은 창조사역을 통해 언약의 주체이신 하나님을 선포한다. 그리고 창세기 3장은 인간이 하나님의 말씀에 불순종함으로 죄인이 되었음을 가르쳐 준다. 또한, 창세기 4장은 죄인이 된 아담과 하와의 후손인 가인의 아벨 살인 사건을 언급하면서 인간은 죄인이기 때문에 죄를 짓는 존재임을 선언한다. 그러나 하나님께서는 죄인을 구원하시기 위해 여자의 후손언약을 맺으셨다(창 3:14-19). 이것이 창세기 앞부분의 서론이며 성경은 무엇인가 하는 사실을 잘 말해 주고 있다. 창조주 하나님이 구원의 하나님으로 선포되고(창 1-2장) 인간은 죄인이며 죄만 짓고 사는 소망없는 존재로 선언되며(창 3-4장) 하나님은 죄인을 구속하시기 위해 여자의 후손 곧 메시아언약을 맺으셨다(창 3:15-19). 즉 창세기 3:14-19의 말씀은 구속언약 아래 아담과 맺은 메시아언약의 규정들을 말하고 있다.

구약성경은 출발부터 하나님의 인간 구원에 초점을 맞추고 있다. 하나님은 말씀에 불순종한 순서에 따라 사단, 여자 그리고 남자에게 저주와 축복의 말씀을 선언하셨다(창 3:14-19). 이 저주와 축복의 요소들은 창조언약과 구속언약이 서로 밀접한 관계를 유지하고 있음을 보여 준다. 사단과 여자와 뱀에게 내려진 저주와 축복의 말씀 속에는 인간의 두 계열이 하나님의 주권에 따라 언급된다. 하나님께 불순종하는 계열인 사단과 그 후손이 있고 하나님의 은혜를 입어 순종하는 여자의 후손이 그것이다. 즉 뱀과 여자와 남자에게 내리신 하나님의 심판과 은혜의 말씀 속에는 먼 미래에 이루어질 메시아를 통한 구원 언약이 담겨있다. 아담의 불순종함으로 죄가 세상에 들어왔고 그 결과 아담과 세상은 심판을 받았으나 하나님께서는 심판의 말씀 가운데 구원 언약을 선포하신 것이다.[2] 이것을 총체적으로 말할 때 아담의 언약이라고 부른다.

결국 창세기의 서론이라고 볼 수 있는 창세기 1-4장에는 창조주이시며 구속의 주체이신 하나님이 선포되고 인간은 죄인임을 선언하며 죄인인 인간들은 반복해서 죄를 짓는 불쌍하고 소망이 없는 존재들임을 가르쳐 준다. 동시에 하나님께서는 인간이 죄를 짓기 때문에만 죄인이 되는 것이 아니라 죄인이기 때문에 죄를 짓는 존재임을 밝히고 여자의 후손으로 오실 메시아를 약속하시면서 죄인에 대한 하나님의 구원 역사를 암시하고 있다(창 3:15). 성경 전체의 서론이며 창세기의 서두(창 1-4장)의 내용은 구원의 주체이신 하나님과 구원의 대상인 인간의 상태와 그 죄인을 구원하시려는 하나님의 구원 계획이 총체적으로 언급되고 있다. 이것은 성경 전체의 내용이 여자의 후손으로 오실 메시아 중심의 하나님의 구원에 관한 역사임을 잘 보여 준다.

(1) 뱀 곧 사단에게 하신 말씀(창 3:14-15)

내가 너로 여자와 원수가 되게 하고 너의 후손도 여자의 후손과 원수가 되게 하리니 여자의 후손은 네 머리를 상하게 할 것이요 너는 그의 발꿈치를 상하게 할 것이니라(창 3:15).

하나님의 심판의 저주는 여자를 유혹한 뱀 곧 사단에게 최초로 내려진다.[3] 사단은 하나님이 말씀하신 진리에 대해 여자를 현혹시키고 속였다. 그래서 하

2　뱀이 여자를 유혹하였고 다시 여자가 아담을 유혹하였다 하더라도(딤전 2:14) 인류의 대표인 아담이 불순종한 것은 부인할 수 없는 사실이다.

3　E. W. 행스텐베르그, 원광연 역,『구약의 기독론』(서울: 크리스챤다이제스트, 1997), p.47. 행스텐베르그는 칼빈의 말을 인용하여 짐승인 뱀이 여자에게 직접 말을 할 수 있었다

나님은 정당하게 뱀을 저주하신다. 하나님은 사단의 도구인 뱀에게 "네가 이렇게 하였으니 너는 모든 짐승보다 더욱 저주를 받으리라"라고 말씀하셨다. 뱀은 다른 동물들보다 더 비천하게 되어 기어다녀야만 했다. 사단의 도구로써 그는 최종 패배의 상징을 자신 안에 지니게 되었으며 그 저주는 분명 뱀에게서 사단 자신에게까지 확산된다. 내가 너로 여자와 원수가 되게 하고 너의 후손도 여자의 후손과 원수가 되게 하리니 여자의 후손은 네 머리를 상하게 할 것이요 너는 그의 발꿈치를 상하게 할 것이니라는 말씀(창 3:15)은 인간과 사단이 원수가 되게 하실 것을 나타내고 있다.

하나님에 의해 생긴 이 적대감은 **첫째**, 여자를 통해서 자기 백성을 죄로부터 구원해 낼 한 사람을 준비하실 것을 의미한다. 그래서 하나님은 먼저 사단과 여인이 원수가 되게 하신 것이다.

둘째, 사단의 후손과 여자의 후손 사이에 적대 관계가 놓인다. 하나님은 주권적으로 여자의 후손에게 적대감을 주셨다. 자연 출생 과정에 의해 죄지은 여자는 죄지은 후손을 낳게 된다. 그러나 은혜롭게도 하나님은 여자의 '특별한 후손'에게 적대감을 주셨다. 여자의 육체적 후손인 인간 속에 사단의 씨를 가진 후손이 존재한다. 이 후손이 하나님과 그의 목적을 대적하게 된다. 이 두 후손 간의 대립은 그 후의 역사에서 계속될 긴 투쟁을 예견하고 있고 여자의 후손과 사단의 후손은 시대를 통해 서로 대립한다.

마지막으로 **셋째**, 여자의 후손은 "네 머리를 상하게 할 것이요"라는 말의 히브리 원문에는 '그'라는 대명사가 나온다.[4] '그'는 사단과 대립한다. 이것은 결국 여자의 약속된 후손이 온다는 것이다. 그는 십자가에서 사단의 상처를 겪었지만 그는 "정사와 권세를 벗어버려" "그것들을 밝히 드러내시고" 그것들을 십자가로 승리하셨다(골 2:14, 15). 하나님의 자기 백성의 구원은 항상 하나님의 적을 파멸시킴으로써 이루어진다.

는 것은 의심할 여지가 없다고 강조했다.

4   נ‍וּה(후)는 대명사로서 앞의 여자의 후손 곧 메시아를 가리킨다.

(2) 여자에 대한 저주와 축복(창 3:16)

여자에 대한 하나님의 심판과 저주는 아이를 낳는 일 곧 후손과 관련되어 있다. 해산의 고통을 크게 증가시키겠다는 하나님의 말씀은 분명 불순종에 대한 저주이다. 그러나 여자는 가장 중요한 축복인 아이를 낳는 역할을 하나님의 창조질서 속에서 계속 수행할 자로 유지되고 있는 것은 하나님의 주권적인 은혜의 결과임을 알 수 있다. 여자에게 내린 이 축복의 말씀은 단순히 가정적 배경에서의 생산에 대한 언질로만 이해해서는 안 된다. 한 후손이 사단의 후손과 대결하기 위해 탄생할 것이다. 여자를 축복하는 하나님의 약속은 구원계획에서의 그녀의 창조 역할과 깊은 관련이 있다. 그러나 저주도 포함되고 있다. 해산의 고통이다. 이 해산의 고통은 후에 아브라함 때에 '네 씨로 크게 성하여'라는 점진적 축복의 말씀으로 사용된다(창 22:7).

또한, 여자에게 주어진 또 다른 심판의 말씀은 결혼관계에도 새로운 영향을 미쳤다. 즉 하나님은 여자에게 "너는 남편을 사모하고 남편은 너를 다스릴 것이다"(창 3:16)라고 말씀하셨다. 한글 개역성경의 문자적 의미는 원문의 직역이라기보다 약간 의역이 되어 있어 자칫하면 그 의미를 잘못 이해하게 만들 수도 있다. 이 구절은 뱀의 유혹을 먼저 받은 여자가 선악을 알게 하는 나무의 열매를 따 먹고 그 후 자신의 남편에게도 주어 먹게 했던 불순종의 그 욕망에 대한 하나님의 심판으로 볼 때, 범죄 후에는 더욱 여자의 삶이 지나치게 남편에게 향하는 저주 하에 있다는 뜻으로 이해된다. 즉 이 부분의 말씀을 직역할 때 범죄한 이후에 아내는 남편을 향한 끊임없는 욕망(불순종과 관련된)이 있게 되지만 남편은 그 여자의 죄의 욕망을 다스려야 할 책임이 있다는 의미로 해석된다.[5]

---

5 히브리 원문에는 "너의 욕망은 네 남편에게 있으나 네 남편은 너를 다스릴 지니라"는 의미로 직역되어 있다. '여자의 욕망은 무엇이며 남편은 왜 여자의 욕망을 다스려야 하는가'에 대해서는 많은 해석이 있으나 이 문장과 병행을 이루고 있는 창 4:7의 말씀을 이해하면 어느 정도 이해가 가능하다. 즉 창 3:16의 후반부의 말씀은 창 4:7의 "죄의 소원(욕망)은 네게 있으나 너는 죄를 다스릴지니라"는 말씀과 병행을 이룬다. 두 문장의 구성 방식이 같고 의미의 전개도 같다. 즉 가인의 죄의 욕망과 여자의 욕망은 깊은 관계가 있으며 가인이 자신의 욕망을 다스리지 못한 결과 살인을 저지른 것처럼 남편이 아내의 욕망을 다스리지 못하면 또 다른 불순종에 이를 수 있음을 경고하는 의미로 이해할 수 있다.

이 문장은 창세기 4:7과 똑같은 문장 구조를 이루는데 "죄의 소원(사모)은 네게 있으나 너는 죄를 다스릴지니라"라고 하나님께서 가인에게 하신 말씀에서도 그 의미의 해석을 가능하게 한다. 여자의 욕망(사모함)은 남편에게 향하나 남편은 그녀의 욕망(사모함)을 지배해야 될 것을 선언하고 있다. 즉 여자의 욕망 곧 하나님의 말씀에 불순종하려는 여자의 욕망이 앞으로도 계속 그 남편을 향하여 있겠으나 이후로는 남편이 불순종하려는 여자의 욕망을 다스려 범죄를 하지 못하도록 하라는 경고의 음성이 여자에게 주어진 것이다. 여자의 사모(욕망)는 남편에게 향하나 남편은 그녀의 욕망을 지배할 것이다. 여자에 대한 하나님의 심판(저주)은 해산의 고통이 증가되는 것과 그녀의 욕망이 남자에 의해 통치받는 것으로 임했으나 여자를 통해 후손이 계속 태어나게 하시고 또 먼 미래에 한 여자(동정녀)를 통해 메시아가 태어나게 하시는 하나님의 섭리는 또 다른 주권적 은혜의 결과이다. 결혼이라는 창조질서 속에 계속 아이를 낳을 수 있는 창조언약과 한 여자(동정녀 마리아)의 후손으로 태어날 메시아에 대한 구속언약과의 상호 관계가 아담 시대 곧 아담과의 언약을 통해 역사 속에서 씨앗처럼 시작되고 있다. 이 언약이 하나님의 구원 역사 속에서 계속 싹이 나고 자라서 줄기가 되고 꽃이 피고 열매를 맺는 방식으로 구약의 역사 속에 유기적이며 점진적인 방법으로 전개되어 나타난다.

(3) 남자에 대한 저주와 축복(창 3:17-19)
아담과 하와의 불순종과 그 결과는 하나님의 질문 속에 담겨있다.

첫 번째, 네가 어디 있느냐(창 3:9)는 하나님의 심문 속에는 죄의 결과인 인간과 하나님과의 단절이 보인다.
두 번째, 누가 너의 벗었음을 네게 고하였느냐? 네가 먹었느냐?(3:11)는 질문 속에는 다스리며 통치하는 그들의 왕적 신분을 잃어 버렸음을 가리킨다.
세 번째, "네가 어찌하여 이렇게 하였느냐"(창 3:13)는 질문은 불순종에 대한 회개를 촉구하는 하나님의 긍휼을 보여 준다.

범죄한 자들을 심문하시면서도 긍휼과 자비를 베푸시는 하나님의 구원의 사랑을 엿볼 수 있다. 죄에 대해서는 반드시 심판하시는 하나님의 공의와 심판 속에서도 죄인을 불쌍히 여기시는 하나님의 사랑은 메시아의 십자가의 죽으심과 부활을 통해 구원으로 성취되었다. 남자에 대한 하나님의 심판과 저주는 죽음과 땀 흘리는 노동으로 나타난다.

그러나 한편 땀 흘리는 수고를 통해서 생명을 유지하는데 필요한 음식을 제공받을 수 있는 것은 하나님의 긍휼과 자비에 의한 은혜가 아닐 수 없다. 남자에게 주신 축복은 인간이 음식을 먹을 수 있는 사실과 관련된다(창 3:17). 그러나 저주도 포함되어 있다. "너는 얼굴에 땀을 흘려야 음식을 먹을 것이다"(창 3:18)라는 말씀은 양식을 생산하기 위해 심한 노동을 해야 한다는 것이다. 그러나 죄적인 인간이 받은 저주는 결국 흙으로 돌아가는 것이다. "너는 흙이니 흙으로 돌아갈 것이니라"(창 3:19)라는 창조언약의 저주는 인간의 죽음을 통해 그 성취를 이루게 된다. 아담은 지구를 다스리기 위해 창조되었다. 그러나 지구의 흙이 그를 다스릴 것이다. 죄인인 인간과 하나님과의 최초 약정은 전역사에 대한 언약의 유기적인 관계를 강조한다.

첫째, 이 언약의 규정은 하나님의 보편적 은혜 속에서 계속 작용한다는 것이다. 오늘날에도 인간의 근본 투쟁은 양식의 생산, 고통을 격감시키는 일, 노동하는 일, 아이 낳는 일, 죽음의 불가피성 등의 문제를 안고 있다.[6]

둘째, 후대의 모든 구속언약의 사역들과의 유기적 관계 안에서 아담에게 하신 하나님의 말씀은 후대의 구속의 역사를 예시하고 있다. 하나님은 주권적으로 어떤 이의 마음속에는 사단에 대한 적대감을 주신다. 이러한 자들은 여자의 후손임을 나타낸다. 또 다른 사람은 계속 타락 상태에 있게 되는데 이 사람들은 사단의 후손을 대표한다.

셋째, 아담과의 언약은 구원 속에서 하나님의 목적이 완성됨을 예견하고 있다. 구원의 최종 목표는 단순히 처음의 에덴동산으로 돌아감으로써 실현되지는 않을 것이다. 오히려 메시아를 통한 사탄의 패배로 완성될 것이다. 메시아

---

6   팔머 로벗슨, op. cit., p. 110.

이신 그는 하나님 오른편에 앉아 만물을 그 발아래 복종케 하셨다(히 2:8, 9).

그는 영광된 권세의 자리에서 최종적으로 만물이 하나님의 영광을 위해 그에 의하여 구원받은 인간들을 섬기도록 할 것이다. 요약하면 구속언약은 타락 이후 하나님과 사람이 맺은 언약이다. 그러나 언약임에도 불구하고 아담의 언약은 무섭게 시작된다. 이것은 하나님의 심판을 통해서 알 수 있다. 아담의 언약은 씨앗(Seed) 개념으로써 언약이 씨앗으로 심겨있다는 것이다(창 3:14-15). 아담과의 처음 언약인 이것은 언약의 실제인 메시아를 향하여 역사 속에서 점진적으로 나아가고 있으며 심판과 징벌 속에서도 하나님의 언약이 선포되고 있음을 분명하게 보여 준다.

(4) 아담의 언약 결론

선악을 알게 하는 나무의 열매를 먹지 말라는 하나님의 금지명령에 불순종한 대상들은 창조주 하나님의 말씀을 지키지 않은 결과로 저주와 심판을 받았다. 하나님의 형상 안에서 창조된 인간은 불순종의 대가로 두 계열 곧 사단의 후손과 여자의 후손 사이의 투쟁 관계를 이루게 되었고 해산의 고통 증가와 땀 흘리는 노동의 고통을 경험하고 살아야 하며 다시 흙으로 돌아가는 죽음을 대가로 죽음을 맞이하는 저주 아래 놓이게 되었다. 하나님의 말씀에 불순종함으로 이러한 죄의 형벌 아래 놓여진 인간 곧 죄인을 불쌍히 여기시고 구원하시려는 하나님의 긍휼의 은혜는 죄와 고통과 사망의 저주 아래 있던 인간을 구원하시기 위해 여자의 후손으로 오실 메시아의 탄생 약속으로 아담의 언약과 함께 나타난 것이다. 따라서 성경의 시작인 창세기의 처음 부분은 하나님(창 1, 2장)이 선포되고 바로 뒤이어 인간은 죄인이라는 사실이 언급되고 있다(창 3장).

동시에 범죄한 그 인간은 죄인이기 때문에 죄를 짓는 소망 없는 존재임을 보여 주고 있으며(창 4장) 하나님께서는 범죄한 인간을 구원하시기 위해 여자의 후손으로 오실 메시아언약을 최초의 죄인인 아담에게 말씀하셨다(창 3:14-19). 이것이 하나님께서 아담과 맺으신 구원 언약이며 이 아담의 언약은 하나님의 구원 역사 곧 구속사의 시작으로서의 의미가 크다. 아담의 언약은 노아,

아브라함, 모세, 다윗에 이르고 예레미야의 새 계약을 거쳐 그리스도 예수 우리 주님을 통한 언약의 성취로 역사 속에서 이루어진 것이다. 아담의 언약은 완성을 향해 역사 속에서 점진적으로 진행되어 가는 하나님과 죄인 사이의 언약의 시작이다.

(5) 가인의 아벨 살인 사건(창 4장)

아담의 불순종으로 죄가 세상에 들어온 이후 이 세상은 여자의 후손과 사단의 후손 사이의 투쟁 관계가 전개된다. 죄인이기 때문에 죄를 짓는 인간의 극악한 모습은 불쌍하고 가련하기 그지없다. 이러한 죄인을 구원하시기 위해 하나님께서는 여인의 후손으로서 메시아를 보내 주실 것을 약속하셨다. 이 메시아의 언약이 이루어질 때까지는 계속해서 두 세력 간의 투쟁이 전개되며 마지막 여자의 후손으로 오실 메시아 예수 그리스도에 의해 사단과 그의 후손은 몰락되고 영원한 하나님 나라의 진정한 평화와 안식이 올 것이다. 창세기 4장에서 출발하는 인간의 모습은 가인의 아벨 살인 사건을 통해 죄인임을 보여 준다.

아담의 가정 이야기 가운데 형이 동생을 죽인 살인 사건만이 선택적으로 기록되었다. 이 사건 속에 놀라운 진리가 담겨있다. 가인은 동생 아벨을 죽이기 전에 이미 그의 마음 속에는 죄의 욕망이 있었다. 즉 가인은 죄인이기 때문에 죄를 짓고 싶어하는 존재에 지나지 않는다. 가인이 동생 아벨을 죽였기 때문에 죄인이 된 것이 아니라, 아담과 하와의 후손으로서 가인은 이미 죄인으로 태어난 것이다. 가인의 아벨 살인 사건의 기록은 인간은 죄인임을 엄숙히 선언하고 있다. 창조주 하나님께서 죄인인 인간의 구원을 위해 여자의 후손 곧 메시아를 보내 줄 것을 약속하고 계심을 알리기 위해 가인의 아벨 살인 사건을 선택적으로 기록한 것이다. 로마서의 사도 바울의 선언처럼 의인은 없나니 하나도 없다. 하나님과 죄인 사이의 메시아언약이 성경의 주제이다. 가인의 아벨 살인 사건도 언약적으로 보면 여인의 후손과 사탄의 후손 사이의 투쟁 관계가 모형적으로 나타난 것이다.

(6) 여인의 후손 계보의 의미(창 5장)

아담의 아들 셋으로부터 노아에 이르는 계보(족보)가 처음으로 언급되었다 (창 5장). 사람은 하나님의 형상대로 남자와 여자로 창조되었음을 한 번 더 강조하고 있는 본문은 하나님의 긍휼 아래 아담의 후손이 계속 번성하였음을 밝히고 있다. 이것은 생육하고 번성하라는 하나님의 복이 인간의 범죄 이후에도 그대로 유지되었음을 보여 준다. 특히 아담의 많은 자손 가운데 죽은 아벨 대신에 태어난 셋의 후손에서 하나님의 은혜를 받은 노아가 태어났으며 세상 역사는 하나님의 심판과 은혜 아래서 통치되고 보존되어감을 가르쳐준다.

또한, 본장에 언급된 계보의 특징은 창세기 10장의 계보(족보)와 함께 인류 역사의 족보를 알려 줌과 동시에 메시아의 족보를 밝혀 주려는 하나님의 의도적인 선택적 기록임을 알 수 있다. 왜냐하면 창세기 5장 본문에는 아담에서 노아까지의 계보가 10대로 언급되고 있으며 창세기 11장에는 노아에서 아브라함까지 역시 10대로 기록되어 있기 때문이다. 이것은 아담 이후 10대에 이르러 노아가 이 세상에 나타났으며 노아 이후 10대에 이르러 아브라함이 이 세상에 나타났다는 의미가 아니다.

성경에 나타난 모든 족보는 인류의 역사가 지금까지 몇 대에 걸쳐 계속되었는가를 알리려는 목적에서의 계보가 아니기 때문이다. 성경의 족보는 하나님의 인간 구원의 역사를 기록으로 남겨 알리려는 것이 목적이므로 유대인들의 숫자 개념에 따라 단지 아담에서 노아까지 10대를 한 단위로, 또한 노아에서 아브라함까지의 역사를 10대로 기록한 것이다. 이것은 마치 마태복음 1장에 언급된 족보의 특징이 14대라는 숫자에 따라 통일성 있게 기록된 것과 같은 의미이다. 성경에 기록된 모든 계보는 이 세상의 모든 계보를 다 기록한 것이 아니라 메시아이신 예수께서 어떤 계보를 통해 이 세상에 오셨는가를 알리기 위한 목적 아래 선택적으로 요약되어 기록된 것임을 알아야 한다.

아담은 자신을 꼭 닮은 셋을 낳고 셋을 낳은 후 800년을 지내며 자녀를 낳았으며 930세를 향수하고 죽었다. 셋은 에노스를, 에노스는 게난을, 게난은 마할랄렐을, 마할랄렐은 야렛을, 야렛은 에녹을, 에녹은 므두셀라를, 므두셀라는 라멕을, 라멕은 노아를 낳고 노아를 낳은 후 529년을 지내며 자녀를 낳았으며 그는 777세를 향수하고 죽었다.

이처럼 창세기 5장의 족보 기록의 일정한 형식은 "누가 누구를 낳고 몇 년 동안 자녀를 낳았으며 몇 세에 죽었더라"이다. 이 형식에는 범죄하기 이전 하나님의 축복인 "생육하고 번성하라"라는 말씀과 범죄한 이후의 "반드시 죽으리라"라는 하나님의 심판의 결과가 그대로 드러나 있다. 창세기 5장의 첫 계보를 통해서 몇가지 중요한 교훈을 배울 수 있다.

첫째, "인간은 어떤 존재인가?"라는 질문에 대한 대답을 해 준다. 즉 인간은 이 세상에 태어나 후손을 남기고 얼마동안 살다가 죽을 수밖에 없는 유한한 존재임을 가르쳐 준다. 인간은 창조 때부터 지금까지 하나님의 말씀 울타리를 벗어날 수 없는 존재(사람) 곧 하나님의 숨결에서 비롯된 '살아있는 영적 존재'임을 보여 준다. 하나님의 섭리 아래 창조되어 이 세상에 태어난 인간은 다시 하나님의 뜻에 따라 하나님의 창조질서에 순응하며 육체는 흙으로 돌아가고 영혼은 하나님께로 다시 돌아갈 수밖에 없는 연약한 존재임을 깨닫게 해 준다.

둘째, 성경의 족보는 모든 인류의 역사를 다 기록한 것이 아니라 하나님의 섭리와 목적에 따라 의도적으로 선택되어 기록되었음을 알 수 있다. 즉 아담의 수많은 아들들 가운데 셋이 선택되었으며 셋의 후손 가운데 에노스와 그 후손이 선택되었고 또한, 에노스의 수많은 아들 가운데 게난과 그 후손이 선택되어 기록되었기 때문입니다.

셋째, 창세기 5장에 기록된 계보(족보)에 언급된 아버지와 아들의 이름은 단지 그 아들 한 명만 낳았다는 뜻이 아니라 수많은 아들 가운데 대표적인 후손 한 명만을 기록으로 남겼음을 보여 준다. 예를 들어 셋이 105세에 에노스를 낳았다는 말은 셋이 결혼하여 105세에 첫 아들을 낳았다는 의미가 아니라 105세 이전에 낳은 아들들도 있고 105세 이후에 낳은 아들들도 많이 있을 수 있으나 그 많은 아들 가운데서 105세에 낳은 아들 에노스에게로 아담의 아들 셋의 족보가 내려갔음을 보여 줄 뿐이다.

넷째, 이 족보는 역대기 족보(대상 1-8장)와 마태의 족보(마 1장) 그리고 누가의 족보(눅 3:23-38)와 함께 메시아의 족보를 알리시려는 하나님의 요약된 역사기록이며 메시아 중심의 선택된 족보임을 가르쳐 준다. 성경에 기록된 모든 족보는 세상 역사와 인간의 모든 족보가 빠짐없이 기록된 것이 아니라, 하나님의 뜻에 따라 사람의 아들 메시아의 계보를 보여 주기 위해 선택적으로 기록된 것임을 이해할 때 족보조차도 너무나 귀한 하나님의 말씀임을 깨닫게 된다.

(7) 두 에녹의 서로 다른 삶(창 4:16-26; 5:18-24)

　아담의 후손 중 가인의 아들 에녹과 셋의 후손 에녹은 역시 사탄의 후손과 여인의 후손 사이의 투쟁 관계에 대한 모형이다. 에녹이라는 이름은 '헌신된' 또는 '드려진'이라는 의미를 가진다. 공교롭게도 가인의 아들 에녹은 불신앙적인 삶에 헌신했으며 셋의 아들 에녹은 하나님을 향한 신앙적 삶에 헌신된 삶을 살았다. 가인은 범죄한 결과로 유리방황하는 삶을 살아가야 하는 하나님의 징계를 받았다. 그러나 그는 결혼하여 아들 에녹을 낳은 후 마음의 안정과 평안을 얻고 한 장소에 성을 쌓으며 정착생활에 들어간다. 그리고 그 성을 에녹성이라고 불렀다. 이 에녹의 후손 가운데 라멕은 아다와 씰라 두 여인을 아내로 두었으며 특히 씰라를 통해 낳은 아들들은 매우 거칠고 사나우며 무기와 기계를 잘 다루는 조상이 되었다. 가인의 아들 에녹의 후손인 라멕은 성격이 거칠고 포악해서 기회만 있으면 사람을 죽였다(창 5:23). 이것은 하나님께 불순종하며 살았던 가인과 에녹 및 그 후손들의 불신앙적인 삶의 모습을 잘 보여 준다. 그러나 셋과 그 자손들은 여호와 하나님을 찬양하고 경배하면서 하나님의 이름을 온 세상에 알리며 살았다.

　이처럼 셋의 아들 에녹은 개인적으로 하나님을 잘 섬기며 살았을 뿐만 아니라 그 당시 사회적으로도 많은 사람에게 여호와 하나님의 이름을 선포했으며 함께 공동으로 여호와의 이름을 부르며 하나님께 경배하는 삶을 기쁘게 살아갔다. 그는 하나님을 기쁘시게 하는 큰 믿음으로 살았으며(히 11:5) 늘 하나님과 동행하였다. 에녹은 이렇게 믿음 안에서 살다가 하나님의 부름을 입고 더 이상 이 세상에 머물지 않게 되었다. 하나님께서 그를 데려가신 것이다(24절). 특히 에녹이 65세에 낳은 므두셀라는 성경에 기록된 사람 중에는 가장 오래 살았는데 그는 969년을 이 세상에서 장수하며 살았다. 이 므두셀라는 아버지

에녹의 신앙을 본받아 하나님과 부모를 잘 섬긴 결과로 하나님이 베푸신 땅에서 잘되고 장수하는 복을 받은 것이다.

가인의 아들 에녹과 그 후손의 삶이 오늘날 하나님 없이 살아가는 불신앙적인 사람들의 전형적인 모습이라면, 셋과 그 후손의 삶의 모습은 이 시대의 신앙적인 사람들의 전형적인 삶의 모습이다. 셋의 아들 에녹은 믿음으로 죽음을 맛보지 않고 하나님을 기쁘시게 하는 증거 곧 하나님의 인정을 받았던 신앙인이었다. 믿음 없는 악하고 음란한 세대 속에서 하나님의 인정을 받은 에녹은 믿음으로 사는 자의 표상이었다.

(8) 두 라멕의 서로 다른 삶(창 4:16-24; 5:25-32)

두 에녹의 삶이 신앙과 불신앙을 대변하듯 두 라멕의 삶도 역시 그러했다. 두 라멕도 사탄의 후손과 여인의 후손 사이의 투쟁 관계의 모형이다. 가인의 후손 라멕은 성적으로 매우 문란한 생활을 했으며 성격이 거칠고 포악해서 자신의 마음에 거슬리면 쉽게 사람을 죽이는 매우 살인적인 사람이었다(창 5:23). 하나님의 경고까지 무시하며 무서운 살인죄를 저질렀던 가인보다도 그의 자손 라멕은 더욱 불신앙적인 생활에 몰두했다.

> 라멕의 아내들이여 내 말을 들으라 나의 창상을 인하여 내가 사람을 죽였고 나의 상함을 인하여 소년을 죽였도다(창 5:23).

따라서 동생 아벨을 죽인 가인에게 7년 감옥형을 선고한다면 이 라멕에게는 77년을 선고해야 할 만큼 라멕은 무서운 범죄자의 표상이 되고 말았다.

> 가인을 위하여는 벌이 칠배 일진대 라멕을 위하여는 벌이 칠십칠 배이리로다(창 4:24).

라멕의 살인적이며 음란한 삶의 모습은 오늘날 하나님께 불순종하며 하나님을 두려워하지 않고 사는 불신앙적인 삶의 전형적인 모형이다. 그러나 셋의 후손 라멕은 세상에서 가장 장수한 므두셀라의 자손으로 182세에 한 아들을 낳고 그 이름을 노아라 불렀다. 즉 경건한 셋의 후손 라멕은 하나님의 은혜를 입은 노아의 조상이 되었다. 비록 노아가 의롭기 때문에 구원받은 것이 아니라 하나님의 은혜를 받았기 때문에 구원의 은총을 받았다 하더라도 라멕은 하나님의 말씀에 전적으로 순종하며 사는 노아의 경건한 신앙의 아버지로서 큰 영향을 끼쳤음에 틀림없다. 라멕은 노아를 낳은 후 595년을 더 살았으며 777년 동안이나 이 세상에서 살다가 죽었다. 하나님을 거역하며 살았던 가인의 후손 라멕과 경건하게 살았던 셋의 후손 라멕은 불신자와 신자의 정형적인 모습이며 사탄의 후손과 여인의 후손의 모형이다.

3) 노아와 메시아언약(창 6-9장)

노아 시대의 홍수 심판과 심판 후의 하나님의 언약은 인간의 연약함에도 불구하고 아담의 언약을 이끌어 가시는 하나님의 주권과 은혜를 잘 보여 준다. 동시에 사단의 후손에게는 전적인 파멸이 오고 여자의 후손에게는 거저 주시는 하나님의 은혜가 임하게 될 것을 보여 준다. 노아의 언약은 창조 당시의 창조언약이 유기적으로 나타나며(창 1:24-30) 아담과 맺은 구속언약이 하나님의 은혜로 보존됨을 나타낸다. 이런 의미에서 노아와의 언약을 보존의 언약이라고 부른다. 또한, 인간의 죄에 대한 하나님의 심판과 심판 중에서도 긍휼과 은혜를 베푸시는 하나님의 사랑이 노아 시대에 계속되었으며 노아는 하나님의 은혜를 입음으로 구원을 받았듯이 인간은 하나님의 은혜 아래서만 구원을 받을 수 있음을 가르쳐 준다.

(1) 하나님의 아들들과 사람의 딸들(창 6:1-4)

하나님께서는 노아 시대에 인간의 악한 모습 곧 죄인으로 태어난 인간의 죄악이 세상에 관영했으며 그 마음의 생각과 모든 계획이 항상 악할 뿐임을 보셨다(6:5). 특히 하나님께서 대홍수를 통해 심판하실 수밖에 없는 가장 큰 인간의 죄악상은 "하나님의 아들들이 사람의 딸들의 아름다움을 보고 자기들의 좋아하는 모든 자로 아내를 삼는" 것이었다(창 6:2). 여기서 하나님의 아들들은 하나님의 말씀에 순종하며 살았던 셋의 경건한 후손을 가리키며 사람의 딸들은 불신앙적인 모습으로 살았던 가인의 후손들을 의미한다. 즉 하나님은 섬기며 살아왔던 경건한 후손들까지도 마침내 불신앙적인 사람들의 딸을 아내로 삼음으로써 결국 잘못된 결혼으로 인해 타락의 길로 접어들고 말았음을 보여 준다. 이들의 악한 결혼으로 인하여 노아 시대에 땅에는 네피림(히브리어, 키가 큰 자들 곧 거인들)이 있었다고 당시의 상황을 더욱 구체적으로 설명한다. 이 네피림은 거대한 신체를 가진 폭군들로서 육체의 힘을 이용하여 하나님의 창조 목적과는 아무 상관없이 살아갔던 불신앙적인 사람들의 대명사로 사용되는 말이다(민 13:33).

노아 시대의 이 네피림은 오늘날 창조주 하나님을 망각하고 세상의 힘이나 권력을 이용하여 탐욕 아래 살아가는 육체 중심의 삶을 살아가는 모든 사람을 통칭하는 말이다. 노아 시대의 타락상은 결혼 제도의 파괴와 성적 타락에 있었다고 볼 수 있다. 결과적으로 노아 시대의 하나님의 아들들은 경건하게 살아야 할 구별된 그리스도인들을 암시한다고 볼 수 있다. 또한, 사람의 딸들은 하나님의 창조 목적에서 벗어나 불신앙적인 삶을 살아가는 사람들을 암시한다. 인간은 죄인이기 때문에 죄를 짓고 살아가는 악하고 음란하고 소망없는 존재들일 뿐이다. 그러나 예수 그리스도를 믿음으로 하나님의 영적인 자녀가 된 모든 그리스도인은 이 악한 세대를 본받지 않고 육체까지도 하나님의 영광을 드러내는 도구로 사용되도록 힘써야 한다(롬 12:1).

(2) 하나님의 심판 선언인 120년의 의미(창 6:3)

그들의 날은 120년이 되리라는 말씀의 본래의 의미는 '그러나 그의 날들은 120년이 될 것이다'이다.[7] 여기서 그의 날들인 120년은 앞으로의 인간의 수명을 말하는 것인지 아니면 120년 후에 심판이 있을 것을 말씀하는 내용인가에 따라 해석이 달라질 수 있다. 어떤 성경(공동번역성경)에는 그의 날들을 인간의 수명으로 이해하여 사람은 120년 밖에 살지 못한다고 의역되어 있다.

---

7   히브리 원문에는 120이라는 숫자가 인간의 수명을 가리키는 말이 아니라 그들의 남은 날 곧 하나님의 심판의 때가 이르기까지의 기간으로 나타나 있다.

그러나 노아의 홍수 심판 이후에도 인간들은 120년보다 훨씬 더 많은 나이까지 살았음을 볼 때 120년을 단축된 인간의 수명으로 보는 것은 설득력이 없다. 오히려 이 말씀은 하나님의 심판 유예 기간으로서 인간을 물로 심판하시겠다고 선언하신 때로부터 120년 후에 홍수 심판을 내리시겠다는 하나님의 말씀으로 이해해야 한다.

노아 시대에 하나님께서는 당시 범죄하며 살아가는 사람들에게 즉각적인 심판을 내리시지 않으시고 긍휼과 자비를 베푸셨으며 120년이라는 기간을 회개의 기간으로 주셨다. 그리고 노아의 삶과 방주 만드는 모습 등을 통하여 장차 임할 '하나님의 심판'을 보여 주시며 하나님께로 돌아오도록 기다리시며 인내하셨지만, 그 당시 사람들은 시집가고 장가가며 하는 일마다 악한 모습으로 범죄하며 살아갔다. 이것은 마치 애굽에서 나온 이스라엘 백성들이 하나님의 진노 아래 광야생활 40년의 기간을 심판 기간으로 선언 받았으나 회개치 못하고 여호수아와 갈렙을 제외한 당시 20세 이상의 모든 남자가 광야에서 죽임을 당한 사실과도 비슷한 양상이다.

(3) 심판 속에서 구원받은 노아(창 6:8-22)

노아 시대의 사람들은 하나님 앞에서 모두가 죄인이다. 노아와 그 식구도 예외는 아니었다. 하나님께서는 인간에게 홍수 심판을 내려 모두 죽이시기로 계획하셨다. 그러나 이 심판 계획 가운데서 하나님께서는 노아와 그 가족들에게는 은혜를 베푸셨다. 그 결과 그들은 홍수 심판 중에서도 살아남을 수가 있었다.

> 그러나 노아는 여호와께 은혜를 입었더라(창 6:8).

하나님의 은혜를 입은 결과 노아는 하나님께 순종하며 동행하는 삶을 살아갔다. 하나님께서는 노아에게 홍수 심판 계획을 전달한 후 큰 배(방주)를 만들 것을 명령하셨다.

노아는 배의 크기와 재료 및 창문의 크기와 위치까지 하나님께서 설계하신대로 그대로 순종하여 만들었다. 하나님께서는 노아 시대의 타락의 무리들 속에서 그를 선택하시고 무리들로부터 구별해 놓으시고 하나님의 말씀을 주셨다. 노아는 악한 시대 속에서 의롭게 하나님을 선포하는 선지자의 자세로 큰 배를 만들며 하나님의 말씀에 묵묵히 순종함으로써 장차 임할 하나님의 무서운 재앙 곧 홍수 심판을 당시 세상 사람들에게 선포한 것이다. 노아는 하나님의 목전에서 남들보다 더 의로웠기 때문에 구원을 받은 것은 결코 아니다. 그는 하나님의 은혜를 입은 결과 하나님의 뜻에 순종할 수 있는 믿음과 순종할 수 있는 의지를 공급받을 수 있었다.

특히 노아에게 언약을 베푸시는 하나님의 모습은 여자의 후손을 통해서 메시아를 보내 주시겠다는 하나님의 언약(창 3:15)이 노아를 통해 보존 유지되고 있음을 알려 준다. 즉 노아와 그 아내와 여섯 아들과 여섯 며느리 모두 합하여 여덟 사람을 보존하시는 하나님의 계획은 그들을 통하여 이 세상에 인간을 보존하시겠다는 하나님의 의지의 표현이다. 노아 시대의 홍수 심판과 구원의 원리는 오늘날 예수 그리스도 안에서 계속되는 구원의 원리와 그 맥을 같이 한다. 인간의 구원은 전적으로 하나님의 은혜에 달려 있다. 노아 시대의 홍수 심판 원인은 불신자들의 타락뿐만 아니라 하나님의 경건한 자녀들의 타락까지도 포함된다.

하나님의 은혜 아래 들어와 그 은혜의 울타리 안에서 믿음으로 순종하며 사는 오늘날의 그리스도인들의 경건한 모습은 장차 임할 하나님의 홍수 심판을 선언하며 큰 배를 만들었던 노아처럼 당당히 하나님의 불심판을 선언하며 사는 것과 같은 의미가 있다. 하나님께 대한 불신앙과 타락은 심판의 직접적인 원인이며 하나님의 말씀에 대한 전적인 순종과 경건의 모습은 은혜의 결과임을 배우게 된다. 하나님의 은혜를 이미 입은 그리스도인들은 노아처럼 하나님의 말씀에 전적으로 순종하며 준행하는 생활에 힘쓸 때 하나님의 구원과 심판을 이 세상에 선포하는 결과를 초래한다.

(4) 노아와 메시아언약의 보존(창 6-9장)

아담 시대와 여자 후손의 언약이 나오고(창 1-4장) 노아 시대로 이어지면서 아담으로부터 노아에게 이르는 메시아 계보가 언급된다(창 5장). 노아 시대의 모든 인간은 타락의 상태로 있었다. 뱀의 후손과 같은 불순종의 후예인 가인의 후손과 셋의 후예로서 하나님의 말씀에 순종하는 노아가 여인의 후손 계열을 이루며 투쟁의 관계를 모형적으로 보여 준다. 노아의 계약은 아담과의 계약에서 언급된 사단의 후손과 여자의 후손에서 펼쳐지는 것을 배경으로 사단의 후손에게는 전적인 파멸이 오게 될 것이고, 반면 여자의 후손에게는 하나님의 은혜가 주어질 것이라는 하나님의 태도를 명시한다. 이 노아의 계약은 창세기 6:17-22; 8:20-22; 9:1-7; 9:8-17의 구절을 근거로 다음과 같은 특징이 있음을 알 수 있다.[8]

첫째, 노아와의 계약은 창조계약과 구속계약의 면밀한 상호 관계를 강조한다. 하나님과 노아와의 약정은 많은 부분에서 창조계약 규정이 갱신되는 것을 보여 준다. 특히 창세기 9:1-7에서 "생육하고 번성하여 땅에 충만하라"라는 말씀은 노아와 그 가족에게 하신 말씀이지만 이미 창조 때(창 1:28) 주어진 동일한 명령임을 알 수 있다. 즉 구속계약의 맥락에서 이 창조적 명령이 반복되는 사실은 구원에 대한 전망을 확대시킨 것이다. 그러므로 하나님이 노아를 통해 그의 창조와 관계한 것은 그의 구원에 관한 하나님의 목적 속에서 이해해야 한다. 그래서 노아와의 계약은 창조에서의 하나님의 목적과 구원에서의 하나님의 목적을 연합시키고 있으며, 노아와 그의 후손 그리고 모든 창조물은 이 관계에 은혜를 입고 있다.

둘째, 노아계약은 하나님의 구원의 특성을 말하고 있다. 홍수 전 인간의 죄악은 하나님으로 하여금 지면에서 인간을 없애 버리도록 결정하게 했다(창 6:5-7). 그러나 하나님은 노아에게 은혜를 베푸셨다(창 6:8). 하나님의 은혜는 노아로 하여금 그 시대 사람들의 타락 상태로 빠지지 않게 했다고 볼 수 있다. 즉 노아는 의로운 자였기 때문에 구원받은 것이 아니다. 노아에 대한 하나님의 구원은 그의 의로움(창 6:9)에서가 아니라 구원에 대한 하나님의 계획의 특이성 곧 하나님의 주권적 선택과 긍휼히 여기시는 하나님의 절대적 은혜의 결과일 뿐이다.

---

8   팔머 로벗슨, op. cit., p. 110. 노아의 계약 참조.

셋째, 노아계약은 하나님이 계약 관계에서 가족을 다루신다는 것을 말한다. 이것은 장차 이루어 하나님의 구원 계획을 암시한다. 즉 하나님께서 노아그의 가족을 다루시면서 "너와는 내가 내 언약을 세우리니 너는 네 아들들과네 아내와 네 자부들과 함께 그 방주로 들어가고"(창 6:18)라고 하신 말씀은계약의 중요한 의미를 보여 준다. 특히 창세기 7:1의 말씀은 가족 중 한 개인의 의로움이 그의 전 후손을 방주로 들어가게 하며 구원을 받게 하는데 기여한다.

넷째, 노아계약은 보존의 계약이라고 특징지을 수 있다(창 8:2-22). 하나님께서는 홍수 이후 종말의 때까지 지구를 현재의 세계 질서대로 보존할 것을 약속하신다(창조질서 보존). 그리고 홍수 후에 인간을 보존하시겠다는 하나님의약속은 창세기 9:3-6에서 더 명백해진다. 특히 창세기 9:5-6에서 하나님은 인간을 살해한 생명은 인간의 손에 의해 생명을 취하는 것으로 보상을 받아야한다고 요구하신다. 그러나 살인자의 생명을 취하는 이것도 인간 생명의 신성을 강화하여 장래의 번성을 위해 종족을 보존하는 것이다(인간 보존).

다섯째, 노아계약은 명확히 보편적인 면을 가진다. 노아계약의 보편성은 하나님께서 무지개를 통해 사람을 물로 심판하지 않겠다는 의미에서 비롯된다.하나님께서는 범죄에 대해 반드시 심판하신다. 그러나 심판 속에서도 하나님은 은혜를 베푸셨다. 그러므로 인간 전체를 포함하여 창조된 우주 전체는 이계약에 은혜를 입고 있는 것이다. 즉 노아나 그 후손뿐만 아니라 "모든 살아있는 생물"은 무지개의 표적 아래 살고 있는 것이다(창 9:10). 이 무지개의 표적은 바로 "하나님이 우리와 함께하신다는 것이다." 창조질서를 통해 전 인류에게 우주적인 증거를 지속하시겠다는 하나님의 약속은 후에 사도 바울의 전도 명령에서도 중요한 역할을 한다. 또한, 창조를 통해 자신의 증거를 땅끝까지 위탁한 하나님은 "저를 부르는 모든 자에게 부요하시며 모든 사람의 주"로서 자신을 나타내셨다(롬 10:12).

여섯째, 노아계약의 표적은 계약의 은혜로운 특징을 강조한다. 하나님은 심판을 가져오셨지만, 또한 구원의 은혜가 행해지도록 보존이라는 뼈대를 마련하신 것이다. 노아계약으로부터 "하나님이 우리와 함께 하신다"라는 것은 그의 백성에게 은혜를 주시는 것뿐만이 아니라 사단의 후손에게는 화를 내리시는 것을 포함하게 된다.

요약하면 하나님의 구원사에서 볼 때 노아 홍수로부터 열조시대 이전까지를 대표할 수 있는 것은 하나님께서 노아와 맺으신 보존의 언약이다. 하나님은 타락 이후에 인간이 날 때부터 악해서 홍수와 같은 심판을 통해서는 구원할 수 없으므로 새로운 방법으로 구원을 이루실 것을 암시하셨다. 그리고 인류의 조상이 된 노아와 그의 가족에게 "생육하고 번성하여 땅에 충만하라"라고 명하시며 하나님의 형상인 인간을 죽인 자는 사형되어야 한다고 말씀하셨다. 그뿐만 아니라 하나님은 인간을 위해 땅이 있는 한 자연의 질서를 보존하시며 무지개로써 하나님의 은혜 언약을 증거하셨다. 이처럼 노아 시대는 노아와 그의 후손인 인류 전체와 관계된 언약을 다루고 있으며 결코 노아 한 개인만을 선택하여 다루고 있지 않다는 것을 알 수 있다.

(5) 바벨의 의미(창 11:1-32)

노아의 홍수 심판 이후 인간은 급격히 번성하였다. 의사소통인 말이 하나였고 인간의 교만이 극도로 표출되면서 인간은 죄인의 본성을 여지없이 드러내고 말았다. 즉 그들은 돌과 진흙을 대신하여 벽돌과 역청을 만들어 높은 탑을 쌓기 시작하였다. 그 이유는 인간의 이름을 만천하에 드러내고 서로 흩어지지 않기 위해서였다. 하나님의 홍수 심판 속에서도 살아남은 노아의 후손들은 하나님을 기억하며 살도록 특별한 은총을 받았으나 그들은 곧 교만해졌으며 하나님을 대적하는 모습을 보이고 말았다. 범죄한 아담의 후손으로 태어난 인간은 문화가 발달하고 과학이 발전한 세상에 산다고 큰소리치지만 인간은 죄인이기 때문에 하는 짓마다 범죄하며 살 수밖에 없는 연약한 존재임을 여실히 폭로하고 있다. 인간은 죄인이기 때문에 홍수 심판 후에도 여전히 범죄하고 또 교만한 모습을 드러내며 하나님의 뜻과는 정반대의 상태로 살아가고 있음을 보여 준다. 그들은 "성과 대를 쌓아 대 꼭대기를 하늘에 닿게 하여 우리 이름을 내고 온 지면에 흩어짐을 면하자"라고 외치면서 그들은 탑을 높이 쌓고 있었다.

이러한 인간에게 하나님의 심판이 임했다. 하나밖에 없었던 언어를 여러 개로 나누어 혼잡케 하셨다. 그 결과 인간들은 같은 언어를 쓰는 대상끼리 모여 지구촌 곳곳에 흩어져 살게 되었다. 바벨 사건으로 하나님께서는 온 지구상에 인간을 흩으신 것이다. 그 이후에도 인류는 어느 한 종족이 번성하고 힘이 축적되면 다른 힘없는 민족이나 종족을 괴롭히며 못살게 구는 등 온갖 범죄 행위를 자행했다. 그때마다 살아계신 하나님께서는 범죄하는 민족이나 종족의 힘을 무력화시키시며 심판하시기를 계속해 오셨다. 인간은 죄를 짓기 때문에 죄인이 아니라 죄인이기 때문에 죄를 짓는다는 사실을 소위 바벨탑 사건을 통해서 한 번 더 교훈하고 있다. 이러한 죄인을 구원하는 유일한 방법으로써 메시아 곧 예수 그리스도를 이 세상에 보내시고 그를 통해 죄인인 인간을 구원하시는 하나님의 구원 계획의 필요성과 당위성이 바벨 사건 속에 담겨져 있다.

4) 아브라함과 메시아언약(창 11-17장)

아브라함의 언약 속에는 하나님의 주권적인 면과 약속에 대한 믿음이 강조되어 있다. 갈대아 우르 곧 바벨론 강가에서 우상을 만들어 생계를 유지하던 아버지 데라와 함께 살던 아브라함은 하나님의 주권적인 부르심을 받는다. 이것은 그리스도 안에서 죄인이 하나님의 부르심을 받은 것과 같은 하나님의 주권적인 은혜와 같다. 또한, 아브라함은 하나님의 말씀에 전적으로 순종하는 믿음을 통하여 의롭다 함을 받는다(창 15:6). 결국 아브라함은 후손언약에 대한 하나님의 말씀에 믿음으로 응답함으로써 믿음으로 구원 얻는 자들의 조상이 되었으며 이것은 오늘날 믿음으로 구원을 얻는 모든 그리스도인의 모델이 되었다.

아브라함의 할례 언약도 믿음으로 의롭게 되어 하나님의 백성이 된 언약의 표징으로써 오늘날 예수 그리스도 안에서 믿음으로 하나님의 자녀된 표시로 받는 세례로 성취되었다. 하나님과 아브라함과의 언약의 체결 모습(창 15장)은 그 후 이스라엘 왕국의 역사 속에서 반복되었으며 언약의 속성이 잘 반영된 모델이었다.

(1) 셈의 후손과 아브라함의 출현(창 11:10-32)

홍수 심판 후 살아남은 노아의 후손 가운데 셈의 자손이 아브라함까지 선택적으로 기록되어 나타난다. 이것은 아담부터 노아까지의 계보가 10대로 나타나는 원리와 같다(창 5장). 즉 노아의 아들 셈, 아르박삿, 셀라, 에벨, 벨렉, 르우, 스룩, 나홀, 데라 및 아브라함까지의 후손 계보(족보)로 10대로 나타나고 있다. 특히 아브라함의 부친 데라의 가족이 비교적 자세히 언급되며 이 데라의 자녀들은 아브라함을 비롯해, 모두 근친 결혼을 통해 가정을 이루었음을 밝히고 있다. 또한, 하나님의 부르심을 입은 아브라함은 그 부친의 하란에서의 죽음을 계기로 본격적인 하나님의 인도를 받아 가나안으로 이주하게 된다.

죄인인 인간을 구원하시려는 하나님의 계획이 아브라함의 출현으로 역사 속에서 구체적으로 실현되어 가고 있음을 알 수 있다. 즉 창세기 3장에 나타난 후손 계약이 메시아언약에 대한 시작(씨앗)이라면 노아를 거쳐 아브라함에 이르러서는 그 언약이 싹이 나고 자라는 단계로 이해할 수 있다. 아브라함은 하나님의 부르심을 받고 순종하였으며 불가능한 가운데서도 하나님의 말씀을 믿고 순종함으로써 하나님 앞에서 의롭다는 칭호를 얻었다(창 15:6). 이것은 오늘날 예수 그리스도를 믿는 모든 믿는 자들에게 구원을 베푸시는 하나님의 구원에 대한 모델이라고 바울 사도는 설명한다. 성경 역사에서 아브라함의 역사적 출현은 그리스도 예수 안에서 구원의 은총에 대한 앞선 사건이다(롬 4:18-25; 갈 3:6).

(2) 순종하는 아브라함(창 12장)

하나님의 구원 계획 가운데 아브람(아브라함)이 역사의 무대에 등장한다. 하나님께서는 가나안 북동쪽에 위치한 메소포다미아에 살고 있던 아브람을 부르시고 그를 지중해 연안의 가나안 땅으로 인도하시기 위해 그를 부르셨다. 놀랍게도 아브람은 하나님이 어디로 인도하실지 전혀 모르는 상태에서 식구들과 함께 하나님의 말씀을 따라(4절) 무작정 길을 떠났다. 하나님께서는 그들을 하나님께서 계획하신 가나안 땅으로 인도하셨다. 이렇게 아브람과 그 가족을 메소포타미아로부터 가나안 땅으로 인도하신 하나님의 목적은 그로 하여

금 한 큰 민족을 이루고 그에게 복의 근원이 되는 복을 주시기 위한 것이었다. 이것은 실질적으로 역사 속에서 아브라함이 하나님의 큰 복을 받고 한 민족 이스라엘 민족의 조상이 되었으며 언약적으로는 그의 후손을 통해 이 땅에 메시아가 탄생할 것에 대한 앞선 축복의 예언이었다. 범죄한 인간을 구원하시기 위한 구체적인 하나님의 구원 계획이 아브라함을 통해 한 민족을 만드시는 하나님의 섭리 가운데 서서히 그 윤곽이 역사 속에 드러나고 있다.

특히 아브라함이 복의 근원이 된다는 말씀(2절)은 아브라함이 하나님의 말씀에 순종하여 복을 받은 것처럼 장차 이 땅에 아브라함의 후손으로 오실 메시아이신 예수 그리스도를 믿는 자들이 구원을 받아 하나님의 자녀가 되는 복을 받게 될 것이라는 의미이다. 아브라함을 선택하시고 부르시는 하나님의 주권적인 행위도 죄인에 대한 하나님의 무조건적인 선택의 원리와 닮았다. 또한, 하나님의 말씀에 믿음으로 응답하여 순종하는 아브라함의 모습은 예수 그리스도를 믿고 구원에 이르는 모든 사람의 모형으로 나타났다.

(3) 아브라함과 살렘 왕 멜기세덱(창 14장)

소돔과 고모라를 비롯한 가나안 땅의 연합군들이 엘람 왕 그돌라오멜의 연합군들에게 패하고 수많은 가나안 땅의 사람들이 포로로 끌려갔다는 소식이 아모리 족속의 땅에 살고 있던 아브라함에게까지 들렸다. 아브라함은 조카 롯과 헤어진 후 아모리 족속의 땅에서 그들과 동맹을 맺고 그 땅의 일부를 빌려 그 곳에서 평화롭게 살고 있었다. 또한, 가나안 땅에 밀어닥친 전쟁에도 휘말리지 않았다. 그러나 조카 롯이 사로잡혀 갔다는 소식을 듣게 되자 아브라함은 가문을 보호하기 위해 훈련 시켜온 군사를 데리고 전쟁에 지쳐 퇴각 하고 있는 그돌라오멜의 연합군을 가나안 북쪽 단까지 쫓아가서 밤중에 급습하여 그들을 파했다. 그리고 계속 다메섹 좌편 호바까지 따라가 끌려가고 있던 모든 전쟁 포로들과 빼앗겼던 모든 재물과 조카 롯까지 다 데리고 돌아오게 되었다.

이렇게 아브라함이 승리하고 돌아올 때 소돔 왕이 성문 밖 사웨 골짜기까지 나와 아브라함을 영접하였고 살렘왕 멜기세덱이 떡과 포도주를 가지고 나와 아브라함을 환대했다. 당시 살렘왕 멜기세덱은 하나님의 제사장이었다. 멜기세덱은 승리하고 돌아오는 아브라함을 위해 하나님께 복을 빌었다. 멜기세덱의 축복의 내용은 아브라함이 칭송을 받는 것이 아니라 아브라함에게 승리를 안겨주신 지극히 높으신 하나님께 감사와 영광을 돌리는 것이 전부였다. 멜기세덱의 축복을 받은 아브라함은 전쟁에서 가져온 전승물 가운데서 십분의 일곱 십일조를 제사장인 멜기세덱에게 주었으며 나머지 모든 전승물은 소돔 왕에게 주었다. 소돔 왕은 아브라함이 다시 데리고 온 백성들만 소돔 성에 돌려보내고 모든 재물과 전승물은 아브라함이 취하라고 말하며 전쟁의 승리에 대한 보상을 그에게 안겨 주었다.

소돔 왕의 이러한 제안을 들은 아브라함은 자신은 전쟁에서 얻은 재물 가운데 신들메 하나도 갖지 않겠다고 말하며 왕의 제안을 단호하게 거절했다. 다만 아브라함과 함께 전쟁터에 나갔던 동맹자 아넬과 에스골과 마므레 등 세 명에게 줄 재물과 아브라함이 이끌고 나간 군사들에게 줄 음식 약간만 남겨줄 것을 제안했다. 그리고 나머지 모두는 소돔 왕이 가져가라고 말했다. 아브라함은 철저한 하나님 중심의 신앙인이었다. 부귀영화와 및 전쟁의 승패 등 모두가 하나님께 달려 있다고 믿는 철저한 하나님 중심의 사람이었다.

> 천지의 주재시요 지극히 높으신 하나님 여호와께 내가 손을 들어 맹세하노니 네 말이 내가 아브라함으로 치부케 하였다 할까 하여 네게 속한 것은 무론한 실이나 신들메라도 내가 취하지 아니하리라(창 14:22, 23).

아브라함이 십일조를 바친 멜기세덱에 대해 히브리서 저자는 "아비도 없고 어미도 없고 족보도 없으며 시작한 날도 생명의 끝도 없는" 인물로 소개하였다(히 7:11-19). 즉 인간을 죄에서 구원하시기 위해 십자가에 죽으신 예수 그리스도는 본장에 언급된 멜기세덱의 반차(계열)를 쫓아 성육신하신 분으로 설명한 것이다. 아브라함이 멜기세덱을 하나님의 제사장으로 인정하고 그에게 십일조를 바친 것은 장차 이 세상에 참 제사장이며 하나님과 인간의 중재자로 오실 평강의 왕 예수 그리스도를 보여 준 놀라운 영적 비밀이 담겨져 있다(히브리서 7장 참조).

(4) 아브라함이 여호와를 믿으니(창 15:6)

고향을 떠난 후 하나님의 인도하심을 따라 가나안 땅으로 이주해 온 아브라함은 그동안 많은 사건을 겪으며 하나님의 직접적인 간섭과 은총을 체험한다. 특히 애굽에서의 하나님의 간섭과 가나안 땅에서의 전쟁 경험은 아브라함으로 하여금 하나님을 전적으로 의지하게 만드는 중요한 계기가 되기도 했다. 이러한 일이 있은 후 아브라함은 자신의 삶에 대한 두려움이 생기기 시작했다. 모든 일이 불확실하고 예측 불가능한 일들이 자꾸 발생하였기 때문이다. 바로 이때 하나님께서 아브라함에게 나타나셔서 그를 위로하시며 용기와 확신을 주셨다.

> 아브라함아 두려워 말라 나는 너의 방패요 너의 지극히 큰 상급이니라(창 15:1).

하나님의 말씀에 용기를 얻은 아브라함은 하나님께 그동안 묻고 싶었던 말을 꺼냈다.

> 여호와여 내게 무엇을 주시려나이까 나는 무자하오니 나의 상속자는 이 다메섹 엘리에셀이니이다(창 15:2).

이 말은 가나안 땅에 이주해 온지 여러 해가 되었지만 아들을 낳지'못한 아브라함은 자기 집의 유일한 상속자가 있다면 그는 충실하고 신실한 종 엘리에셀뿐이라고 대답한 것이다. 또한, 하나님께서 자신에게 씨를 주지 않으셨기 때문에 자신에게는 자신의 가문을 이을 후손이 없으며 종으로 일했던 엘리에셀만이 자신의 유일한 상속자로 남아 있을 뿐이라고 말했다. 하나님께서는 강한 어조로 분명히 말씀하셨다.

> 그 사람(엘리에셀)이 너의 후사가 아니라 네 몸에서 날 자가 네 후사가 되리라(창 15:4).

이 말씀을 하신 후 하나님께서는 아브라함을 이끌고 밖으로 나가셨다. 그리고 하늘의 별들을 가리키며 그 수를 다 셀 수 없듯이 아브라함의 후손이 이

와같이 많을 것이라고 확신시켜 주셨다. 아들을 주시겠다는 하나님의 말씀을
믿은 아브라함은 하나님 앞에서 그의 믿음이 의로 인정되었다. 믿을 수 없는
상황 아래서 하나님의 약속의 말씀을 믿은 아브라함이 얻은 의는 장차 그리
스도를 믿는 모든 믿는 자에게 주시는 하나님의 의로움에 대한 앞선 모형이
었다(롬 4:3).

이 약속은 역사적으로는 실제로 아브라함이 아들을 낳게 되고 또 그 후손이
번창하여 큰 민족이 될 것을 가리키는 예언으로 성취되었으며, 언약적으로는
장차 메시아 예수 그리스도를 통하여 믿음으로 의롭게 되는 구원받은 백성들
의 수가(믿음으로 의롭게 된 아브라함처럼) 하늘의 별처럼 많게 될 것이라는 약속
으로 이루어졌다. 바울사도는 구원을 설명할 때 거의 대부분 창세기 15장 6절
의 말씀을 인용하고 해석하였다. 아브라함의 의는 그리스도 안에서 의롭게 되
는 모든 믿는 자들의 의로움에 대한 예표다(롬 4:3; 갈 3:6-9).

(5) 아브라함의 제사와 하나님의 언약(창 15:6-16)

아브라함은 아들을 주시겠다는 하나님의 약속의 말씀을 믿었다.

> 아브라함이 하나님을 믿으니 이것을 그의 의로 여기시고(창 15:6).

믿을 수 없는 상황 속에서 그는 하나님의 말씀을 믿은 것이다. 아브라함이
하나님의 말씀을 믿었을 때 하나님께서는 이것을 그의 의로 여기셨다. 즉 아
브라함의 믿음에 대한 하나님의 응답은 장래 그를 통한 구원 역사가 역사 속
에서 성취되고 또한, 아브라함처럼 모든 사람이 하나님의 약속을 믿음으로 구
원을 받을 것에 대한 앞선 모델이 되었다(롬 4:3; 갈 3:6). 아브라함은 후손을 주
시겠다는 하나님의 약속을 믿음으로 받아들이고 하나님의 지시하신 방법에
따라 정성을 다해 제사를 드렸다. 이 제사가 진행되는 과정에서 갑자기 캄캄
한 어둠이 임했다.

놀란 아브라함에게 하나님의 약속의 말씀이 계속되었다.

네 자손이 이방에서 객이 되어 그들을 섬기겠고 그들은 사백년 동안 네 자손을 괴롭게 하
리니 그 섬기는 나라를 내가 징치할지며 그 후에 네 자손이 큰 재물을 이끌고 나오리라
(창 15:13-14).

하나님의 이 말씀은 장차 아브라함의 후손이 애굽으로 내려가 거기서 약
400년 동안 살게 될 것이며 그 후에 하나님의 섭리에 따라 큰 민족을 이루고
애굽에서부터 나와 다시 지금 제사 드리고 있는 이곳 가나안 땅에 돌아오게
될 것이라는 예언이었다. 이 말씀대로 아브라함은 이삭을 낳게 되었고 이삭은
야곱을 낳았으며 야곱에 이르러 그의 아들 12명 가운데 요셉을 먼저 애굽에
보내시고 그 후 나머지 식구들이 기근을 피해 애굽으로 내려가게 된다. 아브
라함에게 주신 약속대로 하나님께서 친히 그 약속을 역사 속에서 이루어 가시
는 모습이 창세기의 역사요 출애굽기의 역사이다. 하나님은 장차 아브라함의
후손이 큰 민족을 이루어 살게 될 가나안 땅의 경계를 말씀하셨다.

아브라함 이후 4대 곧 약 400년 후에는 아브라함의 후손이 애굽에서 큰 민
족을 이루고 거기에서 나와 가나안 땅으로 다시 올 때 가나안에 이미 살고 있
던 아모리 족속을 비롯한 원주민들은 그들의 죄악으로 하나님의 심판을 받고
사라지게 될 것이다. 또한, 장차 아브라함의 후손 곧 이스라엘 백성이 차지하
게 될 가나안 땅의 경계는 남쪽의 애굽 강에서 부터 북동쪽의 티그리스 유프
라테스 강 유역까지의 넓은 팔레스틴 지역의 땅이었다. 이 모든 땅은 후에 하
나님께서 다윗을 통해 모두 정복하게 해 주셨다(역대상 18:6, 13).

곧 겐 족속을 비롯하여 그니스, 갓몬, 헷, 브리스, 르바, 아모리, 가나안, 기
르가스 및 여부스 족속까지 열 족속이 사는 땅을 아브라함의 후손에게 주시겠
다는 약속이 성취된 것이다.

아브라함이 하나님을 믿으니 이것을 그의 의로 여기셨다 함과 같으니라 … 그러므로 믿
음으로 말미암은 자는 믿음이 있는 아브라함과 함께 복을 받느니라(갈 3:6, 9).

(6) 아브라함의 불신앙과 실수

아브라함과 그 아내 사라는 아들을 낳지 못하는 상황 아래서 아들을 얻게 될 것이라는 거듭된 하나님의 약속을 받았다(창 12:7; 13; 125, 16; 15:4). 그러나 약 10여년의 세월이 흘렀으나 여전히 아브라함과 사라 사이에는 아들이 태어나지 않았다. 조급해진 사라는 아들을 얻을 수 있는 방법을 생각하다가 그가 결혼할 때 자신의 몸종으로 데려온 애굽 여인 하갈을 남편의 첩으로 주어 아들을 낳게 하기로 결정하고 마음속의 생각을 아브라함에게 말했다.

> 여호와께서 내 출산을 허락하지 아니하셨으니 원하건대 내 여종에게 들어가라 내가 혹 그로 말미암아 자녀를 얻을까 하노라(창 16:2).

사라의 이와 같은 청원은 하나님의 약속을 더디 믿는 불신앙의 일면이었다. 이런 경우 아브라함은 즉시 사라의 불신앙을 꾸짖으며 하나님의 약속을 기다리며 인내할 것을 가르쳐야 했다. 그런데 사라의 말을 들은 아브라함도 마음이 흔들리고 말았다. 아내 사라의 말대로 혹시 아내의 몸종 하갈을 통해서라도 아들을 주실지 모른다는 극히 인간적인 생각으로 아브라함은 하갈과 동침하였다.

이 일이 있은 후 하갈은 잉태하였으며 잉태한 하갈의 교만한 행동으로 사라와 하갈 사이에는 멸시와 미움이 계속되어 아브라함의 가정은 행복과 웃음이 사라지고 말았다. 자신의 몸종 하갈을 통해서라도 아들을 얻기를 원했던 사라의 불신앙은 기어이 가정 파탄의 위기를 불러오고 말았다.

잉태한 하갈의 교만은 날로 심해져 갔으며 심지어 자신의 주인인 사라를 무시하고 멸시하기까지 했다. 하나님의 약속을 더디 믿고 하갈을 남편의 첩으로 준 사라에게는 그녀의 무지와 실수에 대한 댓가로는 너무나 큰 시련이 아닐 수 없었다. 아브라함을 통해 잉태했다는 이유로 하갈의 온갖 멸시를 참고 견디어 왔던 사라는 아브라함의 허락 하에 하갈의 교만을 꾸짖으며 학대하기 시작했다. 사라의 꾸지람과 학대를 견디지 못한 하갈은 아브라함의 가정을 떠나 광야로 도망갔다.

자신의 교만에 대한 댓가로 아브라함의 가정을 떠나 광야로 도망친 하갈은 광야의 한 우물곁에서 여호와의 사자를 만난다. 일반적으로 여호와의 사자는 하나님 자신은 아니지만 하나님처럼 행동하고 말하는 '하나님의 사역을 대행하는 존재'였다. 그러나 하나님의 사자를 대하는 사람들은 모두 하나님의 사자를 하나님처럼 여기고 대우하였다. 하갈을 만난 여호와의 사자는 하갈의 위치와 신분을 물었다.

사래의 여종 하갈아 네가 어디서 왔으며 어디로 가느냐(7절).

이것은 하갈이 누구이며 어디서 왔는지 몰라서 묻는 것이 아니라 하갈에게 자신이 누구이며 어디로 다시 돌아가야 할 신분인가를 확인해 주려는 의도에서였다.

나는 나의 여주인 사래를 피하여 도망하나이다(8절).

하갈의 고백을 통해 하갈 자신의 신분과 위치를 확인시켜 준 여호와의 사자는 그녀의 앞날에 대해 말했다.

네 여주인에게로 돌아가서 그 수하에 복종하라(9절).

첫째 아들을 낳게 될 것인데 하나님께서 하갈의 고통을 들으셨다는 의미에서 그 아들의 이름을 이스마엘이라고 하라는 것이었다. 둘째는 이스마엘을 통하여 하갈의 자손을 크게 번성케 하여 동방에서 살도록 섭리하시겠다는 배려였다. 비록 들나귀처럼 살면서 공격하고 공격을 받는 야생적인 삶을 살지라도 긍휼히 여기시는 하나님의 섭리 아래 그 후손이 수를 셀 수 없을 만큼 번창할 수 있는 은혜를 입은 것은 하나님의 축복이었다. 하갈은 광야의 샘물곁에서 이러한 은혜와 축복을 받은 사실을 감사하며 그 샘을 '브엘라헤로이' 즉 '나를 감찰하시는 분의 샘물' 이라고 불렀다. 이 말 속에는 고통 중에 부르짖으며 당신을 찾는 모든 사람에게 긍휼과 자비를 베푸시는, 세밀히 지켜보시며 도와주시는 하나님이라는 뜻이 담겨 있다.

하갈은 다시 아브라함의 가정으로 돌아와서 그에게 아들을 낳아 주었다. 그러나 이 아들은 약속의 아들이 아니었다. 이스마엘은 육체를 따라 난 자였다(갈 4:4). 이 말은 장차 태어날 이삭이 하나님의 언약을 이루는 약속의 아들이라는 말과 비교되는 의미를 가진다. 하나님의 뜻은 인간의 불신앙과 조급함을 뛰어넘어 하나님의 방법에 의해서 '약속의 성취'로 이루어지는 결과임을 분명히 가르쳐 준다. 아브라함은 그 후 이삭의 탄생까지 15년을 더 기다려야 했다.

(7) 아브라함과 언약의 표징인 할례(창 17장)

아브라함의 나이 99세 때 하나님께서 다시 그에게 나타나셨다.

> 보라 내 언약이 너와 함께 있으니 너는 여러 민족의 아버지가 될지라 이제 후로는 네 이름을 아브람이라 하지 아니하고 아브라함이라 하리니 이는 내가 너를 여러 민족의 아버지가 되게 함이니라 내가 너로 심히 번성하게 하리니 내가 네게서 민족들이 나게 하며 왕들이 네게로부터 나오리라(창 17:4-6).

이러한 하나님의 말씀은 아들을 낳지 못하고 있는 아브라함에게 아들을 낳게 해 주시겠다는 약속이었으며 동시에 언약적으로는 아브라함의 후손을 통하여 메시아 예수 그리스도가 태어날 것이라는 약속이었다. 하나님의 이 약속대로 아브라함 시대 이후 얼마 못되어 아브라함의 자손은 큰 민족을 이루었고 (이스라엘) 이 이스라엘 민족을 통해 메시아가 이 땅에 탄생하게 됨으로써 하나님과 아브라함 사이의 이 약속은 역사의 무대 위에서 실제로 이루어졌다. 이후 아브라함의 이름은 열국의 조상이라는 뜻의 새 이름으로 바뀌었고 하나님께서는 그에게 언약의 표징으로서 다시 할례 명령을 지시하셨다.

> 너희 중 남자는 다 할례를 받으라 이것이 나와 너희와 너희 후손 사이에 지킬 내 언약이니라 너희는 포피를 베어라 이것이 나와 너희 사이의 언약의 표징이니라 너희의 대대로 모든 남자는 집에서 난 자나 또는 너희 자손이 아니라 이방 사람에게서 돈으로 산 자

를 막론하고 난 지 팔 일 만에 할례를 받을 것이라 너희 집에서 난 자든지 너희 돈으로
산 자든지 할례를 받아야 하리니 이에 내 언약이 너희 살에 있어 영원한 언약이 되려니
와 할례를 받지 아니한 남자 곧 그 포피를 베지 아니한 자는 백성 중에서 끊어지리니 그
가 내 언약을 배반하였음이니라(창 17:10-14).

할례는 남자의 성기 끝 부분을 자르는 의식이다. 아브라함의 자손으로 태
어나는 모든 남자는 태어난 지 8일 만에 이 할례를 행함으로써 하나님의 언
약백성이 되는 것을 선포하였다. 즉 이 할례는 하나님의 백성이 되었다는 표
시로서 행하는 일종의 믿음의 표시요 하나님의 약속을 믿고 행하는 순종의
표시였다. 아브라함은 할례를 행하지 않고도 믿음으로 하나님으로부터 의롭
다는 선언을 받았음을 볼 때 할례는 하나님의 언약백성이 된 사실을 드러내
는 표징(표시)일 뿐이며 그것이 언약 백성이 되는 수단은 아니었음을 알 수
있다. 아브라함에게 주신 할례 명령도 후손이 없는 아브라함에게는 믿음으로
받을 수밖에 없는 일종의 약속이었다. 즉 할례를 시행하라는 하나님의 명령
은 아브라함에게 아들을 주시겠다는 확신이었으며 반드시 그 약속을 이루실
것이라는 하나님의 약속의 증표였다. 이때 사라의 이름도 열국의 어미라는
뜻으로 바뀌었다.

하나님이 또 아브라함에게 이르시되 네 아내 사래는 이름을 사래라 하지 말고 사라라 하
라 내가 그에게 복을 주어 그가 네게 아들을 낳아 주게 하며 내가 그에게 복을 주어 그를
여러 민족의 어머니가 되게 하리니 민족의 여러 왕이 그에게서 나리라

아브라함이 엎드려 웃으며 마음속으로 이르되 백 세 된 사람이 어찌 자식을 낳을까 사라
는 구십 세니 어찌 출산하리요 하고 아브라함이 이에 하나님께 아뢰되 이스마엘이나 하
나님 앞에 살기를 원하나이다 하나님이 이르시되 아니라 네 아내 사라가 네게 아들을 낳
으리니 너는 그 이름을 이삭이라 하라 내가 그와 내 언약을 세우리니 그의 후손에게 영
원한 언약이 되리라(창 17:15-19).

창세기 17장에는 아브람과 사래의 이름이 바뀐 의미와 모든 남자에게 언약의 표징으로서 할례를 베풀라는 말씀의 의미는 다음과 같다. 아브라함과 사라의 바뀐 이름이 주는 의미는 역사적으로는 그들을 통하여 수많은 민족이 나오게 될 것과 언약적으로는 그들의 후손을 통해 하나님의 약속한 메시아가 탄생할 것이며 그 메시아를 통해 믿음으로 구원 얻게 될 백성과 민족이 엄청나게 많을 것이라는 두 가지 사실로 요약될 수 있다. 그뿐만 아니라 남자의 성기와 관련된 할례 의식도 역시 후손언약의 상징으로서 오늘날 그리스도와 세례를 통한 하나님의 백성이 되었다는 표시로서의 언약적 의미가 매우 크다고 볼 수 있다. 그리스도 예수 안에서는 할례나 무할례가 아무 효력이 없으며 오직 사랑으로써 역사하는 믿음뿐이다(갈 5:6). 즉 십자가에 죽으심으로 율법의 모든 요구를 다 이루신 우리 주 예수 그리스도를 믿는 믿음으로 누구나 차별 없이 구원을 받아 하나님의 자녀가 되는 은혜 아래 우리는 영적 아브라함의 자손 곧 하나님의 백성이 된 것이다. 아브라함은 하나님의 약속을 의심하지 않고 믿음에 견고히 서서 믿음으로 의롭게 되었다(롬 4:20).

이러한 역사적 사실은 아브라함만 위한 것이 아니라 장차 예수 그리스도를 믿어 의로 여기심을 받아 구원받을 모든 사람을 위한 앞선 모델로서 오늘날 예수 그리스도 우리 주님을 죽은 자 가운데서 살리신 이를 믿는 모든 자에게 구원을 주신다는 사실을 미리 보여 준 것이다(롬 4:23-24). 할례는 그리스도의 십자가의 죽으심과 부활을 통한 세례의 앞선 모형이다.

(8) 아브라함의 중보 기도(창 18장)

아브라함은 평소 나그네를 잘 대접하는 생활을 하다가 '부지 중에' 곧 자신도 알지 못하는 사이에 여호와의 사자를 영접하게 되었다. 여호와의 사자를 대접한 아브라함은 예상치 못한 두 가지 큰 소식을 듣게 된다. **하나는** 오래 전에 들었던 아들을 얻게 될 것이라는 약속을 다시 들은 것이며, **또 하나는** 소돔과 고모라 성의 죄악과 심판에 대한 소식이다.

조카 롯이 살고 있는 소돔 성을 심판하시기 위해 강림하셨다는 하나님의 말씀은 아브라함에게 큰 두려움이 되었다. 이 땅의 죄악이 언제나 하나님과 관계가 있다는 중대한 의미를 아브라함은 깨닫고 하나님의 심판 계획에 몸을 떨었다. 우리가 살고 있는 이 세상도 죄악으로 말미암아 곧 하나님의 심판을 받게 될 것이다. 그러나 하나님의 마지막 심판은 부활하신 주님의 재림 때까지 잠시 연기되어 있을 뿐이라는 사실을 깊이 인식해야 한다. 아브라함은 하나님의 심판 계획에 몸서리치도록 놀랐다. 만약 소돔 성에 의인 50명이 살고 있다면 그 의인들 때문에 그 성을 용서해 주시기를 간청했다.

불안한 아브라함은 계속 하나님의 긍휼과 자비에 호소했다. 만약 소돔 성에 의인 45명만 있어도 용서해 주시기를 간청했다. 만약 의인 40명만 있으면, 30명만 있으면, 20명만 있으면 그 성을 용서해 주시기를 간청했다. 아브라함은 유대인의 숫자 개념상 가장 최소 단위인 10을 생각했다. 만약 의인 10명만 있어도 용서해 주시기를 간청했다. 하나님의 긍휼과 자비는 아브라함의 중보와 간청에 의해 의인 열 명만 있어도 그 성을 용서해 주시는 것으로 나타났다.

그러나 후에 소돔 성과 고모라 성을 비롯하여 주변의 다섯 성읍은 모두 불과 유황 비로 멸망하고 말았다. 의인은 없나니 하나도 없다는 사실을 기억할 때 죄인에게는 예수 그리스도가 절대적으로 필요하다는 사실을 간접적으로 나타낸다. 하나님의 심판 앞에 서 있는 인간들의 절대적 중보자는 예수 그리스도 한분 뿐이다. 롯에 대한 아브라함의 중보기도는 죄인에 대한 예수 그리스도의 중보기도의 모형이다.

(9) 소돔 성의 심판과 롯의 구원(19장)

아브라함의 대접을 받은 후 하나님의 사자인 두 천사는 죄악의 도시 소돔 성에 도착했다. 마침 이때 성문에 앉아 있던 아브라함의 조카 롯은 두 천사를 먼 길을 떠나는 나그네로 알고 강권하여 자기 집으로 초대하였다. 이러한 롯의 행위는 평소에 그의 삼촌 아브라함의 생활에서 배운 습관에서 비롯된 것임에 틀림없다. 특히 날이 저물 때 두 천사가 나그네의 모습으로 소돔 성에 도착하였기 때문에 롯은 저녁식사는 물론 잠자리까지 제공하겠다며 두 나그네를 극진히 영접했던 것이다. 길거리에서 자겠다고 극구 사양하는 천사들은 롯의 간청에 못 이겨 롯의 집으로 들어가 무교병을 곁들인 풍성한 음식을 대접받았다. 심판의 사자로 온 두 천사는 뜻밖의 융숭한 대접을 받고 잠을 자려고 누으려는 순간 롯의 집 밖에서 떠드는 소리를 들었다. 어떻게 알았는지 소돔 성 사람들은 남자의 모습으로 롯의 집으로 들어간 두 천사를 내놓으라고 아우성을 쳤다. 소돔 성 사람들은 두 천사를 멋있는 남자로 여기고 "그들을 상관하리라" 외치며 그들을 내놓으라고 소리치고 있었다. 성경에서 "상관하리라"라는 말의 표현은 '성적으로 동침하겠다'라는 말의 완곡한 표현이다.

소돔 성 사람들은 노소를 가리지 않고 롯의 집을 에워싸고 두 천사를 내 놓으라고 소리쳤던 것이다. 젊은이나 노인들 모두가 나와서 소돔 성에 들어온 새로운 남자와 성적으로 동침하겠다고 아우성을 치는 이러한 모습은 소돔 성에 죄악이 관영했음을 극단적으로 표현하고 있다. 롯은 이러한 위기의 상황을 모면하기 위해 극단적인 제안을 했다. 그는 두 천사를 보호하기 위해 자신의 두 딸을 대신 주겠다고 말했다. 그러나 타락한 소돔 성 사람들은 동성애에 굶주린 동물처럼 롯의 집 문을 박차고 들어올 기세로 롯의 집안에 있는 두 천사를 내놓으라고 계속 아우성을 쳤던 것이다. 바로 이때 사태의 심각성을 깨달은 두 천사가 급히 롯을 집 안으로 끌어들이고 문을 닫았다. 그리고 롯의 문밖에서 동성애를 즐기겠다고 아우성을 치고 있는 모든 타락한 백성들의 눈을 어둡게 했다. 눈이 어두워진 패역한 백성들은 그 상태에서도 롯의 집에 들어가기 위해 지칠 때까지 문을 찾느라고 헤매고 있었다. 회개치 못하고 멸망하기까지 타락해 버리는 죄인들의 속성을 잘 보여 준다. 두 천사가 소돔 성에 들어간 때는 하나님께서 죄악의 도시 소돔과 고모라 성을 심판하시기로 작정하신 바로 전 날 밤이다. 밤이 지나면 하나님의 무서운 불 심판이 내려질 것도 모르고, 먹고 마시고 즐기며 방종과 타락의 생활에 취해 있던 소돔 성의 모습은 오늘날 이 세대의 불신앙적 삶의 모습과 조금도 다르지 않다는 사실을 배운다. 두 천사는 마침내 자신들의 신분을 롯에게 밝혔다.

그리고 하나님의 심판이 내일 소돔 성에 불과 유황 비로 임할 것이라고 전해 주었다. 롯은 하나님의 자비와 은총을 받았다. 롯은 즉시 아내와 두 딸과 사위들에게 하나님의 심판 계획에 대해 말했다. 그리고 그날 밤 안으로 소돔 성을 떠나야 한다고 말했다. 그러나 롯의 두 사위들은 롯이 전하는 하나님의 심판 계획을 '농담'으로 여겼다. 롯의 가족들은 밤새도록 토론하며 의견 일치를 보지 못하고 동틀 때까지 소돔 성을 떠나지 못하고 있었다. 마침내 동틀 때 즈음 천사들은 롯을 재촉하며 빨리 떠날 것을 종용했다. 그래도 머뭇거리고 있는 롯과 그 가족들을 구원하기 위해 천사들은 롯의 손과 그 아내의 손과 두 딸의 손을 잡아 성 밖으로 이끌어 내었다. 그것은 '여호와께서 그에게 인자를 더하심'의 결과였다. 즉 롯과 그 가족이 구원을 받을 만한 믿음이 있어서 구원받은 것이 아니라 하나님의 주권적인 섭리 곧 하나님의 긍휼과 자비의 결과인 '은혜로' 구원받는다는 사실을 보여 준다. 산으로 도망하라는 천사의 부탁에 대해 소돔 성에서 가까운 소알 성으로 도망하여 생명을 보존하겠다는 롯의 마지막 부탁까지도 들어준 천사의 호의는 오래 참으시는 하나님의 인내를 간접적으로 보여 준다. 롯과 그 식구들은 하나님의 불 심판을 피해 소알 성을 향하여 도망치기 시작했다. 롯과 가족이 소알 성에 들어가자마자 해가 돋았고 하나님의 불심판이 소돔과 고모라 성에 임하기 시작했다.

절대로 뒤를 돌아보지 말라고 충고한 천사의 말을 듣지 않고 뒤를 돌아본 롯의 아내는 소금 기둥이 되고 말았다. 하나님께서는 아브라함을 생각하사 소돔 성을 심판하시는 과정에서도 롯을 건져내셨다. 이것은 롯을 생각하는 아브라함의 평소의 중보 기도를 하나님께서 들어주셨음을 의미한다. 이 세상에 사는 사람들의 최대의 행복은 하나님의 은혜를 입어 아브라함이나 롯처럼 심판받은 이 악한 세대로부터 구원을 받는 것이다. 하나님께서는 반드시 죄를 심판하시지만 심판 중에서도 죄인을 긍휼히 여기시고 선택적으로 구원하시는 주권자 하나님이심을 가르친다. 죄와 심판과 은혜와 구원이 동시에 나타난다.

(10) 아브라함과 사라와 아비멜렉(창 20장)

아브라함은 소돔과 고모라에 대한 하나님의 심판이 있은 후 가나안 땅의 기근과 흉년을 피하여 식구들을 데리고 가나안 남쪽에 있는 '네게브'(남방) 지역으로 이주하여 그랄이라는 곳에 살게 되었다. 아브라함은 낯선 곳으로 이주해 와 살면서 아내의 미모 때문에 혹시라도 생명의 위협을 받지는 않을까 미리 짐작하고 누가 둘의 관계를 물으면 서로 오누이 사이라고 대답하기로 약속했다. 이러한 상황 아래 그랄 왕(아비멜렉)은 사라를 자신의 여자로 만들기 위해 그의 집으로 데리고 갔다. 그러나 하나님께서는 바로 그날 밤 아비멜렉의 꿈에 나타나셔서 사라를 가까이하지 못하도록 막으셨다.

네가 취한 이 여인을 인하여 네가 죽으리니 그가 남의 아내임이니라(창 20:3).

아비멜렉은 하나님의 말씀을 듣고 자신은 남의 아내를 결코 빼앗은 것이 아니라고 변명하며 자신의 무죄를 주장했다. 하나님께서는 아비멜렉의 무죄와 그의 의로움을 인정하셨다. 만약 아브라함이 사라를 그의 아내라고 정직하게 말했다면 그랄 왕 아비멜렉은 사라를 데려가지 않았을 것이라고 하나님께서는 그를 인정하신 것이다. 또한, 하나님께서는 사라를 선지자의 아내라고 밝히시며 아비멜렉에게 아브라함을 선지자로 소개하셨다(7절). 아브라함은 그의 말과 행동을 통해 그 당시 하나님을 선포하며 하나님의 살아 역사하심을 알리는 선지자였던 것이다. 하나님의 뜻을 이루기 위해 부름을 받고 하나님의 이름을 선포하는 사명을 받았다는 의미에서 그는 참선지자였다. 비록 자신의 아내를 누이라고 속이는 불신앙적 모습이 있다 하더라도 하나님께서는 여전히 그를 참선지자로 여기시고 오래 참으시며 잘못과 허물까지도 용서하시며 그와 맺은 언약을 이루시기 위해 직접 간섭하시고 능력으로 역사하고 계시는 것이다. 하나님께서는 의로운 아비멜렉을 보호하시고 또 사라의 태를 보호하시기 위해 아브라함의 불신앙을 넘고 아비멜렉의 욕심을 막으시며 사라의 몸을 통해 아브라함의 후손 곧 언약적 후손이 태어나도록 섭리하셨다. "내년 이 맘 때 쯤이면 사라의 몸에서 아브라함의 아들이 태어나리라"라는 하나님의 말씀을 성취하시기 위해 하나님께서는 급히 아비멜렉의 침소를 방문하셔서 그에게 사라를 가까이하지 못하게 역사하신 것이다.

이제 그 사람의 아내를 돌려 보내라 그는 선지자라(창 20:7).

하나님의 언약과 뜻은 하나님께서 친히 계획하시고 진행시키시며 하나님의 방법으로 하나님께서 직접 이루어가심을 배울 수 있다. 아브라함의 실수에도 불구하고 하나님께서는 여전히 그를 선지자로 인정하시고 그의 기도에 응답해 주셨다. 아브라함의 후손을 통하여 메시아를 보내시려는 하나님의 계획은 인간의 연약함 중에도 실패하지 않고 하나님의 간섭하심과 절대주권적인 방법으로 기필코 이루어짐을 알 수 있다. 성경의 역사는 메시아 중심의 역사다.

5) 이삭과 메시아언약 (창 21-26장)

(1) 언약의 아들 이삭과 두 언약(창 21장)

때가 되었을 때 하나님께서는 아브라함에게 약속했던 '그 말씀대로' 사라를 권고하셨고 또 '그 말씀대로' 사라가 잉태하도록 섭리하셨다(1, 2절). 그리고 '하나님의 말씀하신 기한에' 사라는 아브라함의 아기를 낳았다. 아브라함은 사라가 자기에게 낳아준 아들의 이름을 이삭이라 지었으며 태어난 후 8일이 지났을 때 하나님의 명령대로 이삭에게 할례를 행하였다. 사라는 남편 아브라함의 나이 100세에 얻은 아들을 바라보며 고백했다.

> 하나님이 나를 웃게 하시니 듣는 자가 다 나와 함께 웃으리로다(창 21:6).

사라는 이전에 자신이 아들을 낳을 것이라는 하나님의 사자 이야기를 듣고 불가능하다고 웃을 때의 그 불신앙적 웃음(창 18:12)과는 정반대로 이번에는 기쁨을 이기지 못하는 웃음으로 웃고 있다고 고백한 것이다. 그리고 사라는 자신을 젖먹이는 엄마가 되게 하신 하나님께 감사하며 자신의 수치를 면케 해 주신 하나님을 찬양했다. 일반적으로 아이를 낳지 못하는 것은 하나님의 징벌을 받아 하나님께서 태를 닫아 놓으셨기 때문에 아이를 낳지 못하는 것으로 유대인들은 알고 있었다.

하나님께서는 아브라함에게 하신 약속을 지키시고 이삭이 태어나게 하심으로써 하나님의 언약은 성취되었다. 아이를 품에 안은 사라는 하나님께서 자신을 웃게 하셨다고 고백함으로써 하나님께서 주시는 진정한 기쁨과 웃음이 무엇인지를 노년에서야 비로소 깨달은 것이다. 아이를 낳지 못할 만큼 이미 늙어 버린 아브라함과 사라가 하나님의 약속대로 아이를 낳았다는 본문의 말씀은 인간에게 불가능한 것처럼 보일지라도 하나님의 모든 언약의 말씀은 반드시 역사 속에서 이루어지고 말 것임을 가르쳐 주고 있다. 늙어버린 아브라함과 사라가 아이를 낳았다는 사실을 믿을 수 있다면 주님께서 곧 이 세상에 다시 오셔서 믿는 성도들을 영생의 아버지 나라로 인도해 주실 것도 믿을 수 있는 것이다. 하나님의 '그 약속의 말씀대로' 이삭이 태어났다. 성경의 약속의 말씀대로 주님은 이 세상에 곧 오실 것이다. 하나님의 약속과 언약은 반드시 역사 속에서 이루어지며 그리스도 안에서 성취되고야 만다.

(2) 성령을 따라 난 자와 육체를 따라 난 자의 갈등(창 21:8-20)

아브라함은 아들 이삭이 젖 떼는 날 성대하게 큰 잔치를 베풀어 이웃을 초대하고 함께 즐거움을 나누고 있었다. 그런데 그날 아브라함이 그 아내 사라의 여종인 하갈을 통해 낳은 또 다른 아들 이스마엘이 이삭을 놀리며 핍박하는 것을 사라가 보았다. 사라는 아브라함에게 즉시 달려가 하갈과 이스마엘을 내쫓으라고 애원했다.

이러한 고통은 하나님의 언약을 기다리지 못하고 성급하게 하갈을 통하여 아들을 낳았던 아브라함과 사라에게 임한 불신앙의 결과였음을 가르쳐 준다. 아브라함이 이 일로 심히 근심하고 있을 때에 하나님께서 나타나셔서 사라의 요구대로 하갈과 이스마엘을 내쫓으라고 말씀하셨다. 이삭을 통해서는 언약의 후손을 남기실 것이며 이스마엘의 후손도 번성케 하여 큰 민족의 조상이 되게 하시겠다고 하나님께서는 약속하셨다. 용기를 얻은 아브라함은 그 다음 날 아침에 하갈과 이스마엘을 내어 보냈다. 이스마엘과 하갈은 아브라함의 집을 떠나 브엘세바 들에서 방황하다가 가지고 간 물과 음식이 떨어지자 사막에 주저앉아 방성대곡하였다. 하나님께서 그들을 불쌍히 여기시고 그들에게 샘물을 주시며 광야에서 새로운 삶을 살도록 섭리하셨다.

아브라함의 가정에서 일어난 두 아들의 이 사건은 단순하게 사라의 아들 이삭과 하갈의 아들 이스마엘의 다툼이 아니라 이것은 '두 비유'라고 바울은 설명하였다. 즉 하갈과 그 아들 이스마엘의 후손은 육체를 따라 난 자로서 오늘날 하나님께서 보내신 예수 그리스도를 믿지 못하는 자들의 불신앙적인 자손을 가리킨다. 또한, 사라와 이삭 및 그 후손은 자유하는 여자에게서 태어난 약속으로 말미암은 자녀로서 오늘날 예수 그리스도를 믿고 구원받은 언약의 백성들 곧 하나님의 자녀들을 가리키는 것으로 바울은 해석했다(갈 4:21-31). 육체를 따라 난 자인 이스마엘이 성령을 따라 난 이삭을 희롱하였듯이 오늘날에도 불신앙적인 사람과 그 세력들이 성령으로 살아가는 성도들과 교회를 희롱하고 조롱하는 세상에 우리가 살고 있다(갈 4:29). 아브라함의 가정역사 속에

서 이루어지고 있는 사라와 하갈 그리고 이삭과 이스라엘은 두 언약이며 하나
님 나라와 세상 나라의 두 모형이다. 성경은 역사 속에 나타난 하나님의 언약
의 말씀이다.

(3) 이삭과 수양의 메시아적 의미(창 22장)

하나님께서는 아들이 없는 아브라함을 부르시고 그의 후손이 하늘의 별과
같고 바다의 모래와 같이 많아지게 하실 것이라고 약속하셨다. 이 약속을 받
은 후 약 25년 동안 아브라함은 기근과 이민 생활의 고통을 몸소 겪으며 하나
님의 약속을 기다리며 살았다. 때가 되어 그의 나이 100세 때 사랑하는 아들
이삭을 하나님으로부터 선물로 받았다. 이삭이 소년이 되었을 때 어느 날 하
나님께서는 아브라함의 믿음을 시험해 보시려고 그를 부르셨다.

> 네 아들 네 사랑하는 독자 이삭을 데리고 모리아 땅으로 가서 내가 네게 지시하는 한 산
> 거기서 그를 번제로 드리라(창 22:2).

하나님의 말씀을 들은 아브라함은 아들 이삭을 번제로 드리라는 하나님의
말씀에 대해 침묵으로 일관했다. 번제로 드리라는 말씀은 아들 이삭을 죽여
서 불에 잘 타도록 몸 전체를 토막내어(각을 떠서) 불에 태워 드리라는 뜻이다.
인간의 이성으로는 도저히 받아들일 수 없는 불가능한 요구처럼 보였을 것이
다. 그러나 아브라함은 하나님께 한 마디도 대꾸하지 않았다. 밤새 한잠도 못
이루고 고민하며 기도했을 것이다. 마치 예수님께서 십자가를 앞에 두고 전
날 밤 밤을 새워 고민하며 기도하셨던 모습을 아브라함에게서 모형적으로 발
견할 수 있다. 아브라함은 다음 날 아침 일찍 일어나 길을 떠날 준비를 서둘렀
다. 두 종에게 번제에 필요한 물품을 짊어지게 한 후 아들 이삭과 함께 나귀
를 타고 하나님이 지시하신 모리아 땅의 어느 한 산을 향하여 길을 떠났다. 삼
일 후, 아브라함의 일행은 하나님이 지시하신 한 산에 도착하였다. 아브라함
은 두 종이 짊어지고 왔던 제사용품을 아들 이삭에게 짊어지게 한 후 두 종에
게 말했다.

> 너희는 나귀와 함께 여기서 기다리라 내가 아이와 함께 저기 가서 예배하고 우리가 너희에게로 돌아오리라(창 22:5).

이 본문에 대한 히브리어 원문을 자세히 살펴 볼 필요가 있다. 왜냐하면 아브라함이 그 아들 이삭을 바치고 난 후 혼자 돌아오겠다는 말처럼 보이는 이 말씀이 히브리어 원문에는 '우리가 돌아오리라'로 되어 있기 때문이다. 즉 아브라함의 부활 신앙을 볼 수 있다. 혼자 돌아오지 않고 우리 곧 아브라함과 이삭이 같이 돌아올 것이라고 말한 것이다. 비록 아들 이삭을 바친다 하더라도 하나님께서는 그를 다시 돌려주실 것으로 아브라함은 믿었던 것이다.

히브리서 기록자는 이 사건을 "아브라함은 하나님이 능히 죽은 자 가운데서 다시 살리실 줄로 생각한지라 비유컨대 죽은 자 가운데서 도로 받은 것이니라"(히 11:19)라고 해석했다. 이렇게 다시 돌아오겠다는 말을 남기고 아브라함은 번제 나무를 아들 이삭에게 지우고 자신은 불과 칼을 손에 들고 "하나님이 그에게 지시하신 곳"을 향해 산을 오르기 시작했다. 이때 이삭이 물었다.

> 불과 나무는 있거니와 번제 할 어린 양은 어디 있나이까(창 22:7).

갑작스런 질문에 아브라함은 무척 당황했을 것이다. 그러나 아브라함은 침착한 어조로 지혜롭게 말했다.

> 아들아 번제할 어린 양은 하나님이 자기를 위해 친히 준비하시니라(창 22:8).

마침내 하나님이 그에게 지시하신 곳에 도착하였다. 아브라함은 평소 하나님께 제사를 드릴 때처럼 그곳에 단을 쌓고 나무를 벌여 놓았다. 그리고 갑자기 아들 이삭을 붙잡아 꽁꽁 묶어 나무 위에 올려놓았다. 그러나 이삭은 반항하거나 원망하지 않고 아버지에게 자신의 생명을 맡기고 있었다. 여기서 우리는 하나님의 뜻에 죽기까지 순종하신 예수님의 모습을 이삭에게서 모형적으로 볼 수 있다.

마지막으로 아브라함은 칼을 들어 이삭을 죽이려고 시도했을 때 갑자기 하나님의 사자가 하늘에서 매우 급한 목소리로 아브라함을 불렀다. 급히 아브라함이 자세를 바로잡고 부르심에 대답했을 때 여호와의 사자가 말했다.

> 그 아이에게 네 손을 대지 말라 그에게 아무 일도 하지 말라 네가 네 아들 네 독자까지도 내게 아끼지 아니하였으니 내가 이제야 네가 하나님을 경외하는 줄을 아노라(창 22:12).

아브라함에 대한 하나님의 시험이 끝났다. 아브라함은 시험에 통과했고 하나님의 말씀을 믿는다고 말한 그의 믿음(창 15:6)에 대해 하나님께서 비로소 인정하신 것이다. 아브라함은 급히 아들 이삭을 나무 위에서 내려 결박했던 끈을 풀고 주위를 살펴보았다. 숫양 한 마리가 뿔이 수풀에 걸려 있었다. 아브라함은 그 숫양을 잡아 하나님께 번제로 드렸다. 이 숫양이 메시아의 대속사역의 모형이다. 즉 제단 위의 이삭이 메시아 사상의 모형이 아니라 이삭 대신 바쳐진 숫양이 메시아의 모형으로 보아야 한다.[9]

이삭은 아브라함의 후손이며 순종하는 측면과 그도 역시 아브라함처럼 많은 사람을 섬기기 위하여 지명받았다는 차원에서 메시아적인 성격이 강하다. 아브라함은 그 땅 이름을 '여호와이레'라고 불렀다. 여호와께서 준비하신다는 의미의 말이다. 하나님께서 이삭 대신 숫양을 미리 준비해 놓으셨다는 의미인 동시에 장차 인간의 죄를 대신하여 하나님께 번제물로 드려질 메시아 예수님이 하나님의 구원 계획 아래 십자가에서 수양처럼 대신 죽으실 것에 대한 앞선 모형으로 이해해야 한다. 이렇게 기적적인 제사가 끝났을 때 하늘에서 하나님의 사자의 목소리가 들렸다.

> 네가 이같이 행하여 네 아들 네 독자를 아끼지 아니하였은즉 내가 네게 큰 복을 주고 네 씨로 크게 성하여 하늘의 별과 같고 바닷가의 모래와 같게 하리니 네 씨가 그 대적의 문을 얻으리라 또 네 씨로 말미암아 천하 만민이 복을 얻으리니 이는 네가 나의 말을 준행하였음이니라(창 26:3-4).

---

9   그로닝겐, op. cit., pp.169-171.

아브라함은 이삭을 하나님께 드림으로써 이삭을 드리라는 '하나님의 말씀'에 전적으로 순종한 순종의 모델이 되었다. 이 순종은 예수 그리스도의 순종으로 이어져 하나님의 구속언약이 이루어졌다.

(4) 이삭과 메시아언약(창 26장)

이삭이 받은 메시아언약은 천하 만민이 복을 받으리라는 말씀 속에 담겨 있다(창 26:4). 아브라함이 죽은 후 이삭은 하나님의 언약을 기억하며 가나안 땅에서 살고 있었다. 그러나 가나안 땅에 두 번째 큰 흉년이 들었을 때(첫 번째는 아브라함 때) 이삭은 그랄 지역으로 내려가 당시 그 땅을 통치하고 있는 블레셋 왕 곧 아비멜렉의 도움을 청했다.

블레셋은 가나안 원주민이 아니라 지중해 해안을 통해 가나안으로 이주해 온 해양민족으로서 싸움에 강하고 거친 민족이며 성경 역사에 자주 등장한다. 블레셋 족속은 이스라엘 백성 주변에 머물면서 이스라엘 민족을 돕기도 하고 벌하시기도 하시는 하나님의 도구로 자주 사용되었다. 기근과 흉년의 위기 속에서 이삭은 하나님의 말씀에 따라 애굽으로 내려가지 않고 가나안 땅의 일부로서 블레셋 족속이 통치하고 있는 그랄 지역으로 일시 이주하여 그곳에서 하나님의 지시를 기다렸다. 이삭은 이곳에서 다시 하나님의 언약의 음성을 듣는다.

> 이 땅(가나안)에 거류하면 내가 너와 함께 있어 네게 복을 주고 내가 이 모든 땅을 너와 네 자손에게 주리라 내가 네 아버지 아브라함에게 맹세한 것을 이루어 네 자손을 하늘의 별과 같이 번성하게 하며 이 모든 땅을 네 자손에게 주리니 네 자손으로 말미암아 천하 만민이 복을 받으리라(창 26:3-4).

여기서 이삭에게 말씀하시는 하나님의 복은 아브라함과 이삭의 후손을 통하여 오실 메시아를 가리키며 그 메시아를 믿는 천하 만민이 하나님의 구원의 복을 받게 될 것이라는 영적인 구원의 복을 의미한다. 그러나 하나님께서는 이삭의 생명을 보존하시고 그를 통하여 아브라함에게 약속하신 언약을 이루시기 위해 이삭에게 복을 주시므로 그 땅에서 농사하여 백배나 얻는 특별한 은혜를 입었다(창 26:12).

하나님께서는 이삭에게 아브라함의 순종의 신앙을 칭찬하시며 그도 역시 아브라함처럼 하나님의 명령과 계명과 율례와 법도를 잘 지킬 것을 거듭 당부하셨다. 하지만 이삭은 아내를 누이라고 속이는 실수로 인하여 아비멜렉의 꾸지람을 받은 후 하나님의 인도를 받는다. 꾸중하는 아비멜렉의 말 속에는 이삭과 리브가의 순수한 혈통을 통해 메시아를 보내시려는 하나님의 구원 계획이 이삭의 실수와 그랄 사람들의 만행으로 자칫 깨어질 뻔하였다는 하나님의 꾸중이 담겨 있었다. 하나님께서는 아브라함과 맺으신 언약을 위해 이삭과 그의 아내 리브가의 생명을 보호하신 것이다. 결국 "이 사람(이삭)이나 그 아내(리브가) 범하는 자는 죽이리라"라는 아비멜렉의 말은 하나님께서 이삭과 리브가를 통해 아브라함에게 맹세한 약속을 성취하시겠다고 선언하시는 하나님의 말씀이었다.

하나님의 언약은 연약한 이삭의 실수에도 불구하고 하나님의 방법으로 하나님께서 이루어가심을 극적으로 보여 준다. 하나님의 보호 아래 이삭은 크게 번성하였다. 비록 블레셋이 통치하고 있는 지역에 와서 살고 있었으나 "여호와께서 복을 주시므로"(12절) 이삭은 농사하여 백배나 얻었으며 창대하고 번성하여 마침내 거부가 되었다. 이삭이 누리는 형통함과 풍요는 그의 노력의 결과가 아니라 하나님께서 복을 주신 결과였음을 분명히 밝히고 있다. 그러나 이처럼 이삭이 거부(巨富)가 되었을 때 블레셋 사람들은 옛적 아브라함이 팠던 우물들을 메꾸기도 하며 노골적으로 이삭의 풍요를 시기하였다.

그러나 이삭은 온유한 마음으로 다른 우물을 파고 양떼와 소떼에게 먹였다. 이삭이 우물을 팔 때마다 이삭의 목자들과 그랄 백성들의 목자들이 서로 다투었으나 이삭은 계속 다른 우물을 파면서 인내하며 살았다. 마침내 그랄 지역의 통치자인 블레셋 왕 아비멜렉이 이삭을 찾아와 그랄 백성의 지역을 떠날 것을 종용했다. 이삭은 그곳을 떠나 사람이 살고 있지 않는 그랄 골짜기로 옮겨 그곳에 장막을 치고 살면서 하나님의 인도를 기다렸다. 그랄 백성들은 계속 이삭을 시기하여 그곳까지 따라와서 이삭의 우물을 빼앗으며 괴롭혔지만 이삭은 또 다른 우물을 파서 물을 얻었다. 어느 날 하나님께서 밤에 나타나셔서 이삭을 위로하시며 아브라함에게 약속하신 언약의 축복을 다시 이삭에게 반복하셨다. 이삭은 즉시 단을 쌓고 여호와의 이름을 부르고 장막을 치고 우물을 파 여호와의 임재를 감사하며 경배하였다. 마침내 하나님의 간섭 아래 아비멜렉이 이삭을 찾아와 평화조약을 자청했고 둘 사이에는 계약이 체결되어 더 이상 분쟁이 없었다. 아비멜렉은 이삭에게 마지막 말을 남겼다.

> 이제 너는 여호와께 복을 받은 자니라(창 26:29).[10]

6) 야곱과 메시아언약(창 25-49장)

(1) 아브라함과 이삭과 야곱

믿음의 조상 아브라함은 칠십 오세에 하나님의 부르심에 따라 고향을 떠난 후 약 일 백 년 동안을 나그네 생활을 하다가 죽었다. 그는 특별한 사고나 질병으로 죽은 것이 아니라 "수(壽)가 높고 나이 많아 기운이 진(盡)하여" 죽었다(창 25:8). 즉 그는 하나님이 정해 주신 수명만큼 살면서 그를 향한 하나님의 뜻이 다 이루어졌을 때 하나님의 품으로 돌아갔다. 아브라함은 하나님의 은혜와 복을 받으며 말씀에 따라 살아온 믿음의 사람이었으며 오늘날 모든 믿는 자의 믿음의 조상이 되었다.

그가 죽자 그의 아들 이삭은 이스마엘과 함께 그의 어머니 사라가 묻혀 있는 막벨라 굴에 아브라함을 장사하였는데 이 막벨라 굴은 아브라함이 그의 아내 사라를 매장하기 위해 헷 족속 소할의 아들 에브론에게 돈을 주고 산 밭에 있던 무덤이었다. 한 시대의 주인공이었으며 하나님의 뜻을 이루며 살았던 아브라함이 죽은 후 하나님께서 이삭에게 복을 주셨다(창 25:11). 이러한 성경의 표현은 하나님의 언약 역사는 아브라함에게서 그의 아들 이삭에게로 이어짐을 밝히는 것이다. 그러나 하나님의 언약은 이삭에게서 다시 야곱에게로 이어진다(창 25:19-34). 즉 아담에게서 셋으로 내려오는 메시아 계보는 노아와 아브라함을 거쳐 이삭과 그의 아들 야곱에게로 이어지고 있다. 이삭은 사십 세에 리브가를 맞아 아내로 맞이하였으나 리브가가 잉태하지 못하여 하나님께 간

---

10 And now you are blessed by the Lord(히브리어로 '아타 아타트 베루크 아도나이'). 이 말은 단순이 세속적인 복의 개념이 아니라 메시아언약을 이루시려는 하나님의 구원 계획과 그 언약적 복을 가리킨다.

절히 기도하였고 그 결과 이삭의 간구를 들으신 하나님께서는 그의 아내 리브가가 잉태하도록 은총을 베푸셨다.

　리브가는 쌍둥이가 잉태되어 뱃속에서 서로 싸우고 있는 것을 알고 하나님께 그 이유를 물었다. 하나님께서는 리브가의 뱃속에 있는 두 아들은 장차 이루게 될 두 민족의 조상이며 먼저 태어난 큰 자가 나중 태어난 작은 자를 섬기게 될 것이라는 예언적 의미까지도 알려 주셨다. 이삭은 결혼 후 약 이십 년 만에 쌍둥이 두 아들을 얻었으며 이 두 아들 가운데 언약의 아들 야곱이 메시아의 조상을 이루었다. 그리고 큰아들 에서는 동생 야곱에게 떡과 팥죽 한 그릇을 받고 장자의 명분을 팔아 버린 망령된 행위로 인하여 그 후에 축복을 기업으로 받으려고 눈물을 흘리며 구하되 버린 바가 되어 회개할 기회를 얻지 못하고 만다(히 12:16). 야곱과 에서는 그들이 리브가의 뱃 속에 있을 때 받은 하나님의 언약대로 살아갔다.

(2) 야곱이 받은 언약적 축복(창 27장)

　이삭은 자신의 죽을 때가 다가왔음을 알고 사냥꾼 아들인 에서에게 마지막 별미를 요구했다. 평소에도 맏아들 에서는 짐승을 잡아다가 맛있는 별미를 만들어 부모님을 기쁘게 해 드렸음을 알 수 있다. 이삭은 에서가 해 주는 맛있는 별미를 먹고 죽기 전 그에게 마음껏 축복하고 싶었던 것이다. 하나님을 섬기며 살았던 초기 족장 시대 히브리인 사회에서는 죽기 전(마치 예언처럼) 족장이 그 아들에게 축복의 예언을 하였으며 그 예언은 반드시 역사 속에서 성취되는 하나님의 계시였다. 아브라함이 그 아들 이삭에게 축복한 축복의 예언은 그대로 이삭에게서 성취되었으며 이삭도 그 아들 에서에게 예언의 축복을 해 주고 싶었던 것이다. 하나님 중심의 사회에서는 언제나 축복의 기원을 하나님께 둔다.

　이삭이 맏아들 에서에게 별미를 요구하며 마지막 축복을 하겠다는 말을 할 때에 이삭의 아내 리브가가 엿들었다. 리브가는 하나님의 언약적 축복이 맏아들 에서가 아닌 야곱에게 임하게 될 것을 '장자의 명분을 사고 판 사건'(창 25:27-34)을 통해 이미 잘 알고 있었기 때문에 급히 야곱을 불러 의논을 하고 이삭을 속일 궁리를 하였다. 마침내 야곱은 부친 이삭을 속이고 형 에서가 받을 복을 가로챘다. 야곱이 받은 축복은 우선 이 땅에서의 물질적인 풍요와 관계된 것들이었다(28절).

그리고 두 번째로는 언약적 축복 곧 그를 통한 이스라엘의 민족 형성과 그 후손에게서의 메시아 출생에 관한 것이었다. 즉 야곱은 하나님의 은총을 받아 땅의 기름진 은택과 하나님의 뜻을 이루는 영적 축복을 함께 받은 것이다. 야곱은 아버지 이삭의 축복을 받아 큰 부를 누리고 메시아언약의 한 줄기를 이루는 은총 아래 일생을 살았으나 그는 거짓말로 아버지를 속이고 형 에서의 축복을 가로챈 결과로 많은 고통과 괴로움을 맛보는 세월을 보냈다. 즉 야곱은 거짓말을 하면서까지 아버지 이삭을 속이고 형 에서의 축복을 가로챈 결과로 하나님의 복을 받은 것이 아니다. 그가 받은 하나님의 복은 받은 자격이 되지 못함에도 불구하고 복을 주시는 하나님의 은총이었으며 그의 거짓된 행위에 대해서는 그에 상응하는 많은 고난과 고통을 그도 몸소 받았던 것이다. 아버지 이삭을 속인 대가로 그는 형 에서의 무서운 칼날을 피하여 가정을 떠나 홀로 외로운 나그네 생활을 시작해야 했으며 삼촌 라반의 집에서 수십 년 일하면서도 삼촌 라반에게 열 번이나 품삯에 대해 속임을 당해야 했다.

또한, 결혼에서도 속임을 당해 레아와 라헬을 아내로 맞이하는 일에 무려 14년이나 세월을 보낸다. 다시 레아와 라헬의 몸종들까지 아내로 맞아 네 명의 아내로부터 열두 명의 아들을 낳는다. 그의 아들들은 아브라함과 이삭에게 주신 하나님의 언약이 성취되는 한 과정으로써 아브라함의 후손이 하늘의 별과 같고 바닷가의 모래알같이 많게 될 것이라는 하나님의 약속이 실현되는 첫 과정으로서 한 민족 이스라엘의 족장들이 되었다.

(3) 야곱의 사닥다리 환상(창 28:10-22)

비록 야곱은 형 에서로부터 그의 아버지의 축복을 가로챘으나 이미 태 중에 있을 때부터 하나님의 복이 크게 임하여 형 에서보다 더 큰 민족을 이루고 에서의 족속이 야곱의 족속을 섬기게 될 것이라는 예언적 선언 아래 야곱의 고난의 생애가 시작된다. 야곱은 고향과 부모를 떠나 외삼촌 라반이 살고 있는 어머니의 고향을 향해 길을 가다가 날이 저물어 잠잘 곳을 정하고 돌 한 개를 취하여 베개하고 잠을 청했다. 그는 꿈속에서 긴 사닥다리가 땅에서부터 하늘까지 닿아 있었고 하나님의 사자가 그 사닥다리를 오르락내리락 하고 있는 모습을 보았다. 그리고 여호와 하나님께서 사닥다리 끝에서 그에게 아브라함에게 주신 약속을 반복해서 주시는 말씀을 들었다.

땅의 모든 족속이 너와 네 자손을 인하여 복을 얻으리라(창 28:14).

내가 너와 함께 있어 네가 어디로 가든지 너를 지키며 … 내가 네게 허락한 것을 다 이루기까지 너를 떠나지 아니하리라(창 28:15).

꿈속에서 하나님의 임재와 은혜를 힘입은 야곱은 아침에 일찍 일어나 용기 백배하여 하나님께 감사하며 서원을 하였다. 야곱은 베개돌을 기둥삼아 번제 단을 만들고 기름을 붓고 하나님께 제사를 드렸다. 그는 기둥으로 세운 돌이 하나님의 전이 될 것이며 하나님이 주신 모든 물질 가운데서 반드시 10분의 1, 곧 십일조를 드리겠다고 서원했다.

야곱은 훗날 이 약속을 지킨다(창 35:7). 야곱이 본 사닥다리 환상은 단순히 야곱의 앞날이 평탄할 것이라는 의미가 아니라 야곱을 통해 하나님께서는 아브라함과 이삭에게 말씀하신 언약을 성취하실 것이라는 언약의 반복이었다. 이 언약대로 야곱은 열두 아들을 낳게 되고 이 열두 아들을 통해 비로소 이스라엘이라는 한 민족이 탄생하게 된다. 그리고 이 이스라엘 민족을 통하여 메시아 예수님이 탄생하고 이 예수 그리스도를 통하여 모든 민족이 누구나 차별없이 '믿음'으로 구원의 복을 받게 될 것이라는 하나님의 언약적 복이 기필코 이루어진 것이다.

(4) 천사와 씨름한 야곱(창 32장)

고향으로 돌아가라는 하나님의 말씀을 따라 야곱은 삼촌 라반의 집을 도망치듯 나왔다(창 31:3). 고향이 가까워지자 형 에서가 군사를 거느리고 온다는 소식이 들렸다. 얍복강가에서의 야곱의 기도는 절박하였다. 그 많은 물질도, 아내들도, 자식들도 에서의 칼날 앞에서 그를 보호하지는 못했음을 상징적으로 보여 준다(창 32:7-23). 야곱은 이때만큼 절박하게 하나님을 찾은 때도 없었다. 그는 하나님의 언약을 기억하며 울부짖었다(창 32:9-12). 그러나 야곱은 아직도 그의 인간적인 기지를 발휘하여 위기를 모면하려고 애썼다. 마침내 야곱은 홀로 남아 압복 강 어귀에서 천사(하나님의 사자)를 만나 생사를 넘나드는 씨름을 했다.

이 과정에서 야곱의 환도뼈는 부러졌으며 마침내 야곱은 하나님의 긍휼을 얻었다. 그리고 야곱의 이름은 이스라엘로 바뀌었다. 야곱이 하나님을 이긴 것이 아니라 하나님이 야곱의 인간적인 모든 수단과 욕심을 꺾으시고 야곱에게 진정한 승리 곧 형 에서의 칼날을 면하게 해 주신 승리를 경험하게 해 주신 것이다. 야곱의 진정한 승리는 하나님만이 그의 절대적인 힘이요 방패이심을 깨달은 데 있다. 결국 그가 하나님과 겨루어 이겼다는 말은 생명 내걸고 하나님께 매달려 긍휼과 자비를 구한 결과 그는 하나님의 은혜와 긍휼을 받고야 말았다는 의미이다. 어찌 하나님과 겨루어 이길 사람(피조물)이 있겠는가. 도리어 압복강가에서 야곱은 환도뼈가 부러지는 중상을 입고 말았다. 야곱을 통해 언약을 이루시려는 하나님의 계획과 의지 아래서 인간적인 야곱의 모든 꿈과 계획은 무너지고 말았다.

야곱의 환도뼈 위골은 실재이며 또한, 상징적인 것으로써 비로소 야곱의 모든 고집과 인간적인 수단과 방법이 꺾어지고 하나님의 자비하심과 긍휼 앞에 항복한 것을 의미한다. 이 일이 있고 난 후 야곱은 신앙개혁을 이루고 전적으로 하나님께로 돌아가는 의식까지 했다(창 35장). 그리고 벧엘 곧 하나님의 집으로 올라갔다. 속이고 탈취하면서 인간적인 욕심을 이루며 삼촌 라반의 집에서 살던 야곱을 하나님께서는 다시 약속의 땅 가나안으로 부르시고 언약의 계승자로 그를 삼으신 것이다. 야곱은 약속의 땅에 돌아와 여호와께 단을 쌓고 하나님의 이름을 불렀다.

"하나님은 곧 이스라엘의 하나님이시다"(엘 엘로헤 이스라엘).

7) 요셉의 꿈과 하나님의 계시(창 37장)

창세기 37장에서 시작되는 요셉의 생애는 50장까지 이어지며 야곱과 유다의 메시아적 언약을 보여 준다. 요셉의 파란만장한 생애는 한 편의 드라마처럼 역사 속에서 전개되고 있으나 이 역사의 참된 의미는 시편 105편 16-21절의 해석된 말씀에 의해서만 바르게 전달될 수 있다. 요셉은 어린 시절에 꿈을 꾸었다. 그러나 요셉의 이 꿈은 자신이 미래에 이루고자 하는 꿈(vision)이 아니다. 하나님께서 이루어가실 미래 역사에 대한 하나님의 계시가 요셉의 꿈 속에서 미리 보여진 것이다. 그러므로 성경의 요셉의 생애는 요셉이 자신의 꿈을 이루기 위해 노력하여 기필코 성공했다는 성공 드라마로 이해해서는 안 된다. 하나님께서 창세기 15장의 아브라함과 맺은 언약을 이루시기 위해 야곱의 열한 번째의 아들 요셉을 역사 속에서 도구로 사용하셨음을 보여 줄 뿐이다. 요셉이 종으로 팔렸으나(창 37장) 사실은 하나님께서 요셉을 애굽으로 보내셨다(시 105:16-21).

또한, 그가 억울하게 감옥에 갇히는 무고를 당했으나(창 39장) 하나님께서 하나님의 말씀이 응할 때까지 요셉의 허리와 발에 착고를 채워 기다리게 하셨던 것이다(창 15장). 또한, 가나안 땅에 기근이 들어 애굽에 내려가야만 했던 야곱의 식구들의 모습도 사실은 그들을 애굽에 내려가도록 하시기 위해 하나님께서 가나안 땅에 기근을 불러일으키시고 그들이 의지하던 양식을 끊으신 것이다(시 105편). 요셉의 생애는 아브라함과의 언약을 이루시려는 하나님의 계획 아래서 요셉의 순종의 믿음을 통해 성취되었다. 요셉의 고난과 인격 속에 메시아언약이 모형론적으로 담겨 있다. 요셉이 팔려가는 모습과 주님의 팔리시는 모습을 비롯하여 형들을 용서하는 요셉의 모습과 자신을 미워하고 조롱하던 자들의 죄를 용서하시는 주님의 모습 등은 모형(예표)적 메시아 사상의 좋은 예가 될 수 있다.

8) 유다의 계대 결혼과 메시아언약(창 38장, 49장)

야곱의 넷째 아들 유다에게는 세 아들 엘, 오난, 셀라가 있었다(창 38장). 유다는 장남 엘을 위해 이방 여인 다말을 며느리로 맞았다. 그러나 하나님 앞에 악한 엘은 아들을 낳지 못하고 죽었다. 하나님의 계시로 전해 오는 계대 결혼에 의해 둘째 아들 오난이 죽은 형 엘을 대신하여 형수인 다말과 동침하여 아들을 낳아 주어야 했다. 이윽고 오난이 형수인 다말과 동침하던 중에 오난은 형수의 몸 안에 사정(射精)하지 않고 땅바닥에 사정함으로써 하나님의 진노를 받아 죽임을 당한다. 다말은 계대 결혼의 순서에 따라 유다의 세 번째 아들 셀라와 동침해야 하지만 셀라가 어리다는 이유로 유다는 다말을 친정으로 보낸다. 한편 유다는 아내가 죽는 슬픔을 겪는다.

이윽고 양털 깎는 시기가 이르자 유대의 남자들이 들에 나가 양의 털을 깎는 일에 여념이 없는 틈을 이용해 친정에 가 있던 다말은 창녀로 변장하고 시아버지 유다에게 접근하여 결국 동침하기에 이른다. 유다는 며느리 다말을 창녀로 알고 그녀에게 도장과 끈과 지팡이를 담보물로 맡기고 동침하였다. 다말은 유다와 동침한 후 도망치듯 친정으로 갔지만 석 달 후 잉태한 사실이 발각되어 재판정에 회부된다. 당시 남편 있는 여자가 간음하거나 임신을 하면 화형에 처하는 규례가 있었고 다말은 이 재판을 거쳐 유죄가 확정되면 죽음을 면치 못하게 된다. 이 재판의 재판장은 시아버지 유다였다. 당시 도장과 끈과 지팡이를 소유한 사람은 한 부족의 지도자(족장)로서 사법권(재판권)과 행정권을 모두 가지고 있는 통치자였다. 다말과 동침할 때 유다가 다말에게 담보물로 준 그것들은 후에 재판정에서 다말의 목숨을 살리는 증표가 되었다. 다말은 재판이 진행될 때 유다의 소지품을 증거로 제출하여 죽음을 면했다. 그 이유는 유다의 가정에서 다말을 위한 계대 결혼의 순서가 오난을 거쳐 셀라에게로 이어지지만, 셀라가 너무 어려서 그 순서를 잇지 못함으로 그다음 유다에게로 그 순서가 이어져야 한다.

그러나 유다는 계대 결혼이라는 하나님의 언약의 규례에 열심을 다하지 않았으며 오히려 며느리 다말이 목숨 걸고 유다와 동침하는 계대 결혼에 열심을 내었다. 그러므로 재판 후에 유다는 다말에게 "너는 나보다 옳도다"라는 말로, 다말의 계대 결혼에 대한 열심을 칭찬했다. 여기서 유다 가정의 계대 결혼의 대상자인 남자들과 다말 사이에 구속자 곧 고엘 사상이 담겨 있다. 즉 아들을 낳지 못하고 죽은 엘을 대신하여 아들을 낳아 주어야 할 오난, 셀라 및 유다가 바로 유다 가문의 대를 이어주고 죽은 자를 대신하여 결혼해야 하는 구속자 곧 고엘(גֹּאֵל)이다.

야곱의 네째 아들 유다는 며느리 다말과의 계대 결혼을 통하여 베레스와 세라를 낳았다. 유다는 당시 하나님의 계시로 알려 주신 계대 결혼의 의무를 소홀히 하다가 며느리 다말의 목숨 건 계대 결혼을 통해 메시아의 조상을 낳았다. 이로써 메시아의 혈통적 계보가 야곱에게서 유다로 이어지며 유다에게서 다시 베레스로 이어지게 됨을 보여 준다. 유다는 메시아의 계보를 이루는 축복이 주어진다(창 49장). 야곱의 종말론적인 축복 속에 유다는 형제의 찬송이 될 것이다. 또한, 홀(笏)이 유다를 떠나지 않을 것이며, 실로가 오실 때까지 그 왕권이 유지될 것이라고 했다.[11]

여기서 홀은 왕권을 상징하는 것으로 메시아의 왕적 사역을 의미하며 실로는 열방들을 복종시키고 찬양을 받을 한 사람 곧 메시아를 의미한다. 유다의 후손과 유다 왕국을 통해 메시아가 탄생할 것이다. 야곱의 유다에 대한 축복은 메시아의 초림에서 성취되거니와 종말론적으로는 메시아의 재림을 통해 완성된다. 백마 탄 통치자가 철장(홀)을 가지고 최고의 통치자이며 만왕의 왕으로서 이 세상에 강림하실 것이다(단 7장; 계 19장). 창세기 38장의 유다의 계대 결혼 사건과 창세기 49장의 예언적 축복 내용은 모두 그리스도의 탄생과 그의 사역을 보여 주는 메시아적 의미들이다.

9) 요셉의 형통과 메시아언약(창 39-50장)

요셉이 '이끌려' 애굽에 내려갔다(창 39:1)는 말은 두 가지 의미가 있다.

하나는 역사적으로 미디안 장사꾼 곧 이스마엘 후손들이 요셉의 형들에게 은 이십을 주고 요셉을 사서 애굽까지 끌고 왔음을 가리킨다.

또 하나는 창세기 15장의 아브라함과의 언약을 이루시기 위해 요셉을 애굽까지 인도하신 하나님의 섭리를 말하고 있다. 이것은 요셉이 종으로 팔려갔으나(역사적 사실) 하나님이 요셉을 애굽으로 보내셨다고 해석한 말씀과 부합한다(시 105:16-21).

요셉은 팔려가는 고난의 삶 가운데서도 하나님이 그와 함께하시는 은혜를 입었다. 그 결과 그는 형통한 자(2절)가 되었다. 여기서 형통한 자라는 말은 히

---

11 שִׁילֹה(쉴로)는 고유명사이다. 통치자로서 메시아를 가리킨다.

브리어로(이쉬 미츠리아흐) 번성하는 자라는 뜻이다. 요셉은 장차 그가 그의 아버지 야곱으로부터 받는 언약의 축복 속에서 그의 두 아들과 함께 번성하는 축복을 미래의 선물로 받는다(창 49:22-26). 요셉의 형통은 그가 노력해서 얻은 만사형통의 기복적인 신앙의 산물이 아니라 하나님께서 당신의 뜻을 이루시기 위해 당신의 방법대로 요셉을 이끄시고 그 결과 요셉은 점점 더 하나님의 뜻을 이루는 삶의 방향으로 나아가고 있음을 뜻한다. 예수님의 이 땅에서 삶도 형통한 삶이었다. 그의 삶은 고난의 가시밭길이었으나 하나님의 뜻을 이루는 삶의 방향으로 인도하심을 받고 죽기까지 순종한 것이다. 요셉의 삶의 모형 속에서 예수 그리스도의 생애와 형통한 자라는 신앙적 의미를 발견한다. 결국 요셉은 하나님의 언약 아래서 하나님의 뜻을 이루는 자로서 그의 생애는 그의 후손과 함께 번성하는 은혜를 입고 창세기 15장의 아브라함과의 언약을 이루는 자로서의 번성하는 자 곧 형통한 자였다.

언약적인 의미의 형통하다는 말을 세속적인 형통으로 이해한다면 본문과 전혀 다른 의미로 변질되고 만다. 왜냐하면 요셉은 하나님의 뜻을 이루는 길을 걸어갈 때 보디발의 아내의 유혹을 이긴 결과 누명을 쓰고 감옥으로 갔기 때문이다. 겉으로 보기에는 감옥에 가는 일이 형통치 못한 것처럼 보이지만 요셉의 감옥 생활은 애굽 왕 곧 바로를 만나게 하시려는 하나님의 계획 속에서 역시 형통한 나날이었다. 요셉은 요셉 자신을 위한 형통한 자가 아니라 하나님의 뜻을 이루는 자로서의 형통한 자였다.

창세기 39장의 형통한 자는 하나님과 사람 사이를 화목하게 하신 메시아 예수 그리스도의 모형이다. 요셉이 하나님의 뜻을 이루기 위해 애굽에 보냄을 받았듯이 메시아 예수님도 인간의 죄를 용서하시고 구속하시기 위한 하나님의 뜻에 따라 이 세상에 보내심을 받은 것과 모형적으로 닮았다. 요셉은 애굽으로 내려간 이후 가장 적절한 사람(보디발)과 환경(감옥까지도)을 만나게 하시는 하나님의 계획 아래서 하나님의 뜻을 이루는 형통한 자가 되었다. 요셉은 하나님의 계획 아래 적절한 사람도 만나고 당시 적절한 환경 속에서 제자들에게 팔리시고 십자가에서 죽으시는 고난을 통해 하나님의 뜻을 이룬 가장 형통하신 분으로서의 메시아의 모형이다.

결론적으로 창세기의 메시아언약은 여자의 후손(창 3:15), 멜기세덱(창 14:17-20), 이삭의 출생과 생애(창 21:1-3), 여호와 이레(창 22:14) 및 실로가 오시기까지(창 49:10) 등의 내용에서 엿볼 수 있다. 특히 여자의 후손 곧 메시아언약이 아담에게서 싹이 나오듯 시작되어 노아의 홍수 심판과 언약을 통해 보존되었고 아브라함에게 약속의 언약으로 성장했으며(창 15:6) 이삭과 야곱 및 유다로 역사 속에서 이어져 갔다. 이 언약은 출애굽기를 통해 모세로 이어지며 하나님의 뜻의 최종 요약이라고 말할 수 있는 율법 언약으로 유기적이며 점진적인 발전을 이루었다. 이 언약이 다윗과 다윗 시대를 거쳐 예수 그리스도를 통해 성취된다.

2. 출애굽기와 메시아언약

1) 명칭과 주요 내용

출애굽기의 히브리어 명칭은 히브리어성경의 첫 단어인 "뻬엘레 쉐모트"(וְאֵלֶּה שְׁמוֹת)이며 '그리고 이것들은 이름들이다'라는 의미의 말이다. 출애굽기의 헬라어 명칭은 "엑소도스"(Ἔξοδος)인데 '탈출, 출발'이란 뜻이다. 영어 명칭인 Exodus는 헬라어 명칭을 음역한 것이며 한글개역성경의 출애굽기도 '애굽 탈출기'라는 의미가 있다. 출애굽기는 애굽의 속박으로부터의 해방과 구원이 중심 주제이다. 이스라엘 백성의 애굽으로부터 해방과 구원 및 유월절 사건은 메시아 예수 그리스도의 십자가 사건에 대한 모형이며 그리스도 예수를 믿는 자들의 해방과 구원을 예표하는 구속사적 사건들이다.

출애굽기는 창세기 15장의 아브라함에게 주신 하나님의 언약이 성취되는 한 과정을 보여 준다. 즉 출애굽기는 아브라함의 후손이 애굽에 내려갔다가 4대 만에 애굽을 탈출하여 다시 가나안 땅으로 오게 될 것이라는 예언의 성취로써 이스라엘의 해방과 탈출 및 가나안을 향해 여행하는 이스라엘의 모습을 생생하게 묘사하고 있다. 출애굽기는 내용상 크게 셋으로 구분된다.

첫째는 애굽에서 이스라엘과 유월절 사건이 중심을 이룬다(1-15장). 주요 내용으로는 애굽에서 고난받는 이스라엘 백성들의 모습, 구원을 준비하시는 하나님의 계획, 모세를 통한 열 가지 재앙, 유월절 사건을 통한 애굽 장자의 죽음, 애굽 군대의 추격과 홍해 도하 사건 등이다.

둘째는 광야에서의 이스라엘 백성의 모습이다(15-18장). 홍해를 건넌 백성들은 광야에 도착하고 모세의 장인 이드로의 건의대로 재판장을 세운다.

셋째는 시내 산에서의 이스라엘 백성의 모습이다(19-38장). 시내 산에 도착한 이스라엘 백성들은 모세를 통하여 십계명을 비롯한 많은 규례를 받는다. 그리고 성막과 제사장에 관한 규례를 받으며 이동식 성막을 세우고 하나님의 임재를 맛본다.

2) 애굽에서의 히브리 민족(출 1장)

B.C. 2000년대의 애굽 역사는 네 개의 통치 기간으로 나뉜다.

첫째, 12왕조(B.C. 1991-1786) 기간이다.

상애굽과 하애굽이 하나로 통일된 강한 국가였다. 약한 13, 14 왕조의 연약한 왕들에 의해 계승되다가 힉소스 왕조에 의해 무너졌다.

둘째, 힉소스 왕조 기간이다.

외국인이 애굽에 들어와 왕권을 잡았던 기간이다. B.C. 1680년경에 애굽을 완전 장악한 것으로 보인다.

셋째, 제18왕조 기간이다. 1

7왕조의 마지막 통치자 카모스(Kamos)는 힉소스 왕조로부터 많은 애굽 땅을 되찾았으며 그의 동생 아흐모세(Ahmose, B.C. 1584-1560)는 18왕조를 세우기에 이르렀다. 이 시기의 애굽은 최고의 번영을 이루며 18왕조의 파라오들은 가장 강력한 군주들이었으며 신과 같은 존재였다. 이 시기에 모세가 태어났고 출애굽의 대역사가 이루어진다.

넷째, 19왕조 기간이다.

이 기간은 약 109년이나 지속되었다. 그 가운데 라암세스 2세의 기간이 무려 66년이나 지속되었다(B.C. 1304-1238)[12]

위의 네 기간 가운데 히브리 민족 곧 야곱의 칠십여 명의 애굽 이주는 첫째인 12왕조 기간에 이루어졌다. 언약과 역사의 주관자 하나님께서는 야곱의 후손 약 70여 명이 애굽에 내려간 후 언약의 기간 약 400년(430년)의 세월이 지났을 때 이스라엘을 한 민족으로 크게 성장시키셨다. 아브라함의 후손을 애굽에 내려 보냈다가 다시 가나안으로 돌아오게 하실 것이라는 하나님의 언약에 따라 새로운 역사가 시작된다(출애굽기). 이스라엘 백성의 출애굽 역사는 요셉을 알지 못하는 새 왕의 출현(출 1:8)과 모세의 탄생과 함께 시작된다.[13] 애굽의 새 왕 출현은 역사를 이끄시는 하나님의 섭리를 반영하고 모세의 탄생은 아브라함의 언약을 이루시려는 하나님의 구원 역사의 계속을 의미한다.[14]

요셉과 함께 우호 관계 속에 있었던 애굽의 왕조(제12왕조)는 힉소스 왕조가 시작되면서 사라진다. 또한, 애굽의 힉소스 왕조는 13, 14왕조 및 17대 왕조를 지나 애굽의 제18대 왕조의 출현으로 사라진다. 이러한 왕조의 교체는 히브리 민족을 애굽으로부터 해방시켜 언약의 땅 가나안으로 돌려 보내시기 위한 하나님의 계획 아래서 진행된 것이다. 힉소스 왕조는 본래 애굽 사람이 아닌 타민족이 애굽에 들어와 애굽의 통치자가 된 왕조로서 애굽 본토민의 끊임없는 도전을 받아오다가 하나님의 때가 이르렀을 때 애굽의 장군 카모스(Kamos)와 아흐모세에 의해 힉소스 왕조는 붕괴되고 애굽의 제18왕조가 세워졌다.[15]

---

12 레온우드 저, 김의원 역,『이스라엘의 역사』(서울; CLC, 1994), pp.141-146.

13 레온우드 op. cit., p39-41. 요셉을 알지 못하는 새 왕(출 1:8)은 누구인가. 이 문제에 대해 많은 이견이 있으나 힉소스 왕조의 첫 왕의 시작이 B.C. 1730년이며 18왕조의 첫 왕 아흐모세의 시작이 B.C. 1584년이므로 요셉을 알지 못하는 새 왕은 18왕조의 첫 왕인 아흐모세가 아니라 힉소스 왕조의 첫 왕으로 보고 있다.

14 새 왕의 출현은 힉소스 왕조의 첫 왕을 가리키며 모세의 탄생은 애굽의 제18왕조 때의 일이다. 비평주의 아래서는 모세의 탄생을 애굽의 19왕조로 보고 있으나 개혁주의 아래서는 18왕조로 본다.

15 애굽의 18왕조의 초대 왕의 이름(Ahmose)은 아하모세, 아모스, 아흐모세 등 여러 가지 이름으로 소개되고 있으나 고대어의 표기에 따르면 아흐모세 라는 표현이 좋을 것 같다.

그러나 히브리 민족은 이 힉소스 왕조 때부터 이미 박해를 받기 시작하였으며 애굽의 제18왕조의 첫 왕(파라오) 아호모세는 타민족이 애굽인들에게 위협이 된다는 사실을 알고 왕이 되자마자 애굽 사람 이외의 타민족 학대 정책 아래 특히 인구 수가 많은 히브리 민족을 더욱 학대하게 되었다.[16]

출애굽기를 비롯한 성경의 역사는 선택적으로 기록되었기 때문에 많은 부분이 생략된 체 연속적으로 기록되어 있어서 때와 시기를 추정하는 데 많은 어려움이 있다. 힉소스 왕조 때부터 핍박을 받기 시작한 히브리인들은 급기야 애굽의 18왕조에 이르러 극한 핍박 속으로 들어갔다(출 1:15-22).[17] 애굽 왕은 히브리 산파들에게 남자아이가 태어나면 죽이라는 명령을 내린 것이다. 이 명령은 18왕조의 첫 왕 아호모세(B.C. 1584-1560)나 아멘호텝 1세(B.C. 1560-1539)가 내린 후 세 번째 왕인 튜트모세 1세(B.C. 1539-1514)의 통치 때까지 계속되었으며 이때 모세가 태어났다.

하나님께서는 아브라함과의 언약(창 15장)을 성취하시기 위해 애굽의 왕조를 바꾸시고 히브리 민족을 번성케 하셨으며 또한, 애굽 왕조의 박해를 통해 부르짖게 하시고 그 기도를 들으신 하나님께서 모세를 지도자로 허락하셨다(출 6:1-7). 아브라함의 후손 히브리 민족이 애굽에 내려갔다가 사대 후에 다시 가나안 땅으로 돌아오게 될 것이라는 하나님의 언약의 성취를 위해 준비하시는 언약의 하나님의 열심을 볼 수 있다(창 15장).

3) 출애굽 준비와 모세의 출생(출 2장)

하나님의 언약의 때가 이르렀을 때 하나님께서는 출애굽을 준비하신다. 모세의 부모 아므람과 요게벳은 모두 레위 자손들로서 당시 선택받은 경건한 가정의 주인공들이었다(출 2:1; 6:16-20). 그리고 하나님을 두려워하는 히브리 산파의 믿음과 용감한 행위는 미래의 이스라엘의 지도자 모세가 태어나는 데 크

---

16 פַּרְעֹה(파르오)는 큰 집, 대궐(the great house)이라는 의미의 말이다. 이 말이 애굽의 최고 통치자를 가리키는 말로 사용된다. 영어의 파라오, 우리말의 '바로'는 히브리어의 음역이다. 애굽의 모든 왕은 성경에서 바로(파라오)라고 호칭되고 있다.

17 레온 우드, op. cit., p. 149.

게 기여하였으며 그 히브리 산파의 집은 왕성케 되는 하나님의 복을 받았다. 이미 미리암과 아론을 자녀로 둔 가정에서 세 번째 아이로 태어난 모세는 석 달 동안 집에서 숨겨져 있다가 갈대 상자 속에 담겨 강에 띄워진다. 때마침 목욕하러 강에 나왔던 바로의 딸 곧 튜트모세 1세의 딸 핫셉슈트(Hatshepsut)에게 발견되어 그녀의 양아들로 입적되는 하나님의 섭리를 입는다. 약 40년 동안 모세는 궁궐에서 살면서 애굽의 왕자로 성장한다.

모세는 18왕조의 파라오(바로)들은 아하모세를 이어 아멘호템, 튜트모세 1, 2세 및 아벤호텝 2세에 이르기까지 히브리 민족을 박해하였다. 이 박해를 받는 동안 히브리 민족은 하나님께 부르짖었으며 그 기도의 응답으로 모세가 태어났다. 모세는 그곳에서 애굽의 학술을 다 배웠다(행 7:22).

그러나 모세는 자신이 히브리인이라는 자각과 더불어 애굽인을 죽인 사건을 계기로 광야로 도망한다. 히브리서 기자는 이때의 모세를 칭찬받을 만한 사건으로 기록하지만 그러나 모세는 살인자의 신분으로 애굽을 떠나 멀리 미디안으로 도망을 쳤다(히 11:24-27; 행 7:23-29). 이 일련의 일들은 모두 하나님의 섭리에 의한 것이다.

모세의 출생은 히브리 민족의 지도자를 위한 하나님의 섭리였으며 애굽의 궁궐에서의 호화스런 생활을 위한 것이 결코 아니었다. 모세는 광야로 도망하여 미디안 제사장 이드로의 딸 십보라와 결혼하고 양을 치는 목자로 40년을 지냈다. 이 지역은 아카바만과 시내 산 근처로서 장차 모세가 이스라엘 민족을 이끌고 통과해야 할 바로 그 지역이었다. 모세가 광야에서 40년을 지냈을 때 애굽의 바로 곧 튜트모세 3세가 죽었다(출 2:23-25). 그러나 이스라엘 백성들의 고역으로 인한 고통과 부르짖음은 날로 더해만 갔다. 히브리 민족의 부르짖음과 고통의 소리를 들으신 하나님께서는 아브라함과 이삭과 야곱에게 세운 언약을 기억하시고 그들을 가나안 땅으로 인도하실 때가 되었음을 아셨다.

4) 애굽으로 돌아온 모세(출3, 4장)

하나님이 약속하신 언약의 때가 이르렀을 때 모세는 시내 산에서 하나님의 부름을 받고 사명을 받았다. 모세는 히브리 민족의 하나님 여호와께서 자신을 통해 고통받는 자신의 민족을 애굽의 핍박으로부터 구원하여 가나안 원주민들이 살고 있는 땅으로 인도하실 것을 알려 주셨다(출 3:8, 17). 하나님께서는 머뭇거리는 모세에게 자신을 '스스로 있는 자'라고 애굽의 바로 앞에서 말하라고 하셨다.[18] 특히 이스라엘 백성이 애굽에서 나올 때 하나님의 은혜로 빈손으로 나오게 하지 않으시고 애굽 사람의 물품까지 취하여 모든 재물과 금은보석을 지니게 될 것임을 말씀하셨다. 이것은 히브리 민족의 출애굽 사건이 하나님의 섭리에 의해 하나님의 방법으로 진행될 것임을 예고한 것이다. 애굽의 바로에게 가라는 하나님의 음성에 계속 머뭇거리는 모세를 향해 하나님께서는 지팡이를 손에 들고 갈 것을 지시하셨다. 이 지팡이는 곧 하나님의 지팡이로서 하나님이 모세와 함께하신다는 것을 상징한다.

모세는 가족을 데리고 미디안을 떠나 애굽으로 가는 도중에 생명의 위협을 느끼는 사건 속에서 차돌을 취하여 아들의 양피를 베는 아내 십보라의 행위를 통해 생명을 건진다. 이것은 아브라함의 언약을 이루기 위해 애굽으로 가는 아브라함이 역시 아브라함의 언약인 할례를 아들에게 행하지 않은 모세를 꾸짖는 하나님의 기습적인 사건이었다. 하나님께서는 아론을 불러 모세의 대변인이 되게 하시고 함께 바로를 찾아가서 사명을 다하라고 지시하셨다. 애굽에 돌아온 모세는 손에 하나님의 지팡이를 들고 왕궁으로 가서 바로를 만나 하나님의 말씀을 전했다. 그러나 바로는 모세의 말을 듣지 않았다. 하나님께서 아직 바로의 마음을 강퍅케 내버려 두신 결과였다.

---

18   I am who I am '나는 스스로 있는 자'라는 의미다.

5) 모세와 바로와의 대결(출 5-12장)

모세와 아론은 당시 튜트모세 3세의 아들인 아멘호텝 2세를 만나 히브리인의 하나님 여호와께 희생을 드리게 해 달라고 요청했다. 그러나 애굽의 바로는 히브리 민족을 건축 공사 노동으로부터 쉬게 하려는 계략으로 알고 짚과 재료도 공급하지 않으면서 벽돌을 만들도록 히브리 민족을 더욱 학대했다. 이 일로 모세와 아론은 오히려 이스라엘 백성들로부터 원망을 듣게 되었다. 이러한 상황에서 하나님은 모세를 부르시고 바로에게 강한 손을 더하실 것을 약속하셨다.

하나님께서 큰 능력과 기적을 통해 이스라엘 백성들을 애굽의 속박에서 건져내실 때 비로소 이스라엘 백성들은 그 하나님을 여호와로 인정하게 될 것이라는 말씀을 백성들에게 전했으나 백성들은 고역으로 나무나 마음이 상하여 모세의 말을 믿지 않았다. 모세와 애굽의 바로의 대결은 하나님과 세속의 최고 권력과의 대결이었으며 이것은 신앙과 불신앙의 한판 대결이었다. 히브리 민족을 해방시키기 위해 보냄을 받은 모세를 믿지 않는 백성들의 모습은 메시아 예수 그리스도를 이 세상에 보내셨으나 이스라엘 백성들이 믿지 않고 도리어 미워하고 죽이기까지 한 역사적 사실에 대한 앞선 모형처럼 보인다. 드디어 하나님을 대신하는 모세와 세속 권력과 우상을 상징하는 바로의 대결이 시작되었다.

첫 번째 재앙은 하나님의 말씀에 순종하여 지팡이로 나일강의 하수를 쳤을 때 물이 피로 변하였다. 나일강의 하수를 피로 만들어 버린 모세의 기적 앞에 바로는 당황했으나 도리어 마음을 강퍅케 되어 모세의 말을 듣지 않았다(7:23).

두 번째로 재앙은 아론이 모세의 지팡이를 들고 애굽의 모든 물 곧 강과 하수와 운하와 못 위에 폈을 때 개구리가 수없이 올라와 애굽 전역에 가득하게 되었다. 바로는 모세와 아론을 불러 개구리를 떠나게 하면 백성을 보내 주겠다고 약속했으나 바로가 개구리 재앙으로부터 벗어나 숨을 쉴 수 있게 되자 그 마음이 다시 강퍅케 되어 백성을 보내지 않았다.

세 번째 재앙은 티끌에서 이가 나와 모든 생축을 괴롭게 하였다.

　　네 번째 재앙은 파리 떼가 애굽의 모든 집에 가득하게 되는 재앙이었다.

　　다섯 번째 재앙은 애굽의 모든 생축에게만 악질 곧 전염병이 발생하여 애굽의 모든 생축들은 다 죽었다.

　　여섯 번째 재앙은 풀무의 재 두 움큼을 날려 독종이 발생하게 되었고 사람과 가축이 이 독종으로 죽는 재앙이었다.

　　일곱 번째 재앙은 우박과 불덩이가 함께 내려 애굽 전역에 달리며 모든 곡식과 식물과 나무를 초토화 시켰다. 애굽인의 주요 식량을 없애 버린 것이다.

　　여덟 번째 재앙은 메뚜기가 수없이 몰려와 우박 재앙을 피한 모든 식물과 나무와 채소를 다 먹어 치우는 무서운 재앙이었다.

　　아홉 번째 재앙은 모세가 하늘을 향하여 손을 들었을 때에 흑암이 3일 동안이나 애굽 전역을 삼켜 버렸다. 아홉 번째의 흑암 재앙을 내렸으나 바로의 마음은 강퍅하게 되어 모세의 말을 듣지 않았다.

　　마지막 열 번째 재앙은 애굽의 모든 장자들이 죽임을 당하는 재앙이었다. 이 열 번째 재앙을 끝으로 바로는 히브리 민족을 모세의 손에 맡겼다. 모세와 히브리 민족이 애굽을 떠난 얼마 후 바로는 군대를 이끌고 모세와 히브리 민족을 쫓아 왔으나 홍해에서 애굽의 군대는 몰살되고 말았다.

　　애굽에 내려진 재앙의 목적은 바로의 마음을 설득시켜 이스라엘 민족을 애굽에서 해방시키는 것만이 아니었다. 이 재앙을 통해서 여호와 하나님만이 참 하나님이심을 알리고 이스라엘 백성이나 애굽 백성 모두에게 여호와만이 참 하나님이심을 알게 하시려는 하나님의 목적이 더 큰 것이다.

6) 열 번째 재앙과 유월절(출 12:29-30)

　　애굽에 내려진 열 번째 재앙은 애굽의 모든 장자들을 죽였다. 이날 밤에 애굽의 바로의 아들 곧 아멘호텝 2세의 아들도 죽임을 당했다.[19] 마지막 재앙은

19　레온 우드, op. cit., p. 165. 기제(Gizeh)의 대형 스핑크스의 발가락 사이에 있는 석비에는 튜트모세 4세가 장자가 아니었다고 기록되어 있는데 이것은 아멘호텝 2세의 장자가 열 번째 재앙으로 죽었음을 시사한다.

애굽 사람에게 뿐만 아니라 이스라엘 백성들에게도 중대한 사건이었다.

모든 이스라엘 백성들은 니산월의 제14일에 흠 없고 1년 된 수양이나 염소를 잡고 그 피는 우슬초 가지에 찍어 집 좌우 문설주에 안방에 발라야 했다. 그리고 그 고기는 불에 구워 무교병과 쓴 나물과 온 가족이 함께 먹어야 했다. 하나님이 죽음의 신을 보내어 애굽의 모든 장자들을 치실 때 피가 발라져 있는 이스라엘 백성들의 집 안의 장자들은 죽음을 면했다. 죽음의 통곡 소리와 죽음을 면한 이스라엘 백성들의 감사 소리가 교차하는 밤이었다. 하나님께서는 이 첫 번째 유월절을 시작으로 매년 유월절을 지키라고 말씀하셨다.

유월절의 문자적 의미는 애굽의 장자들을 죽이시는 죽음의 재앙이 문설주에 피를 바른 이스라엘 백성들의 장자들에게는 넘어 지나갔다(pass over)는 뜻이다. 이것은 장차 이 땅에 오실 메시아 예수 그리스도의 십자가의 죽으심(피)을 믿는 모든 믿는 자에게 하나님의 진노가 그치고 생명과 구원을 얻는 은혜의 사건에 대한 앞선 모형이었다. 그래서 예수 그리스도는 모든 믿는 자들에게 유월절 어린 양 곧 세상 죄를 지고 가신 하나님의 유월절 어린양이셨다(요 1:29).

7) 하나님의 인도와 홍해 도하(출 12:37-15장)

이스라엘 백성들은 애굽에 거주한 지 430년이 마치는 날 애굽을 출발하여 가나안 땅으로 가는 여행을 시작하였다(출 12:40, 42). 이것은 단순한 해방과 구원이 아니었다. 아브라함에게 주신 하나님의 언약의 성취였다(창 15장). 이스라엘 백성들은 하나님의 인도하심을 따라 홍해의 광야 길로 접어들어 여행을 계속했다. 하나님께서는 낮에는 구름 기둥으로, 밤에는 불기둥으로 그들을 비취시고 주야로 진행하게 하셨으며 구름 기둥과 불기둥이 그들을 떠나지 않았다(출 13:17-22).

한편, 하나님께서 마지막으로 여호와만이 참 하나님이심을 드러내시기 위해 바로의 마음을 다시 강퍅케 하셨다. 바로는 군대를 이끌고 모세와 이스라엘 백성을 추격해 왔다. 이스라엘 백성들은 앞의 홍해와 뒤의 애굽 군대 사이에 끼여 극한 두려움에 사로잡힌 나머지 모세를 원망하기 시작했다. 그러나 하나님께서는 구름 기둥과 불기둥이 애굽 군대와 이스라엘 백성들 사이에 있게 하심으로 당신의 백성을 여전히 보호하셨다. 모세는 원망하고 불평하는 이스라엘 백성들을 향해 두려워 말고 가만히 서서 여호와께서 오늘날 너희를 위하여 행하시는 구원을 보라(출 14:13)고 외쳤다.

또한, 하나님께서도 애굽 군대를 홍해 바다에 수장시킴으로 사람들이 하나님을 여호와로 인정하게 되어 결국 하나님이 영광을 얻으실 때가 되었음을 선포하셨다. 인간의 위기는 하나님의 기회임을 잘 보여 준다. 모세가 하나님의 말씀대로 바다 위로 손을 내밀었을 때 밤새도록 동풍이 불어 바닷물이 갈라져 마른 땅을 드러냈다. 두 물 벽 사이를 지나 이스라엘 백성들이 다 건넜고 애굽 군대들이 바다 가운데로 들어서자 여호와께서 애굽 군대를 어지럽게 하시며 병거의 바퀴를 벗기시며 도망치게 하셨다. 모세가 다시 여호와의 말씀을 따라 손을 내밀었을 때 바닷물이 다시 흐르게 되어 애굽 군대는 물 속에 모두 수장되고 말았다. 이스라엘 백성들의 역사적 홍해 도하 사건은 애굽의 군대를 수장시키고 대신 이스라엘 백성들을 구원하신 대속 사건이었다. 이것은 메시아 예수 그리스도를 십자가에 대신 죽게 하심으로 죄인을 구원하시는 하나님의 구원 사건의 모형이며 예표였다. 또한, 홍해 도하 사건은 이스라엘 백성들이 구름 아래서 세례를 받은 것이라고 바울을 해석하였다(고전 10:1-5).

세례는 그리스도와 함께 죽었다가 다시 살아나는 것의 믿음의 체험이듯이 이스라엘 백성들은 홍해를 육지같이 건넜으나 사실은 그 홍해 바다에서 죽었다가 하나님의 간섭하심의 은혜로 다시 살아난 것과 같은 의미임을 가르쳐 준다. 홍해를 건넌 후 모세와 이스라엘 백성들의 감사와 찬양의 노래(출 15장)는 예수 그리스도 안에서 구원받은 모든 그리스도인의 구원의 기쁨과 찬양의 모델이다.

8) 홍해를 지나 시내 산까지(출 15:22-18:27)

(1) 마라의 물과 엘림(출 15장)

홍해를 건넌 이스라엘 백성은 남쪽으로 전진해 나갔다. 3일동안 물을 발견하지 못한 백성들이 마라에서 물을 발견했으나 써서 먹지 못했다. 백성들이

모세를 원망할 때 모세는 하나님께 부르짖었다. 나뭇가지를 던짐으로 먹을 수
있는 단물이 되어 백성들이 마시고 하나님과 한 율례와 규례를 맺었다. 더 나
아가 엘림에 이르러 종려나무 60주와 열두 우물을 발견하고 장막을 치고 쉬었
다. 라암셋을 출발한 지 약 한 달 만에 도착하여 장막을 쳤다.[20]

(2) 만나와 메추라기(출 16장)

엘림을 떠나 시내 산 사이의 신 광야에 이르렀을 때 백성들이 모세와 아론
을 원망하기 시작했다. 그들은 애굽의 고기 가마솥 곁에서 고기를 먹고 떡을
배불리 먹을 때가 그립다고 말했다. 하나님께서는 만나와 메추라기를 백성들
에게 주실 때 그들이 하나님의 입으로 나오는 말씀을 듣는지 아니 듣는지 시
험하셨다. 하나님께서는 만나를 통해 시험하시고 메추라기를 통해 그들의 불
신앙을 심판하셨다(시 78편).

만나와 메추라기는 신앙과 불신앙을 시험하시는 하나님의 시험의 도구였다.
만나를 거둘 때 안식일에 거두러 나갔던 자들은 부끄러움을 당했고 하나님의
능력을 불신했던 자들은 메추라기를 먹을 때 목구멍에 넘어가기 직전 모두 죽
임을 당했다. 만나와 메추라기 기적은 순종하는 백성들에게는 은혜와 축복이
었으나 불신앙을 드러낸 백성들에게는 심판과 죽음의 도구였다(시 78편). 이스
라엘 백성들은 가나안 땅에 들어가 첫 수확을 거둘 때까지 광야 생활 40년 동
안 만나를 먹었다.

(3) 반석에서 물을 내다(출 17:1-7)

이스라엘 백성들은 신 광야에서 르비딤으로 이동하여 장막을 쳤으나 마실
물이 없었다. 백성이 모세와 다툴 때 하나님께서 호렙산 바위를 쳐서 물을 내
라고 모세에게 말씀하셨다. 백성들이 여호와께서 그들 중에 계신가 아니 계신
가 시험하는 불신앙을 드러낸 것이다. 하나님은 백성들에게 물을 주셨으나 백
성들이 모세와 다투었으므로 그 곳 이름을 맛사 또는 므리바라고 불렀다.

---

20   레온 우드, p.180.

(4) 아말렉과의 전쟁(출 17:9-16)

애굽에서 해방된 이스라엘 백성들은 군사 조직도 없었고 싸울만한 능력도 없었다. 그러나 시내 산에 도착하기 직전 아말렉이라는 유랑 집단들과 전쟁을 하게 되었을 때 여호수아를 중심으로 젊은이들이 모였다. 모세는 하나님의 지팡이를 들고 산꼭대기에 올라가 팔을 들고 기도하였으며 여호수아는 나가 싸웠다. 모세의 팔이 피곤하여 내려오면 이스라엘이 지고 모세의 팔이 올라가면 이스라엘이 이겼다. 이때 아론과 훌이 모세를 앉게 하고 양쪽에서 모세의 팔을 들어 올리는 협력을 통해 아말렉을 무찌르고 승리하였다. 모세가 단을 쌓고 여호와 닛시라고 불렀다. 여호와는 나의 깃발 또는 나의 깃발의 하나님이란 뜻이다.

9) 모세와 율법 언약(출 19장-34장)

백성들은 애굽에서 나온 지 약 두 달 만에 시내 산에 도착하였다. 그곳에서 하나님은 모세를 통하여 이스라엘 백성들에게 언약의 책 곧 십계명을 주셨다(출 20장). 그리고 그 십계명의 구체적 실천항목으로 많은 규례와 계명들을 주셨다(21-31장). 그러나 아론의 금송아지 우상 숭배의 결과로 첫 언약의 두 돌판은 깨뜨려졌고 모세가 깎아 만든 두 돌판에 하나님께서 친히 다시 십계명을 새겨 주셨다.

아론의 금송아지 우상 사건으로 백성들이 받아야 할 하나님의 심판은 백성을 사랑하는 모세의 중보기도로 면해졌다. 이것은 우리가 받아야 할 저주의 죽음을 그리스도 예수께서 대신 받으신 역사적 사실에 대한 모형으로 보인다. 모세언약 즉 십계명 언약의 특징은 다음과 같다.

① 모세언약으로서의 십계명은 하나님의 뜻이 외형적으로 나타난 언약의 최종 요약이다.[21] 즉 아담의 언약이 노아의 언약으로 보존되었으며 다시 아브라함의 약속의 언약으로 점진되어 나타났으며 모세에 의해 십계명 언약으로

---

21 O. P. Robertson, op. cit., pp. 172-173.

최종 요약되었다. 이 모세언약이 다윗과 왕국 시대를 거쳐 메시아에 의해 성취된 것이다. 이 언약의 성취자로서 그리스도께서 이 세상에 오셨으며 이 율법 언약의 요구대로 십자가에 달려 죽으셨다.

② 모세언약은 하나님의 구원 목적의 전체와 유기적(기능적)으로 연관된다.[22] 즉 모세의 법은 모세 이전에도 모든 언약에서 중요하였으며 모세언약 이후의 모든 언약에서도 중요하게 역사한다. 구약의 모든 언약의 최종 요약으로써 십계명은 오늘날 그리스도인들에게 의미가 있는가의 문제는 계속 논란이 되고 있다.

율법주의자들은 오늘날에도 구약과 똑같은 의미가 있다고 말하며 율법폐기론자들은 더 이상 의미가 없다고 말하기도 한다. 그러나 분명한 것은 언약과 율법으로서의 십계명은 성취와 계속의 의미를 갖는다는 사실이다. 우리가 율법 아래 있지 않다는 사도 바울의 말(롬 6:14)은 모세의 율법 아래 있지 않다는 의미도 아니며 더군다나 십계명 아래 있지 않다는 말이 아니다.[23] 그리스도 안에서는 율법 아래 있지 않다는 바울의 가르침은 율법의 속성인 죄를 지적하며 죄인이라고 선언하는 그 효력에서 벗어나 의인이 되었다는 의미일 뿐이다. 그러므로 오늘날의 모든 그리스도인에게는 여전히 언약의 계속적인 의미로서 하나님을 사랑하고 이웃을 사랑하라는 계명의 원리 아래 십계명을 지킬 때 더욱 하나님의 은혜와 사랑을 느끼게 된다. 부모를 공경하라는 제오계명의 효력은 지금도 계속된다(엡 6:1-4).

바울은 신약 시대의 성도들에게 부모 공경에 대한 십계명을 잘 지키면 땅에서 잘 되고 장수하는 약속된 복을 받을 것이라고 말했다. 오늘날의 모든 그리스도인은 세가지 측면에서 십계명의 언약 아래 놓여 있다.[24]

첫째, 새 언약 아래서도 그리스도인들이 그들의 충만한 축복의 상태에 머물러 있기 위해서는 십계명을 잘 지키는 것이 유익하다.

---

22   Ibid., p. 175.

23   O. P. Robertson, op. cit., pp. 186-189.

24   Ibid., pp. 188-189.

둘째, 불의하게 사는 그리스도인들을 징계하시는 표준이 십계명의 언약이다. 따라서 그리스도인들이 십계명의 말씀에 따라 경건하게 살지 않으면 자녀에게 내리시는 하나님의 징계를 받는다.

셋째, 구원은 하나님의 주권적인 은혜와 그리스도의 공로로 받지만, 행위에 따른 상벌은 십계명의 언약 아래 있다. 십계명을 지키며 사는 그리스도인과 그렇지 못한 그리스도인 중에 누가 더 그리스도의 은혜와 하나님의 사랑 안에서 행복과 기쁨이 넘치는가 보라. 십계명은 지금도 하나님과 이웃사랑의 실천적 원리이며 그리스도인의 행동과 삶의 반경이다.

③ 모세의 율법 언약은 하나님의 구속 목적의 전체와 점진적으로 연결된다. 즉 모세의 언약은 모세 이전의 모든 언약들보다 더 발전되었다. 그러나 모세 이후에 이어지는 모든 언약보다는 미숙하다. 바울은 모세의 율법 언약이 갖는 일시성을 세가지 상징으로 잘 설명하였다(고후 3:12-15).[25] 출애굽기 34장(29-30절)의 모세의 얼굴에 나타난 상징, 모세 얼굴의 영광이 사라지는 것에 대한 상징, 모세의 얼굴을 가린 수건에 대한 상징 등 세 가지 상징을 설명하면서 바울은 모세에게 주어진 율법의 일시성 곧 예수 그리스도 안에서 율법의 역할은 희미해지거나 사라짐으로써 그리스도 안에서 모세언약은 더 발전된 모습으로 성취되었음을 설명했다. 이런 의미에서 모세언약은 모세 이후의 언약에 비해 미숙하다는 표현을 사용할 수 있다.

예수 그리스도는 율법의 끝이 되기 위해 율법의 모든 의를 이루셨다. 그리스도는 율법의 모든 요구를 완전히 지켰으며 동시에 율법의 저주를 자신이 친히 담당하셨다. 모세의 율법 계약은 예수 그리스도 안에서 완성된다.

④ 모세의 율법 언약의 핵심인 십계명에 대한 해석은 신명기와 메시아언약(제7장 5.)을 보라.

---

25 Ibid., p. 177.

10) 성막 제도(출 35-40장 및 25-31장)

성막 제도는 오경의 핵심 제도이다. 출애굽기에 13장 이상, 레위기 18장 이상, 민수기에 13장 이상 그리고 신명기에 두 장 이상이 이 성막(장막)에 대해 언급하고 있으며 신약의 히브리서는 4장 이상이 장막에 대한 설명으로 되어 있다. 성경에서 하나의 내용에 대해 적어도 50장 이상 기록해 놓은 것은 성막 제도가 유일하다. 하나님께서는 모세에게 하나님의 거할 처소로서의 성막을 짓도록 명령하셨다(출 25:8).

성막 제도의 가장 중요한 것은 일곱 기구의 기능과 의미이다. 우선 성막(장막)의 그림을 상상해 보면 직사각형의 성막의 동쪽에 안으로 들어가는 문이 있다. 동쪽의 문을 열고 성막 안으로 들어가면 제일 먼저 번제단을 만난다. 피 흘림의 제사를 드리는 곳이다. 다음으로 물두멍을 만난다. 이 물두멍에서 손을 씻고 몸을 정결케 하는 곳이다. 다시 휘장을 열고 들어가면 성소가 나온다. 이곳에는 금 촛대와 진설병이 놓여 있는 떡상 그리고 분향단이 있다. 다시 휘장을 열고 들어가면 그 곳이 지성소다. 그 곳에는 법궤, 증거궤 등으로 불리우는 언약궤가 있다. 이 언약궤를 덮는 뚜껑을 속죄소 또는 시은좌(소)라고 부른다. 이곳에는 1년에 단 한 차례 대제사장만이 들어와 7월 10일에 피를 뿌려 제사하는 곳이다.

이 성막제도는 백성들이 하나님께 나아갈 때 반드시 피 흘림의 제사가 요구되었으며 제사장과 제물과 제사 드리는 사람이 있어야 했다. 이 성막 제도는 예수 그리스도의 피 흘림 곧 십자가 사건을 통해 죄인이 하나님과 화목하게 되는 구속 사건에 대한 모형이었다(히 3:5; 8:6). 성막은 그림자 언약이며 예수 그리스도는 성막 제도의 실체이다(히 9:23; 10:1). 성막제도는 성막(Tabernacle)이라는 말 대신에 장막(Tent), 성소(sanctuary), 회막(tent of meeting), 증거막(tent of testimony)등으로 표현되기도 한다. 성막은 하나님께서 짐승의 피 흘림을 통해 죄인을 만나 주시고 죄를 용서해 주시며 대화에 응해 주시는 유일한 교제의 장소로 하나님께서 허락하셨다. 모세 시대의 성막 제도는 다윗과 솔로몬 시대 이후에 성전 제도로 점진되었으며 그 후 스룹바벨 성전과 헤롯 성전을 거쳐 성전 시대는 끝나고 성전보다 큰 분이신 예수 그리스도의 십자가 사건으로 구약의 모든 성전 제도는 성취되었다. 구약의 성막 제도는 죄인과 하나님 사이의 교제에 대한 희미한 그림자 언약에 불과했고 오늘날에는 언약의 실체이신 예수 그리스도 안에서 누구든지 주님의 이름으로 하나님께 당당히 나아갈 수 있고 대화할 수 있으며 하나님을 섬기며 봉사할 수 있는 은혜가 주어졌다.

결론적으로 출애굽기의 메시아적 언약은 다음과 같다. 여호와의 사자는 메시아의 예표(출 3:2-3)이며, 유월절양(출 12:3-11), 초태생(출 13:2), 만나(출 16:31), 반석(출 17:6), 성막 제도(출 25:8-9) 및 제사장의 예표적 의미(출 27:21 이하)등이라고 볼 수 있다.

3. 레위기와 메시아언약

1) 명칭과 주요 내용

레위기의 히브리어 명칭은 히브리어성경의 첫 단어인 봐이크라(ויקרא)이며 '그리고 그가 부르셨다'는 의미를 갖는다. 레위기의 헬라어 명칭은 레위티콘(λευίτικον)으로 레위인들 이라는 문자적 의미가 있다. 이것은 제사 드리는 일과 제사장의 규례가 레위인들에게 집중된 것으로 보고 레위인들에 관한 규례라는 뜻으로 그렇게 명칭을 붙인 것이다. 영어 명칭도 헬라어의 명칭을 따라 붙였으며(Leviticus) 한글 개역성경도 헬라어역인 70인역의 명칭에 따라 레위기로 부른다.

레위기는 하나님의 백성들이 하나님께 나아가는 방법을 가르쳐 주며 이것은 그리스도를 통해 하나님을 만나는 십자가 사건의 모형이다. 주요 내용으로 성결의 법(1-16장), 교제의 법(17-26장), 순종과 축복 및 불순종과 징계(26-27장)에 관한 규례 등이다.

2) 레위기의 메시아 이해

율법(토라)의 세 번째 책인 레위기는 제사 제도에 관한 규례를 언급하고 있다. 제사 제도는 성막 제도와 함께 예수 그리스도의 십자가 사건에 대한 그림자요 모형으로서 그 중요성이 있다. 레위기에는 번제, 소제, 화목제, 속건제 및 속죄제 등 다섯가지의 제사의 종류와 화제, 요제, 거제, 전제 등의 제사 방법에 관하여 자세히 설명되어 있다(레 1-7장). 다음으로 제사를 드리는 대사장들의 성별에 대해 언급하였으며(8-10장) 정한 것들과 부정한 것들에 대한 규례를 통해 이스라엘 백성들의 구별된 삶을 가르쳤다(11-15장). 마지막으로 이스라엘의 대속죄일에 대한 규례와 일반 제사 규례들 그리고 절기들에 대해 언급했다(16-27장). 특히 다섯가지 제사는 하나님께 드리는 제물의 종류, 드리는 방법 등의 차이가 있으나 각각 서로 다른 의미가 뚜렷하게 구별된다고 이해하기보다는 이 모든 제사의 모습들은 한결같이 그리스도 우리 주님의 대속의 원리 곧 대신 피흘려 죽으시는 사건과 그 의미들을 보여 주는 모형이요 그림자로 이해해야 한다.

더 나아가 레위기 속의 제사 제도와 제사장의 규례 및 각종 절기의 의미는 구약 시대의 하나님과의 교제를 보여 준다. 제사를 통해 하나님을 만나고 절기들을 통해 하나님께 감사하며 죄를 용서받고 교제하는 동시에 주변에 하나님을 선포하였다. 아브라함이 가는 곳마다 제단을 쌓았고 이스라엘 백성이 가는 곳마다 성막을 중심으로 제사를 드렸으며 백성들이 성전을 중심으로 하나님을 섬기는 모든 행위는 하나님의 존재와 그분의 구원하심과 축복에 대해 감사하는 최고의 예배 행위였다. 하지만 레위기의 일반 제사와 절기 때의 모든 피흘림의 제사는 그리스도의 십자가의 죽으심에 대한 그림자일 뿐이며 그 짐승의 피가 인간의 죄를 없애 주지는 못했다. 레위기의 이 모든 제사 제도와 절기 등의 축제는 인간의 죄를 용서하시기 위해 대신 죽으신 예수 그리스도의 십자가 사건으로 성취되었다. 레위기의 메시아적 의미는 히브리서 8, 9, 10장에 자세하게 설명되어 있다.

4. 민수기와 메시아언약

1) 명칭과 주요 내용

민수기의 히브리어 명칭은 히브리어성경의 첫 단어인 봐예다베르(רַיְדַבֵּר)이며 '또 그가 말씀하셨다'는 의미의 말이다. 민수기의 헬라어 명칭은 아리스모이(Αριθμοι) 인데 '숫자들' 이란 뜻이다. 두 번에 걸쳐 실시한 인구조사와 그 백성들의 광야생활을 주제로 명칭을 붙인 것이다. 영어성경의 명칭도 헬라어 명칭을 그대로 의역한 것으로 Numbers(숫자들) 라고 붙였다. 한글개역성경의 민수기도 백성들의 숫자들이라는 헬라어 명칭에 따라 붙여진 이름이다. 애굽에서 나온 이스라엘 백성의 수는 20세 이상의 남자들만의 숫자로 603,550명이었다(민 1:45,46). 그러나 가나안 정탐 사건 이후 이 숫자에 든 남자 중에서는 여호수아와 갈렙 외에는 모두 그들의 불신앙과 불순종의 죄악으로 광야에서 죽었다.

약 40년의 광야 생활을 마친 후 두 번째 인구조사를 했을 때는 20세 이상의 남자의 수가 601,730이었다. 하나님의 징계와 심판의 기간으로 약 40년간 첫 번째 인구조사의 명단에 들어간 남자들은 시내 광야와 모압 평지를 방랑하며 죽어가야 했다. 따라서 민수기는 거의 대부분 하나님의 징계 아래 불순종으로 일관했던 사람들의 불신앙과 죽음에 대한 사건과 내용으로 가득 차 있다. 인구조사를 마친 이스라엘 백성들은 성막을 기준으로 지파별로 모여 일사분란하게 행진과 멈춤을 반복하며 가나안을 향해 나아갔다.

민수기의 주요 내용은 시내 광야에서의 모습(1-10장), 시내 산에서 가데스까지의 모습(11-12장), 가데스에서 모압 평지까지의 모습(13-22장), 모압 평지에서 일어난 사건들(22-36장)로 요약된다.

2) 첫 인구조사와 출발 준비(민 1-8장)

(1) 인구조사

이스라엘 백성들이 애굽에서 나온 지 제 이년 이월 이일에 하나님의 명령대로 인구조사가 실시되었다. 20세 이상의 싸움에 나갈 수 있는 남자의 수를 지파별로 조사하여 합산했을 때 레위인의 수를 제외하고 603,550명이었다(민 1:46). 이십 세 이하의 어린아이와 여자를 합하면 당시 이스라엘 백성의 숫자는 200백만 명 이상이었을 것으로 추측된다. 질서의 하나님께서는 성막을 중심으로 이스라엘 모든 백성의 진 배치를 끝내고 하나님의 지시에 따라 질서정연하게 가나안을 향해 이동하는 모든 준비를 마쳤다. 그리고 하나님을 섬기는 일에 전념할 레위인들의 수를 조사하고 백성들을 성결케 했으며 제사장의 직무와 사명을 가르쳤다. 또한, 하나님의 백성들로서 지켜야 할 각종 규례와 제사 제도가 주어졌으며 나실인의 법도 주어졌다(민 6장).

(2) 제사장의 축복 기도(민 6:22-27)

하나님께서 모세를 통해 지시하신 제사장의 축복 기도의 내용은 메시아를 통한 구원의 복의 모형이다. 제사장이 백성을 위하여 빌어야 할 이러한 축복 기도의 내용은 구원받을 자기 백성에 대한 언약적 대제사장이신 메시아 예수 그리스도의 축복 기도에 대한 모형이다.

> 여호와는 네게 복을 주시고 너를 지키시기를 원하며 여호와는 그 얼굴로 네게 비취사 은혜 베푸시기를 원하며 여호와는 그 얼굴을 네게로 향하여 드사 평강주시기를 원하노라

3) 첫 유월절과 성막 위의 구름(민 9-10장)

애굽에서 나온 이스라엘 백성들은 만 일 년이 되는 이듬해 정월 십사 일에 하나님의 말씀을 따라 첫 유월절을 지키기 위해 장막을 치고 머물렀다. 유월절을 지키는 한 주간 동안 머문 것이다(민 1:46) 이 첫 유월절은 애굽에서 해방되고 구원받은 것을 기념하는 감사 축제일로 대대로 지켜야 하는 절기였다(출

12장). 이 첫 유월절 절기 때 시체로 인하여 부정한 자들이나 여행 중인 자들까지도 유월절을 지키도록 요구받았다. 유월절을 지키지 않는 자들은 희생 제물을 드리지 않은 자들로 간주되어 자신의 죄를 용서받지 못하는 자들이 되었다. 특히 유월절 절기를 지키는 규례는 내국인과 타국인의 구별이 없었다. 이것은 장차 유월절 어린양 되시는 예수 그리스도를 믿는 사람은 누구나 차별 없이 구원을 받는 사실의 앞선 모형이었다. 광야 생활 중 이스라엘 백성들의 첫 유월절 축제는 예수 그리스도를 믿고 구원받은 모든 그리스도인의 매일 매일의 감사생활과 일치한다.

　이스라엘 백성들이 텐트를 치고 머무를 때는 이동식 증거궤(언약궤)를 두는 성막 곧 증거막 위에 구름이 덮였고 저녁이 되면 불 모양 같은 것이 아침까지 있었다. 소위 구름기둥과 불기둥이 성막을 감싸고 있었다. 구름이 머무는 곳에 이스라엘 백성들은 진을 쳤고 구름이 떠오르면 백성들은 진행하였다. 만약 구름이 장막 위에 오래 머물고 있으면 이스라엘 백성들은 결코 진행하지 않았다. 한달이든지 일년이든지 구름이 성막 위에 계속 머물러 있으면 결코 진행하지 아니하였으며 구름이 떠오르면 즉시 텐트를 거두고 진행하였다. 또한, 제사장이 부는 은 나팔 두 개의 소리에 따라 백성들은 모세의 지시를 받아야 했다. 나팔의 수와 소리의 모양 길이 크기 등에 따라 백성들에게 전달되는 내용이 모두 달랐다(민 10장). 이스라엘 백성들의 광야 초기 생활은 하나님의 말씀에 따라 순종하는 법을 배우는 기간이었다. 순종과 하나님의 은혜는 정비례하는 신앙생활의 법칙을 훈련받은 것이다. 광야생활 40년 동안 이스라엘 백성들은 순종을 배우며 가나안을 향하여 나아갔다.

　첫 유월절을 한 주간 동안 지킨 백성들은 구름이 떠오르는 것을 신호로 시내 광야에서 출발하여 가나안을 향해 행진을 계속했다. 제사장들은 여호와의 언약궤를 메고 백성들보다 삼일 길을 앞서 진행하면서 하나님의 지시에 따라 쉴 곳을 찾았다. 그 뒤를 따라 백성들은 유다 지파를 선두로 열두 지파가 질서를 유지하고 구름 기둥의 인도를 받으며 진행을 계속하였다. 여호와의 궤가 출발할 때와 멈출 때 모세는 기도하였다. 출발할 때는 "여호와여 일어나사 주의 대적들을 흩으시고 주를 미워하는 자로 주의 앞에서 도망하게 하소서(민 10:35)"라고 기도했고 멈출 때는 "여호와여 이스라엘 천만인에게 돌아오소서

(민 10:36)"라고 기도했다.

4) 메추라기 징벌(민 11장)

시내 광야에서 출발한 지 얼마 되지 않아 이스라엘 백성들은 악한 말로 원망하기 시작하였다. 하나님께서 들으시고 불을 내려 이스라엘 백성들의 진(陣) 끝을 태우셨다. 백성들의 부르짖음과 모세의 기도로 불은 꺼졌으나 하나님의 심판이 내려지고 말았다.

이스라엘 백성 중에 섞여 사는 일부 백성들이 만나를 주신 하나님의 은혜를 망각하고 탐욕을 부렸다(민 11:4). 그 결과 그들은 고기를 먹고 싶다고 불평을 터뜨렸다. 만나는 갓씨 같고 모양은 진주와 같았다(출 16장). 백성들은 만나를 거두어 맷돌에 갈기도 하고 절구에 찧기도 하며 가마에 삶기도 하여 과자를 만들어 먹었다. 그 맛은 기름 섞은 과자 맛 같았다(민 11:7-9). 만나를 먹으면서도 감사는커녕 불평을 터뜨리며 엉엉 우는 백성들의 모습을 보고 모세는 기분이 좋지 않았으며 여호와 하나님께서는 진노하셨다. 모세의 불평을 들으신 하나님께서는 한 달 동안이나 고기를 주어 백성들이 실컷 먹게 하겠다고 말씀하셨다(11:20).

모세와 백성들은 20세 이상의 보행자 60만 명에게 어떻게 한 달이나 고기를 먹게 해 줄 수 있겠느냐고 불평하며 하나님의 말씀을 믿지 못했다. 그러나 하나님께서는 메추라기를 보내 주셔서 순종하는 백성들에게는 한달간 실컷 고기를 먹여 주셨다. 하지만 탐욕을 부리며 불평하고 하나님의 말씀을 믿지 않았던 백성들은 메추라기 고기를 요리하며 입속에 넣었으나 씹히기 전에 하나님의 진노를 받아 모두 고기를 입속에 넣은 채 죽임을 당하였다. 탐욕을 부리며 하나님을 믿지 않고 불평하던 자들을 하나님께서 죽이셨으며 그들을 장사지낸 곳의 이름은 기브롯핫다아와였다.

메추라기 사건은 순종하는 자들과 출애굽 제2세들에게는 하나님의 은혜요 축복이었으나 불신앙을 드러낸 출애굽 제1세대들에게는 하나님의 징계의 수단이요 심판의 도구였음을 교훈한다. 이것은 예수 그리스도가 믿고 순종하는 자들에게는 구원의 은총이었으나 그리스도를 믿지 않는 자들에게는 거치는 돌이 되는 것과 같다. 이 외에도 미리암과 아론의 모세의 비방과 같은 불평에 이르기까지 이스라엘 백성들은 감사와 찬양보다는 원망과 불평으로 일관했다. 이스라엘 백성들의 광야생활은 인간의 죄성을 극명하게 보여 주는 필름과 같다.

5) 정탐꾼의 보고와 결과(민 13-14장)

모세는 가데스에 도착했을 때 가나안 땅을 정찰하기 위해 12명의 정탐꾼을 보냈다. 정탐꾼을 보내는 사건은 모세가 스스로 한 것이 아니었다. 아모리 족속의 산지길로 올라가라는 하나님의 말씀에 불순종하는 백성들의 건의에 따라 모세는 정탐꾼을 미리 보내게 된 것이다(신 1:22). 그 후 약 40년이 지나 요단강 동편에서 과거를 회상하며 설교할 때 모세는 이것은 분명히 하나님의 명을 거역하는 불신앙적 행위였음을 백성들에게 가르쳤다. 정탐꾼 12명은 40일 동안 가나안 남쪽에서부터 북쪽까지 정찰하고 돌아와 보고대회를 열었다. 정탐꾼들의 정찰보고는 모두 같았으나 평가는 둘로 나누어졌다.

여호수아와 갈렙을 제외한 10명은 불신앙적인 평가를 하면서 애굽으로 다시 돌아가는 것이 좋겠다고 백성들을 선동했다. 그러나 여호수아와 갈렙은 하나님의 약속을 믿고 가나안을 향해 출발하자고 외쳤다. 하지만 대부분의 백성들은 불신앙적인 보고자들의 평가를 받아들이며 모세와 지도자들을 원망하며 공격적으로 불만과 불평을 토로했다. 이 사건으로 하나님의 진노를 받은 이스라엘 백성들은 모세의 중재로 죽음은 면했으나 가혹한 징계를 받았다. 그것은 가나안 정탐 기간 40일의 하루를 일 년으로 계산하여 40년 동안 광야에서 유리방황하게 되는 징계였다.

그뿐만 아니라 여호수아와 갈렙 외에는 가나안 땅에 들어가지 못할 것이라는 무서운 심판을 받았다. 이러한 징계와 심판 아래 첫 번 인구조사의 숫자에 들어갔던 20세 이상의 남자 중 여호수아와 갈렙 이외의 모든 사람은 광야생활 40년 동안에 계속 불순종과 불신앙을 드러내며 살다가 모두 죽고 말았다. 따라서 이스라엘 백성들의 광야생활은 언제나 두 가지 의미가 있다. 불순종하며 하나님께 불신앙을 드러냈던 백성들에게는 무익한 고난과 징계와 죽임을 당

하는 심판의 세월이었으며, 하나님을 믿고 순종하는 백성들에게는 하나님의
은혜와 기적을 맛보며 살았던 훈련과 연단의 기간이었다.

6) 무익한 불순종의 기간들(민 15-19장)

첫 번 인구조사 대상이었던 20세 이상의 모든 사람이 죽을 때까지의 기간
인 약 37년 6개월 동안의 기록은 거의 없다. 안식일에 산에 나무하러 갔던 자
가 고발당하여 죽임을 당하였고(민 15장) 특히 이 기간에 모세와 아론을 대적
하고 반란을 일으켰던 반란의 주동자 레위자손 고라와 르우벤자손 다단과 아
비람은 그들의 추종자 250명과 함께 갈라진 땅속에 삼켜지는 하나님의 심판
을 받았다(민 16장). 또 이러한 하나님의 심판에 대해 모세와 아론에게 불평하
는 14,700명이 하나님 진중에 보낸 재앙(염병)으로 죽임을 당했다(민 16장).

계속해서 원망하는 백성들의 불평과 원망을 제거하기 위해 아론의 지팡이
에서 싹이 나게 하시고 싹 난 아론의 지팡이를 여호와의 증거궤 앞에 두어서
패역한 자의 표징이 되게 하시기도 했다. 이스라엘 백성의 40년 광야생활 가
운데 성경이 침묵하고 있는 기간마저도 여호수아와 갈렙 외에는 가나안 땅에
들어가지 못하리라는 하나님의 심판이 집행되고 있는 기간이었음을 보여 준
다. 결국 불순종하며 하나님께 불신앙을 드러냈던 출애굽 제1세들에게는 무
익한 고난과 징계와 죽임을 당하는 심판의 세월이었으며, 하나님을 믿고 순종
하는 출애굽 제2세대들에게는 하나님의 은혜와 기적을 맛보며 살았던 훈련과
연단의 기간이었음을 알 수 있다.

7) 반석과 모세의 불신앙(민 20장)

모세의 가족 중 미리암이 죽었다. 가나안 정탐 사건 이후 하나님의 징계
와 심판에 따르면 모세와 아론도 광야에서 죽어야 했다. 미리암의 죽음과 함
께 모세에 대한 하나님의 징계가 나타나고 아론의 죽음이 민수기 20장에 계
속 이어진다. 물이 없다고 모세와 아론을 공박하는 회중에 대해 모세는 몹시
화가 났다. 하나님께서는 모세에게 지팡이를 손에 잡고 백성들을 모은 후 반

석에게 명하여 물을 내어 사람들과 짐승에게 먹이라고 말씀하셨다. 그러나 화가 난 모세는 우리가 너희를 위하여 이 반석에서 물을 내랴 하면서 손을 들어 지팡이로 반석을 두 번 쳤다.[26] 많은 물이 솟아 나와 회중과 짐승들이 마셨으나 모세와 아론은 하나님의 진노를 사고 말았다. 하나님께서는 모세와 아론이 백성들 앞에서 하나님을 믿지 않고 여호와의 거룩성을 나타내지 않았다고 꾸짖으며 모세와 아론도 가나안 땅에 결코 들어가지 못하게 될 것이라는 선언을 받았다.

모세는 40년 광야 생활을 마치고 이스라엘 백성들에게 율법을 재설명해 주는 세 편의 설교를 할 때 마지막 세 번째 설교에서 자신이 가나안 땅에 들어가지 못하는 이유를 밝혔다. 그것은 신 광야 가데스의 므리바 물가에서 하나님께 범죄한 결과였다고 말했다(신 32:51). 모세는 분노했고, 또한 마치 자신이 백성들을 위해 물을 낼 수 있는 것처럼 말함으로써 하나님의 거룩성을 드러내지 않았다. 이스라엘 백성의 광야 생활은 모세를 비롯하여 하나님께 불신앙을 드러냈던 백성들에게는 무익한 고난과 징계와 죽임을 당하는 심판의 세월이었으며, 하나님을 믿고 순종하는 백성들에게는 하나님의 은혜와 기적을 맛보며 살았던 훈련과 연단의 기간이었음을 다시 엿볼 수 있다. 반석에서 물이 나와 이스라엘 백성들이 마신 이 역사적 사실 속에서 그 반석이 그리스도의 모형이라는 바울 사도의 해석에 귀 기울여야 한다(고전 10:4). 바울은 바위가 대신 깨뜨려진 사실은 그리스도가 죄인 대신 죽으시는 역사적 사실에 대한 모형으로 해석한 것이다.

---

26 반석을 명하라고 하셨으나 반석을 지팡이로 친 것이 모세의 잘못인지, 또는 반석을 한 번 쳐야 하는데 두 번 친 것이 잘못된 것인지를 논하는 것보다는 아무 상관도 없는 반석(바위)이 대신 깨뜨려져 물이 나옴으로 인해서 오히려 불신앙으로 죽어야 할 이스라엘 백성들이 마시고 살아났다는 이 의미(대신 깨뜨려짐)가 더욱 중요하다. 이것은 반석은 곧 그리스도(대신 죽으심)라고 해석한 바울 사도의 해석과 부합되기 때문이다.

8) 놋뱀과 그리스도(민 21장)

물이 없다고 원망했던 백성들, 먹을 것과 고기가 없다고 불평했던 백성들, 지도자 모세와 아론에게 도전했던 백성들은 가나안 정탐 사건 속에서도 불평하고 하나님을 믿지 못하는 불신앙을 저지르고야 말았다. 한 두 달이면 넉넉히 들어갈 수 있었던 가나안 땅을 40년 동안 광야에서 훈련과 징벌을 받은 후에야 들어갈 수밖에 없는 심판 선언을 받았다(민 13, 14장). 불신앙과 불평은 무서운 속도로 전염이 되어 급기야 20세 이상의 인구조사에 들었던 백성들의 거의 대부분은 가나안 땅에 들어가지 못하는 하나님의 징벌을 받고야 말았던 것이다.

그러나 하나님께서는 아브라함과 이삭과 야곱에게 약속하신 언약에 따라 이스라엘 백성을 사랑하시되 끝까지 사랑하시는 인자와 긍휼을 베푸시며 그들을 약속의 땅으로 인도하고 계셨다. 죄에 대한 심판과, 또한 심판 속에서도 긍휼과 자비를 베푸시는 하나님의 은혜가 구약의 역사 속에서 해석되는 하나님의 구원사이다. 여호수아와 갈렙 이외는(당시 20세 이상의 인구조사를 받은 사람들 중) 아무도 가나안 땅에 들어가지 못한다는 하나님의 심판 선언이 있은 후에도 백성들은 계속 하나님의 인도를 받으며 가나안을 향해 가고 있었다. 이때 하나님께서는 이스라엘 백성들을 홍해 길을 따라 에돔 땅을 둘러 가도록 인도하셨으나 백성들을 그 척박한 길을 가면서 마음이 상하고 말았다. 다시 하나님과 모세를 향해 원망과 불평을 토해 내는 백성들의 모습은 불신앙과 불순종의 대표적 모습이었다.

하나님께서는 그들의 무서운 불신앙에 대해 이번에는 불뱀들을 보내어 불평하고 원망하는 백성들을 물어 죽게 하시는 징벌을 내리셨다. 백성들은 즉시 모세를 찾아와 자신들의 범죄를 시인하며 여호와께 기도하여 뱀들을 물리쳐 달라고 간청하였다. 모세의 기도를 들으신 하나님께서는 불뱀을 만들어 장대 위에 매달게 하셨으며 뱀에게 물린 자는 누구나 그것을 보면 살게 될 것이라고 말씀하셨다. 모세가 놋뱀을 만들어 장대 위에 매달았을 때 뱀에게 물린 자 중 놋뱀을 쳐다보는 자는 모두 살아났다. 여기서 뱀에게 물린 자들은 모두 하나님을 시험했다고 바울 사도는 해석했다(고전 10:9). 단순한 원망과 불평을 토해 내는 불신앙 정도가 아니라 하나님을 시험했다는 것이다. 그동안 하나님의 이적과 기적과 은혜를 그렇게 많이 체험하고도 계속 하나님을 신뢰하지 못하고 불신하는 그들의 모습은 결국 하나님을 시험하는 불신앙적인 죄악으로 드러나고 말았다. 하나님은 불뱀에 물려 죽어 가는 백성들을 살리기 위해 대신 불뱀을 만들어 장대 끝에 매달도록 모세에게 지시하셨다. 불뱀이 대신 죽어야 하는 사실을 상징한 것이다. 그리고 불뱀에 물린 자마다 그 장대 끝에 매달린 불뱀을 쳐다보면 살게 될 것이라고 말씀하셨다. 즉 장대 끝의 불뱀은 보이는 하나님의 말씀 그 자체였다. 장대에 매달린 뱀을 쳐다볼 수 있는 자들은 모세를 통해 주신 하나님의 말씀을 믿고 순종하는 자들이다.

반대로 장대의 뱀을 쳐다보지 않는 자들은 하나님의 말씀(쳐다보면 살리라)을 믿지 못하는 불신자들의 모형이다. 이것은 오늘날 예수 그리스도를 믿으면 구원을 받지만 믿지 않으면 구원을 받지 못한다는 하나님의 말씀에 순종하는 자들과 불순종하는 자들에 대한 예표이며 모형이다. 구원의 기적은 구약 시대나 신약 시대 모두 하나님의 말씀에 순종하느냐의 여부에 따라 달려있다. 구약 시대의 구원에 대한 모든 예표와 모형은 신약 시대 말씀이 육신이 되어 이 땅에 오신 메시아 예수 그리스도를 믿고 순종하느냐의 여부에 따라 드러나는 구원의 앞선 모델이다.

9) 발람의 축복과 메시아 예언(민 22-24장)

이스라엘 백성들이 하나님의 인도하심으로 아모리 족속을 진멸했다는 소식이 모압 왕 발락에게 전해졌을 때 발락은 두려웠다. 그는 모압 장로들을 하나님의 선지자 발람에게 보내어 애굽에서 나온 이스라엘 백성들을 저주해 주기를 요청한다. 발람은 처음에는 거절하였으나 하나님의 허락으로 발락이 보낸 귀족들을 따라가다가 자신을 태우고 가는 나귀의 반항에 부딪힌다. 발람은 나귀를 세 번이나 때리며 앞으로 나아가기를 원했지만 눈이 밝아져 여호와의 사자를 본 후 자신의 잘못을 깨달았다. 모압 왕 발락을 만난 발람 선지자는 발락에게 제단과 제물을 준비시키고 하나님이 주시는 말씀에 따라 이스라엘을 축복하였다. 마지막 발락의 분노 속에서도 발람은 다시 하나님의 말씀에 따라 이스라엘을 축복하였다. 발람의 축복의 메시지 속에는 장차 오시는 이 곧 메시아에 대한 예언이 담겨 있었다(민 24:15-19).

> 한 별이 야곱에게서 나오며 한 홀이 이스라엘에게서 일어나서 모압을 이 편에서 저 편까지 쳐서 파하고 또 소동하는 자식들을 다 멸하리로다(민 24:17).

주권자가 야곱에게서 나서 남은 자들을 그 성읍에서 멸절하리로다(민 24:19). 이 두 절의 말씀은 먼 미래에 왕 중 왕으로 오실 메시아 예수 그리스도에 관한 예언이다. 발람이 선포한 축복의 메시지는 하나님의 구원 계획이 원수들의 반대 속에서도 반드시 성취될 것임을 명확하게 보여 준다. 발람의 메시지 속에는 비록 메시아라는 용어는 없으나 상징적인 표현들(홀, 별)은 장차 메시아로 오시는 분(Coming One)에 대한 기대와 통치하시는 분으로서의 승리가 담겨 있다. 장차 오시는 분은 구속자요 심판자요 목자이신 메시아이다.[27]

10) 요단 동편 모압 평지(민 26-29장)

(1) 2차 인구조사(민 26장)

이스라엘 백성이 여리고 맞은 편 곧 요단강 동편 모압 평지에 이르렀을 때 하나님께서는 다시 인구조사를 명하셨다. 이 인구조사의 결과 20세 이상의 남자가 601,730명이었다(민 26:51). 이들은 소위 출애굽 제2세들이다. 첫 번째 인구조사의 수(603,550명)에 들었던 모든 이스라엘 남자들은 40년 광야 생활 중 여호수아와 갈렙 외에는 모두 광야에서 죽었다. 그런데도 40여년 전 애굽에서 나올 때의 그 인구와 비슷한 모습으로 요단강 동편 모압 평지에 다다른 것이다. 이것은 이스라엘 백성의 구원과 가나안 입성은 하나님의 주권적 섭리와 하나님의 방법에 의해 이루어지고 있음을 보여 준다.

---

27 그로닝겐, p.292.

(2) 절기와 예물들(민 26, 28-29장)

요단강 동편 모압 평지에서 하나님께서는 모세에게 절기의 제물에 대해 말씀하셨다. 이스라엘 백성이 하나님 앞에서 짐승의 제물을 드리며 지키는 3대 축제일은 유월절(무교절), 맥추절(칠칠절, 오순절) 및 초막절(수장절)이다. 이 외에도 매일 드리는 상번 제물, 안식일에 드리는 안식일 제물, 매월 초하룻날에 드리는 월삭의 제물, 매년 7월 1일의 나팔절 제물, 7월 10일의 대속죄일 제물 등 하나님께 정기적으로 제물을 드리는 절기로는 상번제를 비롯하여 모두 8절기에 이른다(민 28-29장). 이 모든 절기의 피 흘리는 제사와 제물은 그리스도의 대속의 죽음과 희생에 대한 예표이다. 이 모든 절기의 제사 제도는 그리스도의 십자가 사건으로 성취되었다.

(3) 애굽에서 요단까지(민 33-36장)

이스라엘 백성의 40년 광야 생활의 여정이 출애굽 당시부터 요단강 동편 모압 평지에 이르기까지 자세하게 요약 기록되었다. 그리고 가나안 땅의 경계와 레위인의 기업(성읍과 도피성)이 언급되고 여자 상속에 대한 규례를 마지막으로 민수기의 역사는 막을 내린다. 결국 민수기는 두 번에 걸친 인구조사의 결과를 통해 하나님의 구원 방법을 가르쳐 주고 있으며 동시에 가나안 땅의 경계와 땅의 분배를 위한 족장의 선택 등을 통해 가나안 땅을 기대하게 한다. 이것은 이스라엘 백성의 구원과 애굽으로부터 해방이 하나님의 주권적인 방법에 따라 이루어졌듯이 그들의 가나안 입성도 하나님의 은혜로 이루어질 것임을 보여 준 것이다. 결론적으로 민수기의 가장 중요한 메시아언약은 그리스도의 모형인 반석(민 20장), 놋뱀 사건(민 21:9)과 발람의 예언(별, 홀) 등에 집중적으로 나타나 있다(민 24:17).

5. 신명기와 메시아언약

1) 명칭과 주요 내용

신명기의 히브리어 명칭은 히브리어성경의 첫 두 단어인 엘레 핫데바림 (מרבדה האלה)에서 유래했으며 '이것들은 그 말씀들이다'는 문자적 의미를 갖는다. 또한, 신명기의 헬라어 명칭은 듀테로노미온(δευτερονομιον)이며 이 명칭은 신명기 17장 18절의 율법의 필사본이란 말에서 유래하였다. 영어 명칭인 Deuteronomy(두 번째 율법)는 헬라어 명칭을 그대로 음역한 것이다. 한글개역성경의 신명기(申命記)라는 명칭도 하나님의 계명을 다시 설명하는 책이라는 의미의 말이다.

출애굽기와 민수기의 내용은 출애굽 이후의 이스라엘 백성들의 광야 생활의 역사적 기록이다. 그러나 신명기의 내용은 광야 생활을 거의 마친 후 요단강 동편에서 과거 약 40년의 광야생활을 돌아보며 모세가 이스라엘 백성들, 특히 광야에서 태어난 출애굽 제2세대들에게 충고한 세 편의 설교 형식의 고별사(告別辭)로 되어있다(신 1:3). 신명기의 형식은 모세와 같은 시대의 문서인 힛타이트 조약문서와 그 순서가 일치되는 점 등을 이유로 모세 시대에 모세가 기록했음을 증명하기도 한다.[28] 신명기의 내용이 출애굽기와 민수기의 내용과 유사한 부분이 많이 있다 할지라도 그것은 단순한 중복이나 반복이 아니라 약속의 땅을 눈 앞에 두고 있는 이스라엘 백성을 위해 이미 주신 하나님의 언약들과 율법에 대한 해석이다. 특히 신명기의 모세 저작설과 역사성에 대해 비평주의 자들의 많은 비평과 반대가 있으나 대부분의 언약신학자들의 주장과 개혁주의 입장 아래서는 힛타이트 문서의 발견에 따라 모세 시대의 하나님의 언약서로 보고 있다.[29]

따라서 신명기는 모세의 첫 번째 설교는 역사에 대한 회고와 훈계이며 이스라엘 백성들의 절대적인 순종을 요구한다. 하나님의 언약 백성들의 생활은 첫

---

28 팔머 로벗슨, op. cit, pp. 172-173.

29 Ibid., pp. 172-173.

째도 순종 둘째도 순종이다. 신명기의 두 번째 모세의 설교는 십계명 곧 언약 서의 선포와 그 언약의 실천을 강조한다. 십계명을 중심으로 하는 언약 백성 들의 공동체적 신앙 형태를 구체적으로 보여 주는 수많은 제도와 절기 및 규 례와 율례 등이 십계명의 선포에 이어 계속 언급된다.

마지막으로 신명기의 모세의 세 번째 설교는 축복과 저주 형식을 통한 언약 의 갱신과 그 언약의 계속성을 말하고 있다. 가나안에 들어가 하나님의 이름 을 선포하며 하나님의 말씀에 따라 살아야 하는 이스라엘 백성들에게는 절대 적인 순종이 요구되었다. 즉 모세를 통해 주어진 언약을 지키면 하나님의 복 과 은총을 받지만 거역하고 불순종하게 되면 저주와 진노를 면치 못할 것이라 는 하나님의 언약은 가나안 땅에 들어간 이스라엘 백성들에게 그대로 적용되 었다. 이 언약에 따라 그들은 은혜와 축복 아래 있기도 했고 진노와 저주 아래 있기도 했다. 이것은 먼 훗날 하나님의 약속에 따라 메시아 예수 그리스도를 믿는 자에게는 구원과 영생의 복이 임하지만 그리스도를 부인하며 불신하는 자들에게는 하나님의 진노 아래 있게 되는 역사적 사실에 대한 앞선 모형이다.

2) 첫 번째 설교와 메시아 이해(신 1:6-4:43)

가나안 입성을 앞둔 이스라엘 백성들 앞에서 모세는 출애굽 이후 제40년 11월 1일에 그동안 하나님께서 주신 율법을 다시 설명하는 설교를 시작하였 다.[30] 모세는 과거 역사에 대한 회고 형식으로 이스라엘 백성들에게 설교했다.

이 첫 번째 설교의 주제는 세 가지로써 역사를 이끄시는 하나님, 순종을 요 구하시는 하나님, 도피성 제도에 관한 것들이다. 모세의 첫 설교는 하나님의 언약과 그 언약을 역사 속에서 성취하시는 하나님의 신실하심과 은혜를 강조 하는 말로 시작되었다(신 1:8). 즉 이스라엘 백성들이 가나안 땅에 들어가는 것

---

30 출애굽 연대를 보수적인 견해에 따라 B.C. 1446년으로 본다면 신명기는 기원전 1406 년 무렵에 기록되었을 것으로 추정할 수 있다. 또한, 신명기 마지막 부분(신 34:5-7)의 모세의 죽음에 관한 기록 때문에 모세 저작설을 부인하기도 하지만 그 부분이 후대에 첨가되었든지 , 모세가 자신의 죽음을 미리 기록으로 남겼든지 그 부분 때문에 오경 전 체를 모세가 기록하지 않았다고 볼 수는 없다.

은 하나님께서 아브라함과 이삭과 야곱에게 이미 약속하신 그 약속에 근거한 것임을 밝히고 있다(창 12, 15, 17, 26, 28장). 이것은 죄인들이 예수 그리스도 안에서 하나님의 은혜의 약속을 믿음으로 영육 간에 하나님 나라에 들어가는 것을 의미한다. 과거 40년의 역사를 돌이켜 보며 첫 번째로 모세는 이스라엘 백성들의 불신앙을 지적할 때 가데스바네아에서 생긴 일을 회상한다(민 13, 14장).

아모리 족속의 산지 길로 올라가서 그 땅을 얻으라는 하나님의 말씀에 백성들은 불신앙을 드러내며 두려워했었다. 그리고 이스라엘 백성들은 먼저 정탐꾼을 보내어 사정을 살핀 뒤 전략을 짜서 올라가자고 모세에게 건의하였다. 이 건의를 받아들인 모세는 각 지파에서 한 사람씩의 정탐꾼을 모집하여 열두 명을 가나안 땅으로 보냈다. 정탐을 마친 후 그들은 가나안 땅이 매우 좋다고 보고하였으나 올라가기를 즐겨 아니하고 .여호와 하나님의 명을 거역하고 원망하며 낙심하였다. 그 일로 출애굽 1세대는 모두 광야에서 방황하다가 모두 죽임을 당할 것이라는 하나님의 징계를 받았던 것이다.

그 당시 하나님 앞에서 순종했던 여분네의 아들 갈렙과 눈의 아들 여호수아는 가나안 땅에 들어가게 될 것이라는 은혜를 받았었다. 당시 하나님의 징계 선언 곧 40년 광야에서 방황하다가 모두 죽임을 당할 것이라는 선고를 들은 이스라엘 백성들은 당황한 나머지 하나님의 말씀대로 산지로 올라가서 아모리 족속과 싸우겠다고 무기를 들고 나섰다. 그러나 하나님께서는 이미 이스라엘 백성과 함께하시지 않기 때문에 싸우러 간다 해도 패하고 말 것임을 알려 주셨으나 백성들은 고집대로 싸우러 갔다가 벌떼처럼 달려드는 아모리 군사들에 의해 대패하고 말았었다. 이처럼 모세가 약 40여 년 전의 이 일을 회상하며 백성들에게 다시 설교하는 이유는 그들이 하나님을 믿지 않고 불신앙을 드러낸 것이 얼마나 큰 범죄 행위였는가를 가르치기 위함이었다. 이스라엘 백성들은 과거의 잘못과 불신앙을 교훈 삼아 조만간 가나안 땅에 들어가면 첫째도 순종, 둘째도 순종, 셋째도 순종하며 살 것을 모세는 유언처럼 강조하고 있다.

과거 40년의 역사를 돌이켜 보며 첫 설교하는 모세는 두 번째로 에서의 후손이 살고 있는 세일 산을 통과할 때의 일을 회상한다. 이스라엘 백성이 세일 산 지역을 통과할 때 양식과 물과 모든 필요한 물품은 돈을 주고 사라고 하나님께서 말씀하셨다. 그리고 그렇게 하는 것은 이스라엘 백성이 애굽에서 나온 이후 하나님 여호와께서 그들에게 복을 주시며 그들에게 먹을 것과 입을 것과 물을 공급해 주시면서 그들을 인도하신 결과 그들에게는 아무런 부족함도 없었음을 알게 하시려는 하나님의 뜻이 있었다. 약 이백만 이상의 군중이 세일 산을 통과할 때 주변의 곡식이나 과일이나 물은 정상적으로 남아 있을리 만무하다. 세일 산의 양식과 과일과 물은 그곳에 살고 있는 에서의 후손들의 몫이었다. 이웃을 사랑하고 도적질하지 말라고 율법을 주신 하나님께서 세일 산을 통과하는 이스라엘 백성들에게 돈을 주고 양식과 물을 사라고 명령하신 것은 너무나 당연한 일이었다. 하나님의 말씀에 순종했던 이스라엘 백성들은 세일 산을 무사히 넘어 가나안을 향해 전진하였다.

모세의 설교는 그데못 광야의 헤스본을 멸절시킨 사건으로 이어진다. 세일 산을 지나 가나안을 향해 전진하는 이스라엘 백성들은 헤스본 이라는 지역을 통과해야만 했다. 모세는 사절단을 헤스본 왕 시혼에게 보내 길로만 따라 갈 것이며 양식과 물이 필요하면 돈을 주고 사 먹을 테니 허락해 달라고 정중히 요청하였다. 그러나 헤스본 왕 시혼은 모세의 요구를 거절하였다. 이것은 하나님께서 헤스본 왕 시혼과 그 땅을 이스라엘이 취하도록 하기 위해서 헤스본 왕 시혼의 마음을 강퍅케 하신 결과였다. 이것은 헤스본과 왕 시혼이 그들의 죄악으로 하나님의 심판을 받을 때가 되었기 때문에 하나님께서는 이스라엘을 심판의 도구로 사용하셔서 헤스본의 모든 사람과 시혼을 진멸하신 것이다. 그리고 육축과 성읍을 이스라엘의 소유로 삼았다. 그 외에도 하나님께서 허락하신 무수히 많은 민족을 진명하고 성읍을 빼앗으며 요단 동편 땅에 이르렀음을 모세는 회고하였다

마침내 모세는 요단 강 저편에 있는 가나안 땅에 들어가게 해 달라고 하나님께 간청했으나 하나님께서 거절하셨음을 이스라엘 백성들에게 회상시켰다. 하나님께서는 모세에게 '그만해도 족하니 이 일로 다시 내게 말하지 말라'는 말씀을 하셨던 것이다. 모세의 이 회상은 백성들에게 순종을 가르치기 위한 자신의 간증이었다. 모세 자신도 가나안 땅에 들어가고 싶지만 하나님께서 허락하지 않으시는 것을 알고 자신은 그 말씀까지도 순종할 수밖에 없었음을 고백하면서 하나님의 말씀과 모든 규례에 순종하며 살 것을 이스라엘 백성들에게 권면하였다. 그리고 모세는 결론적으로 가나안 땅에 들어가면 하나님의 말

씀과 모든 규례와 법도를 지켜 행하라고 강조하였다. 특히 하나님 여호와께 붙어 떠나지 않은 사람들은 모두 생존하였음을 상기시키며 하나님께 기도할 때마다 가까이 해 주신 하나님을 섬기며 살 것을 당부하였다.

또한, 아들과 딸과 손자 등 후손들에게도 '세상에 사는 날 동안' 하나님 경외함을 배우게 하며 그 자녀에게 가르치게 하기 위하여 주신 십계명을 잘 지키라고 당부하셨다(신 4:10, 13). 그리고 유일하신 참 신이신 하나님 여호와는 자비하신 하나님이시며 그가 너를 버리지 아니하시며 너를 멸하지 아니하시며 언약을 잊지 아니하시는 분이시며 만일 마음을 다하고 성품을 다하여 그를 구하면 만날 것이라고 모세는 유언처럼 설교했다. 가나안 땅에 들어갈 이스라엘 백성들에게 마지막 유언처럼 설교하는 모세의 메시지 속에는 메시아 예언이 담겨 있다(신 4:27-31).

이 메시아 예언 속에는 장차 이스라엘 백성들이 그들의 죄악으로 멸망당한 후 얼마의 기간 동안 열국에 흩어져 살게 되겠지만 하나님의 은혜로 마음의 할례를 받아 새롭게 되어 하나님께 다시 돌아오게 되는 이스라엘 백성의 해방과 구원이 내포되어 있다. 이러한 성취될 역사적 사실은 장차 메시아 예수 그리스도를 통한 하나님 백성들의 죄로부터의 해방과 구원에 대한 메시아적 예언과 성취에 대한 예언이다.

3) 모세의 두 번째 설교(신 4:44-26:19)

모세의 두 번째 설교는 율법의 핵심인 십계명과 그 십계명의 해석으로 출발한다. 십계명의 핵심은 하나님을 사랑하는 방법이며 십계명을 지키도록 요구하시는 것은 하나님을 잊어버리지 않게 하시려는 하나님의 인자하심의 배려였다. 이어서 하나님을 섬기는 성소에 대한 규례와 십일조 및 각종 절기에 대한 규례에 대해 설명한다. 마지막으로 지도자들이 지켜야 할 규례와 덕목을 설명하고 사회생활의 일반적인 규범과 이웃과의 관계 속에서 지켜야 할 규례를 설명하였다. 결국 모세의 두 번째 설교는 하나님이 모세를 통해 이미 40여 년 전에 주신 십계명을 잘 지킬 것을 당부하는 내용이 핵심이다. 십계명은 하나님을 사랑하고 이웃을 사랑하는 사랑의 계명이며 오늘날 그리스도인들이

삶속에서 실천해야 할 행동강령이다. 십계명을 잘 지키는 그리스도인들은 그렇지 않은 그리스도인에 비해 더 하나님을 많이 사랑하고 이웃을 더 적극적으로 사랑하는 사람들이라고 할 수 있다.[31]

(1) 십계명의 구조와 해석

십계명이라는 명칭(출 34:28; 신 4:13; 10; 4; 출 20:1-17; 신 5:6-21)은 하나님께서 주신 열 가지 계명이란 의미가 있지만 실재로는 하나님과 이스라엘 백성 사이의 열 가지 언약이다(신 10:8). 십계명의 첫 네 계명 (제 1-4계명)은 하나님을 사랑하는 계명이며 나머지 여섯 계명(제 5-10계명)은 이웃 사랑의 실천에 관한 계명이다(마 22:37-40). 또한, 두 계명(제 4-5계명)은 하나님의 긍정적인 바람과 요구의 형태로 되어 있으나 나머지 여덟 계명은 결코 하지 말기를 바란다는 금지의 요구로 구성되어 있다.[32]

십계명은 하나님의 백성들이 하나님을 잊어버리지 않기 위해 주어진 사랑의 계명이다. 즉 하나님을 사랑하는 것과 그의 계명을 지키는 것은 서로 같다(출 20:6; 요 14:15). 따라서 하나님을 사랑하는 자는 십계명을 잘 지키기 위해 노력하지만, 하나님을 덜 사랑하는 자는 십계명을 지키는 일에 관심을 갖지 않는다.

---

31 팔머 로벗슨, pp.187-189. 구원은 하나님의 절대주권 아래 하나님의 뜻대로 주시는 무조건적인 은혜지만 이미 구원받은 사람이 언약으로서의 십계명을 잘 지키는 것은 하나님의 은혜와 축복 속에 계속 머무르는 행복의 요소이다.

32 미완료 단축형이 부정어 לֹא,אַל과 함께 사용되면 강한 금지(부정)명령을 나타낸다. 십계명에 나타나는 금지명령은 모두 미완료 단축형이다(명령법이 아니다). 또한, 제4계명과 5계명도 긍정 명령법이 아니라 부정사 절대형으로 표현된 문장으로써 강한 의지와 소망을 나타내는 의미(명령의 의미에 가까운)로 해석된다. 십계명의 열 가지 언약은 화자(하나님)의 강한 의지와 소원을 나타내는 미완료형 단축형이거나 부정사 절대형의 문법적 구조를 이룬다. 즉 십계명은 히브리어 문법적으로 명령문은 하나도 없다. 다만 명령에 가까운 의미가 있을 뿐이다. 예1) לֹא־יִהְיֶה(출 20:3). 이 문장에서 יִהְיֶה는 הָיָה(이다)의 칼 미완료 2인칭 남성 단수 단축형으로서 너는 결코 있게 하지 말라. 즉 너는 결코 있게 해서는 안 된다는 의미이다. 예2) לֹא תַעֲשֶׂה(출 20:4). 이 문장에서도 תַעֲשֶׂה는 עָשָׂה(만들다)의 칼 미완료 2인칭 남성 단수 단축형으로 '(너를 위하여) 너는 (우상을) 만들지 않기를 내가 간절히 바란다', 즉 '너는 결코 (우상을) 만들지 말라'는 의미로 해석된다.

제1계명은 하나님 외에 다른 신 곧 인간이 신이라고 생각하는 헛된 우상들을 하나님 앞에 두어서는 안 된다는 경고의 말씀이다.

하나님 한 분 외에는 다른 신은 존재하지도 않는다. 이것은 하나님과 그의 택한 백성들과의 관계를 가르치는 말씀이다.

제2계명은 우상을 섬기지 말라는 계명이다.

우상을 만들지도 말고 아예 우상이란 존재는 상상도 하지 말라는 것이다. 하나님께서 친히 자신을 알려 주신 곧 계시된 하나님 외에는 인간이 상상으로 만들어 낸 하나님(우상)을 섬기거나 절해서는 안 된다. 하나님은 영이시니 예배하는 자가 신령과 진리로 예배해야 한다(요 4:24). 여기서 신령과 진리는 하나님의 영(성령)과 진리이신 예수 그리스도 안에서 진정한 예배를 하나님께 드릴 수 있다는 의미가 내포된 말씀이다. 삼위일체 하나님만이 세상을 창조하시고 인간을 죄에서 구원하실 수 있는 유일하신 참 하나님이심을 제2계명이 가르쳐 주고 있다.

제3계명은 하나님의 이름을 '망령되이' 부르지 말라는 것이다.

특히 '망령되이'라는 의미는 쓸데없이 또는 의미없이라는 뜻으로 하나님의 영광과는 아무 상관없이 하나님의 이름을 사용해서는 안 된다는 경고다. 또한, 지키지도 않을 약속을 하나님의 이름으로 맹세하는 것도 하나님의 이름보다는 자신의 명예나 이익을 위해 하나님의 이름을 함부로 부르는 망령된 태도이다.

제4계명은 하나님의 창조를 기념함으로써 하나님을 잊어버리지 않도록 하기 위해 하나님이 제정하신 하나님의 안식의 날이다.

동시에 이 날은 인간이 쉼으로써 하나님을 기억하고 경배하며 하나님과 함께 교제하는 특별한 날이다. 또한, 안식일은 하나님과 그의 백성과의 언약의 표징이다. 따라서 안식일을 지키는 백성은 하나님의 백성이라는 표시이며 하나님은 안식일을 지키는 백성의 하나님이 되심을 나타낸다. 오늘날 그리스도 안에서 안식과 구원을 얻은 주의 백성들은 우리 주님의 부활의 날 곧 주일은 거룩한 안식의 날로 여기고 함께 모여 하나님 아버지께 예배를 드리며 천국의 기쁨을 맛보는 반복적인 축제일로 주일을 지키는 것이다.

제5계명은 부모 공경에 대한 말씀이다.

하나님은 부모의 권위를 하나님이 제정하신 질서의 일부로 보고 있다. 부모가 조금 실수를 해도 자녀된 도리는 그 부모의 실수를 덮고 감싸야 한다. 노아의 세 아들 중 아버지의 실수와 부끄러움을 드러내고 비웃은 아들에게 하나님의 저주가 내려졌고 그것을 감싸고 덮어 준 아들들에게는 축복이 내려졌다(창 9:20-27). 또 부모를 저주하거나 때리거나 모욕을 준 자는 사형을 비롯한 그에 상응하는 중벌이 내려졌다(출 21:17; 신 21:18-21; 잠 30:11, 17).

또한, 부모를 공경하고 돌보는 일에 소홀한 것도 용납되지 않는다(마 15:4 이하; 딤전 5:4, 8). 그뿐만 아니라 제5계명은 가정의 질서와 의무를 가르치고 있다. 부모는 자녀를 하나님의 율법 안에서 노엽게 하지 말고 잘 가르쳐야 한다. 그리고 자녀들은 주 안에서 자신을 낳아 주고 길러 주신 부모에게 순종하고 공경하며 효도해야 한다.

제6계명은 살인하지 말라는 말씀으로서 인간의 생명이 하나님께 속했음을 가르친다.

살인하지 말라는 계명의 살인은 본래 계획적이며 의도된 살인을 의미한다. 마치 가인은 계획적인 살인을 실천에 옮겼다. 이것은 인간의 죄의 본성이 그대로 표출되는 것을 의미한다. 그래서 우리 주님께서는 남의 생명은 죽이지 않았으나 남을 미워하고 성내고 분노하면서 심지어 무시하는 욕설을 하는 것까지도 살인의 시작이거나 살인의 한 과정으로서 그것도 살인하지 말라는 계명을 어긴 것이라고 지적하셨다(마 5:21-26). 살인하는 자와 마귀는 영적으로 같다. 왜냐하면 마귀는 처음부터 살인한 자요 근본이 거짓말하는 존재이기 때문이다(요 8:44). 또한, 형제를 미워하는 자는 누구나 살인하는 자이다(요한1서 3:15).

제7계명은 간음하지 말라는 말씀이다.

본래 여기서의 간음은 남자와 유부녀 사이의 성적 행위를 가리킨다. 간음에 대한 형벌은 사형이었다(레 20:10; 신 22:22-24). 그러나 오늘날 마음속으로 음욕만 품어도 간음죄와 같으며 이혼이나 동성연애 등도 간음죄에 해당하는 범죄이다(마 5:27이하; 막 10:1이하).

제8계명은 도적질하지 말라는 말씀이다.

구약에서 도적질, 유괴, 사기, 협잡, 횡령 등의 도적질과 유사한 행동을 간접적인 절도 행위로 보았다. 도적질은 땀 흘려 수고함으로 먹을 것을 공급받는 하나님의 창조질서를 거스리는 불신앙적 행위이기도 하다. 일하기 싫어하거든 먹지도 말게 하라는 바울 사도의 교훈도 제 8 계명에 대한 확대 해석이다. 그래서 바울은 도적질하며 살았던 자들은 자신의 먹을 것을 위해 정직과 수고를 실천할 뿐만 아니라 남에게 선을 베푸는 삶의 자리까지 이를 것을 충고했다(엡 4:28).

제9계명은 거짓 증언하지 말라는 말씀이다.

단순히 거짓말하지 말라는 충고를 넘어 이웃을 해롭게 하는 거짓말이나 자신의 이익을 위해 거짓말을 해서는 안 된다는 경고다. 재판할 때 최소한 2명 이상의 증인을 세우는 규정도 거짓 증언을 방지하기 위함이다.

제10계명은 이웃의 집이나 아내를 탐내지 말라는 탐심에 대한 금지 규례이다.

심지어 탐심은 곧 우상 숭배의 죄와 같다. 이웃의 아내와 밭이나 모든 이웃의 소유를 탐내서는 안 된다. 각자 하나님의 분복대로 사는 지혜가 중요하다. 그것은 하나님의 주권에 속하는 문제이기 때문이다.

(2) 십계명과 언약

하나님의 뜻의 최종 요약으로서의 십계명은 은혜 안에서 주어진 언약이다. 이 언약은 아브라함과 맺은 언약을 폐지하기 위해서 주어진 것이 아니다. 도리어 율법을 받아들인 자들을 양육함으로써 하나님을 알게 하고 자신들이 죄인임을 깨닫게 하여 그들을 그리스도에게로 인도하기 위해 주어진 것이다. 그리스도는 아브라함과 맺은 하나님의 언약을 성취하였으며 믿음으로 의롭다함을 얻을 수 있는 근거가 되었다(갈 3:19, 24).

(3) 모세언약의 신학적 이해

출애굽기와 메시아 이해(제7장 2절)의 (9)모세의 율법 언약(출 19장-34장)의 내용을 참조하라.

4) 모세의 세 번째 설교(신 27:1-30:20)

모세의 세 번째 설교는 그리심 산과 에발 산을 향해 선언되는 축복과 저주에 관한 약속(27, 28장), 모압 평지에서 다시 세우는 언약(29, 30장) 및 언약의 계승과 모세의 하나님을 찬양하는 노래(31-34장)로 끝을 맺는다. 이스라엘 백성들이 하나님의 언약을 지킬 경우에는 축복의 상태로 머무르지만 언약을 지키지 않을 때에는 그 축복의 상태와 반대의 모습인 저주의 상태에 머무를 것이다. 이 언약은 지키면 복을 받고 지키지 않으면 복을 받지 못하는 차원을 넘어 반드시 지켜야 할 하나님의 언약으로서 지키지 않을 경우에는 저주 곧 죽음에 이르게 된다. 이것이 신명기 언약의 특징이며 메시아적 의미가 담겨 있는 언약이다.

신명기의 율법은 그리스도에게로 인도하는 몽학 선생이며 메시아에 대한 그림자다. 신명기의 율법 곧 십계명의 언약을 지키면 복을 받고 지키지 않으면 반드시 저주를 받아야 하는 이 원리는 언약의 주제요 핵심인 메시아 예수 그리스도를 믿으면 구원의 복을 받고 믿지 않으면 구원에 이르지 못하는 죽음의 상태 곧 저주 아래 그대로 머물러 있게 되는 원리와 모형적으로 닮았다. 구약의 율법과 하나님의 말씀이 백성들에게 축복과 저주의 기준이 된 것은 오늘날 말씀이 육신이 되어 이 땅에 오신 그리스도가 축복(순종과 구원)과 저주(불순종과 유기)의 기준이 되는 것의 모형이다(신 30:6).

5) 신명기의 메시아언약(신 30:1-10)

모세의 세 번째 설교에서 언급된 언약의 축복과 언약의 저주(신 29:21)는 이스라엘 민족의 왕국 시대를 거쳐 바벨론 포로 시대로 이어진다. 즉 이스라엘 백성이 바벨론 포로로 끌려가 거기서 일정 기간 고난(저주)의 세월을 보내게 되는 것도 율법의 언약을 지키지 않았기 때문임을 강조하고 있다(신 30:1-8). 그러나 하나님의 긍휼과 자비의 은혜로 흩으신 백성을 다시 모으실 때 여호와 하나님께 돌아오게 하시며 마음에 할례를 베푸사 마음을 다하며 성품을 다하며 하나님 여호와를 사랑하게 하실 것이며 생명을 얻게 하실 때에 순종하고 돌아올 것을 요구하셨다(신 30:6-8). 이것이 신명기의 메시아언약이다. 특히 마음에 할례를 받게 하신다는 말씀은 메시아 예수 그리스도를 보내 주시고 그를 믿는 언약의 백성들에게 믿음의 은혜를 베푸신다는 약속이다.

신명기의 율법은 하나님의 뜻의 최종 요약인 언약의 말씀이다. 이 언약이 이루어질 때는 하나님의 은혜가 주권적으로 역사하신다. 즉 주께서는 하나님 백성들의 구원을 위해서 마음의 할례 곧 새 마음을 허락하시고 마음을 다하며 성품을 다하여 하나님 여호와를 사랑하도록 강권적으로 역사하셔서 그 결과로 그들이 생명을 얻게 하실 것이다(신 30:6). 이것이 그리스도가 이 땅에 오실 때 그를 믿어 구원에 은총을 입고 하나님의 자녀가 되는 새 생명을 얻게 하시는 메시아언약이다.

결론적으로 신명기의 주요 메시아언약은 나같은 선지자 곧 모세의 인격과 사역을 모형으로 하는 장차 오실 메시아에 관한 약속(신 18:15)과 그리스도 예수의 인격과 사역을 닮은 여호수아의 인격과 사역(신 31:23) 및 신명기 30장에 약속된 언약을 지키는 자들에게 임할 새 생명의 은총 등에 잘 나타나 있다.

제8장

역사서의 메시아언약

1. 여호수아서와 메시아 이해

1) 여호수아서의 언약적 위치

구약성경 전체의 내용 중 여호수아서의 위치는 하나님의 언약의 부분적 성취라는 점에서 그 중요성이 매우 크다. 즉 죄인을 구속하시려는 하나님의 구원 계획이 아담에게서 시작되어 노아 아브라함을 거치는 동안 하나님께서는 아브라함에게 이스라엘 백성의 출애굽과 가나안 입성을 약속하셨다(창 15장 14-17). 이 약속에 따라 야곱의 70여 명의 식구가 애굽에 내려가도록 섭리한 역사가 요셉의 생애(출 37-50장)라면 다시 애굽에서 가나안으로 올라오게 하시는 역사가 오경 속의 이스라엘 역사요 마지막 가나안 정복과 입성 그리고 가나안 땅 분배의 역사가 여호수아서의 내용인 것이다. 그러므로 여호수아서의 역사적 내용들은 단순한 한 민족의 역사이거나 꾸며낸 이야기가 아니라 성경 전체의 하나님의 구원 역사 가운데 한 부분인 하나님의 언약적 역사의 일부가 성취된 역사이다. 여호수아서의 내용은 하나님의 언약에 따라 이루어진 언약 사임을 여호수아서 자체가 분명하게 증거하고 있다.

> 여호와께서 이스라엘의 열조에게 맹세하사 주마 하신 온 땅을 이와 같이 이스라엘에게 다 주셨으므로 그들이 그것을 얻어 거기 거하였으며 여호와께서 그들의 사방에 안식을 주셨으되 그 열조에게 맹세하신대로 하셨으므로 그 모든 대적이 그들을 당한 적 하나도 없었으니 이는 여호와께서 그들의 모든 대적을 그들의 손에 붙이셨음이라 여호와께서 이

스라엘 족속에게 말씀하신 선한 일이 하나도 남음이 없이 다 응하였더라(수 21:43-45).

2) 여호수아의 메시아 모형

여호수아서의 메시아 사상은 우선 여호수아의 이름에서 엿볼 수 있다. 이 이름의 문자적 의미는 구원과 연관되어 있으며 호세아(민 13:6)와 같은 의미를 가진다. 이 여호수아라는 이름은 구원자라는 의미의 헬라어 예수의 의미와 같으며 자기 백성을 구원하고 구출하고 부요하게 하기 위해 오신 메시아의 다른 호칭이었다. 여호수아는 아말렉과의 싸움에서 이스라엘의 지도자로 나타난다. 후에 그는 이스라엘의 진정한 지도자요 목자로 부상된다. 그는 여호와와 모세에 의해 선택되었고 지명되었다. 여호수아는 제사장과 백성들 앞에서 모세에게 안수를 받았으며(민 27:23) 모세를 통해 권위를 부여받았으며(민 27:20) 여호수아가 성령에 감동된 자임을 모세가 인정하였다(민 27:20).

마지막으로 모세는 여호수아가 행할 직무를 부여한다. 이런 의미에서 여호수아는 이스라엘의 지도자요 목자로서 메시아를 닮았다. 그는 모형적으로 메시아였다. 이것은 예수 그리스도가 이 땅에 오셔서 행하신 메시아적 직무에 대한 앞선 모형으로 볼 수 있다. 여호수아서의 메시아 사상은 그의 이름에서와 그의 직무에서 분명하게 함축되어 있다.

3) 여호수아서의 구조와 내용

여호수아서의 구조는 크게 두 부분으로 나누면 가나안 땅의 정복(1-12장)과 분배(13-24장)이다. 그러나 좀 더 세분화하면 앞부분(1-12장)은 가나안 입성(1-5장)과 가나안 정복(5-12장)으로 나눌 수 있으며 뒷부분은 가나안 땅의 분배(13-21장)와 여호와만 섬기라는 언약(22-24장)으로 나누어 전체를 넷으로 나누기도 한다.[1] 일반적으로 여호수아서를 연구하는 사람들은 네 개의 히브리

---

1   김지찬, 『요단강에서 바벨론 물가까지』(서울: 생명의말씀사, 1998), pp.58-60. 김지찬 교수는 이 부분에서 가나안 땅의 입성과 정복과 분배는 하나님의 주도로 이루어졌으나 마지막 여호와를 섬기라는 미래적 언약은 여호수아의 주도로 이루어진 것이라고 말하

어 동사를 사용하여 여호수아서의 구조와 내용을 요약한다. 즉 건너다(עָבַר),
취하다(לָקַח), 나누다(חָלַק), 섬기다(עָבַד)등이다. 하나님 편에서는 모두 건너라,
취하라, 나누라 그리고 섬기라는 주권적인 말씀으로 요약되지만 선민의 입장
에서는 절대적 순종이 요구되는 하나님의 언약의 말씀이다.

아담에게서 노아에게 이어진 하나님이 후손언약이 아브라함에게서 이루어
지기까지는 긴 역사적 공백이 있었으며 마침내 아브라함의 후손 야곱의 가족
과 그들의 애굽 이주 및 출애굽과 광야생활을 거친 후 가나안 땅에 하나님의
주도로 돌아와 여호와 하나님을 섬기는 백성으로 번성하게 되었다. 성경의 언
약과 언약의 백성 이스라엘 백성을 인도하시는 하나님의 주권적인 방법과 섭
리가 여호수아서 전편에 흐르고 있다. 역사는 언약과 약속에 근거하여 하나
님의 주도하심과 하나님의 방법과 하나님의 때에 맞추어 하나님께서 친히 인
도하고 계심을 가르치려는 목적이 여호수아서의 내용과 기록 목적이라고 볼
수 있다.

> 여호와께서 이스라엘 족속에게 말씀하신 선한 일이 하나도 남음이 없이 다 응하였더라
> (수 21:45).

(1) 요단을 건너라(수 1:1-5:12)

출애굽하여 광야생활 40년의 긴 여정을 보낸 이스라엘 백성들은 마침내 요
단을 건너 가나안에 들어가는 하나님의 은혜를 입는다. 분명히 가나안 땅은
그들이 노력해서 얻는 땅이 아니라 하나님의 약속에 따라 그 약속을 믿는 자
들에게 거져 주시는 은혜의 땅이다(수 1:6). 비록 전쟁의 방법을 통해서 이스

며 주도권적 측면에서는 3+1의 구조를 이룬다고 설명했다. 즉 세 가지는 그 주도권은
하나님에게 있으나 마지막 한 가지 주도권은 여호수아가 갖는 것처럼 설명했다. 그러
나 성경 전체의 역사와 언약의 주권적 측면에서는 모든 언약의 주도권은 인간에게 있
지 않으며 하나님의 고유권한이라는 언약신학적 측면에서는 비록 여호수아가 여호
와만 섬기라는 부탁을 하며 하나님의 언약을 지킬 것을 강조하지만 그 부분의 역사와 언
약적 내용까지도 하나님이 주도권을 가진다고 보아야 한다. 그러나 여호수아서 전체
의 내용을 히브리어 네 동사(עָבַר חָלַק לָקַח עָבַד)의 기본형으로 요약한 것은 매우 독특하고
놀랍다.

라엘 백성들은 가나안 땅의 원주민들을 정복했으나 그것까지도 순종을 요구하시는 하나님의 주권적인 방법에 따른 것이었다. 하나님의 모든 은총과 복은 인간의 노력이나 행위에 따라 얻어지는 것이 아니라 하나님의 언약의 말씀에 순종하는 믿음에 의한 것임을 철저하게 보여 준다. 이런 의미에서 여호수아서는 하나님의 약속을 믿음으로 순종하는 자에게 주시는 하나님의 구원 방법에 대한 모형이며 예표라고 볼 수 있다. 요단을 건너가서 얻는 가나안 땅은 하나님의 선물이다. 특히 조상들에게 약속하신 하나님의 약속이 한 치의 어긋남도 없이 성취되고 있음을 강조한다. 즉 아브라함의 후손이 애굽에 내려갔다가 사대 만에 다시 가나안 땅으로 오게 될 것이라는 하나님의 약속이 성취된 것이다(창 15장).

여호수아는 요단을 건너라는 하나님의 말씀에 순종하는 열심을 보여 준다. 아침에 일찍 일어나 지도자들과 백성들에게 하나님의 말씀을 선포하며 특히 백성들의 온전한 헌신을 요구했다. 하나님이 구하시는 것은 철저한 순종임을 가르치는 여호수아의 말에 백성들은 반복적인 말 (כֹּל 모두)을 다섯 번이나 사용하며 철저히 순종할 것을 맹세하였다(수 1:16-18.)[2]

하나님의 약속과 그 약속을 믿고 순종하는 이스라엘 백성들은 하나님의 선물의 땅인 가나안에 들어가기 위해 믿음으로 요단강을 밟았다. 믿음의 결단은 흐르는 요단강을 밟았으며 그 즉시 흐르는 요단강은 멈추어 섰다. 이스라엘 백성들은 요단강의 바닥을 밟으며 언약궤를 앞세우고 가나안 땅에 들어갔다. 그리고 요단강에 있던 돌을 가져다가 기념비를 삼았다. 여호와 하나님께서 요단강을 발로 밟고 지나가게 해 주셨다는 사실을 후손들에게 길이길이 알리기 위한 것이었다. 이스라엘 백성들이 요단을 건넜다는 소식을 들은 가나안 땅의 원주민들은 마음이 녹았고 정신을 잃었다(수 5:1).

가나안 원주민들은 요단을 건너 가나안 땅으로 들어가는 이스라엘 백성들의 모습만 본 것이 아니라 이스라엘 백성과 함께하시는 하나님을 두려워한 것이다. 즉 요단을 건넜다는 기적적인 사건을 두려워한 것이 아니라 그 기적의

---

2   김지찬, op. cit., p.66. 원문으로 해석하면 모든(כֹּל)이라는 말이 다섯 번이나 반복한다. '우리 모두는, 모든 곳에서, 모든 일에, 우리 모든 사람, 모두가 당신의 말을 청종하고 지키겠나이다'로 되어 있다(수 1:16-18).

주체이신 이스라엘의 하나님을 두려워했던 것이다. 약속의 땅에 들어간 백성들은 할례를 행하고 유월절을 지키며 언약의 백성임을 다시 확인하였다. 요단을 건너라는 하나님의 말씀에 순종하는 이스라엘 백성들이 가나안 땅을 은혜의 선물로 얻는 모습은 주 예수를 믿으라는 하나님의 약속의 말씀에 순종하여 구원을 얻고 하나님 나라를 기업으로 얻는 모든 성도들에 대한 구원의 모형이요 예표다.

(2) 가나안 땅을 취하라(수 5-12장)

요단을 건너가라는 말씀에 순종한 백성들은 강을 건너 가나안 땅에 도착하였다. 그러나 그것이 전부가 아니었다. 이스라엘 백성은 이제 여호와의 군대로서의 사명을 수행해야 했다. 즉 가나안 땅에 살면서 불의와 죄악을 일삼고 우상을 숭배하는 패역한 가나안 원주민들에 대한 하나님의 심판의 때가 이른 것이다. 아브라함이 가나안 땅을 얻게 될 것이라는 약속을 받을 때는 가나안 원주민의 대표격인 아모리 족속의 죄악이 아직 관영치 않았으나 그 후 430년이 지난 후에는 그들의 죄악이 관영하여 하나님의 심판을 받게 된 것이다(창 15:16). 가나안 원주민에 대한 하나님의 심판의 때에 맞추어 이스라엘 백성들은 하나님의 은혜로 가나안 땅에 들어갈 때 심판 전쟁을 수행하는 도구로 사용되어야 했다. 가나안 원주민에 대한 하나님의 심판과 이스라엘 백성에 대한 무조건적인 구원의 은혜가 동시에 이루어지고 있다.[3]

가나안 원주민들은 이스라엘 백성들 때문에 억울하게 죽임을 당하는 것이 아니라 그들은 그들의 죄악으로 하나님의 심판을 받아 제거되는 것이며 이스라엘 백성들 역시 아무런 공로 없이 무조건적인 하나님의 은혜로, 하나님의 심판으로 사라져 버린 가나안 원주민들을 대신하여, 약속의 땅에 들어가게 된 것이다. 이러한 역사적 사실은 죄에 대한 하나님의 심판(가나안 원주민)과 또한, 심판 속에서도 긍휼과 자비를 베풀어 구원의 은혜를 베푸시는 하나님의 구속의 사랑(이스라엘)을 보여 주는 성경 전체의 주제와 일치한다. 특히 가나안 땅

---

3 이러한 사실은 하나님은 이스라엘만 편애한다고 주장하는 비평주의 입장의 편협한 주장을 일축한다.

을 정복하는 기록과 아이 성 정복의 첫 번째의 실수 등은 가나안 땅의 정복이
이스라엘 백성의 군사력에 있는 것이 아니라 하나님의 말씀에 순종하느냐의
여부에 이스라엘 백성의 행, 불행이 결정된다는 사실을 잘 보여 준다. 가나안
땅의 정복 전쟁 곧 가나안 원주민들에 대한 하나님의 심판에 도구로 사용되는
이스라엘 백성들은 전적으로 하나님의 말씀에 순종하는 것만이 요구되었다.
따라서 여리고 성의 함락은 하나님의 말씀에 대한 이스라엘 백성의 믿음과 순
종의 결과였음을 교훈하고 아이 성의 첫 번째 공격 실패는 하나님의 말씀에
불순종한 이스라엘 백성에 대한 당연한 결과임을 준엄하게 경고한 것이다. 즉
이스라엘 백성들은 가나안 땅의 마을들을 정복해 나갈 때 순종과 불순종의 결
과가 무엇인가를 배워야 했다. 여리고 성과 아이 성 정복을 시작으로 가나안
땅 거의 대부분을 정복한 이스라엘 백성들은 가나안 원주민에 대한 하나님의
심판을 순종함으로 잘 감당한 것이며 그 순종의 대가는 가나안 땅이 그들의
소유가 되는 것이었다(수 11:23).

> 여호수아가 여호와께서 모세에게 이르신 말씀대로 그 온 땅을 취하여 이스라엘 지파의
> 구별에 따라 기업으로 주었더라 그 땅에 전쟁이 그쳤더라(수 11:23).

(3) 가나안 땅을 분배하라(수 13-21장)

하나님의 심판 전쟁을 믿음으로 순종하여 가나안 땅을 정복한 이스라엘 백
성들은 하나님의 말씀에 따라 레위 지파를 제외하고 가나안 땅을 분배받아 그
땅을 기업으로 삼았다. 그리고 이스라엘 백성들은 땅을 기업으로 분배받은 후
온 회중이 실로에 모여 회막을 세우게 된다(수 18:1-2). 이것은 야곱의 아들 유
다가 받은 축복의 약속이었으며(창 49:10) 모세를 통해 주신 하나님의 언약의
성취였다(레 26:11-12).

여호수아서는 부분적으로는 창세기 15장의 아브라함의 언약의 성취일 뿐만
아니라 전체적으로는 하나님의 구원 역사의 언약이 성취되어 가는 과정을 보
여 주는 언약의 역사로 해석된다. 하나님께서 메시아(여자의 후손)를 보내 주실
것에 대한 언약의 성취 과정으로 아브라함을 부르시고 그에게 후손(메시아)과
땅을 기업으로 주실 것을 약속하였으며 모세를 통해 출애굽과 광야생활을 인

도하셨고 여호수아를 통해 이미 약속하신 가나안 땅에 들어와 그 땅을 은혜의
선물로 얻게 되었다.

(4) 여호와만 섬기라(수 22-24장)

하나님께서는 이스라엘 백성들에게 요단을 건너게 하셨고 가나안 땅을 정
복하게 하셨으며 그 땅을 나누어 갖게 하셨다. 이제 마지막으로 여호수아를
통해 하나님만을 섬기라고 요구하셨다. 왜냐하면 하나님께서 한 민족 이스라
엘 백성을 선택하시고 성장시키시고 애굽에서 건져 내어 가나안 땅으로 오게
하신 것은 그들을 통해 메시아를 보내 주시기 위한 준비 단계이기도 하지만
그들을 통해 하나님의 이름을 드러내어 모든 다른 민족들에게 하나님을 선포
하고 하나님을 알리며 하나님 자신의 영광을 위한 것이었다(겔 20-23).

그러나 후에 이스라엘 백성들은 그렇게 살지 못한 이유로 하나님의 심판 아
래서 바벨론 포로생활을 겪기도 했다. 이스라엘 백성들이 애굽에서 해방을 받
아 광야 생활을 거쳐 가나안 땅에 입성하고 그 땅을 기업으로 분배받은 단 하
나의 이유와 목적은 하나님을 섬기는 것에 있음을 여호수아는 마지막으로 강
조하고 있다.

여호수아는 이스라엘 백성들에게 그의 생애 마지막 유언을 남긴다(수
23:14). 그는 마지막 유언같은 비장함으로 하나님 여호와를 사랑하라(수 23:11)
고 부탁했으며 우상 숭배의 범죄에 빠지지 말고 여호와만 섬기라(수 24:14)고
거듭 강조하였다. 하나님께서 예수 그리스도의 핏값으로 우리를 사신 목적은
우리의 일시적인 행복이나 평안을 위한 것이 아니라 하나님을 사랑하고 하
나님만 섬기는 생활을 통해 이 시대에 하나님을 선포하고 하나님을 알리기
위한 하나님의 큰 목적이 있음을 가르치려는 것도 여호수아서의 또 다른 결
론이다.

2. 사사기의 메시아 이해

1) 사사 시대의 시작과 특징

이스라엘 역사 가운데 사사 시대는 여호수아의 죽음과 함께 시작된다(수 24:31). 여호수아를 비롯한 경건한 지도자들의 죽음과 함께 이스라엘 백성들의 우상 숭배와 타락이 시작되었다. 그 후 약 3-400년간은 소위 사사 시대로서 이스라엘 백성들의 반복적인 범죄와 하나님의 심판 그리고 백성들의 부르짖음과 사사들을 통한 하나님의 구원이 반복되는 시기였다.

사사 시대의 가장 큰 특징은 사사기에 두 번이나 반복되어 나타나는 "그 때에는 이스라엘에 왕이 없음으로 사람마다 자기 소견에 옳은대로 행하였더라"(삿 17:6; 21:25)라는 말씀에 잘 나타나 있다. 이스라엘 백성의 진정한 왕은 하나님이셨으나 그 당시의 백성들은 하나님을 그들의 왕으로 인정하지 않음으로써 결국 그들에게는 왕이 없었다. 이렇게 진정한 통치자가 없는 상황에서 사람들은 각각 자기 생각과 방법대로 살았기 때문에(하나님의 뜻에 따라 사는 것이 아니라) 결국 범죄와 타락과 암흑시기가 되고 말았던 것이다. 사사 시대 이스라엘 백성에 대한 하나님의 구원 역사는 틀림없이 네 단계를 거치는 하나의 큰 싸이클이 반복적으로 나타난다.

첫 번째 단계는 하나님을 버리고 가나안 원주민들의 우상을 숭배하며 여호와의 목전에서 악을 행하는 백성들의 모습이 보인다(삿 3:7).
두 번째 단계는 범죄한 이스라엘을 징계하시기 위해 남겨두신 이방 민족들을 일으켜 침략케 함으로써 이스라엘은 그들의 식민지 국가로 전락되어 지배를 받으며 고통을 당한다(삿 3:8).
세 번째 단계는 이방 국가의 식민지 지배 아래서 고통받는 이스라엘 백성들은 하나님께 회개하며 구원해 주시기를 간절히 부르짖는 단계다(삿 3:9).
마지막 네 번째 단계는 하나님께서 사사를 보내서 이스라엘을 구출하시고 평화를 주시는 기간으로 나타난다(삿 3:10).

이처럼 이스라엘은 하나님이 주신 평화 속에서 범죄하고 그 범죄의 결과로 심판을 받아 이방 민족의 식민지 지배를 받고 또 부르짖으며 구원을 호소하고 다시 사사를 통한 구출과 평화를 맛보는 과정(싸이클)을 수백 년 동안 계속한다. 사사 시대의 이러한 이스라엘 백성의 역사는 모든 죄인의 역사이며 인간은 죄를 짓기 때문에 죄인이 아니라 죄인이기 때문에 반복적으로 죄를 짓는 존재들임을 가르치는 것이 사사기의 목적 가운데 하나다.

2) 사사기의 구성과 내용

사사기의 시작인 1장과 2장은 가나안 땅의 원주민들을 완전히 정복하지 못한 이스라엘 백성들의 모습과 가나안의 바알 숭배를 받아들이는 이스라엘의 실패의 모습을 보여 준다. 즉 여호수아와 여호수아를 아는 사람들 곧 애굽 세대와 광야 세대가 모두 죽었고 그 이후의 세대는 여호와를 알지 못하며 여호와께서 이스라엘을 위해 행하신 일도 알지 못했다. 그 결과 이스라엘 자손들은 여호와의 목전에 악을 행하며 가나안의 우상 바알을 숭배하기 시작하였다(삿 2:10,11). 이것은 이스라엘 민족이 하나님 여호와만을 섬기는지의 여부를 시험하시기 위해 가나안 땅의 원주민 일부를 남겨두시는 하나님의 섭리와 백성들의 불신앙을 드러낸다(삿 2:21-23; 3:4).

다음으로 사사기 3장부터 16장까지는 사사기의 특징인 범죄와 심판과 부르짖음과 구원의 역사가 거대한 싸이클을 이루며 반복적으로 지속된다. 이때 이스라엘을 심판하시는 하나님 도구로서 메소포타미아, 모압, 가나안, 미디안, 암몬, 블레셋 등이 차례로 역사의 무대에 등장하여 이스라엘을 압박하고 괴롭힌다. 그리고 하나님께 부르짖는 이스라엘 백성을 구출하기 위해 사사를 보내시는 하나님의 긍휼이 반복된다. 이 사사들은 하나님께 선택되어 지명받고 이스라엘의 구원자로서의 소위 메시아의 직무를 수행하였다. 사사들은 자신들의 명예나 유익을 위해 일한 것이 아니라 오직 이스라엘을 압박과 고통으로부터 구출하시는 하나님의 요구에 따라 하나님의 능력으로 백성들을 구원하고 다스리는 자들이었다. 이런 의미에서 사사들은 메시아를 닮았다.

마지막으로 사사기 17장부터 21장까지는 그 시대의 두 가지 큰 불신앙적 사건이 나온다. 하나는 단 지파가 그들의 지역을 이탈하여 납달리 북쪽 지역으로 이동한 사건이다(삿 17, 18장). 또 다른 하나는 베냐민 지파의 기브아 사람들이 어떤 레위인의 첩을 윤간하여 죽인 사건에서 비롯된 베냐민 지파와 다른 지파들 사이의 전쟁에 관한 내용이다(19-21장). 이 두 사건은 모두 하나님을 버리고 우상을 숭배하면서 성적 타락으로 일괄한 이스라엘의 범죄를 단적으로 드러낸 사사 시대의 특징이다.

> 그때에는 이스라엘에 왕이 없음으로 사람마다 자기 소견에 옳은대로 행하였더라(삿 17:6; 21:25).

3) 사사들의 직무와 메시아적 의미

사사들은 이스라엘을 구출하기 위해 여호와로부터 세움을 입은 구원자요 지도자였다. 여호와께서 사사를 세우사 그들(이스라엘 백성들)을 건져내게 하셨다는 말씀과 그들이 몇 년 동안 이스라엘을 다스렸다는 말씀은 사사들의 직무를 가장 잘 대변해 주고 있다(삿 2:16).

사사들은 하나님의 능력을 힘입어 이스라엘을 구출하는 일 뿐만 아니라 법을 제정하고 집행하며 분쟁을 조정하고 해결하는 일을 담당하였다. 그들은 이스라엘 공동체 안에서 시회적, 정치적 및 신앙적인 모든 일의 지도자의 역할을 감당해야 했다. 한 마디로 왕적 직무를 감당한 자들이었다. 이들은 모두 열두 명으로서 옷니엘, 에훗, 삼갈, 드보라와 바락, 기드온, 돌라, 야일, 입다, 입산, 엘론, 압돈 및 삼손이다. 이외에 아비멜렉, 엘리, 사무엘 등을 사사로 첨가하기도 하지만 아비멜렉은 기드온의 아들로서 사사라기보다는 자칭 왕이었고 엘리는 제사장이며 사무엘은 선지자였다.[4]

사사 시대의 사사들은 결코 왕이 아니었다. 이스라엘 백성들이 기드온에게 왕이 되어 달라고 부탁했지만, 기드온은 거절하였다(삿 8:22 이하). 그러나 사사

---

4 김의원 역, op. cit., p.267.

들은 하나님이 세우셨고 백성을 구출하는 하나님의 뜻을 수행했다. 이런 의미에서 사사들은 메시아의 왕적인 직무를 수행한 자들로서 메시아적 인물들이었다.

또한, 사사들의 역할과 사명을 통해서 이스라엘의 진정한 왕이 필요함을 역설하고 있다. 하나님만이 이스라엘의 진정한 왕이셨으나 이스라엘은 왕으로서의 하나님을 거절했다. 그러나 하나님께서는 범죄하고 징계받은 이스라엘을 구출하시기 위해 사사들을 세우시고 그들을 보내셨다. 이것은 죄인들에게 구원자와 메시아의 필요성을 역설하시는 사사 시대의 메시아적 의미이다.

3. 룻기의 메시아 이해

1) 룻기서의 특징

룻기서는 사무엘 선지자 이후 다윗과 솔로몬 시대 사이에 기록되었을 것으로 추측한다. 유대인들은 사무엘을 저자로 보고 있으나 저자가 누구인지 정확하게 밝혀져 있지 않다. 룻기는 한 가정의 며느리의 효성심과 그 결과로 룻이 행복한 결혼을 축복으로 받았다는 사실을 단순히 보여 주기 위한 책이 아니다. 하나님을 섬기는 경건한 한 가정에서 일어나는 계대 결혼과 토지 무르는 법을 통하여 메시아의 혈통이 어떻게 이어져 내려가는가를 보여 주는 언약적 의미가 매우 크게 부각된다.

2) 룻기서의 내용과 고엘(גֹּאֵל) 사상

사사 시대의 한 경건한 엘리멜렉 가문에 말론과 기론 두 아들이 있었다. 그들의 고향인 예루살렘에 오랜 기근이 들게 되자 그들은 모압 지방으로 건너가 살게 된다. 그곳에서 가장인 엘리멜렉이 죽은 후 말론과 기론 두 아들이 결혼했으나 그들 역시 모두 죽고 말았다. 시어머니 나오미는 두 며느리 중 한 명을 데리고 고향으로 돌아오지만, 너무 경제적으로 빈약하여 친족 보아스 밭에서 이삭을 주워 연명해 나간다. 나오미는 남자들이 하나도 없는 가문에 며느리 하나만 데리고 살면서 그 가문으로 이어지는 토지를 대신 사 줄 친척(친족)을 기다리고 있었다. 마침 과부가 된 며느리 룻을 사모하는 남자 보아스가 친족임을 알고 그에게 며느리 룻을 접근시켜 계대 결혼을 성사시킨다. 이 계대 결혼은 농사지을 남자가 없는 엘리멜렉(나오미) 가문의 토지를 대신 보아스가 사 줌으로써 희년이 될 때까지 경제적으로 어려운 친척인 나오미와 룻을 도와주는 제도이다. 대신 보상해 준다는 의미에서 땅을 대신 사 주는 친족을 기업 무를 자(גאל) 또는 구속자라고 불렀다(룻 3:9,12). 구속자 곧 기업 무를 자 보아스는 룻을 위해 대신 땅을 사 주었으며 그녀와 계대 결혼을 이루어 오벳을 낳았고 오벳은 이새를 낳았으며 이새는 다윗을 낳음으로 아브라함과 다윗의 자손 예수 그리스도가 탄생하게 되는 언약이 성취되었다(룻 4:18-22; 마 1장).

룻기서에 나오는 기업 무를 자 곧 고엘(גאל)은 구약성경의 다른 부분에는 구속자(시 107편; 욥 19장)로 번역되었다. 가난한 친족의 땅을 대신 사 줌으로써 땅을 판 가난한 친족을 희년이 될 때까지 먹여 살리는 자 또는 아들을 낳지 못하고 죽은 남편을 대신하여 결혼(동침)해 줌으로써 아들을 낳아 주는 자를 고엘이라고 부른다. 대신 땅을 사 주고 대신 아들을 낳아 주는 자라는 의미에서 나타난 이 고엘 제도는 죄인 대신 하나님의 징벌을 받아 죽으심으로 그를 믿는 모든 죄인이 살아나는 주님의 십자가 사건을 통해 성취되었다. 룻기서의 이 고엘 제도는 이미 야곱의 아들 유다 가정의 계대 결혼을 통해 나타났고 모세의 율법을 통해 성문화되었으며 욥기서와 시편을 거쳐 예수 그리스도로 이어졌다.

(1) 유다 가정의 계대 결혼과 고엘(גאל) 사상

이 고엘 사상의 흔적은 이미 창세기 38장의 유다의 가정에서 계대 결혼과 함께 나타나 여자의 후손 계열을 보여 줌으로써 메시아의 계보를 확실하게 보여 주었다. 야곱의 넷째 아들 유다에게는 세 아들 엘, 오난, 셀라가 있었다(창 38장). 유다는 장남 엘을 위해 이방 여인 다말을 며느리로 맞았다. 그러나 하나님 앞에 악한 엘은 아들을 낳지 못하고 죽었다. 하나님의 계시로 전해 오는 계대 결혼에 의해 둘째 아들 오난이 죽은 형 엘을 대신하여 형수인 다말과 동침하여 아들을 낳아 주어야 했다.

이윽고 오난이 형수인 다말과 동침하던 중에 오난은 형수의 몸 안에 사정 (射精)하지 않고 땅바닥에 사정함으로써 하나님의 진노를 받아 죽임을 당한다. 다말은 계대 결혼의 순서에 따라 유다의 세 번째 아들 셀라와 동침해야 하지만 셀라가 어리다는 이유로 유다는 다말을 친정으로 보낸다. 한편 유다는 아내가 죽는 슬픔을 겪는다. 이윽고 양털 깎는 시기가 이르자 유대의 남자들이 들에 나가 양의 털을 깎는 일에 여념이 없는 틈을 이용해 친정에 가 있던 다말은 창녀로 변장하고 시아버지 유다에게 접근하여 결국 동침하기에 이른다.

유다는 며느리 다말을 창녀로 알고 그녀에게 도장과 끈과 지팡이를 담보물로 맡기고 동침하였다. 다말은 유다와 동침한 후 도망치듯 친정으로 갔지만 석달 후 잉태한 사실이 발각되어 재판정에 회부된다. 당시 남편 있는 여자가 간음하거나 임신을 하면 화형에 처하는 규례가 있었고 다말은 이 재판을 거쳐 유죄가 확정되면 죽음을 면치 못하게 된다. 이 재판의 재판장은 시아버지 유다였다. 당시 도장과 끈과 지팡이를 소유한 사람은 한 부족의 지도자(족장)로서 사법권(재판권)과 행정권을 모두 가지고 있는 통치자였다. 다말과 동침할 때 유다가 다말에게 담보물로 준 그것들은 후에 재판정에서 다말의 목숨을 살리는 증표가 되었다. 다말은 재판이 진행될 때 유다의 소지품을 증거로 제출하여 죽음을 면했다. 그 이유는 유다의 가정에서 다말을 위한 계대 결혼의 순서가 오난을 거쳐 셀라에게로 이어지지만 셀라가 너무 어려서 그 순서를 잇지 못함으로 그다음 유다에게로 그 순서가 이어져야 한다. 그러나 유다는 계대 결혼이라는 하나님의 언약의 규례에 열심을 다하지 않았으며 오히려 며느리 다말이 목숨 걸고 유다와 동침하는 계대 결혼에 열심을 내었다. 그러므로 재판 후에 유다는 다말에게 "너는 나보다 옳도다"라고 칭찬하며 다말의 언약적 행동에 감사했다. 여기서 유다 가정의 계대 결혼의 대상자인 다말과 남자들 사이에 구속자 곧 고엘 사상이 담겨 있다. 즉 아들을 낳지 못하고 죽은 엘을 대신하여 아들을 낳아 주어야 할 오난, 셀라 및 유다가 바로 유다가문의 대를 이어주고 죽은 자를 대신하여 결혼해야 하는 구속자 곧 고엘 (גאל)이다.

(2) 모세 율법의 계대 결혼과 고엘 사상

또한, 이 고엘 사상은 신명기 25장(5-10)에 모세의 율법으로 성문화되어 모든 택한 백성들이 지켜야 할 하나님의 계명으로 구체화되었다. 이 계대 결혼의 주제가 구속자 사상 곧 고엘 사상이다.

(3) 시편 107편의 고엘 사상

시편의 정경은 토라의 다섯 부분에 따라 다섯 부분으로 이루어져 있는데 시편 107편은 마지막 다섯 부분의 시작으로서 여호와께 감사하라고 선언하며(1절) 하나님께 감사해야 할 이유를 분명하게 가르치고 있다. 우리가 여호와께 감사해야 할 이유는 여호와께서 구속하셨기 때문이며 우리는 구속함을 받은 자들이기 때문이다(2절). 여호와 하나님을 구속의 하나님 또는 구속자라고 하는 이른바 고엘 사상은 구약성경 전반에 흐르고 있는 메시아 사상이다. 특히 이사야 선지자는 여호와를 구속자라고 자주 언급하면서 야곱의 자손과 이스라엘과 예루살렘을 위해 대신 값을 지불하시고 그들을 샀다고 강조하였다(사 41:14; 43:1; 44:22; 49:7; 42:23-24; 47:4; 48:17, 20). 창세기 38장의 계대 결혼과 룻기 4장의 계대 결혼 그리고 시편 107편의 구속자 사상에 이어 욥기 19장의 욥의 고백을 통해서도 이 구속자 곧 고엘 사상은 또 반복된다.

(4) 욥기서의 고엘 사상

욥은 고난 중에서도 믿음의 고백을 하였다.

> 내가 알기에는 나의 구속주가 살아계시니 후일에 그가 땅 위에 서실 것이라 나의 이 가죽 이것이 썩은 후에 내가 육체 밖에서 하나님을 보리라 내가 친히 그를 보리니 내 눈으로 그를 보기를 외인처럼 하지 않을 것이라 내 마음이 초급하구나(욥 19:25-27).

욥은 자신의 이 극한 고통으로부터 구출해 주시고 해방시켜 주실 구속주(גֹּאֵל)를 바라보며 믿고 의지하고 있다. 욥은 구속주에 대한 강한 신념과 부활 신앙을 찬양하고 있다. 신학적으로나 영적인 해석에 있어서 이 부분의 욥의 응답은 메시아적이다. 즉 십자가의 고난과 죽음을 통해 육체의 극한 고통을 견디고 하나님의 뜻을 이루신 그리스도의 죽음과 부활을 연상케 한다. 구약에서 하나님을 구속주 또는 구속자로 언급할 때는 직접 간접적으로 언제나 메시아언약과 연결되어 있다. 구약에서 이 구속자(고엘) 사상은 족장 시대부터 그 모습을 드러냈으며 모세 시대를 지나 왕국 시대와 그 이후의 시대 속에서 점점 유기적이며 점진적인 발전을 계속해 왔다.[5] 급기야 구약에 그림자로 나타난 구속자 사역은 죄인을 대신하여 십자가에 죽으시고 부활하신 메시아 예수 그리스도의 구속 사역을 통해 역사 속에서 성취되었다. 욥기서의 이 구속자 사상도 구약 전체에 흐르고 있는 소위 구속자 사상 곧 고엘 사상과 연결되어 있다. 구약에서 이 구속자 사역의 모형은 너무나 많다. 친족(친척)의 어려움을 도와주는 제도로서 대신 땅을 사주는 '기업 무를 자'를 비롯하여 아들을 낳지 못하고 죽은 형제를 대신하여 아들을 낳게 해 주는 계대 결혼(창 38장; 룻 4장)도 구속자 사상 곧 고엘 사상이다.

결국 창세기 38장의 계대 결혼 속에 있는 고엘 사상은 모세의 율법으로 성문화되었으며(신 25:5-10) 룻기의 계대 결혼을 거쳐 예수 그리스도에게서 성취되었다. 구약의 구속자는 예수 그리스도에 대한 그림자요 모형이다. 그리스도는 인간의 죄를 대신 지시고 십자가에 죽으신 구속자시다. 예수님 당시에도 이 고엘 제도의 흔적이 남아 있었다. 바리새인과 사두개인과의 부활 논쟁은 급기야 예수님의 판결을 받기에 이르렀다.

신명기 25장의 계대 결혼에 대한 의미를 오해한 그들은 일곱 형제가 한 여자와 결혼했으나 아들을 낳지 못하고 죽었을 때 만약 부활이 있다면 이 여자의 진정한 남편은 누가 되느냐고 물었던 것이다. 이 질문 속에는 은근히 부활이 없음을 드러내고 있다. 우리 주님은 이 질문에 대해 그들이 성경도 하나님의 말씀도 오해하였다고 지적하시면서 부활 때에는 시집도 장가도 안가며 모든 사람을 신령한 몸으로 변화되어 하늘에 있는 천사와 같이 된다고 말씀하셨다(마 22:23-33).

---

5   여기서 나의 구속자에 해당하는 말은 גֹּאֲלִי(고알리)이다. 이 말은 גָּאַל(가알) 곧 속전을 주고 구제하다. 대신 보상해 주다는 뜻을 가지고 있는 말의 분사 형태에 1인칭 대명사 접미어가 결합된 형태다. 구약에서는 일반적으로 이 분사 형태인 גֹּאֵל(고엘)이 구속자(redeemer), 구속주 등으로 자주 사용되어 메시아언약과 연결되고 있다.

계대 결혼의 고엘 사상은 이미 그리스도에게서 그의 십자가의 죽으심과 부활로 이루어졌으며 주님의 부활을 믿는 모든 그리스도인은 우리 대신 십자가를 지신 구속자 그리스도를 통해 이미 구원을 받은 것이다. 구약의 고엘 사상은 그리스도의 십자가 사역으로 성취되었다.

4. 사무엘서의 메시아 이해

1) 사무엘서의 특징

사무엘서는 솔로몬 시대 전, 후에 유대 선지 중 한 사람이 기록한 것으로 추측된다. 본래는 한 권으로 되어 있었으나 헬라어 역본인 70인역에서 사무엘서를 내용에 따라 둘로 나누고 왕국 제1, 2서로 제목을 붙였다(The First and Second Books of Kingdom). 그리고 열왕기서를 제3, 4왕국서라고 불렀다.

그 후 라틴어성경인 벌게이트역은 사무엘서를 둘로 나누어 열왕기 제1, 2서(The First and Second Books of Kings) 라고 불렀으며 지금의 열왕기서는 열왕기 제3, 4서라고 불렀다. 이후에 거의 대부분의 번역 성경에는 지금처럼 열왕기 제1, 2서는 사무엘상하로, 열왕기 제3, 4서는 열왕기상하로 명칭을 붙여 오늘에 이르고 있다. 이스라엘 국가가 세워지는 과정에서의 사무엘 선지자의 역할을 크게 부각시키고(삼상 1-8장) 사울 왕의 불순종과 그의 죽음(삼상 9-31장), 다윗 왕의 등극과 범죄와 회개 및 언약 등이 차례로 기록되었다(삼하 1-24장).

2) 사무엘과 메시아 사상(삼상 1-8장)

(1) 한나의 찬양과 메시아 사상(삼상 2:10)

사무엘은 에브라임 지파의 영역 안에서 살고 있는 한 경건한 레위인 엘가나의 두 아내 중 첫 아내인 한나의 기도와 서원 가운데 태어나 하나님께 바쳐진 나실인이었다(삼상 1:1, 20, 27). 사무엘을 하나님께 바친 후 한나는 찬양과 감사의 기도를 드렸다(삼상 2:1-10). 그녀의 이 찬양의 시 속에는 메시아적인 요소가 많이 나온다(삼상 2:1, 2, 7, 8, 10). 특히 자기 백성의 왕으로서 기름 부음을 받은 자(메시아)의 뿔을 높이실 것이라는 그녀의 찬양은 장차 오실 메시아의 권능과 영광을 노래한 것이다(삼상 2:10). 사무엘에 대한 한나의 찬양, 중재자로서의 사무엘의 인격과 사역 속에는 메시아에 대한 그림자적 요소가 가득하다(삼상 2:26).[6]

(2) 사무엘과 엘리 제사장(삼상 2:12-4:1)

사무엘 당시의 제사장이었던 엘리는 하나님보다도 더 자식들을 사랑한다는 하나님의 책망을 들으며 홉니와 비느하스 두 아들들의 불신앙과 만행을 지켜보아야만 했다. 하나님께 제사드릴 고기를 먼저 가져가거나 고기를 삶을 때 갈고리로 먼저 취해 갔으며 심지어 회막문에서 수종드는 여인들을 성폭행하였다(삼상 2:14-16, 22). 이러한 엘리 제사장의 두 아들의 불신앙적 모습은 여호와를 알지 못하는 것(삼상 2:12)과 여호와의 제사를 멸시하는 것(삼상 2:17)으로 대변되고 있었다. 하나님께서는 하나님을 멸시하고 모독하는 엘리 제사장과 그의 두 아들 홉니와 비느하스를 죽이시기 위해 블레셋을 준비시키며 동시에 사무엘에게 제사장의 업무를 배우게 하셨다(삼상 3:1).

이윽고 하나님께서는 사무엘을 부르시고 장차 엘리 제사장과 그 가정에 임할 하나님의 징계를 알려 주셨다(삼하 3:10-18). 제사장 엘리와 그 아들들의 죽음 및 하나님의 언약궤를 블레셋에게 빼앗긴 것은 사사 시대의 종말을 뜻하며 사무엘을 중심으로 하는 새로운 시대 곧 왕국 시대의 서막을 알린다. 하나님께서는 빼앗긴 언약궤를 다시 찾도록 섭리하시고 미스바 대성회를 통하여 하나님께 돌아오는 회개 운동을 일으키셨다. 이 과정에서 블레셋이 미스바에 모인 이스라엘 회중을 공격했으나 사무엘의 제사를 받으신 하나님께서 큰 우레를 발하여 블레셋을 물리쳐 주셨다(삼상 7:12, 에벤에셀).

이 사건 속에는 사무엘이 이스라엘의 지도자요 엘리 제사장이 죽은 후 제사장의 역할을 수행한 사사이며 또한, 선지자의 모습을 공식적으로 드러낸 큰

---

6 아이 사무엘이 점점 자라매 여호와와 사람들에게 은총을 더욱 받더라. 이 말씀은 그리스도 예수의 성장 모습에 대한 예표다(눅 2:52).

의미가 담겨 있다. 이스라엘 백성의 지도자(사사)로서 제사장 역할을 수행하며 또 선지자로서 사명을 수행했던 사무엘의 사역은 메시아 예수 그리스도의 삼 중직인 왕, 제사장, 선지자 직에 대한 모형이다.

사사 시대의 막을 내리면서 하나님께서는 이스라엘의 마지막 사사요(삼상 7:15-17) 첫 공식적인 선지자(삼상 3:20)로서 사무엘을 준비해 놓으셨다. 사무엘 은 지도자요 선지자였으며 제사장의 역할을 하기도 했다(삼상 9:12,13 : 13:8-13). 사무엘은 하나님의 이름이란 의미의 이름을 가지고 하나님의 성호(이름)를 드 높힌 위대한 선지자였다. 그는 철저하게 하나님 중심의 신앙을 갖고 살았으며 하나님의 말씀에 두 번이나 불순종한 사울왕을 그의 평생에 다시는 찾지 않을 만큼 하나님께 순종하기를 기뻐한 선지자였다. 그는 기도하기를 쉬는 죄를 범 하지 않겠다고 공언했으며, 순종이 제사보다 낫고 듣는 것이 수양의 기름보다 낫다고 외치며 왕과 백성들을 향하여 하나님께 순종하며 살 것을 촉구했다(삼 상 15:22). 사무엘의 인격과 삶에서 하나님의 뜻을 이루기 위해 죽기까지 순종 하신 그리스도 우리 주님의 모습을 엿볼 수 있다. 사무엘의 인격과 삶은 메시 아의 사역에 대한 그림자요 모형이다.

3) 사울 왕과 그의 불신앙(삼상 9-31 장, 대상 9-10장)

(1) 백성들의 아우성

이스라엘 백성의 대표인 장로들이 사무엘이 있는 라마에 몰려와서 백성들 의 아우성을 전하며 그들의 왕을 세워 달라고 강력히 요청하였다(삼상 8:4-2). 이스라엘 백성들이 인간적인 왕을 요구하는 것은 하나님을 더 이상 그들의 왕 으로 인정하지 않겠다는 불신앙적인 모습이었다. 따라서 하나님께서는 백성 들이 사무엘을 버린 것이 아니라 여호와를 버린 것이라고 말하며 왕을 세워 주라고 말씀하셨다(삼상 8:4-7; 19-22).

사무엘은 베냐민 지파의 기스의 아들 사울을 택하여 기름을 붓고 백성들의 요구대로 이스라엘의 초대 왕으로 세웠다. 그러나 하나님을 버리고 왕을 세워 달라고 졸라댔던 이스라엘 백성들은 왕의 학정과 불신앙 때문에 엄청난 고난 과 징계를 받고야 말았다는 역사적 교훈이 분열된 두 남북 왕국을 통해 생생하게 나타났다.

(2) 인간 사울의 좋은 조건들(삼상 9장)

성경에 언급된 많은 인물 가운데 사울은 타고난 장점이 많은 사람 중의 하나였다. 우선 그는 좋은 가정에서 태어났다(삼상 9:1). 당시 사울은 사회적으로나 경제적으로 든든하고 넉넉한 집안에서 태어나 어려움 없이 청소년 시절을 보낼 수 있었다. 또한, 그의 큰 키와 잘 생긴 얼굴, 그리고 준수한 체격은 모든 사람의 부러움의 대상이었다. 그뿐만 아니라 사울은 가정 교육도 잘 받은 모범 청년으로 소문나 있었다. 실제로 그는 암나귀를 잃은 아버지의 근심을 덜기 위해 아버지의 말씀에 순종하여 암나귀를 찾으러 백방을 헤맸으나 찾지 못하자 그는 자신 때문에 아버지가 걱정하실 것을 생각하고 급히 집으로 돌아가는 효심이 많은 아들이며 부모의 말에 순종 잘하는 훌륭한 청년으로 성장하였다(삼상 9:1-5).

또한, 사울은 다른 사람의 말을 귀담아 들을 줄 아는 인격으로 사람들의 존경을 받았으며 심지어 자신을 조롱하고 멸시하는 사람에게도 대항하지 않고 잠잠했으며 오히려 사랑과 관용을 베풀 만큼 넉넉한 품성을 지닌 자였다(삼상 9:10-13). 그리고 그는 겸손하였다. 사울은 자신이 이스라엘의 초대 왕이 될 것이라는 소식을 사무엘 선지자로부터 들었을 때 자신은 너무나 가장 부족한 사람이라고 사양하기도 했다(삼상 9:21). 사울을 왕으로 준비시키고 인도하시는 하나님의 은혜 아래 사울은 이렇게 많은 장점을 소유한 상태에서 왕으로 선포될 때도 그는 숨어 있다가 불려 나올 정도였다(삼상 10:21, 22).

(3) 사울 왕의 취임(삼상 10장)

준비된 사울 왕의 취임으로 이스라엘 왕국이 탄생하였다. 왕은 단순히 백성들의 통치자가 아니라 하나님의 통치권을 대행하는 대리자였다. 그러므로 늘 하나님 앞에서 겸손해야 했으며 언약의 말씀을 순종하며 하나님의 뜻을 따라 백성들을 인도하는 목자의 역할을 수행하는 사명자였다. 사울은 베냐민 지파의 후손으로서 이스라엘의 초대 왕이 되었고 재임 초기에는 하나님 앞에서 신실한 왕으로 사랑을 받았다. 왕이 된 직후에는 사울의 왕됨을 멸시하던 무리들을 색출하여 죽이자는 신하들의 말을 물리치고 오히려 그들에게 자비와 은혜를 베풀어 감동을 주기도 했다(삼상 11장).

(4) 사울 왕의 불신앙적 태도들(삼상 10-15장)

사울 왕은 재임 초기에는 하나님 앞에서 신실했으며 통치자로서 이스라엘의 영토를 넓히기도 하였다. 그러나 왕이 된 후에는 모세의 규례보다도 자신의 왕권을 이용해 모든 일을 처리하는 사람이 되고 만다. 예를 들면 왕이 된지 제2년에 블레셋 군대가 쳐들어왔을 때 사무엘 선지자가 서둘러 오지 않을 때 자신이 직접 번제를 드리기도 했다. 번제는 당시 선지자이며 제사장인 사무엘만이 할 수 있는 사명이었다.

이 일로 인해 사울은 하나님의 명령을 지키지 않는 망령된 행동을 했다고 사무엘로부터 엄한 책망을 듣기도 했다(삼상 10:8; 13:5-15). 그뿐만 아니라 블레셋을 공격할 때도 그는 하나님께 묻지도 않고 작전명령을 내린 뒤에 하나님께 물어야 한다는 제사장의 말에 억지로 묻는 척 하는 불신앙적인 태도를 보이기도 했다. 사울의 블레셋 공격 작전은 실패로 돌아갔고 이 작전명령 때문에 아들 요나단이 죽임을 당할 뻔했다(삼상 14:44,45).

또한, 이스라엘 백성을 괴롭히는 아말렉을 쳐서 진멸하라는 하나님의 명령을 수행하는 전투 과정에서 그는 하나님의 말씀에 크게 불순종하고 만다. 아말렉과의 전투에서 승리한 후에도 그 영광을 하나님께만 돌리지 않고 '자기를 위하여 기념비를 세우고' 돌이켜 행하여 자신의 길을 가버렸다(삼상 15:12).

하나님께서는 사무엘 선지자에게 사울이 하나님의 명령도 따르지 않는 불순종하는 자가 되고 말았다고 한탄하셨다. 이후 하나님께서는 사울을 이스라엘의 왕으로 세우신 것을 후회하시며 사울 왕을 대신할 새로운 통치자를 준비하셨다. 하나님을 버리고 자기 고집대로 살아가던 사울은 마침내 하나님으로부터 버림을 받았다. 그 결과 성령이 사울에게서 떠났다. 그리고 성령이 떠난 사울에게는 악령이 임했다(삼상 16장).

사울은 그때부터 악령에 시달리며 잠도 이루지 못하였고 점점 인기가 높아가는 다윗을 죽이지 못해 안달하는 소인배가 되고 말았다. 자신을 위해 연주하는 다윗을 향해 창을 날리는 사울의 행동은 사울 속에 역사하는 악령의 포

악함이었다. 심지어 다윗이 사울의 칼을 피하여 도망을 다닐 때 제사장 아히
멜렉이 다윗을 숨겨 주고 음식을 제공했다는 이유로 아히멜렉과 그 가족 및
그와 함께한 제사장 85명을 한꺼번에 살해하는 몸서리치는 범죄를 저지르기
도 했다. 이러한 사실은 성령이 떠나고 악령이 그를 지배하는 사울의 비참한
삶을 폭로하는 것이다. 미움과 원망과 교만은 사울을 파멸의 길로 재촉하고
있었다. 그 후에도 계속해서 사울은 하나님 앞에서 불순종하며 불신앙을 드러
내다가 급기야 하나님의 계획 아래 죽임을 당하고 말았다.

이처럼 자신을 왕으로 세우신 하나님을 떠나 불순종하고 심지어 하나님보
다도 더 군사의 힘과 무당 등을 의지하다가 하나님의 진노를 받아 죽임을 당
한다(대상 10장). 이것이 이스라엘 후손들에게 교훈하고 경계하기 위한 목적으
로 기록된 역대기의 해석된 역사이다. 이스라엘의 초대 왕 사울에 대한 역대
기 저자의 평가는 단지 그의 불신앙과 죽음에 관한 내용뿐이었다.

사무엘상 거의 대부분의 내용은(삼상 9장-31장 끝) 사울에 관한 역사로써 그
의 위대한 업적, 성공과 실패 등 그의 일생이 거의 다 기록되었다. 그러나 이
스라엘 자손에게 역사를 가르치기 위한 목적으로 다시 기록된 역대기(대상
10:13, 14)에는 사울 왕의 생애가 짧게 해석되어 기록되어 있는데 그의 모든 업
적이나 치적은 과감히 생략되었고 단지 그의 부끄러운 죽음의 이유만이 짧게
요약 평가되어 있을 뿐이다. 역대기를 기록한 역사가는 사울의 죽음과 그 이
유만을 기록으로 남겨 그가 하나님 앞에서 어떻게 살았으며 왜 죽임을 당했는
가를 분명히 밝힘으로써 후대 이스라엘 자손에게 경고하는 거울로 삼고자 했
던 것이다(고전 10장).

(5) 사울 왕에 대한 평가와 교훈(대상 10:13, 14)

하나님을 떠나 악령의 지배를 받고 살던 사울 왕의 죽음은 블레셋과의 전쟁
터에서였다. 하나님께서는 사울을 버리기로 작정하시고 블레셋이 이스라엘을
침공하게 만드신 후 그 전쟁을 블레셋의 승리로 이끄셨다. 이 싸움에서 사울
은 세 아들을 잃고 자신도 블레셋 군인 중 활을 쏘는 자에게 죽임을 당할 위기
순간에 할례를 받지 못한 이방인에게 죽임을 당했다는 소문을 두려워하여 자
신의 신복에게 죽여 달라고 애원했다.

그러나 그 신복이 칼로 찌르지 못하자 사울은 자신의 칼을 빼어 그 칼 위에 엎드러져 자살하고 말았다. 이스라엘의 초대 왕 사울은 이렇게 부끄러운 죽음을 맞이했다. 사울의 이러한 부끄러운 죽음의 이유는 여호와께 범죄를 했기 때문이라고 성경은 폭로하고 있다(대상 10:13).

그의 범죄 행위는,

첫째, 여호와의 말씀을 지키지 아니했고
둘째, 무당(신접한 자)에게 가르침을 받고 하나님께 묻지 않은 불신앙 때문이었다.

특히 사무엘 선지자가 죽은 후에는 하나님보다도 인간 사무엘의 가르침과 지시를 더욱 그리워하며 무당을 찾아가는 불신앙적인 태도로 일관했다. 사무엘상에 기록된 그의 화려한 생애와는 달리 후대의 역사가는 사울 왕의 생애를 요약 해석하여 역대기에 그의 죽음과 그 이유만을 짧게 기록으로 남겼다. 불신앙적인 사울을 하나님께서는 죽이셨다. 사무엘상 거의 대부분의 내용은(삼상 9장-31장 끝) 사울 왕에 관한 내용으로써 그의 위대한 업적, 성공과 실패 등 그의 일생이 거의 다 기록되었다. 그러나 이스라엘 자손에게 역사 교육을 시킬 목적으로 다시 기록된 역대기(대상 10장)에는 사울 왕의 생애가 짧게 해석되어 있는데 그의 모든 업적이나 치적은 과감히 생략되었고 단지 그의 부끄러운 죽음에 관한 내용만이 기록되어 있다. 한 사람의 화려한 업적 있는 일생이 중요한 것이 아니라 '하나님 앞에서(라틴어, *CORAM DEO*, 코람데오)' '어떻게 살았는가'가 가장 중요한 것임을 가르친다.

사울의 죽은 것은 여호와께 범죄하였음이라. 여호와께서 저를 죽이시고(대상 10:13, 14).

4) 다윗 시대의 메시아 사상(삼하 1-24장, 왕상 1-2장, 대상 12-29장)

(1) 기름 부음 받은 다윗

사울이 하나님의 배척을 받기 시작할 때 다윗은 베들레헴에서 사무엘에게 기름 부음을 받았다. 장차 이스라엘의 두 번째 왕으로 지명되고 선택된 것이다(삼상 16:13). 다윗은 이때부터 성령의 감동을 받았으며 음악의 소질을 인정받아 사울의 궁중 음악인이 되었다. 하나님은 다윗을 점점 부상시키셨다. 특히 블레셋과의 전투에서 거인 골리앗을 죽이고 블레셋을 이긴 사건은 온 백성에게 이스라엘의 차세대 지도자로서의 다윗의 용맹성과 그의 이름을 알리기에 충분했다(삼상 17:32-18:9). 그러나 이 사건 이후 사울 왕은 다윗을 주목하였으며 다윗에 대한 질투심에 이성을 잃어 갔다. 여러 차례 다윗을 죽이려고 시도했으나 사울은 번번히 실패했다(삼상 18:8-20:42).

(2) 사울의 죽음과 다윗의 등극

급기야 다윗은 요나단과 작별을 고하고 이스라엘의 수도 기브아를 떠나 블레셋의 땅으로 갔으나 발각되어 죽임을 당할 위기에 처하자 미친 척 가장을 하여 겨우 생명을 보존할 수 있었다. 그 후 다윗은 다시 이스라엘 영토로 돌아와 동굴에 살면서 군사들을 모으기 시작하였다. 어느 정도 군사가 모집되었을 때(약 600명) 그는 사울의 칼날을 피해 다시 블레셋 땅 시글락으로 가서 불안정한 삶을 살았다. 이윽고 하나님께서는 블레셋과의 전투 중에 사울을 죽이셨다. 사울이 죽임을 당한 후에 다윗은 헤브론에서 유다 지파 사람들과 다윗의 군사들에 의해 이스라엘의 두 번째 왕으로 기름 부음을 받아 취임하였다. 그러나 다윗을 잘 알지 못하는 다른 지파의 사람들은 사울이 죽자 마하나임을 새 수도로 정하고 사울의 아들 이스보셋을 왕으로 세웠다.[7]

이스보셋의 군사들과 다윗의 군사 사이에 싸움이 생기면서 양쪽 군사의 지도자들은 저울질하기 시작하였다. 급기야 이스보셋의 두 장군이 이스보셋을

---

[7] 이스보셋의 정식 이름은 이스바알이다(대상 8:33, 9:39). 마하나임은 요단강에서 동쪽으로 약간 떨어진 거리에 위치해 있다.

죽이고 다윗에게 투항함으로써 비로소 다윗은 이스라엘의 정식 왕이 될 수 있었다. 다윗은 그가 목동으로 있을 때 첫 번째 기름 부음을 받았으며 사울 왕이 죽은 후 헤브론에서 유다 백성으로부터 두 번째 기름 부음을 받았고 이스보셋이 죽은 후 세 번째 기름 부음을 받아 명실상부한 이스라엘의 왕이 된 것이다.

(3) 다윗의 왕국과 메시아언약(삼하 5:6-8:18, 10장)

다윗이 이스라엘의 왕이 되었다는 소식을 듣고 가장 불안하게 생각한 나라는 블레셋이었다. 블레셋은 다윗의 왕국이 강해지기 전에 자신들의 식민지로 만들어야 한다는 생각에 쳐들어왔으나 두 번의 전쟁에서 이스라엘이 이김으로써 오히려 주변 국가들이 다윗과 이스라엘을 두려워하게 되었다. 블레셋의 위협이 사라지자 다윗은 여부스 족속의 수도 예루살렘을 빼앗아 그곳으로 수도를 옮겼다. 모세에게 말씀하신 언약의 한 장소로서 예루살렘은 중요한 메시아적 의미를 갖게 되었다. 다윗은 예루살렘으로 언약궤를 운반해 왔으며 그곳이 하나님의 언약의 한 장소가 되도록 성전을 지으려고 했다(삼하 7장; 대하 17장).

하나님께서는 성전 건축에 대한 다윗의 요구를 거절하시고 대신 그의 아들 솔로몬이 건축할 것이라고 말씀하셨으나 성전을 짓게 해 달라는 다윗의 요구에 기뻐하신 하나님은 다윗과 언약을 맺으셨다. 다윗은 하나님의 뜻 아래 복을 받아 그의 만사가 날마다 더욱 형통하고 번창함을 깨닫고 자신은 삼나무 목재로 지은 아름답고 고상한 집에 살면서 하나님의 법궤는 장막에 둔다는 것은 하나님의 은혜에 대한 도리가 아니라고 생각했다. 그래서 다윗은 전에 모세가 가르쳐 준 방법대로 하나님을 위해 성전을 지어 드림으로써 하나님의 은혜에 대한 최소한의 보답이라 생각하고 나단 선지자와 의논했다. 나단 선지자는 허락했으나 하나님께서는 그날 밤 나단 선지자를 통해 다윗의 계획을 거절하셨다. 다윗은 이미 하나님의 또 다른 목적인 영토 확장의 일을 수행하면서 수많은 전쟁에 참가하여 많은 피를 흘렸기 때문에 하나님께서는 피 묻은 다윗의 손으로 성전이 건축되기를 원치 않으셨다(대상 22:8, 28:3). 이것은 다윗이 피를 흘리는 잘못을 범했기 때문에 성전 지을 자격이 못된다는 의미가 아니라 다윗은 하나님의 뜻에 따라 다윗 왕국의 건설과 영토 확장의 일을 위한 일꾼 (도구)으로 이미 사용되었으며 성전 건축의 일은 다른 사람을 통해 이루시기 원하시는 하나님의 또 다른 계획이 있음을 의미하는 것이다.

하나님께서는 어떤 사람을 영토 확장의 일에만 사용하시고 성전 건축의 일 은 거절하시며 또 다른 사람은 성전 건축의 일에 사용하시는 것에 조금도 불 의가 없으시며 이것은 전적으로 하나님의 주권에 속하는 일이다. 다윗은 성전 건축의 일을 거절로 응답받았으나 그의 아들 솔로몬을 통해 성전을 지을 것 이라는 말씀을 듣고 그 후 성전 건축 준비를 하는 일에 있어서 최선을 다했다. 그는 죽기 전까지 장차 성전을 짓고도 남을 만큼의 많은 양의 돌(석재)과 나무 (목재)를 준비했고 금, 은, 동, 철을 비롯해 성전 건축에 동원되는 모든 일꾼과 기술자들까지 완벽하게 대비시켰다. 비록 다윗은 그의 손으로 성전을 짓는 은 총에 이르지는 못했지만 도리어 하나님께서는 그에게 집을 지어 주시겠다는 말씀을 하셨다(대상 17:10). 그리고 다윗의 몸에서 난 아들이 하나님의 성전을 건축할 뿐만 아니라 하나님께서는 그 아들의 나라를 견고하게 해 주실 것이라 는 축복의 말씀을 해 주셨다.

이 축복의 말씀 곧 "네 집과 네 나라가 네 앞에서 영원히 보존되고 네 위 가 영원히 견고하리라"(삼하 7:9-16)라는 말씀과 더불어 "내가 영영히 그를 내 집과 내 나라에 세우리니 그 위가 영원히 견고하리라"(대상 17:14)는 말씀이 다. 여기서 이 두 부분의 말씀의 차이점이 발견되는데 그것은 "네 집과 네 나 라"(삼하 7:9-16)와 "내 집과 내 나라"(대상 17:14)의 차이다. 사무엘하에서는 하나님께서 다윗에게 직접 말씀하신 평범한 역사적 사실을 기록했기 때문에 2 인칭 표현으로 "너의 집과 너의 나라"라고 표현했으며 역사의 뒤안길에서 그 역사를 해석하는 하나님의 입장에서는 '내 집과 내 나라'라고 표현하고 있다. 즉 사무엘서의 "네 집과 네 나라"는 결과적으로 "내 집과 내 나라" 곧 하나님 의 나라와 그 왕국을 의미하는 것으로 장차 이 땅에 오실 메시아를 통한 주님 의 나라에 대한 메시아적 예언이다. 이것은 모두 다윗과 그의 아들 솔로몬이 이룩한 나라를 하나님께서 튼튼하게 해 주실 것이라는 역사적 성취의 말씀인 동시에 언약적으로는 장차 하나님의 아들 메시아가 이 땅에 오셔서 하나님 나 라를 이루시고 그 나라가 영원할 것이라는 메시아언약이다. 특히 시편 132편

12절에는 이 부분의 다윗과의 언약을 "내 언약"이라고 말씀하고 있다.

이 언약은 곧 여자의 후손을 통한 메시아언약으로써 노아, 아브라함, 모세, 다윗을 거쳐 다시 예레미야의 새 언약(렘 31:31-34)에 집중되고 마침내 예수 그리스도에 의해 성취되는 구원의 언약이다. 다윗은 하나님의 메시아언약을 듣고 감사와 찬양을 드렸다.

> 여호와 하나님이여 나는 누구이오며 내 집은 무엇이관대 나로 이에 이르게 하셨나이까?(대상 17:16). 여호와여 오직 주는 하나님이시라 주께서 이 좋은 것으로 주의 종에게 허락하시고 주께서 종의 집에 복을 주사 주 앞에 영원히 두시기를 기뻐하셨나이다 여호와여 주께서 복을 주셨사오니 이 복을 영원히 누리리이다(대상 17:26-27).

(4) 다윗의 말기(삼하 13-20장; 대상 22장, 28-29장; 왕상 1-2장)

다윗의 말년은 그의 간음죄와 살인죄에 대한 하나님의 징계로써 나단 선지자의 예언대로 이루어진 불행의 연속이었다. 다윗의 범죄에 대한 나단 선지자의 책망대로 하나님의 징계는 즉각 압살롬을 통해 나타났다. 다윗의 많은 아들 가운데 압살롬과 아도니야가 왕위 계승 문제로 욕심을 부리고 있었는데 압살롬은 구체적으로 왕권에 대한 음모를 꾸미고 다윗을 배반하고 공격하였다. 나단 선지자의 예언대로 칼이 다윗의 집을 찾아온 것이다.

다윗은 압살롬의 반역에 이어 세바의 반역 등 반란에 반란이 꼬리를 물고 일어나는 상황 속에서도 그것이 자신의 범죄에 대한 하나님의 징계로 여기고 충성스런 그의 장군들과 함께 계속 반란을 진압하며 회개했을 것이다(삼하 13, 14, 15장, 18, 19, 20장). 다윗의 범죄는 그의 회개와 함께 용서받았으나 그 범죄에 대한 흔적은 평생 그를 따라 다니며 괴롭힌 것이다.

(5) 다윗의 인구조사와 오르난의 타작 마당(삼하 24장, 대상 21장)

다윗의 실수에 대한 역대기의 평가는 매우 긍정적이다. 사무엘하 11장에는 밧세바에 대한 다윗의 실수에 대해 길게 기록되어 있으나 역대기에는 생략되었다. 그것은 역대기 저자가 다윗을 통한 하나님의 구원 역사 곧 메시아의 언약이 다윗과 그 후손으로 이어지고 있음을 밝히려는 의미에서 다윗 개인적인 기록은 모두 생략했기 때문이다. 다윗은 범죄 후 선지자의 책망을 받고 침상이 눈물에 다 젖도록 하나님께 회개의 기도를 드렸다. 그의 회개의 기도는 도리어 모든 죄인이 간구하는 구속사적 기도에 대한 예표가 되기도 했다. 따라서 시편의 많은 다윗의 기도는 죄 용서를 비는 간구 곧 사죄의 은총을 비는 기도와 그 응답에 대한 감사로 넘쳐 나고 있다. 다윗 왕국의 강화와 번성은 다윗의 의로움에 있는 것이 아니라 다윗과의 언약을 지키시고 성취해 나가시는 하나님의 주권적인 은혜의 결과임을 철저하게 배울 수 있다.

다윗의 두 번째 실수는 그의 인구조사였다(삼하 24장, 대상 21장). 다윗의 인구조사는 이스라엘 백성들을 징계하시기 위한 하나님의 섭리 아래서 다윗의 교만을 부추긴 사단이 격동시킨 결과였다. 다윗의 인구조사로 이스라엘 백성들은 하나님의 징계를 받았다(삼하 24장). 이 징계와 더불어 다윗은 오르난의 타작 마당에서 하나님께 제단을 쌓았는데 이것은 장차 이곳이 성전 건축 장소임을 예견하고 있다. 다윗의 인구조사의 원인은 직접적 원인과 간접적 원인으로 나누어 이해할 수 있다. 직접적인 원인은 이스라엘 백성들의 범죄를 심판하시려는 하나님의 심판 계획 아래 이루어졌으며 간접적으로는 군사력을 측정하려는 다윗의 교만의 결과였다. 따라서 사무엘서에는 이스라엘을 향한 하나님의 심판 계획에 따라 인구조사를 하도록 하나님께서 다윗의 마음을 움직이셨다고 기록되어 있다(삼하 24:1). 그런데 역대기의 본문에서는 사탄이 일어나 이스라엘을 대적하고 다윗을 격동하여 인구조사를 하도록 했다고 해석되어 있다. 그렇다면 다윗의 인구조사는 하나님께서 다윗을 감동시킨 결과인가, 아니면 사단의 격동에 의해서 이루어졌는가?

사무엘하 24장 1절의 여호와께서 다윗을 감동시키셨다는 말에서 감동시키셨다는 말(וַיָּסֶת, 와야셑, 그리고 그가 격동시켰다)은 역대상 21장 1절의 본문에 나타난 사탄이 다윗을 격동하여라는 말의 격동시켰다(וַיָּסֶת, 와야셑, 그리고 그가 격동시켰다)와 똑같은 의미의 말이다.[8] 다만 주어(주체)가 하나님으로 기록된 사무엘하에서 창조주 하나님의 주권적 사역을 말하기 위해 감동시키신 것으로 해석했으며 역대상 21장의 본문에서는 주어가 사탄이기 때문에 같은 히브리

---

8 וַיָּסֶת, 이 말의 문자적 의미는 "그리고 그가 '움직였다', '감동을 주었다'라는 뜻이다.

어 단어를 격동시켰다는 의미로 번역한 것이다. 다윗의 범죄에 대한 하나님의 징계는 가장 짧은 기간의 징계인 3일 동안의 온역으로 임했다. 이때 이스라엘 백성은 무려 7만명이나 죽고 말았다. 백성들의 수를 헤아려 군사력을 자랑하려는 다윗에게 있어서 7만 명의 죽음은 백성들의 범죄에 대한 하나님의 심판이며 다윗의 교만에 대한 하나님의 징계였음을 보여 준다(삼하 24:1). 백성들의 죽음과 고통을 바라보며 다윗은 기도했다(21:18-22:1). 그리고 하나님의 응답을 받았다. 온역이 중지되기 위해서는 오르난의 타작 마당에서 여호와를 위하여 단을 쌓으라는 것이었다.

다윗은 오르난의 타작마당을 번제 장소로, 타작마당에 있는 곡식 떠는 기계를 화목으로, 그리고 곡식 떠는 소를 제물로, 곡식인 밀을 소제물로 삼아 즉석에서 하나님께 번제와 화목제를 드렸다. 하나님께서는 다윗의 이 제사를 불로 응답하시고 온역을 중지 시켰다. 다윗은 이곳이 여호와 하나님의 전이라고 소리쳤다. 역사적으로 볼 때 오르난의 이 타작 마당은 아브라함이 이삭을 하나님께 바치던 장소였고 후에 이곳에 솔로몬의 성전이 세워졌음은 결코 우연한 일은 아니었다. 그리고 이곳은 예루살렘의 한 작은 산으로 그리스도의 번제 곧 십자가 사건을 성취하는 언약적 장소였다.

이처럼 오르난의 타작마당에서의 다윗의 제사는 죄로 인한 하나님의 진노가 그치고 이스라엘 백성들은 하나님의 긍휼과 자비하심으로 온역의 사망으로부터 구원을 받은 사건으로서 메시아의 십자가 사건의 예표요 모형이었다. 다윗의 인구조사로 인한 하나님의 진노와 심판, 그리고 오르난의 타작마당에서의 제사와 하나님의 응답은, 모두 예수 그리스도의 십자가의 죽으심을 통해 죄인에 대한 하나님의 진노가 그치고 모든 믿는 자에게 임하는 하나님의 용서와 구원을 예표하는 것으로 볼 수 있다.

5. 열왕기서의 메시아 이해

1) 열왕기서의 특징과 구조

(1) 열왕기서의 특징

열왕기서의 저자는 예레미야라고 말하기도 하지만(유대인) 누구인지 정확하게 밝혀져 있지 않다. 대부분의 개혁주의 입장의 학자들은 예레미야와 동시대에 살았던 선지자 중 한 사람이었을 것으로 추정한다. 열왕기서는 사건 중심의 역사가 아니라 문자 그대로 왕들 중심의 역사 기록이다. 즉 솔로몬 왕 이후 이스라엘은 두 왕국으로 분열되었으며 분열된 두 왕국의 왕들은 결국 그들의 죄악으로 멸망하고 만다. 이러한 열왕기서의 내용은 셋으로 나누어진다.

첫째, 솔로몬의 통치에 관한 역사가 먼저 통일성 있게 전개된다(왕상 1-11장).
둘째, 두 분열 왕국의 왕들의 역사와 북왕국 이스라엘의 멸망이 이어진다(왕상 12-왕하 17).
셋째, 유다의 히스기야 왕부터 바벨론 포로까지의 역사로 끝을 맺는다(왕하 18-25장).

(2) 열왕기서의 특징과 구조

열왕기서의 구조는 엑스(X) 모양의 동심 구조를 이루고 있다.[9] 이것은 솔로몬 왕부터 마지막 시드기야 왕까지의 왕들의 역사가 극악한 우상 숭배의 왕조인 오므리 왕조를 중심으로 위아래 및 전후좌우로 대칭을 이루고 있다는 뜻이다. 솔로몬 이후 분열된 이스라엘은 하나님의 통치의 대리권자들인 왕들의 죄악으로 멸망했음을 보여 준다.

---

9   김지찬, op. cit., p.376.

2) 열왕기서의 메시아 사상

결국 열왕기서는 죄로 인한 왕들의 멸망의 역사 곧 왕들의 실패의 기록이
다. 솔로몬의 계속되는 범죄 때문에 이스라엘은 둘로 분열되는 하나님의 심판
을 받았으며, 여로보암과 오므리 왕조로 대변되는 우상 숭배의 왕조 북왕국의
모든 왕은 하나님 앞에서 범죄를 일삼으며 살다가 앗시리아에게 멸망당하고
만다. 또한, 정통 왕국이라고 자랑하던 남쪽 유다 왕국도 히스기야 왕 이후 왕
들의 우상 숭배와 범죄로 인해 하나님의 징계를 받고 멸망당하고 말았다. 열
왕기서는 하나님 앞에서 실패한 인간 왕들의 슬픈 역사다. 사무엘 선지자에게
왕을 세워 달라고 요구한 이스라엘 백성들은 그들의 왕과 더불어 하나님을 멀
리하고 우상 숭배하며 살다가 하나님의 심판을 받았음을 교훈하고 있다.

이처럼 이스라엘의 왕들이 그들의 죄악으로 멸망당하고 말았다는 역사적
사실은 하나님만이 이스라엘 백성의 진정한 왕이 되시고 그들을 구원의 길로
이끄시는 유일한 인도자요 보호자요 구원자이심을 분명하게 보여 준다. 이것
은 그리스도만이 이 세상과 죄인을 구원할 유일한 구세주요 구원자이심 보여
주는 모형이자 예표다. 열왕기서의 대표적인 말씀은 북왕국 이스라엘의 멸망
에 관한 열왕기하 17장 21-23절의 말씀과 남왕국 유다의 멸망에 관한 열왕기
하 25장 8-9절의 말씀이다.[10] 열왕기에서는 북왕국 이스라엘 왕들에 대해서
알아보고 남쪽 유다 왕국의 왕들의 역사에 대해서는 역대기의 메시아언약에
다루기로 한다.

10　… 여로보암이 이스라엘을 몰아 여호와를 떠나고 큰 죄를 범하게 하매 … 여호와께서
　　그 종 선지자로 하신 말씀대로 심지어 이스라엘을 그 앞에서 제하신지라(왕하 17:21-23).
　　바벨론 왕 느브갓네살의 십구년 오월 칠일에 바벨론 왕의 신하 시위대 장관 느부사라
　　단이 예루살렘에 이르러 여호와의 전과 왕궁을 사르고 예루살렘의 모든 집을 귀인의
　　집까지 불살랐으며(왕하 25:8-9).

3) 솔로몬과 메시아 이해(왕상 1-12장, 대하 1-9장)

(1) 솔로몬의 왕권 강화

솔로몬은 다윗 왕 때에 이미 이스라엘의 왕으로 지명되었다. 그리고 사독에 의해 기름 부음을 받고 이스라엘의 세 번째 왕이 되었다(왕상 1:34). 솔로몬은 왕이 된 후 자신의 왕권에 도전하는 다윗의 아들 아도니야를 제거하고 또한, 아도니야를 지지하는 대제사장 아비아달을 파면시켰으며 요압을 제단 앞에서 죽였다(왕상 2장). 솔로몬은 다윗이 부탁한 몇 차례의 피의 숙청과 자신의 말을 듣지 않은 사람(시므이)을 공개적으로 처형하는 일들을 통하여 왕권을 강화하였다.[11]

솔로몬 왕권 강화와 그 이유에 대해서는 역대하 1장(1-6절)에 잘 요약되어 있다. 솔로몬 왕의 통치 사역 초기에는 하나님께서 솔로몬과 함께하셨기 때문에 왕권이 강화 되었고 백성들은 태평성대를 누렸다. 하나님께서는 솔로몬을 선택하셨고 그로 하여금 하나님의 성전을 건축토록 하시기 위해 그의 왕권을 강화시키셨으며 그를 창대케 하셨다. 다윗과 함께 하신 하나님은 솔로몬과 함께하시고 이미 아브라함과 모세와 여호수아와 함께하셨다. 하나님께서 함께해 주시는 것 그것이 행복의 시작이요 근원이다. 하나님이 죄인과 함께하시는 놀라운 은혜는 메시아의 탄생과 함께 임마누엘의 은총으로 나타났다.

(2) 솔로몬의 일천 번제(왕상 3장, 대하 1:7-13)

솔로몬은 이스라엘 백성의 지도자들을 모으고 기브온 산당으로 올라갔다. 그곳에는 모세 시대에 광야에서 만들어진 이동식 성막이 있었는데 다윗이 왕이 된 후 그곳으로 옮겨온 것이다. 솔로몬은 모든 지도자를 모으고 회막 앞에 있는 놋단에서 '일천 희생으로 번제'를 하나님께 드렸다.

솔로몬이 드린 이른바 '일천 번제'는 솔로몬이 일천 번(番) 제사를 드렸다는 의미가 아니라 일천 마리의 짐승을 번제단에 태워(번제, 燔祭) 하나님께 드

11 압살롬의 반역 당시 다윗이 예루살렘을 탈출할 때 시드이가 다윗을 저주했다. 이 일로 다윗은 자기를 저주한 시므이를 죽이라고 솔로몬에게 지시했었다(왕상 2:8,9). 시므이는 훗날 솔로몬의 말을 듣지 않고 거주지역을 이탈하다가 잡혀 죽었다.

렸다는 뜻이다. 그래서 역대기 1장 6절에는 "일천 희생으로 번제를 드렸더라"라고 기록함으로써 일천 번 드렸다는 뜻이 아닌 '일천 희생' 곧 일천 마리의 희생제 물을 불에 태워(번제) 드렸다고 잘 설명하고 있다. 이 제사가 끝났을 때 하나님께서 나타나셔서 솔로몬에게 무엇이든지 구하라고 말씀하셨다. 이때 솔로몬은 주의 백성을 잘 다스릴 수 있도록 '지혜와 지식'을 달라고 대답했다. 솔로몬의 간구는 하나님의 마음에 흡족했다. 하나님은 솔로몬의 마음을 읽으셨으며 '이런 마음'이 솔로몬에게 있다는 사실에 기뻐하셨다. 단순히 무엇을 잘하기 위한 도구로써 지혜와 지식이 아니라 하나님이 보신 것은 그 지혜와 지식을 달라고 말하는 솔로몬의 그 마음이었다. 그래서 솔로몬이 구한 것은 단순히 지혜가 아니라 '지혜로운 마음'이라고 기록되기도 했다(열왕기상 3:9).

솔로몬은 지혜와 지식뿐만 아니라 그가 구하지 아니한 부와 재물과 존영도 하나님으로부터 받았는데 역사상 최고의 지혜와 최대의 부귀영화를 누린 왕이 되었다. 왕이 된 후 하나님께 큰 제사(일천번제)를 드리고 '지혜로운 마음'을 은사로 받은 솔로몬은 곧 '하나님의 이름을 위한' 성전 건축과 자신의 권세와 영광을 위한 왕궁 건축 공사를 시작하였다. 솔로몬은 왕이 된 지 사년이 되었을 때 온 백성들에게 성전 건축의 시작을 알리고 남녀노소를 막론하고 성전 건축에 힘써 줄 곳을 당부하였다(왕상 5장). 특히 성전을 건축하는 다윗의 결심과 태도 그리고 일을 진행시키는 과정 속에는 하나님께서 공급해 주시는 지혜가 넘쳐나고 있음을 역사적 기록을 통해 잘 알 수 있다. 예를 들어 솔로몬이 성전 건축을 위해 두로 왕 후람에게 도움을 청하는 과정 속에는(대하 2:3-10) 솔로몬의 겸손과 일을 잘 처리하는 지혜가 숨겨져 있다. 그는 고대 근동 가나안의 정복자의 아들로서의 위세 아래 교만할 수도 있었으나 하나님의 지혜로 겸손하게 성전 건축을 위해 최선을 다하며 주변의 모든 '힘'을 성전 건축을 위해 잘 활용하였다. 하나님을 향한 열심과 지혜로운 마음에서 쏟아져 나오는 그의 겸손한 지혜는 하나님의 통치권을 대리 행사하는 왕으로서의 모든 일을 잘 감당하게 하는 능력 그 자체였다. 결국 솔로몬의 지혜는 통치권을 행사하는 일에서부터 성전 건축과 그의 모든 문학적 활동을 통해서 '하나님의 깊으신 지식과 은혜'를 드러내는 도구였음을 알 수 있다. 참다운 지혜는 하나님의 위대성과 그의 행하신 일들을 선포하고 드높이는 통로임을 가르쳐 준다.

(3) 솔로몬의 두 꿈(계시) 사건(왕상 3장, 9장)
솔로몬은 두 번의 꿈속에서 하나님의 계시를 받는다.

첫 번째는 일천 번제를 드린 후(왕하 3:1-15)에 계시를 받았으며 두 번째는
성전 건축 후에 받았다(왕상 9:1-9). 솔로몬이 받은 첫 번째의 계시는 솔로몬이
다윗과 그 언약을 따르기만 하면 지혜와 부와 명예를 얻고 모든 좋은 것을 다
누리는 왕이 될 것이라는 예언이었다. 이것은 솔로몬 시대의 부귀영화와 국가
의 번영을 예고하는 하나님의 계시였다.

두 번째는 솔로몬이 하나님의 명령을 따르지 않으면 성전과 왕국이 파괴될
것이라는 예언이었다. 이것은 솔로몬의 범죄와 그로 인한 왕국의 몰락과 분열
을 예고하는 하나님의 계시였다.

열왕기서 기록자는 이 두 가지 계시를 통해 솔로몬 왕의 사역을 요약하였
다. 솔로몬의 신앙과 순종의 결과인 하나님의 은총이, 그리고 솔로몬의 불신
앙(불순종)의 결과인 몰락과 분열이 역사적 기록으로 남겨진 것이다.

(4) 솔로몬의 부와 군사력(왕상 3,4,10장, 대하 1:16-17)
솔로몬의 부귀영화는 열왕기상 3장과 4장 및 10장 26-29절에 잘 나타나 있
으며 역대하 1장에서는 간략히 요약되어 있다. 금, 은이 돌처럼 흔하였고 가장
좋은 말의 숫자가 엄청났음을 밝힘으로써 당시 솔로몬의 부귀영화와 군사력
의 정도가 어떠했는가를 간접적으로 말하고 있다. 그러나 중요한 사실은 솔로
몬의 부귀영화와 군사력의 증대가 나중에는 그를 교만하게 만들었고 하나님
의 말씀을 불순종하게 했으며 우상 숭배의 길로 나가는 요인이 되었음을 밝히
고 있음을 배우게 된다.

하나님께서는 모세를 통하여 장차 가나안 땅에서 왕이 될 자는 세 가지를
금하라고 지시하셨는데 오히려 솔로몬은 이 세 가지를 행하여 하나님의 말
씀에 불순종하여 후에 하나님의 뜻을 그르치는 실수를 저지르고 말았다(신

17:16, 17).[12] 하나님의 복과 은총을 받는 것도 귀하지만 말씀을 지키는 것이 더 중요하다는 교훈을 받는다.

(5) 솔로몬의 성전 건축(왕상 8, 9장, 대하 5장)

솔로몬은 왕이 된 지 제4년 2월(시브월) 2일 곧 이스라엘 백성들이 애굽에서 나온 후 480년이 되는 해(B.C. 966)에 여호와를 위하여 예루살렘의 모리아 지역의 한 산에서 성전 건축하기를 시작하였다(왕상 6:1, 37, 38). 그리고 7년 동안 성전 건축이 진행되었으며 솔로몬 왕 제11년 8월(불월)에 성전이 완공되었고 바벨론 느브갓네살에 의해 성전이 파괴될 때까지 약 375년간 존속하였다(B.C. 960-586).

예루살렘에 있는 모리아 땅의 산은 아브라함을 거쳐 다윗 시대에는 시온 산으로 명명되고 이 시온 산에 있는 시온성은 다윗성으로 개칭되고 후에는 예루살렘 성으로 불렸으며 우리 주님 예수 그리스도의 십자가의 죽으심과 부활의 역사적 사건이 성취된 곳으로써 성경과 언약의 중심지였다. 이처럼 모리아 땅의 산은 아브라함 시대에 이삭이라고 하는 아들이 제물로 바쳐졌고 다윗 시대에는 다윗이 직접 돈을 주고 산 번제물로 하나님께 제사를 드린 오르난의 타작마당이 하나님의 현현(나타나심)에 의해 성별된 곳으로써 이미 성령에 의해 계시된 장소였다. 결국 성전 건축 장소는 하나님께서 역사 속에 이미 계시하셨고 때가 되었을 때 솔로몬이 바로 그곳에 성전을 건축한 것이다. 솔로몬의 성전 건축은 이미 오래 동안 준비되었으며 잘 작성된 설계도에 따라 진행되었다. 먼저 기초를 닦았으며 성전 본체를 중심으로 성전의 외형을 완성했다. 성전의 외형적 형태는 매우 견고하였고 사용된 재료는 금, 은, 보석 등 모두 값비싼 최고의 재료들이었으며 잘 조화되고 대단히 아름다운 웅장한 모습이었다. 특히 지성소와 지성소 안의 그룹(언약궤 위의 날개를 가진 천사 모양)의 모습이 의연하게 돋보였음을 강조하고 있다. 마지막으로 성전 앞에는 커다란 두 기둥을 세웠고 성전의 우편 곧 남쪽의 기둥을 야긴이라고 명명했으며 좌편 곧

---

12 "말을 많이 두지 말 것이요 … 아내를 많이 두어서 그 마음이 미혹되게 말 것이며 은금을 자기를 위하여 많이 쌓지 말 것이니라"(신 17:16-17).

북쪽의 기둥은 보아스라 칭했다. 히브리어로 야긴이라는 말은 저가 세우리라
는 이며 보아스는 그에게 능력이 있다라는 문자적 의미를 가진다. 따라서 성
전의 두 기둥은 그 이름이 갖는 의미를 통해서 볼 때 하나님의 권위와 능력을
상징적으로 나타내고 있다.

솔로몬은 웅장한 성전을 건축하고 성전 봉헌식을 성대하게 거행했다. 여호
와의 궤를 지정된 장소에 넣을 때 여호와 영광의 구름이 성전에 가득했고 솔
로몬은 간단하게 성전 봉헌사를 마치고 이어 봉헌 기도를 하였다. 이 성전 봉
헌 기도는 메시아적인 중보의 기도였으며 장차 오실 중보자 메시아의 사역에
대한 모형이었다. 솔로몬은 칠 일 동안 계속해서 번제를 드리며 성전 봉헌식
을 계속했다. 하나님과 백성들은 하나님의 임재의 상징인 성전의 준공식을 맞
아 한없이 감사하며 기뻐하고 찬양과 영광을 하나님께 드렸다. 이것은 성전보
다 더 큰 분이신 우리 주님 예수 그리스도께서 장차 십자가에서 피 흘려 죽으
시고 부활하심으로써 우리의 죄가 용서되고 하나님과 화목되는 은총을 얻는
기쁨에 대한 역사적 사실의 모형이다(레 23:33-44).

(6) 솔로몬의 부귀영화와 범죄(왕상 10, 11장)

열왕기상 10장이 솔로몬의 부와 명성과 군사력에 관한 기록이라면 열왕기
상 11장은 그의 범죄 행위와 불신앙에 대한 기록이다. 솔로몬의 부와 명성에
대한 소문은 당시 고대 근동 땅끝까지 퍼져 나갔다. 특히 솔로몬 왕의 재산과
지혜는 천하 열왕보다 컸으며 온 천하가 다 솔로몬의 지혜를 들으며 그 얼굴
보기를 원했다(왕상 10:23, 24). 그의 재산과 군사력도 상상을 초월하였다(왕상
10:26-29). 그러나 그는 애굽의 바로의 딸을 비롯하여 후비(정식 아내) 700여 명
과 비공식 후처 300여 명의 아내들을 두었다. 문제는 솔로몬이 늙었을 때 이
여자들이 왕의 마음을 돌이켜 우상을 섬기게 하였다.

심지어 솔로몬은 여호와의 눈앞에서조차 악을 행하였으며 모압 우상 그모
스와 암몬 우상 몰록을 비롯하여 수많은 우상을 섬겼다. 급기야 솔로몬은 마
음을 돌이켜 이스라엘 하나님 여호와를 떠나므로 여호와께서 진노하시며 두
번이나 나타나 경고하셨으나 끝내 솔로몬은 하나님을 버렸다(왕상 11:9-10). 하
나님께서는 솔로몬의 범죄에 대한 징계로 나라를 분열시켜 한 지파만을 그 아

들에게 주고 나머지는 빼앗아 그의 신하 여로보암에게 주겠다고 선언하셨다. 솔로몬의 부귀영화도 하나님의 말씀(왕상 3:14)에 대한 솔로몬의 순종 여부의 결과였으며 그의 징계도 이미 주신 하나님의 말씀(왕상 9:4-9)에 대한 순종 여부의 결과였음을 밝히고 있다.

(7) 솔로몬 왕과 메시아 모형

솔로몬은 다윗의 후손으로 오실 메시아의 모형이었다. 그는 왕으로서 이미 지명되었고(삼하 7:14) 사독에 의해 기름 부음을 받았으며(왕상 1:34) 지혜자의 모델이었다. 그의 이름 솔로몬의 의미인 평화와 그가 누린 영화는 장차 오실 메시아를 통한 하나님 나라의 진정한 평화와 행복에 대한 모형이다. 그는 이미 지명된 왕으로서, 그뿐만 아니라 평화의 왕으로서 지혜의 왕이신 메시아의 인격에 대한 모형이었다.

4) 북왕국 이스라엘의 왕들(왕상 12-22장, 왕하 1-17장)

솔로몬이 죽고 르호보암이 왕이 될 때 솔로몬의 신하였던 여로보암이 이스라엘 열 지파의 도움을 받아 자신을 왕으로 선포한다. 한 나라에 두 명의 왕이 나타나자 두 세력간의 전쟁의 위기 속에서 가까스로 분열되어 두 나라가 되었다. 여로보암이 먼저 디르사를 수도로 하여 국호를 이스라엘이라고 선포하자 르호보암도 유다 지파의 도움을 받아 예루살렘을 수도로 정하고 국호를 유다라고 선포했다.

열왕기상 12-22장 및 열왕기하 1-17장의 기록이 북왕국 이스라엘 왕들의 통치 기록이라면 역대하 10-36장의 기록은 남쪽 유다 왕국의 왕들에 대한 해석사다. 역대기에는 성경의 다른 역사적 기록과는 달리 하나님의 계시 전달의 측면에서 역사가 선택, 누락되었으며 때로는 저자의 의도 아래 해석되어 나타나기도 했다. 이것은 역대기의 중요한 신학적 주제이다. 즉 역대기는 바벨론 포로 생활 후 백성들에게 이스라엘의 역사를 가르쳐 주기 위한 목적 아래 과거의 역사를 요약하고 해석하여 기록한 것이다. 그러므로 역대기의 역사는 단순히 사무엘서나 열왕기서의 이스라엘 역사 기록과 평행되거나 보충해 주는 정도의 것이 아니라 완전히 새로 해석되어 기록된 역사이다.

성경에 나타난 이스라엘 왕들의 역사적 평가는 오늘날 이 시대를 사는 그리스도인들에게 여전히 거울과 경계의 말씀으로 남아 있다(고전 10장). 즉 이스라엘 초대 왕 사울에 대해서는 그의 죽음에 관한 내용만 간략하게 평가하여 기록으로 남겼으나 다윗 왕과 그의 통치에 관한 역사에 깊은 관심을 보이고 있는 것도 역대기만의 특징이다. 특히 사무엘서나 열왕기서에 나타난 다윗의 역사에는 다윗 개인의 윤리적 내용이나 그의 실패의 기록 등이 자세히 기록되어 있으나 역대기에서는 개인의 도덕적인 문제 등은 과감히 생략되어 있고 언약과 관계된 치적이 해석과 함께 기록되어 있다. 북쪽 이스라엘 왕국의 왕들의 역사도 마찬가지다. 북왕국의 왕들은 몇 개의 왕조를 중심으로 계속되었다. 그러나 모든 왕조는 백성들과 함께 하나같이 우상 숭배와 타락의 길을 걷다가 하나님의 징벌을 받았으며 필경 앗시리아의 침공을 받고 멸망하고 말았다(B.C. 722).

(1) 첫 번째, 여로보암 왕조(여로보암, 나답)

북쪽 이스라엘의 첫 왕 여로보암(B.C 931-910)은 남쪽 유다의 종교 정책과는 정반대의 길을 걷는다. 그는 금송아지를 만들어 놓고 그 금송아지가 "이스라엘 백성들을 애굽에서 인도해 낸 신"이라고 선포하였다. 또한, 북쪽 이스라엘 사람들이 남쪽 유다의 예루살렘으로 절기를 지키러 가는 것을 막기 위해서 금송아지를 벧엘과 단 두 곳에 만들어 놓고 그곳에서 제사를 드리고 절기를 지키게 하였다. 또한, 레위인이 아닌 자들을 제사장으로 임명하였다. 이러한 모습을 지켜보던 레위인들은 후에 후회하고 여로보암을 떠나 남쪽 유다 왕국으로 삼 년 만에 되돌아갔다(대하 11장).

여로보암은 우상을 숭배하고 범죄를 일삼으며 22년간 통치하다가 자연사했다(왕상 14장, 대하 13:20). 그가 뿌려 놓은 우상 숭배의 죄악과 불만의 씨앗들은 그의 아들 시대에 고스란히 열매로 나타났다. 하나님께서는 여로보암의 우상 숭배의 죄악에 대해 심각하게 여기시고 그 이후의 18명이나 되는 왕들에게 '여로보암의 길'로 행했다고 평가하셨다(왕상 15:34; 16:19, 26, 31; 22:52). 여로보암이 죽은 후 그의 아들 나답(B.C. 910-909)이 디르사에서 이스라엘의 둘째 왕이 된 후 2년간 다스렸다. 나답은 이스라엘로 범죄케 한 그의 아버지 여로보암의 길로 행하며 계속 범죄하였다. 그는 블레셋 영토에서 깁브돈 영토를 탈취하려다가 바아사에게 살해되었다. 바아사는 왕이 된 후 아히야의 예언대로 여로보암 가문의 모든 사람을 죽였다.

(2) 두 번째, 바아사 왕조(바아사, 엘라)

나답을 죽이고 이스라엘의 셋째 왕이 된 바아사(B.C. 909-886)는 24년간 다스렸다. 바아사는 경제적인 측면에서 남쪽 유다와 오랜동안 투쟁 관계를 유지했다. 바아사도 여로보암의 길을 따랐으므로 선지자 예후를 통해 비참한 결말을 맞게 될 것이라는 예언을 들어야 했다.

이스라엘의 넷째 왕 엘라(B.C. 886-885)는 그의 부친 바아사를 계승하여 2년간 다스렸다(왕상 16:8-22). 엘라 밑에는 오므리와 시므리 두 장군이 있었는데 오므리가 엘라의 명을 받고 블레셋 성읍 깁브돈을 탈취하러 간 틈을 이용해 시므리는 왕 엘라를 살해하였다.

(3) 세 번째, 시므리 왕조

시므리(B.C. 885)는 엘라를 죽이고 이스라엘의 다섯 번째 왕이 되었다. 그리고 예후의 예언대로 바아사 가문의 모든 사람을 죽였다. 한편 깁브돈에서 왕 엘라의 암살 소식을 들은 오므리도 자신을 지지하는 군사들에게 자신을 왕으로 선포케 했다. 이후 약 7일 동안은 이스라엘에 두 명의 왕이 공존한 셈이다. 오므리는 힘을 모아 시므리의 반역을 진압하는 작전에 성공을 거두었다. 그러자 시므리는 왕궁에 불을 지르고 자살해 버렸다. 이로써 7일간의 시므리 통치는 막을 내린다.[13] 시므리가 죽은 다음에도 오므리는 디브니로부터 계속 왕권에 대한 도전을 받았다. 여기서 문제가 되는 것은 시므리와 오므리가 왕권 다툼을 벌이고 있을 때 잠시나마 백성들의 지지를 받았던 디브니를 이스라엘의 제6대 왕으로 정식 인정할 수 있느냐 하는 것이다. 만약 디브니를 제6대 왕으

13 레온우드, 김의원 역, op. cit., 407. 레온우드는 시므리가 7년 통치했다고 말하고 있으나 대부분의 다른 자료들은 7일 천하로 말하고 있다.

로 인정하면 이스라엘을 통치한 왕은 모두 20명이지만 디브니를 왕으로 인정하지 않으면 이스라엘 왕은 19명이 된다.[14] 하지만 디브니가 일부 백성들로부터 왕으로 지지를 받았다 하더라도 이스라엘의 정식 왕으로 보기에는 어렵다는 것이 대부분의 견해다. 이스라엘 왕은 디브니를 제외하고 19명으로 보는 것이 일반적인 견해다.[15]

(4) 네 번째, 오므리 왕조

오므리는 시므리의 반역을 진압하고 이스라엘 왕국의 여섯 번째 왕(B.C. 885-874)이 된 후 정치적인 안정을 이루었다(왕상 16:23-28). 오므리는 이스라엘의 수도를 사마리아로 옮기고 강력한 통치 기반을 조성하였다. 이후 사마리아는 앗시리아에게 멸망할 때(B.C. 722)까지 이스라엘의 수도가 되었다. 오므리는 모압을 정복하여 세금을 바치게 하였고 시돈(페니키아) 왕의 딸 이세벨을 며느리(아합의 아내)로 맞이하는 결혼 동맹을 맺고 외교적 안정을 유지했다(왕상 16:31). 그러나 오므리의 아들 아합과 이세벨의 결혼은 후에 이스라엘 백성들로 하여금 바알과 아세라 우상을 섬기는 길을 열어 준 셈이 되었다.

이스라엘의 일곱 번째 왕이 된 아합(B.C. 874-853)은 오므리 왕조를 계승하여 22년을 다스렸다. 그는 그의 아내 이세벨과 함께 바알 숭배를 도입하여 이스라엘 전 지역에 우상 문화를 꽃피웠다. 이것은 여로보암의 금송아지 우상보다 훨씬 더 사악하며 매춘과 성적 타락이 수반되는 다신교 이교 숭배 사상으로 번져 나갔다. 더욱 놀라운 일은 북왕국 아합 왕은 자신의 딸 아달랴를 남왕국 여호사밧 왕의 아들(여호람)과 결혼하게 함으로써 결혼 동맹을 통해 남쪽 유다 왕국과 평화의 길을 걸어갔다. 이 일로 남쪽 유다 왕실에는 우상 숭배의 물결과 피비린내 나는 살육이 일어났고 급기야 아합왕의 딸 아달랴는 살해되었으나 남쪽 유다 왕국은 그녀가 뿌린 우상 숭배의 열매를 거두면서 하나님의

---

14   레온우드, 김의원 역, op. cit., p.441. 레온우드는 이스라엘 왕조를 여로보암부터 호세아까지 제9왕조 19명의 왕으로 요약하였다. 레온우드는 디브니를 6대 왕으로 인정하지 않았다.

15   김지찬, op. cit., p. 399. 김지찬은 이스라엘과 유다 왕의 연대기 도표 안에 디브니를 아홉 번째의 왕으로 넣었다. 비록 괄호를 했으나 디브니를 이스라엘의 왕으로 인정할 수 있느냐의 문제는 여전히 계속되고 있다.

무서운 진노를 받아야만 했다. 이 시대와 함께 달리는 선지자가 있었는데 바로 엘리야(왕상 17-19장, 왕하 1-2장)였다. 엘리야는 아합과 이세벨의 우상 숭배에 대해 정면 도전했으며 갈멜산에서 여호와만이 참 신이심을 만 천하에 드러냈다(왕상 18장). 엘리야와 엘리사는 거짓 신 바알과 아세라 우상 숭배의 허구성을 지적하기 위해 수많은 기적들을 수반하면서 유일하신 참 하나님을 섬기는 신앙을 백성들에게 심어 주며 가르쳤다.

이스라엘의 여덟 번째 왕이 된 아하시야(B.C. 853-852)는 같은 오므리 왕조 아합 왕의 아들로서 아들 없이 2년간 다스렸다. 아하시야는 창문에서 떨어져 병을 얻었으며 에그론의 바알세불에게 사자를 보냈다가 엘리야의 심한 꾸중을 듣기도 했다. 결국 아하시야는 그 병의 후유증으로 죽고 말았다.

이스라엘의 아홉 번째 왕 여호람(B.C. 852-841)는 같은 오므리 왕조 아합 왕의 둘째 아들로서 아들 없이 2년간 다스리다가 죽은 형을 대신하였다. 그는 12년을 다스렸으며 선지자 엘리사가 이 시기에 활동하였다. 여호람은 재임 중 바알 제단을 헐어 버리기도 했으나 그의 어머니 이세벨이 살아 있었다는 정황으로 보아 그것은 바알 숭배를 반대하는 사람들에 대한 회유책에 지나지 않았다. 특히 여호람 재임 시 세금을 내던 모압의 반란이 있었고 아람 사람들이 자주 쳐들어왔으나 그때마다 선지자 엘리사의 역할로 이스라엘은 하나님의 도움을 입었다(왕하 5-8장). 바알의 우상 문화가 꽃피는 시대에 하나님께서는 엘리야와 엘리사를 통하여 선지자 학교를 만드시고 선지자를 양성하셨다.

(5) 다섯 번째, 예후 왕조

이스라엘의 열 번째 왕 예후는 여호람을 살해하고 이스라엘의 다섯 번째의 왕조를 세웠다. 오므리 왕조의 멸망은 약 20여년 엘리야 선지자를 통해 이미 예언되어 있었다. 오므리 왕조는 네 명의 왕들이 44년 동안 이스라엘을 다스렸으나 예후 왕조는 89년 동안 다섯 명의 왕들이 다스렸다. 예후는 우상 숭배를 꽃피운 오므리 왕조를 멸망시키는데 기여하였으므로 처음에는 하나님의 인정을 받았으나(왕하 10:30) 후에는 여로보암의 단과 벧엘의 우상 숭배를 계속하다가 하나님의 징계의 시대를 보내야 했다.

이스라엘의 열한 번째 왕 여호아하스(B.C. 814-798)는 예후를 계승하여 17년을 다스렸다. 그는 여호와 보시기에 악을 행하였으며 여로보암 죄를 따르다가 하나님의 진노를 받아 아람 왕 하사엘과 그 아들 벤하닷의 식민지가 되게 하셨다. 아람 왕의 학대에 지친 여호아하스가 하나님께 기도했을 때 '구원자'를 보내어 이스라엘을 아람 왕의 통치 아래서 구출해 주셨다.[16] 그러나 여호아하스는 이스라엘로 범죄케 한 여로보암의 집의 죄에서 떠나지 않았고 사마리아의 아세라 목상을 그대로 두었다. 이 일로 하나님께서는 아람 왕을 통해 여호아하스의 백성들을 진멸하셨다.

이스라엘의 열두 번째 왕 요아스(B.C. 798-782)는 부친 여호아하스가 죽게 되자 왕이 되었다. 요아스는 그의 통치 제5년부터 그의 아들 여로보암 2세를 통치자로 임명하여 함께 나라를 다스렸다. 요아스는 다메섹이 빼앗아 간 모든 성읍을 회복하였으며 이것은 엘리사 선지자의 예언대로 이루어진 것이다. 요아스는 아마샤(유다 왕)의 공격을 막아낼 정도로 강한 나라를 이루었다(왕상 14:8-4).

이스라엘의 열세 번째 왕 여로보암 2세(B.C. 793-753)는 예후 왕조의 세 번째 왕으로서 이스라엘의 유능한 통치자 중 한 명이었다. 그는 다윗과 솔로몬 시대의 북방 경계였던 하맛 어귀까지를 장악하였는데 성경에서 하맛 어귀는 언제나 가나안의 경계 끝을 의미했다(왕하 14:25, 28; 왕상 8:65). 여로보암 2세는 당시 주변 국가의 약세를 틈타 이스라엘을 강한 나라로 만들었으며 분열 왕국 시대에 이스라엘의 최대 영토를 자랑했다. 이 시기의 선지자는 아모스와 호세아였다.

이스라엘의 열네 번째 왕 스가랴(B.C. 753) 아버지 여로보암 2세를 계승하여 예후 왕조의 네 번째 왕이 되었다. 스가랴는 그 열조의 행위대로 여호와 보시기에 악을 행하여 이스라엘로 범죄케 한 느밧의 아들 여로보암의 죄에서 떠나지 아니했다는 평가를 받았다(왕하 15:9). 그는 단과 벧엘에서 여로보암의 우상 숭배의 길을 따랐으며 통치 6개월 만에 살룸에게 암살당했다. 이것은 아모스

---

16 왕하 13:5의 구원자는 당시의 국제 정세로 볼 때 앗시리아의 왕 아다니라리 3세 (Adad-nirari Ⅲ, B.C. 810-783)로 추측된다.

의 예언대로 이루어진 것이며(암 7:9) 예후 왕조의 몰락을 의미했다.

(6) 여섯 번째, 살룸 왕조

이스라엘의 열다섯 번째 왕 살룸(B.C. 752)은 백성들 앞에서 스가랴를 죽이고 그를 대신하여 왕이 되었다. 그는 통치 약 한 달 만에 스가랴의 군대 장관이었던 므나헴에게 보복적인 죽임을 당하였다. 이스라엘의 여섯 번째 왕조는 한 달 만에 막을 내렸다.

(7) 일곱 번째, 므나헴 왕조

이스라엘의 열여섯 번째 왕 므나헴(B.C. 752-742)은 10년간 나라를 다스렸다. 그는 여로보암 2세 아래서 디르사 지역의 책임자로 임명을 받았는데 살룸이 여로보암 2세를 암살하자 사마리아로 와서 살룸을 죽이고 왕권을 잡았다. 그러나 이 당시 국제 정세는 앗시리아가 막강한 통치자로 부상하고 있었으며 그 세력이 이스라엘을 위협하기에 이르렀다. 여로보암의 죄악의 길을 가는 이스라엘을 징계하시기 위해 하나님께서 앗시리아를 강한 무기로 만드셨다. 므나헴도 여호와 보시기에 악을 행하여 이스라엘로 범죄케 한 느밧의 아들 여로보암의 죄에서 평생 떠나지 아니했다는 평가를 받았다(왕하 15:18). 하나님께서는 그의 죄악을 징계하시기 위해 아수르 왕 불(디글랏 빌레셀 3세)을 그에게 보냈을 때 므나헴은 일천 달란트를 불에게 주어서 이스라엘을 침공하지 못하게 하기도 했다(왕하 15:19).

이스라엘의 열일곱 번째 왕 브가히야(B.C. 742-740)는 부친 므나헴이 죽자 왕위를 계승하였다. 그도 역시 여호와 보시기에 악을 행하여 이스라엘로 범죄케 한 느밧의 아들 여로보암의 죄에서 평생 떠나지 아니했다는 평가를 받았다(왕하 15:24). 브가히야의 통치 2년에 군대 장관 베가가 사마리아 궁전에서 왕 브가히야를 암살하고 이스라엘의 제8대 왕조의 첫 왕이 되었다.

(8) 여덟 번째, 베가 왕조

이스라엘의 열여덟 번째 왕 베가(B.C. 752-732)는 이미 므나헴과 브가히야를 대적하고 요단강 건너 길르앗을 다스려 오다가 길르앗 사람과 함께 요단강을 건너와 브가히야를 죽이고 왕위를 찬탈한 것이다. 베가는 여로보암 2세가 암살당한 시점부터 길르앗에서 왕위에 올랐으며 브가히야를 죽이고 계속 이스라엘을 20년간 다스렸다(왕하 15:23). 그도 역시 여호와 보시기에 악을 행하여 이스라엘로 범죄케 한 느밧의 아들 여로보암의 죄에서 떠나지 아니했다는 평가를 받았다(왕하 15:28).

베가의 단독 통치 제6년에 앗시리아의 디글랏 빌레셀 3세가 이스라엘을 공격하여 수많은 성읍을 빼앗고 백성들을 포로로 붙잡아 갔다. 여로보암의 우상 숭배의 길을 가는 이스라엘 왕들에 대한 하나님의 심판이었다. 베가는 아람 왕 르신과 함께 유다를 징계하시는 하나님의 도구로 사용되기도 했다(왕하 15:37).

(9) 아홉 번째, 마지막 호세아 왕조

이스라엘의 열 아홉 번째 미지막 왕 호세아(B.C. 732-722)는 앗시리아 왕의 환심을 사기 위해 베가를 죽이고 왕이 되었다. 호세아는 여호와 보시기에 악을 행하였으나 그전 이스라엘 여러왕들과 같지는 않았다고 평가받았다(왕하 17:2). 그러나 이스라엘을 멸망시키시는 하나님의 계획아래 강성해진 앗시리아의 디글랏 빌레셀은 호세아를 공격하여 신하로 만들고 세금을 바치게 하였다.

얼마 후 호세아가 앗시리아 왕을 배반하자 앗시리아 왕은 그를 잡아 감옥에 넣고 사마리아 온 땅을 짓밟고 두루 다니다가 마침내 사마리아 성을 3년간 포위 공격 끝에 함락시켰다(B.C. 722년). 이로써 북왕국 이스라엘은 여로보암이 왕이 된 지(B.C. 931년) 210년 만에 앗시리아에 의해 멸망당하였다.

(10) 결론

북왕국 이스라엘은 여로보암이 왕이 되어 호세아에 이르기까지 약 210년간 존재하였으나 8번이나 왕조가 바뀌는 극심한 혼란의 시대를 보내야 했다. 이스라엘의 진정한 왕이신 여호와를 버리고 인간 왕을 세워 달라고 사무엘 선지자에게 강력히 요청했던 백성들은 무려 열 지파 이상이 여로보암을 따라가 북왕국 이스라엘을 창건했다. 그러나 이스라엘 백성의 왕들은 약 2세기 동안 하나님을 버리고 우상 숭배를 앞장섰으며 오히려 백성들을 죄악의 길로 인도하여 하나님의 심판을 받게 하였다. 여로보암 2세의 통치 기간 중 물질적인 풍요 속에서 오히려 하나님을 배반하고 가난한 이웃을 신발 한 켤레 값으로 사고 팔며 악을 즐기며 살던 그들은 아모스와 호세아 선지자들의 경고와 권면을 들었으나 선지자들을 통해 주시는 하나님의 말씀을 거절하고 급기야 망하고 말았다. 회개할 기회를 주셨으나 회개치 않고 끝까지 범죄의 길로만 가던 이스라엘 왕조와 백성들은 사마리아 성의 함락과 함께 죽거나 끌려가고 이방인들과의 잡혼을 통해 혼혈아를 낳으며 징계의 긴 기간 속으로 잠기고 말았다.

북왕국 이스라엘의 멸망은 죄로 인한 하나님의 심판의 결과이며 하나님의 진노가 그들에게 얼마의 기간동안 임하기 시작했음을 가리킨다. 열왕기서의 기록 목적은 이스라엘 왕국의 형성과 분열의 원인 및 두 왕국의 멸망과 그 원인이 무엇인지를 보여 주기 위한 것이다. 그 원인은 이스라엘 백성들이 왕으로서의 하나님을 버리고 그들의 인간왕과 더불어 우상 숭배하고 하나님께 악을 행한 그들의 죄악 때문이었다.

5) 남왕국 유다의 마지막 왕조(왕상 14, 15, 22장, 왕하 18-25장, 대하 10-36 장)

남쪽 유다 왕국의 모든 왕들에 관한 역사는 역대하 10-36장에 순서대로 잘 요약되어 있다.[17] 그러나 열왕기하 마지막 부분(18-25장)은 유다의 마지막 왕조의 첫 왕인 히스기야부터 시드기야에 이르는 여덟 명의 왕들의 역사만을 다루고 있다. 꺼져가는 등불이 마지막 반짝거리듯 유다 왕국은 히스기야와 요시야 왕의 전무후무한 두 번의 개혁을 뒤로한 채 바벨론 느브갓네살과 그의 군대에 의해 멸망하고 말았다. 즉 유다 왕국의 첫째 왕 르호보암부터 12대 왕 아하스까지는 열왕기서 앞부분에 북왕국 이스라엘 왕들과 함께 언급 되어 있다 (왕상 14, 15, 22장).

그러나 13대 왕 히스기야부터 마지막 20대 왕 시드기야까지의 유다의 마지막 왕조의 왕들의 역사가 따로 분리되어 기록되었다. 이것은 북쪽 이스라

---

17 20명의 유다 왕들에 관한 역사와 그 평가에 대해서는 단원 역대기의 메시아언약 부분의 역대기 10-36장의 내용을 참조할 것.

엘 왕국의 왕들이 그들의 죄악으로 멸망당했듯이 남쪽 유다의 왕들의 역사
도 역시 마찬가지로 그들의 죄악 때문에 멸망했음을 연결시키려는 열왕기서
저자의 의도적인 배열로 볼 수 있다. 유다의 마지막 왕조 당시 가나안 땅 유
다 주변의 국제 정세는 남쪽의 애굽, 북쪽의 앗시리아 및 북동쪽의 바벨론이
각축을 벌이고 있었다. 그러나 하나님의 섭리와 계획 아래 앗시리아와 애굽
이 차례로 바벨론의 세력 밑으로 들어가게 되고 유다는 바벨론에 의해 멸망하
고 만다.

(1) 히스기야 왕과 그 아들들(왕하 18-21 장, 대하 29-32장)

히스기야는 그의 나이 25세에 왕이 되어 29년을 다스린 것으로 되어 있으
나 그의 부친 아하스와 섭정한 기간 13년을 합하면 42년간 통치했다(B.C. 728-
686). 그는 하나님 보시기에 가장 많은 칭찬을 받은 왕 중의 하나였다. 하지만
그는 외교적으로 반앗시리아 정책을 폈다. 당시 가나안 땅 유다 주변의 국제
정세는 남쪽의 애굽, 북쪽의 앗시리아 및 북동쪽의 바벨론이 각축을 벌이고
있었다. 이 상황에서 반앗시리아 정책을 펴는 히스기야는 앗시리아 사르곤의
아들 산헤립(B.C. 705-681)의 침략을 받았다. 지중해 연안을 모두 점령한 산헤
립은 애굽 군대를 맞아 패배시켰으며 예루살렘을 향해 돌진해 왔다. 예루살렘
을 포위한 앗수르 왕은 히스기야에게 편지를 보내 항복할 것을 촉구하였으나
히스기야는 그 편지 곧 항복 요구 문서를 여호와 앞에 펴 놓고 간절히 기도하
였다. 이 기도 응답으로 아모스의 아들 이사야가 하나님의 말씀으로 응답하였
고 그날 밤 여호와의 사자가 산헤립의 18만 5천의 군대를 몰살시킴으로써 산
헤립의 예루살렘 공격은 싱겁게 무산되는듯 했다. 이것은 하나님의 긍휼이 아
직도 유다에 임하고 있으며 유다가 멸망할 때가 되지 않았음을 의미하는 것이
지 산헤립의 군대의 힘이 약하기 때문은 결코 아니다. 하나님은 다윗의 언약
을 기억하시고 예루살렘을 보존해 주실 것을 약속하셨다(왕하 19:34).

히스기야 이후 유다는 그의 아들 므낫세가 다스렸으나 수많은 우상을 섬기
며 이방 풍습을 따랐다. 그는 55년이나 유다를 다스렸으나 선지자들의 경고를
무시하고 하나님을 모독하였다. 므낫세 이후 아몬이 유다의 왕이 되어 약 2년
을 다스렸으나 그의 우상 숭배의 악행은 멈추지 않았다. 마침내 아몬은 그의

신복들에 의해 살해당했으며 아몬 왕을 살해한 신복들은 백성들에게 죽임을
당했다. 백성들은 살해당한 아몬의 8살 난 아들 요시야를 왕으로 세웠다.

(2) 요시야와 개혁정책(왕하 22-23장, 대하 34-35장)

요시야의 30년 통치 역사는 전무후무한 개혁과 유월절 행사로 하나님을 기
쁘시게 한 기간이었다. 유다 왕국의 제16대 왕 요시야는 경건한 백성들의 보
호 아래, 궁중 반란으로 신하들에 의해 살해된 선친 아몬왕을 대신하여, 여덟
살의 어린 나이에 왕이 되어 31년을 통치하였다(B.C. 640-609). 요시야 시대의
국제 정세는 북쪽 앗수르가 약화되고 신흥 세력인 바벨론이 북동쪽에서 크게
세력을 떨치고 있었다. 요시야는 우상을 제거하며 개혁 운동에 앞장섰으며 율
법에 따라 유월절을 지켰다. 그 유월절은 히스기야 왕 이후 오랜만에 지킨 감
격적인 축제일이었다.

요시야의 개혁(대하 34:1-7, 왕하 22:1-2)과 그에 대한 평가는 "여호와 보시기
에 정직히 행하여 그 조상 다윗의 길로 행하여 좌우로 치우치지 아니하였다"
는(대하 34:2) 말로 요약된다. 요시야는 어렸을 적 자신을 도와준 참모들에 의
해 좌지우지되지 않고 왕이 된지 8년 후인 16세 때 비로소 그 자신이 단독으
로 그 조상 다윗의 하나님만을 의지하며 홀로 서기 통치를 감행했다. 그리고
20세가 되었을 때 요시야는 대대적인 신앙개혁을 단행했다. 우선 유다와 예
루살렘에 산재해 있었던 우상들을 제거하였고 급기야 북왕국 이스라엘 지역
의 각종 우상들까지 모두 척결하였다. 요시야는 각종 우상들을 단지 제거하거
나 파괴한 정도로 그치지 않았다. 그는 이스라엘 전 지역에서 우상 숭배자들
을 붙잡아 죽여 무덤을 만들었으며 그들이 섬기던 각종 우상들을 빻아 가루
로 만들어 그 무덤에 뿌렸다. 또한, 우상 숭배에 종사한 제사장들을 죽여 불살
라 그 뼈를 가루로 만들어 흩어 버렸다. 요시야는 그의 조부 므낫세의 신앙개
혁 때 버린 각종 우상들을 그의 선친 아몬 왕이 다시 가져와 우상 숭배를 계속
하다가 경건한 자들의 반란으로 살해당한 사실을 기억했을 것이다. 그래서 그
는 각종 우상들을 가루로 만들어 완전히 없애 버리고 우상 숭배자들까지 죽임
으로써 철저한 신앙개혁을 진행시켰다고 볼 수 있다. 이미 북왕국 이스라엘은
멸망하였고 아직 남은 남왕국 유다에 있어서 마지막 실시된 요시야의 신앙개

혁은 하나님 보시기에 심히 아름다운 개혁이었음을 본문에서 강조하고 있다.

요시야는 16세 때 단독으로 통치 사역을 시작하고 20세 때 신앙개혁을 철저히 수행하였으며 급기야 24세가 되었을 때 여호와의 전 곧 성전을 대대적으로 수리하는 개혁을 단행했다. 요시야의 성전 수리는 솔로몬이 성전을 완성한 이래 실시된 범국민적인 대대적인 행사였다. 수많은 사람이 성전 수리를 위해 동원되었고 많은 경비가 들었으나 백성들의 자발적인 참여와 연보(헌금)로 충당할 수 있었다고 기록되어 있다. 특히 성전 수리에 참여한 백성들과 각종 기술자들은 '진실히' 맡은바 자신들의 일을 완벽하게 수행하였다. 이와 같은 성전 수리 작업은 요아스 왕(24장)과 히스기야 왕(29장) 때 시행되기도 했으나 그 후 므낫세와 아몬 왕의 악정과 우상 숭배의 영향으로 성전이 다시 더럽혀졌기 때문에 요시야 왕은 신앙개혁의 일환으로 성전개혁을 단행한 것이다. 그뿐만 아니라 이 성전 수리와 개혁은 지금까지의 우상 숭배를 완전히 종식시키고 성전 중심으로 여호와 하나님만을 섬기는 새로운 통치 사역이 시작된다는 사실을 엄숙히 선포하는 의미가 더 컸다고 볼 수 있다. 성전을 수리할 당시 비용을 충당하기 위해서 문지기들이 연보궤에서 돈을 꺼낼 때 제사장 힐기야가 여호와의 율법책을 발견하였다. 힐기야는 즉시 서기관 사반을 시켜 그 율법책을 왕에게 전달하였다.

이 율법책은 성전 비치용으로서 일반적으로 언약궤 곁에 보관되어 있어야 하지만(신 31:26) 므낫세나 아몬 왕의 우상 숭배 때 아무렇게나 방치된 후 잃어버렸다가 이처럼 요시야의 대대적인 성전 수리 때 발견된 것이다. 다시 발견된 여호와의 율법책을 사반이 요시야 왕 앞에서 읽을 때 요시야는 그 말씀을 듣자마자 자기 옷을 찢으며 하나님께 통회 자복하였다. 그리고 요시야는 즉시 제사장 힐기야와 서기관 사반 그리고 사반의 아들 아히감과 미가의 아들 압돈과 왕의 신하 아사야 등 다섯 명을 사절단으로 임명하고 그들을 여선지자 훌다에게로 보내어 율법책 발견에 대한 하나님의 섭리와 뜻을 알기를 원했다. 그리고 그동안 왕으로서 이 율법책에 기록된 모든 것을 준행치 아니한 불신앙에 대해 하나님의 진노가 크다고 소리쳤다. 왕의 사절단들이 예루살렘 둘째 구역에 살고 있는 여선지자 훌다를 방문하고 왕의 뜻을 전달했을 때 훌다는 이 율법에 기록된 저주대로 유다와 예루살렘 백성들에게 재앙이 내릴 것이라는 여호와 하나님의 뜻을 전달하였다. 동시에 요시야가 여호와의 말씀을 듣고 겸비하여 옷을 찢고 통곡하며 회개하였으므로 요시야의 기도를 들으셨다는 여호와 하나님의 말씀도 전달되었다. 요시야는 율법책을 발견함으로써, 왕들이 율법책을 멀리하고 우상 숭배를 자행한 범죄가 얼마나 심각하고 무서운 결과를 초래했는가를 재인식하게 되었다. 이것은 일찌기 하나님께서 이스라엘의 왕이 된 자들은 반드시 율법책을 복사하여 곁에 두고 항상 여호와께 물으며 통치해야 된다는 경고를 듣지 아니한 결과였다.

(3) 요시야의 언약 갱신(왕하 23:1-20)

요시야 왕은 여선지자 훌다의 예언을 들은 후 선왕들 특히 므낫세와 아몬 왕의 우상 숭배에 의해 파기된 하나님과의 언약을 다시 체결하는 엄숙한 의식을 행하였다. 그는 유다의 장로들과 제사장 및 레위인을 비롯하여 모든 백성을 모으고 여호와의 전에 올라가 성전에서 발견된 여호와의 책을 읽어 주며 새롭게 언약을 세웠다. 이날 요시야와 백성들은 여호와 앞에서 언약을 맺고 "마음을 다하고 성품을 다하여 여호와를 순종하고 그 계명과 법도와 율례를 지켜 이 책에 기록된 언약의 말씀을 이루리라"고 약속했다. 요시야의 개혁과 성전 수리 및 범국민적 유월절 행사는 요시야의 죽음을 끝으로 장차 70년 성전 제도와 제사 행위가 중단될 것에 대한 암시였다.

(4) 요시야의 죽음(왕하 23:28-30, 대하 35:20-27)

요시야 왕의 죽음의 원인은 열왕기하 23장 29절의 말씀과 역대하 35:20의 말씀이다. 이 두 곳의 말씀 중 '애굽왕 느고가 갈그미스를 치러 올라온고로'에서 '치러'(대항하려고, 싸우려고)에 해당하는 히브리어(עַל)와 열왕기하 23:29의 '애굽왕 바로 느고가 앗수르왕을 치고자 하여'에서 '치고자'에 해당하는 히브리어(עַל)는 같은 전치사다. 이 히브리어 전치사는 '대항하여'라는 의미와 '위하여'라는 의미를 동시에 가진다. 따라서 이 히브리 단어를 어떻게 해석하느냐에 따라 본문은 완전히 반대로 해석되고 만다. 이 말을 '대항하여'라고 번역하면 한글 개역성경처럼 애굽의 바로가 앗수르 왕을 공격하기 위해 갔다는 의미로 번역될 수 있다. 그러나 영어성경에는 서로 다르게 번역되어 있다. 어떤 영어성경(KJV)은는 전치사 עַל(알)을 '대항하여, 치러'라고 번역했으나 다른 영어성경(NIV; RSV 등)은 이 히브리어 단어를 '위하여'로 해석하여 애굽의 바로가 앗수르 왕을 돕기 위하여 갈그미스에 갔다고 번역했다.[18] 히브리어 전치사 עַל(알)을 '위하여'로 번역하는 것이 옳다고 주장하는 견해에 따르면 다음과 같은 해석이 나온다.

요시야 시대의 국제 정세는 북쪽의 바벨론과 남서쪽의 앗수르가 고대 근동의 패권을 다투고 있었다. 바벨론은 앗수르의 수도를 점령하고 계속 니느웨를 포위 공격하여 마침내 함락시켰다. 그러나 앗수르는 과거의 영광을 재현하기 위해 하란에서 바벨론과 다시 전쟁을 시작했다. 때마침 남쪽의 애굽도 바벨론의 남하정책을 우려하고 있었는데 앗수르와 바벨론이 전쟁을 벌이자 앗수르를 돕기 위해 군사를 동원하여 므깃도에 진출하게 되었다는 견해다. 이러한 상황아래 당시 이스라엘을 멸망시키고 유다에게 위협이 되고 있었던 앗수르를 돕기 위해 애굽의 바로인 느고가 군대를 이끌고 갈그미스로 간다는 사실은 유다의 요시야 왕에게는 두려운 일이 아닐 수 없었다. 그래서 요시야는 무리하게 군사를 이끌고 므깃도에 가서 느고와 싸우다가 전사하고 말았다는 것이다. 그러나 만약 이 견해가 옳다면 하나님께서 속히 하라고 말씀하셨다는 애굽왕 느고의 말(대하 35:21)과 하나님을 거스리지 말라는 말씀의 의미는 무엇인가?

이런 문제 때문에 두 번째 견해가 나타났다. 즉 한글 개역성경의 번역처럼 애굽왕 느고가 앗수르왕과 그 군대를 치기 위해서(싸우기 위해서) 갈그미스로 갔다고 해석해야 한다는 것이다. 그리고 이 해석은 애굽왕이 요시야에게 말한 내용처럼 하나님께서 속히 하라고 하신 일이며 하나님의 뜻을 이루는 일이 된다는 것이다. 왜냐하면 바벨론을 사용하여 유다를 징계하시려는 하나님의 계획과 뜻이 이루어지도록 하시기 위해 하나님께서는 지금 애굽의 바로인 느고를 사용하여 앗수르를 공격케 함으로써 간접적으로 신흥바벨론을 일으키고 있는 것이다.

---

18 레온우드, 김의원 역, op. cit., p.483. 김희보, 『구약이스라엘사』(서울: 총신대학교출판부, 1988), p.391.

이러한 하나님의 뜻을 모르고 당장 눈 앞의 이익만을 생각하는 요시야 왕은 북쪽의 바벨론의 위협을 앗수르가 견제해 주기를 바라고 있었는데 애굽이 앗수르를 치기 위해 갈그미스로 가게되자 요시야는 애굽왕의 권고에도 불구하고 므깃도에서 싸우다가 전사하고 말았다고 본다. 이것은 바벨론에 대항하지 말라는 예레미야의 권고를 듣지않고 끝까지 대항하다가 결국 그것은 하나님의 뜻을 거스리는 결과가 되어 비참하게 죽임을 당한 시드기야의 경우와도 같다는 것이다.

세 번째 견해도 있다. 애굽왕 느고가 앗수르 군대를 치기 위해 갈그미스로 갔다가 승리하고 다시 유다를 통해 돌아가는 길에 유다를 공격하지 않을까 하는 두려움에 요시야는 미리 애굽의 느고를 물리치기 위해 싸우다가 전사했다고 보는 견해다. 역사를 이끌어 가시는 하나님의 주권적 섭리 아래서 애굽과 앗수르는 이미 하나님의 뜻을 이루는 일에 도구로 사용되었고 이제 바벨론이 그 차례라고 생각할 때 바벨론을 일으키시는 하나님의 뜻을 이루기 위해 앗수르의 멸망을 재촉하시는 하나님께서는 애굽의 느고를 도구로 사용하고 계신다고 볼 수 있다. 역사적으로 볼 때 앗수르는 유다의 멸망 직전에 하나님의 심판 계획 아래서 바벨론에 의해 완전히 멸망해 버린다. 이런 측면에서 애굽왕 느고의 앞길을 막는 것은 하나님의 뜻을 거스리는 것이며(대하 35:21下) 하나님이 속히 하라고 명하신 일을 방해하는 것이 되어 결국 요시야 왕은 전사하고 말았다고 보아야 한다(대하 35:21).

요시야 왕의 이러한 죽음은 유다에 대한 하나님의 심판이 가까웠음을 알리는 징조였다. 백성들의 절대 신임을 받고 있던 요시야가 죽자 백성들은 너무나 슬퍼하였다. 그러나 예레미야 선지자는 죽은 요시야를 위하여 울지 말고 그 아들들을 위하여 울라(렘 22:10,11,18)고 말했다. 이것은 예레미야가 요시야의 죽음 후에 있을 유다의 멸망을 염두해 두고 말한 것이다. 요시야 이후의 유다의 네 명의 왕들은 한결같이 하나님 여호와 앞에서 불순종하다가 애굽과 바벨론에 의해 수모를 당하며 점점 멸망의 늪으로 빠져 들어갔다.

(5) 유다의 멸망과 요시야의 아들들(왕하 23:31-25장, 대하 36장)

요시야가 죽자 그의 둘째 아들 여호아하스가 유다의 17대 왕이 된다(B.C. 609). 그러나 그의 통치 약 3개월 만에 애굽왕 느고 2세는 여호아하스를 볼모로 애굽으로 끌고 갔으며 그의 형 엘리야김을 제18대 왕으로 대치하고 여호야김으로 이름을 바꾸었다(B.C. 609-597). 애굽 왕은 매년 엄청난 양의 세금을 바치도록 요구했으며 여호야김은 애굽에 조공(朝貢)을 바치기 위해 백성들에게 무거운 세금을 부과하였다. 애굽의 느고에 의해 왕이 된 여호야김은 25세에 왕이 되어 11년 통치했으나 애굽의 꼭두각시 노릇을 했으며 여호와 보시기에 악을 행하는 자로 평가를 받았다. 애굽에 의해 왕이 된 여호야김이 하나님 보시기에 악을 행하고 있을 즈음 고대 근동은 남쪽의 애굽과 북쪽의 바벨론이 서로 패권을 다투고 있었다. 이때 북쪽의 바벨론은 남쪽에서 일어나고 있는 애굽을 견제하기 위해 애굽과 전쟁을 선포하고 그 유명한 갈그미스 전투에서 대승을 거두며 고대 근동의 맹주로 급격히 부상하고 있었다. 이 전투에서 승리한 장군은 바벨론 왕 나보폴라살(Nabopolassar)의 아들인 느브갓네살이었다. 느브갓네살은 이 전쟁에서 승리한 후 바벨론 왕이 되어 유다의 여호야김 왕을 협박하고 이미 자신의 권력 아래 두고 있었다.

그러나 여호야김은 바벨론 느브갓네살을 섬긴지 3년 후 느브갓네살을 배반하고 말았다(왕하 24장 참조). 느브갓네살은 친히 군사를 이끌고 예루살렘을 쳐들어 와서 여호야김을 쇠사슬로 결박하여 바벨론으로 끌고 갔다. 이것이 느브갓네살의 제1차 침공이다. 이때 느브갓네살은 예루살렘의 성전에 들어가 여호와의 전 기구들을 전승물로 많이 탈취해 가지고 가서 바벨론 신전에 두었다. 이러한 느브갓네살의 행위는 유다의 신보다 바벨론의 신이 더 우세하고 강하다는 것을 드러내기 위한 상징적인 행위였다. 여호야김은 애굽에 의해 왕 위에 올랐고 바벨론에 의해 폐위당했다. 이 모든 일은 유다의 범죄에 대한 하나님의 심판의 결과였다. 그 후 얼마동안 느브갓네살은 아람과 모압과 암몬의 군사들로 보강된 갈대아(바벨론) 군인들을 보내어 유다를 간접적으로 통치하였다. 여호야김은 무죄한 백성을 죽이고 예레미야를 핍박하였으며 하나님의 말씀을 불태우는 등 악을 행하다가 예레미야의 예언대로 비참한 죽임을 당하였다(렘 36:30). 여호야김 시대에 예루살렘은 느브갓네살의 첫 번째 침공을 받고 다니엘과 그 친구들을 비롯한 수많은 유다의 젊은이들이 바벨론으로 끌려 갔다(제1차 포로).

유다의 제19대 왕 여호야긴은 요시야의 손자요 여호야김의 아들로서 고니 야라는 이름으로 불렸으며, B.C. 598년에 바벨론 느브갓네살에 의해 왕이 되 어 약 삼개월간 통치하였다.[19] 그의 아들들은 어느 누구도 왕위에 오르지 못할 것이라는 하나님의 저주를 받았으며 바벨론에 사로잡혀갈 것이라는 선지자들 (에스겔 및 예레미야)의 예언을 듣기도 했다(렘 22:24-26; 겔 19:5-9). 그 예언대로 여호야긴은 바벨론 느브갓네살 제8년에 에스겔을 포함한 유다 포로 일만명과 함께 바벨론으로 끌려갔다(제2차 침공과 포로). 이때 여호야긴은 그의 모친과 신 하들과 방백들과 내시들과 함께 바벨론으로 끌려갔다. 여호야긴이 끌려갈 때 바벨론 느브갓네살은 여호와의 전 모든 보물과 왕궁 보물을 집어냈고 또한, 솔로몬이 만든 모든 금기명을 다 훼파하고 바벨론으로 가져갔다. 그뿐만 아니 라 예루살렘의 수많은 백성들과 모든 방백과 모든 용사 일만명 이상과 모든 공장(기술자)과 대장장이를 사로잡아 갔다. 이 당시 예루살렘에는 빈천한 자(쓸 모없는 자) 외에는 남은 자가 없었다. 이것은 여호야긴의 범죄에 대한 하나님의 징계였다. 여호야긴은 바벨론으로 끌려가 거기서 결혼하고 자녀를 낳았으며 바벨론의 감옥에서 약 36년 동안 죄수의 의복을 입고 지냈다(대상 3:17,18). 그 후 바벨론의 새 통치자 에윌므로닥에 의해 석방되어 바벨론의 다른 식민지 왕 들보다 높은 지위를 부여받기도 했다.

여호야긴은 여호와 보시기에 악을 행하였고 마침내 하나님의 징계를 받고 야 말았다는 마지막 평가를 받았다. 또한, 이러한 악한 왕과 더불어 유다 백 성들도 마치 침몰하는 배와 같이 바벨론의 통치 아래로 계속 밀려 들어가고 있었다.

바벨론 느브갓네살은 요시야의 막내 아들이며 여호야긴의 숙부(삼촌)인 시 드기야를 유다의 마지막 왕 곧 제20대 왕으로 세운다. 본래 그의 이름은 맛다

---

19 그는 18세에 왕이 되었으나(왕하 24:8) 역대하 36:9에는 8세 때 왕이 된 것으로 기록되 어 있다. 이러한 본문의 불일치는 사본의 전승 과정에서 비롯된 것이든지 아니며 필사 자의 오류일 가능성이 크다.

니야(하나님의 선물의 뜻)였으나 바벨론 느브갓네살이 그를 왕위에 앉히면서 시
드기야로 이름을 고쳤다(왕하 24:12, 13). 그는 처음에는 모세의 율법에 순종하
는 듯 했으나(렘 34:8-10), 하나님의 뜻과는 정반대의 길을 가다가 마지막 유다
의 멸망을 보았으며 두 눈이 뽑힌 채 바벨론으로 끌려가 거기서 죽었다.

시드기야의 불순종과 맞서 하나님의 말씀을 전해야 했던 예레미야 선지자
는 핍박과 투옥을 거듭하며 바벨론에 대항하지 말 것을 종용했으나 시드기야
는 끝까지 예레미야의 입으로 나오는 하나님의 말씀을 거역하다가 비참하게
그의 생애를 마감해야 했다. 시드기야는 여호야김의 모든 악을 본받아 하나님
보시기에 악을 행하는 왕으로 평가되었다. 당시 시드기야는 바벨론의 지배를
받고 있었으나 왕궁 안에 있는 친애굽 세력과 친바벨론 세력 사이에서 고민하
고 있었다. 이때 예레미야는 바벨론에 항복하는 것이 하나님의 뜻(징계)이라고
말하며 바벨론에 대항하지 말 것을 당부하였으나 시드기야는 예레미야의 말
을 듣기 싫어했다. 이미 바벨론에 끌려가 거기서 포로생활을 하고 있는 유다
백성들과 아직 예루살렘에 남아 있는 백성들은 자신들의 죄로 인한 하나님의
징계를 깨닫지 못하고 거짓 평안에 속고 있었다. 설상가상으로 시드기야 왕
옆에는 거짓 선지자 하나냐가 있었는데 그는 계속해서 예루살렘의 평화를 예
언하며 바벨론 느브갓네살의 멍에를 하나님께서 꺾으셨다고 거짓 예언을 하
며 시드기야의 환심을 샀다. 시드기야 왕은 예레미야의 예언을 듣지 않고 바
벨론 왕을 배반하기에 이른다.

마침내 시드기야 왕 제9년 10월 10일에 바벨론 느브갓네살은 모든 군대를
이끌고 예루살렘을 치러 올라와서 진을 치고 성 사면으로 토성을 쌓고 공격
을 계속했다. 약 일년 동안 포위된 체 공격을 당한 예루살렘 백성들과 시드기
야 왕은 기근에 시달리며 매우 곤경한 입장에 처하게 되자 성벽에 구멍을 뚫
고 왕의 친위대 군사들과 함께 밤중에 몰래 도망하여 여리고 평지에 이르렀다.
그것은 애굽으로 도망가기 위한 것이었다. 그러나 바벨론 군사들이 추격하여
여리고 평지에서 시드기야를 붙잡아 바벨론 왕에게로 끌고 가서 신문하며 모
욕했다. 바벨론 왕 느브갓네살은 시드기야의 아들들을 시드기야가 보는 앞에
서 죽이고 또한, 유다의 모든 방백들을 죽였다.

마지막으로 그 모습을 다 지켜본 시드기야의 두 눈은 뽑혔고 고통에 울부짖는 시드기야는 쇠사슬에 결박되어 바벨론으로 끌려갔다. 하나님 앞에서 끝까지 불순종하고 교만한 한 개인의 종말이 얼마나 슬프고 처량한가 하는 것을 알 수 있다(렘 52장 참조).

6. 역대기의 메시아 이해

1) 역대기의 특징

성경의 다른 역사적 기록과는 달리 하나님의 계시 전달의 측면에서 역사가 선택, 누락되었으며 때로는 저자의 의도 아래 해석되어 나타나기도 한다. 이것은 역대기의 중요한 신학적 주제이다. 즉 역대기는 바벨론 포로 생활 후 백성들에게 이스라엘의 역사를 가르쳐 주기 위한 목적 아래 과거의 역사를 요약하고 해석하여 기록한 것이다. 그러므로 역대기의 역사는 단순히 사무엘서나 열왕기서의 이스라엘 역사 기록과 평행되거나 보충해 주는 정도의 것이 아니라 완전히 새로 해석되어 기록된 역사이다.

이스라엘 왕국은 어떻게 형성되었으며 지금까지 어떻게 존재되어 왔는가. 그리고 이스라엘 민족의 선조들은 하나님 앞에서 어떻게 살아왔는가? 특히 하나님의 대리권자들로서 왕들의 통치 사역은 어떠했는가? 이러한 물음에 대해 이스라엘 국가와 민족은 아담에게서 출발되었을 뿐만 아니라 아담을 창조하신 하나님으로부터 시작되었음을 가르쳐 준다. 또한, 하나님께 순종하며 살았던 왕과 그 백성들은 하나님의 은혜와 복을 받았으나 하나님의 말씀을 불순종하며 우상 숭배를 일삼은 통치자와 그 백성들은 하나님의 책망과 심판을 받고야 말았다는 교훈을 해석과 함께 기록으로 남긴 것이 역대기의 내용이다.

성경에 나타난 이스라엘 왕들의 역사적 평가는 오늘날 이 시대를 사는 그리스도인들에게 여전히 거울과 경계의 말씀으로 남아 있다(고전 10장). 즉 이스라엘 초대 왕 사울에 대해서는 그의 죽음에 관한 내용만 간략하게 평가하여 기록으로 남겼으나 다윗 왕과 그의 통치에 관한 역사에 깊은 관심을 보이고 있는 것도 역대기만의 특징이다. 특히 사무엘서나 열왕기서에 나타난 다윗의 역사에는 다윗 개인의 윤리적 내용이나 그의 실패의 기록 등이 자세히 기록되어 있으나 역대기에서는 개인의 도덕적인 문제 등은 과감히 생략되어 있고 언약과 관계된 치적이 해석과 함께 기록되어 있다.

> 사울의 죽은 것은 여호와께 범죄함이라 저가 말씀을 지키지 아니하고 신접한 자에게 가르치기를 청하고 여호와께 묻지 아니하였으므로 여호와께서 그를 죽이시고 그 나라를 이새의 아들 다윗에게 돌리셨더라(대상 10:13, 14).

2) 역대기 서론

(1) 명칭과 제목

역대기 즉 역대상.하의 히브리어 명칭은 '각 시대의 말씀들'이라는 뜻의 '디브레 하야밈(דִּבְרֵי הַיָּמִים)'이다.[20] 또한, 역대기의 헬라어 명칭은 '파랄레이포메나'(παραλειπόμενα)로써 그 의미는 '그 시대의 평가된 사건들' 또는 '사건들의 평가된 연대기'이다.[21] 유대인들은 이 역대기를 가리켜 "그 시대의 사건들의 책"(The Book of the Events of the Times)이라고 불렀다. 그러므로 역대기는 각 시대 즉 역사 속에 이미 계시되었던 하나님의 말씀으로써 평가된 역사임을 보여 준다. 본래는 한 권으로 되어 있었으나 헬라어 역본(70인역)에서부터 역대상, 역대하 두 권으로 분리되기 시작(B.C. 150년경)한 이래 현재까지 대부분의 현대어 역본에는 역대상과 역대하의 명칭으로 나타난다.

---

20 דִּבְרֵי הַיָּמִים(디브레 하야밈)은 그 시대의 말씀들이라는 문자적 의미를 가지고 있는 말이며 이것은 그 시대 곧 역사 속에 계시된 하나님 말씀임을 잘 표현하고 있다.

21 παραλειπόμενα(파랄레이포메나): 이 명칭은 알렉산드리아 유대인들이 히브리어로 된 성경을 헬라어로 편집하면서 붙인 것으로 알려져 있다. 본래 이 말은 '간과한 사건들' 또는 '누락된 기록들'이란 의미가 있으며 이것은 역대기의 내용이 다른 역사서 공 사무엘서나 열왕기서의 내용에는 없는 '평가된 내용' 등이 독특하게 기록되어 나타나기 때문에 붙여진 이름일 것이다. 따라서 이 명칭은 '그 시대의 평가된 사건들'이라고 이해하는 것이 옳다.

(2) 위치와 통일성

헤라어 역본인 70인역을 비롯하여 현대어 성경(한글개역성경 포함)에는 오경 다음의 역사서 부분에 역대기가 위치해 있어서 내용상 역사임을 보여 준다. 그러나 히브리어 성경(Masoretic Text)에는 율법서(토라), 선지서(네비임), 성문서 (케투빔) 등 셋으로 구분되어 배열되어 있는데 역대기는 마지막 성문서 부분의 끝에 위치함으로써 결국 역대기는 성경의 맨 마지막에 있다. 예수님께서도 누 가복음 11장 51절에서 '아벨의 피로부터 사가랴의 피까지'라고 언급하신 적 이 있는데 그것은 성경의 처음과 끝을 지적하신 것이다. 다시 말하면 성경의 첫 책인 창세기 4장의 아벨의 피 흘림 사건으로부터 구약의 마지막 책인 역대 기 24장의 사가랴의 피 흘림 사건까지를 가리킴으로써 결국 성경 전체를 지칭 하신 것이다.

역대기의 통일성은 외형적인 면과 내용적인 면에서 말할 수 있다. 외형적 인 통일성은 히브리어 본문이 전승되는 과정에서 지금까지 단일권으로 여겨 져 왔다는 데 있다(요셉푸스, 오리겐, 제롬, 탈무드). 그것은 역대기의 내용이 이스 라엘의 전(全) 역사에 관한 것이기 때문이다. 그리고 내용적인 통일성은 아담 에서부터 바벨론 포로생활과 그 귀환까지(B.C. 539) 이스라엘 전 역사가 한 사 상 곧 하나님의 언약 아래 통일되어 나타나고 있다는 사실이다. 그래서 북왕 국 이스라엘과 남왕국 유다를 구분하지 않으며 한 민족 이스라엘이 잠시 분리 되어 살다가 고레스의 칙령과 함께 언약의 한 공동체로 다시 회복되었음을 강 조하고 있다.

(3) 저자와 저작권

역대기의 저작권에 대해서는 성경이 침묵하고 있기 때문에 정확하게 그 저 자를 알 수는 없다. 그래서 역대기의 저자를 바벨론 포로생활 이후의 익명의 저자로 보기도 한다. 그러나 유대 전통적인 견해 아래 에스라가 역대기의 저 자로 인정되고 있다. 역대기는 고레스 칙령(B.C. 539)부터 그 후 유대 역사를 기록한 에스라서의 내용과 연결되는 결정적 이유 때문에 역대기의 저자를 에 스라로 보는데 무리가 없는 것이다. 또한, 역대기의 끝맺는 말(대하 36:22, 23) 과 에스라서의 서론(스 1:1)부분의 내용이 서로 같다. 또한, 에스라는 에스라서

와 느헤미야서에 그 신분이 학사요 서기관으로 밝혀져 있는데 이것은 에스라
가 역대기의 저자가 될 수 있는 충분한 자질이 있음을 보여 준다(스 7:6).

(4) 역대기의 메시아적 의미

역대기의 내용은 한마디로 해석된 이스라엘 역사의 요약이다. 특히 다윗과
맺은 언약이 역대기 곳곳에서 발견되며 두 왕국의 멸망이 죄로 인한 하나님의
심판이라면 고레스 칙령을 통한 회복은 하나님의 은혜의 약속의 결과임을 강
조한다. 이것은 아담의 불순종의 결과 죄에 빠진 인간이 하나님의 언약 곧 은
혜스러운 약속의 성취자로 이 땅에 오실 메시아를 통한 구원의 회복에 대한
모형이다. 성경에 나타난 이스라엘의 역사적 사실은 죄에 빠진 인간의 심판과
구원을 예표하고 있으며 동시에 오늘날 이 시대를 사는 모든 그리스도인에게
여전히 거울과 경계의 말씀으로 남아 있다(고전 10장). 역대기의 해석에 의하면
바벨론 포로생활은 선지자들의 외침을 거절하고 하나님을 떠난 이스라엘 백
성들에게 내린 하나님의 진노라고 말한다(대하 36:15, 16).

마지막으로 고레스의 칙령으로 성전예배를 허락받은 역사적 사실도 칠십년
진노의 기간이 끝나면 해방될 것이라는 예레미야가 하나님으로부터 받은 말
씀의 성취라고 해석되고 있다. 역대기는 에스라, 느헤미야, 에스더와 함께 포
로 후 시대에 기록된 이스라엘의 역사이며 살아계신 하나님의 구원 역사에 대
한 숨결을 느끼게 해 주는 책이다. 구원 역사를 이루시기 위해 세상의 역사를
당신의 뜻대로 이끌어 가시는 하나님께서는 당신의 권능으로 고레스를 일으
키시고 그를 통해 바벨론을 멸망시켜 언약의 백성 이스라엘을 해방시켜 고국
가나안 땅으로 돌아가게 하셨다. 하나님의 종으로 세움을 입은 고레스는 바벨
론을 정복하고(B.C. 539) 페르시아 제국을 이루었으며 바벨론에 포로로 끌려와
있던 모든 식민지 국가들의 백성들에게 그들의 고국으로 돌아가도록 하는 칙
령을 발표했다. 그리하여 이스라엘 백성들도 고국으로 돌아가 예루살렘 성벽
과 성전을 건축하고 하나님을 섬길 수 있는 신앙의 자유를 다시 회복하게 되
었다.

이처럼 역대기 저자는 고레스의 칙령까지도 언약의 백성 이스라엘을 다시
품으시는 하나님의 신실한 언약의 성취 과정으로 말하고 싶었다. 결국 역대

기는 단순히 이스라엘의 역사로서만이 아니라 하나님의 해석된 역사 곧 신학적 역사로서 오늘날 이 시대를 사는 모든 그리스도인에게 거울과 경계로 기록된 것이다. 언약을 이루시기 위해 이 세상 역사를 당신의 목적대로 이끌어 가시는 하나님의 섭리는 이스라엘의 죄악을 심판하시면서도 회복의 은총을 베푸시는 구원의 모델로 나타났다. 이것은 장차 이 세상에 오실 메시아를 통한 대속의 심판과 그를 믿는 자를 불쌍히 여기시고 구원하시는 구속 사역에 대한 모형이요 예표다.

(5) 주요 내용과 개요

역대기에는 아담에서부터 시작하여 고레스 칙령 시기까지의 이스라엘의 모든 역사가 유다 왕국을 중심으로 요약되어 나타나 있다. 이 내용은 창세기에서부터 열왕기서에 언급된 역사적 사실과 그 내용이 일치한다. 그러나 역대기의 왕들의 역사는 단순히 사무엘서나 열왕기서의 이스라엘 역사 기록과 평행되거나 보충해 주는 정도의 것이 아니라 완전히 새로 해석되어 기록된 역사이다. 특히 다윗 왕과 그의 통치에 관한 역사에 깊은 관심을 보이고 있다.

열왕기서에 나타난 다윗의 역사에는 다윗 개인의 윤리적 내용이나 그의 실패의 기록 등 자세히 기록되어 있으나 역대기에서는 개인의 도덕적인 문제 등은 과감히 생략되어 있고 언약과 관계된 왕들의 치적이 해석과 함께 낱낱이 폭로되어 기록되어 있다. 특히 역대기에 나타난 족보는 이스라엘 민족의 형성에 관한 족보로서 언약적 특성 아래서 선택적이며 나머지는 역시 생략되었다. 저명한 보수주의 구약신학자 아처(G.L.Archer)와 영거(M.F.Unger)를 포함한 대부분의 학자들은 역대기의 내용을 아래의 네 부분으로 구분하는 데 동의하고 있다.

첫째는 아담에서부터 다윗까지의 족보에 관한 기록이다(대상 1-9장).

이것은 이스라엘의 형성 과정을 알려 주기 위한 것이다. 이 부분에는 아담, 노아를 거쳐 족장 아브라함, 이삭 및 야곱에 이르는 족보를 비롯하여 이스라엘 민족을 이룬 열두 지파와 그 후예들에 관한 족보가 언급된다.

둘째는 다윗 왕의 역사에 관한 기록이다(대상 10-29장 끝).

사울의 죽음에 관한 기록이 간략히 나타나고(10장) 다윗의 시온성 획득과
다윗의 용사들에 관한 내용(11-12장) 그리고 다윗의 전성 시대(13-22장) 및 다
윗이 제정한 각종 제도와 예배 의식(22-29장)이 차례로 열거된다. 셋째로 솔로
몬의 통치 역사(대하1-9장)로서 솔로몬의 부와 지혜, 성전 건축과 봉헌 및 그
의 업적과 죽음에 관한 기록이다. 마지막으로 유다 왕들의 역사와 고레스 칙
령에 관한 기록이다(대하 10-36장 끝). 분열 왕국 중 남쪽 유다의 첫 왕 르호보
암으로부터 마지막 왕 시드기야 까지의 통치 역사가 언급되고 페르시아 왕 고
레스의 칙령으로 끝을 맺는다.

3) 아담에서 다윗까지의 계보(대상 1-9장)

(1) 계보의 언약적 의미

역대기 저자는 먼저 아담으로부터 다윗까지의 계보를 요약했다. 그 이유는
과거 하나님의 인도하심을 체험치 못한 후손들에게 이스라엘 민족의 형성 과
정과 민족의 정체성을 가르쳐 주어야 할 필요성 때문이었다. 결국 역대기에
길게 기록된 계보(대상 1-9장)는 하나님의 뜻을 이루기 위해 선택된 이스라엘
민족의 시작 및 그 발전 과정을 가르치려는 목적과 동시에 언약적으로는 메시
아의 계보를 보여 주기 위한 목적에서 기록된 것이다. 선민 이스라엘에 대한
하나님의 역사는 메시아를 통해 구원받은 모든 영적 이스라엘에 대한 앞선 모
형이다.

이와같이 성경에 기록된 계보 하나까지도 이스라엘 역사 속에 담겨진 그리
스도에 관한 언약 중심의 역사 곧 메시아를 통한 인간의 구원에 관한 역사임
을 알 수 있다. 역대기의 계보뿐만 아니라 창세기의 족보(창 5장 및 11장)나 룻
기의 계보(룻 4장) 및 마태복음과 누가복음의 계보 등도 겉으로는 이스라엘의
역사를 개괄적으로 보여 주고 있지만 언약적으로는 메시아의 혈통적 계보가
하나님의 언약과 함께 어떻게 이어지고 있는가를 가르쳐 주고 있다. 성경의
모든 족보는 넓은 의미에서 볼때는 인류에 관한 족보이며 언약 아래서는 메시
아의 혈통을 보여 주는 언약적 족보이다.

역대상 제1장에서 9장까지 계속되는 이스라엘 민족의 형성사의 계보는 개괄적이며 선택적이다. 역대기 이외의 성경에 기록되어 있는 모든 족보도 역사적으로는 선민 이스라엘의 선택적 계보이며 언약적으로는 메시아 중심의 선택된 계보로서 대단히 많은 역사와 계보가 생략되어 있음을 암시하고 있다(요 20:31; 21:25). 성경에 기록된 이스라엘 역사와 계보는 선택적이며 언약적이라고 이해해야 한다. 특히 언약적으로 이해할 때 성경에 나타난 이스라엘 역사는 죄인을 구원하시려는 하나님의 섭리 가운데 여자의 후손(창 3:15, 16)으로 오실 메시아가 어떤 과정과 계보를 통해 이 세상에 오셨는가를 보여 주기 위한 하나님의 구원 역사이다.

마태복음의 메시아 계보(마 1장)나 누가복음의 계보(눅 3:23-38)도 역사의 모든 계보가 빠짐없이 다 기록된 것이 아니라 메시아 혈통을 개괄적으로 알려 주기 위한 목적 아래 선택적으로 기록된 언약적 계보라고 이해해야 한다.[22] 족보 속에도 하나님의 구원 역사와 메시아의 모습이 담겨 있음을 깨달을 때 비로소 모든 성경은 하나님의 말씀이라는 사실을 믿음으로 받아들 수 있게 된다. 아담은 장차 오실 메시아의 표상이며 모형이다(롬 5:14).

(2) 유다의 후손과 다말의 계대 결혼(대상 2:3-17)

야곱 곧 이스라엘의 열두 명 가운데 열한 명의 아들들과 그 후손들은 과감히 생략되고 오직 넷째 아들인 유다의 후손만이 자세히 기록되고 있다. 그 이유는 메시아의 계보가 유다를 통해 이어지기 때문이다. 이것을 보더라도 성경은 메시아 예수 그리스도에 관한 내용을 중심으로 기록된 언약 중심의 역사 곧 메시아를 통한 인간의 구원에 관한 역사임을 알 수 있다. 야곱의 넷째 아들 유다의 가정 역사와 그 아들들이 계대 결혼에 관한 내용은 창세기 38장에 자세히 기록되어 있다. 유다의 세아들 에르(엘)와 오난과 셀라는 다말을 사이에

---

22 마태복음(1장)의 메시아 계보도 선택적이다. 아브라함부터 메시아까지의 계보가 42대 (代)라고 주장하는 것은 무의미한 일이다. 왜냐하면 마태복음의 계보 기록도 유대인인 마태가 메시아의 언약적 성격 곧 하나님의 약속하신 메시아의 탄생을 알리고 싶어 히브리 사상 아래 메시아의 계보(족보)를 언약의 숫자인 7과 그것의 반복인 14를 사용하여 선택적으로 기록하였기 때문이다.

두고 당시의 이스라엘의 결혼 관습인 계대 결혼을 통해 후손(아들)을 남기려
고 애쓰지만 결국에는 유다의 며느리 다말의 믿음과 의로운 행위로 말미암아
유다는 베레스와 세라를 낳게 된다.[23]

계대 결혼의 규례 중 가장 중요한 것은 그 계대 결혼을 통해 아들을 낳아 주
는 친족의 순서다(신 25장). 가까운 형제부터 시작하여 과부된 여인이 아들을
낳을 때까지 점점 먼 친척으로 나아가며 동침해 줘야 한다. 이러한 행위는 권
리이며 의무였다. 이 의무를 하지 않는 자는 자신에게 주어진 그 권리를 포기
해야 하며 포기할 때는 성중의 장로들 앞에서 신발을 벗기고 침 뱉음을 당해
야 했다(룻 4장). 따라서 다말과 동침한 시아버지 유다는 계대 결혼의 순서상
오난, 셀라에 이어 그다음 차례였기 때문에 계대 결혼의 의미를 잘 알고 있던
당시의 사람들은 다말을 간음한 여인으로 욕하거나 정죄하지 않았다. 도리어
유다를 통해서라도 하나님의 규례에 따라 후손을 남기려 했던 다말을 칭찬하
고 무죄 판결을 내린 것이다.

시아버지 유다가 며느리 다말에게 "너는 나보다 옳도다"(창 38:26)라고 칭
찬한 것은 유다 자신보다도 며느리 다말이 후손을 남기기 위해서 계대 결혼의
순서에 따라 최선을 다 했기 때문다. 이것은 며느리가 시아버지를 유혹해서
동침한 것을 잘했다고 칭찬할 수 있느냐 없느냐 하는 단순한 윤리적인 싸움
이 아니라 성경에 기록된 모든 말씀은 믿음과 어떤 관계가 있느냐 하는 것에
초점을 맞추어야 함을 잘 말해 주고 있다. 즉 다말이 자신보다 더 옳다고 말한
유다의 고백은, 다말이 유다 자신보다도 더 하나님의 규례에 순종하기 위한
믿음을 드러냈다는 의미다. 이것은 룻의 아름다움에 반하여 그녀와 결혼하고
싶어하는 보아스가 계대 결혼의 순서상 자신의 앞에 있는 친척 때문에 고민하
는 경우와 같다(룻 4:1-22절).

이처럼 성경은 윤리적, 도덕적 잣대로 이해해서는 안 된다. 유다와 다말의
계대 결혼을 통해 메시아의 계보가 이어지고 후에 보아스와 룻과의 계대 결혼

---

23 이스라엘의 계대 결혼은 크게 두 가지 의미가 있다. 아들을 낳지 못하고 죽은 형제의
    혈통을 이어주려는 역사적 의미와 이 제도를 믿음으로 지키는 가문을 통해 메시아 예
    수 그리스도의 계보를 이루는 의미가 그것이다.

을 통해 메시아의 족보가 이어지고 있는 것은 결코 우연한 일이 아니다.[24] 계대 결혼은 그 당시 사회법으로 아들 없는 과부에게 아들을 낳아 주는 사회적 의미가 있을 뿐만 아니라 메시아 혈통을 잇는 언약적 의미가 있다.

(3) 유다의 자손 야베스(대상 4:9, 10)

유다의 계보 가운데 시선이 집중되는 한 사람의 이름이 있다. 야베스라는 사람이다. 그는 살아계신 하나님께 두 가지 복을 구하여 기도 응답을 받은 자로 유명하다. 메시아의 계보를 이루는 유다의 후손으로 나오는 야베스는 그 형제보다 존귀한 자이며 그의 어머니가 그를 수고로이 낳았다는 뜻에서 그의 이름을 야베스라고 했다(9절). 야베스는 '주께서 내게 복에 복을 더 하사 나의 지경을 넓히시고'라고 기도하였으며 '주의 손으로 나를 도우사 나로 환난을 벗어나 근심이 없게 하옵소서'라고 크게 두 가지를 기도하였다.[25] 이 기도를 들으신 하나님께서는 그가 구하는 것들을 모두 허락하셨다고 역대기 저자는 평가하고 있다. 여기서 유다의 후손 야베스는 메시아의 모형으로 이해할 수 있다.

야베스의 탄생이 매우 위태로웠던 것처럼 메시아의 탄생도 그의 탄생을 미워하는 세력들의 위협 아래 매우 위태로웠던 것과 같다. 또한, 야베스의 기도는 자신의 부귀 영달이나 안일을 구하는 기도가 아니었다. 그의 입으로 나오는 기도는 성령의 간구였으며 메시아적인 간구였다. 즉 메시아 예수 그리스도의 복음 사역과 십자가 사건을 통해 이 땅에 하나님의 구원의 복이 선포되어 하나님 나라가 이 땅에 확장되기를 바라시는 메시아의 간구에 대한 모형이 바

---

24 계대 결혼의 규례는 창세기 38장과 신명기 25장 및 룻기 4장에 잘 나타나 있다. 이 계대 결혼의 메시아적(신학적) 의미는 고엘 사상이다. 히브리어로 이 고엘은 '기업 무를 자', '대속자' '대신 보상하는 자' 등의 의미가 있다. 가난한 친족을 위해서 대신 땅을 사 주어야 하는 기업 무를 자와 죽은 형제를 위해 동침하여 대신 아들을 낳아 주어야 하는 구약 시대의 이 고엘 제도는 영적으로 메시아 예수 그리스도의 '대속적 죽음'으로 성취되었다. 그리스도는 인간의 죄를 대신하여 하나님께 징벌을 받아 십자가에서 대신 죽으셨다. 곧 대속적 죽음인 것이다.

25 땅의 지경을 넓혀 달라는 야베스의 기도는 단순히 세속적인 번영과 풍요를 달라는 요청이 아니라 하나님의 주권과 통치가 메시아의 강림과 더불어 이 땅에 풍성히 임하게 되기를 청원하는 메시아적 간구의 의미로 해석된다.

로 야베스의 기도의 진정한 의미다.[26]

하나님께 기도하여 응답을 받은 결과 그 구하는 것을 허락 받았던 야베스는 자신을 통하여 인간의 진정한 복 즉 구원의 복이 임하기를 기도하며 순종하신 메시아의 모형이며 또한, 복음 전파를 통해 하나님의 나라가 이 땅에 확장되기를 기도하는 이 시대의 모든 그리스도인에 대한 예표라고 볼 수 있다.

야베스의 두 번째 기도도 마찬가지다. "주의 손으로 나를 도우사 나로 환난을 벗어나 근심이 없게 하옵소서"라고 기도한 야베스는 십자가를 앞에 두고 부르짖는 주님의 고난의 기도에 대한 예표요 모형으로 볼 수 있다. 십자가를 통한 죽음의 잔을 마시지 않게 해 달라고 세번이나 간절히 기도하신 주님은 결국 그 기도를 통해 하나님의 도우시는 능력을 힘입고 오히려 십자가를 지시며 모진 환난과 고통을 벗어날 수 있었고 또한, 죽음을 받아들이시는 순종으로 평안을 누리셨다. 이것은 시편 2편의 다윗의 기도가 장차 이 땅에 오실 메시아에 대한 반대 세력들의 음모를 모형적으로 보여 주는 것과 같다. 다윗을 공격하는 세력들에 대한 다윗의 기도는 당시 다윗 한 개인의 기도였으나 메시아에 대한 역사적 사실의 예표였듯이 야베스의 기도도 장차 오실 메시아의 기도와 사역에 대한 앞선 모형으로 이해해야 한다.

오늘날 역대상 4장에 있는 야베스의 기도를 흉내 낸 많은 기도의 책들이 소위 '야베스의 기도'란 이름으로 범람하면서 야베스가 기도응답 받았다는 내용만 부각시켜 성경 본문의 의미를 왜곡하거나 메시아적 의미를 소홀히 하는 것은 매우 안타까운 일이다. 야베스의 기도는 우리 주님께서 가르쳐 주신 기도의 내용과 기도의 요소에 합당한 기도로서 하나님의 뜻이 이루어지기를 위한 기도였으며 하나님 나라가 이 땅에 확장되기를 바라는 간절한 메시아적 기도였다.

---

26 이것은 시편 2편의 다윗의 기도가 장차 이 땅에 오실 메시아에 대한 반대 세력들의 음모를 모형적으로 보여 주는 것과 같이 야베스의 기도 역시 메시아의 고난에 대한 고통을 예표하고 있다.

4) 사울에 대한 평가(대상 10:13, 14)

사무엘상에 기록된 사울 왕의 긴 역사적 사건과는 달리 역대기 저자는 사울 왕의 생애를 요약 해석하여 "그의 죽음과 그 이유" 만을 짧게 기록으로 남겼다. 즉 역대기를 기록한 역사가는 사울의 죽음을 기록으로 남겨 그가 하나님 앞에서 어떻게 살았으며 왜 죽임을 당했는가를 분명히 밝힘으로써 후대 이스라엘 자손에게 경고하는 거울로 삼고자 했던 것이다(고전 10장).

사무엘상 거의 대부분의 내용은(삼상 9장-31장 끝) 사울 왕에 관한 내용으로써 그의 위대한 업적, 성공과 실패 등 그의 일생이 거의 다 기록되었다. 그러나 이스라엘 자손에게 역사 교육을 시킬 목적으로 다시 기록된 역대기(대상 10장)에는 사울 왕의 생애가 짧게 해석되어 성경 한 장의 분량으로 기록되어 있는데 그의 모든 업적이나 치적은 과감히 생략되었고 단지 그의 부끄러운 죽음에 관한 내용만이 기록되어 있다. 한 사람의 화려한 업적 있는 일생이 중요한 것이 아니라 하나님 앞에서(라틴어, *CORAM DEO* 코람데오) 어떻게 살았는가 하는 것이 가장 중요한 것임을 가르치고 있다.

> 사울의 죽은 것은 여호와께 범죄하였음이라 여호와께서 저를 죽이시고(대상 10:13, 14).

5) 다윗 왕조와 메시아 이해(대상 11-29장)

(1) 다윗의 등극

다윗은 사울이 죽은 후 헤브론에서 이스라엘 왕으로 취임을 한다. 다윗은 이미 하나님의 선택을 받고 잘 준비된 왕으로 등극했다. 왕이 된 후 다윗은 당시 여부스 족속의 수도였던 예루살렘을 점령하고 그곳으로 수도를 옮겨 백성들을 다스렸다. 다윗이 예루살렘으로 옮겨와 백성들을 통치하게 된 것은 메시아를 통한 하나님 나라의 통치가 이곳 예루살렘에서 성취되는 메시아적 의미가 매우 크다. 다윗과 다윗의 통치는 메시아의 모형이며 예표다. 또한, 다윗의 시, 기도(시편) 속에는 이 땅에 오실 그리스도의 모형이며 예표인 메시아적 예언이 가득 담겨져 있다.

사울이 죽은 후 이스라엘 백성들은 헤브론에 모여 다윗을 향하여 "우리는 당신의 백성입니다." "왕의 하나님 여호와께서도 왕에게 말씀하시기를 네가 내 백성 이스라엘의 목자가 되며 이스라엘의 주권자가 되리라 하셨나이다"라고 말했다. 이 말은 우선 역사적으로는 다윗이 이스라엘의 두 번째 왕으로 세움을 입는다는 의미이며, 영적으로는 다윗의 후손으로 오실 메시아 그분이 선택된 백성(영적 이스라엘)의 목자요 주권자가 될 것이라는 의미가 함께 포함되어 있다. 역대기 저자는 후손들에게 이스라엘의 역사를 가르칠 때 다윗은 하나님께서 세우신 이스라엘의 왕이요 목자일 뿐만 아니라 영적으로는 메시아 왕국의 왕이요 목자로서 다윗을 예표하고 있는 것이다.

(2) 다윗이 빼앗은 시온 산성(대상 11:4-9)

다윗은 헤브론에서 왕이 된 후 7년 6개월 동안 그곳에서 다스렸다. 그러나 후에 다윗은 이스라엘 민족의 땅을 확장하려는 계획을 세우고 우선 여부스 족속이 사는 시온 산성을 빼앗아 그곳에서 통치함으로써 백성들은 그 성을 다윗성이라고 부르기 시작하였고 후에 다윗성이라 명명되기에 이르렀다. 그 후 다윗은 계속 그곳을 수도로 삼고 그의 남은 통치 사역 33년을 이 다윗성에서 통치했다. 본래 여부스 족속의 영토였던 이 시온성은 이때부터 다윗성이 되었으며 이 성안에 있는 예루살렘은 언약의 중심지로서 성경의 무대가 되었다. 시온 산은 언약의 중심지요 메시아 왕국의 모형으로 예언되기도 했다.

> 내가 나의 왕을 거룩한 산 시온에 세웠다 하시리로다(시 2:6).

이 왕은 역사적으로는 다윗 왕이며 예언적으로는 예수 그리스도를 지칭하는 말로 성취되었다. 다윗이 통치하는 이스라엘은 다윗과 함께 점점 강해졌다. 만군의 여호와 하나님께서 함께하셨기 때문이다. 다윗은 하나님의 섭리에 의해 왕이 되었으며 그의 통치 사역도 하나님의 계획을 성취하는 과정으로 존재했다. 따라서 다윗 왕국의 강성은 하나님의 영광을 드러내기 위한 하나님의 계획 아래 하나님의 은총으로 비롯된 것이었다. 요셉도 하나님께서 그와 함께하셨기 때문에 그가 감옥에서도, 애굽 왕궁에서도 생명이 보존되고 존귀히 여김을 받을 수 있었다. 하나님께서 우리와 함께하시는 은혜가 가장 큰 복이며 이 복은 예수님의 탄생 곧 '임마누엘'로 성취되었다(히브리어로 '임마누'는 '우리와 함께'라는 뜻이며 '엘'은 '엘로힘'의 약자로 '하나님'이라는 뜻이다).

(3) 다윗의 언약궤 운반(대상 15장)

하나님의 은혜로 다윗의 왕권이 강화되고 있을 때 다윗은 하나님의 임재의 상징인 언약궤를 다시 예루살렘 성안으로 가져오기 위해 철저히 준비했다. 우선 그는 언약궤를 둘 성막(장막)을 만들고 다음으로 율법에 따라 언약궤를 운반할 제사장들과 레위인들을 성결케 하여 준비시키고, 노래를 부르는 자들과 각종 악기 연주자들을 찬양대원으로 대기시켰으며 마지막으로 하나님께 대한 감사의 제사 준비를 끝으로 언약궤 운반 준비를 마쳤다.

이러한 철저한 준비 후에 비로소 언약궤 운반에 직·간접적으로 참가하는 제사장, 레위인, 노래하는자 및 악기 연주자 그리고 다윗 왕까지 모든 사람은 세마포 겉옷 및 베 에봇 등의 예복을 입고 언약궤를 오벧에돔의 집으로부터 다윗성으로 운반하였다. 다윗은 지난날 언약궤를 수레에 싣고 운반하는 도중 발생한 웃사의 죽음과 그 원인을 깨닫고 이제는 하나님께서 지시하신 율법에 따라 언약궤를 메고 갈 제사장들과 레위인들을 모으고 그들을 성결케 하는 일에 최선을 다했다(민 4장).

본래 언약궤를 안치할 성막의 외부 기구들(텐트, 기둥, 끈 등)은 레위의 아들 중 게르손과 므라리 자손들의 책임 아래 수레에 실어 운반하도록 규정되어 있었으며, 성막 안에 안치되는 언약궤는 반드시 레위의 아들 고핫 자손들이 장대로 메어 운반하도록 하였고, 지성소 안의 성물(특히 언약궤나 속죄소) 등은 만지거나 들여다봐서는 안되도록 규정되어 있었는데 그 이유는 죽을지도 모르는 염려 때문이었다. 따라서 다윗은 지난날의 실수를 거울삼아 하나님의 말씀에 전적으로 순종하여 언약궤 운반의 일을 담당하는 레위인들을 모으고 그들을 성결케 하는 일에 심혈을 기울였다.

다윗은 이전과는 달리 언약궤를 운반하는 일은 레위인들이 맡게 했으며 또 엄청난 규모의 레위인들을 동원하여 찬양단을 조직하였다. 헤만, 아삽 및 에단을 중심으로 조직된 찬양단은 온갖 종류의 악기를 총동원한 오케스트라 연

주로 하나님께 찬양을 드렸다. 이때의 찬양은 '여창'과 '여덟째 음'(15:20, 21)
이 모두 동원된 찬양이었다. 여기서 '여창'은 히브리어로 '알라못'인데 합창
에서는 가장 높은 소리 곧 소프라노와 맞먹는 음색을 가리킨다. 시편 46편의
다윗의 시는 '알라못에 맞춘 노래'라고 되어 있는데 이것은 일종의 소프라
노 음색에 맞추어 부르는 노래를 의미한다. 또한, '여덟째 음'이란 히브리어
로 "스미닛" 이며 남자의 가장 낮은 음인 베이스 음색을 일컫는 말이다. 그러
므로 여창과 여덟째 음에 맞추어 찬양했다는 말은 높은 음을 내는 악기로부터
가장 낮은 음을 내는 악기까지 모두 동원된 연주로서 천지를 뒤흔드는 오묘한
음색의 찬양이었음을 의미한다.

 이 부분에 대한 요세푸스의 글에 의하면 음악가 다윗은 이때 하프를 타며
나아갔고 7개의 찬양대가 각기 지휘자의 인도에 따라 법궤 앞서 나아갔다. 다
윗은 급기야 춤추며 빙글 빙글 돌며 뛰면서 기뻐했고 즐거워했다. 이러한 모
습으로 언약궤와 함께 다윗성에 들어오는 다윗을 보고 있던 그의 아내 미갈(사
울의 딸)이 다윗을 업신여겼다. 이 일로 그의 아내 미갈은 하나님의 징벌을 받
아 평생 아이를 낳지 못하는 여자로 일생을 보내게 되었다(삼하 6:22, 23). 다윗
은 언약궤를 맨 레위인들을 보호하시고 도와주신 하나님께 번제와 화목제를
드리고 영광을 돌렸다. 그리고 백성들에게는 잔치를 베풀어 그날의 수고를 위
로하였으며 남녀노소를 막론하고 여러가지의 빵과 희생 제물을 나누어 주고
그들을 돌려보낸 후 자신도 집으로 돌아갔다.

 이 엄숙한 언약궤 운반 사건은 앞으로 이스라엘을 다스리는 다윗에게 하
나님을 두려워 하게 만드는 신앙교육의 장이었다. 다윗은 자신이 이스라엘
의 최고 통치자가 아니라 오직 하나님이 이스라엘의 최고 통치자이심을 철저
히 배웠다. 다윗도 목자이신 하나님의 인도와 다스림을 받는 한 마리 어린 양
에 불과하며 자신은 백성들이 보는 앞에서 하나님께 순종하며 살아야 할 영
적 지도자임을 배웠다. 말씀에 철저하게 순종하는 다윗의 모습은 메시아를
닮았다.

(4) 다윗의 언약과 메시아언약 사상(대상 17장)

다윗은 그의 손으로 성전을 짓는 기회를 얻지는 못했지만 도리어 하나님께서는 그에게 집을 지어 주시겠다는 말씀을 언약으로 받았다(대상 17:10). 그리고 다윗의 몸에서 난 아들이 하나님의 성전을 건축할 뿐만 아니라 그 아들의 나라를 견고하게 해 주실 것이라는 축복의 말씀도 들었다. 이 축복의 말씀은 곧 언약이었다. "네 집과 네 나라가 네 앞에서 영원히 보존되고 네 위가 영원히 견고하리라"(삼하 7:9-16)라는 말씀과 "내가 영영히 그를 내 집과 내 나라에 세우리니 그 위가 영원히 견고하리라"(대상 17:14)는 말씀은 하나님의 언약이었다. 여기서 이 두 부분의 말씀의 차이점이 발견되는데 그것은 '네 집과 네 나라'(삼하 7:9-16)와 '내 집과 내 나라'의 차이다.

사무엘하에서 하나님께서 다윗에게 직접 말씀하신 평범한 역사적 사실을 기록했기 때문에 2인칭 표현으로 '너의 집과 너의 나라'라고 표현했으며 역사의 뒤안길에서 그 역사를 해석하는 하나님의 입장에서는 본문 역대기의 기록처럼 '내 집과 내 나라'라고 표현하고 있다. 즉 사무엘서의 '네 집과 네 나라'는 결과적으로 '내 집과 내 나라' 곧 하나님의 나라와 그 왕국을 의미하는 것으로 역대기 저자는 설명하고 있다. 이것은 모두 다윗과 그의 아들 솔로몬이 이룩한 나라를 하나님께서 튼튼하게 해 주실 것이라는 역사적으로 이미 성취된 말씀인 동시에 언약적으로는 장차 하나님의 아들 메시아가 이 땅에 오셔서 하나님 나라를 이루시고 그 나라가 영원할 것이라는 언약적 말씀이다. 특히 시편 132편 12절에는 이 부분의 다윗과의 언약을 '내 언약'이라고 말씀하셨다. 이 언약은 곧 여자의 후손을 통한 메시아언약으로서 노아, 아브라함, 모세, 다윗을 거쳐 다시 예레미야의 새 언약(렘 31:31-34)에 집중되고 마침내 예수 그리스도에 의해 성취되는 구원의 언약이다.

(5) 다윗 왕국의 번성(대상 18-20장)

하나님의 은혜로 다윗의 왕국이 계속 확장되고 있는 모습이 역사적 사실에 근거하여(삼하 8장 참조) 기록되어 있다. 하나님께서는 다윗이 블레셋, 모압, 소바, 다메섹, 하맛, 에돔 등을 정복하여 식민지로 만들도록 은혜를 베푸셨으며 정복된 민족들은 다윗에게 세금을 바치게 하였다. 이러한 다윗 왕국의 확장은 하나님께서 다윗의 집을 세울 것이라는 언약의 말씀에 근거하여(대상 17:1) 다윗의 집 곧 다윗 왕국을 튼튼하고 강하게 세우고 계시는 것을 의미한다. 다윗은 누구와 싸우든지 여호와께서 이기게 하셨기 때문에 승리할 수 있었다고 역대기 저자는 당시 상황을 해석하여 기록으로 남겼다(대상 18:6, 13). 또한, 다윗의 아들 솔로몬은 성전을 건축한 후 '성전에 올라가는 노래'라는 제목으로 지은 시에 하나님의 은혜를 감사하며 당시 다윗 왕국을 세우시고 또 성전을 건축하도록 섭리하신 하나님을 찬양하였다(시 127편).

> 여호와께서 집을 세우지 아니하시면 세우는 자의 수고가 헛되며 여호와께서 성을 지키지 아니하시면 파숫군의 경성함이 허사로다(시 127:1).

다윗의 번성과 왕국 확장은 하나님의 은혜로 이 땅에 임할 메시아의 나라와 확장을 예표한다. 또한, 다윗의 통치 철학(대상 18:14-17) '공과 의'(Just and Right)였다. 이것도 메시아의 공의에 대한 모형이다. 다윗이 어디로 가든지 여호와께서 이기게 하시니라(대상 18:6). 다윗이 어디로 가든지 여호와께서 이기게 하셨더라(대상 18:13).

(6) 인구조사와 메시아언약(대상 21장)

다윗의 인구조사는 범죄한 이스라엘 백성을 징계하시기 위한 하나님의 섭리 아래 이루어졌으며 하나님의 징계가 멈추기 위해서는 제단을 쌓아야 했다.[27] 다윗이 하나님께 제단을 쌓은 오르난의 타작 마당은 장차 솔로몬의 성전

---

27 사무엘하 24장 1절의 여호와께서 다윗을 감동시키셨다는 말에서 감동시키셨다는 말(ויסת, 와야셀, 그리고 그가 격동시켰다)은 역대상 21장 1절의 본문에 나타난 사탄이...다윗을 격동하여 라는 말의 격동시켰다(ויסת, 와야셀, 그리고 그가 격동시켰다)와 똑같은 말이다. 다만 주어(주체)가 하나님으로 기록된 사무엘하에서는 창조주 하나님의 주권적 사역을 말하기 위해 감동시키신 것으로 해석했으며 역대상 21장의 본문에서는 주어가 사탄이기 때문에 같은 히브리어 단어를 격동시켰다는 의미로 번역한 것이다. 그러므로 사무엘서에는 하나님의 진노가 이스라엘 백성에게 다시 반복될 수밖에 없을 때 하나님께서는 다윗의 마음을 격렬하게 움직이셔서 그로 하여금 교만한 마음이 일도록 그의 마음을 움직이셨다는 뜻이다. 반면 사탄이 다윗의 마음을 격동시켰다고 기록된 역대기의 말씀은 하나님의 계획과 허락하에 사탄이 하나님의 심판의 도구로 사용되어 다윗을 교만하게 만들어 인구조사를 하도록 그의 마음을 움직였다는 뜻이다. 이것은 사탄이 가

건축 장소였으며 이곳은 이미 아브라함이 그의 아들 이삭을 하나님께 드렸던 모리아 땅의 산이었다. 오르난의 타작 마당은 죄로 인한 심판과 그 심판을 멈추게 하는 다윗의 제사가 실행된 곳으로서 메시아 예수 그리스도께서 자신을 제물로 하나님께 바치는 십자가의 대속의 죽음에 대한 예표요 모형이다. 다윗이 오르난의 타작마당을 여호와 하나님의 전이라고 소리쳤는데 역사적으로 볼 때 오르난의 이 타작마당은 아브라함이 이삭을 하나님께 바치던 장소였고 후에 이곳에 솔로몬의 성전이 세워졌음은 결코 우연한 일은 아니었다. 그리고 이곳은 예루살렘의 한 작은 산으로 그리스도의 번제 곧 십자가 사건을 성취하는 언약적 장소였다.

이처럼 오르난의 타작마당에서의 다윗의 제사는 죄로 인한 하나님의 진노가 그치고 이스라엘 백성들은 하나님의 긍휼과 자비하심으로 온역의 사망으로부터 구원을 받은 사건으로서 메시아의 십자가 사건의 예표요 모형이었다. 다윗의 인구조사로 인한 하나님의 진노와 심판, 그리고 오르난의 타작 마당에서의 제사와 하나님의 응답은 모두 예수 그리스도의 십자가의 죽으심을 통해 죄인에 대한 하나님의 진노가 그치고 모든 믿는 자에게 임하는 하나님의 은총을 예표하는 것으로 볼 수 있다.

(7) 성전 건축 준비와 메시아언약(대상 22장)

성전 건축에 대한 다윗의 청원이 거절된 후에도 다윗은 성전 건축에 필요한 재료를 모으기 시작하였다. 그는 전쟁에서 승리했을 때 취하는 전승물 중에서 성전 건축에 필요한 재료(금, 은 동 철 및 기타)는 모두 여호와 하나님께 드림으로써 장차 성전 건축을 위해 사용되도록 하였다(대상 22장). 또한, 넓혀진 이스라엘 영토 안에 살고있는 이방인들을 노동력으로 삼고 돌을 잘 다듬는 석수들을 시켜 성전 건축을 위한 돌을 다듬어 준비케 했다. 그뿐만 아니라 목재를 연결할 철과 성전 안을 꾸밀 때 쓸 놋을 준비할 때 그 양을 셀 수 없을 만큼 많이 준비했다. 그리고 이스라엘과 친교 관계를 맺고 있는 주변 국가 중 시돈과 두

롯 유다의 마음에 들어가 예수님을 팔도록 하나님께서 허용하신 것과 같은 의미가 있다. 또한, 하나님의 허용 아래서 사탄이 욥에게 극한 시련을 주는 것과도 같다.

로 사람들이 운반해 온 백향목을 성전 건축을 위해 준비해 두었다. 그는 죽기 전까지 할 수 있는 한 많이 준비하겠다는 결심 아래 수를 헤아릴 수 없을 만큼 많은 재료를 준비하였다. 이 모든 것 이외에도 심지어 그는 자신이 솔선수범하여 자신의 개인 소유의 재산 중 최고의 금인 오빌의 금 삼천 달란트와 최고의 은인 천은(잘 제련된) 칠천 달란트를 하나님께 드려 성전 건축을 준비했다. 그리고 그가 '오늘날 누가 즐거이 손에 채워 여호와께 드리겠느냐'고 외쳤을 때 모든 정치 지도자들과 신하들이 앞다투어 '다 즐거이' 여호와의 전 곳간에 드렸다(대상 29:1-9).

역대상 29장 9절은 당시 상황을 이렇게 기록하고 있다.

> 백성이 자기의 즐거이 드림으로 기뻐하였으니 곧 저희가 성심으로 여호와께 즐거이 드림이며 다윗 왕도 기쁨을 이기지 못하여 하니라(대상 29:9).

다윗은 성전 건축을 위해 금 십만 달란트와 은 일백만 달란트 그리고 놋과 철은 그 무게를 알 수 없을 만큼 많이 준비하였으며 백향목을 비롯한 목재와 돌들을 많이 준비하였는데 그것도 '환난 중에' 예비하였다고 간증했다(대상 22:14). 여기서 "환난 중에"라는 말은 '그가 전쟁하는 중에' 또는 '어려운 환경에서'라는 의미를 모두 포함하고 있다. 그가 죽기 전까지 이렇게 많은 재료를 준비한 이유는 성전을 건축해야 할 그의 아들 솔로몬이 아직 "어리고 연약하며 여호와를 위하여 건축할 전은 극히 장려하여 만국에 명성과 영광이 있게 하여야" 하기 때문이었다. 다윗은 하나님의 임재의 상징인 성전이 초라하거나 인간을 위한 어느 건축물보다 못하기를 원치 않았다. 하나님께 최고의 것을 드리고 싶었던 다윗은 정녕 "하나님의 마음에 합한 사람"이라는 최고의 찬사를 받았다. 그 후에 다윗은 아들 솔로몬을 불러 다윗 자신이 왜 성전을 건축할 수 없는 사람이 되었는지를 설명할 때 자신은 전쟁 중에 너무 많은 피를 흘렸기 때문에 여호와의 이름을 위하여 성전을 건축하지 못하게 되었다고 설명하였다. 그리고 솔로몬을 통해 하나님께서 성전을 건축하시겠다고 말씀하신 하나님의 언약의 말씀을 솔로몬에게 설명하였다.

한 아들이 네게서 나리니 저는 평강의 사람이라 … 저가 내 이름을 위하여 전을 건축할
지라 저는 내 아들이 되고 나는 저의 아비가 되어 그 나라 위를 이스라엘 위에 굳게 세워
영원까지 이르게 하리라(대상 22:9-10).

여기서 '한 아들'은 역사적으로는 다윗의 아들 솔로몬을 가리키며 언약적
으로는 장차 이 땅에 하나님의 아들로 오실 '메시아' 즉 예수 그리스도를 가
리키는 말이다. 그러므로 평강의 왕인 솔로몬은 다윗의 아들이라 칭하지 않고
내 아들 곧 하나님의 아들이라 칭하고 있는 것이다. 성전을 통하여 하나님을
바라보게 하려는 다윗의 신앙적인 모습은 장차 다윗의 후손으로 오실, 성전보
다 큰 분이신, 메시아 예수 그리스도를 통하여 하나님을 바라보게 하시는 메
시아적 의미가 있다.

(8) 새 성전 제도의 의미와 교훈(대상 23-28장)

나이 많은 다윗은 아들 솔로몬을 이스라엘 왕으로 삼았다. 이것은 지금 당
장 다윗이 솔로몬에게 왕권을 이양했다는 말이 아니라 솔로몬이 장차 다윗을
이어 왕이 되는 것은 하나님의 뜻임을 미리 알리려는데 그 목적이 있었다. 다
윗은 아들 솔로몬을 이스라엘의 왕으로 선포한 후 성전에서 봉사의 직분을 감
당하기 위해 특별히 부름받은 레위인들을 중심으로 대대적인 행정 조직에 착
수하여 새롭게 조직을 강화했다. 다윗은 이스라엘의 지도자와 제사장과 레위
인들을 모두 모았다. 그리고 30세 이상 남자의 수를 센 결과 모두 삼만 팔천명
이었다. 본래 성막에서 봉사할 수 있는 레위인들의 연령은 30세 이상, 50세 이
하였다(민 4:3, 23). 그러다가 25세 이상, 50세 이하로 그 봉사의 폭이 넓어졌다
(민 8:24).

마침내 다윗 시대에 이르러 다윗은 성전 봉사자의 자격 기준을 20세로 낮추
어 더 많은 사람들이 성전 봉사에 임하도록 하였다. 이처럼 성전 봉사자의 연
령 기준이 낮아졌다는 것은 그만큼 성전 봉사의 직무를 수행하는 사람의 수를
늘렸다는 의미가 된다. 일반적으로 다윗 시대에 완성된 성전 봉사 조직은 모
두 24반열로 이루어져 있는데 우선 성전 안과 밖에서 제사장을 도와 여러 가
지 궂은 일을 감당하는 성전 봉사자로서 이만 사천명에 달했다. 그들은 24반

열로 세분화되어 1반열이 1천 명으로 구성되어 있으며 자기 차례가 되면 순서에 따라 봉사의 직무를 감당했다(23장 및 24:20-31). 이들의 임무는 제사장을 돕는 일 외에 성전 기물 관리, 진설병이나 무교병을 만드는 일, 절기마다 제물을 구별하여 번제를 드리는 일 등이었다. 성전 봉사자들에 이어 제사장들도 24반열로 구성되어 있다(24:1-19). 당시 솔로몬을 통해 예루살렘 중앙 성전이 건축되기 전에는 회막과 각 지역의 산당에서 제사가 행하여졌으며 제사장들도 전국 각지에 분산되어 있었다. 그러나 예루살렘 성전이 건축된 이후에는 모든 제사가 중앙 성전에 집중됨으로써 전국에 분산되어 있던 제사장들도 성전에 몰려들어 큰 혼란과 분쟁이 생길 우려가 있었다. 그래서 다윗은 이런 우려를 방지하고 효율적인 제사 업무를 수행하기 위하여 모든 제사장들은 24반열로 나누어 조직하였다. 다윗은 24반열을 정하는 절차에 있어서 제사장 엘르아살 계열과 이다말 계열에서 인구 비례에 따라 각각 16명과 8명의 족장을 선별하고(24:1-4) 서로 번갈아 가며 제비를 뽑아 반열의 순번을 평등하게 결정하였다. 세례 요한 시절의 유대 제사장은 그해 제사장으로 제비 뽑힌 사가랴였으며 그는 하나님 앞에서 대제사장의 직무를 수행하던 중 기도하다가 사가랴의 부인이 세례 요한을 잉태할 것이라는 천사의 계시를 받았다.

마침 사가랴가 그 반열의 차례대로 제사장의 직무를 하나님 앞에서 행할새(눅 1:8).

성전 찬양대도 24반열로 조직되었다. 다윗은 재능이 있는 사람들을 모아서 그들을 24반열로 조직하고 제비 뽑힌 순서에 따라 차례대로 성전에서 봉사하게 하였다. 찬양대는 제사장과 마찬가지로 하나님의 뜻대로 제비를 뽑아 공평하게 선출되었고 일년에 약 두주일씩 성전의 찬양 직무를 이행해야 했다. 교회는 예수 그리스도를 구주로 믿고 고백하는 모든 성도들이 모인 신령한 유기체인 그리스도의 몸이다. 우리는 다윗의 성전 조직에서 교회의 질서와 조직의 모범을 배울 수 있다. 이들은 모두 각자의 재능에 따라 문지기로, 재판관으로, 행정 직원으로, 찬양대원 등으로 임무가 분담되었을 때 그 맡겨진 직무를 하나님의 뜻으로 확신하고 그 일을 최선을 다해 헌신하였다. 교회 조직은 누구나 하나님의 일에 골고루 참여할 수 있도록 조직되어야 하며 사회적인 신분의 지위 고하를 막론하고 평등하게 그 임무가 주어져야 한다. 몸의 각 지체가 다양하지만 통일성을 이루듯이 각양각색의 은사를 가진 성도들이 서로 유기체적인 조직을 이루어 각자의 맡은 일을 성실히 수행할 때 비로소 교회의 머리되신 주님께 영광이 된다. 그리고 맡은 자들에게 구할 것은 충성이다(롬 12:3-8, 고전 12:12-27). 다윗 시대의 성전 조직은 오늘날 그리스도의 몸된 교회의 질서정연한 봉사와 섬김의 모습에 대한 모형이다.

6) 솔로몬의 성전 건축과 봉헌(대하 1-9장)

역대하에는 크게 두 가지의 이스라엘 역사가 평가되어 있다.

하나는 솔로몬과 성전 건축 및 봉헌(대하 1-9장)이며,
다른 하나는 분열 왕국 유다의 모든 왕들(르호보암-시드기야)에 관한 역사(대하 10-36장)가 그것이다.

솔로몬은 왕이 된 후 초기에는 하나님 앞에 지혜로운 왕이었으며 신실한 통치자였으나 통치 후기에는 하나님의 말씀에 불순종하며 하나님의 경고를 무시하다가 나라가 둘로 분할된다는 무서운 징계를 받았다.

(1) 솔로몬 왕권 강화와 일천번제(대하 1:1-13)

솔로몬 왕의 통치 사역 초기에는 하나님께서 솔로몬과 함께하셨기 때문에 왕권이 강화되었고 백성들은 태평성대를 누렸다. 하나님께서는 솔로몬을 선택하셨고 그로 하여금 하나님의 성전을 건축토록 하시기 위해 그의 왕권을 강화시키셨으며 그를 창대케 하셨다. 하나님이 죄인과 함께하시는 놀라운 은혜는 메시아의 탄생과 함께 임마누엘의 은총으로 나타났다. 솔로몬은 이스라엘 백성의 지도자들을 모으고 기브온 산당으로 올라갔다. 그곳에는 모세 시대에 광야에서 만들어진 이동식 성막이 있었는데 다윗이 왕이 된 후 그곳으로 옮겨온 것이다. 다윗은 모든 지도자들을 모으고 회막 앞에 있는 놋단에서 '일천 희생으로 번제'를 하나님께 드렸다. 솔로몬이 드린 이론바 '일천 번제'는 솔로몬이 일천 번(番) 제사를 드렸다는 의미가 아니라 일천 마리의 짐승을 번제단

에 태워(번제, 燔祭) 하나님께 드렸다는 뜻이다. 그래서 역대기 1장 6절에는 '일천 희생으로 번제를 드렸더라'고 기록함으로써 일천 번 드렸다는 뜻이 아닌 '일천 희생' 곧 일천 마리의 희생 제물을 불에 태워(번제) 드렸다고 잘 설명하고 있다. 이 제사가 끝났을 때 하나님께서 나타나셔서 솔로몬에게 무엇이든지 구하라고 말씀하셨다. 이때 솔로몬은 주의 백성을 잘 다스릴 수 있도록 '지혜와 지식'을 달라고 대답했다. 하나님은 솔로몬의 마음을 읽으셨으며 '이런 마음'이 솔로몬에게 있다는 사실에 기뻐하셨다. 단순히 무엇을 잘하기 위한 도구로서 지혜와 지식이 아니라 하나님이 보신 것은 그 지혜와 지식을 달라고 말하는 솔로몬의 그 마음이었다. 그래서 솔로몬이 구한 것은 단순히 지혜가 아니라 '지혜로운 마음'이라고 기록되기도 했다(왕상 3:9).

솔로몬은 지혜와 지식뿐만 아니라 그가 구하지 아니한 부와 재물과 존영도 하나님으로부터 받았는데 역사상 최고의 지혜와 최대의 부귀영화를 누린 왕이 되었다. 결국 솔로몬의 지혜는 통치권을 행사하는 일에서부터 성전 건축과 그의 모든 문학적 활동을 통해서 '하나님의 깊으신 지식과 은혜'를 드러내는 도구였음을 알 수 있다. 솔로몬의 통치 초기에 대한 역대기 저자의 평가는 매우 긍정적이다. 자신을 왕으로 세워주신 하나님의 은혜에 감사하여 일천번제를 드리는 그의 태도를 하나님은 매우 흡족히 여기시고 그가 구하는 지혜로운 마음과 구하지 않은 부와 귀와 수(壽)도 그에게 주시겠다고 약속하셨다. 솔로몬은 그가 받은 지혜로운 마음에서 쏟아져 나오는 지혜로 성전을 아름답게 건축했으며 시와 노래를 만들고 세상의 이치와 학문과 만물에 통달하였다. 역대기 저자는 솔로몬의 불순종과 불신앙적인 많은 부정적 요소보다는 다윗의 언약을 계승하는 그의 성전 건축과 봉헌에 깊은 관심을 기울여 그의 평가를 긍정적으로 내리고 있다.

(2) 솔로몬의 성전 건축

솔로몬의 지혜는 그의 통치 초기에 성전 건축과 그의 모든 문학적 활동을 통해서 '하나님의 깊으신 지식과 은혜'를 드러내는 도구였다. 그의 지혜는 다윗 때부터 이어온 두로왕 히람(후람)과의 좋은 외교 관계에도 나타났다. 성전 건축의 일에 도움을 요청하는 솔로몬의 겸손함에 후람은 천지창조의 하나님, 사람을 적절히 세워 하나님의 뜻을 이루어 가시는 주권적인 하나님, 지혜와 명철의 근원이신 하나님을 찬양하며 성전 건축의 당위성을 긍정적으로 답했다(대하 2:12).

솔로몬과 후람과의 대화 속에 선포된 하나님은 천지창조의 하나님, 주권적인 하나님, 경배와 찬양을 받으시기에 합당하신 하나님으로 묘사되었다. 후에 두로왕 후람은 성전 건축에 필요한 모든 나무 재료를 비롯하여 금, 은, 동, 철, 돌을 잘 다루는 준비된 일꾼들을 수없이 솔로몬에게 보내어 화려하고 웅장한 성전을 건축하는 일에 가장 큰 도움을 주었다. 솔로몬의 지혜와 후람의 우정은 하나님의 전 곧 성전을 위해 준비된 하나님의 계획이었다. 이것은 하나님께서 하나님의 임재의 상징인 성전과 그 건축 공사에 이스라엘 백성과 이방인을 함께 참여하게 함으로써 하나님과 그리스도(장차 성전보다 더 큰 분이신)는 이스라엘과 이방인 및 온 인류의 하나님이시요 구세주이심을 가르쳐 주는 예표로 볼 수 있다(대하 2:17).

솔로몬은 왕이 된 지 제4년 2월(시브월) 2일 곧 이스라엘 백성들이 애굽에서 나온 후 480년이 되는 해(B.C. 966)에 여호와를 위하여 성전을 건축하기를 시작하였다(왕상 6:1, 37, 38). 그리고 7년 동안 성전 건축이 진행되었으며 솔로몬 왕 제11년 8월(불월)에 성전이 완공되었고 바벨론 느브갓네살에 의해 성전이 파괴될 때까지 약 375년간 존속하였다(B.C. 960-586). 솔로몬은 예루살렘에 있는 모리아 땅의 산에 여호와의 전 곧 성전을 건축하였다. 사실 이곳 모리아 땅의 산은 아브라함이 아들 이삭을 제물로 바쳤던 곳이다(창 22장). 이곳에서 이삭을 대신하여 수양이 하나님께 제물로 드려졌는데 이것은 장차 이곳에서 예수 그리스도가 인류의 죄를 대신하여 하나님께 속죄 제물로 드려지게 될 언약적 의미와 연결된다. 솔로몬의 성전은 하나님께서 계시하시고 선택하신 장소에 하나님의 때가 이르렀을 때 솔로몬에 의해 건축 되어진 것이다.

(3) 솔로몬 성전과 언약궤 안치

본래 언약궤는 모세 시대에 만들어진 이동식 궤(상자)였으나 이제 비로소 솔로몬의 성전에 안착되어 더이상 이동하지 않고 하나님께서 정하신 한 장소 곧 예루살렘에 정착하게 된 것이다. 이 언약궤가 솔로몬 성전으로 옮겨질 때는 오직 제사장 레위인들만이 담당하였으며 이스라엘 백성의 최대 축제 절기가 모여있는 7월 절기 중 초막절을 택하여 이루어졌다. 솔로몬 왕을 비롯하여 온 백성들은 이날에 언약궤 앞에서 엄청난 제사를 하나님께 드렸는데 역대기 저자는 그 수가 너무 많아 기록할 수도 없고 셀 수도 없었다고 증거하고 있다. 이것은 솔로몬 당시에 하나님을 향한 백성들의 마음이 얼마나 크고 감격적이었나를 보여 준다. 그러나 이 성전과 언약궤의 진정한 의미는 장차 오실 메시아의 그림자로서의 예표적 기능을 수행했을 뿐, 성전보다 더 큰 분이신 예수 그리스도의 십자가의 죽으심과 부활 사건 이후에는 모두가 파괴되고 사라질 영광에 지나지 않았다. 그리스도는 장차 손으로 짓지 아니한 더 크고 온전한 장막(곧 자신의 몸)으로 오셔서 염소와 송아지의 피를 대신 흘리게 함으로써 용서받음을 상징하는 성전의 의식을 완성하셨는데 자신의 피로 영원한 속죄를 이루사 단번에 성소에 들어가셨다(히 9:11-12).

솔로몬은 약 7년에 걸쳐 하나님의 전 곧 성전을 완성하고 새롭게 만든 각종 성전 기구들뿐만 아니라 그의 부친 다윗이 생전에 미리 하나님께 드렸던 보물과 성전 기구들까지 새로 지은 성전 창고에 보관하였다. 성전과 그리스도와의 관계는 히브리서 저자가 잘 설명해 준다(히 10:19-25). 구약 시대의 성전과 성전의 제사 제도는 메시아의 사역에 대한 모형이다. 오늘날 성전보다 더 큰 분이신 예수 그리스도는 하나님의 집을 다스리시는 큰 제사장이다. 이렇게 큰 제사장이신 예수 그리스도를 믿는 성도들은 양심의 악을 깨닫고 몸을 맑은 물로 씻은 구별된 백성들이 되었다.

(4) 봉헌 기도와 축사와 축복 기도(대하 6장)

성전을 완성한 후 솔로몬은 언약궤를 그 성전 안에 안치했다. 그리고 백성들을 향해 이 성전의 주인이신 만군의 하나님 여호와를 송축하였다. 솔로몬과 백성들의 마음은 뜨거워졌고 감격에 복받쳐 올랐다. 마지막으로 솔로몬은 번제단 앞에서 두 손을 높이 들고 백성을 위한 **축복 기도**를 드렸다. 이 기도는 메시아의 중보기도에 대한 모형이며 예표였다. 결국 성전 준공 후 성전에서 행하는 솔로몬의 이 기도는 인간의 죄를 대신하시는 예수 그리스도의 사죄(赦罪)를 비는 기도의 예표이다. 백성들의 죄를 용서해 달라고 기도하는 솔로몬의 기도와 "이 죄를 저들에게 돌리지 마옵소서"라고 울부짖는 우리 주님 예수 그리스도의 기도는 서로 닮았다.

이어 솔로몬의 **성전 봉헌 축사**가 이어졌다(대하 6:3-11). 솔로몬은 여호와 하나님께서 다윗에게 약속하신 대로 하나님께서 하나님의 '손으로' 이루셨다고 백성들에게 엄숙히 선언함으로써 자신을 우러러보는 백성들의 모든 관심과 존귀를 하나님께로 돌렸다. 결국 이 성전은 하나님께서 계획하시고 하나님께서 친히 건축하셨기 때문에 모든 백성은 오직 하나님께만 존귀와 영광과 감사를 돌려야 함을 만천하에 선언한 것이다. 또 솔로몬은 그의 선친 다윗의 소망 곧 여호와의 이름을 위하여 성전을 건축하고자 했던 아버지 다윗의 계획을 하나님께서 이루시는 일에 자신을 도구로 사용하셨다고 선포하였다. 하나님께서 다윗을 친히 선택하시고 또 예루살렘을 선택하셔서 그곳에 성전을 짓도록 허락하신 결과로 그 성전이 하나님의 언약의 표징으로 솔로몬 시대에 완성되었음을 백성들에게 선포한 것이다. 솔로몬 성전은 하나님의 때가 이르렀을 때, 하나님께서 선택하신 장소에, 하나님의 방법으로, 하나님의 감동을 받은 지혜로운 사람들이 건축했다고 선포하는 것이 솔로몬의 성전 봉헌 축사의 요지였다.

마지막으로 솔로몬의 **축복 기도**가 이어졌다(대하 6:12-42). 우선 솔로몬은 성소 안에 있는 여호와의 번제단 앞에 있는 놋으로 만든 단상 위에 무릎을 꿇고 하늘을 향하여 손을 펴고 백성들을 축복하는 기도를 드렸다. 솔로몬의 이 기도 내용은 열왕기상 8장 22절에서부터 53절에도 잘 나타나 있으나 그곳에는 솔로몬의 기도하는 자세가 빠져 있는 것이 다른 점이다. 무릎을 꿇고 하나님께 기도하는 솔로몬의 태도는 단순히 인간적인 복을 비는 정도가 아니라 살아계신 하나님을 경배하고 섬기는 자세였다.

첫째, 솔로몬은 언약을 이루신 하나님의 사랑을 감사하며 다윗에게 언약하신 그 언약을 자신과 후손을 통하여 반드시 이루시고 영광 받으시기를 먼저 기원했다.

둘째, 솔로몬은 자신을 종으로 낮추어 부르며 주야로 하나님의 눈이 이 성전을 보시고 주의 종 솔로몬과 백성들이 이 성전에서 비는 기도를 항상 들어 응답해 주시기를 간절히 청원하였다.

셋째, 솔로몬은 이 성전에서 맹세하는 모든 내용에 따라 의로운 자와 불의한 자를 가려내 공의로 심판해 주시기를 청원했다.

넷째, 백성들이 하나님께 범죄하고 이 성전에 와서 용서를 비는 기도를 드릴 때 주는 하늘에서 들으시고 백성들의 죄를 용서해 주시기를 간청했다.

다섯째, 마지막으로 솔로몬은 이방인들라 할지라도 이 성전을 향하여 주께 부르짖고 기도할 때 주는 높은 곳 하늘에서 들으시고 이방인의 기도를 들어 응답하시고 땅의 만민들이 주를 알고 주의 이름을 찬송하게 하옵소서 라고 간곡히 기도를 드렸다.

솔로몬의 이 축복 기도는 메시아의 중보기도 곧 메시아적 기도라고 볼 수 있다. 솔로몬은 백성들에게 태평성대나 세속적인 복을 비는 기도를 드린 것이 아니라 언약을 맺으시고 그 언약을 이루시는 하나님의 절대주권적 은혜가 하나님의 방법대로 이 땅에 이루어지기를 소원했으며 또한, 백성들의 죄가 용서되기를 간절히 기원했다. 이것은 메시아의 중보기도에 대한 예표였다. 솔로몬이 기도를 마쳤을 때 하늘에서 불이 내려와 번제물과 제물들을 살랐다. 그리고 여호와의 영광이 성전에 가득하였다. 솔로몬은 성전의 번제단과 임시 번제단을 통해서는 칠일동안에 14만 2천 마리의 짐승을 하나님께 드렸다. 이것은 성전보다 더 큰 분이신 우리 주님 예수 그리스도께서 장차 십자가에서 피흘려 죽으시고 부활하심으로써 우리의 죄가 용서되고 하나님과 화목하게 되는 은혜를 얻는 기쁨에 대한 앞선 역사적 사실의 상징이다(레 23:33-44).

새 성전에서 큰 예물을 받으신 여호와께서 솔로몬과 언약을 맺으셨다(대하 7:12-22). 하나님은 솔로몬에게 꿈에 나타나셔서 이 솔로몬의 성전을 언약의 장소로 택할 뿐만 아니라 솔로몬의 왕위가 견고하리라고 거듭 약속하셨다. 이것은 인간의 죄를 대신하여 짐승이 피흘려 죽는 피흘림의 제사가 솔로몬의 성전에서 이루어지듯이 장차 다윗의 후손으로 오실 메시아가 인간의 죄를 대신하여 피흘려 죽으심으로 죄인들이 죄사함을 얻고 하나님과 화평을 이루게 되는 언약의 성취로 볼 수 있다. 솔로몬은 하나님의 은혜를 많이 받은 왕이었다. 솔로몬이라는 그의 이름에서부터 그의 인격과 지혜 그리고 성전건축 등 많은 면에서 메시아의 모형적인 의미가 분명하다.[28] 그러나 통치 후반으로 들어서면서 솔로몬의 인간성은 타락하기 시작했고 여자를 너무나 좋아했던 솔로몬은 후처 칠백 명과 첩 삼백 명을 거느리고 살 정도였다. 그러나 그 많은 여자는 모두 솔로몬 왕의 신앙을 갉아먹고 파괴하기 시작했으며 급기야 하나님의 말씀과 경고까지 무시하며 우상 숭배의 길로 나아가도록 솔로몬의 영안을 흐려놓고 말았다. 하나님의 은혜를 많이 받는 것도 귀하지만 그 은혜를 누리고 말씀을 지키는 것이 더 중요하다는 교훈을 배울 수 있다.

해설 (1): 복과 축복

엄밀히 말해 히브리어 원어나 영어 등에는 복과 축복에 대한 구분이 없다.[29] 그러나 한글 개역 성경은 이 두 단어를 분명히 구분하여 사용하고 있다. 하나님께서 직접 주시는 모든 은총을 표현할 때는 '복'이라고 했으며 어떤 사람이 다른 사람을 위해 하나님께 복을 비는 것을 '축복' 또는 '축복했다'라고 표현하고 있다. 즉 하나님 자신이 친히 인간에게 은혜를 베푸신 것을 표현할 때는 하나님께서 복을 주셨다 라고 표현하고 있다. 이 경우 "하나님이 축복하셨다"라고 표현하지 않는다. 그러므로 인간이 하나님을 향해서는 '복을 주옵소서'라고 기도하는 것이 옳은 표현이다.

---

28 솔로몬과 솔로몬 왕국은 평화와 평화의 왕국인 메시아와 메시아 왕국을 상징하며 무조건적인 하나님의 은혜의 결과임을 보여 준다. 또한, 성전 건축과 봉헌 기도 등에서 보여지는 그의 신앙적인 모습은 메시아의 모형임에 틀림없다. 그러나 그의 불신앙과 불신앙적 요소는 도리어 그리스도인들에게 경고의 메시지가 강하다. 그는 하나님의 은혜를 너무 많이 받았으나 마침내 불신앙적인 모습으로 계속 하나님의 인내를 시험하다가 나라가 분열되는 징계를 초래하고 말았다. 예를 들어 이스라엘 백성들의 광야 생활 중 반석에서 물이 나온 사건은 불신앙적인 백성들에 대한 하나님의 징계와 은혜의 양면을 모두 보여 준다. 하나님의 은혜와 기적을 많이 체험한 이스라엘 백성들이지만 물이 없다고 또 원망하며 불평하는 그들의 모습은 영락없는 불신앙적인 죄인들의 전형적인 모습이다. 그런데도 그들을 위해 반석을 대신 깨뜨려 물을 내신 하나님의 은혜는, 죄인을 무조건적인 은혜로 구원하시는 하나님의 은혜를 보여 준다.

29 히브리어로 בָּרַךְ(바라크)는 본래 무릎을 꿇다, 기도하다, 복을 빌다, 찬양하다 등의 여러 가지 의미가 있는 말이다. 그러므로 이 말을 번역할 때는 문장의 구조나 내용을 면밀히 살펴야 한다. 특히 한글개역성경에는 이 단어가 '복'과 '축복'이라는 용어로 분리되어 사용되어 있다.

예를 들면 "모세가 백성들에게 축복하였다"(한글개역성경)라는 것은 모세가 백성들을 위해 하나님께 복을 빌었다는 뜻이다. 그러나 하나님께 직접 기도할 때는 "하나님 아버지시여 제 자식에게 복을 주옵소서" 또는 "하나님 저에게 복을 내려 주소서"라고 표현하는 것이 맞다. 그리고 하나님을 향하여 복을 빈 행위의 결과를 표현할 때는 한글개역성경에서는 '축복'이라는 용어를 썼다. 한국 교회는 지금 '복'이라는 단어와 '축복'이라는 단어를 혼용하여 같은 의미로 분별없이 사용하고 있으나 한글개역성경은 '축복'(축복하다)이 라는 말과 '복'(복을 주다)이 라는 말을 분명하게 구분하여 사용하고 있다.[30]

해설(2): 축복 기도와 축도

일반적으로 축복 기도는 어떤 사람이 다른 사람을 위해 하나님께 복을 비는 것을 결과적으로 표현하는 말이다. 따라서 그리스도인들은 누구나 축복 기도를 할 수 있다. 축복 기도를 한다는 것은 복을 빈다는 뜻이기 때문이다. 예를 들어 목사님이나 장로님이 어떤 성도를 위해 축복 기도를 할 수 있으며 반대로 어떤 성도가 목사님이나 장로님을 위해 축복 기도를 할 수 있다. 그러나 축도는 공적인 예배를 드린 후 목사가 예배에 참석한 회중을 향하여 삼위일체 하나님의 은총(주 예수 그리스도의 은혜, 하나님 아버지의 사랑, 성령의 교통)이 성도들의 삶 속에 계속 임하기를 청원하는 일종의 선언적 의미가 있는 의식 행위로 일반적인 축복 기도와는 그 성격이 다르다. 공식적인 예배를 시작할 때 "묵도하심으로 예배를 시작합니다"라고 선언하듯이 축도는 예배 후 예배 인도자가 모인 회중을 향하여 공식적인 예배 행위가 모두 끝났음을 선언함과 동시에 삼위일체 하나님의 은총이 예배를 마친 모든 회중 속에 항상 머무르기를 선언하는 것이다. 그러므로 축도는 기도가 아니기 때문에 예수님의 이름으로 끝맺지 않는 것이다. 그리고 축도는 교회의 질서상 목사만이 할 수 있도록 규정하고 있다.

---

30 간접적 표현들의 예: 하나님께서 모세를 축복하셨다(x). 하나님께서 모세에게 복을 주셨다(o). (하나님께서 직접 피조물에게 주시는 은총은 '복'이라고 표현했다). 야곱은 그의 아들들을 축복하였다(o). 야곱은 그의 아들들에게 복을 주었다(x). 직접적 표현들의 예: 하나님! 박집사님을 축복해 주옵소서"(x). "하나님! 박집사님에게 복을 주옵소서"(o). "하나님! 박 집사님에게 복을 주옵소서"라고 목사님은 박집사를 축복하였다(o).

주 예수 그리스도의 은혜와 하나님의 사랑과 성령의 교통하심이 이 무리 위에 있을 지어다(고전 16:16).[31]

7) 유다의 왕들에 대한 평가

역대기 저자는 남왕국 유다의 모든 왕의 통치에 대해 간략히 요약하며 평가를 내리고 있다. 평가의 기준은 '그들이 어떤 일을 얼마만큼 잘했느냐'가 아니라 '하나님 앞에서 어떻게 살았느냐'였다. 유다의 왕들은 공적으로는 하나님의 통치권을 행사하는 왕이었으나 개인적으로는 하나님 앞에서 살아가는 한 신앙인이었다. 따라서 그들은 백성들의 진정한 왕이신 하나님께 묻고 대답을 들으면서 백성들을 통치해야 했고 자신들도 하나님 앞에서 한 마리 어린양처럼 순종하며 살아야 했었다. 그러나 대부분의 유다 왕들은 가나안의 우상과 솔로몬이 뿌려 놓은 각종 우상을 섬겼으며 선지자들의 입으로 나오는 하나님의 말씀에 순종하지 않았고 급기야 하나님의 진노를 초래하고 말았음을 경고하고 있다. 이것이 역대기의 왕들에 대한 평가이며 바벨론 포로 후 시대를 사는 선민들에 대한 경고와 경계의 말씀이다(고전 10:1-8).

(1) 르호보암(대하 11-12장)

솔로몬이 죽은 후 후계자는 그의 아들 르호보암이었다. 그러나 솔로몬의 우상 숭배와 하나님께 대한 불순종의 결과로 하나님께서는 이미 선지자 아히야를 통해 솔로몬의 신복인 에브라임 지파의 여로보암에게 이스라엘의 열 지파를 떼어 주겠다고 선언하셨다(왕상 11:26-40). 선지자 아히야를 통해 그 사실을 알게 된 여로보암은 평소에도 유다 지파와 에브라임 지파 사이에 좋지 않은 감정의 골이 깊은 상황에서 노골적으로 솔로몬의 정책을 비판하며 반대하다가 솔로몬의 미움을 사서 죽임을 당하게 되자 애굽의 바로(파라오)인 시삭에게로 망명을 요청하여 일시적으로 그곳에 살게 된다. 그러다가 솔로몬이 죽은 후 그

---

31 "있을지어다"는 말은 있기를 바란다는 간절한 기대와 소망을 나타내는 선언적 의미의 말이며 하나님께 비는 기도가 아니다.

의 아들 르호보암이 세겜에서 이스라엘의 왕으로 취임했다는 소식을 듣고 애굽에서 급히 돌아와 그를 추종하는 무리들과 함께 르호보암 왕을 찾아갔다.

이러한 두 사람의 등장은 사울과 다윗을 이어 솔로몬 왕에 이르던 이스라엘의 통일 왕국 시대는 막을 내리고 이제 르호보암과 여로보암을 중심으로 두 개의 나라로 분열돼 있음을 시사하고 있는 것이다.

> 이 일은 하나님께로 말미암아 난 것이라 여호와께서 전에 실로 사람 아히 야로 느밧의 아들 여로보암에게 고한 말씀을 응하게 하심이더라(대하 10:15).

왕이 된 르호보암이 여로보암의 건의를 묵살한 일과 르호보암이 파견한 하도람이 죽임을 당한 본장의 사건은 나라를 둘로 나누시려는 하나님의 계획과 섭리 아래 이루어진 것임을 역대기 저자는 밝히고 있다. 죄로 인한 하나님의 심판과 그 심판 중에서도 긍휼과 자비를 베푸시는 하나님의 은혜가 메시아의 모형으로 흐르고 있다.

유다 왕국의 첫 왕 르호보암은 솔로몬의 아들로서 17년 동안 통치했다(B.C. 930-913). 왕 초기에는 하나님의 말씀에 순종하는 신앙의 길을 걸었으나 그는 돌이킬 수 없는 우상 숭배의 길로 빠져들고 말았다. 르호보암의 우상 숭배의 뒤에는 그의 어머니 암몬 여인 나아마가 있었다(왕상 14:21). 솔로몬이 이방 여인들 때문에 우상 숭배에 빠졌듯이 르호보암 역시 자신의 어머니 곧 솔로몬의 아내인 나아마의 영향을 받아 쉽게 우상 숭배에 빠질 수밖에 없었다.

그러나 역대기 저자는 르호보암을 다음과 같이 호칭하며 그를 하나님이 세우신 정통 왕국의 왕으로 후세에 전하고 있다. 즉 솔로몬의 아들 유다 왕 르호보암과 유다와 베냐민의 이스라엘이란 호칭은 유다와 베냐민 지파를 중심으로 구성된 유다 왕국만이 이스라엘의 정통왕국이며 르호보암이 합법적인 왕임을 분명히 선언하고 있다. 한편 여로보암을 따라갔던 레위지파 사람들은 고민하기 시작했다. 그 이유는 여로보암이 모세의 율법을 버리고 스스로 교만하여 많은 산당을 짓고 숫염소 우상과 송아지 우상을 만들어 놓고 그것들을 섬기는 제사장들을 자기 마음대로 임명하는 만행을 보았기 때문이다. 율법을 지키고 하나님을 섬기도록 택함받아 세워진 레위인들은 르호보암을 버리고 여로보암을 따라 나온 사실을 뒤늦게 후회하고 자신들의 본연의 의무를 수행하기 위해서는 르호보암에게로 돌아가는 길밖에 없음을 깨닫게 된다. 그래서 제사장들과 레위인들은 다시 모든 지방으로부터 나와 하나님을 섬기는 르호보암에게로 되돌아왔으며 그들은 3년동안 유다 나라를 도왔다. 그러나 3년이 지났을 때부터 르호보암이 교만하여 여호와 하나님을 버리게 되자 기다렸다는 듯이 유다 모든 백성이 본받았다(대하 12:1). 르호보암 왕으로부터 온 백성이 범죄할 때 하나님께서는 르호보암 왕 제5년에 애굽 왕 시삭의 마음을 부추겨 유다를 치게 하였다. 하나님의 백성이 하나님을 버렸으므로 하나님께서도 그들을 버려 시삭의 손에 맡겨버린 것이다(대하 12:5).

르호보암이 하나님 앞에서 유다 왕국의 통치자로 부름받은 이후 그의 삶에 대한 평가는 17년 통치 기간 중 3년 동안의 순종과 14년 동안의 불신앙으로 나타났다. 역사의 뒤안길에서 한 인간의 일생에 대한 평가를 한마디로 요약한다는 것은 그리 쉬운 일은 아니다. 그러나 르호보암 왕에 대한 하나님의 날카로운 평가는 많은 아쉬움을 남기는 짧은 문장 몇 개로 나타났다.

첫째, 르호보암 왕이 예루살렘에서 "스스로 강하게하여 치리하니라"라고 그의 통치사역이 평가되고 있다. 모세나 여호수아, 다윗 등의 평가에는 하나님께서 그들과 "함께"하신 결과로 그들과 그 나라가 강성했다고 나타나고 있는 반면 르호보암의 17년 동안의 통치 사역은 르호보암 스스로 강하게 하여 통치할 수 밖에 없는 고통과 어려움이 뒤따랐음을 말해 준다.

둘째, "르호보암이 마음을 오로지하여 여호와를 구하지 아니함으로 악을 행하였더라"(14절)라는 말로 평가되고 있다. 이 평가 속에는 르호보암이 마음을 오로지 하여 여호와를 구하고 악을 행하지 아니하였더라면 좋았을 것인데 그렇지 못했다는 아쉬움이 담겨져 있는 평가다.

(2) 아비야(아비얌)의 통치와 평가(대하 13장)

유다의 두 번째 왕인 아비야(아비얌)는 부친 르호보암의 뒤를 이어 3년동안
백성을 다스렸다(B.C. 913-910).156)[32] 아비야(아비얌)의 통치 사역에 대한 역사
가의 평가는 매우 긍정적이며 큰 교훈을 주고 있다(대하 13장). 아비야(아비얌)
는 그의 어머니 미가야(마아가)의 열심으로 왕이 될 수 있었다. 즉 미가야(마아
가)는 르호보암의 많은 아들 가운데 자신의 아들 아비얌(아비야)을 다음 왕으
로 지명되도록 차기 권력 다툼에서 이겼던 것이다.[33] 아비야에 대한 긍정적 평
가는 그가 북쪽 이스라엘 왕국의 첫왕 여로보암과의 전쟁에서 승리한 사건에
서 크게 부각된다. 역사가는 이 전쟁을 통해 아비야가 승리했다는 사실을 단
순히 드러내려 한 것이 아니라 이 전쟁에서 아비야가 북쪽 이스라엘의 왕 여
로보암의 불신앙적 행위를 꾸짖고 그 불신앙적 행위를 미워했음을 칭찬하고
후대에 교훈하려는 의도 아래 이 전쟁 기록을 남기고 있다. 따라서 역대기 13
장에 나타난 아비야(아비얌)에 대한 기록은 열왕기상 15장의 기록보다도 3배
나 더 많이 기록되어 있다. 이것이 아비야(아비얌)에 대한 역사가의 진정한 평
가다. 우리 시대에 하나님께 대한 불신앙을 미워하고 꾸짖을 수 있는 용기 있
는 신앙인을 하나님은 찾으신다.

(3) 아사의 통치와 평가(대하 14-16장)

유다 왕국의 제3대 왕 아사는 아비야(아비얌)의 아들로서 41년동안 통치했
다(B.C. 910-871). 아사는 하나님의 말씀에 순종하는 신앙의 길을 걸었으며 우
상을 철폐하고 신앙개혁을 이루어 하나님께 칭찬받는 왕이 되었다. 아사 왕의
41년에 걸친 통치 사역에 대하여 역대기 저자는 그의 초기(약 15년), 중기(약 20
년) 및 말기(약 6년) 등 셋으로 나누어 평가하고 있다. 아사 왕은 통치 초기 약
10년 동안은 의로운 통치로써 평화를 누렸으며(14:1-7) 구스(에디오피아) 군대

---

32 아비야는 아비얌(왕상 14,15장)을 가리킨다. 아비야는 '여호와는 나의 아버지', 아비얌은
'얌은 아버지'란 문자 의미를 가진다. 동일인의 두 가지 이름에 대한 해석이 분분하지
만 아비야가 일반적인 이름이며 아비얌도 함께 사용되었을 뿐이다.
33 압살롬의 딸 다말이 기브아의 우리엘과 결혼하여 마아가(미가야)를 낳았다. 르호보암이
이 마아가와 결혼하여 아비얌(아비야)를 낳은 것으로 본다(왕상 11:20;13:2, 대하 13:1).

의 침략에 대해 하나님께 전적으로 의지하는 신앙으로써 격퇴시켰으며(14:8-15), 선지자 아사랴의 예언을 듣고 더 철저한 개혁을 추진하여 하나님을 기쁘시게 하였다(15:8-15).

아사 왕은 그의 증조부 솔로몬 시대부터 지속되어 온 각종 우상 숭배에 관한 이방 제단과 산당을 없애 버렸고 주상과 아세라 상을 깨뜨리고 파괴함으로써 다윗 왕국의 정통성을 계승하기 위한 신앙개혁의 불길이 타오르게 하였다. 또한, 예루살렘 성 안에서 행해지고 있었던 태양신을 섬기는 각종 우상 숭배의 모습도 근절시킴으로써 유다 땅 성 안과 밖 전체를 개혁하였다. 이러한 외적인 신앙 개혁 뿐만 아니라 그는 솔선수범하여 내적 개혁에도 힘썼다. 자신이 먼저 하나님 보시기에 선과 정의를 행하기에 온 힘을 기울였고 백성들에게 명하여 그 조상의 하나님 여호와를 구하게 하며 그 율법과 명령을 지켜 행하도록 가르치며 권면하기를 힘썼다.

아사 왕의 개혁이 진행되는 가운데서도 그의 조모 마아가(미가야)는 아세라의 가증한 목상을 만들었다.[34] 이때 아사 왕은 조모(祖母) 마아가를 태후의 자리에서 폐위시키는 아픔을 겪으면서 하나님 앞에서의 신앙개혁을 계속해 나갔다. 그의 개혁은 가히 혁명적이었다. 부모, 처자, 및 형제까지도 하나님 나라를 위해서는 선택적일 수밖에 없다는 주님의 말씀에도 부합되는 아사 왕의 개혁 정신이었다. 이것은 아사 왕이 그의 조모(祖母)를 덜 사랑해서가 아니라 하나님을 더 사랑했고 하나님을 더 두려워하는 그의 신앙의 결과였다. 아사 왕은 유다에 만연된 우상 숭배의 모습을 뿌리째 뽑기 위해 태후를 폐위시키는 신앙개혁을 단행함으로써 백성들의 귀감이 되었다. 그리고 태후 마아가(미가야)가 만들어 섬기던 우상을 찍고 가루로 만들어 기드론 시냇가에서 불살랐다. 아사 왕의 이러한 결연한 행동은 그동안 이스라엘 국가에 만연한 우상 숭배의 흔적까지도 철저히 제거하여 완전히 하나님 여호와께 돌아가며 하나님

---

34 마아가(미가야)는 유다의 첫 왕 르호보암의 아내로서 둘째 왕 아비얌(아비야)의 모친이며 아비얌의 아들 아사에게는 할머니가 된다. 그러나 히브리 사상 아래서는 아들, 손자, 후손 이라는 말이 모두 같은 말, 벤(בֵּן)의 번역이므로 한글개역성경의 모친, 부친 등의 표현은 모두 선조들이라는 표현으로 이해할 수 있다. 그러므로 역대기 15:16의 "아사 왕의 모친 마아가"는 아사 왕의 조모 마아가(미가야)이다.

을 전적으로 찾는 신앙 행위로서 하나님을 기쁘시게 했음을 역대기 저자는 밝힌다. 하나님을 철저히 찾는 아사 왕의 통치 기간의 중간기인 아사 왕 제15년부터 제35년까지 약 20년간 유다 땅에는 전쟁이 없었으며 평강이 계속되었다. 그것은 하나님을 찾는 아사 왕과 그 백성들에 대한 하나님 여호와의 도우심과 은총의 결과였던 것입니다. 아사 왕의 중기 통치 사역은 그의 통치 제15년에 있었던 언약의 갱신과 더 철저한 개혁으로 시작하여 그의 통치 제35년까지 약 20년 동안 평화가 계속되는 기간이었다(15:10-19).

그의 마지막 통치 기간 제36년부터 41년까지의 말기는 하나님을 의지하지 않고 선지자들의 말을 듣지 않은 결과로 아사 왕은 전쟁과 질병에 시달렸다고 폭로되고 있다(16:1-13). 그의 통치 말기에 있었던, 북쪽 이스라엘 왕국의 바아사의 침략에 대한, 불신앙적 대응이 그의 통치 사역의 옥의 티로 남았다. 북왕국 이스라엘 왕 바아사의 침략을 받은 아사 왕은 예전과 전혀 다른 모습으로 대응하고 말았다. 그는 더이상 하나님을 찾는 신앙의 사람이 아니었다. 즉 아사는 즉시 여호와의 전 창고와 왕궁 창고를 열어 많은 양의 금, 은 등의 보물을 다메섹 지역의 아람 왕 벤하닷에게 뇌물로 보내고 군사동맹을 맺을 것을 청원하며 군사동맹 조약에 따라 군대를 보내 줄 것을 요청한다. 또한, 아사 왕은 아람 왕 벤하닷이 이미 북쪽 이스라엘과 맺은 군사 동맹을 파기해 줄 것도 요구하였다.

아람의 벤하닷은 아사 왕이 보낸 많은 뇌물에 눈이 어두어져 자기와 군사동맹을 맺은 북왕국 이스라엘을 배반하고 아사 왕의 요청에 따라 군사를 보내어 유다를 침공한 북쪽 이스라엘의 많은 성읍과 특히 재물이 쌓여 있는 국고 성들을 공격하였다. 상황이 급변하자 북쪽 왕국의 바아사 왕은 라마를 건축하던 일을 멈추고 회군하고 만다. 아람 왕 벤하닷의 도움으로 북왕국 바아사의 침공을 물리친 남왕국 아사 왕은 바아사가 남기고 간 건축재료를 모두 수거하여 유다의 군사 도시인 게바와 미스바를 건축하고 국방을 튼튼히 하였다. 하나님께 기도하고 하나님을 찾던 그의 신앙적 모습은 어디에도 없었다.

이처럼 아사 왕은 국가가 위기를 맞이했을 때 하나님을 찾지 않았고 도리어 인간적인 간사한 지혜로 뇌물을 사용한 구원병 요청과 군사용 요새를 건축하는 일이 고작이었음을 폭로하고 있다. 북왕국 바아사의 침략에 대한 아사의 불신앙적 대응에 대해 하나님께서는 선지자 '하나니'를 보내어 아사 왕을 책망하였다. 즉 선지자 하나니는 아사 왕이 아람 왕 벤하닷을 의지하고 '모든 왕의 하나님'을 신뢰하지 않았다고 지적하며 꾸짖었다. 또한, 하나님을 의지하지 않고 아람 왕 벤하닷을 의지한 아사 왕은 결국 하나님의 노여움을 초래하였고 그 결과 아람왕을 움직이시는 하나님의 간섭 아래 아람 군대의 도움도 받지 못하게 되었다고 선지자 하나니는 거듭 강조하였다.

더 나아가 선지자 하나니는 과거 아사 왕 통치 초기에 구스 왕 세라가 백만 대군을 이끌고 쳐들어 왔으나 아사 왕이 여호와를 의지하고 하나님 여호와를 진정으로 찾았으므로 여호와께서 구스의 백만대군을 물리쳐 주셨음을 상기시켜 주며 국가의 최고 통치자로서 하나님을 찾지 않고 군사력에만 의존했던 아사를 계속 꾸짖었다. "여호와의 눈은 온 땅을 두루 감찰하사 전심으로 자기에게 향하는 자를 위하여 능력을 베푸신다"(9절)고 선언하는 선지자 하나니는 아사 왕이 '망령된 일'을 행하였다고 책망하며 아사 왕에게 다시 전쟁이 있게 될 것을 예고해 주었다. 선지자의 책망을 받은 아사 왕은 분노하였다. 즉시 선지자 하나니를 옥에 가두었으며 이 일과 관련된 경건한 백성들까지 학대하고 핍박했다. 위기를 맞아도 하나님을 찾지 않는 아사 왕의 불신앙적 태도와 선지자의 입을 통해 전달된 하나님의 말씀에 대한 그의 거절과 핍박은 즉각적인 하나님의 분노와 징계를 초래하였다. 선지자를 통해 주신 하나님의 말씀도 거절하고 불순종하는 아사 왕에게 하나님께서는 중징계를 내리셨다. 그의 통치 말년에 그는 발이 중한 병에 걸렸다. 그러나 아사 왕은 여호와께 구하지 않고 의사들에게만 자신의 몸을 맡겼다. 하나님을 찾게 하고 하나님을 전적으로 의지하게 하시려는 하나님의 섭리를 아사 왕이 끝내 거절함으로써 발병이 난 지 2년만에 그는 죽었다.

(4) 여호사밧의 통치와 평가(대하 17-20장)

남쪽 유다 왕국의 제4대 왕 여호사밧은 부친 아사를 이어 35세에 왕이 되어 25년을 통치하였다(B.C. 871-847). 그는 왕이 되자마자 국방을 강화하고 유다의 모든 성읍에 군대를 주둔시켜 외적의 침입으로부터 백성들을 보호하였다. 특히 그의 부친 아사가 북쪽 이스라엘로부터 빼앗은 에브라임의 성읍에는 수

비대를 두어 지키게 하였다. 또한, 여호사밧은 이방 민족에게 뇌물을 주고 원병을 요청함으로써 국가를 지키려 했던 그의 부친의 방법을 따르지 않고 스스로 군사를 훈련시켜 백성을 보호하는 임무를 훌륭히 수행하였다.

그는 백성을 돌보고 보호하는 통치자였다. 여호사밧 왕은 처음에 하나님을 가까이하는 영적 지도자였다. 그는 선친 아사의 말년에 있었던 불신앙적인 삶의 모습을 따르지 않고 경건한 자세로 늘 하나님을 구하고 가까이하였다. 그는 하나님의 계명을 지키며 그의 조상 다윗의 처음 길로 행하며 우상을 숭배하지 않았고 여호와 보시기에 정직히 행하는 신앙인이며 영적인 목자였다. 그는 왕궁생활을 하면서도 부친의 신앙적인 모습은 본받았으나 불신앙적인 모습은 따르지 않고 타산지석(他山之石)으로 교훈을 삼을 줄 아는 지혜로운 아들로 성장하였다. 이러한 결과는 여호와께서 그와 함께하신 결과였음을 역대기를 기록한 역사가는 분명히 밝히고 있다. 하나님께서 함께 해 주시는 여호사밧의 통치 아래 유다는 강한 나라가 되었고 백성들은 평안하였으며 여호사밧 왕은 백성들로부터 존귀와 칭송을 받으며 부귀와 영광을 풍성히 누렸다. 구약 시대에는 하나님의 은혜와 축복이 항상 물질적인 형태로 표현되고 있으나 주님의 초림이후 신약 시대에는 물질이나 보이는 형태로 표현되지 않고 언제나 성령의 통치와 함께 영적인 행복과 평안으로 나타난다. 그의 개혁은 우상을 제거하는 것으로부터 시작되었다.

여호사밧은 전심으로 여호와의 도를 행하고 산당과 아세라 목상을 유다 땅에서 제거하는 일에 힘썼다. 또한, 신앙교육 운동을 전개했다. 여호사밧은 백성을 가르치기 위해 특별히 선정된 방백들과 레위 사람들과 제사장들을 유다 전역에 파송하여 그들로 하여금 율법책을 가지고 유다의 모든 성읍들을 순회하면서 백성들을 가르치도록 하였다. 유다의 왕들 중 이런 일을 행한 왕은 오직 여호사밧 뿐이었다. 그는 소위 교육위원회를 구성하였는데 5명의 방백과 9명의 레위 사람들 및 2명의 제사장으로 임원을 구성하였다. 방백들은 국가를 대표하여 백성들에게 행정적인 가르침을 주었으며 레위 사람들은 성전 제사와 관계된 일체의 일을 가르쳤다. 그리고 제사장들은 백성들의 신앙을 고취시키는 일과 기타 종교적 의무와 관계된 일들을 가르쳤다. 여호사밧의 이러한 교육 정책으로 유다는 개혁되었고 백성들은 하나님의 큰 복을 받았다.

첫째, 내적인 번영을 가져왔다.

우상 제거와 더불어 병행된 신앙교육 운동은 유다 전역을 휩쓸었으며 이로써 유다는 큰 번영과 평화를 누리게 되었다.

둘째, 외적인 국가의 번영을 이루었다. 왕의 개혁정책의 성공으로 유다와 왕과 백성은 번영과 평화를 누렸다. 여호사밧 왕은 "부귀와 영광이 극에 달했으며"(18:1) 유다와 온 백성들은 하나님의 복을 넘치도록 받았다. 우선 블레셋 사람들이 유다 왕궁에 세금을 바쳤으며 아라비아 사람들은 수없이 많은 짐승 떼를 바쳤다. 여호사밧 왕은 이 많은 짐승 떼와 조공을 보관할 창고를 많이 건축하였으며 또 유다의 각 성읍들을 지킬 수 있는 요새를 건축하였고 군인들을 징집하여 견고히 지키도록 하였다.

(5) 여호사밧의 실수와 불행

유다 왕국의 제4대 왕 여호사밧은 25년을 통치하면서 나라를 부강하게 만들었다(B.C. 871-847). 이처럼 여호사밧은 초창기에는 다윗의 경건한 통치를 따랐고 여호와의 계명을 지켜 행하였으며 유다 왕국을 하나님이 다스리는 나라로 세우는데 온 힘을 다 기울였다(17장). 그 결과 유다 백성들과 여호사밧은 하나님의 은혜로 부귀영화를 누리게 되었다. 그러나 여호사밧은 북왕국의 아합왕의 딸 아달랴를 며느리로 맞이함으로써 아합왕과 사돈관계를 맺고 두 왕국은 정치적 군사적인 목적 아래 상호 불가침 조약을 체결했다. 북왕국 아합과의 결혼 동맹은 급기야 유다 왕국과 백성들에게 우상문화를 퍼뜨리는 결과를 초래하고야 말았다. 이러한 결혼 동맹은 급기야 유다 왕국과 백성들에게 우상 숭배의 해악을 가져다주었으며 예후의 지적대로 악한 자를 돕고 여호와를 미워하는 자를 사랑하는(19:2) 불신앙적인 행위가 되고 말았다. 이 일로 인하여 다윗 왕가는 후에 왕가의 후손이 전멸할 위기에 처하기도 했으며(대하 22:10, 11) 아합의 딸 아달랴를 통해 유다 왕국에는 우상 숭배가 유입되어 그 백성이 하나님을 멀리 떠나게 되는 범죄에 빠지게 된다.

한 번의 불신앙적인 실수는 계속해서 하나님의 선한 뜻을 거스리는 불신앙적인 범죄 행위로 이어짐을 교훈하고 있다. 유다 왕 여호사밧의 초기에는 신앙개혁과 선정을 통하여 하나님의 은혜로 부귀영화가 절정에 달했다. 그러나 여호사밧의 **첫 번째 잘못**이 드러났다. 그것은 하나님을 버리고 바알 숭배자인 아합왕과 결혼동맹을 맺은 것이다. 이것은 계속 불신앙적인 아합 왕의 요구에 끌려가는 원인이 되고 말았다.

여호사밧의 **두 번째 잘못**은 참선지자 미가야의 말을 듣지 않고 거짓 선지자들의 아첨에 놀아나는 아합 왕의 권유를 따라 군사를 이끌고 전쟁터에 나간 것이다. 단순히 아합 왕과 맺은 조약에 따라 하나님이 원하시지 않는 전쟁에 나갔다가 죽임을 당할 뻔했다. 다행히 하나님의 긴급한 간섭과 도움으로 생명은 건졌지만, 그는 이 전쟁에서 참패함으로써 선지자 예후의 책망을 듣고 다시 신앙개혁에 박차를 가하게 된다(19:1-7). 선지자 예후는 여호사밧 왕을 무섭게 책망하기도 했으나 그가 일전에는 하나님을 향한 불타는 신앙이 있었음을 인정하며 격려하기도 했다. 그는 선지자의 책망을 듣고 즉시 순종하여 본래 자신의 위치로 돌아와 다시 개혁의 불길을 드높였다.

여호사밧은 그의 통치 말기에 국가적 위기를 맞았다. 주변의 모압 자손(롯과 그의 큰 딸 사이에 태어난 후손)과 암몬 자손 및 미온(세일산 근처에 모여 사는 이방 부족) 사람들이 연합군을 형성하여 여호사밧을 공격했기 때문이다. 북왕국 이스라엘의 아합왕과 동맹을 맺고 아람과 전쟁을 하다가 부끄러움을 당한 후였다. 이른바 모압 연합군과의 전쟁이었다. 여호사밧은 이 전쟁에서 하나님께 기도하고 전적으로 여호와를 신뢰함으로써 승리하게 된다. 유다 왕국의 네 번째 왕 여호사밧의 25년 통치 사역은 몇 가지로 평가된다.

첫째, 그는 그의 부친의 신앙을 고수하여 여호와 보시기에 정직하게 통치하였다.

둘째, 우상타파 등 개혁 사업에 있어서는 부분적으로 완전치 못하였다. 대표적인 것으로는 산당을 모두 없애는 일에 일부 실패하여 백성 중 일부의 마음이 하나님께로 돌아오지 않은 일이다.

셋째, 여호사밧은 북왕국 아합 왕과의 사돈 관계와 군사 동맹을 맺어 하나님 중심의 통치에서 일부 벗어나 인본주의 통치를 행한 것과 특히 그의 통치 말년에 북왕국 이스라엘의 악한 왕 아하시야와 교제했던 사실 등은 그의 실패로 기록되어 남게 되었다.

그러나 위기를 맞을 때마다 그는 여호와 하나님을 찾았고 그때마다 하나님의 도우심과 간섭하심으로 위기를 극복하고 백성들에게 평안을 주신 하나님의 은혜를 입었다. 이것이 오히려 그의 위대성이다. 그가 완벽하기 때문에 하나님께서 도와주시고 평안을 주신 것이 아니다. 그는 하나님 앞에서 자신을 왕으로 세워주신 하나님의 개혁을 추진하는 일에 열심을 다 하면서도 때때로 인간적인 생각에서 잘못된 정책을 만들고 실행하다가 실패를 맛보기도 했다. 그러나 그때마다 하나님 앞에서 지적을 받고 즉시 자신의 행위를 고치며 회개하고 하나님께로 돌아와 하나님을 더욱 신뢰하는 왕이었다. 실수가 없기 때문에 위대한 것이 아니라 하나님 앞에서 바로 설 줄 아는 신앙적 태도가 여호사밧 왕을 더욱 훌륭한 신앙인으로 돋보이게 한다. 여호사밧의 기도와 그 내용은 국가와 민족의 위기를 맞은 우리 조국의 현실 앞에서 모든 성도가 민족의 구원을 위해 하나님께 드려야 할 기도와 같다.

(6) 여호람의 악정과 평가(대하 21장)

유다 왕국의 제5대 왕 여호람은 여호사밧이 죽은 후 32세에 왕이 되어 8년간 유다를 다스렸다(B.C. 853-841). 그러나 그는 왕이 되기 전에 이미 그의 부친 여호사밧의 정책에 따라 북왕국 이스라엘 왕국 아합왕의 딸인 아달랴와 결혼하였으며 그 결과 그녀의 우상정책을 그대로 시행하여 유다 전체를 우상 숭배의 나라로 만들어 버렸다. 왕 위에 오른 후 여호람은 우선 왕권을 장악하기 위해 그의 여섯 아우를 모두 죽였다. 그리고 선친 여호사밧이 동생들에게 유산으로 남겨준 재물과 성읍들을 모두 탈취하였다. 그뿐만 아니라 선한 방백 몇 명을 칼로 죽임으로써 자신의 정책에 반대하지 못하도록 하였다.

여호람의 이러한 악정(惡政)에 대해 역사가는 그가 하나님을 버린 사람이라고 결론을 내린다.

첫째는 그가 북왕국 이스라엘 왕 특히 아합의 집과 같이 행하였다고 평가하였다. 아합왕의 가문은 하나님의 참 선지자들을 미워하고 죽였으며 하나님의 언약을 배반한 불순종한 가문의 대명사였다. 그러므로 여호람이 아합왕의 길로 행하였다는 말은 하나님 앞에서 악하고 불순종한 사람이었음을 단적으로 말하고 있는 것이다.

둘째는 아합의 딸이 그의 아내가 되었다는 사실 곧 잘못된 결혼을 지적받고 있다. 우상 숭배하는 어머니 밑에서 배운 아달랴는 여호람의 아내가 되어 그 우상 숭배를 온 나라에 퍼뜨리게 되었고 그 결과 여호람은 하나님 보시기에 악을 행한 왕으로 후세에 평가되었던 것이다.

하나님께서는 이전 다윗과 맺은 언약(삼하 7:13-16, 다윗의 집을 멸망시키지 않겠다는 언약)을 지키시기 위해 여호람과 유다를 완전히 멸망시키지는 않으셨으나(그루터기를 남기는 심정으로 유다 왕국은 남기시고) 여호람에게 징계를 내리시고 마침내 죽여 없애 버렸다. 여호람의 우상 숭배와 그의 모든 악행은 하나님의 사람 엘리야를 통해 낱낱이 폭로되었다. 엘리야는 본래 북왕국 이스라엘의 선지자로 부름을 받아 한 시대를 하나님의 말씀으로 권면했던 큰 선지자였다(왕상 17장-왕하 2장).

엘리야는 하나님 앞에 드러난 여호람의 악행을 자세히 기록한 편지를 보내어 그의 종말을 예고했다. 여호람의 가장 큰 범죄 행위는 아합 가문의 우상인 바알 숭배 정책을 유다에 전파하고 백성들로 하여금 하나님을 버리게 하고 그 우상을 섬기도록 선동한 것이라고 엘리야는 지적했다. 여호람의 범죄 행위에 대해 하나님께서는 '큰 재앙'으로 그를 칠 것이라고 말씀하셨다. 여기서 큰 재앙이라는 말은 보통 전쟁에서 원수들을 진멸하시는 하나님의 심판을 가리킬 때 사용되는 용어다. 여호람을 징계하시는 하나님께서는 그의 악행을 미워하시고 그를 심판하시기를 마치 전쟁에서 원수들을 치시는 모습처럼 무자비하게 임하는 사실을 가리켜 '큰 재앙'이라는 말로 표현하고 있다. 여호람의 죄악에 대한 하나님의 큰 재앙 선고는 유다 백성과 여호람의 자녀와 여호람의 아내들이 소유한 모든 재물을 적국이 쳐들어와서 모두 탈취해 갈 것이라는 경고로 임했다. 이 경고대로 블레셋과 아라비아 사람들이 유다를 침략해 와서 왕궁의 모든 재물과 아들들과 아내들을 탈취해 갔다. 이때 여호람은 자신의 모든 아들을 잃었다. 자신이 동생들을 모두 죽인 악행에 대한 하나님의 심판이었다.

이러한 징계 가운데서도 하나님께서는 여호람의 막내 아들인 여호아하스를 살려두셨으며 그가 유다의 왕위를 계승하도록 섭리하셨다. 죄로 인한 심판 속에서도 긍휼과 자비를 베푸시는 하나님의 선하시고 인자하심, 바로 이것이 죄인을 구원하시는 하나님의 성품이다. 여호람의 범죄에 대한 엘리야 선지자의 마지막 선언은 여호람의 비참한 죽음에 관한 것이었다. 여호람을 하나님의 징계를 받아 사람이 고칠 수 없는 중한 병 곧 창자에 중병이 들고 그 병이 죽을 때까지 점점 더 심하게 계속되다가 필경에는 창자가 빠져나오는 것으로 죽음에 이를 것으로 선언되었다. 이 선언대로 즉각 여호람은 창자에 심한 병이 생겨 약 2년 동안이나 이 병으로 큰 고통을 당하다가 결국에는 엘리야의 예언대로 창자가 빠져나오고 그 후유증으로 심한 고생을 하다가 죽고 말았다. 그의 죽음에 대한 백성들의 반응은 너무나 냉담하였다.

그는 '아끼는 자 없이'(애도하는 자 없이) 세상을 떠났으며 죽은 뒤에도 제사장들을 비롯하여 온 백성들은 왕에게 행하는 의례적인 분향조차도 거절하였다(19, 20절). 하나님을 버린 그의 범죄 행위에 대해 백성들이 얼마나 싫어했는가를 능히 짐작할 수 있다. 심지어 그의 시체는 죽은 왕들이 묻히는 왕들의 묘지에 들어가지 못하고 다윗성 어느 한 장소에 외롭게 묻히고 말았다. 하나님을 버린 교만한 한 인간의 비참하고 처절한 역사 기록은 이 시대를 살아가는 모든 성도에게 거울과 경계로 기록된 것이다(고전 10:11).

(7) 아하시야의 통치와 평가

유다 왕국의 제6대 왕 아하시야는 북왕국 제10대 왕 예후에게 피살당하기 전까지 약 1년간 통치했다(B.C. 841). 아하시야는 그의 선친 여호람이 하나님의 징계를 받아 창자가 터져 나오는 모습으로 죽임을 당한 후 예루살렘 백성들의 보호 속에 유다의 왕이 되었다(대하 21:17 참조). 여호람의 아들들이 모두 정치적 음모 아래 죽임을 당할 때도 그는 유일하게 살아남았다. 아하시야가 왕이 될 때의 그의 나이가 42세(대하 22:2)라고 되어 있으나 22세(왕하 8:26)로 이해하는 것이 옳다. 여호람이 죽은 후 여호람의 아내 아달랴(북왕국 아합의 딸)는 왕권을 장악하기 위한 영향력을 행사하였으나 예루살렘 백성들은 적극적으로 아달랴의 정책에 반대하며 아하시야를 유다의 왕으로 옹립하였다.

하나님의 섭리와 백성들의 지지로 왕이 된 아하시야는 도리어 패망케 하는 아합의 집 교도(조언자들, 참모들)를 쫓아 아합의 집 길로 행하여 하나님을 떠나 불신앙의 길을 갔다. 아하시야가 이렇게 된 가장 큰 이유는 그의 모친 아달랴가 왕위에 오르지는 못했으나 실질적인 권력을 잡고 아들 아하시야를 꾀어 악행을 하도록 섭정하였기 때문이다(대하 22:3). 아달랴는 북왕국 이스라엘 왕 아합과 이세벨의 딸로서 유다의 네 번째 왕 여호사밧의 며느리로 유다 왕국의 왕실에 온 이후 남편 여호람과 아들 아하시야를 거쳐 자신이 왕으로 유다를 통치하기까지 무려 4대에 걸쳐 유다의 왕들로 하여금 우상을 섬기도록 하였고 유다 전역에 우상 숭배를 퍼뜨렸다.

한편 레위 지파의 므라리 자손에게 분배된 성읍인 길르앗 라못은 분열 왕국 이후에 아람이 점령해 버렸다. 이 길르앗 라못은 전략적 요충지로써 군사적으로 매우 중요한 곳이므로 이스라엘 왕 아합도 그곳을 되찾기 위해 공격하다가 전사하고 말았다. 그 후 아합의 아들 요람이 재탈환했으나 아람 왕 하사엘의 공격으로 부상을 입고 치료차 이스르엘로 피신해 갔을 때에 유다 왕 아하시야(6절, 아사랴. 왕하 8:29 참조)가 거기까지 문병을 가기도 했다. 우상을 숭배하고 우상 문화를 퍼뜨리는 아합과 동맹 관계를 계속한 것이 아하시야 왕의 가장 큰 범죄 행위였다.

아하시야에 대한 하나님의 징계는 북왕국 이스라엘 아합 가문의 우상 숭배에 대한 하나님의 징계와 동시에 이루어졌다. 하나님께서는 우상 숭배의 근원지였던 아합 왕가(王家)를 파멸시키기 위해 엘리사 선지자를 통해 임시(히, 님시)의 후손 예후에게 기름을 붓고 그를 부상당한 요람(아합의 아들)에게로 보냈다. 왕위에 오른 후에도 계속 그의 선친 여호람의 악행을 따랐고 그의 모친 아달랴의 섭정에 따라 우상 숭배의 길을 걸었던 아하시야는 우상 숭배를 가르쳐 온 북왕국 아합 가문에 대한 하나님의 심판과 함께 몰락하고 말았다.

(8) 아달랴의 만행과 평가

유다 왕국의 사실상 제7대 왕이었던 아달랴는 북왕국 아합의 딸로서 궁중 구테타를 통해 집권하여 약 6년 동안 유다 왕국을 다스렸다(B.C. 841-835). 아달랴는 자신의 아들 아하시야 왕이 피살되자 자신이 왕이 되기 위해 자기가 낳은 아들을 포함하여 궁중 안의 모든 남자들을 죽였다. 그러나 당시 제사장의 부인 여호사밧이 한 아들(요아스)을 숨김으로써 왕실의 후손이 이어졌다. 다윗 왕조에 시집온 후 하나님을 버리고 우상을 퍼뜨리며 온갖 범죄를 저지르며 급기야 왕위까지 찬탈하고 계속 우상 숭배를 자행한 아달랴에게 최후 심판이 닥쳐왔다. 백성의 절대 지지를 받은 대제사장 여호야다에 의한 궁중 반란을 통해 요아스가 왕이 되었고 백성들은 여호야다의 지시에 따라 아달랴를 버리고 요아스를 유다의 합법적인 왕으로 인정한 것이다.

비밀리에 진행된 이 궁중 반란에 대해 아달랴는 '반역이로다' 외치며 자신의 친위대를 불렀으나 레위인과 백부장이 거느리는 군인들에 의해 이미 출입이 통제된 상황아래 아달랴의 군사들은 움직이지 못했다. 다급해진 아달랴는 여호와의 전 곧 성전에 들어가 동태를 살폈으나 여호야다의 명령에 따르는 군사들이 그녀를 성전 안에서는 죽이지 않고 성전 밖으로 몰아내어 왕궁 마문(馬門)에 이를 때 칼로 죽였다. 그뿐만 아니라 대제사장 여호야다는 그녀를 따르는 사람은 누구든지 칼로 죽이라고 명령하였다. 우상 숭배의 앞잡이 아달랴에 대한 하나님의 심판이 대제사장 여호야다를 통해 집행되었다. 사탄적인 여자 아달랴가 죽은 후 요아스가 7세에 유다의 왕이 되었고 그 후 개혁정책을 성공적으로 완수하였으며 그동안 아달랴에 의한 바알숭배로 인해 파괴된 예루살렘 성전을 중수하고 성전 제사 제도를 회복하는 등 하나님의 언약 왕국의 전통성을 계승하였다(대하 24장). 한 여인 아달랴와 그녀의 우상 숭배의 영향은 하나님의 정통 왕국 유다 왕실을 무참히 깨뜨렸으나 하나님께서는 그러한 악행의 무리들을 징계하시고 제거하심으로써 다윗과 맺은 하나님의 언약이 유지되고 계승되도록 섭리하셨다.

첫째, 여호야다의 혁명은 다윗 왕조의 꺼져가는 등불을 밝혀 하나님의 정통 왕국인 다윗 왕국을 다시 일으켜 세운 정치적 의미가 크다. 즉 요아스를 왕으로 삼고 아달랴를 처형한 역사적 사건이 성공적으로 이루어진 것이다.

둘째, 종교적으로는 백성에게 깊이 뿌리박혀 있는 바알 우상 숭배를 척결하고 여호와께 돌아오는 신앙개혁의 시작이라는 측면에서 그 중요성이 크다. 특히 언약을 다시 체결하고 "여호와의 백성이 되리라"라는 언약의 내용은 그동

안 하나님의 언약을 제대로 이행하지 못했음을 회개하고 반성하며 새롭게 다
짐하는 개혁의 새출발을 보여 줍니다. 그래서 그들은 우상을 타파하고 바알의
제사장인 맛단을 죽여 버림으로써 개혁의 의지를 강하게 보였던 것이다. 셋째,
제사(예배)와 제사 제도의 회복(18,19절)이 이루어졌으며 제사장들과 레위인들
을 성전의 정 위치에 배치함으로써 다윗이 정한 반차(차례)에 따라 하나님을
섬기도록 하였다. 역대기의 기록은 항상 하나님 앞에서의 신앙개혁에 그 초점
이 있다.

(9) 요아스의 개혁과 악행

유다 왕국의 제8대 왕 요아스는 일곱 살에 왕위에 올라 40년을 다스렸다
(B.C. 835-795). 자신을 왕으로 세우기 위해 궁중혁명을 주도했던 제사장 여호
야다가 살아 있는 날 동안은 요아스 왕은 신앙의 길을 갔다. 그러나 여호야다
가 죽은 후 요아스는 잔인한 독재자가 되어 여호야다의 아들들까지 죽였고 자
신의 죄를 백성들에게 알렸다는 이유로 선지자 스가랴를 돌로 쳐 죽이도록 허
락하기도 했다. 요아스 왕은 하나님의 징계를 받아 아람군대와 싸우다가 부상
을 당했고 그를 미워하는 신하들에 의해 피살되었으며 열왕들의 묘소에도 들
어가지 못했다.

(10) 요아스의 통치와 그를 돕는 여호야다

어린 나이에 왕이 된 요아스는 누군가의 도움을 받을 수밖에 없었다. 제사
장 여호야다는 요아스 곁에서 여호와께 대한 신앙으로 왕을 가르치며 도왔다.
그 결과 요아스는 여호야다의 영향을 받아 백성들을 잘 다스렸으며 여호야다
와 함께 신앙개혁에 성공하였고 백성들로부터 신임을 얻는 왕이 되었다. 어
린 요아스를 왕이 되게 하신 하나님께서는 그로 하여금 왕의 직분을 감당하도
록 여호야다를 곁에 두어 돕게 하신 것이다. 하나님의 일은, 하나님의 방법으
로 하나님께서 친히 신실하고 준비된 사람들을 통해, 일하심을 배울 수 있다.
그러나 요아스 왕은 여호야다가 자기 곁에 있을 때에만 하나님 앞에 정직하
게 통치하였으며 제사장 여호야다가 죽은 후 요아스는 우상 숭배의 길로 돌아
가 버렸다. 요아스는 교만하여 하나님을 버리고 다시 우상을 숭배하였으며 그

를 권면하는 선지자들과 제사장의 말을 듣지 않다가 필경 비참한 죽음으로 그
의 생을 마감해야 했다. 죽은 후에도 왕들이 묻히는 열왕의 묘소에도 들어가
지 못했다. 백성들의 분노를 샀다. 그러므로 역사가는 그의 삶을 짧게 평가하
고 있다.

> 제사장 여호야다가 세상에 사는 모든 날에 요아스가 여호와 보시기에 정직하게 행하였으
> 며(대하 24:2).

(11) 아마샤의 통치와 요아스의 우화

유다의 제9대 왕 아마샤는 25세에 왕이 되어 29년(B.C. 796-767)을 다스렸
다(왕하 14:1-6). 아마샤는 요아스 왕이 피살된 후 왕이 되었으나 혼란한 유다
정국을 안정시키며 나라를 굳건히 했다. 그는 선친 요아스 왕을 죽인 신복들
을 죽이지 않았는데 이것은 아비의 죄로 인하여 그 자녀를 죽이지 말라고 명
한 모세의 율법에 아마샤가 순종했기 때문이다(3절). 그러나 아마샤 왕은 통
치 후반에 에돔의 우상을 가져다가 분향하며 하나님의 진노를 샀고 마침내 예
루살렘이 약탈당하는 징계를 받았다. 역대기 저자는 아마샤의 긴 통치 업적은
하나도 기록하지 않았다. 다만 "그가 하나님 앞에서 어떻게 살았는가?"하는
것만이 그에 대한 유일한 평가였다.

> 아마샤가 여호와 보시기에 정직히 행하기는 하였으나 온전한 마음으로 행치 아니하였더
> 라(2절).

즉 아마사의 통치의 양면성에 대한 총평이다.

첫째, 여기서 그가 정직히 행하였다는 평가는 율법에 따라 정의롭게 통치한
사실을 가리킨다. 아마샤는 자신의 부왕을 죽인 신하들에 대하여 복수할 기회
를 얻었으나 다만 부왕을 죽이는 일에 직접 가담한 신하들만을 죽이고 그 자
녀들은 죽이지 않았다. 그는 하나님의 말씀인 모세의 율법, 신명기 24장 16절
에 근거하여 공의롭게 재판을 집행하였다.

> 아비는 그 자식을 인하여 죽임을 당치 않을 것이요 자식들은 그 아비를 인하여 죽임을
> 당치 않을 것이라 각 사람은 자기 죄에 죽임을 당할 것이니라(신 24:16).

둘째, 온전한 마음으로 통치하지 않았다는 평가는 그가 에돔을 정복하고 돌아올 때 세일 자손의 우상을 가져와 그것을 자신의 신으로 세우고 분향하며 경배한 사실을 가리킨다(14절). 그뿐만 아니라 그의 우상 숭배에 대한 선지자의 경고나 권면도 듣지 않고 에돔 신들을 섬긴 그의 범죄에 대한 평가였다. 한 마디로 그의 통치 사역은 선정(善政)과 악정(惡政)의 양면성으로 평가되고 있다.

(12) 이스라엘 왕 요아스의 우화

에돔 공격에서 하나님의 은혜로 승리한 아마샤 왕은 승리에 도취되어 계속 이스라엘까지 공격하고 싶어졌다. 또한, 자신이 돈을 주고 산 이스라엘 용병들이 돌아갈 때 유다 성읍을 공격하고 저지른 만행에 대해 책임을 묻고 싶었다. 그래서 아마샤는 이스라엘 왕 요아스에게 정식으로 "오라 서로 대면하자"(17절) 라고 선전포고를 하였다. 이것은 전쟁을 통해서 아마샤를 징벌하시려는 하나님의 섭리에 따른 것이다. 유다 왕 아마샤의 선전포고를 들은 이스라엘 왕 요아스는 아마샤에게 사람을 보내어 한 우화(寓話)를 전달하며 조롱했다.

> 레바논 백향목에게 전갈을 보내어 이르기를 네 딸을 내 아들에게 주어 아내로 삼게 하라
> 하였더니 레바논 들짐승이 지나가다가 그 가시나무를 짓밟았느니라(대하 25:18).

여기서 가시나무는 천한 신분을 상징하는 말로써 유다를, 백향목은 높고 고귀한 신분의 상징으로서 이스라엘을 지칭한다. 천한 신분의 가시나무가 어느 날 갑자기 교만하여져서 자신의 신분과는 걸맞지 않는 백향목에게 딸을 달라고 요청하였다가 지나가는 짐승에게 그 가시나무는 무참히 짓밟히고 말았다는 조롱 섞인 우화인 것이다. 결국 유다의 아마샤가 교만하여 이스라엘을 공격하겠지만 짐승이 가시나무를 짓밟았듯이 전혀 다른 대상으로부터 유

다가 오히려 패망하게 될 것이라는 비유인 것이다. 이스라엘 왕 요아스로부
터 이 우화와 그 해석까지 전달받은 유다의 아마샤는 왕궁으로 돌아가라는
요아스의 말을 듣지 않고 싸움을 걸었으나 결국 패하고 말았다. 이 전쟁은 하
나님께서 아마샤를 징계하기 위한 '하나님께 속한' 전쟁이었음을 밝히고 있
다(20절).

유다 왕 아마샤는 그의 교만과 하나님을 버린 불신앙의 결과로 전쟁에서 사
로잡힌 후 끌려 다니면서 수많은 모욕과 부끄러움을 당했다. 목숨은 부지하였
으나 예루살렘 성벽이 헐리는 수모로부터 성전이 짓밟히고 성전의 보물을 약
탈당하는 모독까지 당하였다. 그의 교만은 넘어짐의 앞잡이였고 패망의 선봉
이었다. 그 후에도 하나님은 아마샤의 왕위를 15년 더 연장시켜 주셨다. 아마
도 이 기간은 아마샤에게는 무서운 형벌의 기회인 동시에 회개의 기회로 주어
졌을 것이다. 하나님을 버린 아마샤에 대한 형벌은 그 후에도 계속되었다. 급
기야 회개치 않는 아마샤는 궁중 반란을 당하여 라기스로 도망하였으나 반란
군이 보낸 자객에 의해 피살되고 말았다. 하나님을 버리고 교만한 아마샤의
최후 모습 속에서 '겸손으로 허리를 동이는'(벧후 5:5) 신앙을 배우며 동시에
신앙의 교만은 무서운 사탄의 흉계임을 배울 수 있다.

(13) 웃시야의 번영과 교만(대하 26:1-5, 왕하 14:21-22; 15:1-7)

유다 왕국의 제10대 왕 웃시야는 16세에 왕이 되어 52년을 통치했다(B.C.
767-739). 그는 웃시야 외에 아사랴라는 이름으로도 불려졌다.[35] 웃시야는 유다
왕국의 왕들 가운데서 매우 강력하고 유능한 인물로 평가되고 있다. 그러나
그의 인간적인 능력과 힘도 하나님의 능력 앞에서는 너무나 초라했음을 그는
그의 통치 말년에 깨달았다. 웃시야는 궁중 반란으로 쫓겨나 살해된 그의 부
친 아마샤를 대신하여 왕으로 추대되었다. 웃시야의 본명은 '아사랴'이며 열
왕기의 기록에는 대부분 아사랴로 나타나 있다(왕하 14:21).

---

35 웃시야는 '여호와는 나의 능력'이라는 뜻이며 아사랴는 "여호와는 나를 도우신다"라는
    문자적 의미가 있다.

솔로몬 왕의 개인적인 이름은 '여디디야'이나 공식적인 왕명인 솔로몬으로 널리 알려져 있는 것도 아사랴가 웃시야로 알려진 것과 같은 경우다(삼하 12:24-25). 왕이 된 웃시야는 52년동안 유다를 통치하였으며 그의 단독 통치 기간에는 그의 부친 아마샤가 살해된 이유를 가슴 깊이 새기고 하나님께 기도하며 나라를 잘 다스렸다. 그는 하나님의 종 선지자 스가랴가 그의 곁에 있는 날 동안은 하나님을 구하였고 웃시야가 하나님을 구하는 날 동안은 하나님이 그를 형통케 하셨다. 그러나 그의 곁에서 계속 하나님의 말씀을 전해 주던 선지자 스가랴가 죽은 후 웃시야는 마음이 교만해졌고 그 결과 여호와의 전에 들어가서 향단에 분향하다가 하나님의 진노를 받아 문둥병에 걸렸으며 죽는 날까지 문둥병자로 살아야 했다.

웃시야 왕의 대부분의 통치사역은 하나님의 은혜로 인하여 번영과 축복 속에 계속되었으나 선지자가 죽은 후 마음이 교만해져 하나님의 말씀에 불순종하다가 문둥병에 걸려 비참한 최후를 맞이하였다는 것이 역대기 저자의 총평이다. 웃시야는 그의 부친 아마샤처럼 처음에는 하나님 앞에서 온전한 신앙으로 살았으나 후에는 마음이 교만해져 넘어지고 말았다. 웃시야는 그의 부친 아마샤 말기에 24년간 유다를 함께 통치하였으며 아마샤가 죽은 후 단독으로 16년을 통치하였고 문둥병자가 된 후 약 12년간 그의 아들과 함께 통치자로 있었다. 그는 하나님의 은혜 아래 유다를 강력한 국가로 만들었다. 왕들의 주요 업적을 기록한 열왕기에는 이 부분의 기록이 없다. 웃시야 시대에 유다가 강성해지고 그 명성이 원방에 퍼진 이유는 "기이한 도우심을 얻어 강성하여 짐이더라"(15절)라는 말씀에서 발견될 수 있다. 기이한 도우심 곧 하나님의 은혜와 능력 아래 웃시야는 강성한 국가를 만들 수 있었다. 한 국가와 민족의 흥망성쇠는 하나님의 주권에 달려있다는 분명한 사실을 보여 준다. 하나님께 대한 정직과 진실함이 축복으로 이어진다면, 교만과 범죄에 대해서는 하나님의 징계와 심판을 받게 된다는 것이 역대기의 평가다.

웃시야는 하나님의 종 선지자가 그의 곁에 있을 때에는 의롭고 정직하여 하나님의 복을 누렸다. 그러나 선지자가 그의 곁을 떠난 뒤에 웃시야는 교만하여 그만 자신의 위치를 떠나고 말았다. 웃시야의 교만은 다름 아닌 '신앙적 교만'이었다. 이러한 신앙적인 교만은 웃시야의 남은 생애를 비참하게 만들고 말았다. 역대기 기록자는 그의 비참한 종말의 원인을 '저가 강성하매 그 마음이 교만하여 악을 행하여'(16절)라고 정확히 밝히고 있다. 이렇게 교만해진 웃시야는 제사장만이 행할 수 있는 분향 행위를 자신이 집행하고 싶어졌다. 그가 분향하려고 성전에 들어갔을 때 당시 대제사장이었던 아사랴가 다른 일반 제사장 80명을 이끌고 가서 웃시야의 만행을 중지시켰다. 웃시야는 자신의 행위를 가로막는 대제사장 아사랴에게 분노할 때 문둥병에 걸리고 말았다. 이것은 웃시야를 사람과 하나님의 전에서 영원히 격리시키려는 하나님의 섭리였다. 문둥병에 걸린 자는 그 누구든지 성 밖으로 추방되어 격리되도록 율법으로 규정해 놓았기 때문이다(레 13:46). 하나님의 법을 무시하고 분향하려던 웃시야는 그의 신앙적 교만으로 인하여 결국 패망하고 말았다.

> 교만은 패망의 선봉이요 거만한 마음은 넘어짐의 앞잡이니라(잠 16:18).

> 사람의 마음의 교만은 멸망의 선봉이요 겸손은 존귀의 앞잡이니라(잠 18:12).

> 사람이 교만하면 낮아지게 되겠고 마음이 겸손하면 영예를 얻으리라(잠 29:23).

> 교만이 오면 욕도 오거니와 겸손한 자에게는 지혜가 있느니라(잠 11:2).

(14) 요담의 통치와 번영

유다 왕국의 제11대 왕 요담은 약 16년 동안 통치했다(B.C. 747-731). 그러나 그의 통치 기간 16년은 부왕 웃시야의 섭정까지 포함된 것이며 요담의 단독통치 기간은 8년에 불과하다 (B.C. 747-731). 요담은 선친 웃시야의 신앙적인 면만을 받아들여 비교적 경건한 통치자로 평가받았다. 역대기에 평가된 왕들의 역사는 하나님이 보시는 관점에서 냉정하게 평가되어 기록되었다. 웃시야왕(10대)이 절반의 성공과 절반의 실패를 맛보며 살았다고 평가되었다면 아하스 왕(12대)은 처음부터 끝까지 불신앙의 자세로 살다가 하나님의 징계를 받은 부끄러운 왕으로 평가되고 있다. 그러나 놀랍게도 유다의 제11대 왕인 요담은 하나님 앞에서 칭찬만 받은 왕으로 기록되어 있다. 그가 받은 칭찬의 내용은 하나님을 두려워하는 그의 신앙이었으며 동시에 모세의 율법에 따라 왕으로서의 본분에 충실했다는 사실이다. 한마디로 요담은 정도(正道)를 걸었다. 한 개인으로서, 하나님의 통치권을 행사하는 한 왕으로서 그는 여호와 앞에서 반듯하게 살았다. 이러한 요담의 모습에 백성들은 기뻐했고 하나님께서는 그와 백성들에게 복을 주셨다. 요담의 성실한 통치 아래 유다는 번영했으나 백성들은 도리어 평안할 때 범죄하고 방탕했다.

그는 왕으로서의 그의 직책에 충실하였으며 "하나님 앞에서(라틴어, *Coram Deo*)" 정직하게 살았다는 평가를 받았다. 요담의 통치 역사가 열왕기하(15:32-38)에도 병행되어 나타나고 있으나 그는 부친의 신앙적인 좋은 면을 본받았다는 점이 역대기에 기록된 요담에 대한 특별한 평가다. 또한, 요담은 여호와의 전에는 들어가지 않았다고 기록됨으로써 그의 부친 웃시야와 구별되게 살았음을 가리킨다. 그가 여호와 보시기에 정직히 행할 수 있었던 것은 부친의 신앙적인 모습만을 본받았다고도 볼 수 있으며 또 한편으로는 자신의 부친이 문둥병자가 된 것에 따른 두려움 때문이라고도 여겨진다. 하나님께서 모세의 율법으로 정해 놓으신 성전 봉사의 일을 부친 웃시야가 왕권을 이용하여 행하려 하다가 하나님의 진노를 받은 사건은 요담에게 매우 두려운 사건이었을 것임에 틀림없다. 그는 하나님 여호와 앞에서 정도를 행하였고 그 결과 하나님의 복을 받아 유다는 점점 강한 나라가 되었다(6절). 이윽고 요담이 죽고 아하스가 왕이 되었을 때 유다 백성들은 우상 숭배의 전성시대를 맞이하게 된다. 하나님을 버리고 우상 숭배의 전성 시대를 맞이한 아하스와 백성들은 곧 하나님의 심판를 받고 아람의 식민지로 전락하고 말았다.

> 하나님 보시기에 정직히 행하였으며 하나님 앞에서 정도를 행한 유다의 제11대 왕 요담이 이곳에 잠들다(대하 27:2, 6 참조).

(15) 아하스의 불신앙(대하 28장)

유다 왕국의 제12대 왕 아하스는 약 16년 동안 통치했다(B.C. 731-716). 아하스의 통치 기간은 유다가 매우 위태로운 상황에 처해 있었던 시기였다. 북쪽에서는 다메섹이, 남쪽과 서쪽에서는 에돔과 블레셋이 유다를 압박하고 있었다. 이러한 상황에서 아하스는 주변 국가들의 위협에 대처하는 길은 앗수르에게 의지하는 길밖에 없다고 생각했으나 이사야 선지자는 하나님을 의지하는 길만이 살길이라고 외쳤던 것이다. 결국 유다 왕 아하스는 선지자 이사야의 권고를 듣지 않고 친 앗수르 정책을 고집하다가 도리어 앗수르의 세력에 힘을 잃어 가고 말았다.

유다 왕국의 제12대 왕이 된 아하스는 유다 전지역에 우상 문화를 꽃피운 아달랴처럼 우상 숭배와 악행만을 일삼다가 하나님으로부터 징계를 받은 대표적인 왕으로 기록되었다. 우선 그는 여호와 보시기에 정직하지 않았으며 광적인 우상 숭배의 길을 걸었다. 그는 바알의 우상을 만들고 힌놈의 아들 골짜기에서 분향하며 산당과 자연물 아래서 제사를 드리는 등 우상 숭배를 자행하였다. 심지어 그는 사람을 제물로 바치는 몰렉 숭배 사상에 심취하여 자신의 자녀를 몰렉의 제물로 바치기도 하였다(1-4절). 이러한 일은 하나님 보시기에 '가증한 일'(문자적으로, 더럽고 추악하여 구역질나는 일)이었을 뿐만 아니라 그는 이웃나라 다메섹을 공식 방문하고 난 이후에는 다메섹 신들을 섬기고 도리어 예루살렘 성전의 기구들을 파괴하였고 성전 봉사를 폐지하였으며 유다 전역에 우상을 섬기는 산당을 건립하였다(23-25절). 아하스의 광적인 우상 숭배에 대해 하나님께서는 진노하시고 그를 아람 왕과 이스라엘 왕의 손에 붙이셨다(5절). 하나님께서는 아하스의 악행을 심판하시기 위해 아람 왕 르신과 이스라엘 왕 베가의 마음을 움직여 유다를 침략하게 하였다. 이 전쟁에서 아람과 이스라엘 연합군은 유다를 이기지는 못했어도 유다는 엄청난 손실을 입었다(왕하 16장과 비교). 하루 동안에 유다의 용사 12만 명이나 전사했으며 큰 정치인들이 많이 죽었고 아하스만 겨우 살아날 정도였다. 이것은 아하스가 하나님을 버린 결과로 드러난 하나님의 징계였다. 아하스는 자신의 우상 숭배와 범죄로 인한 하나님의 징계와 긍휼을 체험했음에도 불구하고 계속해서 하나님께 범죄할 뿐만 아니라 불법과 우상 숭배를 자행하였다. 하나님께서는 이번에는 에돔과 블레셋을 들어 유다를 치게 하셨다. 하나님께서 에돔과 블레셋을 보내어 유다를 치게 한 것은 "이스라엘 왕 아하스가 유다에서 망령되이 행하여 여호와께 크게 범죄하였으므로 여호와께서 유다를 낮추신" 결과였다(28:19).

그러나 아하스는 하나님께 회개하지 않고 도리어 앗수르 왕에게 군사를 보내어 줄 것을 요청하였다. 아하스의 요청을 받은 앗수르의 디글랏 빌레셀은 유다를 돕지 않고 도리어 유다를 압박하고 괴롭혔다(군박). 이러한 앗수르의 압박과 협박에 견디지 못한 아하스는 성전과 왕궁의 모든 보물과 재물들을 앗수르 왕에게 주어 무마하려 했으나 앗수르 왕은 더욱 아하스를 괴롭혔다. 급기야 아하스는 방백들과 백성들에게서조차 재물을 취하여 앗수르 군사를 끌어들인 사태를 진정시키려 했으나 아무 소용이 없었다. 이렇게 곤고한 아하스는 더욱더 여호와께 범죄했다. 아하스는 눈을 돌려 자신과 유다를 공격한 주변 국가들의 신(우상)들에게 제사하며 유다를 도와 달라고 빌었다.

그뿐만 아니라 아하스는 하나님의 전 곧 성전의 모든 기구를 모아 파괴하였으며 아예 성전의 문을 닫아 버렸고 예루살렘 곳곳에 우상의 단을 쌓았고 유다 각 성읍에 산당을 세워 분향하는 '가장 악한 왕'으로서 업적과 명성을 얻었다. 사단의 전사요 마귀의 종이며 타락한 군주로서 거의 미친 사람처럼 살았던 아하스 왕은 하나님의 징계를 받아 죽었으며 왕의 묘실에 장사되지도 못했다. 그는 가장 처량하고 불쌍하며 초라한 왕으로 평가되고 말았다.

(16) 히스기야의 개혁

유다 왕국의 제13대 왕 히스기야는 약 29년 동안 통치했다(B.C. 716-687). 히스기야는 모세 율법에 순종하였으며 정치적으로는 반 앗수르 정책을 펼쳐나갔다. 하나님께서는 히스기야 시대에 복을 주시고 형통케 하셨다. 히스기야에 총평가(대하 29:1-2; 왕하 18:1-3)는 대체로 긍정적이다. 나이 25세에 유다의 제13대 왕이 된 히스기야는 "다윗의 모든 행위와 같이 여호와 보시기에 정직히 행하였다"라고 평가되고 있다. 특히 '그 조상 다윗의 모든 행위와 같이' 행하였다는 평가는 히스기야와 요시야 뿐이다(대하 34:2).

그는 유다의 16대 왕 요시야와 함께 유다의 최고의 선한 왕이며 성군으로 꼽힌다. 히스기야는 정치적으로나 군사적으로 인정받은 왕이 아니라 하나님 앞에서 우상을 근절하고 전적으로 하나님을 의지하는 신앙적인 면에서 성군으로 평가받았다. 따라서 역대기 저자는 히스기야에 대한 역사적, 정치적 평가(대하 32장)보다는 신앙개혁과 신앙 회복의 측면에서 많은 지면을 할애하여 히스기야의 신앙을 주로 기록하였다(대하 29-31 장).

(17) 히스기야 왕의 성전 정화(대하 29:3-11)

히스기야의 선친 아하스는 성전의 문을 닫아 버림으로써 아예 성전 제사를 통한 하나님 섬기는 일을 중단시키고 우상을 숭배하는 최고의 만행을 저질렀다. 이러한 상황 속에서 유다 백성들은 최악의 영적 침체 상태에 머물러 있었다. 설상가상으로 형제 국가인 북왕국 이스라엘은 거의 앗수르의 지배하에 있었고 유다의 외교 상태도 그의 선친 아하스 때부터 앗수르의 위협을 심하게 받고 있어 말 그대로 유다의 운명은 풍전등화(風前燈火)의 상태였다. 죄악으로 인한 하나님의 심판 위협과 군사적으로는 앗수르의 마지막 공격을 눈앞에 두고 있는 유다의 상황을 누구보다도 정확하게 파악하고 있었던 히스기야는 왕이 되자마자 하나님과의 관계를 회복하는 길만이 유다의 살길임을 역설하고 신앙개혁에 대한 그의 중대 결단을 온 나라에 선포했다.

첫째, 히스기야는 왕이 되자마자 그동안 닫혀 있었던 여호와의 전 곧 성전의 문을 활짝 열고 파기되어 방치된 상태의 성전 기명들을 수리하고 하나님께 제사 드릴 수 있도록 대대적인 성전 중수 작업을 결행하였다. 닫혀 있던 성전의 문만 연 것이 아니라 하나님과 막혀 있던 신앙의 문도 열었다.

둘째, 히스기야는 성전에서 섬기는 일을 담당하는 제사장들과 레위인들을 모으고 '성결 의식'을 하게 함으로써 자신들과 성전 자체를 깨끗케 하여 다시 하나님께 바치는 의식을 시행토록 서둘렀다. 이것은 그동안 그의 열조들이 여호와를 등지고 모든 제사 제도를 중단했으며 하나님 보시기에 악을 행한 사실에 대한 회개의 표시였다.

(18) 히스기야와 레위인들의 개혁(대하 29:12-19)

히스기야 왕으로부터 개혁의 필요성과 중요성 및 그 방법들은 모든 레위인은 마음에 감동을 받고 즉시 일어나 성전 정화에 착수하였다. 레위 자손 중 특별히 그핫, 므라리, 엘리사반, 헤만의 자손들이 중심이 되어 개혁을 진행하였다. 이렇게 레위인들이 중심이 된 것은 레위인들만이 성전 안에 들어갈 수 있도록 하나님께서 규례로 정해 놓으셨기 때문이다. 우선 레위인들은 자신의 형제들을 모아 성결케 하였으며 히스기야 왕의 명령을 쫓아 여호와의 전을 깨끗케 하고 성전 안의 온갖 더러운 것을 끌어내어 기드론 시내로 가져다가 불살라 없애 버렸다. 특히 아하스 왕이 범죄 할 때에 버린 여호와의 온 전과 번제단과 그 모든 기구와 떡을 진설하는 상과 그 모든 기구를 깨끗케 하였다. 이 개혁은 히스기야 재위 원년 정월 초하루에 시작하여 16일 만에 마쳤다.

(19) 히스기야와 성전 제사(대하 29:20-36)

성전 정화를 마친 히스기야 왕은 아론의 자손 제사장들을 통하여 수송아지, 수양, 어린양, 수염소 각 일곱 마리씩을 끌어다가 수송아지, 수양 및 어린양은 나라와 성소와 유다를 위하여 속죄 제물로 삼고 각각의 짐승의 피를 받아 단에 뿌려 제사를 드렸다. 그리고 수염소를 왕과 회중 앞으로 끌고 와 안수케 하고 제사장이 잡아 피를 뿌리고 번제와 속죄제로 드렸다. 제사를 마친 후 히스기야 왕이 다시 레위인들과 귀인들에게 명하여 이미 만들어진 다윗의 노래와 선견자 아삽의 시로 여호와를 찬송하게 하였을 때 찬양하는 자들은 기쁨이 가득하여 그 기쁨을 이기지 못하였으며 온 백성들은 여호와 하나님께 엎드려 경배하였다.

마지막으로 레위인이 아닌 일반 회중들이 자신을 성결케 하고 자원하는 마음으로 제물과 감사 제물을 가져와서 여호와께 드리기 시작하였다. 각 짐승에 따라 수십, 수백, 수천의 짐승을 구별하여 여호와께 드렸으며 이 많은 짐승을 제사장들이 잡아 여호와께 드릴 여력이 없어 일반 레위인들이 돕지 않으면 안 되었다. 그러나 모세가 하나님의 말씀에 따라 정해 놓은 규례대로 모든 제사는 바르게 여호와께 드려졌다. 성전 정화를 통한 영적 회복과 신앙개혁이 성공적으로 이루어졌다 하더라도 그 영광은 히스기야 왕이나 백성들의 몫이 아니었다. 성전 정화와 유다의 영적 회복은 전적으로 하나님의 섭리와 예비하심의 결과였음을 역대기 저자는 밝히고 있다.

(20) 히스기야와 유월절 축제(대하 30장)

역대하 30장에 기록된 히스기야의 거국적인 유월절 축제에 대해서는 열왕기에는 그 내용이 없는 역대기 만의 독특한 기록이다. 성전을 청결케 하여 재봉헌식을 마친 히스기야는 유월절기를 맞아 범국민적인 유월절 축제를 준비하였다. 하나님께서는 이스라엘 백성이 애굽에서 나올 때 최초의 유월절 예식을 가르치셨으며 이때 베푸신 하나님의 은혜와 구원을 감사하고 잊지 않도록 하기 위한 기념일로서 대대로 유월절 예식을 거행하도록 명하셨다. 그런데 솔로몬 왕 이후 이스라엘이 북 이스라엘 왕국과 남쪽 유다 왕국으로 분열된 이래 두 왕국의 악한 왕들이 하나님의 이 규례를 무시하여 유월절 절기를 소홀히 하거나 아예 중단시켜 버림으로써 하나님의 진노를 초래하게 된 것이다. 그리하여 북왕국 이스라엘은 마지막 왕 호세아 왕 시대를 맞이하면서 앗수르의 집요한 공격을 받으며 백성들이 사로잡혀 포로로 끌려가는 등 서서히 멸망하고 있었다.

이때 하나님의 명예를 회복하고 중단된 제사 제도를 시행하기 위해 예루살렘 성전을 청결케 한 남쪽 유다의 히스기야 왕은 민족의 최대의 절기 중의 하나인 유월절 절기를 맞이하면서 이스라엘 민족의 대통합 행사로 이 유월절 축제를 준비하기에 이른다. 그래서 히스기야 왕은 멸망해 가는 북왕국 온 이스라엘 백성과 남쪽 유다 왕국의 모든 백성에게 사신과 편지를 보내어 온 백성이 예루살렘 성전에 모일 것과 이스라엘의 하나님 여호와를 위하여 유월절을 지킬 것을 선포했다. 분열되어 살아 온 이스라엘과 유다 두 왕국의 백성들이 함께 예루살렘 성전에 모여 유월절 절기를 지키라는 히스기야의 선포가 있은 후, 왕을 비롯한 방백들 곧 백성의 지도자들과 모든 정치인들은 예루살렘 백성들과 의논하여 '2월' 곧 2월 14일부터 유월절 절기를 지킬 것을 결정하기에 이르렀다.

유월절 절기는 매년 1월(정월) 14일부터 한 주간 지키도록 법으로 정해져 있으나 제사장 부족과 공고 기간의 부족 등의 이유로 1월에는 유월절 절기를 지킬 수 없는 상황이었으므로 비록 늦었지만 2월에라도 유월절 절기를 지키기로 결정을 내린 것이다. 이것은 지도자들과 백성들이 하루라도 빨리 하나님을 향한 회개와 신앙 표시로 유월절을 지키고 싶어했기 때문이었다. 이렇게 결정된 제2월 유월절 축제에 대한 일정은 온 이스라엘 백성에게 전달되었으며 이 소식을 들은 경건한 백성들은 그동안 중단된 유월절 축제에 참가할 수 있다는 기대감에 감격하였다. 히스기야 왕의 성전 청결과 성전 재봉헌에 이어 분열 왕국 이후 두 왕국이 이렇게 첫 유월절 축제를 함께 지키는 것은 하나님의 언약 백성의 대 통합이라는 큰 의미가 있다. 또한, 하나님의 징계의 기간으로써 일시적인 분열 왕국의 기간이 북왕국 이스라엘의 멸망으로 끝나면서 거국적으로 이루어지는 민족의 대통합으로서의 유월절 축제를 통해 함께 하나님의 전 곧 예루살렘 성전에 나아가 집 나간 아들이 돌아오는 것처럼 하나님께로 돌아오는 신앙 회복의 의미도 있다. 분열 이후의 두 왕국의 '민족적 통합'과 '하나님께 대한 신앙 회복'의 의미가 히스기야 왕 시대에 거행된 유월절 대 축제의 의미로 요약된다.

(21) 히스기야의 개혁과 백성들의 반응(대하 31장)

유다 왕국의 제13대 왕 히스기야는 약 29년동안 통치했다(B.C. 716-687). 왕이 되자마자 성전을 깨끗이 청소하고(29장) 남, 북이스라엘 모든 백성과 함께 유월절 축제를 마련하는 히스기야 왕의 신앙 회복 운동(30장)에 감동을 받은 모든 이스라엘 백성들은 자발적으로 신앙개혁에 동참하였다. 그들은 예루살렘에 모여 그동안 중단되었던 유월절 축제에 참여한 후 전국 곳곳에서 주상을 깨뜨리며 목상을 찍고 산당과 단을 제거하는 등 각종 우상들을 파괴하면서 하나님께로 돌아가는 진정한 회개 운동을 일으켰다. 히스기야는 우선적으로 성전에서 하나님을 섬기는 레위인들과 제사장들을 정위치에 세우고 그들이 차례대로 봉사의 직무를 감당하도록 반차를 정하였다.

이 규례는 다윗이 정한 것으로 제사장들은 24반열(차례)로 이루어졌으며(대상 24장) 각 반열이 일년에 두 주간씩 봉사하도록 되어 있었다. 이 제도는 다윗과 솔로몬을 거쳐 분열 왕국 유다의 왕들에 의해 계승되어 오다가 아하스 왕때 중단되었으나 히스기야에 의해 이처럼 다시 회복된 것이다. 이러한 질서회복이 이루어진 것은 하나님께 대한 경배와 섬김의 의식이 다시 시작되었음을 나타내준다. 이렇게 성전 제사가 새롭게 시작되었으나 하나님께 드릴 제물이 없었다. 이때 히스기야는 자신의 재산 중에서 얼마를 하나님께 드려 "율법에

기록된 대로" 공적인 제사(상번제, 월삭 및 절기의 번제물)를 드리도록 하였다. 왜
냐하면 성전 제사가 아하스 왕 때 중단된 이래 각종 성전 제사는 사라졌고 성
전곳간은 텅비어 있었으며 하나님께 드릴 제사용 짐승도 없었기 때문이다. 왕
의 명령이 내리자 북쪽 이스라엘 백성들은 앞을 다투어 곡식과 포도주와 기름
과 꿀과 밭의 모든 소산의 첫 열매를 하나님께 드렸으며 또 십일조를 많이 가
져와 구별하여 드렸다.

이에 질세라 남쪽 유다의 백성들도 소와 양의 십일조를 가져왔고 각종 식물
과 곡물의 십일조를 많이 가져와 쌓았을 때 산더미를 이루었다. 이들은 이월
에 유월절 축제를 마치고 3월부터 7월까지 하나님께 헌물을 드렸으며 레위인
과 제사장들이 먹고 남은 헌물이 산더미처럼 쌓였다. 하나님이 복 주신 결과
였다(10절). 이렇게 산더미처럼 쌓여 있는 헌물을 보고 히스기야와 방백들이
여호와께 송축하고 그 백성 이스라엘을 위하여 축복하였다. 그리고 제사장과
레위인들에게 그 상황을 물었을 때 사독의 족속 대제사장 아사랴가 대답했다.

> 백성이 예물을 여호와의 전에 드리기 시작함으로부터 우리가 족하게 먹었으나 남은 것이
> 많으니 여호와께서 그 백성들에게 복을 주셨음이라 그 남은 것이 이렇게 많이 쌓였나이
> 다(대하 31:10).

한마디로 히스기야는 개인적으로 하나님 앞에서 정직하고 진실하며 의로운
왕이었다. 또한, 통치자로서의 히스기야는 하나님의 통치를 대행하는 일꾼이
었다고 역대기 저자는 그에 대한 평가를 내리고 있다(대하 31:21). 히스기야는
자신을 왕으로 세워주신 하나님의 뜻을 쫓아 그가 행하는 모든 일 곧 하나님
의 전에 수종드는 일에나 율법에나 계명에나 항상 "그 하나님을 구하고 일심
으로 행하여" 하나님께서 형통케 해 주시는 은혜를 입었다. 이스라엘의 초대
왕 사울은 하나님께 묻지 않고 신접한 자에게 묻는 등 불신앙적인 통치를 일
삼다가 하나님으로부터 제거당하고 말았다는 평가와 비교해 볼 때 히스기야
에 대한 평가는 그의 개인적인 평가와 함께 하나님의 통치를 대행한 모범적인
신앙인이었다고 말할 수 있다.

(22) 히스기야의 기도와 하나님의 구원(대하 32장, 왕하 18-19장, 사 36-37장)

유다의 성군 히스기야 왕은 하나님 앞에서 성공적으로 신앙개혁을 마쳤다 (대하 29-31 장). 그의 성공적인 신앙개혁은 하나님께 "충성된 일들"이라고 역 대기 저자는 밝히고 있다. 바로 이 시기에 북왕국 이스라엘의 수도 사마리아 를 함락시킨 신(新)앗수르 제국의 사르곤 2세의 아들 산헤립이 대군을 이끌고 유다의 46개 이상의 성읍을 점령하였다. 이 시기는 히스기야가 왕이 된 지 14 년이 되는 해였다. 이 소식을 들은 히스기야는 라기스로 사람을 보내어 앗수 르 왕 산헤립을 회유하기 위해 수많은 보물을 주었다. 심지어 왕궁에 있는 보 물을 비롯하여 여호와의 전 곳간에 있는 재물까지도 모두 다 산헤립에게 주고 산헤립의 모든 요구대로 다 따르겠다고 서약하며 굴욕적인 외교관계를 수립 하였다(왕하 18:13-17). 그러나 앗수르 왕 산헤립은 대군을 거느리고 다시 유다 의 수도 예루살렘을 향해 진격해 들어왔다(왕하 18:13-19:37 및 사 36-37장). 히 스기야는 즉시 정치 및 군사 지도자들을 모으고 앗수르의 침략에 대한 전략 회의를 소집했다. 그리고 앗수르의 군사들이 물을 얻지 못하도록 물의 흐름 을 바꾸고 지하 수로를 만들어 다윗성 안으로 물을 끌어들이는 등 철저한 전 쟁 준비를 하였다. 이러한 역사적 사실에 대해 역대기 저자는 산헤립의 침략 에 대한 히스기야의 굴욕적인 모습은 기록하지 않았고 다만 그가 산헤립의 침 략에 대해 어떻게 철저히 대비하였으며 또한, 하나님께서 어떻게 그를 도우셨 는가에 관심을 집중하고 있다. 히스기야는 백성들과 군사 지도자들 앞에서 결 연한 자세로 '마음을 강하게 하고 담대히 하라'고 격려했다. 그리고 크고 강 하신 하나님께서 함께 해 주실 것이라고 외쳤다.

> 저(앗수르)와 함께 하는 자는 육신의 팔이요 우리와 함께 하는 자는 우리의 하나님 여호 와시라 반드시 우리를 도우시고 우리를 대신하여 싸우시리라(대하 32:8).

이 말을 들은 유다 백성들과 군사들은 유다 왕 히스기야의 말로 인하여 크 게 안심하였다. 이처럼 역대기 저자는 히스기야의 인간적인 실수나 부족에 대 해서는 거의 비판하지 않고 그가 하나님 앞에서 어떻게 처신했는가를 크게 부 각시켜 칭찬하고 싶었던 것이다. 산헤립은 예루살렘을 함락시키기 위해 신복들을 앞서 보내어 유다 백성들을 유혹하고 위협하는 심리전을 벌였다. 즉 산 헤립이 유다의 성읍 라기스를 공격하는 동안 예루살렘에 먼저 온 산헤립의 신복들은 산헤립의 선전포고문을 읽으며 예루살렘 성안의 백성들을 회유하고 위협하기 시작했다. 그것은 예루살렘 백성들이 의뢰하는 하나님은 더 이상 의지할 대상이 못되며 유다 백성들은 성안에 갇혀있다가 필경에는 굶주림과 목마름에 지쳐 죽을 수밖에 없으니 미리 항복하는 편이 좋을 것이라는 위협이었다. 히스기야가 믿는 여호와 하나님도 앗수르 산헤립의 침략으로부터 유다 백성을 보호하거나 지켜줄 수 없다고 모독하였다. 설상가상으로 산헤립의 신복들도 하나님을 비방하기 시작했다. 그 중에는 유다 방언으로 백성들을 회유하고 항복하도록 설득하기까지 하였다. 앗수르 왕 산헤립은 다시 편지를 써서 히스기야에게 보내며 항복할 것을 강요하였다. 히스기야를 경멸하며 여호와를 모독하면서 백성들을 극한 두려움에 떨도록 한 산헤립의 위협과 회유에도 불구하고 백성들은 끝까지 동요하지 않고 히스기야와 하나님을 바라보며 인내하였다. 산헤립이 보낸 항복요구서를 받아든 히스기야는 굵은 베옷을 입고 백성의 지도자들에게도 베옷을 입게 하고 사람을 보내어 선지자 이사야에게 기도 부탁을 했다. 그리고 히스기야는 그 편지를 여호와 전에 올라가 여호와 앞에 펴놓고 그 앞에서 통곡하듯 기도했다.

> 그룹들 위에 계신 이스라엘의 하나님 여호와여 주는 천하만국에 홀로 하나님이시라 … 산헤립이 사신 하나님을 훼방하러 보낸 말을 들으시옵소서… 우리 하나님 여호와여 원컨대 이제 우리를 그 손에서 구원하옵소서(왕하 19:15-19).

히스기야의 기도를 들으신 하나님께서는 천사를 보내어 앗수르 군사진영에서 18만 5천 명을 죽이셨다(왕하 19:35). 살아계신 하나님을 모독했다가 하나님께서 보내신 천사에 의해 군사를 거의 다 잃은 산헤립은 '얼굴이 뜻뜻하여' 즉 수치를 당하고 고국으로 돌아가 앗수르 신 "니스록"에게 보고하기 위해 니스록 신전에 들어갔다가 자신의 아들들인 아드람 멜렉과 사레셀에 의해 피살당하고 말았다(왕하 19:37). 후에 아드람 멜렉과 사레셀은 부친 산헤립을 죽인 죄목으로 아라랏(아르메니아)으로 도피해야만 했으며 에살핫돈이 산헤립의 후계자로 즉위하였다. 하나님을 의뢰하는 히스기야의 기도는 여호와 하나님의 긍휼과 자비 가운데 앗수르를 물리치는 응답을 받았다. 그 후 유다 왕 히스기야가 하나님 여호와의 도우심으로 앗수르를 물리쳤다는 소문이 점점 퍼져 나갔다. 이 소문을 들은 이방 여러 민족이 앞다투어 와서 유다와 외교관계를 맺고 앗수르의 세력을 꺾어준데 대한 감사의 예물을 바쳤다.

(23) 히스기야의 교만과 징계(대하 32:24-33, 왕하 20장, 사 38:1-3, 39:1-8)

앗수르왕 산헤립의 군사를 물리쳐 주신 하나님께서는 병들어 죽게 된 그의 생명을 15년 더 연장시켜 주시는 은혜를 베푸셨다. 즉 병들어 죽게 된 히스기야의 기도를 들으시고 하나님께서는 아하스 일영표 위의 그림자가 10도 뒤로 물러가는 이적을 베푸시면서 15년의 생명을 더 연장시켜 주셨다(왕하 20장). 앗수르 왕 산헤립의 침략 이후 히스기야는 하나님의 은혜로 부강한 나라의 왕이 되었다. 이런 상황 아래 15년의 생명을 더 연장받은 히스기야는 당연히 남은 생애를 하나님께 영광돌리며 살아야 했다. 그러나 그는 교만해져서 그가 받은 은혜를 보답하지 아니했다. 심지어 바벨론의 부로닥발라단이 히스기야의 병문안을 왔을 때 히스기야는 왕궁의 창고를 다 열고 재물들을 보여 주며 자랑하였다. 이 사실에 대해 이사야 선지자를 통해 하나님께서는 히스기야 왕을 무섭게 책망하였다. 정신을 차린 히스기야는 여호와의 말씀을 듣고 즉시 회개하여 하나님의 용서를 받았다. 하나님께서는 히스기야의 실수에 관심을 두신 것이 아니라 그의 돌이킬 줄 아는 회개에 더 큰 관심을 두시고 칭찬하셨던 것이다.

(24) 므낫세의 통치와 사역(대하 33장, 왕하 21장)

유다 왕국의 제14대 왕 므낫세는 약 55년 동안 통치했다(B.C. 687-642). 그는 유다 왕국을 부패와 타락의 길로 인도하여 신앙적 암흑시기를 보냈다. 므낫세는 이스라엘 두 왕국 전체를 통틀어 가장 길게 통치한 왕이었으나 끝까지 우상 숭배의 길을 간 불행한 통치자였을 뿐이다. 마침내 그는 쇠사슬에 결박되고 갈고리에 꿰워져 앗수르에 끌려가는 하나님의 징계를 받고야 말았다.

역대기에 기록된 므낫세에 관한 내용은 열왕기하 21:1-9의 내용과 거의 일치한다. 그러나 그에 대한 평가는 "여호와 보시기에 악을 행하여"이다(대하

33:2). 그가 행한 죄악은 한마디로 하나님의 통치에 대한 대적 행위로써 여호와께서 쫓아내신 가나안 땅 원주민들의 가증한 일을 본받아 각종 우상을 섬긴 일이었다. 하나님께서 행하신 일과는 정반대의 길을 갔던 그의 뒷모습을 보여주고 있는 듯하다.

또한, 그는 그의 선친 히스기야의 신앙적인 모습을 본받지 않고 오히려 그 반대의 길을 걸어갔다. 히스기야는 왕이 된 후 대대적인 신앙개혁 운동을 일으켜 백성들을 하나님께 인도하는 일에 자신의 거의 모든 생애를 바쳤다. 그런데 므낫세는 왕이 되자마자 마치 마귀와 사단의 사자라도 된듯이 대대적인 우상 숭배 운동을 전개하였다. 그의 부친이 헐어버린 산당을 다시 세웠으며 바알을 숭배하기 위한 제단을 만들고, 가나안 땅의 여인의 출산과 관계된 신으로 숭배받는 아세라 목상을 만들어 보급하였으며 이방 종교인들이 숭배하는 해, 달, 별 등 천체 숭배 사상까지 보급하였다. 율법에는 이런 것들을 숭배하지 못하도록 엄히 경고하고 있다(신 4:19;17:3).

그뿐만 아니라 므낫세는 하나님의 전 곧 성전에 우상 숭배를 위한 단을 만들었고 아세라 목상을 만들어 성전 안에 두어 하나님을 모독하는 죄악을 거침없이 행하였다. 심지어 시체의 골짜기로 불리어지는 힌놈의 아들 골짜기에서 어린아이를 불 가운데로 지나게 하여 태워 죽이는 제사 곧 사람을 제물로 바치는 우상 숭배를 즐기기까지 하였다. 또한, 하나님께서 금하신, 점을 치며 사술과 요술을 행하며 신접한 자와 박수를 신임하여 여호와의 진노를 격발하였다(레 19:31; 20:6-8). 유다의 왕들 중 므낫세는 가나안 땅의 각종 우상을 거의 다 숭배했던 특별한 왕으로 기록되고 말았다. 놀라운 것은 므낫세 왕의 꾀임을 받은 유다와 예루살렘 백성들은 옛적 가나안 원주민들이 우상 숭배하던 모습보다도 더 심하게 우상 숭배를 했다는 사실이다. 이것은 과거 가나안 원주민들이 그들의 우상 숭배로 인하여 멸망하였음을 지적하며 지금 유다 백성들이 행하는 우상 숭배로 인하여 그들도 곧 멸망하고야 말 것이라는 의미를 함축하고 있다. 므낫세 왕과 백성이 한마음으로 우상 숭배에 몰두해 있었을 때에 여호와 하나님께서 친히 왕과 백성에게 타이르셨으며 회개의 기회를 주셨다. 그러나 그들은 교만하여 여호와의 음성에 귀를 기울이지 않았다. 하나님께서는 앗수르 왕 앗수르바니팔(B.C. 669-626)의 마음을 움직여서 예루살렘을 치게 하셨고 그 결과 므낫세는 사로잡혀 바벨론으로 끌려갔다.

이러한 극심한 환난을 당하게 된 므낫세는 그제서야 크게 겸비하여(12절) 하나님 여호와께 간절히 기도하였다. 므낫세가 이렇게 회개 기도를 드렸을 때 하나님 여호와께서 그 기도를 받으시고 그를 다시 예루살렘으로 보내어 왕위 에 있게 하셨다. 이러한 극심한 환난을 통하여 므낫세는 비로소 여호와만이 참 하나님이심을 알았다. 그는 일찌기 왕궁에서 그의 부친의 신앙개혁을 보며 자랐을찌라도 나이가 어린 탓으로 도리어 쉽게 접할 수 있는 우상 숭배의 길 로 갔다가 극심한 고난을 통하여 옛적 그의 부친이 섬기던 여호와 그 분만이 참 하나님이심을 비로소 깨달은 것이다. 하나님의 징계를 통하여 여호와만이 참 하나님이심을 확실히 깨달은 므낫세는 즉시 새로운 통치 사역을 시작했다. 그는 우선 앗수르의 침략 때 무너지거나 파괴된 성벽을 확장하여 세우고 예루 살렘 성 밖으로 또 한 성벽을 쌓아 적의 침략에 대비하였다.

또한, 내적으로는 회개에 합당한 열매로서 우상을 제거하는 것을 시작으로 그의 부친처럼 신앙개혁을 단행했다. 그리고 성전 안의 모든 우상을 버렸으며 다시 여호와를 위한 단을 중수하고 하나님 여호와를 섬겼다. 백성들에게도 우 상을 버리고 살아계신 참 하나님이신 여호와를 섬기도록 권면했다. 그러나 오 랫동안 우상 숭배에 길들어져 있었던 백성들은 오히려 우상을 섬기던 산당에 서 제사를 드리며 하나님 여호와께 쉽게 돌아오지 못했다. 므낫세는 하나님께 돌아왔으나 완전한 개혁에는 이르지 못했다. 이것은 므낫세의 우상 숭배 사상 이 얼마나 깊숙히 유다 백성들의 생활 속에 뿌리박혀 있었는가를 보여 준다.

(25) 아몬 왕의 통치와 평가(대하 33:21-25, 왕하 21:19-26)

유다 왕국의 제15대 왕 아몬은 약 2년 동안 통치했다(B.C. 642-640). 아몬은 선친 므낫세를 이어 왕이 되었으나 부왕의 불신앙과 타락의 정치를 반복하다 가 이년만에 궁중 암살로 그의 일생을 마감한다. 아몬은 국내외적으로 격동의 시대를 살면서 하나님을 의지하지 않고 범죄를 일삼다가 신하들에 의해 살해 될 만큼 통치자로서의 존경을 받지 못했다. 아몬은 왕이 되었으나 그의 모친 이방 여자 므술레멧(왕하 21:19)의 영향을 받아 우상 숭배의 길을 걸었다. 구체 적으로는 아몬이 그 열조의 하나님을 버리고 하나님의 말씀을 따르지 않은 것

이 가장 큰 범죄 행위였다. 부친 므낫세가 만든 우상에게 제사하였으며 아몬
은 하나님께 무릎꿇지 않고 더욱 범죄를 일삼았다. 하나님을 버리고 우상 숭
배를 계속하던 아몬은 통치 이년 만에 그의 신하들에 의해 궁중 반란으로 피
살되었다. 그러나 아몬 왕을 죽이는데 가담했던 모든 주모자는 백성들에 의해
공개적으로 처형당하고 말았다. 아무리 악을 행하는 왕이라 할지라도 그 왕의
생명의 주관자는 하나님이심을 교훈하고 있다. 똑같은 우상 숭배자인 므낫세
왕과 아몬 왕은 여러 가지로 대조되어 평가되고 있다. 므낫세는 극한 우상 숭
배 속에서도 하나님의 징계 아래 회개함으로 은혜와 긍휼을 입었으나 아몬은
반란을 통해 궁 안에서 살해되고 말았다. 아몬에 대한 평가는 하나님 앞에서
겸비치 않았다는 사실로 드러났다. 끝까지 범죄하고 교만하며 회개치 못하는
아몬 왕의 생애는 짧게 마감되었다.

(26) 요시야의 개혁과 언약 갱신(대하 34, 35장, 왕하 22:1-2)

유다 왕국의 제16대 왕 요시야는 경건한 백성들의 보호 아래, 궁중 반란으
로 신하들에 의해 살해된 선친 아몬왕을 대신하여, 여덟 살의 어린 나이에 왕
이 되어 31년을 통치하였다(B.C. 640-609). 요시야 시대의 국제 정세는 남쪽 앗
수르가 약화되고 신흥세력인 바벨론이 북쪽에서 크게 세력을 떨치고 있었다.
요시야는 우상을 제거하며 개혁 운동에 앞장섰으며 율법에 따라 유월절을 지
켰다. 그 유월절은 히스기야 왕 이후 오랜만에 지킨 감격적인 축제일이었다.
그러나 요시야는 바벨론을 통해 유다를 징계하시려는 하나님의 계획과 섭리
아래 므깃도에서 전사하고 말았다.[36]

그에 대한 평가는 "여호와 보시기에 정직히 행하여 그 조상 다윗의 길로 행
하여 좌우로 치우치지 아니하였다"는(2절) 말로 요약되고 있다. 여호와 보시
기에 즉 '여호와의 눈 앞에서' 그는 자신의 통치 사역을 잘 감당하였다. 요시

---

36 김희보 『구약이스라엘사』(서울: 총신대학출판부, 1985), p.391. 이스라엘 민족을 만들기 위
     해 애굽이 사용되었고 북왕국 이스라엘의 멸망을 위해 앗수르가 사용되었다면 이제 유
     다를 징계하시기 위해 바벨론을 사용하시려는 하나님의 계획을 요시야가 막을 수는 없
     다. 요시야는 이러한 하나님의 큰 계획을 모르고 있었다. 역사는 하나님께서 당신의 주
     권적 방법으로 이끌어 가신다.

야는 어릴적 자신을 도와준 참모들에 의해 좌지우지 되지않고 왕이 된 지 8년 후인 16세 때 비로소 그 자신이 단독으로 그 조상 다윗의 하나님만을 의지하며 홀로서기 통치를 감행하기에 이른다. 그리고 20세가 되었을 때 요시야는 대대적인 신앙개혁을 단행했다. 우선 유다와 예루살렘에 산재해 있었던 우상들을 제거하였고 급기야 북왕국 이스라엘 지역의 각종 우상들까지 모두 척결하였다. 요시야는 각종 우상들을 단지 제거하거나 파괴한 정도로 그치지 않았다. 그는 이스라엘 전지역 에서 우상 숭배자들을 붙잡아 죽여 무덤을 만들었으며 그들이 섬기던 각종 우상들을 빻아 가루로 만들어 그 무덤에 뿌렸다.

또한, 우상 숭배에 종사한 제사장들을 죽여 불살라 그 뼈를 가루로 만들어 흩어버렸다. 요시야는 그의 조부 므낫세의 신앙개혁 때 버린 각종 우상들을 그의 선친 아몬왕이 다시 가져와 우상 숭배를 계속하다가 경건한 자들의 반란으로 살해당한 사실을 기억했을 것이다. 그래서 그는 각종 우상들을 가루로 만들어 완전히 없애 버리고 우상 숭배자들까지 죽임으로써 철저한 신앙개혁을 진행시켰다고 볼 수 있다. 이미 북왕국 이스라엘은 멸망하였고 아직 남은 남왕국 유다에 있어서 마지막 실시된 요시야의 신앙개혁은 하나님 보시기에 심히 아름다운 개혁이었음을 본문에서 강조하고 있다.

(27) 여호와의 율법책 발견(대하 34:14-28, 왕하 22:3-20)

성전을 수리할 당시 비용을 충당하기 위해서 문지기들이 연보궤에서 돈을 꺼낼 때 제사장 힐기야가 여호와의 율법책을 발견하였다. 힐기야는 즉시 서기관 사반을 시켜 그 율법책을 왕에게 전달하였다. 이 율법책은 성전 비치용으로서 일반적으로 언약궤 곁에 보관되어 있어야 하지만(신 31:26) 므낫세나 아몬 왕의 우상 숭배 때 아무렇게나 방치된 후 잃어버렸다가 이처럼 요시야의 대대적인 성전 수리 때 발견된 것이다. 다시 발견된 여호와의 율법책을 사반이 요시야 왕 앞에서 읽을 때 요시야는 그 말씀을 듣자마자 자기 옷을 찢으며 하나님께 통해 자복하였다. 그리고 요시야는 즉시 제사장 힐기야와 서기관 사반 그리고 사반의 아들 아히감과 미가의 아들 압돈과 왕의 신하 아사야 등 다섯 명을 사절단으로 임명하고 그들을 여선지자 훌다에게로 보내어 율법책 발견에 대한 하나님의 섭리와 뜻을 알기를 원했다. 그리고 그동안 왕으로서 이 율법책에 기록된 모든 것을 준행치 아니한 불신앙에 대해 하나님의 진노가 크다고 소리쳤다.

왕의 사절단들이 예루살렘 둘째 구역에 살고 있는 여선지자 훌다를 방문하고 왕의 뜻을 전달했을 때 훌다는 이 율법에 기록된 저주대로 유다와 예루살렘 백성들에게 재앙이 내릴 것이라는 여호와 하나님의 뜻을 전달하였다. 동시에 요시야가 여호와의 말씀을 듣고 겸비하여 옷을 찢고 통곡하며 회개하였으므로 요시야의 기도를 들으셨다는 여호와 하나님의 말씀도 전달되었다. 요시야는 율법책을 발견함으로써 왕들이 율법책을 멀리하고 우상 숭배를 자행한 범죄가 얼마나 심각하고 무서운 결과를 초래했는가를 재인식하게 되었다. 이것은 일찌기 하나님께서 이스라엘의 왕이 된 자들은 반드시 율법책을 복사하여 곁에 두고 항상 여호와께 물으며 통치해야 된다는 경고를 듣지 아니한 결과였다. 이 율법책 발견은 왕과 백성들이 함께 여호와 하나님을 발견하여 하나님께로 돌아왔다는 상징적인 의미도 함께 보여 준다.

(28) 요시야의 언약 갱신(대하 34:29-33, 왕하 23:1-20)

요시야 왕은 여선지자 훌다의 예언을 들은 후 선왕들 특히 므낫세와 아몬 왕의 우상 숭배에 의해 파기된 하나님과의 언약을 다시 체결하는 엄숙한 의식을 행하였다. 그는 유다의 장로들과 제사장 및 레위인을 비롯하여 모든 백성을 모으고 여호와의 전에 올라가 성전에서 발견된 여호와의 책을 읽어주며 새롭게 언약을 세웠다. 이날 요시야와 백성들은 여호와 앞에서 언약을 맺고 "마음을 다하고 성품을 다하여 여호와를 순종하고 그 계명과 법도와 율례를 지켜 이 책에 기록된 언약의 말씀을 이루리라"고 약속했다. 요시야 왕 때 시행된 성전수리와 율법책 발견을 유다 백성들과 통치자가 진정으로 하나님께 돌아오는 개혁을 이루었음을 보여 준 것이다.

(29) 요시야의 유월절 축제 및 그의 죽음(대하 35:1-6, 왕하 23:21-23)

요시야 시대의 유월절 축제는 히스기야 시대 이후 약 육십년 만에 이루어지는 범민족적 축제였다. 이 유월절 기간에 요시야는 언약궤를 성전의 본래의 위치에 모셨다. 이 유월절 한 주간 축제 기간에 드려진 짐승의 숫자에 놀라지 않을 사람은 거의 없을 것이다(약 4만마리 이상). 그러나 요시야는 애굽의 느고에게 선전포고를 하고 하나님이 원하시지 않는 전쟁에 참여했다가 전사하고 말았다(20, 21절).[37]

이 절기의 최대 의미는 유대인을 구원해 주신 하나님의 구원을 찬양하며 감사하는데 있다. 요시야 왕이 이 유월절 절기를 범민족적으로 지키도록 유월절 준수명령을 내린 것은 유다와 백성들은 온전히 하나님께로 돌아가며 앞으로는 하나님의 말씀에 전적으로 순종하며 살 것을 다짐하는 의미가 더 큰 것이다. 요시야 왕은 모든 백성이 스스로 정결케하고 유월절 양을 잡을 것을 명령함으로써 유월절 축제가 단순한 절기가 아니라 하나님 앞에서 지난날의 죄를 회개하고 정결케 되는 의미를 더욱 부각시켰다. 이 일을 위해서 요시야 왕은 제사장들과 레위인들을 불러 그들의 직분을 확인하고 각자 자신의 직무에 충실하도록 당부하고 격려하며 용기를 북돋아 주었다.

요시야 왕 제18년 정월 14일 하루 만에 유월절 축제를 위한 준비가 완료되고 요시야 왕의 명령에 따라 그날 저녁에 전무후무한 최대의 유월절 행사가 시작되었다. 각자의 직무에 따라 가죽을 벗기는 자들은 가죽을 벗기고 양을 잡는 자들은 양을 잡고 제사장들은 피를 받아 뿌리고 번제물 옮기는 자들은 번제물을 옮기는 일을 담당하였다. 또 백성들을 위한 유월절 양고기를 위해 불에 굽기도 하고 가마솥에 삶기도 하여 백성들에게 분배하였다. 요시야 왕 당시의 이 유월절 축제는 이스라엘 왕정 시대 최초의 선지자였던 사무엘 이후에는 한 번도 없었던 대대적인 민족적 축제였다. 이 유월절 절기를 끝으로 유다는 멸망의 늪으로 곤두박질 치고 만다. 장차 70년 바벨론 포로생활 기간 동안 지키지 못할 유월절을 앞두고 마지막 지키는 소위 "마지막 유월절"과 같은 비장한 느낌마저 드는 유월절 축제가 요시야의 유월절 축제이다.

---

37 김희보, op. cit., p.391. 김희보 박사는 히브리어 전치사 על을 '위하여'로 번역하였다. 그러나 문법적 해석은 언제나 역사적 정황 아래서 이해되어야 하는 원칙에서 볼 때 이 히브리어 전치사 על의 문법적 해석은 '위하여'라는 의미도 있으나 역대기나 열왕기의 본문에 나타난 על은 '대항하여'로 번역하는 것이 좋다(대하 35:20). 애굽의 바로인 느고는 갈그미스의 앗시리아인들에게 대항하는 바벨론 사람들을 돕기 위해, 즉 앗시리아를 공격하기 위해 군대를 이끌고 유다 지역을 통과하려 했으나 요시야는 이를 거절하고 애굽의 군대와 싸우다가 하나님의 징계로 죽임을 당하였다.

(30) 므깃도 전투와 요시야의 전사(대하 35:20-27, 왕하 23:28-30)

유다의 신앙개혁과 성전수리 및 유월절 축제를 끝으로 어느정도 개혁이 마무리되었을 때 애굽 왕(바로) 느고가 유프라테스강 유역의 갈그미스 전투에 임하기 위해 팔레스틴의 유다 지역을 통과하게 된다. 갈그미스는 앗수르 북쪽에 위치한 헷족속의 수도로서 유다와는 상관없는 도시였다. 그러나 요시야는 하나님께 묻지도 않고 애굽의 왕 느고와 싸우기 위해 출전한다. 한편 시리아 지역의 갈그미스를 전투를 위해 가고 있던 애굽의 바로 (왕)인 느고는 갑자기 나타난 유다의 요시야 왕에게 정중히 사절단을 보내어 이 전쟁이 유다와는 상관이 없다고 말하며 조용히 길을 비켜줄 것을 부탁했다. 그뿐만 아니라 "하나님이 나(느고)를 명하사 속히 하라 하셨은즉 하나님이 나와 함께하시니 그대(요시야)는 하나님을 거스리지 말라 그대를 멸하실까 하노라"라고 말하며 하나님의 뜻까지 전달했다.

그러나 요시야는 이 상황 속에서도 하나님께 묻지 않고 싸우기 위해 도리어 변장하여 왕의 신분을 속이고 므깃도 골짜기에 군사를 거느리고 출전하였다. 요시야는 "하나님의 입에서 나온 느고의 말을 듣지 아니하고"(22절) 싸움을 걸어 출전했다가 적의 화살에 맞아 버금병거를 타고 급히 수도 예루살렘으로 돌아왔으나 죽고 말았다. 성전을 수리하고 우상을 타파하며 전무후무한 유월절 축제를 지키며 하나님을 기뻐했던 요시야 왕이 왜 애굽 군대를 공격하고 싶었는지 그 이유는 분명히 알 수 없다.[38] 분명한 것은 하나님의 뜻을 거스린

---

38 김희보— op. cit., p.391. 역대하 35:20의 "애굽왕 느고가 갈그미스를 치러 올라온고로"에서 "치러"(대항하려고, 싸우려고)에 해당하는 히브리어(עַל)와 열왕기하 23:29의 '애굽왕 바로 느고가 앗수르왕을 치고자 하여'에서 '치고자'에 해당하는 히브리어(עַל)는 같은 전치사다. 이 히브리어 전치사는 '대항하여'라는 의미와 '위하여'라는 의미를 동시에 가진다. 따라서 이 히브리 단어를 어떻게 해석하느냐에 따라 본문은 완전히 반대로 해석되고 만다. 이 말을 '대항하여'라고 번역하면 한글 개역성경처럼 애굽의 바로가 앗수르 왕을 공격하기 위해 갔다는 의미로 번역될 수 있다. 그러나 영어성경은 서로 다르다. KJV는 을 '대항하여,치러'라고 번역했으나 NIV나 RSV등은 이 히브리어 단어를 l '위하여'로 해석하여 애굽의 바로가 앗수르 왕을 돕기 위하여 갈그미스에 갔다고 번역했다. ① 김희보 박사도 히브리어 전치사 עַל을 '위하여'로 번역하는 것이 옳다고 주장하였다. 이 견해에 따르면 다음과 같은 해석이 나온다. 요시야 시대의 국제 정세는 북쪽의 바벨론과 남서쪽의 앗수르가 고대 근동의 패권을 다투고 있었다. 바벨론은 앗수르의 수도를 점령하고 계속 니느웨를 포위 공격하여 마침내 함락시켰다. 그러나 앗수르는 과거의 영광을 재현하기 위해 하란에서 바벨론과 다시 전쟁을 시작했다. 때마침

결과 요시야 왕이 전사했다는 사실이다.

하나님 앞에서 개혁을 성공시킨 요시야라 할지라도 하나님의 뜻을 거스리고 자신의 고집대로 행동할 경우에는 하나님으로부터 제거당할 수 밖에 없다는 큰 교훈을 배운다. 요시야 왕의 이러한 죽음은 유다에 대한 하나님의 심판이 가까왔음을 알리는 징조였다. 백성들의 절대 신임을 받고 있던 요시야가

남쪽의 애굽도 바벨론의 남하정책을 우려하고 있었는데 앗수르와 바벨론이 전쟁을 벌이자 앗수르를 돕기 위해 군사를 동원하여 므깃도에 진출하게 되었다는 견해다. 이러한 상황 아래 당시 이스라엘을 멸망시키고 유다에게 위협이 되고 있었던 앗수르를 돕기 위해 애굽의 바로인 느고가 군대를 이끌고 갈그미스로 간다는 사실은 유다의 요시야 왕에게는 두려운 일이 아닐 수 없었다. 그래서 요시야는 무리하게 군사를 이끌고 므깃도에 가서 느고와 싸우다가 전사하고 말았다는 것이다. 그러나 만약 이 견해가 옳다면 하나님께서 속히 하라고 말씀하셨다는 애굽왕 느고의 말(대하 35:21)과 하나님을 거스리지 말라는 말씀의 의미는 무엇인가? 하나님께서는 오히려 앗수르를 몰락시키고 바벨론을 일으키셔서 유다를 징계하시기로 계획하셨으며 그 일을 이루어가고 계시는데 애굽왕 느고가 앗수르를 멸망당하지 않도록 돕는 것이 하나님의 뜻이라고 볼 수 있을까? 아니면 애굽왕 느고가 자신의 뜻을 하나님의 뜻(하나님이 시키신 일)이라고 요아스에게 거짓말을 하고 있다고 해석해야 하는가? ②이런 문제 때문에 두 번째 견해가 나타났다. 즉 한글개역성경의 번역처럼 애굽왕 느고가 앗수르왕과 그 군대를 치기 위해서 (싸우기 위해서) 갈그미스로 갔다고 해석해야 한다는 것이다. 그리고 이 해석은 애굽왕이 요시야에게 말한 내용처럼 하나님께서 속히 하라고 하신 일이며 하나님의 뜻을 이루는 일이 된다. 왜냐하면 바벨론을 사용하여 유다를 징계하시려는 하나님의 계획과 뜻이 이루어지도록 하시기 위해 하나님께서는 지금 애굽의 바로인 느고를 사용하여 앗수르를 공격케 함으로써 간접적으로 신흥 바벨론을 일으키고 있는 것이다. 이러한 하나님의 뜻을 모르고 당장 눈앞의 이익만을 생각하는 요시야 왕은 북쪽의 바벨론의 위협을 앗수르가 견제해 주기를 바라고 있었는데 애굽이 앗수르를 치기 위해 갈그미스로 가게 되자 요시야는 애굽왕의 권고에도 불구하고 므깃도에서 싸우다가 전사하고 말았다고 본다. 이것은 바벨론에 대항하지 말라는 예레미야의 권고를 듣지않고 끝까지 대항하다가 결국 그것은 하나님의 뜻을 거스리는 결과가 되어 비참하게 죽임을 당한 시드기야의 경우와도 같다는 것이다. ③ 세 번째 견해도 있다. 애굽왕 느고가 앗수르 군대를 치기 위해 갈그미스로 갔다가 승리하고 다시 유다를 통해 돌아가는 길에 유다를 공격하지 않을까하는 두려움에 요시야는 미리 애굽의 느고를 물리치기 위해 싸우다가 전사했다고 보는 견해다. 첫 번째 견해 ①의 역사적 배경 아래 두 번째 견해 ②가 더 타당하다고 본다. 역사를 이끌어 가시는 하나님의 주권적 섭리 아래서 애굽과 앗수르는 이미 하나님의 뜻을 이루는 일에 도구로 사용되었고 이제 바벨론이 그 차례라고 생각할 때 바벨론을 일으키시는 하나님의 뜻을 이루기 위해 앗수르의 멸망을 재촉하시는 하나님께서는 애굽의 느고를 도구로 사용하고 계신다고 볼 수 있다(역사적으로 볼 때 앗수르는 유다의 멸망 직전에 하나님의 심판 계획 아래서 바벨론에 의해 완전히 멸망해 버린다). 이런 측면에서 애굽왕 느고의 앞길을 막는 것은 하나님의 뜻을 거스리는 것이며(대하 35:21下) 하나님이 속히 하라고 명하신 일을 방해하는 것이 되어 결국 요시야 왕은 전사하고 말았다고 보아야 한다(대하 35:21上).

죽자 백성들은 너무나 슬퍼하였다. 그러나 예레미야 선지자는 "죽은 요시야를 위하여 울지 말고 그 아들들을 위하여 울라"(렘 22:10, 11, 18)고 말했다. 이것은 예레미야가 요시야의 죽음 후에 있을 유다의 멸망을 염두해 두고 말한 것이다. 요시야 이후의 유다의 네 명의 왕은 한결같이 하나님 여호와 앞에서 불순종하다가 애굽과 바벨론에 의해 수모를 당하며 점점 멸망의 늪으로 빠져 들어갔다. 멸망을 앞둔 시대에 성군 요시야 왕에 대한 하나님의 칭찬은 다음과 같다.

> 요시야 같이 마음을 다하며 성품을 다하여 여호와를 향하여 모세의 모든 율법
> 을 온전히 준행한 임금은 요시야 전에도 없었고 후에도 그와 같은 자가 없었더라
> (왕하 23:25).

(31) 여호아하스(대하 36:1-4, 왕하 23:30-35)

유다의 제17대 왕 여호아하스는 요시야의 아들로서 애굽의 왕 느고에 의해 왕이 되었으나(B.C. 609), 약 3개월 만에 선친 요시야를 전사케 했던 애굽의 왕 (바로) 느고에 의해 폐위당하는 수모를 겪었다. 짧은 기간의 통치였으나 하나님 앞에서 불신앙을 드러낸 악한 통치자였다. 여호아하스는 애굽으로 끌려가 포로로 지내다가 거기에서 죽었다. 요시야 시대를 끝으로 멸망해 가는 유다의 모습을 엿볼 수 있다. 예레미야 선지자가 죽은 요시야를 위하여 울지 말고 그 아들들을 위하여 울라(렘 22:10, 11, 18)고 말한 말씀대로 요아스의 아들들은 차례로 왕이 되면서 멸망의 늪으로 빠져 비참한 최후를 맞이했다. 므깃도에서 전사한 요시야의 뒤를 이어 유대 왕국의 제17대 왕이 된 여호아하스는 불과 3개월 동안 유다를 통치하였다. 당시 유다 왕국은 성군 요시야가 죽은 후 침몰하는 배처럼 급속히 멸망을 향하여 치닫고 있었다. 즉 고대 근동의 국제사회는 유다를 사이에 두고 남쪽의 애굽과 북쪽의 바벨론이 호시탐탐 유다를 노리고 있었는데 요시야가 죽자 남쪽의 애굽이 먼저 유다를 침략하게 된 것이다. 애굽의 침략으로 요시야 왕이 전사하자 백성들은 요시야의 아들 중 여호아하스를 유다의 제17대 왕으로 추대하였으나 백성들의 범죄에 대한 하나님의 심

판은 계속 가속화되었다.[39]

여호아하스는 '하나님이 붙드신다'는 이름의 뜻과는 걸맞지 않게 여호와 앞에서 계속 악을 행하였다(왕하 23:32). 그는 '살룸'이라고 불리워지기도 했다(렘 22:11). 여호아하스는 멸망의 늪으로 빠져드는 유다 왕국의 마지막 네 왕 중 첫 번째 왕이었다. 에스겔 선지자가 말한 암사자와 첫 번째 새끼 사자의 비유에 나오는 포악한 새끼사자는 바로 여호아하스 왕을 가리킨다(겔 19:1-4). 에스겔이 지어 부르게 될 이 슬픈 노래(애가)는 암사자의 등장으로 시작된다. 암사자 한 마리가 사자들 가운데 엎드린채 여러 어린 사자들 가운데서 한 마리 새끼 사자를 길렀다.[40] 이 새끼 사자가 커서 스스로 사냥하여 음식을 먹을 만큼 되었을 때 사람을 삼켰다. 이때 이방의 사람들이 함정을 만들어 놓고 이 사자를 잡아 갈고리로 꿰어 애굽으로 끌고 갔다. 너무나 슬픈 사자의 일생이다. 이것은 장차 유다 왕국의 아하시야 왕이 받을 하나님의 징벌에 대한 비유였다. 여기서 새끼 사자는 요시야의 아들 중 여호아하스를 가리키며 새끼 사자가 사람을 잡아먹을 만큼 여호아하스는 백성들을 압제하는 포악한 군주였다.

요시야가 죽은 후 그의 아내와 백성들은 요시야의 아들 여호아하스를 유다의 왕으로 세웠으나 여호아하스는 약 3개월 동안의 짧은 기간에 사람을 삼키는 사자처럼 악을 행하며 예레미야 선지자를 비롯한 많은 선지자들이 전하는 하나님의 말씀에 순종하지 않았다. 이처럼 여호아하스가 하나님의 목전에서 악을 행할 때 역사를 당신의 뜻대로 인도하시는 하나님께서는 애굽의 왕(바로)인 느고의 마음을 움직여 예루살렘을 공격하게 했다. 그리고 하나님의 징계를 받은 여호아하스는 느고에게 사로잡혀 애굽으로 끌려가 거기서 죽고 말았다(왕하 23:31-34; 대하 36:2-4). 예레미야는 이스라엘 백성들에게 죽은 요시야 왕

---

39 요시야 왕이 죽은 후 요시야의 아들은 요하난, 엘리야김, 시드기야(맛다니야), 여호아하스가 있었다. 이들 중 여호아하스(17대), 엘리야김(18대), 엘리야김의 아들 여호야긴(19대), 시드기야(20대)가 차례로 유다 왕국의 왕이 되지만 이들은 모두 멸망하는 유다 왕국의 마지막 비운의 왕들에 지나지 않았다.

40 여기서 암사자는 제16대 왕 요시야의 아내(왕하 23:31) 곧 여호아하스 왕의 어머니를 가리킨다고 볼 수 있으며 넓은 의미로는 여호아하스를 왕으로 옹립한 백성들의 지도자들이거나 유다 왕국 자체를 의미한다고도 볼 수 있다.

을 위하여 울지 말고 잡혀간 자 곧 요시야의 아들 여호아하스를 위하여 슬피 울라고 말했다. 왜냐하면 여호아하스는 잡혀간 후 다시 고국으로 돌아오지 못할 것이기 때문이었다(겔 19장). 요시야 왕의 개혁에도 불구하고 그의 아들 여호아하스의 범죄와 패역한 통치는 유다 왕국의 몰락의 원인이 되고 말았다.

(32) 평가와 교훈

여호아하스는 그의 아버지 요시야의 신앙을 본받지 않고 그의 조부 므낫세의 악행을 본받아 백성들을 향해 악정을 일삼았다. 요시야 왕은 그의 선친 므낫세의 악행을 본받지 않고 백성을 잘 다스리는 성군이 되었으나 여호아하스는 선친 요시야의 의로운 행위는 본받지 않고 도리어 악을 행하며 백성들을 괴롭히는 악한 왕이 되고 말았다. 유다는 여호아하스(17대) 시대부터 이미 멸망의 늪으로 침몰하기 시작하여 여호야김(18대), 여호야긴(19대)을 거쳐 시드기야(20대)를 끝으로 바벨론에 의해 멸망하고 만다. 즉 요시야(16대)의 죽음을 시작으로 급격히 망하기 시작한 유다 왕국은 요시야의 아들들 시대에 완전히 멸망하고 말았다. 그러므로 역대기 36장에는 유다 멸망시기의 마지막 네 왕을 한꺼번에 언급함으로써 유다의 멸망은 요시야 아들들 시대에 하나님의 심판으로 이루어진 것임을 후손들에게 밝히고 있다. 유다는 애굽의 침략으로 멸망하기 시작했고 바벨론의 침략으로 완전히 멸망하고 말았다. 유다의 죄악을 심판하시기 위해 심판의 도구로 좌우에 애굽과 바벨론을 준비해 놓으신 하나님의 치밀한 계획을 읽을 수 있다.

(33) 여호야김(대하 36:4, 왕하 23:34-24:5, 렘 22:13-17)

유다의 제18대왕 여호야김은 요시야의 둘째 아들로서 애굽의 바로에 의해 왕이 되어 약 11년간(B.C. 609-598) 통치하였다. 즉 애굽 왕 느고 2세는 예루살렘을 침략하여 유다 왕 여호아하스를 폐위시키고 대신 요시야의 아들 엘리야김을 유다의 18대 왕으로 세운 것이다(B.C. 609-598). 애굽 왕 느고 2세는 요시야의 아들 엘리야김의 이름을 여호야김으로 개명(改名)하고 매년 엄청난 양의 세금을 바치도록 요구했으며 여호야김은 애굽에 조공(朝貢)을 바치기 위해 백성들에게 무거운 세금을 부과하였다. 애굽의 느고에 의해 왕이 된 여호야김은

25세에 왕이 되어 11년 통치했으나 애굽의 꼭두각시 노릇을 했으며 여호와 보시기에 악을 행하는 자로 평가를 받았다. 후에 바벨론 느브갓네살이 애굽을 물리쳤을 때 여호야김은 느브갓네살의 종이 되고 말았다. 무죄한 백성을 죽이고 예레미야를 핍박하였으며 하나님의 말씀을 불태우는 등 악을 행하다가 예레미야의 예언대로 비참한 죽임을 당하였다(렘 36:30). 여호야김 시대에 느브갓네살의 예루살렘 첫 번째 침공을 받고 다니엘과 그 친구들을 비롯한 수많은 유다의 젊은이들이 바벨론으로 끌려갔다.

예레미야의 입으로 열거되는 여호야김의 죄악들은 너무나 참혹했다. 우선 그는 하나님의 영광을 위하여 엄청난 규모의 성전을 짓겠다고 말하며 또 성전 주변에 많은 방들을 만들겠다고 호언장담하며 건축비와 세금을 거둔 후 자신의 집에 넓은 창을 만들고 기둥을 백향목으로 입히고 붉은 빛으로 칠하는 데 모두 사용하고 말았다. 또한, 그는 왕으로서 백성들을 공평하게 다스리며 평안하게 살도록 인도할 책임이 있었지만 도리어 백성들을 괴롭히며 압제하는 폭군이었다. 여호야김의 눈과 마음은 탐람과 강포와 피 흘림으로 가득 차 있었다. 여호야김의 범죄 행위는 그가 왕이 된 지 제5년 9월에 절정을 이룬다. 때에 예루살렘과 유다의 모든 성읍에 살고 있던 유다 백성들은 감금되어 성전에 들어가지 못하던 예레미야의 지시대로 하나님 앞에서 금식을 선포하고 회개하며 기도하고 있었다. 그리고 바룩은 예레미야의 지시대로 두루마리에 적혀 있는 하나님의 말씀을 백성들에게 낭독했다. 그러나 예루살렘의 방백들(정치인들)이 바룩이 낭독하는 하나님의 말씀을 듣고 여호야김 왕에게 이 사실을 알렸다. 왕은 즉시 여후디를 보내어 바룩이 낭독한 두루마리를 가져오게 하여 다시 낭독케 했다. 이렇게 여후디가 두루마리에 기록된 말씀을 낭독하면 낭독된 부분의 말씀을 여호야김 왕이 칼로 베어 궁전 안 자기 앞에 있는 화로에 던져서 태웠다(렘 36:23). 이때 용기 있는 서기관들 곧 엘라단, 들라야, 그마랴 등이 두루마리를 태우지 말라고 왕께 간구했으나 여호야김은 듣지 않고 도리어 서기관 바룩과 예레미야를 잡으라는 명령을 내렸다. 후에 하나님께서는 여호야김이 불사른 두루마리의 말씀을 다시 예레미야를 통해 기록하게 하신 후 바룩에게 보관하도록 건네주셨다.

이 당시 여호와의 이름을 의탁하고 예언한 사람들이 있었는데 스마야의 아들 우리야였다. 그는 예레미야와 함께 하나님의 징계를 왕과 백성들에게 선포하고 예루살렘 성과 유다 땅을 쳐서 예언하는 참 선지자였다. 여호야김 왕과 아첨하는 방백들은 우리야를 죽이려고 했을 때 우리야는 애굽으로 도망갔다. 하지만 여호야김은 신하들을 애굽에 보내어 우리야를 잡아오게 했고 급기야 칼로 그를 죽이고 말았다. 이처럼 여호야김은 수많은 의인의 피를 흘렸는데 선지자 우리야를 죽였고 예레미야도 죽이려 했지만, 하나님의 특별하신 섭리와 보호아래 용기있는 사반의 아들 아히감이 예레미야를 백성의 손에 내어주지 않음으로써 그는 살아남았다(렘 26:21-24). 여호야김의 이러한 범죄 행위에 대하여 그는 끌려 예루살렘 문밖에 던지우고 나귀같이 매장함을 당할 것이라고 예레미야 선지자가 예언했는데 그대로 이루어졌다(렘 22:19).

(34) 여호야김의 범죄에 대한 결과(대하 36:5-8, 왕하 23:36-24:7)

애굽에 의해 왕이 된 여호야김이 하나님 보시기에 악을 행하고 있을 즈음 고대 근동은 남쪽의 애굽과 북쪽의 바벨론이 서로 패권을 다투고 있었다. 이때 북쪽의 바벨론은 남쪽에서 일어나고 있는 애굽을 견제하기 위해 애굽과 전쟁을 선포하고 그 유명한 갈그미스 전투에서 대승을 거두며 고대 근동의 맹주로 급격히 부상하고 있었다. 이 전투에서 승리한 장군은 바벨론 왕 나보폴라살(Nabopolassar)의 아들인 느브갓네살이었다. 느브갓네살은 이 전쟁에서 승리한 후 바벨론 왕이 되어 유다의 여호야김 왕을 협박하고 이미 자신의 권력 아래 두고 있었다. 그러나 여호야김은 바벨론 느브갓네살을 섬긴 지 3년 후 느브갓네살을 배반하고 말았다(왕하 24장 참조).

느브갓네살은 친히 군사를 이끌고 예루살렘을 쳐들어와서 여호야김을 쇠사슬로 결박하여 바벨론으로 끌고 갔다. 이때 느브갓네살은 예루살렘의 성전에 들어가 여호와의 전 기구들을 전승물로 많이 탈취해 가지고 가서 바벨론 신전에 두었다. 이러한 느브갓네살의 행위는 유다의 신보다 바벨론의 신이 더 우세하고 강하다는 것을 드러내기 위한 상징적인 행위였다. 여호야김은 애굽에 의해 왕 위에 올랐고 바벨론에 의해 폐위당했다. 이 모든 일은 유다의 범죄에 대한 하나님의 심판의 결과였다. 그후 얼마 동안 느브갓네살은 아람과 모압과 암몬의 군사들로 보강된 갈대아(바벨론) 군인들을 보내어 유다를 간접적으로 통치하였다.

(35) 여호야김에 대한 평가(대하 36:5-8, 왕하 23:36-24:7)

여호야김에 대한 역대기 저자의 평가는 그가 '하나님 여호와 보시기에' 악을 행하였다고 선언한다. 그는 25세에 왕이 되어 예루살렘에서 십일 년을 통치했으나 그는 악한 통치자에 지나지 않았다. 설상가상으로 그는 백성들이 보기에도 악한 왕이었다. 여호야김의 선친 요시야는 하나님 앞에서 정직했고 마음과 성품을 다하여 모세의 율법을 준행하며 성군으로 칭찬을 받았는데 그의 아들 여호야김은 그 반대의 길을 걸어갔다. 여호야김의 가증한 일과 그의 심술은 이스라엘과 유다 열왕기에 모두 기록되어 후세인들에게 거울과 경계가 되게 했다.

(36) 여호야긴의 악행(대하 36:9-11, 왕하 24:8-17)

유다의 제19대 왕 여호야긴은 요시야의 손자요 여호야김의 아들로서 고니야라는 이름으로 불렸으며, B.C. 598년에 왕이 되어 약 삼개월간 통치하였다.[41] 여호야긴은 바벨론으로 끌려간 선친 여호야김을 대신하여 18세(왕하 24:8; 다른 사본에는 8세)에 유다 왕국의 19대 왕이 되었다(B.C. 598). 멸망하기 직전의 왕이 된 그는 약 석달 동안 통치하였으나 여호와 보시기에 악을 행한 왕으로 평가되었다. 그러나 여호야긴의 구체적인 죄악이 무엇인지 알 수는 없다. 다만 여호야긴이 '여호와 보시기에' 악을 행한 왕이었다는 역사가의 평가는 그가 하나님의 뜻을 따라 순종하지 못했고 인간적인 방법에 의해 도리어 하나님의 뜻을 거스렸음을 짐작케 한다. 그의 아들들은 어느 누구도 왕 위에 오르지 못할 것이라는 하나님의 저주를 받았으며 바벨론에 사로잡혀 갈 것이라는 선지자들(에스겔 및 예레미야)의 예언을 듣기도 했다(렘 22:24-26, 겔 19:5-9). 그 예언대로 여호야긴은 바벨론 느브갓네살 제8년에 에스겔을 포함한 유다 포로

---

41 그는 18세에 왕이 되었으나(왕하 24:8) 역대하 36:9에는 8세 때 왕이 된 것으로 기록되어 있다. 이러한 본문의 불일치는 사본의 전승 과정에서 비롯된 것이든지 아니며 필사자의 오류일 가능성이 크다.

일만 명과 함께 바벨론으로 끌려갔다. 느브갓네살이 죽을 때까지 36년동안 바벨론의 감옥에 갇혀 살다가 바벨론의 새 통치자 에윌므로닥에 의해 석방되어 바벨론의 다른 식민지 왕들보다 높은 지위를 부여받기도 했다. 사람의 보기에는 의롭고 깨끗하게 보인다 할지라도 중심을 보시는 하나님 앞에서는 그렇지 못할 수도 있음을 교훈하고 있다(잠 16:3). 여호야긴은 그의 부친 여호야김의 모든 행위를 본받았다는 평가를 볼 때 여호야김처럼 하나님의 뜻을 거스려 불순종했고 무죄한 자의 피를 흘려 백성들을 억울하게 하는 폭군이었음을 알 수 있다(왕하 24:3, 4). 약 석달 동안의 통치 기간 중 하나님 보시기에 악을 행했다고 평가된 것을 볼 때 인간이 악을 많이 행하는 데는 긴 시간이 필요치 않음을 알 수 있다. 짧은 석달 동안 여호야긴은 하나님의 징계를 받기에 충분할 만큼의 많은 악을 행했던 것이다. 이처럼 유다 왕국의 왕들의 역사를 보면 어느 왕은 수십년 동안 통치하면서 악을 행한 왕도 있고 짧은 기간 통치하면서도 악을 행한 왕이 있다. 그러나 분명한 것은 우상을 숭배하고 백성들을 학대한 것은 결국 '하나님 보시기에' 악을 행한 것이며 이러한 왕들은 모두 하나님으로부터 징계를 받았다는 사실이다. 여호야긴은 여호와 보시기에 악을 행하였고 마침내 하나님의 징계를 받고야 말았다는 마지막 평가를 받았다. 또한, 이러한 악한 왕과 더불어 유다 백성들도 마치 침몰하는 배와 같이 바벨론의 통치 아래로 계속 밀려 들어가고 있었다. 꺼져가는 등불처럼 하나님의 징계 아래 바벨론 식민지 통치 아래로 서서히 들어가고 있는 유다의 마지막 모습을 바라본다.

(37) 유다의 마지막 왕 시드기야(대하 36:11-16, 왕하 24-25장, 렘 52장)

유다의 마지막 왕 곧 제20대 왕 시드기야는 제16대 왕 요시야의 막내 아들이며 여호야긴의 숙부(삼촌)로서 약 11년간(B.C. 597-586) 통치하였다(왕하 24:18-25:21). 본래 그의 이름은 맛다니야(하나님의 선물의 뜻)였으나 바벨론 느브갓네살이 그를 왕위에 앉히면서 시드기야로 이름을 고쳤다(왕하 24:12, 13). 그는 처음에는 모세의 율법에 순종하는 듯 했으나(렘 34:8-10) 하나님의 뜻과는 정반대의 길을 가다가 유다의 멸망을 보았으며 두 눈이 뽑힌 채 바벨론으로 끌려가 거기서 죽었다. 시드기야의 불순종과 맞서 하나님의 말씀을 전해야 했던 예레미야 선지자는 핍박과 투옥을 거듭하며 바벨론에 대항하지 말 것을 종용했으나 시드기야는 끝까지 예레미야의 입으로 나오는 하나님의 말씀을 거역하다가 비참한 생애를 마감해야 했다. 시드기야는 여호야김의 모든 악을 본받아 하나님 보시기에 악을 행하는 왕으로 평가되었다. 당시 시드기야는 바벨론의 지배를 받고 있었으나 왕궁 안에 있는 친애굽 세력과 친바벨론 세력 사이에서 고민하고 있었다. 이때 예레미야는 바벨론에 항복하는 것이 하나님의 뜻(징계)이라고 말하며 바벨론에 대항하지 말 것을 당부하였으나 시드기야는 예레미야의 말을 듣기 싫어했다. 이미 바벨론에 끌려가 거기서 포로생활을 하고 있는 유다 백성들과 아직 예루살렘에 남아 있는 백성들은 자신들의 죄로 인한 하나님의 징계를 깨닫지 못하고 거짓 평안에 속고 있었다. 설상가상으로 시드기야 왕 옆에는 거짓 선지자 하나냐가 있었는데 그는 계속해서 예루살렘의 평화를 예언하며 바벨론 느브갓네살의 멍에를 하나님께서 꺾으셨다고 거짓 예언을 하며 시드기야의 환심을 샀다. 마침내 시드기야 왕은 예레미야의 예언을 듣지 않고 바벨론 왕을 배반하기에 이른다. 바벨론 느브갓네살을 배반한 시드기야는 예루살렘 성벽을 뚫고 도망치다가 붙잡혀 두 눈이 뽑힌 채 바벨론으로 끌려가 거기서 죽고 말았다.

(38) 시드기야 왕의 죄악들(대하 36:11-21, 렘 52:4-11)

시드기야에 대한 평가는 그의 죄악을 지적하는 것으로 시작한다(대하 36:12-16).

첫째, 시드기야는 하나님 여호와 보시기에 악을 행했다. 이것은 그의 마음이 하나님을 향한 바른 신앙으로 서 있지 못함을 지적한 것이다. 하나님의 뜻에 순종하지 않은 그는 하나님을 멀리하고 하나님을 떠난 것이다.

둘째, 시드기야는 하나님의 사자인 선지자 예레미야의 입으로 나오는 하나님의 말씀 앞에서 겸손하지 못했고 교만하여 그 말씀을 무시하고 심지어 예레미야를 적대시했다. 왕이 예레미야를 통해 전달되는 하나님의 말씀을 무시할 때 백성들도 하나님의 사자를 비웃고 말씀을 멸시하며 선지자를 욕했다. 이스라엘의 열조의 하나님께서는 그 백성과 그 거하시는 곳을 아끼사 부지런히 그 사자들을 백성들에게 보내어 타이르셨으나 백성들은 하나님의 말씀을 거절하

다가 끝내 하나님의 진노를 사고야 말았다(대하 36:16).[42]

셋째, 시드기야의 불신앙적인 모습은 급기야 하나님을 섬기는 제사장의 어른들과 백성들까지도 본받게 되고 그들은 하나님 앞에서 크게 범죄하여 이방의 모든 가증한 일을 본받아서 여호와께서 예루살렘에 거룩하게 두신 그 성전을 더럽혔다. 즉 우상을 숭배하며 하나님을 모독했다.

넷째, 시드기야는 하나님 앞에서 느브갓네살과 맺은 언약을 배반하고 마음을 강퍅케 하며 이스라엘 하나님 여호와의 징계를 받아들이지 않았다. 결국 시드기야는 하나님의 뜻 보다는 인간적인 생각으로 끝까지 바벨론에 항거하며 예레미야 선지자의 말을 거역하다가 비참한 최후를 맞이하고 말았다.

(39) 시드기야에 대한 징계(대하 36:11-21; 렘 52:4-11)

마침내 하나님께서는 이스라엘 백성들의 범죄와 시드기야 왕의 불순종에 대한 마지막 심판을 내리셨다. 시드기야 왕 제9년 10월 10일에 바벨론 느브갓네살은 모든 군대를 이끌고 예루살렘을 치러 올라와서 진을 치고 성 사면으로 토성을 쌓고 공격을 계속했다. 약 일년 동안 포위된 채 공격을 당한 예루살렘 백성들과 시드기야 왕은 기근에 시달리며 매우 곤경한 입장에 처하게 되자 성벽에 구멍을 뚫고 왕의 친위대 군사들과 함께 밤중에 몰래 도망하여 여리고 평지에 이르렀다. 그것은 애굽으로 도망가기 위한 것이었다. 그러나 바벨론 군사들이 추격하여 여리고 평지에서 시드기야를 붙잡아 바벨론 왕에게고 끌고 가서 신문하며 모욕했다. 바벨론 왕 느브갓네살은 시드기 야의 아들들을 시드기야가 보는 앞에서 죽이고 또한, 유다의 모든 방백들을 죽였다. 마지막으로 그 모습을 다 지켜본 시드기야의 두 눈을 뽑고 고통에 울부짖는 시드기야를 쇠사슬로 결박하여 바벨론으로 끌고 갔다. 하나님 앞에서 끝까지 불

---

42 하나님께서 당신의 사자들을 부지런히 보내셨다(대하 36:15)는 말에서 '부지런히'에 해당하는 히브리어 שָׁלוֹחַ(솨로아흐)는 부정사 절대형으로서 그 문장의 동사를 강조할 때 사용된다. 따라서 보내셨다는 말을 강조할 때 이 부정사 절대형이 뒤에 따라오면서 본동사(וַיִּשְׁלַח 그리고 그가 보내셨다)를 강조하는 말로 번역되는데 대부분의 영어성경에서는 이 말을 '반복하여'(again and again)라고 번역했다. 한글개역성경의 '부지런히'라는 말은 하나님의 열심을 나타내기 위한 의미도 있으나 자기 백성을 긍휼히 여기시는 하나님의 은혜와 사랑의 크기를 가리키는 말(거듭, 반복해서)로 번역하는 것이 더 적절하다.

순종하고 교만한 한 개인의 종말이 얼마나 슬프고 처량한가 하는 것을 몸서리 치게 보여 준다. 시드기야 왕과 함께 망하는 유다와 예루살렘의 모습이 예레미야 52장에 적나라하게 역사적 사실과 함께 드러나 있다. 그러나 역대기 저자는 시드기야 왕의 불신앙을 몇 가지로 요약하여 기록으로 남김으로써 역대기를 읽는 후손들에게 큰 교훈을 준다(대하 36:11-21).

첫째, 시드기야는 예레미야가 여호와의 말씀을 일러주어도 듣지 않았다고 지적함으로써 시드기야가 당한 고통과 징계는 그의 불순종의 대가였음을 분명히 하고 있다. 예레미야는 바벨론 느브갓네살에게 대항하지 말고 복종하는 것이 하나님의 뜻이라고 말했으나 그는 오히려 느브갓네살을 배반하여 그가 다시 예루살렘을 침공하도록 빌미를 제공하고 만다. 이처럼 하나님의 말씀을 거역함으로써 그는 여호와 앞에서 겸비치 않았다. 이것이 시드기야의 가장 큰 죄악이며 패망의 조건이 되었다.

둘째, 시드기야는 마음을 강퍅케 하였으며 목을 곧게 하고 이스라엘 하나님 여호와께 돌아오지 않았다고 지적받았다.

셋째, 심지어 제사장의 어른들과 백성들도 우상을 섬기며 하나님을 배반하였으며 예루살렘의 거룩한 성전을 더럽히도록 방치하는 범죄를 저질렀다. 마지막으로 하나님께서 무수히 많은 선지자를 백성들에게 보냈으나 오히려 선지자들을 비웃으며 욕하고 핍박하였다. 이러한 백성들의 범죄와 시드기야의 죄악에 대한 기록은 유다의 멸망이 결코 이유 없이 이루어진 것이 아님을 보여 주기 위한 역대기 저자의 해석이다. 하나님께서는 유다의 멸망을 계획하신 후에도 회개할 기회를 주기 위해서 '부지런히' 당신의 종들을 보내었으나 백성들은 도리어 그들을 비웃고 멸시하였다는 사실은 유다의 멸망이 억울하게 이루어진 것도 아니고 하나님의 능력이 부족해서 이루어진 것이 아니라 그들의 무서운 교만과 죄악 때문임을 가르치고 있다.

8) 유다의 멸망과 해방의 참 뜻(대하 36:15-21, 왕하 24-25장, 렘 52장)

(1) 멸망의 원인

이스라엘과 유다의 멸망의 배경에는 반드시 그 원인이 있다. 하나님 앞에서의 범죄가 그것이다. 하나님과 사람 앞에서의 범죄는 종교적 사회적 윤리적 정치적 경제적 모든 영역에서 자행되었다. 신 한켤레 값으로 이웃을 사고 파는 범죄가 총체적인 타락의 결과였음을 아모스 선지자는 외쳤다. 그리고 진정한 회개를 촉구했으나 백성들은 끝내 회개치 않고 버티다가 하나님의 징계를 받았다. 이 징계는 죄를 심판하고 용서하시는 하나님의 은혜로운 기간이었다.

유다의 멸망은 왕과 백성들이 저지른 죄악의 합작품이었다. 왕과 백성들의 지도자들이 먼저 타락하고 점점 악해졌다. 그들은 이방인들의 악행을 본받아 그대로 행했다. 하나님께서는 예루살렘의 성전을 거룩하게 하라고 하셨지만, 종교 지도자들을 하나님의 성전을 더럽혔다. 하나님께서는 백성들을 불쌍히 여기셔서 계속 선지자들을 보내어 경고하셨지만 그들은 하나님의 선지자들을 비웃으며 미워했다. 마침내 하나님께서는 자기 백성들에게 진노하셨다. 이제 하나님의 진노를 아무도 멈출 수 없었다. 하나님께서는 바벨론의 느브갓네살을 보내셔서 그들을 치게 하셨다. 하나님의 심판의 도구로 사용되는 느브갓네살 왕은 너무나 무자비하게 이스라엘 사람들을 죽였다. 많은 젊은이들을 죽였으며 남녀노소를 막론하고 죽였다. 심지어 성전 안에 있는 자도 끌어내어 죽였고 병든 사람까지도 죽였다. 하나님께서 이렇게 징벌하도록 느브갓네살에게 허락하셨다(대하 36:17).

예루살렘을 함락시킨 느브갓네살은 예루살렘 성전 안에 있는 모든 크고 작은 물건들과 보물들을 약탈해 갔다. 왕궁 안에 있는 왕과 신하들의 모든 보물도 다 가져갔다. 가져가지 못하는 물건들은 모두 불살라 버렸다. 느브갓네살과 그 군사들은 하나님의 성전과 왕궁에도 불을 질렀다. 그리고 예루살렘 성벽을 모두 무너뜨렸다. 마침내 살아남은 많은 젊은이들을 사로잡아 바벨론으로 끌고 가 노예로 삼았다. 끌려간 백성들은 페르시아(바사)가 바벨론을 무너뜨릴 때까지 그곳에서 노예로 살아야 했다. 죄로 인한 하나님의 징계가 얼마나 무서운가를 체험하며 기나긴 세월(약 70년)을 보내야 했다.

(2) 멸망의 의미(대하 36:21)

역대기 저자는 이스라엘의 멸망 의의를 두 가지로 해석하여 평가했다. 하나는 예레미야 선지자를 통하여 주신 하나님의 말씀 곧 칠십년 동안 가나안 땅이 황무지가 될 것이라는 말씀이 이루어졌다고 평가했다. 이 칠십년 동안은 선민에 대한 징계의 기간이며 회개의 기간이었다. 다른 하나는 이스라엘의 땅 곧 가나안 땅이 비로소 안식을 누리게 되었다는 것이다. 이스라엘 백성들은 애굽에서 나와 가나안 땅에 들어간 이후 매 칠년마다 안식년으로서 일년을 휴식하고 농사를 짓지 말아야 했다.

그러나 이스라엘 백성들은 안식년을 지키라는 하나님의 말씀에 순종하지 않음으로써 가나안 땅은 안식을 누리지 못한 결과가 되었던 것이다. 이제 이스라엘이 망하고 가나안 땅에 농사지을 사람이 없게 되자 비로소 가나안 땅은 안식을 누리게 되었다는 평가를 내리고 있다. 하나님의 말씀에 대한 불순종이 죄악이라면 불순종 곧 죄악이 사라진 곳은 하나님 나라의 안식을 누리는 곳이다. 주님이 재림하실 때 그때는 사탄이 사라지고, 사탄이 사라지면 불순종과 죄악이 사라지고, 죄가 사라지면 죽음이 사라지며 영원한 생명 곧 완전한 영생의 복이 계속될 것이다(계 19-22장).

(3) 고레스와 이스라엘의 해방(대하 36:22-23)

페르시아를 통일시킨 고레스는 바벨론을 멸망시켰다. 그리고 왕이 된 첫해에 그는 바벨론 식민지 생활을 하고 있던 이스라엘 백성들에게 조서(칙령)를 내려 고국으로 돌아가도록 해방을 선언했으며 그들이 섬기는 여호와 하나님을 섬길 수 있도록 허락했다. 이것은 하나님께서 고레스의 마음을 움직이셔서 예레미야에게 말씀하신 언약을 이루신 것이라고 역대기 저자는 해석했다(대하 36:22). 이스라엘의 멸망이 불순종에 대한 하나님의 징계요 심판이었다면 그들의 해방과 구원은 예레미야를 통해 주신 말씀의 성취로 나타난 결과임을 알 수 있다. 페르시아의 고레스는 역사 속에서 당신의 뜻을 계획하시고 성취하시는 살아계신 하나님의 준비된 종이었다.

하나님께서는 고레스를 통해 이스라엘을 해방시키셨을 뿐만 아니라 느브갓네살이 가져온 성전의 모든 기구들을 귀환하는 자들에게 주어 예루살렘으로 가져가도록 섭리하셨다. 하나님께서는 예루살렘 성전이 불에 타 없어지기 전에 느브갓네살의 욕심을 이용해서 성전의 모든 기구들을 바벨론으로 옮겨 보관하게 하셨다가 징계의 기간이 끝난 후 다시 페르시아 고레스의 마음을 움직여 고스란히 그것들을 예루살렘으로 옮기신 것이다. 역사의 흥망성쇠와 진행 방향은 전능하신 하나님의 손에 달려있다. 바벨론 느브갓네살을 통해 이스라엘 민족을 징계하시고 심판하신 하나님께서는 페르시아의 고레스를 통해 바벨론을 무너뜨리시고 이스라엘을 해방시킴으로서 예레미야의 예언을 성취시키셨던 것이다. 이 세상 역사는 하나님의 뜻대로 반복 진행되고 있으며 하나님의 구원과 심판의 역사도 인간의 순종과 불순종의 결과로 반복되고 있다. 불순종하는 이스라엘 백성의 징계와 심판을 위해 바벨론 제국과 느브갓네살을 준비하신 하나님은 그들의 해방과 구원에 대한 약속의 말씀을 이루시기 위해 페르시아 제국과 고레스를 준비해 놓으셨던 것이다.

(4) 고레스 왕의 조서(대하 36:23)

하나님의 도구로 역사의 무대에 등장한 고레스는 왕이 되자마자 하나님의 뜻을 받들어 칙령(조서)를 반포했다. 그리고 페르시아 전역에 살고있는 이스라엘 백성들에게 그 내용을 알리기 위해 사람을 시켜 고레스 왕의 칙령이 적힌 문서를 나라 전역에 보냈다. 살아계신 하나님은 신자와 불신자 그리고 의로운 자나 불의한 자 모두를 다스리시고 인도하시는 창조주 하나님이시요, 구원의 하나님이시요, 역사의 주관자이신 하나님이시다. 역대기 저자는 역대기를 마치면서 페르시아 고레스 왕의 칙령을 소개하고 그 조서 속에 나타난 하나님을 선포한다. 고레스의 칙령 속에는 창조주 하나님 곧 이 세상을 당신의 의지와 뜻대로 이끌어 가시는 살아계신 하나님의 숨결이 있다. 고레스의 조서는 다음과 같이 요약된다.

> 하늘의 하나님 여호와께서 세상의 모든 나라들을 나에게 주셨다.[43] 그리고 유다 땅 예루살렘에 여호와를 위하여 성전을 짓도록 나에게 명령하셨다.[44] 너희 모든 하나님의 백성

---

43 נָתַן(나탄)은 '그(하나님)가 주셨다'이다. 고레스는 하나님께서 페르시아 제국을 자신에게 주셨다고 밝히고 있다. 하나님의 주권을 강조하는 말이다.

44 בָּקַד(파카드)는 '그가 지명했다, 그가 명령했다'는 문자적 의미를 가진다. 예루살렘 성전

은 예루살렘으로 돌아가도 좋다. 너의 하나님 여호와께서 너희와 함께하시기를 원하노라 (대하 36:23).[45]

(5) 유다의 멸망과 해방(대하 36:17-23)

범죄한 이스라엘 백성(유다 왕국)의 멸망을 위해 바벨론 느브갓네살을 준비시켜 놓으신 하나님은 이스라엘 백성의 해방을 위해 페르시아 고레스를 준비시켜 놓으셨다. 즉 하나님께서 갈대아(바벨론) 왕 느브갓네살의 손에 유다 백성을 다 '부치시매' 유다의 백성들은 비참한 죽임을 당하고 말았다. 이것은 유다의 멸망이 바벨론에 의한 것이 아니라 하나님의 심판임을 한 번 더 강조하는 것이다. 그들은 성전 안과 밖에서 피를 흘리며 죽었고 살인, 방화, 강간 및 늑탈을 당하였고 재산은 몰수당했으며 건장한 청년들은 노동력 제공을 위해 바벨론으로 끌려갔다. 왕궁과 성전이 파괴되고 불탔으며 모든 보물은 전부 약탈당했다. 모든 것이 폐허로 변해 버렸다. 그러나 이것이 끝은 아니었다. 예레미야의 예언대로 하나님께서는 페르시아의 고레스 왕을 일으키시고 그를 통하여 이스라엘 백성들을 다시 고국 가나안 땅으로 돌려보내셨다. 그리고 하나님께서는 성전을 재건하게 하셨으며 다시 이스라엘 백성과의 언약을 회복하신 것이다. 성경에 기록된 이스라엘 역사는 역사의 주인이신 하나님의 섭리 아래 인도되고 있음을 보여 준다. 동시에 지금 이 세상과 국가 민족의 역사도 살아계신 하나님의 뜻을 이루기 위한 목적 아래 존재하며 흥망성쇠를 계속해 나갈 것이다. 유다의 멸망을 위해서 바벨론과 느브갓네살이 준비되었고 이스라엘의 해방을 위해서는 페르시아와 고레스가 준비되었다는 사실은 하나님만이 역사의 주인이심을 분명히 가르쳐 주고 있다.

을 건축하도록 하나님께서 고레스를 지명하시고 그에게 명령하셨음을 보여 준다.

45 역대기 저자가 고레스의 조서 내용을 소개하는 이유는 고레스의 입으로 나오는 말을 통해 전능하신 하나님 여호와만이 유일하신 참 하나님이심을 이스라엘 후손들에게 가르치기 위한 목적 때문이다.

7. 에스라서의 메시아 이해

1) 서론과 주제

성경을 구분할 때 에스라서, 느헤미야서 및 에스더서는 포로 후기의 역사를 기록한 역사서라고 알려져 있다.[46] 아담으로부터 시작되어 바벨론 포로생활 후 고레스의 칙령으로 고국으로 돌아오기까지의 이스라엘의 전 역사가 요약되고 해석되어 새롭게 기록된 것이 역대기라면 바벨론 포로생활 이후의 역사인 에스라서는 이스라엘 백성의 제1차와 제2차 귀국에 대한 내용과 성전 건축에 대해 기록했으며 느헤미야서에는 느헤미야를 중심으로 하는 제3차 귀국에 대한 내용과 예루살렘 성벽 재건에 대해 기록되어 있다. 그리고 에스더서는 페르시아 제국 아래서 위기에 처한 유대인을 구원하시기 위해 에스더를 사용하시는 하나님의 주권적 섭리를 기록한 역사이다.

특히 에스라서는 느헤미야서와 마찬가지로 바벨론 포로생활 중 남은 자를 통해 언약을 이루시는 신실하신 하나님의 역사와 섭리를 잘 보여 준다. 즉 언약에 신실하신 하나님께서 당신의 백성을 보호하시고 인도하실 때 이스라엘 백성의 남은 자 곧 언약 백성들의 귀환과 성전 재건을 통한 구원사적 의의를 에스라서를 연구하며 배울 수 있다.

2) 명칭과 저자

본래 유대 배경(탈무드, 맛소라 사본, 요세푸스, 제롬 등) 아래서는 에스라서와 느헤미야서가 한 권의 책으로 되어 있었으나 오리게네스(A.D. 185-253)에 의해 제1에스라 및 제2에스라의 두 권으로 구분된 이래 그렇게 불리다가 후에 제1에스라는 에스라서로, 제2에스라서는 느헤미야서로 일컬어지게 되었다. 에스라는 남은 자 곧 하나님의 언약 백성을 이끌고 가나안 땅으로 돌아와 성전 재

---

46 J.A. 마틴 & G.A. 게츠 저, 이종록 역,『에스라, 느헤미야, 에스더』(서울: 두란노, 1983), p.9. 에스라 느헤미야, 에스더를 포함하여 학개, 스가랴, 말라기등이 바벨론 포로생활 이후에 기록되었다.

건과 신앙개혁에 주력함으로써 하나님과 언약 백성과의 진정한 회복을 꾀하였다. 이런 측면에서 에스라도 느헤미야처럼 하나님과 백성 사이에서의 중개 역할 곧 메시아적인 역할을 수행한 것으로 볼 수 있다.

에스라서는 70인역(B.C. 00-250년 경)이 있기 전부터 정경으로 인정되었으며 에스라서의 정경성을 문제 삼은 학자는 거의 없다. 유대적 배경과 전통적인 견해 아래서는 에스라를 에스라서의 저자로 말하는 데 이의가 없다. 비록 에스라서에 분명한 저자의 언급은 없으며 또 문장 표현도 1인칭과 3인칭으로 나타나고 있으나 당시 역사의 생생한 목격자인 에스라가 에스라서의 저자라는 사실에 대해서는 의심할 여지가 없다. 또한, 에스라는 여호와의 율법에 익숙한 학사(서기관)요 제사장으로서 역대기를 기록한 동일한 관점에서 에스라서를 기록으로 남겼을 가능성이 크다. 이것은 에스라서가 역대기처럼 제사장적 관점이 크게 부각되고 있기 때문이다. 에스라는 느헤미야와 동시대의 사람으로서 느헤미야가 유대인을 이끌고 예루살렘으로 돌아온(B.C. 444) 이후에 에스라서를 기록했을 것으로 본다. 에스라서의 두 부분(4:8-6:18, 7:12-26)은 거의 대부분 아람어로 기록되었는데 그 이유는 당시 아람어가 표준 통용어였기 때문이다. 그리고 나머지는 히브리어로 기록되었다.

3) 기록 목적

바벨론 포로생활 중 남은 자들이 고국으로 돌아와 성전 건축과 신앙개혁을 이룬 역사적 사실이 에스라의 해석과 함께 기록된 내용이 에스라서이다. 하나님의 은혜로 제1차로 돌아온 남은 자들은 스룹바벨을 중심으로 성전 건축에 힘썼으며(1-6장) 에스라를 중심으로 제2차로 귀국한 백성들은 신앙개혁 운동을 성공적으로 완수하였다. 이 모든 일을 계획하시고 진행시키시며 성취시키시는 하나님의 섭리를 후대 이스라엘 백성들에게 가르치려는 목적 아래 에스라서는 기록되어졌다고 본다. 특히 이스라엘 백성의 70년 포로생활과 귀환은 예레미야에게 말씀하신 하나님의 언약의 성취이며 유다 백성의 귀국조차도 언약에 신실하신 하나님의 섭리 아래 가능했음을 에스라는 밝히고 있다. 즉 하나님께서는 당신의 언약 백성을 주권적으로 간섭하시고 보호하시며 인도하시는 사실을 구체적으로 보여 주기 위해 이 책을 기록한 것이다. 또한, 하나님은 온 세상의 주관자로서 당신의 뜻을 이루시기 위하여 심지어 이방의 통치자의 마음까지 움직이시는 살아계신 하나님이심을 가르쳐 주기 위한 목적도 있다.

4) 주요 내용과 메시아적 의미

제2의 출애굽기라 할 수 있는 이 책은 유다 백성의 세 차례 귀환 중 두 번의 귀환에 대해 기록하고 있다. 우선 전반부(1-6장)에는 스룹바벨을 중심으로 하는 제1차 귀환과 성전 재건에 관한 내용이 언급되고 후반부(7-10장)에는 에스라를 중심으로 하는 유다 백성의 제2차 귀국과 에스라의 개혁에 대해 언급하고 있다. 이러한 내용을 통하여 에스라는 언약을 지키시는 하나님의 신실하심을 가르치고 하나님의 언약 백성들의 신앙 회복을 주제로 삼아 이 책을 기록한 것이다.

(1) 고레스를 감동시키시는 하나님(1장)

이스라엘 백성들이 바벨론의 포로생활로부터 해방되고 가나안 땅 고향으로 돌아올 수 있었던 것은 언약에 근거한 하나님의 섭리이며, 예루살렘 성전을 재건할 수 있었던 것도 하나님의 주권적인 섭리임을 밝히고 있는 1장의 주요 내용이다. 특히 고레스의 입을 통해 소개되는 하늘의 하나님은 우주 만물의 주인이시며 이 세상을 당신의 의지와 뜻대로 이끌어 가시는 주권적인 하나님이심을 교훈하고 있다. 이스라엘 민족이 바벨론 식민지 생활을 계속하고 있을 때 하나님께서는 예레미야 선지자를 통해 말씀하신 예언을 이루시기 위해 페르시아(바사)라는 새로운 나라를 일으키시고 이 나라의 왕 고레스의 마음을 움직이셔서 이스라엘 민족의 해방과 귀국명령을 내리도록 섭리하셨다(렘 25:11).[47]

---

[47] 고레스는 이미 부족국가인 안산의 왕이 된 후(B.C. 559년경) 약 20여년 후에 바벨론을 정복하고(B.C. 539년 9월) 페르시아 제국의 황제가 되었다. 고레스는 언약의 백성인 이스라엘 백성을 해방시켜 고국으로 돌려보내시려는 하나님의 구원 계획 아래서 하나님의 종으로 사용되었다.

이 온 땅이 황폐하여 놀램이 될 것이며 이 나라들은 칠십 년 동안 바벨론 왕을 섬기리라 나 여호와가 말하노라 칠십 년이 마치면 내가 바벨론 왕과 그 나라와 갈대아인의 땅을 그 죄악으로 인하여 벌하여 영영히 황무케 하되 내가 그 땅에 대하여 선고한바 곧 예레미야가 열방에 대하여 예언하고 이 책에 기록한 나의 모든 말을 그 땅에 임하게 하리니 (렘 25:11-13)

이처럼 하나님께서는 일찍이 범죄한 이스라엘의 멸망을 위해 바벨론을 준비하셨으며 또한, 바벨론의 멸망을 위해 페르시아와 고레스를 준비해 놓으셨던 것이다(렘 25:12, 사 41:25, 43:14, 44:28, 45:1, 3). 하나님의 정하신 때가 되었을 때 이스라엘의 해방과 구원을 위해 페르시아 왕 고레스의 마음을 '감동'시키시고 그를 통해 당신의 뜻대로 역사를 이끌어 가시는 하나님의 주권적 섭리를 에스라서의 저자인 에스라는 특히 강조하고 있다. 하나님은 이스라엘 민족의 역사 뿐만 아니라 이 세상 모든 역사를 주관하시고 하나님의 기뻐하시는 뜻을 따라 이끌어 가시는 창조주 하나님이시요 구원의 하나님이심을 가르치고 있다. 하나님의 뜻을 이루는 도구로 사용되고 있는 고레스의 마음은 하나님께 사로잡혀 있었으며 그의 입의 모든 말과 그의 모든 명령은 배후에서 역사하시는 하나님의 말씀이었던 것이다.

① 하나님의 입 고레스(1:2-4)

고레스가 페르시아 제국의 왕이 된 것은 예루살렘 성전 건축을 위한 하나님의 섭리라고 에스라는 고레스의 말을 인용하여 밝히고 있다. 그는 자신을 왕으로 삼으신 분은 하늘의 하나님이라고 부르며 고레스는 그 하나님의 종이라고 밝히고 있다.[48] 이것은 고레스가 이스라엘의 하나님을 신앙고백적인 차원에서 인정했다는 의미가 아니라 에스라서의 저자인 에스라가 고레스의 입을 인용하여 하나님의 속성과 성품을 가르치려는 의도 아래 고레스의 말을 그대로 기록

---

48   에스라서에 '하늘의 하나님'이라는 칭호가 무려 아홉번이나 나온다. 이 칭호는 하나님의 주권을 가리킨다. 고레스는 자신이 하늘 아래의 제국을 다스리지만 하나님은 하늘에 계시면서 우주 만물을 통치하고 계시는 분으로서 자신과는 비교도 되지 않는 크고 위대한 분이심을 드러내고 있다.

한 것이다. 특히 하나님의 백성된 자는 누구든지 페르시아(옛 바벨론) 땅을 떠나 예루살렘으로 가서 하나님의 전을 건축하라는 고레스의 명령은 하나님의 백성들을 고국으로 돌려보내시기 위한 하나님의 긍휼과 자비의 선언이었다.

그뿐만 아니라 성전 건축에 필요한 모든 재료는 바벨론 포로 기간 중 살아남은 백성들이 예물을 드리도록 배려하기도 했다. 왜냐하면 오랜 세월 동안 바벨론 땅에서 종살이하던 이스라엘 백성들에게는 성전 건축을 위한 재료가 전혀 없었기 때문이다. 이스라엘 백성의 해방 선언과 고국으로의 귀향 명령 및 예루살렘 성전 건축에 대한 고레스의 조서(명령)는 언약을 성취하시는 하나님의 계획 아래 시행되고 있음을 밝히려는 것이 에스라서의 기록 목적이다.

② 하나님께 감동을 받은 사람들(1:5-6)

하나님의 말씀이 고레스의 입을 통해 선포되었을 때 유다와 베냐민 족장들과 레위 사람들을 비롯하여 그 마음이 하나님께 감동을 받은 수많은 사람들이 모였다. 그들의 마음은 단순히 고향으로 돌아가는 일에 들떠 있었던 것이 아니라 예루살렘 성전을 건축하는 일에 일꾼으로 사용되기 위해서 하나님의 영으로 충만해 있었다. 그뿐만 아니라 예루살렘으로 돌아가기 위해 먼저 일어난 사람들 외에 아직 페르시아 땅에 머물러 있는 주변 사람들까지도 예루살렘 성전 건축을 위해 은그릇과 황금과 기타 필요한 물건을 비롯하여 하나님께 드릴 제물로 짐승과 보물들을 즐거이 드렸다. 이것은 가장 먼저 예루살렘으로 돌아가는 귀국자들이 첫째로 해야 할 일이 무엇인지를 잘 보여 주고 있는 상황이다. 그들은 무엇보다도 무너진 여호와의 집 곧 성전을 건축하는 일에 귀국 목적을 두었다. 하나님께서는 첫 번째 귀국하는 백성들을 통해서 성전이 건축되기를 원하셨던 것이다.

③ 고레스 왕이 또 여호와의 전 기명을 꺼내니(1:7-11)

고레스 왕은 옛적 바벨론 느브갓네살 왕이 예루살렘 성전을 파괴할 때 바벨론 신전에 옮겨 놓은 모든 금, 은, 기명들을 꺼내어 창고 관리자인 미드르닷으로 하여금 계수하게 했다. 그리고 그 모든 성전 기구들을 세스바살(스룹바벨)에게 맡겨 예루살렘으로 운반하게 하였다. 스룹바벨을 통하여 예루살렘으로 운반되기 위해 준비된 그릇의 수는 금반 삼십, 은반 일 천, 칼이 이십 구, 금 대접 삼십, 은 대접 사백 열, 기타 기명이 일천이며 금, 은기명의 합계가 오천 사백이나 되었다.[49]

하나님의 심판으로 예루살렘 성전이 파괴될 때 성전 안의 모든 기구들을 하나님께서는 바벨론 느브갓네살을 통하여 바벨론으로 옮겨 놓으신 것이라고 에스라는 해석하고 있다(7절). 그리고 하나님의 진노의 기간이 끝나기까지 그 곳에 안전하게 보관해 놓으셨다가 이스라엘 백성들의 포로생활이 끝나고 고국으로 돌아가게 될 때 다시 돌려보내시는 것으로 해석했다. 이것이 에스라의 역사 해석이다. 바벨론 왕을 통해 성전의 모든 기구를 바벨론으로 옮기신 하나님께서는 이제 페르시아 고레스를 통해 예루살렘으로 다시 옮기신 것이다. 범죄한 이스라엘 백성의 종아리를 때리시기 위해 바벨론을 사용하신 하나님께서는 회개하는 이스라엘 백성들을 고국으로 돌려보내시기 위해 페르시아와 고레스를 사용하고 계시는 하나님의 섭리가 에스라의 역사 기록 아래 분명하게 드러나고 있다.

(2) 고국으로 돌아온 백성들(2장)

바벨론에 억류되어 포로생활하던 유대인들 가운데 고국 팔레스틴으로 돌아온 사람들의 명단과 그 숫자가 2장에 언급되어 있다. 바벨론에서 세스바살(1:8)이라 불리던 스룹바벨의 인도 아래 유다 백성들은 해방과 자유를 주신 하나님의 은총을 감사하며 제1차로 고국으로 돌아온다.[50] 그들은 대부분 유다의

---

49 에스라 1:9,10에는 성전 기물이 모두 2,499개로 되어 있으나 여기서는 5,400개로 나타난다. 이러한 차이에 대해 많은 견해가 있으나 2,499는 성전기물 가운데 크고 매우 중요한 주요 기물들의 수이며 5,400은 거의 모든 기물의 수를 정확하게 계수한 것으로 보는 견해가 일반적이다. 그러나 비평주의 견해는 이러한 숫자들의 차이가 후대의 편집 과정에서 서로 다른 문서들을 삽입하는 과정에서 발생한 것으로 본다.

50 에스라 1:8의 세스바살에 대해서는 몇 가지 견해가 있다. (1) 첫째 견해로는 세스바살은 스룹바벨의 페르시아 이름으로 본다. 비벨론에서 태어났다는 의미의 스룹바벨은 바벨론으로 끌려가 오랫동안 감옥생활을 했던 유다의 제19대 왕 여호야긴의 손자로서 유다의 방백으로 불리어지는 지도자였다. 하지만 세스바살과 스룹바벨이 같은 사람을 가리킨다면 에스라 5:15,16에만 세스바살로 나타나고 그 외에는 나타나지 않는 이유에 대해서는 설명이 부족하다. (2) 세스바살은 처음 고레스 왕으로부터 유다의 총독으로 임명을 받고 팔레스틴으로 왔으나 도착한 지 얼마 되지 않아 죽었기 때문에 그 뒤를 이어

제18대 왕 여호야김 3년(B.C. 605)에 느브갓네살에 의해서, 제19대 왕 여호야
긴 1년(B.C.597)에 역시 느브갓네살에 의해서, 그리고 제20대 마지막 왕인 시
드기야 왕 제11년(B.C. 586)에 느브갓네살의 시위 군대 장관인 느브사라단에
의해 포로로 끌려간 사람들이었다. 하나님의 약속과 은총 아래(1:1) 고국으로
돌아오는 인도자 스룹바벨과 백성들은 남다른 감회와 감격이 있었다. 그들의
귀환은 단순한 '돌아옴'이 아니라 하나님의 언약의 성취로서(렘 25:11; 29:10)
이스라엘에 대한 하나님의 진노가 그친 것이며 다시 하나님의 품에 안기는 것
이었다. 에스라 2장에 언급된 돌아오는 자들의 명단과 그 숫자는 하나님의 언
약을 이루는 소위 '남은 자들'을 가리키는 상징적인 의미가 있다.

그들은 다시 팔레스틴으로 돌아가야만 하는 하나님의 언약 백성이었다. 그
들은 하나님의 언약을 믿고 미래의 축복과 행복을 바라보고 현재의 고난을 기
꺼이 감수하였다. 그들은 하나님의 뜻을 이루기 위한 하나님의 백성들로서만
살아야 했다. 제1차로 돌아온 스룹바벨과 백성들은 고레스 왕으로부터 귀향
허락뿐만 아니라 성전 재건 허락과 성전 기명 반환 허락 및 성전 재건에 필요
한 건축 자재 지원 허락까지 받고 귀국했다.

① 제1차 귀국 행렬(2:1-35)

페르시아의 고레스 왕에 의해 바벨론은 멸망하였고 바벨론에 끌려와 있던
유다 백성들은 제1차로 스룹바벨의 인도로 고국으로 돌아왔다. 모세가 애굽
에서 이스라엘 백성을 이끌고 나오듯 스룹바벨과 예수아를 비롯 11명의 지도
자들이 중심이 되어 바벨론으로부터 유다 백성들을 인도하여 나왔다. 소위 제
2의 출애굽이라 불리는 이스라엘의 해방과 귀환길에 지도자들이 앞장을 섰다.
그중 스룹바벨은 여호야긴 왕의 손자로서 왕족이었다. 또한, 예수아는 대제사
장 가문의 혈통을 가지고 있는 사람이었다. 결국 스룹바벨은 왕의 직분을, 예

스룹바벨이 총독을 대신했다고 보기도 한다. 그러나 증명할만한 타당한 근거가 없다.
(3) 세스바살은 스룹바벨의 삼촌이며 역대상 3:17의 세낫살이라는 견해도 있으나 설득
력이 약하다. (4) 세스바살은 페르사아 왕이 예루살렘으로 파견한 관리로서 예루살렘으
로 귀환한 유대인들은 국가 재건과 예루살렘 성전의 재건 사역의 합법성을 인정받기
위해 그의 이름을 언급했다고 보기도 한다.

수아는 대제사장의 직분으로 고국에 돌아간 것이다. 11명의 지도자들의 이름 중 느헤미야는 느헤미야서의 저자와 동명이인이며 또한, 모르드개 역시 에스더의 삼촌 모르드개와는 다른 인물이다(1, 2절).

11명의 지도자와 함께 고국으로 돌아오는 자들의 명단은 가문별 또는 같은 지역 사람들이었다. 이들은 바벨론으로 끌려가 거기서 살면서도 가문별로 모여 살았거나 같은 지역 출신들끼리 모여 공동생활을 하며 하나님의 언약을 기억하고 살았던 것이다. 이러한 사실은 여호와 신앙의 순수성을 지키며 살다가 하나님의 진노가 그칠 때 즉시 고국으로 돌아가고 있음을 알려 준다.

② 귀국하는 제사장들(2:36-42)

제1차로 돌아오는 명단 가운데 제사장들의 숫자는 4,289명에 달했다. 그러나 성전에서 다른 직분을 맡아 일하는 레위인들의 숫자는 341명에 불과하다. 그 이유는 제1차로 돌아오는 사람들은 성전 재건의 막중한 임무를 부여받고 바벨론으로 탈취되어 운반된 성전 기명들을 고국으로 운반해야 했기 때문이다. 성소 안의 성전 기명들은 아무나 만지거나 운반할 수 없었다. 제사장들만이 운반해야 할 그릇들이 많았다. 그것들은 일찍이 바벨론 느브갓네살 왕이 예루살렘 성전을 침략하여 성전 안의 각종 성전 기명들을 몰수해 갔으며 그동안 바벨론 신전 창고에 방치되어 있다가 제사장들에 의해 운반되어야 했기 때문에 1차 귀국 백성들 가운데 제사장들의 숫자가 많게 된 것이다. 귀국자들의 명단이나 숫자가 단조롭고 무의미하게 보이는 듯하지만, 자세히 연구해 보면 기록된 역사 속에는 이처럼 많은 하나님의 섭리와 뜻이 담겨 있음을 발견하게 된다. 바벨론 식민지 아래 살았던 유대인들은 비록 국가를 잃은 망국의 설움을 안고 살았으나 신앙적으로는 하나님 중심으로 믿음을 새롭게 하며 살았다(시 137편).

③ 느디님 사람들과 솔로몬의 신하의 자손들(2:43-58)

이 두 자손들은 서로 공통점이 있다. 그들은 혈통적으로는 이스라엘 백성이 아니다. 그들은 주로 다윗과 솔로몬 시대에 있었던 전쟁 중에 포로로 붙잡혀 온 사람들이었다. 이스라엘 국가는 이들을 이스라엘 백성을 돕는 자로 사용하였다. 이들 가운데 특히 레위인들을 돕는자들은 느디님(히브리어로, 네디님) 즉 '주어진 자들'이라는 이름으로 불려졌다. 이들은 주로 일손이 부족한 레위인들을 성전과 성전 주변에서 돕는 자들로 레위인들에게 바쳐진(주어진)자들이었기 때문이다.

또한, 솔로몬 시대에도 많은 이방인들이 포로로 붙들려 와서 성전과 왕궁에서 일하는 유대인들을 도왔던 것이다. 이들도 이스라엘의 멸망과 함께 바벨론으로 포로로 붙잡혀 갔다가 그 후손들과 함께 귀국하는 유대인들의 행렬에 동참하여 390명이나 귀국한 것이다.

④ 혈통과 계보가 불분명한 자들(2:59-63)

귀환자들 중에는 혈통이나 직분이 불투명한 자들도 있었다. 이것은 마치 이스라엘 백성들이 애굽에서 나올 때 여러 이방 잡족이 섞여 있었던 것과 비슷하다. 이들은 여호와에 대한 신앙이 부족했던 자들이었다. 자신들의 신분이나 위치에 합당하게 살지 않았으며 하나님께 대한 직분도 소홀히 하였던 자들이었다. 심지어 제사장 가운데도 제사장 계열에 속하지 않은 자들이 있음을 발견하고 그들로 하여금 제사장의 직무를 하지 못하게 하기도 했다. 이처럼 혈통이나 직분이 모호한 자들은 따로 분류하여 경건한 백성과 다르게 취급을 하였다.

⑤ 예물을 드리는 돌아온 자들(2:64-70)

제1차 귀국자는 일반 백성 42,360명, 노비 7,337명, 노래하는 자 200명 모두 49,897명이었다.[51] 이들은 예루살렘에 돌아와 새로운 삶을 시작하였다. 특히 족장들 중의 일부는 파괴되어 빈터가 되어 버린 예루살렘 성전 터에 와서 성전 건축을 위한 예물을 '즐거이' 드렸다. 그 옛날 다윗과 그의 신하들 및 백성들이 '즐거이' 성전 건축을 위한 예물을 드렸듯이 그렇게 예물을 드리는 것

---

51 백성들이 바친 귀금속과 물건의 수가 여기서는 금 61,000다릭(드라크마)인데 반해 느헤미야서에는 41,000다릭으로 나온다(느7:70-72). 이런 차이는 사본의 전승 과정에서 필사자들의 실수 때문으로 보는 것이 일반적인 견해다. 마찬가지로 은 5,000마네(느헤미야서에는 4,200마네), 제사장의 옷 100벌(느헤미야서에는 597벌) 등도 서로 다르다.

으로부터 성전 건축 공사는 시작되었다. 예레미야를 통해 주신 하나님의 언약 대로 때가 되매 이스라엘 백성들은 고국으로 돌아왔고 하나님의 언약은 성취 되었다.

(3) 돌아온 자들의 성전 건축 시작(3장)

① 돌아온 자들의 초막절 축제와 그 의미 (3:1-7)

고국으로 돌아온 백성들은 7월이 되자 제단을 새로 만들고 날마다 드리는 상번제를 비롯하여 안식일과 월삭(매월 초하루)의 제물을 드렸으며 7월 절기 중 민족의 최대 절기인 초막절을 모세의 규례대로 지켰다. 초막절은 유월절, 맥추절(오순절)과 함께 이스라엘 민족의 3대 절기이며 집을 떠나 초막을 짓고 한 주간 동안 그곳에 거하면서 광야생활을 체험하는 의미에서 초막절(장막절) 이라고 불리는데(레 23:33), 추수를 마치고 곡식을 저장한 후 하나님께 감사제 를 드린다는 의미에서 이 절기를 수장절이라고도 부른다(출 34:22). 고국으로 돌아온 자들이 7월 축제를 지켰다는 것은 그들이 성전을 재건하기 전에 지난 날의 불신앙적인 행위들을 회개하며 하나님께 돌아가는 신앙 회복의 의미가 더 큰 것이다. 이렇게 영적으로 각성한 돌아온 자들은 옛적에 다윗이 성전 건 축을 위해 목수와 석수들을 준비시켰던 것처럼 모든 기술자들을 준비시켰으 며(대상 22:2, 15) 성전 재건에 동원될 두로와 시돈 사람들에게 음식을 풍족히 나눠주며 사기를 북돋아 주었다. 특히 성전 건축에 쓸 목재는 고대 근동에서 가장 좋은 레바논의 백향목을 수운해 왔다. 고국으로 돌아온 소위 남은 자들 은 임시 번제단을 만들고 먼저 하나님께 7월 절기를 지키는 것으로부터 시작 하여 각종 절기를 지키며 영적으로 하나님께 돌아가는 신앙 운동을 전개하면 서 동시에 성전 재건을 위한 준비에 총력을 다 기울였다. 그들의 이러한 모습 은 바벨론 포로생활 이전과는 너무나 대조적인 것이었다. 결국 돌아온 자들의 초막절 축제는 단순한 절기 행사가 아니라 민족 전체가 다시 하나님께 돌아왔 다는 신앙적 표시였으며 그동안 중단된 모세의 각종 규례가 다시 실시되기 시 작했음을 알리는 엄숙한 선언과도 같은 것이었다. 구약 시대 성전 중심의 모 든 절기와 축제는 모두 예수 그리스도 안에서 하나님을 섬기며 구원의 기쁨을 누리는 예배 중심의 생활과 그 맥을 같이 한다.

② 성전 건축을 위한 감독자들(3:8-9)

돌아온 자들은 고국에 온 지 2년 2월에 스룹바벨과 예수아 및 제사장들을 중심으로 예루살렘 성전 건축 공사를 시작하였다. 그리고 20세 이상의 레위인들을 선별하여 여호와의 전 곧 성전 건축 공사의 감독자로 세웠다. 본래 하나님을 섬기는 일을 맡을 수 있는 자격자는 25세 이상이 되어야 했으나(민 8:24) 바벨론 포로 이후 후대에는 레위인들의 현저한 감소로 봉사자의 연령을 20세로 낮추었던 것이다(대상 23:24, 27, 대하 31:17). 감독자로 세움을 입은 레위인들은 정성을 다하여 하나님의 전 공장(여기서 공장이라는 말은 히브리어로 '멜라카'이며 번역하면 '일'(役事)을 의미한다)을 감독하였다.

③ 성전 재건을 위한 착공식(3:10-13)

첫째, 제사장들과 레위인들은 대대적인 찬양으로 영광을 돌렸다. 건축가들이 성전 지대를 놓을 때 여호와 하나님을 송축하는 아름다운 찬양이 울려 퍼졌다. 제사장들은 예복을 입고 나팔을 불었으며 찬양에 재능이 있는 아삽 자손들은 제금으로 하나님을 찬양했다. 그들은 서로 찬양을 주고받는 화답을 통하여 계속 하나님의 성호를 찬양하며 기뻐하면서 한없이 감사를 드렸다.

둘째, 성전 지대가 놓일 때 즐거이 부르는 찬양 소리와 더불어 슬피 우는 통곡 소리도 있었다. 솔로몬의 성전 건축 당시를 회고하는 노인들은 그 당시 화려한 성전 건축 착공식의 모습에 비할 때 지금의 성전 재건 착공식은 그 당시와 비교할 수 없을 만큼 초라하였기 때문에 너무나 슬퍼서 대성통곡을 하였다. 그러나 성전 건축을 처음 보는 대부분의 일반 백성들은 다시 성전이 재건된다는 사실을 기뻐하여 한없이 즐거운 감사의 찬양을 드렸다.

이처럼 찬양과 통곡이 함께 울려 퍼졌으나 일반 백성들은 즐거이 부르는 소리와 통곡 소리를 분별하지 못했다. 일부 노인들의 슬픈 통곡 소리조차도 성전 착공을 기뻐하는 백성들의 눈에는 감격의 눈물처럼 보였을 것이다. 백성들의 이와 같은 기쁨의 원인은 눈에 보이는 성전 재건을 통해 하나님과의 영적인 관계의 회복 때문이었다. 이스라엘 백성들은 바벨론 포로생활을 통하여 하나님과의 올바르지 못한 불편한 관계가 얼마나 무섭고 두려운 일인가를 체험했던 것이다. 그런데 지금 하나님의 임재의 상징인 성전 재건이 이루어진다는 것은 하나님과 그들과의 불편한 관계가 청산되고 하나님과 그의 백성과의 관계가 회복됨을 의미하는 것이기 때문이다. 하나님과 인간과의 관계 회복 곧 이것이 그리스도의 십자가 사건을 통한 화목의 축복이다. 따라서 과거 솔로몬의 성전을 알고 있었던 일부 노인들은 스룹바벨 성전공사의 초라함에 통곡하였으나 영적으로는 스룹바벨의 성전이 솔로몬의 성전보다 훨씬 더 메시아를 향해 발전된 성전임을 성경은 예시하고 있다(학 2:9). 즉 스룹바벨 성전의 외적 모습만 보고 통곡하는 일부 노인들보다 스룹바벨 성전 착공을 바라보고 기뻐하는 일반 백성들의 모습이 영적으로는 훨씬 더 메시아를 통한 하나님과의 화목의 관계에서 오는 기쁨을 누리고 있음을 알 수 있다.

가장 먼저 귀환한 이스라엘 백성들은 그동안 중단되었던 초막절 절기를 성대히 지키며 하나님을 섬기는 기쁨을 만끽하였다. 그리고 이후, 성전 재건을 위한 준비를 서두르고 감독자를 임명하며 드디어 성전 지대를 놓는 착공식을 거행했다. 과거 솔로몬의 성전에 비하면 너무나 초라하였지만 새로운 성전에 대한 기대감은 백성들의 마음을 충분히 설레게 했다. 오히려 이 성전의 재건 의미는 하나님과 이스라엘 백성들과의 새로운 언약적 관계가 형성된다는 의미에서 그 중요성은 더욱 크다고 할 수 있다. 이러한 모습은 장차 성전보다 더 큰 분으로 오실 메시아이신 그리스도 예수를 통한 하나님과 죄인과의 언약적 관계 곧 구원과 해방의 관계로 성취될 사실에 대한 앞선 모형이며 예표이다.

(4) 중단되는 건축 공사(4장)

돌아온 자들의 영적 각성과 그들을 통한 성벽 재건 공사가 시작되었을 때 대적들의 방해 공작이 시작되었다. 급기야 페르시아 왕 아닥사스다의 공사 중지 명령에 따라 성벽 재건 공사는 중단되고 말았다. 기초 공사가 채 끝나기도 전에 중단된 성전 건축 공사는 약 20여 년 동안 중단된 상태로 방치되다가 하나님의 은혜 아래 학개 선지자를 비롯한 선지자들의 격려로 완공하게 된다. 그러나 예루살렘 성벽 공사는 방해자들의 모함에 의해 중단되고 말았다. 하나님의 선한 사업에는 언제나 사단과 그 대적들의 끈질긴 방해와 핍박이 뒤따르지만 결국에는 하나님의 방법으로 승리하고야 만다는 교훈을 준다.

① 성전 건축 공사를 방해하는 자들(4:1-6)

유다와 베냐민의 대적(1절) 즉 사마리아인들은 이스라엘과 유다가 멸망할 때 앗수르 또는 바벨론으로 끌려가지 않고 고국 팔레스틴 땅에 남아있던 사람들은 우상을 섬기던 이방인들과 결혼하여 자녀를 낳았다. 이때 태어난 혼혈아들이 사마리아인들이다. 이들은 이방인과 이스라엘 백성 사이에 태어난 혼열아들로서 일반적으로 예수님 당시까지도 유대인들에게 멸시와 천대를 받았다. 당시 바벨론으로 사로잡혀 갔다가 돌아온 유다 백성들이 성전 재건 공사를 시작했을 때 이 사마리아인들이 스룹바벨과 족장들을 찾아와서 자신들도 성전 재건 공사에 참여시켜 달라고 요청을 했다. 그러나 실제로 사마리아인들의 이 요청은 그들도 하나님을 섬기기 위한 열심과 믿음 때문이 아니라 이미 가나안 땅에서 70년 동안이나 살았던 그들로서 가나안 땅에서의 기득권을 잃지 않기 위한 제스처에 불과했다.

그들은 이미 하나님을 떠나 이방신들을 섬기고 있었으며 돌아온 자들의 성전건축 재건 공사는 그들의 우상 숭배에 큰 방해가 될 수밖에 없었던 것이다. 그래서 사마리아인들은 '우리 하나님'이라고 말하지 않고 '너희 하나님'이라고 말하며 그들은 단지 건축 공사에 힘을 보태는 정도로 참여해서 가나안 땅에서의 그들의 기득권을 유지하겠다는 속마음을 내비친 것에 불과했던 것이다. 사마리아인들은 기껏해야 "우리도 너희와 같이 너희 하나님을 구하노라"(2절)라고 말하면서 '우리 하나님'이라고 부르지 않고 '너희 하나님'이라고 불렀던 것이다. 이 사실을 알고 있는 스룹바벨과 예수아 및 족장들은 사마리아인들의 그 요청을 거절해 버렸다. 돌아온 자들은 "우리 하나님의 전을 건축하는데 너희는 우리와 상관이 없느니라"(3절)라고 말하면서 "우리도 너희와 같이 너희 하나님을 구하노라"(2절) 라고 말하는 사마리아인들의 불신앙을 받아들이지 않았다. 우상도 숭배하고 하나님도 섬기겠다는 것은 종교적 혼합주의에 불과한 것이다.

스룹바벨을 비롯한 돌아온 자들은 이스라엘 하나님 여호와를 위하여 홀로 건축하리라(3절)고 단호하게 사마리아인들의 성전 건축 공사 참여 의도를 거절하였다. 그러나 거절당한 사마리아인들은 물러서지 않았다. 그 땅 백성(4절) 곧 사마리아인들은 돌아온 유다 백성들의 성전 재건 공사를 무기력하게 만들기 위한 온갖 교활한 방법을 다 동원하여 방해하기 시작하였다.

이 성전 방해 공작은 고레스(B.C. 539-529) 왕 때부터 캄비세스 2세(B.C. 529-523), 수메르디스(B.C. 523-522)를 거쳐 다리오 1세(B.C. 522-485)에 이르기까지 계속되었다. 심지어 사마리아인들은 의사들(여기서 '의사'는 왕궁의 고위 공직자를 의미함)에게 뇌물을 주고 거짓된 보고를 올려 건축 공사를 방해하고 저희(沮戲, 끈질기게 방해하는 것)하였으며 급기야 페르시아 왕이 성전 재건 공사 중지 명령을 내리도록 하고야 말았다. 이러한 방해 공작은 성전 공사가 끝난 후에도 예루살렘 성벽 재건 공사 때까지 유다와 예루살렘 백성들이 고소당하는 모습으로 계속되었다(6절).

② 사마리아인들의 아닥사스다 왕에게 고소한 내용(4:7-24)

성전 방해 공작이 고레스(B.C. 539-529) 왕 때부터 캄비세스 2세(B.C. 529-523)와 수메르디스(B.C. 523-522)를 거쳐 다리오 1세(B.C. 522-485)에 이르기까지 계속되었으나 다리오 1세 때 약 20년 동안 중단되었던 성전 건축 공사의 재개를 허락받아 성전을 완공하기에 이른다(B.C. 516). 그리고 다리오 1세 다음 왕인 아하수에로 1세(B.C. 485-464) 때 예루살렘 성벽건축공사에 착수하게 된다. 그러나 사마리아인들은 또 예루살렘 백성들을 고소하며 방해를 시작하였다.

아하수에로 1세 때부터 방해하기 시작한 사마리아인들은 그 다음 왕인 아닥사스다 1세(B.C. 464-424) 때 이르러 비슬람, 미드레닷, 다브엘 및 그 동료들을 대표로 선출하여 고소장을 만들고 페르시아로부터 임명받은 관리인 방백 르훔과 서기관 심새를 시켜 아람 문자와 아람 방언으로 기록된 글을 써서 아닥사스다 왕에게 예루살렘 백성들을 고소했다. 고소 내용은 한마디로 예루살렘 백성들이 반란을 일으키기 위하여 예루살렘 성벽을 건축하고 그 성읍을 요새화한다는 것이었다. 또한, 만약 예루살렘 성벽이 완성되면 예루살렘 백성들은 페르시아에 대한 세금을 바치지 않을 것이며 필경은 강 서편 곧 가나안 땅을 잃게 될 것이라는 모함까지도 서슴지 않았다. 이러한 사마리아인들의 끈질

긴 방해는 오늘날 그리스도인들에 대한 사단의 공격과 훼방으로 볼 수 있다.

당시 돌아온 백성들은 그동안 중단된 관계 곧 하나님과의 영적 회복을 위한 열심으로 성전을 건축하고 하나님 백성으로서의 새 출발을 다짐하기 위해 무너진 예루살렘 성벽을 건축하는 열정에 불타 있었는데 사마리아인들은 단지 자기들의 기득권이 위협받는다는 이기적인 욕심 하나 때문에 하나님의 뜻을 거역하고 있었다. 이 고소장을 받은 아닥사스다 왕은 올바른 판단을 내리지 못하고 예루살렘 성벽 재건축 공사에 대한 중지 명령을 내리고 말았다. 이 중지 명령은 그다음 왕인 다리오 2세(B.C. 423-405)까지 계속되었다. 그러나 하나님께서는 아닥사스다 1세의 마음을 움직이셔서 에스라를 팔레스틴(가나안) 땅의 종교 지도자로 파송케 하시고 느헤미야를 총독 겸 예루살렘 성벽 재건 공사의 책임자로 파송케 하셔서(느 2:1) 예루살렘 성벽 공사를 마치게 하셨고 하나님과 이스라엘 백성과의 관계회복을 이루게 하셨다. 원수들의 방해가 아무리 심하다 하더라도 하나님의 일은 하나님의 방법에 의해서 기필코 이루어지고야 만다는 교훈을 배우게 된다. 사마리아인들의 이와 같은 방해와 고소 행위 때문에 이후 유대인들과 사마리아인들 사이에는 깊은 감정의 골이 생겼고 예수님 당시까지에도 이 둘 관계는 단절되어 있었으며 서로 상종을 하지 않았던 것이다.

(5) 성전 공사의 재개와 총독의 상소문(5장)

대적들의 방해 공작으로 성전 공사가 중단된 지 오랜 세월이 지났을 때 많은 선지자가 하나님의 이름을 받들어 유다 백성들에게 예언을 하였다. 이 예언은 일종의 질책성 명령으로서 중단된 성전 공사를 재개하라는 것이었다. 스룹바벨을 중심으로 성전 건축 공사가 다시 시작되었을 때 사마리아 지역의 총독들이 건축 공사장에 와서 유다 백성들의 성전 건축 재개에 대한 설명을 듣고 성전 재개에 대한 허락 여부를 알기 위해 상소문을 만들어 페르시아 왕에게 보고하였다. 이 상소문의 내용에는 이스라엘의 바벨론 식민지 생활의 원인과 해방, 그리고 귀국 후 유다 백성들의 성전 재건에 하나님의 섭리 등이 언급되어 있다.

① 성전 재건을 예언한 선지자들(5:1-2)

처음에는 사마리아 사람들의 성전 건축 방해와 그들의 모략으로 성전 건축 공사가 중단되고 있었다. 그러나 오랜 세월이 지나자 방해자들의 방해가 없음에도 불구하고 유다 백성들은 하나님께 대한 신앙의 열정이 식어 여러 가지 핑계를 대며 거룩한 일에 관심을 두지 않았다. 이때 하나님께서 선지자 학개와 잇도의 손자 스가랴의 입에 말씀을 주셨다. 학개와 스가랴가 하나님의 이름으로 성전 재건의 필요성을 역설하였을 때 백성들의 지도자인 스룹바벨과 예수아가 일어나 성전 재건을 명하고 함께 성전을 건축하기 시작하였다.

성전 건축 공사가 중단된 지 약 16년 만의 일이었다. 학개, 스가랴 이 두 선지자의 하나님의 말씀을 통한 독려로 성전 재건이 활발하게 전개되고 있음을 역사 기록자 에스라는 강조하고 있다. 하나님의 거룩한 사업은 하나님께서 요구하시는 때에 말씀을 전하는 자들의 격려와 독려에 의해 하나님의 방법으로 이루어짐을 역설하고 있다. 또한, 때때로 하나님의 백성들에게는 하나님의 종들의 가르침과 독려가 필요함을 보여 준다. 유다백성의 지도자인 스룹바벨과 예수아는 앞장서서 백성과 함께 일하고 학개와 스가랴 선지자는 백성들을 하나님의 말씀으로 독려하며 성전을 재건하는 역사적 모습은 배후에서 역사하시는 하나님의 섭리에서 비롯된 결과였다.

② 강 서편의 사마리아 총독들(5:3-5)

여기서 강 서편은 당시 바벨론이나 페르시아 제국으로 볼 때 유프라테스강 서쪽을 가리키는 말로 팔레스틴 곧 가나안 땅을 말한다. 페르시아 정부로부터 팔레스틴 가나안 땅을 다스리도록 파송된 총독인 닷드네, 스달보스네 및 그들의 동료인 아바삭 사람은 유다 백성들이 금지된 성전 건축 공사를 다시 재개했다는 소식을 듣고 급히 달려왔다.

그들은 총독으로서 유다 백성들이 사는 팔레스틴 땅에서 일어나는 모든 일에 대해 페르시아의 왕에게 보고할 의무가 있었기 때문이다. 총독들이 들이닥쳤을 때 유다의 지도자들은 성전 건축에 대한 하나님의 계획을 자세히 설명하였다. 즉 성전 건축에 대한 허락은 이미 고레스 왕으로부터 받았으며 이미 시작된 건축 공사가 사마리아인들의 거짓된 상소에 의해 그동안 중단되어 왔음을 자세히 고했다. 그리고 사마리아인들의 거짓 상소문처럼 페르시아로부터 독립하기 위해 반란을 일으키기 위해 성전 건축 공사를 하는 것이 아니라고 설명했다. 성전 건축사 현장에서 유다 장로들의 설명을 들은 총독들은 다시 시작된 성전 건축 공사를 중단시키지 않고 유다 장로들의 말을 그대로 옮겨 페르시아 왕에게 상소를 올렸다. 왜냐하면 총독들은 유다 백성들이 고레스 왕의 허락을 받고 성전을 재건하고 있다는 보고를 들었기 때문이다. 이 일은 오히려 과거 잘못된 상소문으로 인해 성전 건축 공사가 중단된 일에 대한 진실을 규명할 수 있는 좋은 기회가 되었다.

이러한 좋은 결과는 '하나님께서 유다 장로들을 돌아보셨으므로' 이루어진 것이며(4절) 페르시아에서 파송된 총독들은 성전 건축 공사를 중지시키지 않고 도리어 상소문에 기록된 대로 과연 페르시아 고레스 대왕이 성전 건축 공사를 허락했는지에 대한 페르시아 왕의 답변이 오기만을 기다리게 되었다. 이것은 이미 허락받고 시작된 성전 건축 공사에 대해 후대의 총독들이 다시 페르시아 왕의 허락을 받아내는 셈이 되고 말았다.

③ 총독들이 페르시아 왕에게 올린 상소의 내용(5:6-17)

총독들은 유다의 장로들이 말한 내용을 빠짐없이 기록하여 페르시아 왕에게 보고하였다. 그리고 유다 백성들이 현재 성전 건축 공사를 다시 진행하고 있는 이유에 대해서도 자세히 보고하였다. 즉 여호와 하나님께서 이스라엘 백성을 위해 한 큰 왕(솔로몬)을 통해 성전을 건축하게 하셨으나 이스라엘 백성이 하나님을 격노케 하였으므로 하나님께서 갈대아 사람 바벨론 느브갓네살을 통하여 그 성전을 파괴하였으며 유다 백성을 바벨론으로 옮겨 그 곳에서 오랜 세월 동안(약 70년) 살게 하셨다는 것이다. 일정한 기간이 지났을 때 하나님께서는 다시 바벨론을 이어 페르시아가 바벨론의 합법적인 계승 나라가 되게 하시고 페르시아의 왕 고레스를 통해 이스라엘의 하나님 여호와를 위한 성전을 건축하도록 섭리하셨다는 것이다. 그 뿐만 아니라 고레스 대왕은 세스바살(스룹바벨)이라 하는 유다인을 유다의 총독으로 임명하고 그에게 과거 느브갓네살이 예루살렘으로부터 가져온 금, 은, 기명을 다 내어주며 이것들을 가져다가 새로 짓는 성전에 넣으라고 조서를 내렸다는 것이다.

이제 상소문에 기록된 대로 현재의 페르시아 왕께서는 과거 페르시아 고레스 대왕의 조서를 면밀하게 검토해서 과연 고레스 대왕이 유다 백성의 성전 건축 공사를 허락했는지를 알아 달라는 것이다. 총독들의 상소문에 나타난 성전 재건 당시의 유다 백성들은 하나님의 주권을 인정하는 겸손한 신앙 자세를 유지하고 있었다. 과거 자신들의 멸망도 그들의 범죄에 대한 하나님의 징계였음을 시인하고 하나님의 징계에 오랜 세월 동안 순응했음을 보여 준다. 또한, 하나님은 긍휼에 풍성하신 분으로서 이스라엘 백성의 회개 기도를 들으시고 다시 용서하사 고국으로 그들을 돌려보내셨다고 고백함으로써 하나님의 긍휼과 사랑을 드러냈다. 이처럼 총독들이 페르시아 왕에게 올린 상소문에는 역사를 주관하시는 살아계신 하나님의 주권과 섭리가 가득 담겨 있다. 이스라엘 역사의 과거와 현재 속에 임재하시고 주관하시는 하나님의 은총을 배운다.

(6) 하나님의 전 역사를 막지 말라(6장)

성전 재건을 위한 이스라엘 백성들의 노력은 하나님의 은혜로 결실을 맺어 옛적 고레스 대왕의 조서에 기록된 대로 성전 건축 공사를 계속하라는 다리오 왕의 건축 허가를 재차 얻게 된다(6:1-12). 이 허락으로 성전 재건 공사가 신속히 이루어졌으며(13-15절) 성전 봉헌식과 유월절 축제가 한 주간 동안 계속된 사실(16-22절)이 본 장의 주요 내용이다. 이처럼 성전이 완공되고 유월절 축제가 거행되었다는 것은 하나님과 이스라엘 백성과의 관계가 정상화되고 신앙 회복이 이루어졌음을 의미한다.

① 고레스 대왕의 조서(명령서)를 찾으라(6:1-5)

가나안 땅 곧 사마리아 지역의 총독 닷드네로부터 보고를 받은 당시 페르시아 왕 다리오는 즉각 명령을 내려 선왕 고레스 대왕이 이스라엘 백성들에게 어떤 조서를 내렸는지 조사하도록 했다. 이에 따라 다리오 왕의 신하들은 문서 보관소마다 자세히 조사하던 중 페르시아 왕들의 여름 휴양지로 알려진 악메다페르시아(제국 이전의 메대의 수도) 궁에서 두루마리 하나를 발견하였는데 그것이 바로 이스라엘 백성에게 내린 고레스 대왕의 명령서(조서)였다. 고대 문서들은 대부분 파피루스나 양피지에 글을 새겨 둘둘 말아 보관되었다. 이 두루마리에는 고레스 왕 원년에 내려진 예루살렘 하나님의 전에 대한 자세한 내용이 기록되어 있었다.

이 두루마리에 의하면 고레스 대왕은 예루살렘 성전의 기초 공사를 견고히 할 것과 크기 및 건축 자재 배열에 대해서조차 자세한 명령을 내렸으며, 심지어 성전 건축의 모든 비용과 경비는 페르시아 왕실에서 부담할 것까지도 상세히 언급했다. 그뿐만 아니라 고레스 대왕은 옛날 느브갓네살이 예루살렘 성전에서 탈취해 온 하나님의 전의 금, 은, 기명을 돌려보내고 그것들을 예루살렘 전으로 가져다가 하나님의 전 안 각기 본래의 장소에 두라고 명령도 덧붙였다. 하나님의 전의 모든 기구를 바벨론으로 가져가도록 섭리하신 하나님께서 다시 그것들을 예루살렘으로 가져가도록 섭리하고 계심을 알 수 있다.

② 하나님의 전 역사를 막지말라 그리고 도와 주라(6:6-12)

고레스 대왕의 두루마리 명령서를 찾아내어 이러한 모든 사실을 알게 된 다리오 왕은 "하나님의 전 역사를 막지 말고 유다 총독과 장로들로 이 전을 건축하게 하라"(7절)고 즉시 사마리아 총독에게 명령을 내렸다. 그리고 성전 건축 공사에 필요한 경비는 왕의 재산 곧 강 서편(팔레스틴 지역)에 사는 백성들이 내는 세금 가운데서 넉넉히 주라는 명령도 첨부했다. 더욱 놀라운 일은 '하늘의 하나님께' 드릴 번제의 수송아지와 수양과 어린양과 또 밀과 소금과 포도주와 기름을 주되 예루살렘 제사장들이 원하는 대로 날마다 주라고 명했다. 그리고 제사장들이 하늘의 하나님께 향기로운 제물을 드릴 때마다 페르시아 왕과 왕자들을 위해 기도해 줄 것도 당부했다.

다리오 왕의 명령은 계속 이어진다. 만약 누구든지 다리오 왕의 이 명령을 어기는 자가 있으면 그 집 들보를 빼서 사형틀을 만들고 그를 그 위에 매달아 죽게 하며 그 집터를 폐허로 만들어 거름더미가 되게 하라고 했다. 마지막으로 다리오는 한가지 명령을 더 첨부했다. 만일 열왕이나 백성이 이 명령을 어기고 예루살렘 하나님의 전을 허무는 자가 있다면 그곳에 이름을 두신 하나님이 저희를 멸하시기를 원하시기를 원한다는 최후 명령이 그것이다. 역사를 주관하시는 하나님께서는 일찍이 고레스 왕을 '내 종'이라 말씀하시며 그를 통해 이스라엘을 해방시키시고 성전 건축을 지시하셨으며 때가 되었을 때 다시

다리오 왕을 통해 중단된 성전 건축 공사가 원활하게 진행되도록 섭리하셨다. 하나님의 때에, 하나님의 방법으로, 사람의 마음을 감동시키시고, 당신의 기쁘신 뜻을 이루시는 하나님의 섭리에 감탄하지 않을 수 없다.

③ 성전 재건 완성(6:13-15)

선지자 학개와 스가랴의 권면을 받은 유다 장로들의 인도로 성전 건축 공사는 순조롭게 진행이 되었다. 그뿐만 아니라 다리오 왕의 조서에 따라 팔레스틴 총독이 성전 건축에 따른 모든 경비를 조달해 주었다. 다리오 왕 육 년 곧 B.C. 516년에 성전이 완공되어 B.C. 586년 예루살렘 성전이 파괴된 지 70년 만의 일이었다. 에스라서의 기록자인 학사 에스라는 이렇게 기록하고 있다.

> 이스라엘 하나님의 명령과 바사 왕 고레스와 다리오와 아닥사스다의 조서를 좇아 전을 전축하며 필역하되 다리오 왕 육 년 아달월 삼 일에 전을 필역하니라(15절).

여기서 고레스와 다리오 왕은 성전 건축에 실질적인 도움을 주었으나 아닥사스다 왕은 성전 건축 후 재임한 왕으로서 성전 건축과는 무관하다. 하지만 아닥사스다의 이름이 여기에 언급되는 것은 이 왕이 성전 재건 후 성전에 사용되는 각종 기구를 지원하면서 성전에 관한한 이스라엘 백성들에게 매우 호의적이었기 때문에 성경 기록자가 성전 건축과 관계된 왕으로 함께 기록하고 있다. 이렇게 재건된 소위 스룹바벨 성전은 A.D. 70년 로마의 디도(Titus) 장군에 의해 파괴되기까지 약 585년 동안 이스라엘 백성들의 신앙 중심지가 되었다.

④ 전 봉헌식과 유월절 축제(6:16-22)

옛적 솔로몬 성전 준공식은 한 주간 진행되었으며 이 기간 중, 소 2만 2천 마리와 양 12만 마리가 제물로 바쳐졌다(왕상 8:63, 대하 7:5). 그리고 이스라엘 백성은 한주간 동안 의 성전 봉헌식을 마친 후 또다시 한 주간 동안 초막 절기를 지켰다. 이것은 이스라엘 역사상 전무후무한 큰 축제였다. 그러나 소위 스

룹바벨 성전의 준공식은 수소 1백 마리와 수양 2백 마리 그리고 어린양 4백
마리를 드리고 이스라엘 지파의 수에 따라 수염소 12마리를 이스라엘 공동체
를 위하여 속죄제로 드렸다.

솔로몬의 성전 봉헌식에 비하면 대단히 초라하지만, 그리스도의 속죄 사역
과 영적인 면에서 볼 때 스룹바벨의 이 성전 봉헌은 결코 초라하지 않았다. 특
히 사로잡혔던 자들의 자손들과 그 땅에 남아있던 자들이 함께 이 성전 봉헌
식과 유월절을 지켰다. 즉 이 유월절 예식은 사로잡혀 갔다가 돌아온 자들과
팔레스틴에 남아 있는 자들이 다시 그동안 탐닉했던 이방 사람의 더러운 것들
을 다 버리고 하나님께로 돌아가는 구별 의식이었으며 동시에 하나님과의 신
앙 회복의 의미가 내포되어 있었다. 결국 성전 봉헌식과 유월절 축제는 하나
님께 대한 이스라엘 백성들의 신앙 회복이 하나님의 긍휼과 자비의 결과로 이
루어졌음을 선포하는 중대한 의미가 있다.

이날 하나님께서는 '하나님 여호와를 구하는 자'를 즐겁게 하셨으며 구별
된 백성들은 옛 앗수르 땅을 계속 지배하는 페르시아 왕들의 마음을 움직이셔
서 성전 재건의 과업을 이루도록 역사하신 하나님의 사랑과 은혜에 감사하며
봉헌식과 더불어 무교절 음식을 나누며 즐거워 어쩔 줄 몰라 했다. 모든 일은
하나님께로부터 왔다가 하나님의 주관 아래 존재하다가 다시 하나님께로 돌
아가는 하나님의 질서 아래 있음을 가르쳐 준다.

(7) 에스라의 귀환 준비 (7장)

에스라서의 전반부(1-6장)는 스룹바벨을 중심으로 하는 이스라엘 백성의 1
차 귀국과 성전 재건에 관한 내용입니다. 그리고 후반부(7-10장)에는 에스라
를 중심으로 하는 2차 귀국과 그를 통한 신앙개혁에 관한 내용이 기록되어 있
다. 후반부의 시작인 본장에는 에스라의 개인적 신분과 족보(1-10절), 에스라
의 귀환을 허락하는 아닥사스다 왕의 조서 내용(11-26절) 그리고 하나님의 은
총을 찬양하는 에스라의 노래(27-28절)가 담겨 있다.

역사를 이끌어 가시는 하나님께서는 때가 되었을 때 이스라엘 백성들의 2
차 귀환을 위해 페르시아 아닥사스다 왕의 마음을 움직이셔서 유다 백성의 귀
환 명령 조서를 내리게 하셨다. 그뿐만 아니라 2차 귀환의 지도자로 학사 에

스라를 선택하시고 그를 통해 당신의 뜻을 이루셨다. 당신의 백성을 구원하시기 위한 하나님의 끊임없는 은혜와 돌보심 그리고 언약을 이루시고 역사를 이끌어 가시는 하나님의 열심을 배울 수 있다.

① 에스라의 신앙 인격(7:1-10)

페르시아 고레스 대왕의 조서대로 이스라엘 백성들은 스룹바벨을 중심으로 고국으로 돌아와 하나님의 섭리 아래 성전을 건축하였다. 그러나 이스라엘 백성들은 아직 신앙개혁을 이루지 못하고 방황하고 있었다. 그들은 성전을 건축한 후 적어도 약 60여년의 세월을 보냈다.

페르시아는 아닥사스다 왕이 통치하고 있었다(B.C. 485-464). 이때 하나님께서는 유다 백성의 2차 귀환을 위해 한 사람을 선택하셨다. 때가 되었을 때 사람을 통해 당신의 뜻을 이루시는 하나님의 섭리에 따라 준비된 에스라가 선택된 것이다. '여호와께서 도우신다' 는 뜻의 이름을 가진 에스라는 대제사장 가문인 아론의 십육대 후손으로서 스라야의 아들이라고 소개된다. 이것은 에스라가 제사장 가문으로서 일찍부터 모세의 율법을 비롯 하나님 섬기는 일에 열심인 가문의 후손임을 밝히려는 의도에서 비롯된 것이다.

첫째, 에스라는 이름 그대로 '그 하나님 여호와의 도우심을 입으므로 왕에게 구하는 것은 다 받는 자'였다(6절). 하나님과 에스라 사이의 개인적 관계에 있어서 흠이 없이 아름다운 교제가 이루어지고 있었음을 밝히고 있다. 그는 하나님의 은혜를 풍성히 받으며 사는 하나님의 사람이었다. 이러한 하나님의 은혜 아래 페르시아 아닥사스다 왕은 유다 백성의 귀환에 필요한 모든 것들을 에스라가 요구하는 대로 다 들어주었다.

둘째, 에스라는 '이스라엘 하나님 여호와께서 주신바 모세의 율법에 익숙한 학사 겸 제사장'이었다(6, 12절). 그의 신분은 모세의 율법을 백성들에게 가르치는 학사로 소개된다. 그는 언약의 근본인 모세의 율법을 통달한 사람으로서 하나님의 뜻을 받드는 생활에 전념 하고 있었다. 그는 페르시아 아닥사스다 왕의 조서에 '하늘의 하나님의 율법에 완전한 학사겸 제사장'으로 소개될 만큼 모든 사람에게 인정을 받았던 하나님의 사람이었다(12절).

여기서 학사(히브리어, 소페르)라는 말은 유대 사회의 신앙적 지도자들 중 하나로서 율법을 해석하고 백성들에게 그 율법을 가르치는 스승을 말한다. 예수님 당시에는 학사라고 말하지 않고 서기관이라고 불렀다. 그들은 제사장을 도와 하나님의 율법을 주해하고 가르쳤으며 또한, 율법을 손수 기록하여 필사본으로 남기는 일을 비롯하여 이해하기 어려운 율법을 주해, 해석하여 알기 쉬운 말로 기록하는 일을 전담하였다. 하나님의 절대적인 도움심과 은혜로 학사 에스라는 이스라엘 백성들을 이끌고 아닥사스다 왕 제칠년 정월 초하루에 바벨론을 출발하여 그해 오월 초하루에 '하나님의 선한 도우심을 힘입어' 예루살렘으로 무사히 귀환했다. 이 귀환에 대한 자세한 내용은 8장에 언급되고 있다. 일행 중에는 많은 어린아이가 있었으며, 또한 레위인들을 데리고 오기 위해 많은 시간이 소비되었고 바벨론에서 가나안 땅으로 올 때 사막 지역을 거치지 않고 북쪽 시리아를 거쳐 여행했기 때문에 무려 4개월이나 걸렸다.

에스라는 이 귀환 여행에 하나님의 선한 도우심이 함께 했다고 분명히 밝히고 있다. 이것은 제1차 귀환에 이어 제2차 유다백성의 귀환도 전적으로 하나님의 은혜로 이루어졌음을 가르치고 있는 것이다. 에스라는 고국으로 귀환한 후 여호와의 율법을 '연구하여 준행하며' '율례와 규례를 이스라엘에게 가르치기로 결심'했다. 모름지기 신앙 지도자들과 사역자들은 무엇보다도 하나님의 말씀을 잘 '연구하고' 자신들이 먼저 솔선수범하여 그 말씀을 '준행하며' 또한, 다른 사람들에게 그 말씀을 잘 가르쳐야 함을 에스라의 결심을 통해 배울 수 있다(10절).

② 에스라에게 내려진 아닥사스다 왕의 조서 내용

하늘의 하나님의 명하신 것을 삼가 행하라(11-26절). 유다 백성의 제2차 귀환을 위해 하나님께서는 페르시아 왕 아닥사스다의 마음을 감동시키시고 그를 통해 귀환 허락 명령을 내리게 하셨다. 이 아닥사스다 왕은 유대인 처녀 에스더를 왕비로 맞이하였던 아하수에로 왕의 아들로서 정치적으로 이스라엘에 대한 유화정책을 펼치고 있었다. 왜냐하면 그가 페르시아의 왕이 되었을 때 당시 페르시아 제국의 식민지로 있었던 많은 민족들이 곳곳에서 반란을 일으켰기 때문에 그의 집권 초기에는 거의 모든 시간을 반란 진압에 소모하고 말앗으며 이런 이유로 그는 페르시아의 식민지로 있었던 국가들에 대해 정치적으로 유화정책을 펴서 그들을 달래야 했기 때문이다. 이러한 정책 아래 이스라엘의 귀환에 대한 하나님의 섭리가 아닥사스다 왕을 통해 에스라에게 임하고 있는 것이다.

첫째, 페르시아 왕은 에스라의 요청대로 이스라엘 백성들의 귀환을 허락하는 명령을 내렸다(13절). 예루살렘에 올라갈 뜻이 있는 자는 누구든지 에스라와 함께 가는 것을 허락하였다.

둘째로, 아닥사스다 왕은 페르시아 제국의 이익을 위해 왕을 보좌하는 7명의 모사 즉 왕을 보필하는 고위 관리들을 에스라와 함께 예루살렘으로 파견하였다. 그리고 그 일곱 명의 모사들은 예루살렘 성전에서 하나님께 예물을 드리기 위해 왕이 보내는 은금을 가지고 갔다.

셋째, 옛적 바벨론 사람들이 예루살렘에서 온갖 보물을 가져갔듯이 이제는 페르시아 통치 아래 이전 바벨론 각 도에서 모은 은금과 보화를 모아 그 돈으로 짐승들을 사서 여호와의 단에 드리기 위해 준비하라고 명령을 내렸다. 만약 에스라를 비롯한 이스라엘 백성들이 하나님을 섬기는 일에나 또는 하나님의 전에 쓰일 것이 필요하다면 왕의 보물창고에 있는 보물까지도 아낌없이 내어주되 왕이 정한 분량만큼 도와주라고 명령했다(22절).

넷째, 왕은 팔레스틴 지역의 총독(고직이)에게 명령을 내려 '하늘 하나님의 율법의 학사 겸 제사장 에스라가 무릇 너희에게 구하는 것은 신속히 시행'하라고 했다.

다섯째, 왕은 하나님의 전에서 수종들며 일하는 모든 자에게는 모든 세금을 면해 주라고 명령했다.

여섯째, 마지막으로 아닥사스다 왕은 에스라에게 이스라엘 백성에 대한 재판권 행사를 위임했으며 모든 재판관을 임명할 권한을 주었다. 특히 페르시아 법으로 재판하거나 다스리는 것이 아니라 '하나님의 지혜를 따라 하나님의 율법'을 아는 자에게 재판권을 주고 백성을 재판하며 필요에 따라 백성을 가르치라고 말했다. 페르시아 아닥사스다 왕을 통한 하나님의 은혜와 자비가 에스라와 이스라엘 백성들에게 임하였음을 에스라서의 기록자 에스라는 밝히고 있다.

나로 왕과 그 모사들의 앞과 왕의 권세 있는 모든 방백 앞에서 은혜를 얻게 하셨도다 나
의 하나님 여호와의 손이 나의 위에 있으므로 내가 힘을 얻어 이스라엘 백성 중에 두목
을 모아 나와 함께 올라오게 하였노라(27, 28절).

이것이 2차 귀환에 대한 에스라의 신앙고백이며 찬양이었다.

(8) 에스라와 유다 백성의 2차 귀환(8장)

이스라엘 백성의 2차 귀환의 배경과 동기(하나님의 섭리 아래 에스라를 중심으
로)가 언급된 후(7장) 본 장에는 귀환의 과정과 결과가 기록되었다. 특히 에스
라의 귀국과 더불어 전개될 유다 백성들의 영적부흥 운동의 준비에 대해 에스
라의 활동등이 잘 언급되어 있다. 에스라는 바벨론에서 해방된 유다 백성들의
영적 침체와 혼돈에 대해 이미 소문으로 들었을 뿐만 아니라 그 해결 방법까
지 준비하고 있어서 예루살렘으로 가기를 지체치 않았다. 이 모든 일의 배후
에는 하나님의 도우심이 강하게 역사하고 계시다는 사실을 강조하고 있다.

① 에스라와 함께 돌아온 사람들(8:1-14)

에스라를 따라 제2차로 고국에 돌아온 백성들의 보계(1절, 등록된 사람)가 족
장과 가문의 대표자를 따라 인원수까지 잘 나타나 있다. 모두 합하면 에스라
와 함께 귀국한 유다 백성들의 숫자는 남자만 1천 7백 73명으로서 여자와 아
이들을 모두 합하면 약 1만여 명으로 추산된다. 이 숫자는 제1차 귀환 때의
숫자에 비해 3분의 1에도 못 미친다. 아도니감 자손 중에 '나중된 자'(오래 머
물다의 뜻에서 나온 말)의 이름이 2차 귀환 명단에 추가로 언급되고 있는데 이것
은 이들이 제1차 귀국 대열에 합류하지 못하고 2차 귀국 때까지 더 오래 바벨
론에 머물러 살았다는 뜻이다. 2차 귀환자들은 대부분 바벨론에서 출생하여
살면서 그들의 부모로부터 여호와 하나님을 섬기는 신앙을 배웠으며 특히 에
스라를 통해 고국으로 돌아가야 하는 이유를 알았을 것이다. 따라서 그들은
그들의 조국이요 부모의 고향인 유다로 돌아가기를 결심하고 지도자 에스라
를 따라 나섰다.

② 성전 봉사자로서 레위인과 느디님 사람들을 데려옴(8:15-20)

바벨론 유프라테스강 가(아하와로)에 집결된 2차 귀환 백성들을 살피던 에스라는 성전에서 봉사할 레위인들과 느디님 사람들이 한 명도 없음을 발견한다. 그래서 에스라는 족장들을 급히 불러 가시뱌 지방으로 보내 거기서 레위인과 그들을 도와 성전에서 봉사할 느디님 사람들을 많이 데려왔다. '느디님'(히브리어로 '네디님')은 '주어진 자들'이란 뜻으로 혈통적으로는 이스라엘 백성들이 아니지만 하나님을 위해 전적으로 바쳐진 레위인들을 돕도록 주어진 사람이란 의미에서 이런 이름이 붙여진 것으로 생각된다. 바벨론 포로 70여년간 유다 백성들의 제사 제도는 중단되었고 하나님 섬기는 각종 규례는 잊혀지고 말았다. 그래서 에스라는 귀국 날짜를 뒤로 연기하면서까지 족장들을 불러 레위 사람의 최고 지도자인 잇도에게 보내어 그가 레위 사람들을 설득시키도록 했으며 레위 사람 약 38명과 느디님 사람 220여 명을 데려올 수 있었다.

레위 사람들이 자원하여 귀국 대열에 참여하지 않았으나 그들을 설득시켜 예루살렘으로 데려오는 에스라의 열심은 '귀국' 그 자체에 의미가 있는 것이 아니라, 하나님께 되돌아가는 신앙 회복 운동과 하나님을 섬기는 교육의 필요성이 절감함을 보여 준다. 레위인들과 느디님 사람들을 데려가기 위해 최선을 다하는 에스라의 이러한 모든 태도는 성전 봉사와 영적 부흥 운동을 위한 에스라의 귀국 목적을 잘 나타내고 있다. 이스라엘 백성의 해방과 귀환 역사는 단순한 정치적인 해방에 있는 것이 아니라 하나님 앞에서 신앙적 회복이며 언약의 회복임을 분명히 보여 주고자 하는 것이 에스라서의 기록 목적이다.

③ 귀국 여행 출발 전 금식 기도회(8:21-23)

에스라는 모든 준비가 끝났을 때 곧바로 출발하지 않았다. 마지막 한가지 가장 중요한 일이 남았다. 그것은 하나님의 돌보심과 인도를 간구하는 일이었다. 그래서 에스라는 귀국 대열에 참여한 유다 백성들에게 아하와 강 곧 유프라테스 강으로 흘러가는 지류의 한 장소에서 금식을 선포하고 하나님 앞에서 회개하고 겸손히 그의 도우심을 구하는 일종의 기도회를 개최했다. 즉 에스라는 페르시아 왕 아닥사스다에게 그들을 보호해 줄 군사를 요청할 수 있었으나 그렇게 하는 것을 부끄럽게 여기고 하나님의 온전한 도우심으로 그들이 안전하게 예루살렘에 도착되기를 하나님께 간구한 것이다. 이것은 백성들로 하여금 그들이 페르시아 군사들의 도움에 의지하여 귀환하고 있는 것이 아니라 살아계신 하나님의 언약과 그 언약에 신실하신 하나님의 은혜 아래 귀환하고 있다는 사실을 가르치고 싶은 에스라의 신앙 때문이었다. 이처럼 에스라는 모든 귀국자들의 시선을 하나님께로 향하게 하여 오직 살아계신 하나님의 도우심에 호소하도록 그들의 신앙을 일깨운 것이다. 유다 백성들의 2차 귀환여행 중에 있을지도 모르는 대적자들과 약탈자들의 공격으로부터 무사하도록 하나님의 도움을 호소하는 에스라의 금식 기도회는 오늘날 모든 그리스도인의 삶의 방법을 가르쳐 주는 중요한 메시지가 있다. 인간적인 모든 준비가 빈틈없이 갖추어졌다 하더라도 마지막 그 일을 시작하기 전에는 반드시 하나님께 의지하며 도움을 구하는 자세야말로 성숙한 신앙인의 올바른 자세가 아닐 수 없다. 바벨론 유프라테스강의 한 지류인 아하와 강가에서 개최된 소위 '제2차 귀환자들의 금식 기도회'는 참석한 모든 자들의 생명을 하나님께 맡기는 비장한 결단이었으며 하나님께서는 그들의 간구를 응답하시고 은혜와 복을 베푸셨다.

④ 귀국자들의 예물 관리(8:24-30)

에스라는 유다 백성의 2차 귀환이 하나님께 대한 신앙 회복과 하나님 섬기는 제사 제도의 회복이었음을 강조하고 있다. 이것을 알 수 있는 또 하나의 모습이 귀환 중에 운반해야 할 각종 성전 예물이었다. 페르시아 아닥사스다 왕을 비롯 방백들과 정치인들이 예루살렘 성전을 위하여 드린 은, 금과 수많은 기명들과 또한, 바벨론에 아직 남아 있는 이스라엘 백성들이 여호와의 전을 위해 드린 금, 은, 기명들을 효율적으로 관리하기 위해 에스라는 제사장 중에서 세레뱌와 하사뱌 및 그들의 형제 열 명을 따로 선별하였다. 에스라는 제사장이었기 때문에 성전기물을 관리하고 운반하는 일에 있어서 모세의 율법을 잘 알고 있었기 때문에 레위인 중에서도 제사장 열두 명을 엄선하여 그 일을 맡김으로써 하나님의 규례를 솔선수범하여 지켰던 것이다. 거룩하신 하나님을 섬기는 일에 사용될 성전 재물과 성전 기명들을 구별된 백성 곧 제사장들에게 일임하는 에스라의 태도는 철저한 하나님 중심의 신앙에서 비롯된 결과였다.

⑤ 귀환자들의 예루살렘 도착과 번제

많은 재물을 가지고 돌아오는 귀환자들을 공격하기 위한 약탈자들의 매복과 위협이 뒤따른 것은 너무나 당연한 일이었다(31절). 에스라의 인도로 예루살렘에 무사히 도착한 귀환자들은 그들의 귀환을 방해한 대적들과 길에 매복한 자들의 손에서 건지셨음을 알고 그들이 출발 전 하나님께 금식 기도한 기도를 들어주심에 대해 감사를 드렸다. 그리고 수송아지 12마리와 수양 96마리 그리고 어린 양 77마리를 번제물로 드렸으며 또한, 속죄 제물로 수염소 12마리를 잡아 하나님께 드렸다. 이렇게 에스라를 중심으로 하는 제2차 귀환은 하나님의 은혜로 바벨론을 출발한 후 약 4개월 만에 성공적으로 이루어졌다.

(9) 민족의 죄악을 회개하며 기도하는 에스라(9장)

에스라는 바벨론 멸망 후 이스라엘 백성들의 귀환을 1차와 2차로 나누어 기록할 때 전반부에서 제1차 귀환과 성전 건축을 말하고 있으며 후반부에서는 제2차 귀환과 에스라가 주도한 영적개혁을 강조하고 있다. 특히 본 장에는 구별된 삶을 살지 못한 이스라엘 백성들의 범죄 사실과 그에 대한 에스라의 낙담 및 그의 회개의 기도가 잘 나타나 있다.

① 백성들의 범죄와 에스라의 낙담(9:12)

백성을 이끌고 고국으로 돌아온 에스라는 바벨론에서 가져온 각종 성전 예물을 하나님께 바치고 난 후 방백들의 보고를 들으며 백성들의 정황을 살피기 시작하였다. 에스라의 눈에 비친 백성들의 영적 상태는 너무나 비참해서 낙심하고 주저앉고 말았다. 왜냐하면 율법을 가르치고 솔선수범하여 하나님의 율례와 법도를 가르쳐야 할 제사장들과 레위인들을 비롯하여 일반 백성들에 이르기까지 모두가 하나님께서 금지하신 '이방인과의 통혼'을 이루어 살고 있었기 때문이다. 이스라엘 백성들은 일찍부터 하나님의 말씀에 따라 구별된 삶을 살도록 선택되어 하나님의 이름을 드러내는 사명을 받았으며 이방인과의 결혼도 엄격히 금지되어 있었다. 그런데도 그들은 하나님의 진노의 기간인 바벨론 포로기간 동안 하나님의 계명을 무시하고 제사장, 레위인 및 백성에 이르기까지 가나안 원주민을 '떠나지 않고'(구별되게 살지 않고) 하나님의 백성으

로서의 자세와 품위를 잃어버린 채 이방인들처럼 아무렇게나 살아가고 있었
다. 오히려 가나안 사람과 헷사람 그리고 브리스, 여부스, 암몬, 모압 심지어
애굽과 아모리 사람의 가증한 일 곧 우상 숭배에 물들어 있었으며 그 이방인
들의 딸을 취하여 아내와 며느리로 삼으며 거룩한 자손의 위치를 망각하고 이
방 족속과 '섞이게'(2절) 되고 말았다.

　이방인과 섞이게 되었다는 것은 하나님의 거룩한 백성들이 구별된 생활을
하지 않았음을 말한다. 특히 일반 백성들보다도 방백과 두목 곧 백성의 지도
자들이 이러한 범죄 행위에 으뜸이 되었다고 에스라는 탄식하였다. 그리스도
인의 삶의 최고 목표는 하나님의 영광을 드러내는 일이다. 따라서 그리스도인
의 결혼 목적을 하나님의 영광 아래 한 남자와 한 여자가 한 몸을 이루어 하
나의 공동 목표(하나님의 영광)를 이루며 살아가는 것으로 정의할 때 신자와 불
신자와의 결혼은 그 자체가 어떤 경우에도 합리화될 수 없다(고전 5:10, 11, 고후
6:14-16). 따라서 그리스도인의 결혼은 반드시 예수 그리스도를 주(Lord)로 고
백하는 서로의 신앙고백이 선행되어야 한다.

② 말씀을 인하여 몰려오는 백성들(9:3-4)

　귀국 후 방백들의 보고를 들으며 백성들의 영적 모습을 살펴본 에스라는 즉
각적으로 회개의 자세를 취하였다. 에스라는 속옷과 겉옷을 찢고 머리털과 수
염을 뜯으며 기가 막혀 주저앉고 말았다. 이러한 에스라의 모습을 바라본 일
부 경건한 백성들이 하나님의 말씀을 인하여 두려워하며 에스라에게 몰려들
었다. 에스라는 저녁 제사 드릴 때(오후 3시 기도의 시간)까지 주저앉아 있다가
백성들과 함께 회개의 기도를 드리기 시작했다(4절). 그는 이스라엘 백성들의
영적 타락과 범죄의 사실에 대해 낙심하고 주저앉아 있다가 죄를 인정하고 하
나님 앞에서 두려워하는 백성들과 함께 소위 '민족의 대 회개기도회'를 인도
한 것이다. 이러한 민족의 대회개 기도회는 앞으로 전개될 신앙개혁 운동의
시작이었으며 영적 각성 운동의 발판이 되었다.

③ 에스라의 회개 기도의 주요 내용(9:5-15)

에스라는 하나님을 떠난 이스라엘 백성들의 비참한 현실을 목도하고 저녁 제사 드릴 시간(오후 3시경)에 맞추어 속옷과 겉옷이 찢겨진 상태로 무릎을 꿇고 하나님 여호와를 향하여 손을 들고 "나의 하나님이여 내가 부끄러워 낯이 뜨듯하여 감히 나의 하나님을 향하여 얼굴을 들지 못하오니 이는 우리 죄악이 많아 정수리에 넘치고 우리 허물이 커서 하늘에 미침이니이다"라고 아뢰며 회개하기 시작하였다. 에스라의 기도는 백성들의 죄악을 인정하고 심히 부끄러워하며 하나님의 긍휼에 호소하는 내용으로 길게 전개되었다. 즉 이스라엘 백성들은 범죄함으로 하나님의 심판을 받아 바벨론으로 끌려가서 하나님의 진노의 기간동안 종살이하다가 다시 하나님의 은혜로 해방되었는데 이스라엘 백성들은 하나님의 용서하심의 은혜를 벌써 망각하고 또 범죄하였으니 어찌 부끄럽지 않을 수 있느냐는 고백이다. 그래서 에스라는 "우리 하나님이여 이렇게 하신 후에도 우리가 주의 계명을 배반하였사오니 이제 무슨 말씀을 하오리이까"라고 고백하며 하나님의 용서를 받은 지 얼마 못되어 또 범죄한 사실에 대해 부끄럽고 민망하여 어찌해야 좋을지 모르겠다며 울며 자복하며 회개하기를 계속하였다.

에스라는 이스라엘 민족의 역사가 하나님께 대한 반역과 그로 인한 하나님의 심판 그리고 하나님의 긍휼과 자비가 지금까지 계속되었음을 고백하며 마치 설교하듯 하나님의 용서와 자비를 구하는 기도를 계속하였다. 만약 이스라엘 백성들의 죄악만큼 하나님의 심판이 계속되었다면 하나님 앞에서 단 한 명도 살아남을 수 없었겠지만, 은혜를 베푸시는 하나님의 긍휼 때문에 또 하나님의 용서를 받고 지금 이스라엘 백성들이 바벨론에서 해방되고 고국으로 돌아오는 축복을 받았다는 것이다. 그런데 다시 하나님의 계명을 거역하고 우상을 섬기는 이방 민족과 서로 통혼하는 죄악을 범하여 하나님을 슬프게 하고 있으면서도 그 죄악을 깨닫지도 못하는 현실에 대해 에스라는 통곡하며 하나님께 회개하였다.

바벨론에서 먼저 귀국한 이스라엘 백성들은 이방인들의 딸들을 며느리와 아내로 데려왔으며 또한, 자신들의 딸들을 이방인들에게 시집 보내는 이러한 통혼으로 말미암아 자연스럽게 우상 문화에 젖어 들었고 그 결과 하나님을 섬기며 사는 방법을 잊어버리고 있었다. 이러한 사실은 하나님의 계명(신 7:3, 고전 7:39, 고후 6:14)을 거역하는 불신앙적 만행이며 우상을 섬기는 이방인들과 행복과 평화를 공유하지 말아야 하는 하나님의 뜻을 저버린 범죄 행위였다. 하나님께서는 항상 우리의 죄악보다 형벌을 가볍게 하시고 언제나 긍휼을 베푸셔서 '남은 자'를 통해 당신의 언약을 이루셨다는 사실을 우리는 에스라의 회개 기도를 통해 배울 수 있는 큰 교훈이다(13절).

우리는 본 장의 에스라의 기도를 통해서 민족의 죄 때문에 기도하는 '눈물의 중보기도'를 배운다. 또한, 과거에도 수없이 죄악을 용서해 주신 하나님의 긍휼과 자비에 호소하며 또 용서해 주시기를 눈물로 청원함을 배운다. 마지막으로, 범죄한 자는 누구든지 하나님의 심판을 받아야 하는 하나님의 의로우심을 인정하면서 범죄한 이스라엘이 하나님의 심판을 받은 것은 지극히 당연하지만 그래도 다시 한번 이스라엘 백성의 죄악을 용서해 주시기를 눈물로 호소하는 '지도자 에스라의 신앙 인격'을 배운다.

(10) 에스라의 종교개혁(10장)

이방 여인을 아내로 삼거나 며느리로 삼았던 이스라엘 백성의 영적 타락에 대해 에스라는 강력한 개혁을 추진하여 서둘러 하나님의 진노의 요인을 제거하였다. 즉 바벨론 포로생활의 고통이 이스라엘 백성들의 범죄의 결과인 것과 마찬가지로 이방 여인과의 통혼 역시 범법 행위로서 다시 하나님의 진노를 초래할 수 있기 때문에 에스라는 서둘러 이방인과의 결혼을 무효화하고 이방 여인들을 각자 자신의 고향으로 돌려보내도록 요구했던 것이다. 이미 가정을 이루고 살면서 자녀까지 낳았던 상태에서 이방 여인들을 돌려보내기란 결코 쉬운 일은 아니었다.

그러나 에스라와 백성들은 그렇게 하는 것만이 하나님의 진노를 피하는 유일한 길임을 알고 극한 아픔을 겪으면서 이방 여인들을 고향으로 돌려보내야만 했다. 하나님 앞에서의 진정한 개혁을 위해서는 어떠한 고통이나 아픔이 수반되더라도 반드시 실천에 옮겨야 한다는 교훈을 준다. 또한, 바벨론으로부터 해방과 자유는 율법의 범위를 벗어나도 되는 자유나 방종이 아니라 율법 안에서의 자유와 행복임을 가르쳐 준다.

① 개혁의 지도자인 에스라와 협력자인 스가냐(10:1-4)

이스라엘 백성들이 이방 여인과 결혼하여 가정을 이루고 살면서도 아무런 가책을 느끼지 못하고 살아가는 현실을 목도한 에스라는 하나님의 전 앞에서 엎드려 울며 기도하면서 민족의 죄를 통회 자복하고 있었다. 이 모습에 감동을 받은 많은 백성(남녀노소)이 에스라와 함께 통곡하며 하나님의 전 앞에 몰려들었다. 이때 수많은 백성과 함께 기도하던 스가냐가 일어나 겉옷과 속옷을 찢고 울며 기도하는 에스라에게 나아와 수많은 군중을 대표하여 중대한 건의를 하기에 이른다.

> 우리가 우리 하나님께 범죄하여 이 땅 이방 여자를 취하여 아내를 삼았으나 … 이 모든 아내와 그 소생을 다 내어 보내기로 우리 하나님과 언약을 세우고 율법대로 행할 것이라 (2, 3절).

놀랍게도 스가냐의 이 건의는 에스라가 신속히 실행에 옮겨야 할 개혁의 행동반경이었다. 스가냐는 개혁을 위해 에스라를 재촉했다.

> 이는 당신이 주장할 일이니 일어나소서 우리가 도우리니 힘써 일하소서(4절).

하나님께서 스가냐를 감동시키셔서 에스라를 격려하시고 그의 할 일을 가르쳐 주신 것이다. 개혁의 지도자인 에스라와 협력자 스가냐의 관계는 오늘날 하나님의 선한 뜻을 이루는 주님의 몸된 교회 지도자와 협력자들과의 아름다운 모습의 예표다.

② 이스라엘 민족의 대 개혁의 날 9월 20일(10:5-15)

스가냐의 건의와 격려를 받은 에스라는 힘을 얻고 자리에서 일어나 모든 백성이 스가냐의 말대로 행할 것을 맹세케 하였다. 그리고 자신은 당시 대제사장이었던 여호하난의 방으로 가서 식음을 전폐하고 비장한 각오로 민족의 대총회의 날을 공고하였다. 모든 백성은 앞으로 삼 일 이내에 예루살렘으로 모일 것을 선언했으며 참석치 않는 자에 대해서는 엄벌을 내리겠다고 공포했다.

드디어 민족의 대각성의 날인 9월 20일이 되었다. 큰 비가 내리는 이날 백성의 온 무리가 하나님의 전 앞 광장에 모여 두려워 떨고 있을 때 제사장 에스라가 민족을 대표하여 이방 여인과의 결혼에 대해 엄숙히 무효화를 선언하고 그 후 대책을 말했다. 이방 여인을 아내로 삼은 것은 하나님 앞에서 큰 죄를 범한 것이므로 하나님께 죄를 자복하고 이방 여인을 끊어 버리라고 에스라는 외쳤다. 이 말을 들은 백성들은 큰소리로 외치며 "우리가 이 일로 크게 범죄하였다"라고 자백하며 에스라의 말대로 즉시 실행하겠다고 대답했다. 그리고 이방 여인을 아내로 취한 모든 사람은 따로 모여 장로들과 재판장이 보는 앞에서 자기 아내되었던 이방 여인을 돌려보내는 행사를 열었다. 죄를 인정하고 또 이방 여인을 돌려보내는 실질적인 회개를 함으로써 그들에게 내려질 하나님의 진노가 떠나도록 용서를 구했다.

놀라운 것은 이러한 민족의 대개혁이 진행될 때 이 일을 정면으로 반대하는 두 사람이 지적되고 있다. 다름 아닌 아사헬의 아들 요나단과 디과의 아들 야스야였다. 이들이 반대한 이유는 그들도 이방 여인을 아내로 취했을 것으로 보며 하나님의 율법보다도 자신의 이익과 형편을 우선 고려한 자기중심적이고 삶의 태도에서 비롯된 것이었다. 요나단과 야스야 같은 반대자도 있었으나 반면에 므술람과 레위 사람 삽브대는 민족의 대각성 운동이 잘 진행되도록 개혁자들을 도우며 최선을 다하기도 했다. 민족의 대개혁의 물결에 역행하는 요나단과 야스야의 행위는 이 시대 개혁을 반대하거나 싫어하는 사람들에 대한 전형적인 모습이다.

③ 이방 여인을 아내로 취한 자들을 조사하라(10:16-44)

학사이며 제사장인 에스라의 귀국 목적은 이스라엘 민족의 신앙개혁에 있었으며 에스라는 이방 여인과의 결혼을 개혁의 주요 대상으로 삼고 일대 개혁을 시도하였다. 창조언약 아래 결혼은 창조 당시부터 하나님과 인간과의 관계를 나타내는 주요한 제도로 사용해 오셨다. 특히 이스라엘 백성의 순결한 결혼 관계는 하나님과 택한 백성과의 관계를 저울질하는 중요한 수단이 되기도 했다. 그러므로 이스라엘 백성의 이방인과의 결혼은 결혼의 순결성을 깨뜨린 것으로써 이는 하나님과 이스라엘 백성과의 관계를 파괴한 범죄 행위로 드러난 것이다. 따라서 이방 여인을 아내로 취함으로써 발생한 이 범죄 행위를 용서받는 유일한 길은 회개하고 이방 여인을 돌려보내는 일이었다. 그래서 이방 여인과 통혼했던 사람들의 명단을 철저히 조사하여 한 사람도 빠짐없이 이방 여인을 돌려보내야 했던 것이다. 만약 한 사람이라도 아내로 삼은 이방 여인을 돌려보내지 않게 된다면 이스라엘 공동체에 엄청난 잘못된 영향을 초래할 것이기 때문이다.

이스라엘은 언제나 공동체적 민족이었으며 한 사람의 범죄는 민족 전체의 범죄로 연결되어 있었다. 여리고성 점령 이후 조그만 아이 성 점령 실패는 한 사람 아간의 범죄의 결과였다고 가르쳐 주는 내용이 이와 같은 사실을 잘 가르쳐 준다(수 7장). 그래서 에스라는 이방 여인을 아내로 취한 자들의 명단을 자세히 조사하여 단 한 사람도 이 개혁의 대열에서 이탈하는 것을 방지하고자 한 것이다. 에스라는 율법에 충실한 결혼개혁을 이루어 가정에서부터 온 민족이 하나님께 온전히 돌아가는 민족의 대회개 운동을 이루고 싶었을 것이다. 결국 에스라의 개혁은 결혼의 순결성을 통하여 하나님과 이스라엘 백성과의 순결한 관계를 상징적으로 보여 주는 신앙개혁이었다. 죄를 인정하고 죄를 자복하며 또한, 그 죄를 버리고 그 죄의 결과와 열매를 단호히 배격하는 용기 있는 결단 아래 전개된 에스라 시대의 신앙개혁 운동은 이 시대 모든 그리스도인의 삶에서 나타나야 할 개혁 운동의 앞선 모델이다.

8. 느헤미야서의 메시아 이해

1) 서론과 주제

성경을 구분할 때 에스라서, 느헤미야서 및 에스더서는 포로 후기의 역사를 기록한 역사서라고 알려져 있다. 아담으로부터 시작되어 바벨론 포로생활 후 고레스의 칙령으로 고국으로 돌아오기까지의 이스라엘의 전 역사가 요약되고 해석되어 새롭게 기록된 것이 역대기라면 바벨론 포로생활 이후의 역사인 에스라서는 이스라엘 백성의 제1차와 제2차 귀국에 대한 내용과 성전 건축에 대해 기록했으며 느헤미야서에는 느헤미야를 중심으로 하는 제3차 귀국에 대한 내용과 예루살렘 성벽 재건에 대해 기록되어 있다. 그리고 에스더서는 페르시아 제국 아래서 위기에 처한 유대인을 구원하시기 위해 에스더를 사용하시는 하나님의 주권적 섭리를 기록한 역사이다.

특히 느헤미야서는 에스라서와 마찬가지로 바벨론 포로생활 중 남은 자를 통해 언약을 이루시는 신실하신 하나님의 역사와 섭리를 잘 보여 준다. 즉 언약에 충실하신 하나님께서 당신의 백성을 보호하시고 인도하실 때 이스라엘 백성의 남은 자 곧 언약 백성들의 귀환과 재건을 통한 구원사적 의의를 느헤미야서를 연구하며 배울 수 있다. 느헤미야는 다윗 가문은 아니지만 스룹바벨이 먼저 수행했던 왕적 역할을 충실히 수행했던 것이다. 에스라처럼 느헤미야도 여호와께서 그의 백성과 맺으신 언약이 어떠한 상황 아래서도 유지되어야 한다는 데 깊은 관심을 가진다(1:5; 9:8; 32). 바벨론 포로생활 이후 공식적인 왕이 없었던 시기에 왕적 직무의 대표자로서 느헤미야는 예루살렘 성의 안전과 성벽의 재건에 큰 관심을 보인다. 그는 많은 어려움을 극복하고 예루살렘 성벽을 재건한 후 하나님께 성벽봉헌식을 거행함으로써 하나님과 언약 백성과의 진정한 회복을 꾀하였다. 이런 측면에서 느헤미야도 에스라처럼 하나님과 백성 사이에서의 중개역할 곧 메시아적인 역할을 수행한 것으로 볼 수 있다.

2) 저자와 느헤미야

느헤미야서의 저자에 대해서는 많은 논란이 있다.

첫째, 역대기와 에스라서 및 느헤미야서의 저자는 동일한 인물이며 에스라가 저자일 가능성이 가장 크다는 주장이 있다.
둘째, 비평주의자들을 제외한 대부분의 개혁주의자들은 느헤미야 또는 에스라가 이 책의 저자일 가능성이 가장 크다는 의견에 대부분 동의하기도 한다.
셋째, 구약 연구에 탁월한 신학자로서 한국 교회에 잘 알려진 영(E. J. Young)이나 아처(G. L. Archer)는 역대기의 마지막 두 절 곧 고레스의 칙령 때문에 약간 보류를 하면서도 느헤미야서의 저자로 에스라를 지지한다.

그러나 이 책의 제1장 1절을 비롯한 많은 내용이 느헤미야 자신을 1인칭으로 사용한 점으로 미루어 느헤미야서의 저자를 느헤미야로 보는 견해가 일반적이다. 특히 느헤미야는 페르시아 왕으로부터 총독으로 임명을 받고 이스라엘 백성의 남은 자들을 이끌고 고국으로 돌아왔으며 에스라와 함께 신앙개혁에 동참하였음을 고려할 때 느헤미야가 이 책의 저자일 가능성이 가장 크다고 보는 것이다.

느헤미야서에 나타난 느헤미야의 모습은 하나님의 언약 아래 비전을 품고 사는 진실한 지도자상을 그대로 드러내고 있다. 페르시아 왕궁에서 왕의 술 맡은 관원으로 자신의 직책을 성실히 수행하면서 하나님의 때가 오기를 기다렸던 그는 하나님의 계획이 이루어질 미래를 바라보며 현실에 충실하고 맡은 바 책임을 다하는 비전의 소유자로 살았다. 그는 서두르거나 불평하지 않았으며 낙심하지도 않았다. 느헤미야는 페르시아 왕 앞에서도 기도하며 사는 기도의 사람이었다. 특히 먼저 귀국한 백성들을 통해 예루살렘의 어려운 형편을 들었을 때는 즉시 금식하며 기도하였다. 그는 용기와 지혜가 겸비한 지도자였다. 어려움이 있을 때는 오히려 앞장서서 해결하며 백성들에게 모범을 보이면서 백성들의 자발적인 참여와 능동적인 개혁의 삶을 유도해 나갔다.

느헤미야는 원수들의 방해와 대적에 대해서는 용기 있게 대처해 나갔다. 대적들의 조롱과 중상모략(2, 4, 6장)과 선지자 매수를 통한 거짓 증언 등 수많은 방해 공작이 있었으나 느헤미야는 기도로 하나님의 도우심을 요청하면서 용기와 슬기로 대처해 나갔다. 그는 예루살렘 성벽을 재건하고(6장) 성의 관리와 경비를 위해 책임자들을 적절히 임명 배치하였으며 백성들의 신앙 회복을 위해 에스라와 힘을 합쳐 계획을 세우고 일을 추진해 나갔다. 하나님께서는 느헤미야의 신앙인품과 그의 탁월한 지도력 그리고 결단력과 추진력 등을 사용하셔서 남은 자들의 마지막 귀국과 성벽 건축 및 신앙개혁을 이루신 것이다.

3) 주요 내용: 성벽 재건과 신앙개혁

느헤미야서의 내용은 크게 두 부분으로 나뉘어진다. 하나는 느헤미야를 중심으로 하는 예루살렘 성벽 재건에 관한 내용이며(1-7장) 다른 하나는 이스라엘 백성들의 영적 개혁 운동에 관한 내용이다(8-13장). 느헤미야는 예루살렘 성벽의 훼파 소식을 듣고 당시 페르시아의 아닥사스다 왕의 허락을 받아 예루살렘으로 귀환하여 대적자들의 온갖 방해와 모략을 극복하며 드디어 성벽 재건 공사를 마치게 된다. 또한, 예루살렘 성벽 준공과 함께 시작되는 영적 개혁 운동을 통해 범민족적인 회개 운동과 언약 갱신 등 강력한 개혁을 단행하였다. 그는 페르시아 왕의 총독의 자리에서 물러난 후 고국 예루살렘으로 돌아와 성전 제도의 개혁을 비롯하여 십일조 제도의 확립과 안식일 준수 및 이방인과의 결혼 금지 등의 개혁을 성공적으로 이끌었던 민족의 지도자로 사역하였다.

(1) 느헤미야의 기도(1장)

① 예루살렘으로부터 온 소식(1:1-3)

바벨론으로부터 해방된 이스라엘 백성들의 남은 자들이 고국으로 돌아간 이후에도 느헤미야는 페르시아 수산궁에서 아닥사스다 왕의 음료를 담당하고 있었다. 느헤미야는 고국 예루살렘에서 온 하나니 일행을 통해 이곳 수산궁에서 예루살렘의 긴박한 형편에 대한 소식을 듣게 된다. 때는 페르시아 아닥사스다 왕 제20년 기슬르월(태양력으로 11월 중순부터 12월 중순 사이)이었다.

하나니는 느헤미야의 동생으로서 먼저 귀국 대열에 올랐다가 예루살렘의 최근 형편이 너무나 비참하여 이 사실을 아직 페르시아에 있는 형 느헤미야에게 알리기 위해 몇 명의 일행과 함께 느헤미야가 있는 수산궁으로 급히 달려간 것이다. 느헤미야는 동생 하나니로부터 고국으로 돌아간 유다인들이 큰 환란을 만나고 능욕을 받으며 예루살렘 성은 훼파되고 성문들은 다 불에 타 없어져 버렸다는 참혹한 소식을 들었다. 이 소식을 들은 느헤미야는 울며 여러 날 동안 슬퍼하며 하늘의 하나님께 금식하며 기도하였다(4절). 수산궁에서 왕의 신임을 받으며 평안하게 사는 것을 행복이라 여기지 않고 오히려 백성들의 고통을 슬퍼하며 금식기도하는 느헤미야의 모습은 영적 지도자의 참모습을 잘 보여 준다.

② 느헤미야의 기도(1:4-9)

예루살렘의 비참한 소식을 동생 하나니로부터 들은 느헤미야는 며칠동안 이나 울며 슬퍼하였다. 예루살렘에 사는 유다 백성들의 안전이 염려되어 잠을 이루지 못하고 슬퍼하는 그의 심정은 지도자로서의 본능이며 백성들을 사랑하는 왕적 사명에서 비롯된 것이다. 후에 그가 유다의 총독으로 임명되는 사실을 볼 때 그의 슬픔과 금식 기도는 백성의 평안과 행복을 위해 애쓰는 지도자로서의 품성에서 비롯된 것임에 틀림없다.

느헤미야는 정신을 차리고 '하늘의 하나님'께 기도하기 시작했다. 예루살렘의 비참한 형편에 대한 원인이 하나님의 백성답게 살지 않음으로써 하나님이 내리신 징계라는 판단을 내린 것이다. 여기서 하늘의 하나님이란 표현은 페르시아 제국에 소개된 이스라엘 백성의 하나님이란 의미로서 당시 이방인들은 유다 백성들이 섬기는 하나님을 그렇게 불렀던 것이다. 느헤미야는 기도를 통하여 하늘의 하나님만이 살아계신 유일한 참 하나님이시며, 동시에 크고 두려우신 하나님으로서, 주를 사랑하고 주의 계명을 지키는 자에게 언약을 지키시며 긍휼을 베푸시는 주님이시라고 선포하고 있다(5절).

이처럼 느헤미야는 언약을 지키시고 긍휼을 베푸시는 하나님의 속성에 호소하며 이스라엘 자손이 주 여호와 하나님께 범죄 하였다고 자복하는 기도를 드렸다. 그뿐만 아니라 주님의 종 모세를 통해 말씀하신 주의 계명과 율례와 규례를 지키지 아니하고 도리어 악을 행하였다고 자백하였다. 고국으로 돌아간 백성들이 당하고 있는 비참한 현실은 외적의 침략이나 성벽 건축 공사를 반대하는 사람들 때문이 아니라 백성들이 하나님께 범죄하였기 때문에 하나님께서 당신의 백성들을 돌보시지 않기 때문임을 알았던 것이다. 특히 느헤미야는 하나님의 말씀 곧 언약(레 26:27; 신 30:1-5)을 기억하며 지금 이스라엘 백성이 당하고 있는 고통은 하나님을 전적으로 신뢰하지 않고 범죄한 결과임을 인정하며 하나님의 긍휼과 자비를 간구하고 있다.

만일 너희가 범죄하면 내가 너희를 열국 중에 흩을 것이요 만일 내게로 돌아와서 내 계
명을 지켜 행하면 너희 쫓긴 자가 하늘 끝에 있을지라도 내가 거기서부터 모아 내 이름
을 두려고 택한 곳에 돌아오게 하리라 하신 말씀을 이제 청컨대 기억하옵소서(9절).

③ 느헤미야의 구체적인 기도(1:10-11)

애굽에 종살이하던 이스라엘 백성을 큰 능력과 강한 손으로 구속하신 하나
님께서는 자신의 택한 백성일지라도 하나님을 떠나 범죄했을 경우에 다시 바
벨론의 식민지로 전락시키는 징계와 심판을 내리셨음을 상기하며 느헤미야는
다시 하나님의 긍휼에 호소하며 기도했다. 느헤미야는 고국의 어려운 형편을
듣고 즉시 하나님께 죄를 자복하고 회개하는 기도를 드렸으며 또한, 자신의
귀국을 위해 페르시아 왕 아닥사스다의 마음을 움직여 왕의 허락을 받게 해
달라고 하나님께 기도했다. 고국으로 돌아가게 해 달라는 자신의 요구를 왕에
게 먼저 말하지 않고 사람의 마음을 움직이시는 살아계신 하나님께 아뢰어 하
나님의 뜻과 허락을 먼저 구하는 느헤미야의 태도는 모든 그리스도인이 반드
시 배워야 할 신앙 태도이다.

(2) 느헤미야의 귀환을 도우시는 하나님(2장)

① 하나님의 선한 손이 나를 도우심으로(1:8)

페르시아 수산궁에 남아있던 느헤미야는 예루살렘으로 귀국하기 위해 하나
님의 도움을 호소하며 기도하기를 계속하였다. 그러던 중 몇 달이 지나서 좋
은 기회가 주어졌다. 느헤미야는 왕의 술 맡은 관원으로서 아닥사스다 왕 앞
에서 술을 따를 수 있는 차례를 얻게 된 것이다. 당시 페르시아 제도 아래서는
왕이 금홀을 내밀거나 먼저 말을 걸어오지 않는 한 누구도 왕에게 나아갈 수
없었기 때문에 왕의 면전에서 술을 접대하는 일은 왕과 대화할 수 있는 너무
나 좋은 기회였다. 이때 아닥사스다 왕은 정성을 다해 술을 따르는 느헤미야
를 가장 가까운 곳에서 물끄러미 바라보다가 이전의 밝은 모습의 느헤미야가
아닌 것을 즉시 알아차렸다. 왕은 다정다감한 음성으로 느헤미야의 안부를 물
으며 자연스럽게 느헤미야가 왕에게 말할 기회를 주었다. 이것은 느헤미야가

가장 크게 감사하며 고백한 것처럼(8절) 하나님의 선한 손이 느헤미야를 도운 것이다.

어찌하여 얼굴에 수색이 있느냐(2절) 라는 왕의 질문에 그는 심히 두려워하면서도 용기를 내어 자신의 동생 하나니로부터 들은 예루살렘 소식을 왕에게 말하고 열조의 묘실 있는 성읍이 황무하고 소화(燒火)되었음을 인하여 근심하고 있다고 솔직하게 말했다. 느헤미야의 말을 들은 왕은 어떤 소원이든지 다 들어줄 수 있다는 자신감에 찬 어조로 그에게 말했습니다.

> 그러면 네가 무엇을 원하느냐?(4절)

왕의 이 말을 들은 느헤미야는 즉시 하늘의 하나님께 잠시 간절히 기도(4절: 묵도)한 후, 유다 땅 열조의 묘실이 있는 예루살렘 성으로 가서 그 성을 중건하게 해 달라고 왕에게 간곡히 말했다. 무엇을 원하느냐고 묻는 왕 앞에서 살아 계신 하나님께 기도하는 느헤미야를 통해 하나님께서는 영광을 받으셨다. 느헤미야는 아닥사스다 왕을 통해 일하시는 하나님께 먼저 감사하며 그 하나님의 도우심의 손길을 요청한 것이다.

> 왕이 만일 즐겨하시고 종(느헤미야)이 왕의 목전에서 은혜를 얻었사오면 나를 유다 땅 나의 열조의 묘실있는 성읍에 보내어 그 성을 중건케 하옵소서(5절).

느헤미야는 자신의 귀향을 기꺼이 허락하는 왕의 모습에 감사하며 예루살렘 중건을 위한 두 가지 요청을 더 하였다. 첫째는 강 서편 총독에게 조서를 내려 무사히 유다 땅까지 도착할 수 있도록 보호해 달라는 것과 둘째는 왕의 삼림 감독 아삽에게 조서를 내려 영문의 문과 성곽과 느헤미야가 거처할 집을 위한 들보 재목을 달라는 것이었다. 영문의 문은 예루살렘 성문 가운데 가장 중요한 요새(망대)의 하나인 북쪽에 위치한 성문이었으며 성곽은 예루살렘의 안전을 위해 절대로 필요하였다. 느헤미야의 이러한 요구는 그의 귀국 목적과 사명이 잘 드러나 있다. 아닥사스다 왕의 허락을 얻기 위해 먼저 하나님께 기도하고 또한, 하나님께 기도하면서 아닥사스다 왕에게 최대한의 경의와 예를 갖추어 왕의 허락을 유도해 내는 느헤미야의 지혜로운 태도는 "뱀처럼 지혜롭고 비둘기처럼 순결"하게 살아야 할 그리스도인들의 앞선 모델이다.

② 아닥사스다 왕의 호의와 위풍당당한 느헤미야의 귀국(2:9-16)

느헤미야의 귀국은 1차 귀환 때의 스룹바벨이나 2차 귀환 때의 에스라의 모습과는 판이하게 달랐다. 물론 하나님의 선한 도우심과 은혜 아래 귀국했다는 공통점은 있지만(에 7:9), 에스라는 아닥사스다 왕이 권면한 군사적 도움을 거절했으나(에 8:22) 오히려 느헤미야는 왕이 보낸 군대 장관과 마병의 보호를 받고 페르시아 왕이 파송하는 사절단처럼 권위 있는 모습으로 예루살렘에 도착하였다.

에스라와는 다르게 느헤미야가 페르시아의 군대 장관과 함께 마병의 힘을 의지하여 위풍당당하게 귀국하는 이유는 느헤미야가 자신의 권위를 드러내기 위함은 결코 아니었다. 그것은 본문 10절의 기록처럼, 예루살렘 성 중건을 방해하고 모함하는 호론 사람 산발랏과 암몬사람 도비야를 비롯한 사마리아인들의 거만과 만행을 제거하기 위한 느헤미야의 계산된 행동이었다. 예루살렘 중건을 다시 허락하는 뜻으로 느헤미야 자신을 보냈다는 아닥사스다 왕의 조서를 산발랏과 도비야가 믿지 않거나 무시할 염려도 있었던 것입니다. 왜냐하면 산발랏과 도비야같은 건축 방해자들이 거짓으로 아닥사스다 왕에게 상소문을 보냈을 때 왕은 사실을 조사해 보지 않고 성읍 건축 공사 중지령(조서)을 내렸었기 때문에 지금도 그 상소문을 가지고 있는 산발랏과 도비야는 여전히 느헤미야의 말을 믿지 않을 수도 있었기 때문이다.

이러한 상황아래 페르시아 왕의 군대 장관과 마병의 호위를 받으며 예루살렘에 도착한 느헤미야의 모습을 본 백성들은 환호하였다. 그리고 이 소식을 들은 산발랏과 도비야는 심히 두려워하며 근심하였으나 그들은 자신들의 행위를 부끄러워하거나 용서를 구하지 않고 도리어 느헤미야를 대적하고야 만다(19절). 귀국한 삼 일 후 느헤미야는 아무도 모르게 두어 사람과 함께 밤에 예루살렘 성과 성벽을 시찰하였다. 그리고 동생 하나니가 수산궁에까지 와서 전했던 내용이 모두 사실임을 확인하였다. 이러한 느헤미야의 비밀 시찰은 자신의 귀국 목적이 산발랏과 도비야 같은 방해자들에게 알려질 경우 대적자들의 방해로 뜻을 이루지 못할 염려 때문이었다.

느헤미야는 예루살렘 성의 남쪽에 있는 골짜기 문으로 나아가 남쪽 용정(힌 놈의 아들 골짜기 급처의 문)으로부터 멀리 떨어져 있는 분문(예루살렘 가장 남쪽에 있는 온갖 쓰레기 하치장 근처의 문)을 거쳐 동쪽으로 돌아 북쪽 샘문과 왕의 못에 이르기까지 불에 타고 무너져 버린 성벽의 시찰을 모두 끝내고 다시 남쪽의 골짜기 문을 통해 성안으로 돌아왔다. 하나님의 일이 방해 받지 않고 시행되기 위해서는 때때로 아무도 모르게 진행되어야 할 일들이 있음을 교훈해 준다. 느헤미야는 자신의 귀국 목적과 성벽 재건 공사를 성공적으로 끝맺기 위해 자신의 귀국 목적 및 성벽 시찰에 대해서는 제사장을 비롯 방백들이나 귀인들이나 그 외의 어느누구에게도 말하지 않고 비밀로 남겨 두었다. 모세나 여호수아 및 느헤미야 같은 지도자들의 신중함과 고독을 엿볼 수 있다.

③ 일어나 건축하자(2:18)

때가 되었을 때 느헤미야는 예루살렘 성을 중건하자고 외쳤다. 그리고 머뭇거리고 있는 백성들에게 하나님의 손이 도우신 일과 아닥사스다 왕이 자신에게 베푼 귀국 허락 등에 대해 백성들에게 자세히 말했다. 느헤미야의 말을 들은 많은 사람이 감동을 받고 더이상 산발랏과 도비야 같은 방해자들의 협박을 두려워하지 않았다. 감동받은 사람들이 "일어나 건축하자 하며 모두 힘을 내어"(18절) 건축 공사를 시작하려고 하자 호론 사람 산발랏과 암몬사람 도비야와 아라비아 사람 게셈이 그들의 말을 업신여기고 비웃으며 여전히 방해하였다. 즉 성읍 중건 시작은 건축 공사 중지 명령을 내린 아닥사스다 왕의 명령을 배반하는 것이라고 주장하며 방해자들이 계속 협박하고 있는 것은 느헤미야가 아닥사스다 왕의 허락을 받고 예루살렘 성 중건을 위해 파송되었다는 사실을 미처 알지 못했기 때문이다.

느헤미야는 하늘의 하나님께서 이스라엘 백성을 형통케 하시는 은혜를 통하여 성을 중건할 수 있다고 선언했다. 이것은 아닥사스다 왕의 허락 때문에 성읍을 중건할 수 있는 것이 아니라 왕의 배후에 계시는 살아계신 하나님의 역사로 성읍이 중건되는 것임을 밝히려는 느헤미야의 의도가 담겨 있다. 또한, 사마리아인들을 비롯한 건축 방해자들에게는 예루살렘에서의 기업이나 권리가 없을 뿐만 아니라 종교적 사회적 의식에 참여하거나 영향력을 행사할 수 있는 아무런 법적 지위도 갖고 있지 못하다고 선포하며 그들의 방해 공작은 다만 하나님을 향한 정면 도전행위라는 뜻을 분명히 전달하였다.

(3) 예루살렘 성벽 재건에 동참한 백성들(3장)

① 북쪽 성벽 재건과 헌신자들(3:1-5)

북쪽의 성벽을 재건할 때 가장 심혈을 기울인 부분은 양문(羊門)이었으며 이 부분을 건축한 사람들은 대제사장 엘리아십을 비롯한 제사장들이었다. 제사장 무리들은 예루살렘 북동쪽에 위치한 양문 곧 하나님께 바쳐지는 양들이 출입하는 문으로서 희생 제사용 양들이 이곳을 통과할 때 문 옆의 연못에서 깨끗이 씻겨졌다. 요한복음 5장 2절에서 예수님이 지적하신 양문이 바로 이곳이다. 하나님께 바쳐질 양들이 통과한다는 의미에서 제사장들은 이 문을 재건하고 특별히 '성별'하였다고 이 책은 기록하고 있다. 제사장들이 재건한 이 문을 시작으로 북쪽의 성벽들이 여리고 사람들과 이므리의 아들 삭굴에 의해 차례로 재건되었고 성별되었다. 제사장들이 북쪽 성벽을 담당한 것은 그들의 주요 활동 무대인 성전과 가까운 곳이기 때문이다. 북쪽 성벽을 재건할 때 두 번째 중요한 문은 어문(魚門)이었다.

이 문은 예루살렘 북쪽 성벽의 좌측에 있는 문으로서 요단강이나 갈릴리 바다에서 잡은 고기와 함께 어부들이 출입하는 문이라는 뜻에서 어문이라고 붙여진 것이다(12:39; 습 1:10; 대하 33:14). 안식일에 이 문을 통하여 물고기를 예루살렘으로 가져와서 팔다가 느헤미야의 지적을 받고 심한 꾸중을 듣기도 했다(13:16). 이 어문 건축 담당자들은 하스나아의 자손들이었다. 이들이 어문을 재건하여 들보를 얹고 문을 달고 자물쇠와 빗장을 갖추어 완성하였으며 그 어문에 이어 북쪽 성벽들을 계속하여 므레못, 므술람(베레갸의 아들), 사독 및 드고아 사람들이 차례로 건축하였다. 그러나 드고아 사람들 가운데 귀족들은 '주의 역사에 담부치' 아니하였다(5절). 이 말은 귀족들(지도자들) 주의 역사 곧 일꾼들의 일에 힘을 합하지 않았음을 가리키는 것으로서 결국 느고아 사람들의 지도자들은 하나님의 거룩한 일에 몸과 마음과 물질을 바치지 않았다. 느고아 사람들의 지도자들은 빠지고 평민들만이 성벽 재건에 동참한 것이다.

② 서쪽 성벽 재건과 헌신자들(3:6-13)

예루살렘 성벽 북쪽을 중심으로 서쪽을 따라 옛문과 골짜기 문에 이르는 성벽 공사에 참여한 경건한 자들의 이름이 공개되고 있다. 성벽 서쪽을 담당한 자들은 우선 '옛문'을 건축하고 들보를 얹고 문을 달고 자물쇠와 빗장을 갖추어 완성하였다. 이 옛문을 재건한 사람들은 요야다, 므술람(브소드야의 아들)이 중심이 되었다. 그리고 이 문과 계속 이어지는 서쪽 성벽 재건에는 각계각층의 사람들이 동참하였다. 기브온 사람(물라다), 메로놋 사람(야돈), 강서편 곧 바벨론 유프라테스강의 서쪽인 가나안 총독의 관할 아래 있는 기브온, 미스바 사람들도 동참하였다. 그 뒤를 이어서 금장색 웃시엘, 향품 장사 하나냐 그리고 예루살렘 도시를 절반이나 다스리는 후르의 아들 르바야가 예루살렘 서쪽의 성벽을 재건하였다.

마지막으로 여디야는 자기 집과 마주 대하고 있는 성벽을 재건하였으며 핫두스, 말기야, 핫습이 성벽 일부와 풀무망대를 중수하였고 예루살렘 도시의 나머지 절반을 다스리는 할로헤스의 아들 살룸과 그 딸들이 서쪽 성벽을 중수하였다. 서쪽 성벽의 마지막이라 할 수 있는 골짜기 문은 하눈과 사노아 거민이 다시 만들어 문을 달고 자물쇠와 빗장을 갖추고 분문에 이르는 긴 성벽을 재건하였다. 서쪽 성벽의 재건에 동참한 사람들은 여러 계층의 사람들이었다는 사실이 매우 특이하다. 직업적으로도 다양하고 신분적으로도 다양하며 남녀의 구분도 없었다. 누구나 열심 있는 자들은 모두 하나님의 일인 성벽 공사에 참여할 수 있었다.

③ 남쪽 성벽 재건과 그 헌신자들(3:14-19)

예루살렘의 지형에 따라 북쪽과 서쪽의 성벽을 재건한 사람들의 헌신과 수고를 알리고 분문에서부터 남동쪽 군기고 맞은 편에 이르는 성벽 건축 공사에 참여한 사람들의 이름이 계속 언급되고 있다. 예루살렘 성 주민들의 쓰레기를 버리기 위해 출입하는 공동 쓰레기장 곁의 분문(翼門)은 벧학게렘 지방을 다스리는 레갑의 아들 말기야가 중축하였으며 실로암 연못으로 나가는 샘문은 미스바 지방을 다스리는 골호세의 아들 살룬이 건축하였고 계속 이어서 기드론 골짜기 남단의 왕의 동산으로 흐르는 셀라 연못(실로암 연못) 근처의 성벽을 거쳐 기드론 골짜기로 내려가는 층계까지 중수하였다. 그 뒤를 이어 벧술 지방 절반을 다스리는 자인 아스북의 아들 느헤미야가 다윗의 묘실 맞은편 성벽을 거쳐 인공으로 만든 연못을 지나 용사의 집에 이르는 성벽을 재건하였다. 계속해서 레위 사람 바니의 아들 르훔이, 그일라 지방 절반씩을 다스리는 하사뱌와 바왜가 남쪽 성벽의 일부를 재건하였으며 미스바를 다스리는 에셀은 군기고 맞은 편까지 중수함으로써 파괴되고 불타버린 예루살렘 남쪽의 성문과 성벽을 모두 재건하였다.

④ 동쪽 성벽 재건과 그 헌신자들(3:20-32)

예루살렘 성벽 중 불타고 무너진 정도가 가장 심했던 지역은 동쪽의 성벽이었다. 공사해야 할 구역의 길이도 길었지만 이처럼 파괴된 정도가 다른 지역보다 심했기 때문에 많은 사람이 이곳의 재건을 위해 투입되었다. 우선 삽배의 아들 바룩이 대제사장 엘리아십의 집 문에 이르는 성벽을 건축하였고 우리야의 아들 므레못이 엘리아십의 집 문에서부터 집 모퉁이까지 중수하였으며 그 뒤를 이어 평지에 사는 제사장들 곧 처음 성벽 재건에 동참하지 않았던 나머지 제사장들이 후에 열심을 품고 동쪽 성벽의 일부를 재건하였다. 그 뒤를 이어 베냐민과 핫숩 그리고 아사랴가 자신들의 집 근처의 성벽을, 빈누이가 그 뒤를 이어 성 모퉁이에 이르는 성벽을, 발랄은 망대 맞은 편 곧 시위청 근처의 성벽에 이르기까지 중건하였다. 또 바로스의 아들 브다야와 드고아 사람들이 성벽 공사에 동참하였으며 말이나 말탄 자들이 출입하던 마문 근처는 제사장들이 건축하였고 임멜의 아들 사독이 자신의 집 근처의 성벽을, 동문지기 스가냐의 아들 스마야가 그 다음을, 그리고 하나냐와 하눈과 므술람이 그 뒤를 이었다. 금장색 말기야는 함밉갓문(사람들이 모이는 문)의 맞은 편 성벽부터 느디님 사람과 상인들이 모여 사는 근처의 성벽까지를 중건하였으며 성 모퉁이 누각부터 양문까지의 성벽은 금장색 곧 금세공업자들과 상고(상인)들에 의해 중건되었다.

불에 타고 무너진 예루살렘 성문과 성벽이 귀국한 느헤미야의 지도 아래 새롭게 중건되었다. 이 거룩한 일에 처음부터 열심으로 참여한 사람들도 있었고, 외면하고 방관하는 사람들도 있었으며, 또한 처음에는 방관했다가 후에 열심을 내어 참여한 사람들도 있었다. 신분과 직업도 다양했으며 위로는 제사장을 비롯 금세공업자와 일반 상인에 이르기까지 각계각층의 사람들이 남녀를 막론하고 성벽 건축에 동참하였다. 하나님의 일은 성령의 감동을 입은 자들의 열심을 통해 이루어짐을 가르쳐 준다.

(4) 대적들의 조롱과 느헤미야의 대응(4장)

① 산발랏, 도비야의 조롱과 느헤미야의 기도(4:1-6)

느헤미야의 지도 아래 예루살렘 성벽이 재건되고 있다는 소식을 들은 사마리아의 지도자 산발랏은 분노하며 유다 사람을 비웃었다. 심지어 사마리아 군대를 동원하여 위협하고 조롱하는 산발랏과 그의 추종자들은 성벽 재건공사를 어떤 방법을 동원해서라도 중단시키려고 혈안이 되어 있었다. 특히 암몬 사람 도비야는 유다 백성이 건축하는 성벽을 향하여 여우가 올라가도 무너질 것이라고 조롱하며 비웃었다. 이러한 대적들의 조롱과 비웃음은 느헤미야와 유대인들의 성벽 재건 의욕을 꺾기에 충분했다. 어려움과 역경을 딛고 하나님의 언약 백성을 위하여 예루살렘 성벽을 절반쯤 재건한 느헤미야는 대적들의 반대와 조롱을 듣고 하나님께 기도하기 시작했다.

> 우리 하나님이여 들으시옵소서 우리가 업신여김을 당하나이다 원컨대 저희의 욕하는 것
> 으로 자기의 머리에 돌리사 노략거리가 되어 이방에 사로잡히게 하시고 주의 앞에서 그
> 악을 덮어두지 마옵시며 그 죄를 도말하지 마옵소서(4, 5절).

느헤미야는 악한 대적자들의 조롱에 대해 맞서지 아니하고 원수 갚는 것이 내게 있으니 나에게 맡기라는 하나님의 말씀에 순종하며 하나님께 기도할 따름이었다. 하나님의 뜻을 알지 못하고 자신들의 정치적 입지가 좁아지는 것을 염려한 대적자들의 모습과 하나님의 뜻을 이루기 위해 힘쓰는 느헤미야와 유

대인들의 모습이 대조적으로 잘 나타나 있다.

② 계속되는 대적자들의 훼방과 느헤미야의 방비(4:7-14)

백성들의 열심 덕분에 무너진 예루살렘 성벽이 전부 연결되고 성벽의 높이도 절반에 미쳤을 때 산발랏과 도비야와 아라비아 사람들과 암몬 사람들 및 아스돗 사람들은 더욱 분노하였다. 그들은 예루살렘을 공격하여 건축 공사를 중지시키자고 아우성을 쳤다. 이 소문이 성벽을 건축하는 유대인들에게 들렸을 때 대적들의 군사적 움직임에 불안을 느낀 유대인들의 사기가 크게 꺾이고 힘이 빠져 성벽 재건공사를 당장이라도 중단하려는 기세로 느헤미야에게 도움을 호소하였다. 특히 사마리아 근처에 살고 있던 유대인들은 더욱 산발랏이 이끄는 군사력에 위협을 느껴 열 번이나 느헤미야에게 군사를 보내 달라고 요청하기조차 했다.

이러한 상황 속에서 느헤미야는 하나님께 기도하며 한편으로는 파숫군을 두어 주야로 대적들의 공격에 대비하였다. 느헤미야는 성 뒤 낮고 넓은 한 장소를 택하여 각 종족과 지파를 따라 군사를 모으고 칼과 활과 창으로 무장시킨 후 산발랏이 이끄는 대적들과 싸울 준비를 다 했다. 그리고 사마리아 군사가 만약 쳐들어온다면 온 힘을 다 해 싸워야 한다고 외쳤다.

> 너희는 저희를 두려워 하지 말고 지극히 크시고 두려우신 주를 기억하고 너희 형제와 자녀와 아내와 집을 위하여 싸우라(14절).

대적들의 공격 앞에 위기를 맞은 느헤미야는 전능하신 하나님께 간절히 기도함과 동시에 철저히 무장하고 싸울 준비를 하며 그가 할 수 있는 최선의 방법을 다했다.

③ 한 손에는 무기 잡고 한 손으로는 일을 하다(4:15-23)

만약 산발랏이 유대인을 공격하는 일이 발생한다면 유대인들도 그들을 공격할 준비가 되어있다는 소식이 산발랏을 비롯한 대적들에게 들렸다. 그리고 하나님께서 느헤미야의 기도를 들으시고 대적들의 악한 계획을 무력화시키셨다. 느헤미야와 유대인들은 예루살렘 성벽 공사를 계속 진행하였다. 산발랏의 군사 위협에도 아랑곳하지 않고 도리어 무장을 하고 성벽 재건 공사를 계속하는 유대인들의 모습은 경건하기까지 했다. 느헤미야는 자신의 종을 두 팀으로 나누어 한 팀은 일을 하게 하고 다른 한 팀은 완전 무장을 하고 경비를 서도록 했다. 그리고 성벽을 건축하는 모든 유대인들에게는 한 손으로는 일을 하게 하고 다른 손에는 무기를 들게 하였다. 특히 나팔 부는 자를 느헤미야 자신 곁에 두고 위급할 때는 나팔을 불게 해서 즉시 전투태세를 갖추게 하였다. 어디서든지 나팔 소리가 나면 모든 유대인들은 즉시 무장하여 느헤미야에게 나아와 그의 지시를 받도록 한 것이다. 그러면 여호와 하나님께서 그들을 위해 싸워 주실 것이라고 느헤미야는 백성들을 권면하며 위로했다.

> 우리 하나님이 우리를 위해 싸우시리라(20절).

산발랏과 도비야 및 대적자들의 방해와 위협에도 굴하지 않고 느헤미야는 예루살렘 성벽 재건 공사를 계속해 나갔다. 성벽 재건은 언약 백성을 위한 하나님의 계획 아래서 실시하는 것이므로 느헤미야가 섬기는 하나님께서 그를 도와주실 것이라는 믿음이 있었기 때문이다. 느헤미야 시대의 산발랏과 도비야는 사단의 앞잡이들로서 오늘날에도 그들같이 하나님의 뜻을 거스르는 악한 대적자들의 계략은 계속되고 있음을 교훈한다. 또한, 악한 대적자들에 대한 느헤미야의 태도를 배울 수 있다. 악한 대적자들이 공격해 올 때 즉시 하나님께 기도해야 한다. 동시에 하나님의 일반 은총 아래서 사람이 할 수 있는 모든 일을 강구해야 한다. 느헤미야는 기도하며 일하며 또 무장하고 싸울 태세를 갖추었다.

(5) 느헤미야의 사회문제 해결(5장)

① 우리 자녀를 종으로 파는도다(5:1-5)

느헤미야는 페르시아에서 돌아와 예루살렘 성벽을 재건하는 일에 최선을 다하고 있었다. 그 결과 성벽은 거의 마무리 되어가고 있었고 백성들은 외부의 침략으로부터 점차 안전할 수 있게 되었다. 그러나 많은 문제가 유다 민족 내부에서 일어나기 시작했다. 바벨론에서 돌아온 유대인들은 성벽 재건의 중 노동에 시달리면서 한편 자연 재해와 사회 모순 속에서 극심한 빈부의 격차를 겪으며 경제적 고통에 이중으로 시달리고 있었다. 이러한 고통 속에서 유대인 들은 서로 원망과 불평을 터뜨리며 하나님의 백성된 본분을 망각하고 슬프게 살아가고 있었다. 자녀가 많은 어느 가족은 먹을 것이 없어서 이웃집을 전전 하며 곡식을 얻어와 근근히 끼니를 이어가고 있다고 말했다. 또 어떤 가정은 벌써 밭과 포도원을 전당 잡혔고 설상가상으로 흉년까지 겹쳐 곡식을 얻기 위 해 이웃 형제의 집에 구걸하러 다닌다고 하소연했다. 어떤 유대인은 밭과 포 도원으로 돈을 빚내어 세금을 바쳤기 때문에 이제는 농사를 지을 땅이 없어져 서 먹을 것을 구할 수가 없게 되었다고 탄식했다. 심지어 더욱 가슴 아픈 것은 어린 자녀를 종으로 팔았고 또 딸들이 종이 되었으나 밭과 포도원이 이미 남 의 것이 되어 속량(돈을 주고 데려옴)할 힘이 없어졌다고 울먹이기도 했다.

이처럼 고국에 돌아온 유대인들은 안팎으로 고통에 시달렸던 것이다. 예루 살렘 성벽 건축에 대한 중노동을 비롯하여 성벽 건축 방해자들의 위협과 공격 도 견디기 힘든 고통이었다. 그러나 그것보다도 더욱 그들을 힘들게 한 것은 유대 사회가 하나님의 율법이 실종되어 버린 것이다. 하나님의 계명 곧 모세 의 율법이 무시되어 버린 유대 사회는 하나님께서 금하신 돈 있는 자들의 고 리대금업과 욕심 많은 몇몇 부자의 잘못된 토지 전당제도 등을 통하여 불의한 모습으로 변해 버렸다.

② 느헤미야의 책망과 백성들의 순종(5:6-13)

느헤미야는 가난한 자들에 대한 부자들의 경제적 횡포를 듣고 크게 분노 하였다. 그러나 그는 곧 이성을 되찾고(중심에 계획하고) 언약의 공동체로서 모 든 백성을 모아 대회를 열고 귀인과 민장 곧 지도자들과 방백들을 공개적으 로 꾸짖고 책망하기 시작하였다. 개인적으로 책망할 경우 그들의 집단 반발을 살 수 있었기 때문에 느헤미야는 지혜롭게 대회를 열어 모든 백성을 모아놓고 고리대금업의 사실을 확인하며 사실상 공개적인 회의를 주도하고 있다. 실제 로 마을의 지도자인 귀인과 민장들은 가난한 백성들을 대상으로 고리대금업을 하면서 빌려간 돈에 대한 이자를 갚도록 강요하였다. 만약 이자를 갚지 않는 사람에 대해서는 강제로 돈과 곡식과 새 포도주와 기름 등을 탈취해 갔으며 나중에는 밭과 포도원과 감람원과 집을 담보물로 빼앗아갔다.

심지어 부자들은 이자를 갚지 못하는 가난한 자들의 재산과 토지뿐 아니라 자녀들까지도 종으로 데려갔다. 이러한 사실에 대해 분노하던 느헤미야는 하나님의 공의와 사랑을 상기시키면서 가난한 이웃의 경제적 고통을 이용하여 그들을 종으로 삼는 것은 하나님의 긍휼 아래 범죄 행위라고 꾸짖으며 높은 이자를 취하는 고리 대금업을 즉각 중지토록 요구하였다. 하나님께서는 이스라엘 백성을 긍휼히 여기시고 그 옛날 애굽에서 속량해 주셨고 또 바벨론 식민지 아래서도 풀어 해방시켜 자유의 몸이 되게 하셨는데 도리어 같은 동족인 유대인들끼리 경제적 어려움 때문에 종으로 사고 파는 행위를 한다면 하나님의 백성답지 못하다는 것이 느헤미야의 권고 내용이었다. 그뿐만 아니라 이방인들이 유대인들의 이러한 모습을 안다면 그들은 유대인들의 만행에 대해 비방할 것이며 결과적으로 하나님의 이름을 모독하는 일이 될 것이라고 추궁했다.

이처럼 느헤미야는 부자들을 비롯하여 민장들과 귀인들이 스스로 그들의 잘못을 깨닫도록 유도하였다. 느헤미야의 설득과 훈계를 들은 부자들은 그들의 잘못에 대해 대꾸하지 못하고 잠잠히 있을 뿐이었다. 마침내 느헤미야는 가난한 자들이 경제적 도움을 요청해 올 때 부자들은 이자를 받지 말고 순수하게 돈과 양식을 꾸어 주도록 간곡하게 부탁했다. 느헤미야의 마지막 선언과도 같은 요청에 대해 부자들은 수많은 군중 앞에서 느헤미야의 말대로 실행하겠다고 약속했다. 그들은 이자 대신 가져온 모든 재산과 토지에 대한 담보물을 비롯 자녀들까지 돌려보내고 아무 것도 요구하지 않겠다고 말했으며 느헤미야는 이 사실을 제사장들 앞에서 맹세케 하였다.

마지막으로 느헤미야는 자신의 옷자락을 떨치며 맹세한 자들이 그들의 맹세한 바대로 실천하지 않으면 하나님께서 그들의 집과 산업으로부터 그들을 떨치실 것이라고 백성들 앞에서 저주의 선언을 하였다. 이 모습을 처음부터 끝까지 지켜보던 모든 백성은 일제히 아멘으로 화답하고 하나님 여호와를 찬송하며 영광을 돌렸다. 그날 이후 느헤미야의 지도 아래 유대 사회에는 어떠한 형태의 이자놀이도 사라지게 되었으며 하나님의 공의와 긍휼이 실천되기 시작하였다. 느헤미야를 통한 유대사회의 사회적 경제적 개혁이 성공적으로 이루어졌음을 알 수 있다.

③ 총독 느헤미야의 선언: "나는 하나님을 경외하므로"(5:14-19)

페르시아 수산궁에 있던 느헤미야는 고국에 돌아와 사마리아인을 중심으로 하는 대적들의 온갖 방해 공작에도 불구하고 열정적으로 성벽을 재건하여 거의 완성 단계에 이를 무렵에 가난한 자들에 대한 부자들의 경제적 횡포로 어려워진 유대 사회를 공개적으로 개혁하였다. 그는 페르시아 왕으로부터 유다의 새로운 총독으로 임명을 받고 왔으나 총독이라는 사실을 숨기고 성벽 건축 공사의 와중에 사회개혁을 이루었다. 이제 비로소 느헤미야는 자신이 유다의 총독으로 왔다는 사실을 공개하며 자신을 다른 총독과 비교하여 드러내고 있다. 그는 유다 총독으로 왔으나 총독으로서 당연히 받아야 할 녹(봉급)을 12년 동안 전혀 받지 않았으며 심지어 자신과 함께 온 종자(신하)들도 성벽 건축 공사에 동참했을지언정 누구도 녹을 먹지 않았다고 공언하였다. 일반적으로 지금까지 유다 총독으로 있었던 사람들은 백성에게 토색하여 양식과 포도주와 은 사십 세겔을 취해 왔으며 그 종자들도 백성을 압제하여 축재했다. 그러나 느헤미야와 그 신하들은 다른 총독들처럼 그렇게 하지 않았다고 자신 있게 백성들에게 선언하고 있다. 그 이유는 하나님을 경외하기 때문이라고 하였다.

> 나는 하나님을 경외하므로 이같이 행치 아니하고 도리어 이 성 역사에 힘을 다하여 땅을 사지 아니하였고 나의 모든 종자들도 모여서 역사를 하였으며 … 비록 이같이 하였을지라도 내가 총독의 녹을 요구하지 아니하였음은 백성의 부역이 중함이라(15-18절).

하나님을 경외하는 느헤미야는 총독의 녹을 요구하지도 않았을 뿐만 아니라 자신을 돕는 많은 중간 계층의 지도자들과 함께 먹는 음식의 비용도 자신의 사재를 털어 충당하였다(18절). 이렇게 매일 소 한 마리와 양 여섯 마리 그리고 열흘에 한 번씩 공급되는 각종 포도주를 위한 비용을 느헤미야가 모두 감당하였다는 것은 그가 백성을 사랑하는 참된 지도자였음을 잘 말해 주고 있

다. 느헤미야는 자신이 백성을 위하여 행한 이 모든 일을 하나님께서 기억해
주시고 은혜를 베풀어주시기를 간구했다. 백성들이 겪는 고통을 함께 나누며
성벽 건축 공사에 동참하였고 또 총독으로서 마땅히 요구할 수 있는 녹을 받
지도 않았고 백성들에게 부담을 지우지 않기 위해 중간 지도자들의 모든 생활
비까지 자신이 직접 부담하며 백성들을 사랑했던 느헤미야의 성품이 잘 드러
나 있다. 느헤미야는 하나님을 경외하고 백성을 사랑하는 마음으로 총독으로
서의 그의 직분을 잘 감당할 수 있었다. 아마도 느헤미야의 묘비가 있다면 이
런 글이 새겨져 있을 것이다. "나는 하나님을 경외하는 사람입니다."

(6) 느헤미야를 헤치려는 계속된 음모(6장)

① 느헤미야에 대한 살해 음모(6:1-4)

본 장에는 느헤미야를 헤치려는 여러 가지 음모가 나타나는데 첫 번째 음모
는 살해 음모이다. 산발랏과 도비야를 비롯한 대적들은 예루살렘 성벽이 거의
완성 단계에 이르렀음을 알고 마음이 다급해졌다. 그 이유는 성벽의 재건은
무너진(예루살렘 성의 완성과 더불어) 그동안 중단된 하나님과 이스라엘 백성들과
의 언약적 공동체가 다시 이루어져 명실상부하게 예루살렘이 유다 백성의 중
심처가 되는 것을 의미하기 때문이다. 그래서 산발랏과 도비야를 비롯하여 아
라비아 사람 게셈 및 암몬 사람들과 아스돗 사람들이 연합을 이루어 성벽건설
이 이루어지지 못하도록 사생결단으로 방해하고 있다. 특히 예루살렘 성벽 건
설의 지도자인 느헤미야는 대적자들에게는 눈에 가시처럼 여겨졌다. 만약 느
헤미야만 제거할 수 있다면 예루살렘 공동체는 와해가 될 수밖에 없다는 생각
으로 그들은 느헤미야를 죽이기 위한 음모를 생각해내기에 이른다. 자신들의
목적달성을 위해 하나님의 사람을 죽이려는 그들의 악한 계획은 사탄의 흉계
임에 틀림이 없었다.

이윽고 산발랏과 게셈이 '오노 평지 한 촌'에서 만나자는 기별을 느헤미야
에게 해왔다. 당시 오노 평지는 이스라엘 영토 밖의 장소로서 예루살렘 북서
쪽 3-40킬로미터 떨어진 곳의 사마리아와 아스돗 사이의 한 장소였다. 일반적
으로 고대 사회에서는 사람을 한적한 곳으로 유인하여 죽이는 일이 많았던 사

실로 볼때 대적들은 느헤미야를 살해하기 위해 들판으로 유인하고 있다고 생각할 수밖에 없다(참고 렘 41:1-3; 창 4:8). 이것을 눈치챈 느헤미야는 '큰 역사' 곧 예루살렘 성벽 건축 공사를 중단하고 그들이 요구하고 있는 장소까지 나갈수없다고 회답했으나 대적들은 무려 네 번이나 사람을 보내어 느헤미야를 만나자고 제의해 왔다. 이때마다 느헤미야는 같은 말로 그들의 제안을 거절했다. 이것은 느헤미야를 살해하려는 대적들의 노력이 얼마나 필사적이었나를 잘말해 주고 있는 내용이다.

② 대적들의 봉하지 않은 편지(6:5-9)

마침내 산발랏은 다섯 번째로 사람을 보내어 봉하지 않은 편지를 느헤미야에게 전달했다. 그 편지에는 느헤미야를 모함하고 모략하는 내용으로 가득 차있었다. 특히 산발랏을 비롯한 대적들은 그 편지의 내용이 일반 백성들에게 알려지도록 의도적으로 문서를 인봉하지 않고 보냈던 것이다. 그 편지의 내용은 느헤미야가 유다백성들과 함께 반란을 일으키기 위해 지금 성벽을 건축하고 있다는 소문이 이스라엘과 주변 국가들에게 이미 퍼져 있다는 것이다. 특히 게셈이라 불리는 가스무가 이 소문을 확인했다는 것이다. 또한, 그 당시 학개나 스가랴와 같은 선지자를 세워 느헤미야가 스스로 왕이 되려고 지금 성벽을 재건하며 백성들의 마음을 자신에게로 돌리려 하고 있다는 것이다. 이러한 사실은 페르시아 왕을 배반하는 것으로서 반역자로 몰려 죽임을 당할 수 있다는 의도로 느헤미야를 모략했다. 당시 페르시아 제국에서는 수많은 식민지 국가가 그들의 독립을 위하여 끊임없이 모반하고 있었던 터라 느헤미야를 해치려는 의도로 산발랏이 만약 거짓 상소문을 페르시아 왕에게 올린다면 느헤미야에 대한 사실 확인도 되기 전에 죽임을 당할 수도 있었다.

산발랏은 이러한 사실을 교묘하게 이용하여 느헤미야가 그들이 요구하는 장소로 나오기를 협박하고 있었다. 그러나 느헤미야는 하나님을 믿는 담대한 믿음으로 이들의 모함과 협박을 두려워하지 않았다. 그는 산발랏 무리들의 회유와 협박 등 그들의 교묘한 심리전에서 하나님을 바라보는 믿음으로 담대하게 대처했다. 느헤미야는 우선 사람을 보내어 그들이 보낸 편지에 언급된 모든 내용은 사실과 다르며 모함에 불과한 것으로서 상대할 가치조차도 없다고

회신했다. 다만 그들의 모함은 느헤미야와 유다 백성들을 겁주어 예루살렘 성
벽 재건을 중단시키려는 술수에 불과하다고 선언하고 유다인들을 격려하며
성벽 재건 공사를 계속하라고 촉구했다. 그리고 그는 하나님을 바라보며 다시
기도하기 시작했다.

> 이제 내 손을 힘있게 하옵소서(9절).

③ 산발랏의 뇌물을 받은 스마야의 거짓 예언(6:10-14절)

느헤미야의 성벽 건축을 중단시키기 위해 느헤미야를 살해하려는 산발랏
일당은 또 다른 계획을 세운다. 그것은 므헤다벨의 손자 들라야의 아들 스마
야를 돈으로 매수하여 느헤미야에게 거짓 예언을 하도록 하였다. 뇌물로 매수
된 선지자 스마야는 느헤미야를 해치기 위해 두문불출하며 자신의 집에 느헤
미야가 찾아오도록 유인하였다. 마침 느헤미야가 스마야의 집을 찾아왔을 때
스마야는 산발랏 일당이 사람을 보내어 느헤미야를 죽이러 올 것이니 성전 안
으로 들어가 외소에 피신해 있으라고 거짓 예언을 하였다. 모세의 규정에 따
르면 신변에 위협을 느낄 때 성소 또는 성전 안에 들어가 제단 뿔을 잡으면 죽
음을 면할 수 있었다. 산발랏의 뇌물을 받은 스마야는 느헤미야를 외딴 곳으
로 유인하여 쉽게 죽일 수 있도록 느헤미야에게 거짓예언까지 하기에 이른다.
하지만 느헤미야는 스마야의 거짓 예언을 알아차렸다. 그래서 그는 겸손하게
거절하였다. 제사장도 아닌 자신이 함부로 성전에 들어갈 수 없을 뿐만 아니
라 하나님의 전에 들어가 생명을 보존할 만큼 잘못을 저지르지도 않았다고 말
했다. 비록 대적들의 암살 계획이 있다 하더라도 하나님의 거룩한 사역인 성
벽 건축을 위해서는 생명을 아끼지 않겠다는 단호한 심정을 전하며 성전 안으
로 피신하여 생명을 보존하라는 스마야의 제안을 정중히 거절하였다. 느헤미
야는 다시 우러러 하나님을 바라보며 또 기도하기 시작하였다.

> 내 하나님이여 도비야와 산발랏과 여선지 노아댜와 그 남은 선지자들 무릇 나를 두렵게
> 하고자 한 자의 소위를 기억하옵소서

자신의 억울함과 고통을 사람에게 말하지 않고 오직 하나님께 호소하며 하나님께서 신원해 주시기를 담담히 기도하는 느헤미야의 고독을 엿볼 수 있다. 하나님께서는 느헤미야의 약한 손을 강하게 붙잡아 주셨고 그의 마음에 용기를 주셨으며 기필코 예루살렘 성벽 공사를 완수하도록 섭리하셨다.

④ 하나님께서 성벽 재건을 이루시다(6:15-19절)

느헤미야를 중심으로 유대인들은 드디어 예루살렘의 모든 성벽을 수축하였다. 그러나 느헤미야는 하나님께서 이 역사를 이루셨다고 증언한다. 왜냐하면 예루살렘 성벽이 준공되었다는 소식이 성벽 재건 방해자들에게 들리자 그들은 몹시 두려워하며 낙담하였기 때문이다. 대적자들도 이 일이 하나님의 섭리 아래 이루어졌음을 알고 있기 때문에 두려워하고 낙담한 것이라고 느헤미야는 언급하고 있다. 의로운 자들의 경건한 사역은 항상 불의한 자들과 대적자들의 두려움이 되는 것이다. 성벽 재건 공사가 끝난 후에도 대적자들 중 도비야는 유대인들과 관계를 맺고 있는 모든 수단을 동원하여 느헤미야를 괴롭혔다. 도비야는 여러 방법으로 유대인들과 깊은 친선 관계를 맺고 있었기 때문에 유대인들로부터 느헤미야에 관한 소식을 잘 들을 수 있었다. 따라서 도비야는 느헤미야에게 편지를 보내어 위협하고 그를 두렵게 할 수 있었다.

예루살렘 성벽 재건을 반대하는 산발랏과 도비야 및 그들을 추종하는 많은 대적자의 모함과 위협이 끊이지 않았던 상황 속에서도 느헤미야는 하나님께 기도하고 하나님의 도움을 힘입어 기필코 그 일을 완수하였다. 하나님의 선한 일이 진행될 때는 언제나 산발랏과 도비야 같은 방해와 위협이 뒤따른다는 사실을 배운다. 하지만 느헤미야처럼 하나님께 기도하고 용기 있게 정면 대결하여 승리할 수 있도록 평상시 거룩하고 구별된 생활에 힘쓰는 삶이 되어야 한다. 사단과 그의 추종자들을 이길 수 있는 가장 큰 힘은 하나님을 향한 굳센 믿음과 거룩하고 깨끗한 삶이다.

(7) 성벽 완공과 귀환자 인구조사(7장)

① 성벽 완공과 책임자 임명(7:1-4절)

예루살렘 성벽이 완공된 후 느헤미야는 그 성벽을 지키는 파수꾼과 책임자들을 임명하였다. 특히 성벽 군데군데의 성문을 지키는 문지기를 임명하였으며 노래하는 자들과 레위 사람들을 성벽 파수꾼들의 책임자로 임명하였다. 그뿐만 아니라 느헤미야의 동생 하나니와 영문(營門) 곧 군사주요시설의 책임자인 하나냐를 예루살렘 경비 총책임자로 임명하여 예루살렘 성벽을 잘 지키도록 하였다. 하나니와 더불어 예루살렘의 지도자로 임명된 하나냐는 "충성되어 하나님을 경외함이 무리에서 뛰어난 자"였다. 지도자의 자질 중 충성되고 하나님을 경외하는 성품은 곧 하나님 앞에서 백성을 사랑하는 일과 직결되기 때문에 느헤미야는 이러한 성품의 하나니와 하나냐를 선택했음에 틀림이 없다. 주님의 몸된 교회의 일군이나 하나님의 사역자들을 임명하는 기준은 역시 충성하는 자세와 하나님을 경외하는 믿음이 되어야 한다.

느헤미야는 예루살렘의 안전을 위하여 해가 높이 뜰 때까지는 예루살렘 문을 열지 못하게 했으며 성벽을 파수하는 파수꾼들은 문을 닫고 빗장을 지르고 파수하되 공동구역은 군사조직의 반차대로 자기 차례가 되면 지키게 하였고 마을 근처의 성벽은 각기 자기 집 맞은편 성벽을 지키도록 하였다. 왜냐하면 예루살렘 성은 너무나 넓었고 주민은 매우 적었으며 아직 가옥도 많지 않았기 때문이다. 이로써 예루살렘 성벽은 바벨론 느브갓네살이 파괴한 이래 처음으로 재건되어 외적의 침략으로부터 예루살렘 성과 그 주민을 보호하는 진정한 의미의 성벽의 역할을 감당하게 되었다. 또한, 성벽이 재건됨으로써 언약 백성의 지난날의 허물을 용서하시고 새롭게 감싸안으시는 하나님의 긍휼과 자비에 대한 상징적 의미가 더욱 강하게 나타난다.

② 바벨론에서 처음 돌아온 자들의 명단(7:5-69)

예루살렘 성벽 재건 후 하나님께서는 느헤미야의 마음을 움직여 인구조사를 하도록 섭리하셨다. 느헤미야는 귀인들과 민장과 백성들을 모아놓고 바벨론에서 처음 돌아온 자들을 그 족보대로 인구조사를 실시케 하였다. 이들은 옛적에 바벨론 왕 느브갓네살에게 사로잡혀 갔던 자 중에서 놓임을 받고 예루살렘과 유다로 돌아와 각기 본성에 이른 자들로서 그들의 지도자 스룹바벨, 예수아, 느헤미야, 아사랴, 라아먀, 나하마니, 모르드개, 빌산, 미스베렛, 비그왜, 느훔, 바아나 등과 함께 고국으로 돌아왔다. 이 열두 명의 지도자들의 이름 중 느헤미야는 느헤미야서의 저자와 동명이인이며, 또한 모르드개 역시 에스더의 삼촌 모르드개와는 다른 인물이다.

12명의 지도자와 함께 고국으로 돌아오는 자들의 명단은 가문별 또는 같은 지역 사람들이었다. 이들은 바벨론으로 끌려가 거기서 살면서도 가문별로 모여 살았거나 같은 지역 출신들끼리 모여 공동생활을 하며 하나님의 언약을 기억하고 살았던 것이다. 이러한 사실은 여호와 신앙의 순수성을 지키며 살다가 하나님의 진노가 그칠 때 즉시 고국으로 돌아가고 있음을 알려 준다. 본문에 나타난 귀국자들의 명단은 에스라 제2장에 언급된 명단과 약간의 차이가 있으나 총인원 사만 이천 삼백 육십 명(42,360)이라는 숫자는 일치한다(스 2:64; 느 7:66).

느헤미야의 인구조사 목적은 고국으로 돌아온 자들의 정착을 돕고 언약 백성으로서의 그들의 일체감을 확인시켜 줄 뿐만 아니라 효과적인 행정 조직을 위해서였다. 제1차로 돌아오는 명단 가운데 제사장들의 숫자는 수천 명에 달했다. 그러나 성전에서 다른 직분을 맡아 일하는 레위인들의 숫자는 수백 명에 불과했다. 그 이유는 제1차로 돌아오는 사람들은 성전 재건의 막중한 임무를 부여받고 바벨론으로 탈취되어 운반된 성전 기명들을 고국으로 운반해야 했기 때문이다. 성소 안의 성전 기명들은 아무나 만지거나 운반할 수 없다. 제사장들만이 운반해야 할 그릇들이 많았다. 그것들은 일찍이 바벨론 느브갓네살 왕이 예루살렘 성전을 침략하여 성전 안의 각종 성전 기명들을 몰수해 갔으며 그동안 바벨론 신전 창고에 방치되어 있다가 제사장들에 의해 운반되어야 했기 때문에 1차 귀국 백성들 가운데 제사장들의 숫자가 많게 된 것이다. 귀국자들의 명단이나 숫자가 단조롭고 무의미하게 보이는 듯 하지만 자세히 연구해 보면 기록된 역사 속에는 이처럼 많은 하나님의 섭리와 뜻이 담겨 있음을 발견하게 된다. 바벨론 식민지 아래 살았던 유대인들은 비록 국가를 잃은 망국의 설움을 안고 살았으나 신앙적으로는 하나님 중심으로 믿음을 새롭게 하며 살았다(시 137편).

귀환자들 중에는 혈통이나 직분이 불투명한 자들도 있었다. 이들은 여호와에 대한 신앙이 부족했던 자들이었다. 자신들의 신분이나 위치에 합당하게 살지 않았으며 하나님께 대한 직분도 소홀히 하였던 자들이었다. 또한, 모세의 규례에 따라 하나님을 바르게 섬기기 위한 신앙개혁의 차원에서 인구조사를 실시하였으며 이 인구조사 중 제사장의 신분으로 귀국한 몇 사람을 골라내어 제사장 직분을 일시 박탈하기도 하였다. 이들은 바벨론 포로생활의 혼란기간 중 제사장 가문임을 증명하는 족보를 잃어버렸거나 제사장의 후손임을 증명하지 못한 사람들이다. 그들은 호바야 자손과 학고스 자손과 바르실래 자손들이었다. 느헤미야는 이들을 부정한 자로 구분하고 우림과 둠밈을 가진 제사장이 일어날 때까지 즉 레위 후손의 정식 제사장이 나올 때까지 그들의 제사장 직분을 중단시켰다. 심지어 느헤미야는 귀환자들에 대한 재산 정도도 조사했다. 노예가 삼백삼십칠명이었으며 노래하는 남녀가 이백사십오명이었고 짐승으로는 말이 칠백삼십육, 노새가 이백사십오, 약대가 사백 삼십오, 나귀가 육천칠백이십명이었다.

③ 성벽 완공 후의 인구조사가 주는 교훈과 의미(에스라 2장과 비교)

바벨론에 억류되어 포로생활하던 유대인들 가운데 고국 팔레스틴으로 돌아온 사람들의 명단과 그 숫자가 본 장에 한 번 더 언급되어 있다. 바벨론에서 세스바살(1:8)이라 불리우던 스룹바벨의 인도 아래 유다 백성들은 해방과 자유를 주신 하나님의 은총을 감사하며 제1차로 고국으로 돌아왔다. 그들은 대부분 유다의 제18대 왕 여호야김 3년(B.C. 605)에 느브갓네살에 의해서, 제19대 왕 여호야긴 1년(B.C. 597)에 역시 느브갓네살에 의해서, 그리고 제20대 마지막 왕인 시드기야 왕 제11년(B.C. 586)에 느브갓네살의 시위대장관인 느브사라단에 의해 포로로 끌려간 사람들이었다.

그들의 귀환은 단순한 '돌아옴'이 아니라 하나님의 언약의 성취로서(렘 25:11; 29:10) 이스라엘에 대한 하나님의 진노가 그친 것이며 다시 하나님의 품에 안기는 것이었다. 따라서 본 장에 언급된 돌아오는 자들의 명단과 그 숫자는 하나님의 언약을 이루는 소위 '남은 자들'을 가리키는 상징적인 의미가 있다. 그들은 다시 팔레스틴으로 돌아가야만 할 하나님의 언약 백성이 될 수 있었다. 그들은 하나님의 언약을 믿고 미래의 축복과 행복을 바라보고 현재의 고난을 기꺼이 감수하였다. 그들은 하나님의 뜻을 이루기 위한 하나님의 백성들로만 살아야 했다. 제1차로 돌아온 스룹바벨과 백성들은 고레스 왕으로부터 귀향 허락뿐만 아니라 성전 재건 허락과 성전 기명 반환 허락 및 성전 재건에 필요한 건축 자재 지원 허락까지 받고 귀국했다. 이들이 돌아와 성전 재건과 무너진 성벽을 재건함으로써 비로소 멸망한 이스라엘의 회복이 완전히 이루어졌음을 의미한다.

(8) 에스라의 율법낭독과 이스라엘의 회복(8장)

① 수문 앞 광장의 일일 부흥회 : 에스라의 율법 낭독(8:1-8)

느헤미야의 지도아래 예루살렘 성벽 재건이 끝난 후 이스라엘 자손들은 모세의 율례에 따라 칠 월 절기를 지키기 위해 예루살렘 수문 앞 광장에 모였다. 본래 이스라엘 백성들은 7월 초하루의 나팔절과 7월 10일의 대속죄일 그리고 7월 15일부터 한 주간 지키는 초막절 절기를 지켜야 했다(레 23장). 그러나 그들은 바벨론 포로생활 중 절기를 제대로 지키지 못함으로써 하나님과 이스라엘 사이의 언약 관계에 대한 중요성을 인식하지 못하고 있었다. 바벨론 포로생활이 끝나고 남은 자들이 고국으로 돌아와 성전을 수축하고 성벽을 재건한 후 하나님과 이스라엘 백한 백성 사이의 새로운 언약 갱신이 필요하게 되었다.

이스라엘의 회복을 상징하는 의미에서 7월 초하루 나팔절을 기하여 백성들은 수문 앞 광장에 모였고 학사 겸 제사장인 에스라가 율법책을 들고 나무로 만든 임시단에 올라갔다. 이어서 에스라의 우편에 맛디댜, 스먀, 아나냐, 우리야, 힐기야, 마아세야 등이 함께 등단하였으며 브다야, 미사엘, 말기야, 하숨, 하스밧, 다나, 스가랴, 므술람 등은 에스라 좌측에 등단하여 섰다. 이윽고 수많은 백성이 지켜보는 가운데 학사 에스라가 율법책을 펼 때에 모든 백성이 일어섰다. 학사 에스라가 광대하신 여호와 하나님을 송축할 때 모든 백성들이 손을 들고 아멘 아멘으로 응답하고 몸을 굽혀 얼굴을 땅에 대고 여호와께 경배하였다. 에스라가 율법책을 낭독할 때 에스라 좌우편에 서 있던 사람들과 레위인들이 낭독된 율법을 백성들에게 해석하여 그 뜻을 깨닫게 해 주었다.

② 에스라의 율법 낭독에 대한 백성들의 응답에 대해 설명하라(8:9-12)

학사 에스라가 율법을 낭독하고 그 뜻을 해석해 주었을 때 온 백성이 율법의 말씀을 듣고 다 울었다. 이때 총독 느헤미야와 제사장 겸 학사 에스라 및 백성을 가르치는 레위 사람들이 울지 말라고 그들을 위로하였다. 특히 지도자 느헤미야는 율법의 말씀을 듣고 우는 백성들을 위로하며 외쳤다.

> 이 날은 우리 주의 성일이니 근심하지 말라 여호와를 기뻐하는 것이 너희의 힘이니라(10절).

그리고 살진 고기 음식을 나누어 먹으며 즐기고 단 음료수를 마시며 기쁘고 즐겁게 이 날을 보내라고 말했다. 이날 백성들은 에스라가 낭독해 준 말씀의 의미를 밝히 깨달아 알고 기뻐했다. 그것은 하나님과 이스라엘 백성과의 언약적 관계가 새롭게 회복되었음을 깨달았기 때문이다. 하나님은 이스라엘의 하나님이 되시고 이스라엘은 하나님의 백성이 되는 언약 회복이야말로 최고의 기쁨이 아닐 수 없었다. 이러한 사실은 오늘날 예수 그리스도 안에서 우리가 하나님의 백성이 되고 하나님은 우리의 아버지가 되시는 언약적 구원의 축복과 그 맥을 같이 하는 기쁨이다.

③ 성벽 재건 후 지킨 첫 초막 절기(8:13-17)

칠 월 초하루의 나팔절이 은혜스럽게 지나고 그 이튿날이 되었다. 백성의 지도자들과 족장들과 제사장들과 레위인들이 율법의 말씀을 알기 위해 학사 에스라에게로 몰려왔다. 에스라는 율법책을 펴서 칠월 절기 가운데 초막절을 반드시 지키도록 하나님께서 말씀하셨다는 사실을 가르쳐 주었다. 그리고 에스라는 백성의 지도자들 앞에서 초막 절기의 시작을 공포하고 산에 가서 감람나무 가지와 들 감람나무 가지와 화석류 나무 가지와 종려나무 가지와 기타 무성한 나무가지를 취하여 율법에 기록한 대로 초막을 지으라고 선포했다. 포로생활에서 돌아온 백성들은 너무나도 기뻐 어쩔 줄 모르며 나무가지를 취하여 지붕 위에 또는 뜰 안에 혹은 하나님의 전 뜰 안에, 수문 앞 광장에, 에브라임 문 광장에 초막을 짓고 초막 절기를 지켰다. 이러한 기쁨의 감격적인 초막절 행사는 눈의 아들 여호수아 때 곧 율법을 받은 때로부터 그날까지 전무후무한 축제일이었다.

이스라엘 백성들의 광야 40년의 생활을 지켜주시고 보호해 주신 하나님 여호와의 은혜를 기억하고 감사하는 7월 15일부터 한 주간의 초막 절기 행사는 하나님과 그의 택한 백성 사이의 가장 아름다운 교제의 순간들이었다. 학사 에스라는 한 주간 동안 매일 율법책을 낭독하고 백성들은 칠일 동안 절기를 지켰고 제8일에는 모세의 규례대로 성회를 열어 하나님을 찬양했다. 예루살렘 성전이 중건되고 성벽이 재건된 후 처음으로 실시된 칠월 초하루의 나팔절 행사와 칠월십오일부터 계속된 한 주간의 초막절 행사는 언약 백성으로서의 회복에 그 의미가 있다.

(9) 백성들의 회개 운동(9장)

① 범민족적 회개 운동과 지속적인 개혁(9:1-5)

학사 에스라를 중심으로 진행된 이스라엘 백성의 7월 절기와 개혁 운동은 초막절이 끝난 이틀 후 곧 7월 24일의 대대적인 범국민 회개 운동으로 이어졌다. 이날 백성들은 함께 모여 죄의 자각과 애통의 표시로서 굵은 베옷을 입고 티끌을 무릅쓰고 금식기도하며 새로운 개혁을 시작하였다. 특히 백성들은 이방인 여자들을 아내로 취한 이방인과의 통혼 사실에 대해 회개하고 이미 그들을 돌려보냈으며 이번에는 이방인들과의 상거래 등 그들과의 모든 관계를 단절함으로써 하나님을 향한 새로운 신앙생활을 출발하며 그동안 하나님과 관계없이 살아온 열조(조상)의 죄악과 자신들의 죄악에 대해 통회자복하고 슬퍼하며 회개하였다.

개혁과 회개 운동이 계속되는 이날 낮 4분의 1, 곧 세시간 정도는 여호와의 율법책(오경)을 낭독하였으며 그 후 세시간 정도는 죄를 자복하며 이스라엘의 하나님 여호와를 경배하였다. 특히 율법책은 학사 에스라를 통해 낭독되었으며 레위인들을 통해 아람어로 통역되어 모든 백성에게 전달되었다. 이때 예수아를 비롯한 일부 레위인 지도자들은 나무로 만든 임시 단상에 올라와 백성들 앞에서 큰 소리로 여호와께 부르짖으며 통성 기도를 인도한 후 다시 다른 지도자들과 함께 여호와 하나님을 송축하며 주의 영화로운 이름을 영원부터 영원까지 송축하라고 외쳤다. 예루살렘 성벽이 재건된 후 범국민적으로 실시된 7월 24일의 대규모 집회는 총독 느헤미야의 위대한 지도력과 이날의 주 강사인 제사장 겸 학사 에스라의 인도로 성공적으로 진행되었다. 진정한 회개 운동과 더불어 그들의 생활과 삶이 바뀌는 생활 개혁이 수반되었으며 감사와 찬양이 어우러진 완벽한 개혁과 회개 운동의 축제였다.

② 언약의 하나님을 송축하라: 과거의 죄 용서와 현재의 긍휼(9:6-38)

　백성들의 개혁과 회개 운동에 이어 언약의 하나님을 상기하며 찬양하는 긴 기도문의 설교(강론)가 시작되었다. 이 기도문 형식의 설교 주요 내용은,

첫째, 이스라엘 민족의 시작인 아브라함의 부르심과 그 후 이스라엘 백성의 광야생활 40년을 회고하며 하나님을 송축하는 것이었다(6-22절).

둘째, 이스라엘 백성들의 가나안 입성과 그 후 계속된 선조들의 범죄 가운데서도 긍휼과 자비를 베푸신 하나님의 은총을 감사하는 것이었다.

셋째, 하나님의 율법을 떠나 범죄함으로 짓밟힌 언약을 다시 세워주시고 이스라엘 백성을 언약의 백성으로 새롭게 인쳐 주시기를 간절히 청원하는 언약 갱신에 관한 요구였다.

　이러한 모습은 이스라엘 백성이 하나님 앞에서 거듭나기를 몸부림치는 날개짓이었다. 하나님의 긍휼과 용서와 은혜만이 그들의 삶을 유지할 수 있는 유일한 소망이며 진정한 축복임을 그들은 고백했다. 하나님의 은혜가 떠나버린 가나안은 빈 사막처럼 공허하였으며 이스라엘 백성에게는 고난과 절망과 죽음 뿐이었음을 인식하고 이날에 그들은 하나님을 다시 그들의 하나님으로 모시며 그들은 하나님의 언약 백성이 됨을 선언하였다. 에스라와 느헤미야를 중심으로 하는 이스라엘 백성의 신앙개혁과 언약 갱신에 따른 찬양과 감사의 내용은 다음과 같이 요약된다.

첫째, 아브라함 때부터 시작하여 출애굽과 40년 광야생활 및 가나안 입성에 이르도록 이스라엘을 인도하시고 긍휼히 여기신 하나님을 찬양하였다.

이것은 새로운 언약 갱신과 더불어 회개하며 하나님을 찬양하고 경배하는 이유였다. 옛적에 하나님께서는 아브람을 부르시고 그의 마음이 주 앞에서 충성됨을 보시고(8절) 그와 언약을 세우실 때 가나안의 족속이 살고있는 그 땅을 아브라함의 씨 곧 후손에게 주겠다고 약속하셨다. 그리고 때가 이르러 하나님께서는 그 언약의 말씀대로 이루셨다. 그래서 하나님은 의로우시며 찬양과 경배를 받으시기에 합당하신 여호와이시다. 아브라함의 후손 곧 야곱의 70여 명의 가족이 애굽에 내려가 하나님의 언약의 기간인 430년을 사는 동안 큰 민족으로 성장하였다. 하나님께서는 언약의 민족인 이스라엘이 교만한 애굽의 통치자들로부터 심한 박해와 고난을 받을 때 그들을 감찰하시고 그들의 기도를 들으셨으며 각종 이적과 기사를 애굽에 베푸시고 애굽으로부터 구원해 내셨습니다. 그리고 언약 백성을 인도하실 때 바다를 육지같이 건너게 하시고 뒤쫓아오는 애굽 군대를 바다에 수장시키시며 홍해를 건넌 후에는 낮에는 구름 기둥으로 밤에는 불 기둥으로 언약 백성을 인도하셨다.

이렇게 시작된 광야생활 중 또 시내 산에 강림하신 하나님께서는 정직한 규례와 진정한 율법과 선한 율례와 계명을 주셨다. 그리고 하나님께서는 거룩한 안식일을 지킴으로써 애굽에서 구원해 주신 하나님을 경배하는 귀한 날로 기억하고 안식일에는 전적으로 휴식하며 그들을 구원해 내신 하나님께 경배하며 자녀들에게 그날의 의미를 가르치기를 당부하셨다. 이스라엘의 하나님 여호와는 언약 백성을 위해 하늘로부터 양식(만나)을 내려 주셨으며 바위를 터뜨려 생수를 마시게 하셨다. 그리고 마침내 옛적에 아브라함에게 언약하신 대로 약속의 땅 가나안에 들어가 그곳을 생활의 터전으로 차지하도록 하셨으나 이스라엘의 열조는 하나님의 능력을 인정하지 않고 목을 굳게 하며 패역하여 스스로 그들의 지도자(두목)를 세우고 종 되었던 땅 곧 애굽으로 돌아가려는 범죄를 저질렀다. 그러나 하나님은 그들의 모든 죄악을 용서하여 주시면서 계속 언약의 백성으로 인정해 주셨다. 이 모든 요인이 지금 언약의 백성들이 하나님을 찬양하는 진정한 이유였다.

오직 주는 사유하는 하나님이시라 은혜로우시며 긍휼히 여기시며 더디 노하시며 인자가
풍부하시므로 저희를 버리지 아니하셨나이다(17절)

우리를 사랑하시되 끝까지 사랑하시는 하나님의 품성 때문에 죄인들은 구원에 이를 수 있게 된다. 노하기를 더디 하시며 인자가 풍부한 하나님의 사랑은 반역과 거역이 반복되는 이스라엘 백성의 광야 생활 중 계속되었다. 그러나 주께서는 연하여 긍휼을 베푸사 저희를 광야에 버리지 아니하시고 주의 선한 신을 주사 저희를 가르치시며 옷과 양식과 물과 신발을 조금도 부족함이 없이 무제한 제공해 주셨다(19-21절).

그 후 이스라엘 백성들은 하나님의 은혜로 가나안 땅에 들어가게 되었고 그 땅에서 배불리 먹어 살찌고 주의 복을 즐겼으나(25절) 오히려 그들은 순종치 아니하고 주를 거역하며 주의 율법을 등 뒤에 두고 주께로 돌아오기를 권면하는 선지자들을 죽여 크게 하나님을 욕되게 하였다. 주의 복을 즐기면서도 도리어 주의 말씀에 불순종한 지난날의 모든 잘못과 허물을 인정하며 하나님의 은혜를 감사하고 찬양하는 이스라엘 백성의 모습에서 우리는 '연하여 긍휼을 베푸시는' 하나님의 자비와 긍휼이 지금도 믿는 자들에게 한없이 임하고 있음을 배운다.

둘째, 가나안 땅에서의 범죄로 인한 하나님의 징계와 심판의 정당성을 오히려 찬양하였다(9:28-38).

하나님이 주시는 '복을 즐기면서도' 하나님을 거역하는 이스라엘 백성을 향해 앗수르와 바벨론이 준비되었고 이스라엘 백성들은 환난과 고난의 아픔을 느껴야 했다. 하지만 이 경우에도 하나님께서는 공의로우시고 이스라엘 백성이 당하는 고난은 너무나 당연하다고 고백하며 이스라엘 백성들은 하나님을 찬양하고 있는 것이다. 특히 "저희가 그 나라와 주의 베푸신 큰 복과 자기 앞에 주신 넓고 기름진 땅을 누리면서도 주를 섬기지 아니하며 악행을 그치지 아니한고로" 그들은 이방의 종이 되었으나 하나님께서는 또다시 긍휼을 베풀어 그들을 해방시키시고 구원해 내신 것이다. 이렇게 구원받은 언약의 백성들은 지금 하나님 앞에서 언약을 세우며 언약 백성으로서 삶을 새롭게 다짐하

며 결심하고 있다. 죄악에 대해서는 반드시 심판하시는 하나님의 공의 아래, 회개하는 언약의 백성들을 끝까지 사랑하시고 한없이 긍휼과 자비를 베풀어, 기필코 구원해 내시는 하나님의 오래 참으심과 인자하심을 온몸으로 느끼며 배운다.

(10) 백성들의 언약 갱신과 결의(10장)

① 인(印)친 자의 명단이 주는 의미(10:1-27)

예루살렘 성벽 재건 이후 백성들의 신앙개혁 열기는 대단히 뜨거웠다. 지도자 느헤미야와 에스라를 중심으로 전개되는 신앙 부흥 운동은 하나님과 언약을 새롭게 다짐하고 언약서에 당시의 관습대로 진흙 도장을 찍어 언약에 동참했음을 확인하였다. 제사장과 레위 사람 및 방백들이 참여하여 도장을 찍었다. 현대적으로 표현하면 영적 각성 운동을 위한 일종의 서명운동이었다. 이것은 하나님의 백성들이 하나님과의 언약을 견고히 세워 영적으로 각성하고 새롭게 언약 백성의 모습으로 살겠다는 철저한 다짐으로 그 분위기가 절정에 달했음을 의미한다. 인친 자들의 명단을 보면 먼저 제사장(1-8절), 레위사람(9-13절), 그리고 백성의 두목(방백) 곧 지도자(14-27)의 순서로 나타났다. 제사장으로서 인을 친자 곧 서명한 스물 한명의 이름 가운데 열다섯 명 정도는 개인 이름이 아닌 종족 이름이다.

많은 제사장이 언약 갱신운동에 서명했으나 본문에는 그 명단이 전부 기록된 것이 아니라 종족의 대표자만 기록되었음을 알 수 있다. 서명한 자 중 레위인들의 명단은 대부분 느헤미야 8장과 9장에 나열된 이름과 동일하며 모두 개인적인 이름들이다. 마지막으로 백성의 두목 곧 지도자들의 명단은 에스라 2장의 명단과 많은 차이가 있다. 그 이유는 바벨론 포로생활에서 돌아올 때는 지역 이름을 따라 그 명단이 나타났으나 귀국 후 약 100년이 지난 지금의 언약 갱신의 시점에서는 개인 이름으로 서명했기 때문에 그 이름에 차이가 나타난 것이다. 죄를 회개하고 하나님의 언약에 충실할 것을 서약하는 자들이 이처럼 인(도장)을 치는 행사를 벌인 것은 언약 갱신의 서약을 공식적으로 행하여 그 서약을 반드시 이행하도록 하기 위한 목적이 있다. 예루살렘 성전과 성벽이 재건되고 난 후 백성들의 언약 갱신과 그 서약 운동이 주는 의미는 하나님 앞에서 언약 백성들의 모습이 다시 안팎으로 새롭게 변화되어 하나님의 백성답게 살겠다는 결의의 상징적 표현이었다.

② 모세를 통해 주신 하나님의 율법으로 돌아가자(10:28-39절)

지도자들을 중심으로 하나님의 언약을 지키기로 서명한 후 이스라엘 온 회중들은 명실 상부하게 하나님의 백성으로 돌아가기 위한 개혁을 실천에 옮기기로 결의하였다. 직접 서명에 동참한 자들이나 서명하지 않은 자 모두가 모세를 통해 주신 하나님의 율법으로 돌아가겠다고 다짐하며 결의하였다.

첫째, 나라가 망한 후 바벨론 포로생활 동안 율법 없이 살았던 삶을 대표하는 이방인과의 통혼에 대해 회개하며 앞으로는 절대로 이방인과 결혼을 금하여 하나님의 거룩한 백성으로서의 품위를 유지하기로 맹세했다(30절). 이미 전개된 에스라의 개혁 조치 중 첫 번째 개혁의 대상이 이방인과의 통혼 문제였다. 이러한 악행이 아직까지도 근절되지 않고 있었다는 것은 개혁이 얼마나 어려운 일인가를 보여 준다.

둘째, 안식일과 관계된 모든 안식 제도의 율법에 철저히 순종할 것을 맹세했다(31절). 신앙적 타락의 절정은 언제나 안식일(주일)에 대한 불순종으로 나타났다. 일주일에 하루를 쉬면서 하나님께 제사와 경배를 드리는 안식일을 비롯하여 안식일처럼 하루를 쉬면서 온종일 하나님께 경배해야 하는 특별한 성일 곧 거룩한 날(구별된 날)에는 자신의 개인적인 모든 일들로부터 쉬며 몸과 마음과 영혼을 하나님께 집중시켜 경배하는 날로 지켜야 했다. 그러나 이스라엘 백성들은 안식일 하루까지도 그들의 개인적인 생활에 방해가 되는 날로 여기며 하나님을 모독하다가 바벨론으로 끌려가 수십년동안 포로생활을 하면서 안식을 누리지 못하고 말았다. 이제 그들은 지난날의 잘못을 철저히 회개하며 안식일과 안식년 및 희년을 비롯하여 안식일과 관련된 모든 성일(구별된 날)을 잘 지킬 것을 결심하고 새롭게 다짐하고 있다.

셋째, 하나님의 전 곧 성전 제도의 개혁을 단행했다(34절). 성전 제도의 개혁은 주로 그동안 중단된 제사와 성전활동에 필요한 자금 및 헌물들에 관한 것이었다. 우선 성전 운영에 필요한 자금을 조달하기 위해 소위 성전세를 결정하고 자원하여 매년 삼분의 일 세겔을 납부하기 시작했다. 이 성전세는 진설병과 항상 드리는 소제와 항상 드리는 번제(상번제)예물을 준비할 때 사용되었으며 또한, 안식일과 초하루 곧 월삭 때와 기타 공적인 성전 제사를 위한 제물을 구입할 때도 사용되었다. 모세 시대에도 성막의 하나님 제사를 위하여 이십세 이상의 성인에게 반세겔을 납부토록 했으며 이 재정으로 성막기물의 제작과 성막봉사에 필요한 물품을 구입토록 했다. 그 후 공식적인 성전세가 제정되어 매년 정기적으로 반세겔의 성전세가 예수님 당시까지 계속 납부되었다(마 17:24). 또한, 제사장들과 레위인들과 백성들 가운데 제비뽑힌 사람들은 여호와의 번제단에 사용되는 나무를 드리게 하였다. 이와 같은 성전제도 회복을 통하여 그동안 중단되었거나 소홀히 하였던 제사 제도가 완전히 회복되었으며 제사를 통해 언약 백성들은 하나님께 나아가 회개하며 감사하며 찬양하는 신앙표현을 자유롭게 할 수 있게 되었다.

또한, 매년 모든 토지 소산의 첫 열매와 과일의 첫 열매를 비롯하여 모든 것의 초산물을 여호와의 전에 드리게 하였으며 짐승의 처음 난 것은 모두 하나님께 드렸고 사람의 맏아들에 대해서는 그에 해당하는 속전물을 드리게 하였다. 그뿐만 아니라 백성들은 각종 물산의 십일조를 하나님께 드려 레위 사람들의 양식이 되게 하였다. 레위 사람들은 성읍의 여러 곳에서 하나님을 섬기며 백성들을 위해 봉사하는 자들로서 백성들의 십일조로 생활을 하였다. 레위인들은 제사장의 관리 아래 십일조를 받을 때 그들이 받은 십일조 가운데서 다시 십분의 일을 제사장들의 양식을 위해 하나님의 전 골방(곳간)에 두었다. 이곳에는 하나님께 드려지는 제물 중 거제(화목제물 가운데 들어올리는 듯이 드리는 제사로서 이 제물은 태우지 않고 제사장들의 양식으로 삼는다)로 드려진 곡식과 새 포도주와 기름과 각종 예물이 보관되도록 했다.

이처럼 성전의 여러 곳간에는 하나님께 드려진 각종 예물들이 풍성하게 보관되도록 함으로써 그동안 중단된 제사 제도와 하나님 섬기는 일들이 새롭게 시작되었음을 보여 준다.

③ 성전 제사 유지를 위한 결단이 주는 교훈(10:32-39)

우리가 하나님의 전을 버리지 아니하리라.

이 말은 하나님과의 언약을 새롭게 갱신한 백성들의 의지적 결단을 의미한다. 바벨론 포로 생활로부터 돌아온 이스라엘 백성들은 약간의 사회적 개혁과 도덕적 개혁을 이루기는 했으나 그동안 지도자의 부재와 영적 침체의 상태에서 모세의 율법대로 드려야 할 성전 제사에는 소홀히 하고 있었다. 그러나 이제 그들은 자원하여 성전세를 납부하기로 결의하였으며 또한, 각종 첫 예물을 하나님께 드려 성전의 창고가 비어 있지 않도록 할 것을 다짐하였고, 십일조를 정성껏 드려 성전에서 봉사하는 제사장들과 레위인들의 생활을 보장하기로 다짐하였다. 이것은 성전 제사를 통한 신앙 회복의 큰 의미가 있다. 이스라엘 백성들은 언약의 백성으로서 제사를 통해 하나님과의 끊임없는 교제를 유지할 수 있었다. 이스라엘 백성의 성전 제사 회복은 오늘날 성전보다 더 큰 분이신 우리 주님 예수 그리스도를 믿는 믿음으로 하나님께 나아가 진정으로 예배드리는 예배 회복을 통해 하나님과의 끊임없는 교제를 이루는 의미가 있다. 지난날 이스라엘 백성들은 외치며 다짐했다.

우리가 하나님의 전을 버리지 아니하리라.

(11) 예루살렘을 중심으로 한 인구 재배치(11장)

① 두목들과 제비 뽑힌 십 분의 일의 백성들(11:1-2)

예루살렘으로 돌아온 느헤미야는 우여곡절 끝에 성벽 공사를 성공적으로 마치고(1-7장) 율법 해석과 언약의 갱신을 통해 유다 성들이 하나님의 언약 백성임을 자각케 하였다. 그리고 예루살렘의 안정과 평화를 위해서 하루 빨리 인구를 이동시켜야 할 필요성을 느끼게 되었다. 만약 예루살렘에 인구가 부족해서 외부의 침략이 있을 때 방어를 못한다면 어렵게 완공한 성전이나 성벽이 다시 파괴될 위험이 있기 때문이다. 예루살렘 성전과 성벽이 다시 파괴되는 것은 하나님과 이스라엘 백성들 사이에 심각한 균열 현상이 나타날 수밖에 없다. 따라서 느헤미야와 백성의 지도자들은 인구재배치를 통해 예루살렘에 인구를 늘려 예루살렘의 안전을 꾀하고자 하였다. 본 장에는 느헤미야를 중심으로 백성의 지도자들이 예루살렘에 인구를 재배치하고 있는 내용이 언급되어 있다. 우선 두목들 곧 백성의 지도자들이 솔선수범하여 예루살렘에 정착하였으며 예루살렘에 정착할 백성들을 결정하는 데 있어서는 제비뽑기를 하였다.

당시 바벨론 포로생활 중 흩어졌던 백성들은 예루살렘에 돌아와 그들이 살고 싶은 곳에서 자유롭게 살고 있었기 때문에 강제로 백성들을 이주시키는 것은 백성들의 반발을 살 수 있었기 때문에 느헤미야는 지도자들이 솔선수범하여 예루살렘에 정착하여 살도록 유도하였고 백성들 가운데서도 제비뽑기를 통해 결정하는 방법을 택했습니다. 일반적으로 유대인들은 '사람이 제비는 뽑으나 일의 결정은 하나님께서 하시는 것'으로 믿었기 때문이다(잠 16:33). 이 제비뽑기를 통해 예루살렘으로 돌아온 남은 자들 가운데 십 분의 일이 결정되었다.

제비 뽑힌 십 분의 일의 백성들은 예루살렘 성 안에 머물러 살 것을 결심했으며 나머지 십 분의 구의 백성들은 다른 성읍에 살도록 했다. 이러한 방법으로 은혜롭게 결정된 후 다른 성읍에 살게 될 나머지 10분의 9의 백성들은 예루살렘에 정착하여 살게 될 백성들을 위해 복을 빌며 축하해 주었다. 그 이유는 제비 뽑힌 백성들이 마지못해 예루살렘에 정착하기로 결정한 것이 아니라 제비 뽑힌 것을 하나님의 뜻으로 받아들이고 '자원하는 마음으로'(2절) 즐거이 예루살렘에 정착하기로 다짐했기 때문이다. 다른 백성들의 축복을 받으며 예루살렘에 정착하는 자들은 하나님의 거룩한 사역을 위해 선택된 것처럼 여겨졌다. 그들은 구별된 자들이었다. 그들의 주요 사명은 하나님을 섬기는 일과 직·간접으로 연관되어 있었으며 또한, 예루살렘 성을 방비하는 일까지 부여받았다.

② 예루살렘에 자원하여 정착한 백성들과 명단(11:3-18)

이스라엘 곧 평민들을 비롯하여 제사장들과 레위인들, 느디님 사람들 및 솔로몬의 신복의 자손들은 유다 여러 성읍에서 각각 그 본성 본 기업에 거하였으나 예루살렘에 정착하여 사는 지도자들의 명단은 따로 구별되어 나타나고 있다. 우선 유다 자손과 베냐민 자손 중 지도자들의 명단이 나타난다(4-9절). 유다 자손으로 예루살렘에 정착하여 살게 될 지도자는 베레스의 후손 아다야, 마아세야 두 명이며 이들은 예루살렘에 정착하여 살게 될 468명의 베레스 자손의 지도자였다. 그들은 모두 전쟁에 능한 용사들로서 유사시 예루살렘을 방어할 수 있는 적격자들이었다. 베냐민 자손으로는 살루, 갑배, 살래의 지도 아래 928명이 예루살렘에 정착하게 되었다. 이러한 유다 자손과 베냐민 자손의 지도자들은 주로 예루살렘의 행정 책임자들이며 동시에 군사적 측면에서의 지도자들이기도 했다. 이들은 예루살렘 방비의 총책임자인 요엘과 유다의 지휘를 받아 예루살렘을 방비하였다(9절).

다음으로 예루살렘에 정착하여 살게 될 제사장들의 명단이 언급된다(10-14절). 성전에서 봉사하는 일을 맡은 제사장으로는 요야립의 아들 여다야, 야긴 및 스라야를 비롯 그의 형제들 822명이었다. 이들은 주로 하나님의 거룩한 성전에서 봉사하는 제사장들이었다. 또 제사장들을 도와 백성들을 가르치는 일을 맡은 제사장 아다야를 비롯한 그의 형제들 242명이 예루살렘에 정착하여 백성들을 가르치며 살았다. 그뿐만 아니라 제사장 아맛새와 그 형제들 128명은 예루살렘을 경비하는 일을 맡은 자들이었다. 이들은 삽디엘의 감독 아래 예루살렘을 방어하기 위한 목적 아래 예루살렘에 정착하였다.

레위인들 가운데 예루살렘에 정착하여 살게된 지도자들의 명단이 나타난다(15-18절). 거룩한 성 예루살렘에 정착하여 하나님을 섬기는 제사장들을 도우며 자신의 직무를 수행했던 레위인들은 스마야, 삽브대와 요사밧, 맛다냐와 박부가 및 압다를 비롯하여 모두 284명이었다. "하나님께서 들으셨다"는 뜻을 가진 스마야는 백성들의 기도하는 일을 돕는 직무를 감당했던 것으로 보인다. 또한, 에스라를 도와 개혁 운동을 주도했던 삽브대와 요사밧은 하나님의 전 바깥에서 백성들에게 율법을 깨닫도록 도와주는 일을 감당했으며 '여호와의 선물'이란 뜻의 이름을 가진 맛다냐는 '기도할 때에 감사하는 말씀을 인도하는 어른'이 되었다. 여기서 '감사하는 말씀을 인도했다'는 말은 감사하는 찬양(히브리어, 테힐라)을 인도한 것을 가리킨다. 즉 레위인 맛다냐는 하나님께 기도할 때 감사와 찬양을 인도하는 찬양대 총 지휘자의 역할을 담당했음을 의미하며 이 일의 부지도자는 박부갸였다. 부지휘자 역할을 감당했던 박부갸는 다윗 왕 때 성막에서 찬양과 연주를 맡아 일하던 여두둔의 후손으로서 찬양을 지휘하기에 적절한 달란트를 가진 일꾼었다. 이처럼 레위인들은 각자 그 재능과 달란트대로 하나님을 위해 봉사하기 위해 예루살렘에 정착하여 살아야 했다.

③ 기타 지도자들의 명단(11:19-24)

예루살렘 성 문지기로는 악굽과 달몬과 그 형제들이었으며 모두 172명이었다(19절). 느디님 사람은 예루살렘 성 동남부 지역의 오벨에 살면서 레위인들을 도왔으며 시하와 기스바가 그들의 지도자였다(21절). 특히 예루살렘에 정착하여 살면서 하나님의 전 일을 맡아 다스리는 '웃시'는 다윗 시대에 찬양을 담당했던 아삽의 후손이었다. 웃시는 예루살렘에 살고있는 레위인들의 감독이었으며 또한, 왕의 명령에 따라 노래하는 자들에게 날마다 양식을 나누어주며 하나님의 전 곧 성전의 모든 일을 다스렸다(22절). 그 외의 지도자로서는 브다히야가 있었으며 그는 유다의 아들 세라의 자손 곧 므세사벨의 아들로서 왕의 곁에서 백성의 일을 다스리는 직무를 수행하였다(24절). 제사장과 레위인 이외의 지도자들도 모두 그 직무에 가장 적절한 일군들로 채워져 있었음을 알 수 있다. 예루살렘에 정착하여 살면서 하나님을 섬기고 백성들을 다스리는 지도자 이외의 나머지 이스라엘 백성과 제사장 및 나머지 레위사람은 모두 유다 모든 성읍에 흩어져 각각 자기 기업에 거하였다(20절).

④ 귀환한 유대인들의 예루살렘 성 밖의 정착지 명단(11:25-36)

유다 자손의 일부는 기럇아바(기럇아르바)을 비롯해 디본, 여갑스엘, 예수아, 몰라다, 벧벨렛, 하살수알, 브엘세바, 시글랏, 므고나, 에느림몬, 소라, 야르뭇, 사노아, 아둘람, 라기스, 아세가에 이르는 여러 지역에 흩어져 살았다. 즉 브엘세바에서부터 힌놈의 골짜기에 이르는 광활한 지역에 장막을 쳤음을 의미하며 특히 기럇아바(아르바)는 예루살렘 남쪽에 있는 헤브론(수 14:15)을 가리킨다. 베냐민 자손은 게바에서부터 믹마스, 아야, 벧엘, 아나돗, 놉, 아나냐, 하솔, 라마, 깃다임, 하닷, 스보임, 느발랏, 로드, 오노 및 공장 골짜기에 정착하여 살았으며 레위 사람 가운데 어느반열은 베냐민 자손과 합하여 함께 살기도 했다.

하나님의 약속에 따라 남은 자들이 고국에 돌아와 예루살렘과 그 주변 유대 지역에 흩어져 살게 됨으로써 귀환한 유대인들은 명실상부한 회복 곧 하나님의 백성의 자리로 회복되었음을 상징하고 있다. 이것은 유대인들의 죄악을 용서하시고 다시 하나님의 언약 백성으로 받아주시는 하나님의 긍휼과 사랑을 보여 준다.

(12) 성전봉사자들의 명단과 성벽 낙성식(12장)

① 처음 귀환한 제사장과 레위인들의 명단(12:1-11)

느헤미야는 귀환한 유다백성을 예루살렘과 그 주변 지역에 적절히 배치한 후 제사장과 레위인들의 명단 곧 성전 봉사자들의 이름을 확인하여 기록으로 남겼다. 본래 제사장들은 가문별로 24반열로 나뉘어져 성전에서 봉사하도록 다윗 시대에 제정되었으나 바벨론 포로기간 중 중단되고 말았던 것이다. 지금 느헤미야는 바벨론 포로생활 후 스룹바벨과 예수아와 함께 돌아온 제사장들 곧 약 100여 년 전에 가문별로 돌아왔던 22명의 대표자의 이름을 먼저 언급하고 있다. 스라야, 예레미야, 에스라, 아마랴, 말룩, 핫두스, 스가냐, 르훔, 므레못, 잇도, 긴느도이, 아비야, 미야긴, 마야다, 빌가, 스마야, 요야림, 여다야, 살루, 아목, 힐기야 및 여다야 등 22명이다(1-7절). 이들은 모두 당시 정치 지도자인 스룹바벨과 종교지도자인 예수아를 따라 나온 각 가문별 제사장들의 대표자였다. 예루살렘 성전이 재건되고 성벽이 중건된 후 이들의 이름이 재차 언급되고 있는 이유는 하나님과 백성 사이의 중재자로서 제사장들과 그 후대의 제사장들의 역할이 매우 컸기 때문이다. 그리고 이 제사장들을 도와 성전에서 하나님을 섬기기 위해 귀국한 레위인들은 예수아, 빈누이, 갓미엘, 세레뱌, 유다, 맛다냐 등이었으며 특히 맛다냐는 그 형제들과 함께 찬송하는 임무를 맡았다(8-9절). 바벨론 포로 후 첫 대제사장의 임무를 맡았던 예수아는 요아김을 낳았고 느헤미야 시대에는 이 요아김이 대제사장의 임무를 수행했다. 요아김은 엘리아십을, 엘리아십은 요야다를, 요야다는 요나단을, 요나단은 얏두아를 낳았으며 이들은 모두 제사장 직무를 수행했다(10-11절).

② 느헤미야, 에스라 당시의 제사장과 레위인의 명단(12:12-21)

유대인들이 바벨론 포로생활로부터 돌아온 직후의 대제사장 예수아의 시대는 지났다. 그리고 느헤미야 시대 예수아의 아들 요야김(12절)이 대제사장으로 재직하던 시대에 제사장의 역할을 감당했던 명단이 처음 귀국한 제사장들의 이름과 함께 나타나고 있다. 므라야, 하나냐, 므술람, 여호하난, 요나단, 요셉, 아드나, 헬개, 스가랴, 므술람, 시그리, 빌대, 삼무아, 여호나단, 맛드내, 웃시, 갈래, 에벨, 하사바, 느다넬 등 20명이다. 그 후 엘리아십과 요하난과 얏두아가 대제사장으로 있을 당시의 레위인 족장들의 명단도 모두 이스라엘 역사책에 기록되었다. 그중에 특히 하사뱌, 세레뱌, 예수아는 레위 사람의 어른이었으며 이들은 반차를 따라 주를 찬양하며 감사하는 직무를 맡았다. 또 맛다냐, 박부갸, 오바댜, 므술람, 달몬, 악굽은 모두 문지기로서 반차대로 문 안의 곳간을 파수하는 일의 책임자들이었다. 이들은 귀국 후 제2세대의 지도자들인 요야김(대제사장), 느헤미야(방백), 에스라(제사장 겸 서기관) 당시의 성전 봉사자들의 명단이었다.

③ 예루살렘 성곽 낙성식과 화목제(12:27-43)

느헤미야의 지도아래 예루살렘 성벽이 재건되고 돌아온 유다 백성들의 인구 재배치가 끝났을 때 비로소 예루살렘 성곽 낙성식 제사를 하나님께 드리며 온 유다 백성들은 크게 기뻐하며 즐거워했다. 이 봉헌식을 위해 우선 찬양하는 레위인들이 각 처에서 예루살렘으로 몰려들었다. 그들은 노래하며 제금을 치며 비파와 수금을 타며 하나님께 감사하는 일종의 찬양대들이었다. 또한, 하나님께 드리는 제사를 위하여 레위인들과 함께 제사장들이 몸을 정결케 하고 대기하고 있었다. 백성들의 지도자인 방백들도 모두 모였다.

이들은 모두 성벽 낙성식을 위하여 두 팀으로 나뉘어 대기하였다. 이윽고 예루살렘 성곽 준공식이 시작되었다. 느헤미야의 지도에 따라 유다의 방백 곧 지도자들이 먼저 성벽 위로 올라갔으며 감사 찬양하는 큰 무리가 또 두 팀으로 나뉘어 성벽 위로 올라갔다. 맨 앞에 학사 에스라가 샘문 북쪽의 성벽 위에서 오른쪽 분문을 향하여 출발하였으며 그 뒤를 한 팀의 방백들과 찬양대원 및 제사장들이 뒤따랐다. 그리고 그 뒤를 이어 일반 백성들의 절반이 진행하였다. 또 다른 한 팀은 에스라가 이끄는 팀과는 반대의 방향으로 진행하였다.

두 팀의 찬양대원과 방백과 일반 백성들은 성벽 위로 올라가 계속 진행하다가 한 팀은 다윗궁 윗길 수문에서 그쳤고 다른 한 팀은 양문곁 감옥문에서 진행을 멈추고 하나님의 전으로 가서 성벽 낙성식 제사를 드렸다. 우선 감사 찬양하는 두 팀의 레위인들과 느헤미야와 지도자들의 절반이 하나님의 전에 섰고 제사장들(엘리아김, 마아세, 미냐민, 미가야, 엘료에네, 스가랴, 하나냐)은 나팔을 힘차게 불었으며 노래하는 자들은 크게 찬송을 불렀다. 악기와 노래가 어우러진 찬양대의 총 지휘자는 '예스라히야' 였다.

이 성벽 낙성식 날에 백성들은 크게 제사를 드렸고 심히 기뻐하였으며 즐거워했다. 그 이유는 하나님께서 크게 즐거워하도록 백성들의 마음을 감동시켰기 때문이었다(43절). 진정한 참 기쁨의 근원이 하나님께 있음을 보여 준다. 이 날에는 '부녀와 어린아이도 즐거워하였으므로 예루살렘의 즐거워하는 소리가 멀리' 들렸다. 하나님께 드려지는 제사 가운데서 참여한 자들에게 큰 기쁨과 축제의 분위기를 제공하는 제사는 화목제의 감사제이다.

예루살렘 성벽 낙성식의 제사는 화목제였으며 특히 화목제 가운데서도 감사제였던 것이다. 특히 속죄제 등 다른 제사를 드릴 때는 짐승을 태워 제사로 드렸으나 화목제로 드리는 제물의 경우 거제(뒷다리를 들어 보이는 행위)나 요제(짐승의 가슴 부분을 흔들어 드리는 행위)의 제물은 태우지 않고 제사장이나 그 가족 및 화목제에 동참한 자들이 먹을 수 있도록 하였다. 그러므로 제사에 참여한 모든 백성이 화목제에 참여하여 하나님께 큰 감사를 드리고 제사 음식을 나누어 먹으며 함께 기뻐하고 즐거워할 수 있었다. 하나님께서 이스라엘 백성들의 화목제 감사제를 받으시고 그들에게 기쁨과 즐거움을 주신 것이다. 이처럼 예루살렘 성벽 낙성식은 이스라엘 백성들에게 새로운 안전과 평강을 주신 하나님께 최고의 감사와 영광을 드리는 신앙 표시였으며 백성들은 하나님의 보호와 은혜 아래 기쁘고 즐거운 새로운 삶의 시작을 알리는 엄숙한 선포 행위였다.

④ 다시 시작되는 성전 봉사자들에 대한 구별된 대접(12:44-47)

구약 시대에는 성전세를 비롯하여 십일조, 첫 열매, 화목제물의 일부 남겨진 제물 등을 하나님 섬기는 일과 성전유지를 위해 사용하였다. 그러나 이러한 헌물이 바벨론 포로생활 중 중단되고 말았던 것이다. 다시 예루살렘 성벽 낙성식 날 하나님께 화목제를 드릴 때 백성들은 많은 양의 화목제물을 비롯하여 처음 익은 열매와 십일조를 가져왔다. 이 날의 화목제물은 하나님께 드려진 후 그날 음식으로 먹고 남은 것은 모두 성전에서 일하는 제사장과 레위인을 위한 음식(應食)으로 성전 창고에 보관되었다.

이들을 위한 음식으로는 화목제의 거제물과 요제물 그리고 처음 익은 열매(첫 열매)와 십일조 등이 있었다. 유대 백성들은 성전에서 수종드는 레위인들과 제사장들을 위해 즐거이 자원하여 헌물을 드렸으며 또한, 제사장들과 레위인들은 하나님 섬기는 일과 결례의 일(성전 청결과 관련된 각종 규례)을 힘썼다. 또한, 하나님께 드려지는 음식으로 살아가는 자들로서 노래하는 자들과 문지기도 다윗과 솔로몬 시대에 행해졌던 규례대로 성전에서 봉사하며 하나님을 섬겼다. 이것은 이스라엘 백성들이 바벨론 포로생활 중 중단된 성전 제도와 하나님 섬기는 제도가 예루살렘 성벽 낙성식을 기점으로 다시 이어졌음을 강조하고 있는 것이다.

예루살렘 성벽의 낙성식과 화목제사는 그동안 중단된 성전 제도와 하나님을 섬기는 각종 규례가 다시 시작되었음을 선포하며 하나님과 택한 백성과의 언약 관계가 갱신되었음을 보여 준다.

(13) 느헤미야의 마지막 개혁(13장)

① 느헤미야 제13장을 이해하기 위한 배경(13:6)

느헤미야는 페르시아 아닥사스다 재위 제20년부터 32년까지(B.C. 444-432) 유다의 총독으로 임명받아 약 12년 동안 많은 일을 했다. 그는 예루살렘 성벽을 재건하고 봉헌했으며 백성들에게 율법을 따르도록 권면했고 제사장들과 레위인들에게는 하나님을 섬기는 본연의 임무에 충실하도록 가르쳤다. 이렇게 약 12년 동안 유다의 총독으로 일하다가 다시 페르시아로 돌아가 아닥사스다 왕을 섬기던 느헤미야는 몇 년(약 2년) 후 일종의 휴가를 얻어 예루살렘으로 다시 돌아와서 총독의 신분으로 마지막 신앙개혁에 전념하였다.

느헤미야는 모세의 율법에 따라 이스라엘 무리 중에서 이방인들을 축출하였으며 하나님의 일을 방해하는 일에 앞장섰던 암몬 사람 도비야도 몰아냈다. 또한, 제사장과 레위인들을 위한 십일조와 헌물을 드리도록 백성들을 권면했으며 마지막으로 안식일을 반드시 지키라고 가르쳤으며 이방인과의 통혼을 엄격히 금지하였다. 에스라, 느헤미야 이후 이스라엘의 역사는 제사장을 중심으로 하는 신구약 중간 시대 약 사백여년을 거쳐 메시아의 초림과 함께 신약 시대로 이어진다.

② 느헤미야의 이방인 축출 운동의 근거(13:1-3)

예루살렘 성벽이 반대자들의 소행으로 불에 타고 성벽 재건공사는 중단되었다는 소식을 듣고 총독으로 임명받아 예루살렘으로 와서 성벽을 재건하고 봉헌했던 느헤미야는 다시 페르시아로 돌아갔다. 느헤미야가 없는 예루살렘은 모세의 율법이 무시되고 도비야 같은 암몬 사람이 성전의 골방을 차지하고 있을 만큼 하나님의 거룩성은 파괴된 채 방치되고 있었다. 이때 느헤미야는 또다시 예루살렘으로 돌아왔다. 그리고 모세의 율법책을 낭독할 때 느헤미야는 특히 암몬과 모압 사람을 하나님의 거룩한 회(모임, 교회)에 들어오지 못하도록 하라는 하나님의 말씀을 선택하였다(신 23:3). 암몬과 모압족속은 아브라함의 조카 롯이 그의 딸들과 동침하여 태어난 후손들로서 모세 시대에는 광야 길을 가는 선민 이스라엘 백성의 진행을 방해하다가 하나님의 진노를 사기도 했다(민 22장; 신 2장 참조).

그들은 하나님의 진노로 평생 하나님의 거룩한 무리와 섞여 살 수 없는 버림받은 족속이 되어 버린 것이다. 그런데 바벨론 포로 이후 시대에 이스라엘 백성들은 모세의 율법과 하나님의 말씀을 어기고 이방인들을 용납하고 그들의 자녀와 통혼하며 함께 어울려 살게 되었다. 느헤미야는 이방인들을 이스라엘의 거룩한 회(모임)로부터 철저히 분리함으로써 구별된 이스라엘 백성의 선택적 축복을 강조하였다. 하나님께서 미워하시는 대상을 하나님의 자녀 된 자들도 마땅히 미워하며 결단코 그들을 용납해서는 안 된다는 교훈을 준다.

③ 느헤미야의 성전 청결 운동(13:4-9)

느헤미야가 페르시아로 돌아가자 당시 대제사장인 엘리아십의 손자 중 "하나"라는 이름을 가진 제사장은 성벽 공사를 방해했던 호론사람 산발랏의 사위가 되었다. 또한, 산발랏의 친구인 도비야는 대제사장 엘리아십의 친분 아래 하나님의 전 곳간에 방 하나를 갖추어 놓고 성전 봉사자들처럼 대접을 받고있는 어처구니없는 일이 일어났다. 하나님께 드려진 각종 제물들을 보관하는 거룩한 곳이 하나님의 일을 사생결단 방해한 이방인인 도비야의 방으로 꾸며져 있다는 사실은 느헤미야가 참을 수 없는 거룩한 분노를 자아내게 했다. 제사장 엘리아십은 느헤미야를 죽이려던 암몬 사람 도비야를 성전 곳간에 살게 하였고 또 산발랏을 손자의 사위로 삼았다는 사실은 그 당시 백성들의 신앙이 얼마나 약한 모습이었는가를 잘 말해 주고 있다. 대제사장 엘리아십은 하나님 앞에서 악을 행하였다. 느헤미야는 곧바로 개혁을 단행하여 성전 안에 있는 도비야의 모든 사물(私物)을 방 밖으로 던져 버리고 그 방을 정결케 하고 하나님의 전의 기명과 소제물과 유향을 그곳에 들여놓았다. 가죽채찍을 만드시고 성전을 청소하신 그리스도 예수 우리 주님의 성전 청결 운동의 모습과도 매우 닮았다. 하나님 앞에서의 진정한 개혁은 내적 영적 변화와 외적인 삶의 변화로 드러나야 함을 의미한다.

④ 느헤미야의 세 가지 큰 개혁의 중심(13:10-14)

첫째는 중단된 십일조 제도의 개혁이었다.

느헤미야가 예루살렘을 떠난 사이 성전을 운영하는 제도와 질서는 중단되고 말았다. 성전에서 봉사하는 레위인들을 위하여 십일조와 각종 헌물을 하나님께 드리기로 맹세한 백성들은 십일조를 드리지 않았다. 따라서 배가 고픈 성전 봉사자들과 노래하는 자들과 문지기 등은 모두 그 전리(田里) 곧 농사지을 수 있는 땅이 있는 레위인들의 마을로 도망가 버렸다. 하나님의 성전이 버림받은 것이다. 느헤미야는 거룩한 전이 버림받도록 방치한 백성의 지도자인 민장들을 엄히 꾸짖었다. 그리고 도망간 레위인들을 즉시 불러들여 성전의 제도와 직무에 충실하도록 정위치 시켰다.

느헤미야의 영적개혁에 동참한 유다인들은 곡식과 새 포도주와 기름의 십일조를 가져다가 성전 곳간에 다시 두었다. 느헤미야는 백성들의 신임을 받고 있던 제사장 셀레마와 서기관 사독과 레위인 브다야 등 세 사람을 성전 창고의 책임자(고지기)로 임명하고 맛다냐의 손자이며 삭굴의 아들인 하난을 앞의 세 성전창고 책임자들을 돕는 자(버금)로 임명하였다. 이 성전창고 책임자들은 백성 모두가 인정하는 충성되고 진실한 자들이었으며 그들의 주요 임무는 하나님께 바쳐진 십일조와 각종 헌물을 성전봉사자들에게 적절히 분배하는 일이었다. 느헤미야는 이렇게 성전 제도와 십일조 제도의 개혁이 하나님의 은혜 아래 성공적으로 이루어지도록 하나님께 간절히 기도했다.

> 내 하나님이여 이 일을 인하여 나를 기억하옵소서 내 하나님의 전과 그 모든 직무를 위하여 나의 행한 선한 일을 도말 하지 마옵소서(14절).

느헤미야의 이러한 간절한 기도는, 그의 모든 영적 개혁 운동의 목적은 오직 살아계신 하나님을 섬기며 그 하나님을 기쁘시게 하려는 의도 아래 있을 뿐임을 고백하는 것이었다. 그는 오직 "하나님의 전과 그 모든 직무를 위하여" 개혁을 단행한 것이다. 성전을 중심으로 하나님을 섬기는 제도가 중단된 것을 슬퍼하며 레위인들을 정위치에 세우고 또 백성들로 하여금 십일조를 드리게 함으로써 성전 제도와 성전의 기능(제사)을 회복한 느헤미야의 개혁은 이 세대의 모든 그리스도인에게도 여전히 요구되는 실정임을 부인하지 못할 것이다.

둘째로는 안식일 준수 명령이다.

느헤미야의 눈에 비친 안식일의 풍경은 말로 형용할 수 없을 만큼 처참하였다. 하나님의 백성인 유다 백성들이 안식일에 술틀을 밟고 곡식단을 나귀에 실어 운반하며 포도, 포도주, 무화과 및 여러가지 짐을 지고 안식일 예루살렘에 들어와서 장사를 하고 있었다. 또한, 두로 사람이 예루살렘에 살면서 안식일에 물고기와 각종 물건을 가져다가 유다 자손에게 팔고 있었다. 느헤미야는 안식일에 장사하는 이 모든 일을 크게 꾸짖고 장사하는 일을 하지 못하도록 감시하며 경계하였다. 그뿐만 아니라 유다의 귀인들(17절) 곧 지도자들을 불러 꾸짖고 하나님 앞에서 저지르는 불신앙적 생활을 즉시 중단시키도록 엄히 명령했다. 느헤미야는 과거 이스라엘의 선조들이 하나님께 범죄하여 이방인에게 칠십년 동안 종살이를 한 것을 상기하며 지금 또 안식일을 범하여 하나님께 범죄한다면 하나님의 또 다른 재앙이 예루살렘에 임하지 않는다고 누가 보장할 수 있겠느냐고 호소하며 안식일을 성실히 지킬 것을 온 백성에게 권면하였다. 느헤미야를 통해 새 안식일 준수법이 선포되었다.

안식일에는 예루살렘 성문을 모두 닫고 출입을 금지시켰다. 안식일에 장사하기 위해 성 밑에서 잠을 자는 모든 사람을 쫓아냈다. 특히 레위인들은 몸을 정결케 하고 안식일에 성문 출입을 엄격히 통제하여 안식일을 거룩하게 하라고 느헤미야는 특별 지시를 내렸다.

셋째로 이방인과의 결혼을 엄격히 금지시켰다.

유다 사람들은 아스돗과 암몬과 모압 여자를 아내로 삼고 가정을 이루었으나 그 자녀들은 히브리말을 할 줄 몰라 하나님을 섬기는 거룩한 생활이 사라져버렸다. 느헤미야는 구별되게 살지 못하는 혼혈아들의 모습을 보다못해 그들 중 몇을 때리며 머리털도 뽑고 크게 책망하였다. 그리고 다시는 이방인과의 통혼을 하지 않겠다는 서약을 받아냈다. 느헤미야는 옛적 솔로몬을 기억하며 권면했다. 솔로몬은 최고의 하나님의 사랑과 은혜를 입은 왕이었으나 이방 여인을 아내로 많이 둔 까닭에 그 이방 여인들이 솔로몬이 범죄케 했던 일을 기억하고 다시는 이방 여인을 아내로 취하지 말라고 엄히 경고하였다. 이방 여인을 취하여 아내로 삼는 것은 악을 행하는 것이며 하나님께 범죄 행위이기 때문에 느헤미야는 이 일을 엄격히 금지한다고 그 이유를 분명히 밝혔다.

넷째, 마지막으로 느헤미야는 제사장과 레위인의 삶과 그들의 직무 수행에 대해 철저한 개혁을 촉구했다.

백성의 모범이 되어야 할 대제사장의 가문에서 '하나'라는 제사장은 느헤미야의 원수요 하나님의 성벽 공사를 방해하며 악행을 저질렀던 호론 사람 산발랏의 딸을 취하여 아내로 삼기까지 했다. 느헤미야는 즉시 제사장 하나의 아내 되었던 여인과 산발랏을 쫓아내고 하나님께 회개의 기도를 드리며 용서를 간구했다. 제사장이 이방 여인을 아내로 삼은 것은 제사장 직분을 더럽힌 범죄 행위였기 때문이었다. 하나님께서는 모세의 율법을 통해 제사장들의 아내 자격을 언약으로 규정해 놓으셨던 것이다(레 21:14).

모든 제사장은 "그는 처녀를 취하여 아내를 삼을지니 과부나 이혼 된 여인이나 더러운 여인이나 기생을 취하지 말고 자기 백성 중 처녀를 취하여 아내를 삼아 그 자손으로 백성 중에서 더럽히지 말지니"라는 말씀(레 21:14)에 근거하여 아내를 삼아야 했다. 느헤미야는 제사장들의 결혼 문제 이외에 레위인들이 성전에서 감당해야 할 각종 제도를 개혁하고 그들이 성실하게 그 임무를 수행해 줄 것을 당부하며 개혁을 마무리한 후 다시 하나님께 간절히 기도를 드렸다.

> 또 정한 기한에 나무와 처음 익은 것을 드리게 하였사오니 내 하나님이여 나를 기억하사 복을 주옵소서(31절).

9. 에스더서의 메시아 이해

1) 서론과 주제

성경을 구분할 때 에스라서, 느헤미야서 및 에스더서는 포로후기의 역사를 기록한 역사서라고 알려져 있다. 아담으로부터 시작되어 바벨론 포로생활 후 고레스의 칙령으로 고국으로 돌아오기까지의 이스라엘의 전 역사가 요약되고 해석되어 새롭게 기록된 것이 역대기라면 바벨론 포로생활 이후의 역사인 에스라서는 이스라엘 백성의 제1차와 제2차 귀국에 대한 내용과 성전 건축에 대해 기록했으며 느헤미야서에는 느헤미야를 중심으로 하는 제3차 귀국에 대한 내용과 예루살렘 성벽 재건에 대해 기록되어 있다. 그리고 에스더서는 페르시아 제국 아래서 위기에 처한 유대인을 구원하시기 위해 에스더를 사용하시는 하나님의 주권적 섭리를 기록한 역사이다.

특히 에스더서는 느헤미야서와 마찬가지로 바벨론 포로생활 중 남은 자를 통해 언약을 이루시는 신실하신 하나님의 역사와 섭리를 잘 보여 준다. 즉 언약에 충실하신 하나님께서 당신의 백성을 보호하시고 인도하실 때 이스라엘 백성의 남은 자 곧 언약 백성들의 생명을 보호하시고 지켜주시며 구원하시는 구원자이심을 강하게 나타낸다. 에스더서는 한 편의 드라마 같은 역사이다. 구약성경에서 여자의 이름으로 제목이 붙여진 룻기와 더불어 여자 주인공의 이름으로 책명이 붙여진 에스더서는 인간 역사를 주관하시고 유대인의 생명을 구원하시는 하나님의 신실하심을 찬양하고 부림절기의 기원을 알려 주기 위한 목적 아래 기록되었다.

2) 저자와 기록 목적

에스더서의 저자에 대해서도 많은 논란이 있다. 유대인 역사가인 요세푸스는 모르드개를 에스더서의 저자로 보며 어거스틴은 에스라를 저자로 보기도 하지만 신빙성이 매우 약하다. 대부분의 성경연구가와 개혁주의 입장의 사람들은 에스더서의 저자를 익명의 유대인이라고 추측할 뿐이다.

바벨론 포로생활을 하던 유대인들은 바벨론이 멸망한 이후에 고국으로 돌아간 사람들도 많았으나 아직도 많은 사람들이 페르시아 전역에 흩어져 살고 있었다. 이 당시 페르시아 제국 내에는 많은 민족이 섞여 살고 있었는데 페르시아 왕의 총애를 받고 있는 교만한 하만의 계략으로 유대인들은 전멸될 위기에 처하게 되었을 때 에스더와 모르드개의 '죽으면 죽으리이다'하는 신앙과 하나님의 간섭으로 유대인의 생명이 보존된 역사적 사실을 이스라엘 후손들에게 알리려는 의도 아래 기록되었다. 하나님의 백성 특히 언약 백성을 이방 원수들의 압제와 위협으로부터 보호하시고 구원하시는 주권적 하나님의 섭리가 한 편의 드라마처럼 드러나고 있는 것이 이 책의 특징이라고 볼 수 있다. 유대 민족 전체를 죽이기 위해 제비 뽑아 선택된 날이 도리어 유대인의 생명이 하나님의 섭리 아래 보호되고 구원받은 날이 된 것을 기념하고 하나님께 감사하는 날로 지키는 부림절의 역사와 의의를 에스더서를 통해 배울 수 있다.

3) 주요 내용과 메시아적 의미

(1) 폐위된 왕후 와스디(1장)

① 에스더서의 시작과 역사적 배경(1:1-8)

한편의 역사 드라마 같은 에스더서의 내용은 이스라엘 백성들이 페르시아 제국의 통치 아래 있을 때의 이야기다. 역사의 막이 열리고 약 2500년 전의 페르시아 궁궐이 보이며 거대한 규모의 호화로운 왕궁 잔치가 벌어지고 있다. 당시 페르시아는 아하수에로 왕이 통치하고 있었는데 그는 이스라엘 백성을 해방시키기 위해 도구로 사용된 고레스 왕과 그의 뒤를 이어 왕이 된 캄비세스 및 다리오를 이어 즉위한 '크세르크세스'(페르시아어로 크샤야르샤)라고 불리우는 왕이었다. 그러나 후에 이 왕은 교만하며 방탕한 생활을 즐기다가 자신의 침실에서 암살자에 의해 살해되고 말았다. 이 아하수에로 왕은 수도인 수산궁에서 즉위하고 페르시아의 통치를 거부하며 일어나는 소수민족의 반란을 무력으로 진압하여 페르시아 제국으로 통일시켜 나가고 있었다. 그는 페르시아 제국을 20개의 행정 구역으로 나누어 왕의 최측근들에게 맡겨 다스렸으며 다시 세금을 효과적으로 거두기 위한 목적 아래 전국을 127도로 나누어 방백들에게 맡겨 다스렸다.

그 땅의 경계는 '인도에서 구스'까지 곧 페르시아 영토의 동쪽 끝에서부터 서쪽 끝에 이르렀다(1절). 하나님께서는 교만한 바벨론을 멸망시키고 이스라엘 백성을 해방시켜 고국으로 돌려보내시기 위해 페르시아 제국을 이처럼 크게 일으키셨으나 페르시아 왕들은 하나님의 거룩한 뜻을 알지 못하고 교만하여 자신들의 이름을 드러내기를 좋아했다. 에스더 당시의 아하수에로 왕도 마찬가지였다. 그는 수산궁에서 왕이 된 지 삼년만에 엄청난 규모의 잔치를 베풀었다. 이 잔치는 페르시아 제국의 두 기둥인 메데와 바사의 장군들을 비롯 20개의 행정 구역의 단체장과 127도의 책임자인 모든 방백을 다 초청하여 위로하는 특별연회였으며 페르시아 제국을 대내외에 자랑하고 왕실의 위엄을 만천하에 알리는 목적으로 무려 180일 곧 6개월 동안이나 베풀어졌다. 그리고 이 특별잔치 기간이 다 지나자 이번에는 수산궁의 모든 백성을 위한 잔치가 왕궁 후원 뜰에서 한 주간 더 베풀어졌다.

이 잔치 풍경은 인간 물질만능주의의 극치를 이루는 듯했다. 백색, 녹색, 청색 휘장을 왕궁의 대리석 기둥에 매달아 놓고 화반석, 백석, 운모석을 간 바닥 위에 놓여 있는 금, 은으로 만들어진 의자에 앉아 사람마다 각기 다른 모양의 금잔으로 마셨으며 술의 종류와 양도 넘치도록 풍부하였다. 그리고 까다로운 궁중 법도를 지키지 않아도 되는 쾌락의 너그러움도 보였다. 이러한 모습은 무력으로 페르시아 제국을 이루고 인간의 폭력적 통치를 정당화시키며 자신을 과시하려는 범죄한 인간의 본성을 그대로 드러내기 위한 저자의 의도적인 표현이라고 볼 수 있다.

② 왕의 초청을 거절하는 왕후 와스디(1:9-12)

페르시아 왕궁에서 잔치가 무르익는 동안 왕후 와스디도 왕궁에서 여인들을 위하여 잔치를 베풀고 있었다. 180일의 특별 연회와 왕궁 백성들을 위한 7일 동안의 잔치 마지막 날 아하수에로 왕은 술기운에 주흥이 일어나서 왕궁 내시 7명을 특별히 보내어 왕비 와스디가 왕의 잔치 석상에 나오도록 초청하였다. 아하수에로 왕은 왕비 와스디가 궁중 정장을 하고 머리에 면류관을 정제하고 나와 왕비의 아름다움을 방백들과 백성들에게 보임으로써 자신의 위엄을 자랑하고 싶었던 것이다. 그러나 왕후 와스디는 일곱 명의 내시가 전한 왕의 특별 명령을 거절하고 왕의 잔치 자리에 나오지 않았다. 아마도 왕후 와스디는 술좌석에 나감으로써 남자들의 노리개감이나 눈요기감으로 비쳐질까 염려하여 왕의 부름에 응하지 않았을 것으로 추측된다. 자신의 초청이 거절되었다는 소식을 듣는 순간 왕은 진노하였고 왕의 마음은 분노로 불붙는 듯 타올랐다. 수많은 신하와 127도의 방백들 그리고 수많은 백성 앞에서 자신의 명령이 거절되었다는 사실은 페르시아 제국을 통치하는 통치자로서의 권위가 무참히 짓밟히는 것과 다를 바 없는 수치였다.

백성들 앞에서 자신의 위엄과 권력을 자랑하려던 아하수에로 왕과 그 왕의 명령에도 아랑곳하지 않고 자신의 체면만을 중히 여기는 왕비 와스디의 교만이 충돌하는 순간이었다. 교만은 패망의 선봉이요 거만한 마음은 무너짐의 앞잡이라는 준엄한 하나님의 말씀이 즉각 성취됨을 드러냄으로써 왕의 잘못된

초청 원인과 그에 따른 와스디의 거절은 왕비 와스디를 왕후의 자리에서 폐위
시키고야 만다.

③ 폐위되는 왕후 와스디(1:13-22)

수개월 동안의 긴 잔치는 끝났으나 왕의 초청을 거절한 왕후 와스디에 대한
처벌은 끝나지 않았다. 왕은 왕의 가까이에서 왕을 섬기는 방백 곧 궁중 법도
와 규례에 밝은 메대와 바사의 일곱 방백을 불러 왕후 와스디에 대한 처벌을
의논하였다. 이때 방백들 가운데 므무간이 왕비 와스디의 잘못을 지적하며 그
잘못에 대한 확대 해석을 하였다. 즉 왕비 와스디가 왕의 명령을 따르지 않고
거절한 것은 단지 왕에게만 잘못한 것이 아니라 남편의 말에 순종해야할 아
내가 남편을 멸시한 행위가 되어 뭇 백성들의 아내들이 차후에 왕비의 행위를
본받아 그대로 따르게 될 위험성이 크다고 지적하며 왕비의 폐위를 간청하였
다. 왕실 법률고문인 므무간의 요청은 왕과 다른 방백들의 마음을 사로잡았다.
왕은 즉시 이 사실을 왕실 규례에 기록으로 남기고 전국에 조서(명령서)를 내
려 남편의 말에 순종하지 않는 왕후 와스디를 왕비의 자리에서 폐위하였다고
선포하였다.

④ 교훈

본 장의 앞부분에서는 페르시아 제국의 호화스런 잔치 장면이 부각되며 하
나님 나라와 반대되는 타락한 인간 생활의 적나라한 모습을 보여 준다. 그리
고 그 뒤를 이어 나오는 왕후 와스디의 초청과 거절 및 폐위로 급격히 이어지
는 사건은 그 뒤의 어떤 사건을 강력히 암시하며 또 다른 사건의 기대를 크게
해 주고 있다. 이것이 성경 역사를 기록하는 저자들의 암시이다. 즉 에스더서
의 역사 기록은 당시의 페르시아 제국의 강성함과 왕궁 잔치의 호화로움을 알
려 주려는 목적이 아니라 오히려 페르시아 제국의 배후에서 역사하시는 하나
님의 주권적 섭리를 가르쳐 주기 위한 목적 아래 기록되었음을 암시하고 있다.
세계 모든 역사를 비롯 인간 개인의 역사까지도 하나님께서 친히 주관하시고
인도하시며 당신의 뜻을 이루시고 계심을 성경의 역사를 통해서 배울 수 있는
큰 유익이다.

페르시아 제국 아래서 아직 고통당하며 살고 있는 이스라엘 백성의 위기가 점점 다가오고 있는 시점에 페르시아 왕궁에서의 잔치와 왕후 와스디의 폐위 사건은 또 다른 왕비를 맞이해야 하는 암시를 주고 있다. 하나님께서는 유다 의 한 여인을 페르시아 왕비가 되게 하심으로써 위기에 빠지는 이스라엘 백성 을 구원하시는 계획을 세우시고 있음을 배울 수 있다. 호화롭게 펼쳐지는 페 르시아 궁중 역사를 통해 선민 이스라엘 백성을 지키시고 인도하시는 하나님 의 신실하심과 긍휼의 은혜가 에스더서에 잘 나타나 있다.

(2) 새 왕후가 된 에스더 (2장)

① 와스디를 대신하여 왕후를 삼으소서 (2:1-4)

페르시아 제국의 통치자 아하수에로 왕은 육개월 이상의 잔치를 배설하고 자신의 위엄과 명성을 널리 알렸으나 불행하게도 이 축제 기간의 사건을 통해 왕후 와스디를 폐위시키고 말았다. 잔치가 끝난 후 왕은 아내 와스디를 폐위 시킨 사실에 대해 후회하고 괴로워했다(1절, 생각하거늘). 이것을 눈치챈 왕의 시신 곧 왕 옆에서 시중드는 신하가 새 왕비를 맞도록 건의하였고 왕은 그 건 의를 즉시 받아들여 페르시아 왕비 선택 규정에 따라 조서(명령서)를 내려 왕 비가 될만한 용모가 준수한 처녀들이 수산궁에 모이도록 하였다.

일반적으로 페르시아 제국의 궁중 법도에 따르면 왕은 반드시 페르시아 여 자 중에서 왕비를 맞도록 규정되어 있었으나 호화 방탕한 생활을 즐겼던 아 하수에로 왕은 '왕의 눈에 아름다운 처녀'(4절) 곧 외적인 미모에 따라 왕비 를 선택하였다. 왕의 명령이 내려지자 전국을 치리하는 방백들에 의해 미모에 뛰어난 처녀들이 전국 각지에서 선발되어 수산궁 뒷뜰에 있는 후궁으로 보내 어졌다. 이곳에 온 아름다운 처녀들은 궁녀를 총괄하는 내시 헤개의 지도아래 후궁 곧 별채에 거하며 궁궐에서 제공하는 각종 물품과 향품으로 1년 동안 몸 을 가꾸며 준비한 후 미인 선발 대회를 방불케 하는 선발 대회를 거쳐 한 명의 여자가 왕후로 간택이 되는 것이다.

② 모르드개가 자기 딸같이 양육하더라(2:5-8)

한편 수산궁이 있는 도성에 베냐민 지파의 후손인 한 경건한 남자가 살고 있었다. 이 남자의 이름은 모르드개이며 바벨론 느브갓네살의 예루살렘 2차 침공 때 여고냐 곧 유다의 마지막 두 번째 왕인 여호야긴과 함께 바벨론으로 끌려 온 사람의 후손이었다. 그는 페르시아가 바벨론을 멸망시킨 후에도 여전히 수산 도성에 살고 있었던 경건한 하나님의 사람이었다. 이 모르드개는 자신의 삼촌이 낳은 여자 어린아이를 딸처럼 길렀다. 왜냐하면 삼촌은 이 아이를 낳은 후 일찍 죽었기 때문이다. 사촌오빠 모르드개 밑에서 자란 이 아이는 어느덧 용모가 곱고 아리따운 숙녀로 변해 있었다. 이 처녀의 이름은 본래 하닷사이며 나중 페르시아 왕의 왕비가 된 후에는 그녀의 용모와 아름다운 성품에 걸맞게 에스더란 이름이 붙여졌다.

왕비 선발에 대한 왕의 조서가 반포되었을 때 유다 여인 하닷사 곧 에스더도 그 미모 때문에 방백들에게 추천되어 수산궁으로 이끌려 가서 내시 헤개의 지도를 받고 있었다. 그런데 내시 헤개가 에스더를 특별 대우하며 몸을 아름답게 가꾸는데 필요한 물품과 일용품들을 아낌없이 주었고 또한, 에스더에게 시중들도록 궁녀 7명을 주었으며 후궁의 가장 아름다운 곳을 에스더의 거처로 삼게 하는 특별 은혜를 베풀었다. 9절의 '헤개가 이 처녀를 기뻐하여'라는 말도 히브리어 원문에는 에스더가 헤개를 기쁘게 했다는 뜻으로 되어 있다. 이것은 에스더의 외적인 미모뿐만 아니라 내적인 인품에 궁중 내시인 헤개가 감동을 받고 에스더로 인해 기쁨을 얻게 되었다는 의미이다. 에스더는 궁궐 뒷뜰 곧 후궁으로 온 이후에도 자기의 민족과 종족이 유대인이라는 사실을 아무에게도 말하지 말라고 당부한 사촌오빠 모르드개와의 약속을 지켰다. 그 이유는 페르시아 제국을 이루고 있는 많은 식민지 국가 사이의 반목과 갈등 속에 유대인을 미워하고 시기하는 왕의 측근들이 있었기 때문이며 또 하나는 혹시 페르시아 여자가 아니면 왕비가 될 수 없는 왕실 규례 때문에 자신의 종족과 민족에 대해 말하지 말라고 모르드개가 에스더에게 당부했을 것입니다. 에스더가 왕궁으로 들어간 이후에도 모르드개는 날마다 후궁 뜰을 왕래하며 에스더의 안부와 그 후의 일을 살폈다.

모르드개가 후궁 뜰을 거닐 수 있었다는 사실은 그가 수산궁의 대궐문에 앉을 만큼 높은 신분이었음을 말해 준다(21절). 이것은 아브라함과의 언약을 이루시기 위해 하나님께서 요셉을 애굽에 보내어 국무총리가 되게 하시고 그 후에 또 흉년을 불러 일으켜 야곱의 가족들을 애굽에 보내셨던 하나님의 섭리와 그 맥을 같이 한다. 즉 하나님께서는 당시에 애굽의 통치자(바로)와 요셉 및 야곱 가족을 역사의 무대에 등장시켜 아브라함과의 언약(창 15:14-17)을 이루셨듯이 여기서는 페르시아의 통치자(아하수에로)와 에스더 및 모르드개를 예비하시고 그들을 통해 하나님의 언약 백성을 위기에서 구출하시고 보존하시는 섭리를 보여 준다.

③ 왕후가 된 에스더(2:12-18)

일 년이 지나고 아하수에로 왕의 왕비 선택이 시작되었다. 수산궁에 온 모든 처녀들은 1년 동안 중 6개월은 몰약 기름을 사용하여 자신의 몸을 정결하게 가꾸고 나머지 6개월 동안은 각종 향품과 여자들이 쓰는 여러 가지 물품(화장품)을 사용하여 몸을 가꾸었고 자기 차례가 되어 왕과 동침하러 갈 때에는 여자가 원하는 모든 물건을 다 받아 후궁에서 왕궁으로 가지고 가도록 허락받았다. 이처럼 왕비 선택은 왕과 동침하는 것으로 이루어졌는데 동침한 후에는 둘째 후궁 곧 왕의 비빈(후궁)들이 모여 사는 곳으로 돌아와 내시 사아스가스의 지도를 받으며 평생을 살게 된다.

드디어 모르드개의 삼촌 아비하일의 딸 곧 모르드개가 자신의 딸처럼 양육한 에스더가 왕에게 나아갈 차례가 되었다. 에스더는 다른 여자들처럼 왕의 환심을 사기 위해 많은 다른 물품을 요구하지도 않았다. 에스더는 자기 차례가 되었을 때 궁녀를 주관하는 내시 헤개가 주는 것 이외에는 아무것도 더 요구하지 않았다(15절). 그녀는 아하수에로 왕 제7년 시월 곧 데벳월에 왕궁으로 들어가 평상시의 모습 그대로 왕 앞에 나아갔다. 왕은 모든 처녀보다 에스더를 더욱 사랑하였으며 그 결과 에스더만 계속해서 왕의 은총을 얻었다. 즉 많은 처녀가 왕과 동침한 후에는 왕이 그 이름을 부르지 아니하여 두 번 다시 왕에게 나아갈 수 없는 처지가 되어버렸으나 에스더는 계속 왕의 부름을 받는 은총을 입은 것이다. 마침내 아하수에로 왕은 에스더를 왕비로 간택하고 그 머리에 면류관을 씌우고 폐위된 와스디를 대신하여 왕후로 삼았다. 왕은 결혼식 잔치를 베풀고 아름다운 에스더를 왕비로 삼은 것을 기념하여 전국 127도에 사는 모든 백성을 위해 그 해의 세금을 특별히 면제해 주었고 고대 사회의 풍습대로 가난한 백성들을 선발하여 음식과 의복으로 풍성하게 상을 내렸다. 아하수에로의 왕비가 잔치석상에서 폐위된 돌발적인 일과 유다 처녀 에스더가 와스디를 대신하여 왕후가 된 이러한 일들은 배후에서 역사를 주관하시고 이끄시는 하나님의 섭리 아래 진행되고 있었다.

④ 에스더가 모르드개의 이름으로 왕에게 고한지라(2:19-23)

에스더가 왕후로 간택된 후에도 아하수에로 왕은 계속해서 처녀들을 모으고 비빈(후궁)들을 택하고 있었다. 이와 같은 상황 아래 호색 방탕하는 왕을 미워하며 페르시아 제국의 앞날을 염려하는 충신들 가운데는 왕을 제거하려는 음모에 가담한 내시들도 있었다. 어느 날 모르드개는 궁궐 문에 앉아 있다가 문을 지키는 내시 가운데 빅단과 데레스 두 사람이 아하수에로 왕을 암살하려는 계획을 품고 있다는 사실을 알았다. 모르드개는 즉시 이 사실을 왕후가 된 에스더에게 전달했고 에스더는 모르드개의 이름으로 이 충격적인 사실을 왕에게 알렸다.

아하수에로 왕은 빅단과 데레스 두 내시를 붙잡아 심문하고 암살 계획이 있었음을 공식적으로 확인한 후 두 사람을 나무 십자가에 매달아 죽였다. 그리고 왕에 대한 암살 미수 사건에 대한 전말을 자세하게 궁중 일기에 기록하도록 지시하였다. 아하수에로 왕은 후에 이 궁중 일기를 읽다가 자신을 죽이려던 반역자들의 암살 계획을 미리 알려 자신의 생명을 지켜 준 모르드개에게 큰 은혜를 입고도 그에 상응하는 상급이나 대접을 해 주지 않았음을 알게 된다.

뒤늦게나마 자신의 목숨을 구해준 모르드개에게 상을 내리기 위해 왕은 당시 왕 다음의 최고의 권력을 휘두르던 하만을 불러 의향을 묻고 그 하만의 요청에 따라 모르드개에게 왕복을 입히고 말에 태워 성읍을 순례케 하는 은총을 내렸다(6:1-9). 이것은 모르드개가 페르시아 왕궁에서 절대적인 왕의 신임을 얻고 왕 다음 가는 위치로 급부상 했음을 선포하는 것이었다. 모르드개는 역사를 이끄시는 하나님의 섭리 아래 마치 요셉이 애굽의 최고 통치자(바로) 다음 가는 위치로 부상한 것과 똑같은 하나님의 은총을 입은 것이다. 창조된 이 세상의 역사는 지금도 하나님의 섭리 아래 인도되고 있다. 에스더서는 세상의 모든 역사가 하나님의 섭리 아래 인도되고 있음을 철저하게 보여 주는 하나님의 통치 역사이다.

(3) 모르드개의 민족을 멸하라(3장)

① 교만한 하만과 모르드개의 만남(3:1-6)

유다인 에스더가 페르시아 제국의 통치자 아하수에로의 왕후가 된 얼마 후 아각 사람 함므다다의 아들 하만이 총리대신이 된다. 이것은 페르시아 통치 아래 있는 많은 식민지 국가들 가운데 아말렉(아각 사람)이 왕의 총애를 받아 다른 민족보다도 두각을 나타내고 있음을 의미하였다. 이 아각(아말렉 족속) 사람은 이스라엘이 멸망하기 이전 사무엘 선지자 시절에 죽임을 당한 아말렉 왕 아각의 후손을 가리킨다(삼상 15:33). 그 후 페르시아 통치 아래 있는 두 민족 곧 아각 후손과 유다 민족은 서로 적개심을 품고 있었음에 틀림없다. 이러한 상황 아래서 페르시아 제국의 아하수에로 왕은 왕궁 안에 있는 모든 왕의 신하들까지도 아각 사람 하만에게 무릎을 꿇고 절하도록 명령을 내렸다. 따라서 대궐 안에 있는 모든 왕의 신하들은 왕의 명령에 따라 하만에게 무릎을 꿇고 절하며 왕을 섬기듯 하만에게 예(禮)를 갖추었다. 그러나 오직 유다 사람 모르드개는 하만에게 무릎을 꿇지도 절하지도 않았다. 그 이유는 분명하지 않지만 아마 그 옛날 하나님께서 교만한 아말렉 후손을 진멸하시기로 작정하신 사실을 모르드개가 이스라엘 역사를 통해 알고 있기 때문일 것으로 추측된다.

모르드개는 아말렉 족속을 이룬 아각 사람들이 예나 지금이나 하나님과 사람 앞에서 교만한 모습이 못마땅했을 것이며 설상가상으로 아하수에로의 신임을 받고 있는 하만이 왕처럼 행세하는 모습을 싫어했을 것으로 추측된다. 즉 모르드개의 눈에는 교만한 하만이 자신을 신격화하고 아하수에로 왕의 신임을 등에 업고 하나님을 모독하는 사단처럼 보였을 것이다. 이때 동료 신하들은 하만에게 절하지 않는 모르드개를 염려하며 날마다 그에게 절하도록 권면하였다. 그러나 모르드개는 동료 신하들의 권면을 듣지 않았을 뿐만 아니라 자신은 유대인이라고 밝혔다. 아마도 유다인들은 사람에게는 절하거나 섬기지 아니하며 하나님 여호와께만 절하고 섬긴다는 의사 표시였을 것이다. 이 일을 안 모르드개의 동료 신하들은 모르드개가 장차 어떻게 되는지 시험해 보기 위해 하만에게 모르드개의 일을 보고하였다. 이 보고를 들은 하만은 일부러 모르드개 옆을 지나쳐 보았다. 역시 모르드개는 하만에게 무릎을 꿇지도 않고 절하지도 않았다. 이 모습을 확인한 하만은 분노하였으며 모르드개가 유대인이라는 사실까지 알아내고 모르드개 뿐만 아니라 모르드개의 민족인 유다 민족 전체를 죽이려는 결심을 굳히게 된다. 유다 민족에게 절대 절명의 위기가 찾아온 것이다.

② 왕에게 유다 민족을 참소하는 하만의 계략(3:7-11)

하만은 자신에게 절하지 않는 모르드개와 유다 민족을 몰살시키려는 계획을 세우고 자신에게 충성하는 무리들을 모아 유다 민족을 제거할 날을 택일하였다. 그들은 소위 유다 민족 인종청소의 날을 제비 뽑아 결정하였는데 제비 뽑은 날로부터 약 일 년 후인 아달월(12월)을 거사일로 정했다. 고대 근동에서 소위 신의 뜻을 알아낼 때 흔히 사용하는 제비뽑기는 점성술사 혹은 마술사에 의해 시행되었다. 이 제비라는 말의 고대 페르시아어는 '푸르' 곧 '부르'이며 유대인들은 후에 이말에서 유래된 '부림절'을 지키며 하만의 멸절 계획으로부터 유다 민족을 구원해 주신 하나님을 경배하고 찬양하는 절기를 삼았다. 거사일까지 미리 정한 하만은 아하수에로 왕에게 나아가 한 민족 곧 유다 민족이 페르시아 전역에 흩어져 살고 있는데 그 민족만이 유일하게 자신들만의 법을 지키며 페르시아 국법을 어기고 있다고 참소했다. 그리고 이러한 모습은 페르시아 제국 아래 있는 다른 민족에게 좋지 않은 영향을 끼치는 것으로, 왕의 명령과 페르시아 법을 어기는 유다 민족을 전멸시킴으로써 페르시아 제국을 효율적으로 통치하는 기틀이 될 것이라고 말하며 하만은 은(銀) 일만 달란트를 왕에게 뇌물로 바쳤다.

아하수에로 왕은 하만이 페르시아 제국을 진심으로 위하는 충신으로 여기고 그가 받은 은 일만 달란트를 하만에게 되돌려 주며 유다 민족을 하만에게 선물로 주겠다고 공언하였다. 그리고 아하수에로 왕은 자신의 반지까지 빼어 하만에게 주며 하만이 하고 싶을 대로 반지로 도장을 찍어 왕명으로 모든 계획을 실행해도 좋다는 허락을 내렸다. 하만은 자신의 계획에 대한 왕의 허락을 받았을 뿐만 아니라 왕의 재신임을 받은 사실에 더욱 교만해져 그는 잠시 자신이 왕이 된 듯한 착각에 빠져 버렸다.

③ 페르시아 전역에 하달된 유다인 학살 명령서(3:12-15)

바벨론 월력으로 니산월(1월) 13일에 왕의 서기관 회의가 소집되고 모든 서기관은 일제히 하만의 뜻에 따라 전국에 배포될 유다 민족 학살에 관한 왕의 명령서를 작성하기 시작하였다. 이 유다인 학살 명령서의 수신인은 왕궁의 대신들로부터 시작하여 페르시아의 127도의 책임자와 각 도 방백들, 그리고 각 민족의 관원들이었다. 내용은 유다 민족 학살에 관한 것이었으며 거사일은 그로부터 약 일 년 뒤인 아달월(12월) 13일로 정해졌다. 특히 제비 뽑아 결정된 12월 13일 하루 동안에는 모든 유다인을 진멸하되 남녀노소 특히 어린아이나 부녀를 무론하고 다 죽이며 그 재산을 마음대로 탈취해도 좋다는 왕의 도장이 찍힌 명령서가 전달된 것이다. 수많은 민족이 페르시아 통치 아래 살고 있던 당시로써는 민족끼리 서로 알력과 시기 질투가 있었으며 이러한 상황으로 볼 때 이 명령서는 유다 민족을 제거하려는 하만의 계획을 가장 성공적으로 끝내 줄 수 있는 적절한 것이었다. 즉 하만은 민족들의 알력과 미움을 이용하여 유다 민족을 제거할 때 유다 민족의 재산을 탈취하게 함으로써 효과적으로 유다인 말살 정책을 수행할 수 있도록 유도한 것이다. 이 명령서가 페르시아 전역에 반포되었을 때 나라 전체가 술렁이기 시작했으며 특히 유다 민족은 슬픔에 잠기고 말았다.

(4) 모르드개의 간청과 에스더의 결단(4장)

① 유다인의 통곡과 금식 기도(4:1-3)

하만의 계략에 따라 어리석은 아하수에로 왕의 도장이 찍힌 유다인 집단 학살 명령서가 전국에 반포되었을 때 모르드개는 풍전등화 같은 민족의 구원을 위해 중대한 결단을 내리고 그가 할 수 있는 최선의 길을 택한다. 모르드개는 자신 한 사람 때문에 유다 민족 전체가 집단 학살당하게 된 사실에 대해 그 책임을 통감하지 않을 수 없었다. 하나님을 경외하는 모르드개는 이 엄청난 사실 앞에서도 절망하지 않고 하나님을 바라본다. 하나님만이 유다인들을 보호해 줄 수 있는 유일한 분이심을 그는 믿었다. 우선 그는 민족의 죽음을 알리는 왕의 명령서가 전국에 반포된 사실과 때를 맞추어 자신의 옷을 찢고 베옷 곧 상복을 입고 재를 뒤집어쓰고 수산 성안에 있는 대궐 문 앞에서 대성통곡하기 시작하였다. 또한, 전국 방방곡곡에 흩어져 살고 있던 유대인들은 왕명으로 전달된 소위 '유대인 집단 학살 명령서'를 보고 애통하며 금식하였다. 이것은 하나님 앞에서 자신들의 죄를 발견하려고 노력하며 회개하는 절박한 몸부림을 의미했다. 또, 곡읍하고 부르짖고 굵은 베옷을 입고 재에 누워 유대인들의 가장 큰 슬픔을 대내외에 공식적으로 선포하였다.

② 에스더에게 민족의 위기를 알리는 모르드개(4:4-11)

에스더는 왕궁에서 시녀와 내시들을 통하여 모르드개에 관한 소식을 듣고 너무나 놀라고 근심하며 모르드개를 만나기를 원했다. 에스더는 급히 모르드개가 입을 평상복을 보내어 그 옷을 입고 왕궁 안에 있는 자신에게로 와서 재를 뒤집어쓰고 통곡하는 까닭을 말해 주도록 요청한 것이다. 그러나 모르드개는 에스더가 보낸 평상복을 받지 않고 그대로 돌려보냈다. 에스더는 급히 자신을 가장 가까이에서 시중드는 내시 하닥을 모르드개에게 보내어 그 원인을 알아 오도록 했다. 모르드개는 자신이 상복을 입고 통곡하는 이유에 대해 세 가지 사실을 에스더에게 전달하였다.

첫째, 자신이 당한 모든 일 곧 모든 사람이 하만에게 절하며 예를 갖출 때 자신은 하만에게 절하지 않음으로써 하만의 극한 미움을 사고 그 결과로 유다 민족 전체가 집단 학살을 당하게 되었다는 사실 전모에 관한 일이었다.

둘째, 하만이 모르드개와 유다 민족 전체를 죽이기 위해 왕에게 거짓 상소를 올렸고 자신의 거짓 충성을 알리기 위해 엄청난 양의 뇌물(은 일만 달란트)을 왕에게 전달한 상세한 내용도 에스더에게 전달했다.

셋째, 하만이 왕을 속여 아달월(12월 13일)에 유다인 전체를 죽이고 유다인의 모든 재물을 탈취하라는 왕의 조서가 이미 전국에 반포된 사실을 알리고 그 증거로 조서의 초본을 에스더에게 전달하였다. 그리고 모르드개는 에스더가 왕에게 나아가 유다 민족을 위기에서 구해달라고 요청할 것을 부탁했다.

내시 하닥으로부터 이러한 소식을 들은 에스더는 마음이 타들어 가는 아픔을 느끼면서도 왕의 요청이 없거나 왕이 금홀을 내밀지 않으면 왕에게 나아갈 수 없는 페르시아 궁중 법도 아래 슬픔을 가누지 못했다.

당시 페르시아 궁중에는 아무나 출입할 수 없도록 통제하였으며 누구든지 임의로 왕의 집무실이나 침실에 들어오면 궁중 수비대에 의해 즉각 죽임을 당하였다. 따라서 왕의 요청에서만 왕의 근처에 나아갈 수 있었으며 만약 왕의 요청이 없이 왕의 근처에 나아가는 자를 살리기 위해서는 왕이 왕권을 상징하는 금홀을 내밀어 죽이지 말라는 신호를 해야만 했다. 이와 같은 사실은 당시 모반과 배반이 끊이지 않았던 페르시아 궁중에서 왕의 생명을 보호하기 위해 이와 같은 법이 제정되지 않으면 안 될 정도로 왕의 신변이 위험했음을 잘 보여 준다. 이러한 궁중 법도 아래 에스더는 왕이 언제라도 자신을 불러 줄 때까지 기다릴 수밖에 없는 자신의 입장을 모르드개에게 전하며 왕에게 나아가지 못한지 벌써 30일이나 지났다고 말했다. 페르시아 왕비인 에스더도 다른 후궁들처럼 왕의 부름을 기다리는 처지가 되어 유다 민족의 위기 앞에서는 왕후인 에스더조차도 어떤 도움이나 해결책은 주지 못하고 있음을 간접적으로 알리고 있다.

③ 죽으면 죽으리이다(4:12-17)

내시 하닥으로부터 에스더가 왕의 부름이 있을 때까지 그냥 기다리고 있다는 소식을 전해 들은 모르드개는 마지막 최후 통첩과도 같은 메시지를 에스더에게 전했다. "너는 왕궁에 있으니 모든 유다인 중에 홀로 면하리라 생각지 말라"(13절). 모르드개의 이 말은 에스더가 무엇을 해야 할 것인가를 결심케 하는 핵심내용이었다. 왕의 도장이 찍혀 있는 조서는 누구도 예외가 될 수 없기 때문이다. 이전 왕비인 와스디가 폐위된 것처럼 왕의 도장이 찍힌 유다인 집단 학살 명령서가 이미 전국에 반포된 이상 유다인인 에스더가 왕비라는 이유 때문에 살아남을 수는 없다. 따라서 모르드개는 에스더의 결단을 다시금 촉구했다.

> 이때에 네가 만일 잠잠하여 말이 없으면 유다인은 다른 데로 말미암아 놓임과 구원을 얻으려니와 너와 네 집은 멸망하리라(14절).

이 말은 모르드개의 믿음을 잘 말해 준다. 그는 택한 백성 유대 민족을 하나님께서 결코 버리시지 않으시고 어떤 방법을 통해서라도 구원해 주실 것으로 확신하고 있었다. 페르시아 왕이 하만의 계략에 속아 유대인의 생명을 하만에게 맡김으로써 유대인이 전멸될 위기에 처하게 되었다는 사실을 지금이라도 왕이 알 수만 있다면 유대인은 구원될 수 있을 것이다. 그래서 왕의 요청이 없어도 에스더가 왕께 나아가 하만의 유대인 학살 계획의 전모를 말해 주기를 모르드개는 간곡히 요청하고 있는 것이다. 모르드개는 계속 머뭇거리고 있는 에스더의 팔을 끌듯이 재촉하였다.

> 네가 왕후의 위를 얻은 것이 이때를 위함이 아닌지 누가 아느냐(14절).

모르드개의 마지막 설득은 에스더로 하여금 하나님 앞에서의 사명감을 깨닫게 하였다. 바로 이러한 때를 미리 아시고 하나님께서는 에스더를 페르시아 제국의 왕비로 삼으셔서 유대인을 위기에서 구원하도록 섭리하셨다는 것이다. 모르드개의 신앙적 회답을 들은 에스더는 드디어 마음을 굳혔다. 그리고 수산궁에 있는 모든 유대인이 한 자리에 모여 에스더 자신을 위해 3일간의 금식 기도를 해 달라고 요청하는 회답을 보냈다. 그리고 자신도 시녀들과 함께 3일간 밤낮 금식 기도한 후 왕의 요청이 없어도 왕에게 나아가 하만의 유대인 학살 계획 전모를 밝히겠다고 말했다.

> 이렇게 금식한 후에 규례를 어기고 왕에게 나아가리니 죽으면 죽으리이다(16절).

왕의 요청이 없는 상태에서 에스더가 왕의 곁으로 나아간다면 궁중 법도에 따라 수비대에 의해 죽임을 당하지만 만약 왕이 에스더를 기뻐하여 금홀을 내밀면 살 수 있을 것이다. 왕이 금홀을 내밀지 않아 죽게된다 할지라도 즉 하나님께서 살려주시지 않는다 할지라도(그리 아니하실지라도) 에스더는 왕 앞에 나아가겠다고 최후 결단을 내렸다.

하나님 한 분만 섬기며 그분 외에는 그 어떤 대상에게도 절하지 않겠다는 모르드개의 신앙적 결단은 도리어 사단같은 하만의 미움을 사게 되고 그 결과로 민족 전체가 집단 학살을 당할 수밖에 없는 위기를 맞는다. 그러나 모르드개는 당당히 하나님의 도움심을 구하며 당신의 언약 백성을 구원해 줄 것을 바라고 끝까지 하나님을 신뢰하고 있다. 그리스도인들은 때때로 믿음을 지키기 위한 중대한 결심을 하게 될 때 자신에게뿐만 아니라 가족 또는 그 이상의 대상이 함께 불이익과 해를 당할 수 있다는 사실을 본문에서 배우게 된다. 이러한 일은 특히 영적인 싸움에 있어서 사탄이 즐겨 사용하는 방법 중의 하나다. 그래서 예수 그리스도 우리 주님께서는 하나님 나라를 위해서는 때때로 가족도, 재물도, 명예도 그 이상의 어떤 것이라도 버릴 각오가 되어있지 않으면 안 된다고 강조하셨다. 하나님의 영광을 위해 이 세상의 어떤 세력과도 당당히 맞서 싸우며 죽으면 죽으리이다 하는 각오로 의연하게 믿음을 지켜나가는 삶 자체가 하나님을 경외하는 참된 그리스도인들만이 맛볼 수 있는 최고의 행복이다. "죽으면 죽으리이다" 하는 각오로 주님을 위해 그 어떤 일을 할 수 있는 사람은 정녕 행복한 그리스도인임에 틀림없다.

(5) 왕과 하만을 초청하는 에스더의 모험(5장)

① 왕궁 안 뜰에 들어서는 에스더(5:1-4)

모르드개와 에스더를 비롯한 유다 백성 전체가 민족의 위기 앞에서 금식 기도를 시작한 지 제3일에 에스더는 왕후의 예복을 입고 왕의 집무실에 들어갔다. 이것은 왕의 요청이 없는 상태에서 들어가는 것이므로 궁중 수비대에 의해 살해당할 수도 있는 위험한 모험이 아닐 수 없다. 그러나 에스더는 이미 삼일 동안의 금식 기도를 하면서 민족을 위해 그의 생명을 하나님께 드렸으며 죽으면 죽으리이다 하는 심정으로 왕후로서의 의관을 정제하고 왕의 집무실로 들어가 왕이 잘 볼 수 있도록 왕의 맞은편에 서 있었다. 왕은 왕의 어전 곧 왕의 집무실 보좌에 앉아 있다가 뜻밖에 나타나는 왕비 에스더를 보고 급히 금홀을 내밀어 에스더의 갑작스런 출현에 대한 위험으로부터 그녀를 보호하였다. 약 한 달 동안이나 왕비 에스더를 가까이하지 않았던 왕으로서는 왕의 부름 없이 나타나는 에스더의 출현에 놀라면서도 에스더의 사랑스러움에 도취되어 금홀을 내밀며 반갑게 그녀를 맞이한 것이다. 에스더는 왕이 내미는 금홀 끝을 잡을 만큼 가까이 왕에게 나아가 금홀 끝을 만졌다. 왕비 에스더의 생명이 보존되는 엄숙한 순간이었다. 약 한 달 만에 왕의 호출도 없이 나타난 에스더를 바라보는 왕은 그녀에게 무슨 특별한 사정이나 긴박한 일이 발생하지 않고서야 어떻게 죽음을 무릅쓰고 왕의 집무실에 나타났을까 하는 생각으로 급히 에스더에게 소원을 물었다.

> 왕후 에스더여 그대의 소원이 무엇이며(그대에게 무슨 일이 있는가) 요구가 무엇이뇨 나라의 절반이라도 그대에게 주겠노라(3절)

세례 요한 당시 유다의 헤롯왕은 그의 아내 헤로디아의 딸의 춤 솜씨에 취하여 그녀가 원한다면 나라의 절반이라도 주겠다고 맹세하였다가 세례 요한의 목을 요구하는 헤로디아의 요청에 따라 세례 요한의 목을 소반에 담아 건네주기도 했었다(막 6:17-29). 그러나 에스더는 나라의 절반이라도 주겠다고 말하며 재촉하는 왕에게 자신의 소원을 직설적으로 말하지 않고 하만의 계략을 알릴 수 있는 기회를 만들었다. 그것은 왕을 위한 잔치를 베풀고 그 잔치 자리에 왕과 하만을 초대하는 것이었다. 이것은 왕이 하만의 계략을 스스로 확인케 하려는 에스더의 지혜로운 계획이었다. 에스더는 정중히 왕에게 말했다.

> 오늘 내가 왕을 위하여 잔치를 베풀었사오니 왕이 선히 여기시거든 하만과 함께 임하소서(4절).

② 초청하는 에스더와 초청 받는 하만(5:5-12)

에스더의 첫 번째 소원대로 왕은 하만을 잔치 자리에 초대하기 위해 급히 대궐로 불러들였다. 교만한 하만은 왕비 에스더가 그녀가 베푼 잔치 자리에 왕과 자신만을 초청했다는 사실에 크게 기뻐하며 왕과 함께 잔치에 참석하였다. 잔치가 무르익어 갈 때에 왕은 다시 에스더의 소원을 물었다. 나라의 절반이라도 주겠다고 맹세하며 묻는 왕의 채근함에 에스더는 미소를 지으며 왕과 하만을 위해 계속되는 다음 날의 잔치에 또 참석해 달라고 정중히 부탁했다. 그리고 왕이 기뻐하고 원한다면 다음 날 자신의 소원을 말하겠다고 약속했다(8절).

한편 에스더의 초청을 받고 잔치에 참석했던 하만은 다음날의 잔치 자리에 왕 외에는 오직 자신만이 왕후의 초청을 받았다는 사실에 매우 기뻐하며 왕궁을 나오다가 대궐문에 엎드려 있는 모르드개가 자신에게 절하지도 않고 예를 갖추지도 않는 모습을 보고 심히 분노하다가 겨우 진정하고 집으로 돌아갔다. 그리고 하만은 사람을 보내어 그 친구들과 그의 아내 세레스를 초청하여 자신의 높은 권력과 많은 재산과 자녀를 자랑하였다. 특히 왕후 에스더가 잔치를 베풀고 왕과 자신만을 초청하였다고 말하며 자신의 위치가 왕 다음으로 높음을 은근히 자랑하였다. 그러나 이날 밤 하만의 자랑은 그것이 끝이 될 줄은 아무도 몰랐다. 하만의 교만은 패망의 선봉이요 그의 거만한 마음은 넘어짐의 앞잡이일 뿐이었다. 며칠 후 하만은 그의 계략에 스스로 말려들어 왕의 진노를 사서 죽임을 당하고 말았다.

③ 교수대를 준비하는 하만(5:13-14)

왕후 에스더의 초대를 받은 하만은 자신의 가족과 친구들을 모아놓고 그 기쁨을 나누고 있었으나 모르드개가 대궐문에 앉아서 여전히 자신에게 절하지 않는 사실에 심히 불쾌하게 생각하고 있었다. 그때 하만의 아내 세레스와 그 친구들이 모르드개를 먼저 죽일 것을 제안했다. 오십 규빗(약 23미터)이나 되는 나무를 세우고 모든 사람이 보는 앞에서 모르드개를 죽인다면 하만의 권세가 얼마나 큰 것인가를 드러낼 수 있는 좋은 기회가 된다는 것이다. 하만은 그 아내 세레스와 친구들의 제안을 기쁘게 여기고 나무를 세웠다. 모르드개를 죽이라는 왕의 허락도 없이 미리 교수대를 준비해 놓은 하만의 행위는 그것 자체가 이미 왕을 가볍게 여기고 무시하는 교만의 결과로써 그의 몰락의 시작을 의미한다. 이 나무 위에 모르드개를 죽이려던 하만 자신이 매달려 죽게 될 줄 은 아무도 몰랐다. 하만이 모르드개를 죽이기 위해 큰 나무 교수대를 만들어 놓은 그날 밤 하나님께서는 페르시아 왕의 마음을 움직이시고 궁중일기를 읽 게 하심으로써 모르드개가 암살자들의 모의를 알려 자신의 생명을 건져낸 장 본인임을 알게 하셨다. 왕은 그다음 날, 하나님 앞에서 겸손한 모르드개를 크 게 높이고 백성들 앞에서 교만한 하만을 낮추시는 행사를 벌인 후 하만보다도 모르드개를 더 높이 추앙하도록 했다. 하만에 의한 모르드개와 유다 민족에 대한 살인계획이 아무리 철저하다 하더라도 페르시아 왕을 통해 그들의 생명 을 구원하시려는 하나님 의 섭리는 인간의 계획 앞에서 결코 실패하지 않으심 을 가르쳐 준다.

(6) 모르드개를 높이시는 하나님(6장)

① 역대 일기에서 발견되는 모르드개의 선행(6:1-3)

죽음을 각오하고 왕을 찾은 에스더는 첫째 날의 잔치 자리에서 자신의 소원 을 말하지 않고 그다음 날의 잔치 자리에서 자신의 소원을 왕에게 말하겠다며 다시 왕과 하만을 초대하였다. 이날 밤, 잔치에서 돌아온 왕은 깊은 번뇌에 빠 져 잠을 이루지 못했다. 그는 궁중 일기(역대 일기)를 가져오게 하여 자기 앞에 서 읽도록 하였다.

한편 잔치 자리에서 돌아온 하만 역시 그다음 날에는 모르드개를 죽이기 위 해 나무 교수대를 만들어 놓고 밤을 맞았다. 그뿐만 아니라 에스더도 죽음을 각오하고 왕을 찾은 이유에 대해서 왕에게 말해야 하는 전날 밤을 맞아 잠 못 이루고 있었다. 세 사람 모두가 자신의 미래에 대해서나 그다음 날의 일에 대 해서는 전혀 예측하지 못하고 번민하거나 두려워하고 있는 밤이었다.

인간의 미래와 역사는 하나님의 섭리 아래 있음을 그들은 전혀 알지 못했 다. 바로 이날 밤 하나님께서는 유대 백성을 구원하기 위해서 왕이 궁중일기 를 읽도록 섭리하셨던 것이다. 궁중 내시가 궁중에서 일어난 일에 관한 일기 를 읽을 때 특히 왕을 암살하려던 계획이 모르드개에 의해 고발되었다는 부분에 이르자 왕은 갑자기 큰 관심을 보였다. 왕은 자신의 생명을 구해 준 모르드개에게 아무런 상급도 베풀지 못한 사실을 알고 모르드개를 높이고 그에게 큰 상을 내릴 것을 다짐하며 아침을 기다렸다.

② 높이시며 낮추시는 하나님: 하만과 모르드개의 위치 변동(6:4-10)

이윽고 밤이 지나 새로운 아침이 밝았다. 왕은 모르드개를 높이기 위해 아침을 기다렸고 하만은 모르드개를 죽이기 위한 허락을 얻기 위해 아침을 맞았다. 그러나 전날 밤 하나님께서는 이미 모르드개의 생명은 보호하시고 하만의 생명은 취하시기로 작정하셨기 때문에 왕의 행동이 한발 앞서기 시작했다. 평상시에는 하만의 보고를 듣고 난 후 왕의 지시가 있었으나 이날에는 급한 왕의 마음이 먼저 움직였다. 그래서 모르드개를 죽이기 위해 아침 일찍 왕을 찾은 하만은 왕에게 말할 기회도 얻지 못하고 도리어 먼저 왕의 부름과 질문을 받는 처지가 되고 만 것이다. 왕의 질문을 받은 하만은 왕의 상급이 자신에게 내려지는 것으로 착각하고 그의 본성을 드러냈다. 그는 평소에 왕이 되고 싶어 했던 자신의 꿈을 잠시라도 실현시키기 위해 감히 왕처럼 행세하기를 원했다. 하만은 왕이 기뻐하시는 자에게는 왕복을 입히고 왕이 타는 말과 그에게 왕관을 씌우고 왕이 가장 신임하는 자의 손에 붙여 말을 태워 성중 거리를 다니며 "왕이 존귀케 하기를 기뻐하시는 자에게는 이같이 할 것이라"라고 외치는 것이 좋겠다고 대답했다. 하만의 말이 끝나기도 전에 왕은 하만에게 명령했다.

> 너는 네 말대로 속히 왕복과 말을 취하여 대궐 문에 앉은 유다 사람 모르드개에게 행하되 무릇 네가 말한 것에서 조금도 빠짐이 없게 하라(10절).

왕의 명령을 거역할 수 없는 하만은 자신의 입에서 나온 말 그대로 행동할 수밖에 없었다. 자신의 말대로 왕의 가장 큰 신임을 받는 자신이 모르드개에게 왕복을 입히고 왕관을 씌우며 그의 마부가 되어 말고삐를 붙들고 거리를 다니며 외치는 신세로 전락하고 말았다. 하만은 그가 교만해진 분량만큼 낮아졌고 모르드개는 상상했던 그 이상의 존귀와 명예를 얻었다. 하나님께서는 사람을 높이기도 하시고 또 낮추기도 하시는 분이심을 드러내고 있는 역사적 한 장면이다.

③ 번뇌하는 하만과 그 주변 사람들(6:10-14)

하만은 자신의 기대와는 정반대의 상황이 발생하자 두려워하며 번뇌하기 시작했다. 자신의 정치생명이 끝나고 자신에게 주어진 모든 권력이 모르드개에게 이양되기 시작한 사실에 대해서도 두려웠을 뿐만 아니라 왕을 속이고 왕의 권력을 사칭하여 유대 민족을 말살하려는 계획이 드러날 것에 대한 두려움이 더욱 컸을 것이다. 그는 집으로 와서 가족과 친구들을 모으고 자신이 당한모든 일을 털어놓았다. 하만의 아내 세레스와 몇몇 지혜로운 자들은 모르드개가 유대인이라는 사실에 대해 두려워해야 한다고 입을 모았다.

> 모르드개가 과연 유다 족속이면 당신이 그 앞에서 굴욕을 당하기 시작하였으니 능히 저를 이기지 못하고 분명히 그 앞에서 엎드러지리이다(13절).

이 말은 두 가지 의미가 내포되어 있다.

첫째는 유다 민족은 그들의 신을 섬기며 페르시아 제국과 왕에게 반항하는 민족이기 때문에 몰살시켜야 한다는 하만의 주장은 왕을 기만한 것으로 드러났다는 의미가 내포되어 있다. 유다 민족인 모르드개가 왕의 암살 계획을 알려 왕을 보호하였으며 왕이 그 사실을 알고 모르드개에게 보상하고 그를 높이기로 작정했다면 유다 민족은 왕의 생명을 보호하였고 페르시아 제국에게 유용한 민족으로 왕에게 비춰질 수 있었기 때문이다.

둘째는 유다 민족은 그들이 섬기는 하나님의 보호를 받기 때문에 하나님을 멸시하며 교만한 하만은 반드시 굴욕을 당하고 멸망할 수밖에 없을 것이라는 에스더 기록자의 의도적인 해석(하만의 아내와 그 친구들의 입을 통해)이 내포되어 있다. 역사의 배후에서 일하시는 하나님의 능력 아래 유대인은 구출되고 하만과 그 세력들은 멸망당하고 말았기 때문이다.

왕의 명령에 따라 모르드개를 높이기 위한 행사를 마친 하만은 집에 돌아와 괴로워할 충분한 시간도 얻지 못하고 왕후 에스더가 초청한 잔치 자리에 참석하기 위해 내시의 이끌림을 받아 급히 자신의 집을 나갔다. 이것이 그의 마지막 출근길이었으며 그 후 그는 유다 민족 말살 계획의 주범으로 드러나 모르드개를 죽이기 위해 자신이 만든 나무 교수대에 자신이 매달려 처형되고 말았다. 궁중 기록을 통해 모르드개의 공적을 발견게 하시는 하나님의 섭리 아래 모르드개의 생명이 극적으로 보호되는 문학적 기법은 역사를 이끄시는 하나님의 방법에 대한 극적인 흥미와 감명을 더해 주고 있다. 또한, 극도로 교만한 하만의 모습과 재를 뒤집어쓰고 하나님 앞에서 엎드린 모르드개의 겸손을 대조시키고 이들의 결말이 극적으로 뒤바뀌는 상황은 인간의 상벌의 주체자가 하나님이심을 교훈하는 문학적 주제를 표현한 것이다. 이것은 역사적 사실을 문학적인 기법으로 묘사하여 사람을 낮추시기도 하시고 높이시기도 하시는 하나님의 능력과 섭리를 암시적으로 표출시키고 있는 히브리 문학적 특성을 잘 보여 준다.

하만의 교만한 삶에 대한 몰락과 파멸은 단순히 한 개인이 당하는 보응으로 그치는 것이 아니라 하나님을 알지 못하는 모든 악인의 삶의 과정과 몰락에 대한 예표로써 대단히 교훈적이며 교육적인 역사 기록의 목적까지도 알게 한다. 반면에 모르드개의 두 가지 모습 곧 하만에게는 결코 고개를 숙이거나 절하지 않았던 사실과 반대로 대궐문에서는 재를 뒤집어쓰고 엎드린 모습을 통해서는 오직 하나님 한 분만을 섬기며 하나님께만 존귀와 영광을 돌려야 한다는 신앙적 교훈을 잘 표현해 주고 있다.

(7) 드러나는 하만의 계략과 그의 죽음(7장)

① 에스더여 그대의 소청이 무엇이뇨(7:1-4)

에스더의 두 번째 잔치 자리에 참석한 아하수에로 왕은 왕비 에스더를 왕후 곧 여왕이라는 칭호(히, 말카)를 사용하면서 다시 그녀의 소원을 물었다. 어떤 소원이든지 반드시 그대로 이루어 주겠다는 의미를 담아(나라의 절반이라도) 약속하면서 에스더에게 종용했다. 이러한 왕의 태도는 목숨을 두려워하지 않고

자신을 찾아온 에스더의 인격을 인정하고 그녀의 소원을 반드시 들어줌으로
써 에스더에 대한 자신의 사랑을 확인하려는 통치자의 자부심에서 나온 것이
다. 에스더는 비장한 결심을 하고 앞으로 일어날 모든 일에 대해서는 하나님
께 맡기고 담담하게 왕에게 말했다.

> 왕이여 내가 만일 왕의 목전에서 은혜를 입었으며 왕이 선히 여기시거든 내 소청대로 내
> 생명을 내게 주시고 내 요구대로 내 민족을 내게 주소서 나와 내 민족이 팔려서 죽임과
> 도륙함과 진멸을 당하게 되었나이다(3-4절).

　에스더는 자신이 죽음을 무릅쓰고 왕에게 나아간 이유를 당당히 밝히고 있
다. 그것은 자신과 자신의 민족이 팔려서 죽임을 당하게 되었다는 것이었다.
다시 말하면 하만의 뇌물에 유다 민족이 왕에게 팔려서 죽임을 당하도록 이
미 전국에 반포되었다는 사실을 에스더는 말하고 있는 것이다. 또한, 계속해
서 에스더는 나라의 절반까지라도 주겠다는 왕에게 자신의 생명과 유다 민족
의 생명을 살려달라고 간청하고 있다. 페르시아 제국을 이루는 수많은 식민지
국가들 가운데 유다 민족이 죽임을 당하여 없어진다면 그것은 왕에게 있어서
노동력 등 막대한 손실을 입게 되는 것이라고 말하면서 에스더는 유다 민족이
죽임을 당하지 않도록 은혜를 베풀어 줄 것을 간곡히 요청했다. 원수를 갚아
달라고 말하지도 않았다. 하만의 악하고 교만한 계획을 왕에게 정면으로 말하
지 않고 왕을 위하는 심정으로 지혜롭게 말하는 에스더의 태도는 왕의 마음을
감동시켰다.

② 드러난 하만의 악한 계획과 왕의 분노(7:5-6)
　에스더에 의해 밝혀진 하만의 유다 민족 살해 계획은 결국 왕에게서 에스
더를 빼앗는 일이며 페르시아 제국의 인구와 노동력을 감소시키는 일이 될 것
이기 때문에 왕은 분노할 수밖에 없었다. 분노한 왕은 자신과 페르시아 제국
에게 해를 끼치는 이러한 악한 계획을 자신도 모르게 진행시킨 자를 밝히라고
진노하였다. 에스더는 왕과 함께 잔치 자리에 참석한, 극도로 교만해진 하만
을 지적하며 왕에게 말했다.

대적과 원수는 이 악한 하만이니이다(6절).

에스더는 하만을 대적과 원수라고 말했다. 즉 하만의 악한 계획은 에스더와 유다 민족의 대적이요 원수일 뿐만 아니라 페르시아 제국과 왕에게 손해를 끼치는 대적이요 원수가 된다고 말한 것이다. 유다 민족을 구원하시려는 하나님의 섭리가 에스더의 입을 통해 페르시아 왕에게 전달되고 있는 엄숙한 순간이었다. 때때로 하나님께서는 더 큰 악을 방지하기 위해 국가와 통치 기관의 권력을 사용하신다. 이런 의미에서 지금 페르시아 왕은 하만의 악행과 그를 심판하시는 하나님의 도구로 사용되고 있다. 왕이나 페르시아 제국에게 아무런 해도 끼치지 않은 유대 민족을 살해하기 위해 왕을 속이고 뇌물로 왕의 눈을 가려 왕후와 유다 민족 살해 계획을 전국에 반포한 하만의 죄악이 한순간에 폭로되었다. 교만의 끝은 언제나 파멸과 패망뿐임을 분명히 보여 준다. 아무리 교만한 하만이라 할지라도 에스더의 지혜로운 폭로 앞에서는 자신의 위기를 면할 아무런 대처나 변명도 할 수 없었다. 하만은 왕과 왕후 앞에서 극도로 두려워하며 에스더에게 살려 달라고 애원했으나 쓸모없는 일이었다.

③ 자신이 만든 교수대에서 처형당하는 하만(7:7-10)

페르시아 왕은 자신이 그토록 신임하던 하만으로부터 배신당했다는 사실을 알고 분노한 나머지 잔치 자리를 박차고 왕궁 후원으로 나가버렸다. 이것은 왕의 진노가 얼마나 컸었나를 잘 보여 준다. 이때를 놓칠세라 하만은 왕후의 의자에 걸터 엎드린 자세로 에스더에게 살려달라고 애원하고 있었다. 분노를 삭이지 못하고 다시 왕궁으로 돌아온 왕은 하만의 이런 모습을 보고 더욱 분노가 치밀었다. 왕은 큰 소리로 "저가 궁중 내 앞에서 왕후를 강간까지 하고자 하는가"라고 외쳤다. 왕의 이 말은 하만이 왕을 무시할 뿐만 아니라 이제는 왕의 자리와 왕비까지 넘본다는 말로써 더 못된 짓을 계속하지 못하도록 빨리 그를 처치하라는 고대 근동 통치자들의 우회적인 명령이었다. 즉 왕의 신임을 받는 자들이 때때로 권력을 이용하여 왕을 제거하고 왕비까지 차지하면서 자신의 권력을 자랑하던 고대 제후들의 일반적 습성을 상기해 주는 말이었다.

왕의 극단적인 말이 나오자마자 신하들은 즉시 하만의 얼굴을 보자기로 싸서 죄인처럼 그를 끌고 나갔다. 바로 이때 왕을 모시는 내시 가운데 하르보나가 왕에게 또 다른 충격적인 사실을 말했다. 언젠가 왕의 살해 계획을 미리 알려 왕의 생명을 구했던 모르드개를 죽이기 위해 하만이 자기 집에 높이가 오십 규빗(약 23미터)이나 되는 나무 교수대를 만들어 놓았다는 것이다. 왕의 생명을 구한 사람(모르드개)을 왕의 허락도 없이 죽이기 위해 벌써 교수대를 만들어 놓았다는 사실은 하만이 왕의 직분을 남용했을 뿐만 아니라 왕의 직분을 자신의 사사로운 감정에 사용할 만큼 교만한 위험스런 존재라는 뜻이다. 하만에 대한 분노를 참지 못한 왕은 즉시 그 나무에 하만을 매달아 죽이라고 명령했다. 모르드개를 죽이기 위해 자신이 만들어 놓은 그 나무 교수대에 하만 자신이 매달려 죽임을 당하고 만다. 하만이 처형당한 후에야 왕의 분노가 가라앉았다. 유대 민족에 대한 구원과 원수에 대한 하나님의 심판이 끝났다.

하만의 악한 계획을 폭로하기 위해 하나님께서는 에스더의 침착함과 용기를 사용하셨다. 그녀는 감정적으로나 홧김에 일을 처리하지 않고 하나님께 기도한 후 사심 없이(목숨걸고) 왕에게 전달하여 왕이 처리하고 심판하도록 하였다. 악인의 악한 계획은 반드시 드러날 뿐만 아니라 그 악한 계획에 자신이 걸려들고 마는 것이다. 악인은 스스로 웅덩이를 파고 기다리지만, 그 웅덩이에 자신이 빠진다는 사실에 대해서는 알지 못한다고 하나님을 말씀하신다. 또한, 악인들의 일시적인 영화(5장 3절 참조)에 대해 부러워할 이유가 없다. 그들의 영화는 아침 햇볕에 사라지는 안개나 이슬처럼 순식간에 사라질 것이기 때문이다. 어느 정치인은 정권이 뒤바뀐 후 웅장한 대검찰청 수사과를 나오면서 이렇게 중얼거렸다.

내가 만든 이곳에 내가 들어와 이런 수모와 조사를 받을 줄이야 저가 웅덩이를 파 만듦이여 제가 만든 함정에 빠졌도다(시 7:15).

돌을 굴리는 자는 도리어 그것에 치이리라(잠 26:27)

(8) 유대인들은 스스로 생명을 보호하라(8장)

① 하만의 몰락과 왕의 기쁨(8:1-2)

권력을 이용하여 유대인을 몰살시키고자 했던 하만은 자신이 만든 함정에 스스로 빠져 그의 가족과 함께 죽임을 당하고 역사의 뒤로 사라졌다. 페르시아의 궁궐에는 미움과 계략이 사라지고 평화가 찾아왔다. 배후에서 역사 하시는 하나님의 보호 아래 에스더와 모르드개는 페르시아 왕의 절대적인 신임을 얻게 된다. 하만이 죽임을 당한 날 아하수에로 왕은 유대인의 대적 하만의 집과 그와 관련된 모든 재산을 왕후 에스더에게 맡겼다. 왕후 에스더는 비로소 모르드개를 왕에게 자세히 소개하며 자신과의 관계를 왕에게 말했다. 왕은 너무나 기뻤다. 권력을 차지하기 위한 모략과 음해가 난무하는 고대 근동의 역사 속에서 자신의 생명을 구해 준 모르드개가 왕후 에스더의 사촌오빠라는 뜻밖의 사실에 왕은 더욱 모르드개가 믿음직스럽게 여겨졌다. 왕은 즉시 모르드개를 부르고 그에게 하만이 간직하고 있었던 인장 반지를 주었다. 이것은 지금까지 하만이 누리던 지위와 영광 이 모르드개에게 넘겨지는 것을 의미다. 에스더는 왕으로부터 물려받은 하만의 집과 모든 재산을 모르드개에게 맡겨 관리하게 하였다. 하만에게 생명과 모든 재산을 빼앗길 뻔했던 모르드개는 도리어 하만의 생명과 재산을 취하게 되었음을 풍자적으로 보여 준다.

② 유대인의 구원을 호소하는 에스더(8:3-8)

모르드개와 유대인을 죽이려던 하만이 제거되었다고 해서 모든 재앙이 사라진 것은 아니었다. 모르드개와 모든 유대인을 죽이고 그 재산을 탈취해도 좋다는 명령서가 이미 페르시아 전국에 선포된 상태이기 때문에 왕후 에스더와 모르드개 및 유대인들은 여전히 죽음의 위협에 그대로 방치되고 있었다. 왕후 에스더는 마지막으로 왕의 발 아래 엎드려 아각 사람 하만이 저질러 놓은 유대인의 위기에 대해 호소하기 시작하였다. 유대인인 모르드개를 미워한 나머지 모르드개와 모든 유대인까지 죽이기 위한 목적으로 이미 선포된 왕의 명령을 철회해 주기를 에스더는 울면서 왕에게 호소하였다. 특별한 잘못도 없이 왕의 발 아래 엎드려 울면서 자신과 민족을 죽음으로부터 구원해 달라고 왕에게 호소하는 에스더에게 왕은 금홀을 내밀어 에스더가 일어나도록 유도한 후 그녀의 모든 소원을 자세히 들었다. 하만을 통해 유대인들을 죽여도 좋다고 선포된 왕의 조서는 누구도 변경할 수 없으며 만약 이 조서를 변경하기 위해서는 또 다른 조서가 왕으로부터 직접 선포되어야 할 것을 에스더는 눈물로 호소한 것이다. 왕후의 소원을 들은 페르시아 왕은 에스더와 모르드개의 "뜻대로"(8절) 조서를 쓰도록 하락하였으며 왕이 모르드개에게 준 인장 반지로 도장을 찍어 전국에 반포하도록 허락하였다. 죽음의 위협으로부터 유대인들이 완전한 해방과 자유를 얻을 수 있는 순간이었다.

③ 전국에 반포된 유대인 생명 보호 조서와 그 내용(8:9-14)

페르시아 아하수에로 왕의 통치 아래서 모든 유대인들이 살육을 당해 멸망해 버릴 수밖에 없는 상황 아래서 생명의 근원 되시는 하나님께서는 악한 하만에게 징벌을 내리시고 당신의 백성을 구원하시기 위한 계획과 은총을 계속 베푸셨다. 왕후 에스더로부터 유대인 살해 계획에 대한 왕의 조서가 이미 전국에 반포되었다는 말을 들은 왕은 새로운 '왕의 조서' 곧 유대인들을 보호하기 위한 조서를 내리도록 모르드개와 에스더에게 허락하였다. 이에 따라 시완월(3월) 23일에 왕의 서기관 회의가 소집되고 이 자리에서 모르드개의 시키는 대로 조서를 써서 인도에서 구스까지 페르시아 127도 전국에 사는 유대인들을 비롯한 모든 백성과 대신과 방백과 관원에게 전할 때 모든 방언과 특히 유대인의 문자와 방언으로도 조서를 써서 전국에 반포하였다.

이 새로운 조서는 유대인들에게 죽음에서 구원되는 기쁜 소식 곧 '복음 그 자체'였다. 그리고 이 소식을 전하는 역졸들의 발걸음은 좋은 소식을 전하는 복음 전파의 발길이었다. 새로 내려지는 조서의 내용은 이미 하만에 내려진 유대인 살해에 관한 조서의 내용을 없애 버리는 것이 아니었다. 왕의 도장이 찍혀 반포된 모든 조서는 왕 자신도 반드시 지켜야 하며 결코 변하게 하거나 그 내용을 바꿀수 없는 것이 페르시아 법이었다. 그러므로 새로운 조서가 반포돼도 악한 하만의 계략에 따라 이미 반포된 유대인 학살과 유대인의 재산 탈취 허락의 조서는 계속 그 효력이 있어 12월 13일에는 유대인을 미워하는 타민족이 유대인들을 죽이고 그들의 재산을 탈취할 수 있었다. 따라서 모르드개에 의해 작성되는 새로운 조서는 유대인들이 스스로 그들의 생명을 보호하기 위해 그들도 세력을 합하여 유대인들을 죽이려는 대적들과 맞서 싸울 수 있게 하였으며 유대인을 죽이려고 덤비는 자들이 있다면 그와 그 가족까지 죽이고 그들의 재산까지 탈취해도 좋다는 조서였다.

하만이 왕의 이름으로 내린 조서와 모르드개가 왕의 이름으로 내린 조서가 서로 충돌할 수밖에 없었다. 하나는 유대인을 죽여 그 재산을 몰수하라는 조서요 또 하나는 유대인들이 대적들을 죽이고 그 식구들과 재산을 탈취하라는 조서였다. 이 두 조서는 모두 12월 13일에 효력이 있는 일종의 특별법이었다. 하나님께서는 페르시아 제도 아래서 위기에 빠진 유대인의 생명을 페르시아 법을 통해 보호하시고 구원하신 것이다.

④ 유대인의 영광과 기쁨(8:15-17)

페르시아 왕궁에는 새로운 인재 곧 모르드개가 등용되었다. 모르드개는 푸르고 흰 조복을 입고 큰 면류관을 쓰고 자색 가는 베 겉옷을 입고 왕 앞에 나아가 페르시아를 위해 왕을 섬기며 일하는 두 번째 통치자가 되었다. 하나님께서 당신의 백성 곧 유대인의 생명을 보호하기 위해 에스더를 왕비로 삼으시고 모르드개를 두 번째 통치자로 세우신 것이다. 때에 따라 사람을 높이기도 하시고 낮추기도 하시는 하나님의 섭리와, 역사를 이끌어 가시는 하나님의 솜씨와 권능을 가르쳐 준다. 이 일로 오히려 유대인들은 페르시아 제국 안에 있는 수많은 민족들 가운데 최고의 부러운 민족이 되었다. 유대인들에게는 존귀와 영광과 존귀함이 있었으며 조서가 전달되는 곳마다 유대인들은 잔치를 베풀고 즐기며 기쁨을 만끽하였다.

심지어 페르시아 본토 백성 가운데는 유대인을 두려워하여 유대인으로 귀화하는 자들이 늘어났다. 당시 상황으로 볼 때 하나님을 믿고 할례를 받음으로 이방인들은 유대인으로 귀화할 수 있었다. 하나님께서 에스더와 모르드개를 통해 유대인의 생명을 보호하시고 그들을 높일 때 타민족도 유대인을 부러워하며 심지어 유대인으로 귀화하기까지 했다. 인간의 생명은 전적으로 하나님께 달려 있으며 국가와 민족의 장래도 하나님의 손에 맡겨져 있음을 배운다. 그러므로 자신의 미래와 민족의 앞날을 위해 하나님께 기도하는 것은 믿음으로 사는 그리스도인들의 특권이며 의무이다.

또한, 어떤 사회나 질서 및 제도 아래서도 최선을 다 하여 맡은 일에 충성을 다하는 사람을 통해 하나님께서는 일하고 계심을 배운다. 에스더나 모르드개는 페르시아 통치 아래서도 하나님의 섭리를 믿으며 불평하거나 원망하지 않고 죽음을 초월한 신앙으로 당당히 자신의 본분을 다하며 살았다. "지금 그리고 여기서(Now and Here)" 곧 우리가 각자 처한 바로 그 위치에서 현재 최선을 다하는 자만이 역사를 통치하시는 하나님의 일꾼으로 사용될 수 있다.

(9) 유대인들의 승리와 부림절 제정(9장)

① 왕이 내린 두 조서의 효력과 충돌(9:1-4)

아달월 곧 12월 13일이 이르자 왕의 도장이 찍힌 두 개의 조서(명령서)는 각각 그 내용별로 효력을 발휘하였다. 따라서 유대인을 죽여도 좋다는 내용의 하만이 내린 조서와 유대인을 공격하는 대적과 그 가족을 죽이고 재산을 몰수해도 좋다는 모르드개가 내린 조서는 충돌할 수밖에 없었다. 그러나 대세는 이미 유대인의 승리 쪽으로 기울고 있었다. 그 이유는 하만은 이미 제거되었고 모르드개가 대신 왕의 신임을 받고 있는 상황 아래 다른 민족들은 모르드개와 유대인들을 두려워하고 있었기 때문이다.

심지어 페르시아 제국의 각 지방 모든 관리들과 방백을 비롯하여 왕궁에서 일하는 행정 관료들까지도 모르드개를 두려워하는 마음으로 유대인들을 적극적으로 도왔다. 모르드개는 진실하고 의로운 하나님의 사람으로서 자신에게 맡겨진 일을 충실히 수행하여 왕의 큰 기쁨이 되었으며 페르시아 왕은 그를 절대적으로 신임하였기 때문에 다른 행정관료들도 모르드개를 두려워한 것이다. 진실하고 깨끗하게 사는 사람들은 두려울 것이 없다. 그래서 사람들은 그러한 사람을 두려워한다. 모르드개가 바로 그와 같은 사람이었다. 모르드개는 왕궁에서 존귀하여 점점 창대하게 되었으며 그의 명성은 페르시아 전국 각 도에 전해졌다. 유대인을 높이기 위한 하나님의 섭리가 모르드개를 통해 진행되고 있음을 알 수 있다.

② 유대인을 미워하는 자에 대한 공의의 심판(9:5-16)

왕의 도장이 찍힌 하만의 조서에 따라 유대인을 죽이고 그들의 재산을 탈취하기 위해 12월 13일을 기다려 온 대적들은 미리 유대인의 집을 잘 살펴왔을 것이다. 그러나 유대인들도 왕의 도장이 찍혀진 모르드개의 조서에 따라 이미 대적의 공격에 방어할 충분한 준비를 갖추고 이 날을 기다려 왔다. 이윽고 대적들의 공격이 가해지자 유대인들은 그들을 미워하는 자들을 역습하여 죽였다. 페르시아 모든 지방 관료가 유대인의 방어와 공격을 도와주었다. 유대인들은 페르시아 수도 수산성에서 하만의 백성들을 오백명이나 죽였다. 이때 수산성에서 권력을 자랑하며 교만하게 살던 하만의 열 아들들 곧 바산다, 달본, 아스바나, 보라다, 아달리아, 아리다다, 바마스다, 아리새, 아리대 및 웨사다를 찾아내어 모두 죽였다. 유대인들을 해치려던 대적들은 모두 죽였으나 그들의 재산에는 손대지 않았다. 이날 유대인들의 목적은 자신들의 생명과 재산을 보호하는 것이지 남의 재산을 탐내고 빼앗는 일이 아니었기 때문이다. 특히 남의 생명을 해치고 재산을 탐내는 것은 율법에 엄격히 금하고 있었기 때문에 대적들의 재산에는 손대지 않았던 것이다. 이날 왕은 하만의 아들들과 그 추종자들이 유대인들에 의해 죽임을 당한 숫자를 보고 받고 왕후 에스더에게 또 다른 소원이 있느냐고 물었다. 에스더는 두 가지 소원을 더 말했다.

첫째, 유대인의 대적들을 죽일 수 있는 기회를 하루 더 연장해 줄 것을 왕에게 부탁했다.
둘째, 하만의 열 아들의 시체를 나무에 매달게 해 줄 것을 부탁하였다.

왕은 에스더의 이 소원을 즉각 허락하였으며 아달월 13일에 이어 14일에도 유대인의 대적들은 죽임을 당하였고 이미 죽은 하만의 아들들 시체는 에스더의 소원대로 나무에 매달렸다. 페르시아 전국에 흩어져 살던 유대인들은 이처럼 스스로 모여 7만 5천 명의 대적들을 죽이고 생명을 보호하여 대적의 손에서 벗어났으나 그 재산에는 손대지 않았다.

③ 부림절의 기원과 의미(9:17-32)

하나님의 은혜로 대적들을 물리친 후 페르시아 수도인 수산성에 사는 유대인들은 15일에 잔치를 베풀고 즐겼으며 성(城)이 없는 곳에 사는 유대인들은 14일에 쉬며 잔치를 베풀고 하루를 즐겼다. 이 잔치는 단순히 먹고 마시며 즐기는 것이 아니라 하나님께서 베푸신 은혜와 복을 감사하며 기념하는 의미의 축제였다. 이러한 일이 있은 후 모르드개는 유대인들이 생명을 건진 이 사건을 유대인 역사로 기록하고 절기 하나를 만들어 페르시아 전국 유대인들에게 반포했다. 해마다 아달월(12월) 14일과 15일이 되면 이 두 날에 잔치를 베풀고 즐기며, 서로 예물을 주며 가난한 자를 구제하는 날로 삼으라는 조서였다. 왜냐하면 이날에 유대인들이 대적의 손에서 벗어나 생명을 얻어 불안에서 평안함을 얻었으며 슬픔이 변하여 기쁨이 되었고 애통이 변하여 길한 날 곧 기쁜 날이 되었기 때문이다.

아각 사람 함므다다의 아들 하만이 유대인을 진멸하기 위해 제비 뽑아 정한 날에 도리어 하만의 아들들을 비롯한 대적들이 죽임을 당하고 대신 유대인들은 죽음에서 건짐을 받은 이 사건을 기념하여 제비를 뜻하는 '부르'(페르시아어 '푸르')의 복수 형태인 '부림'(푸림)절이 되었습니다. 즉 백성들은 부르(제비)의 이름을 따라 이 절기를 지켰으며 하루가 아니라 이틀을 쉬며 즐기는 절기로써 '부르절'이 아닌 '부림절'로 부르게 된 것이다. 이 절기는 모든 유대인과 그 후손들에게 반드시 지켜져야 할 날로 정해졌다. 모르드개와 에스더는 왕의 전권을 위임받아 유대인들만의 절기를 제정하는 편지를 써서 페르시아에 사는 모든 유대인들에게 보냈다. 이 편지는 민족이 위기를 맞이했을 때 모르드개와 에스더를 비롯하여 온 유대인이 금식하며 하나님께 부르짖고 기도했던 일을 기념하며 또한, 하만의 악한 계략을 그 머리에 돌려 그와 그 아들들을 나무에 매달게 하신 하나님의 은총과 축복에 대해 감사할 뿐만 아니라 유대인을 죽이려던 대적들을 죽이고 생명을 건진 날을 기념하기 위해 반드시 이 절기를 지키라는 명령서였다.

④ 부림절이 주는 의미와 교훈

부림절은 모르드개를 미워한 나머지 모르드개의 민족인 유대인을 전멸시키기 위해 제비뽑아 날짜를 정하고 기다리던 하만이 하나님의 섭리 아래 죽임을 당하였고 또한, 유대인들이 죽임을 당할 그 날에 도리어 유대인들이 대적들의 생명을 취하고 승리한 사실을 기념하기 위해 제정된 절기다. 유대인들은 하나님의 특별한 은총을 받을 때마다 그 은혜를 기억하고 기념하며 자자손손 그날의 은혜를 감사하는 습관이 있었다. 부림절의 역사적 의의도 여기에 있다. 애굽 사람을 홍해에 대신 수장시키시고 유대인을 홍해 마른 길로 걷게 하신 하나님의 은혜와, 제비 뽑아 정해진 날에 죽임을 당할 뻔했던 유대인들을 하만과 그 대적들의 손에서 건져내신 하나님의 은총은 그 맥을 같이 한다. 구약과 신약의 중간시대였던 소위 마카비 시대에는 이 부림절이 '모르드개의 날'로 불리기도 했다.

이 부림절기는 이스라엘의 3대 절기인 유월절, 맥추절, 초막절과 더불어 유대인의 큰 절기에 속했다. 매년 12월 13일 저녁에 에스더의 금식이라는 이름으로 시작되는 이 절기는 회당에서 예배를 드리고 부림절 방울을 울리며 나무에 매달렸던 하만의 열 아들 이름이 암송되었다. 그 이튿날 곧 14일에는 각종 행사가 벌어졌는데 찬양, 연극, 암송대회 등은 인기있는 이 날의 행사였다. 유대인들은 이 부림절을 지키며 위기와 불행을 도리어 기쁨으로 바꾸어 주신 하나님의 은혜와 축복에 감사하며 영광을 돌렸다. 특히 이 부림절기에 가난한 이웃을 구제하는 행사는 이 절기의 절정을 이룬다. 하나님께서 유대인의 생명을 지키시고 보호해 주셨듯이 유대인들은 어려운 이웃을 구제하고 도와줌으로써 부림절에 대한 감사를 몸소 실천에 옮기고 살았다. 과거 하나님께서 베푸신 은혜와 사랑을 기억하고 특별히 그날을 기념하며 감사하는 '현대적 부림절'의 의미가 현대 그리스도인들의 삶 속에서 나타날 수 있다면 그것은 이 시대에 하나님을 섬기며 사는 또 하나의 부림절이 될 수 있을 것이다. 오늘날 그리스도인들에게도 영적인 부림 절기는 얼마든지 있다.

(10) 유대인을 안위(安慰)하시는 하나님(10장)

① 아하수에로 왕과 하나님의 섭리(10:1-2)

성경에서 가장 짧은 절(節) 곧 세 절로 구성된 본 장의 내용은 역사를 주관하시고 이끄시는 하나님의 섭리를 잘 나타내 주고 있다. 즉 페르시아 아하수에로 왕 시대에 있었던 유대인들의 위기와 그 극적인 구원 사건이 한편의 드라마와 같이 숨가쁘게 전개된 후 마지막 결론처럼 언급된 세 절의 내용은 "인간과 역사의 주인은 살아계신 창조주 하나님"이심을 명확히 보여 준다. 하나님께 대한 범죄와 불순종의 결과로 바벨론 포로생활을 했던 이스라엘 백성은 징계의 기간이 끝난 후 페르시아를 통해 해방의 기쁨을 맛보며 남은 자들은 대부분 고국으로 돌아갔다. 그러나 많은 유대인이 여러 가지 이유로 여전히 고국에 돌아가지 못하고 페르시아 127도 전국에 흩어져 살고 있었다.

이러한 상황 속에서 페르시아 왕 아하수에로의 절대적 신임을 받고 있던 아각 족속 하만의 교만이 극에 달하고 급기야 하만의 계략에 따라 유대인은 전멸당할 위기에 처하게 되었다. 이때 하나님께서는 모르드개와 에스더를 역사의 무대에 등장시켜 페르시아 궁중 역사의 주인공으로 삼으시고 당신의 택한 백성 유대 민족을 절대 절명의 위기 속에서 구원하심으로써 아브라함과 다윗의 후손 곧 유대인을 통해 언약을 이루시겠다고 약속하신 그 내용을 성실히 진행시켜 나가고 계심을 보여 준다.

바벨론 포로 후 시대에도 택한 이스라엘 백성을 보호하시고 인도하시는 하나님의 섭리를 우리는 에스더서를 통해 분명히 확인할 수 있다. 인간이 범죄한 후 하나님께서는 범죄한 인간을 구원하시기 위해 구원 계획을 세우시고 그 사실을 역사 속에서 알려 주셨다. 즉 범죄한 아담과 하와에게 말씀하신 하나님의 인간 구원 계획(창 3:14-17)은 그 후 노아, 아브라함, 모세, 다윗에게 계속적으로 선포되었으며 이스라엘 백성의 바벨론 포로생활 가운데서도 유지되었고 포로생활이 끝난 후 페르시아 통치 아래서도 유대인을 통한 하나님의 구원 역사는 계속되고 있음을 에스더서를 통해 보여 준다. 바벨론 포로생활을 마친 유대인들은 다시 페르시아 통치 아래서 얼마동안 하나님의 인도를 받으며 사는 동안 페르시아 아하수에로 왕 시절에 멸절당할 위기에 처해 있었으나 하

나님의 섭리 아래 모르드개와 에스더를 통해 다시 구출되었고 그 후 헬라 및
로마의 통치 아래 메시아를 기대하는 믿음으로 성숙되었으며 급기야 예수 그
리스도의 탄생으로 하나님의 구원 약속은 실현되었지만, 유대인들은 깨닫지
못했다.

　이러한 전체적인 개요 아래 페르시아 아하수에로 왕은 페르시아 제국을 다
시 정비하고 왕권을 강화시켰으며 전국 127도의 모든 본토와 바다 및 섬에 사
는 모든 백성에게 세금을 바치게 하여 부강한 제국으로 이끌었으며 그 가운데
서 하나님의 택한 백성인 유대 민족을 높이고 그들에게 은혜와 평강을 주셨음
을 교훈하는 것이 에스더서의 결론이다(1절). 성경 에스더서의 페르시아 아하
수에로 왕은 그리스 연합군에게 살라미 해전에서 크게 패배한 왕이었으나 다
른 지역에서의 승리로 인하여 여전히 막강한 통치력을 행사하는 군주로 역사
에 기록된 왕이었다. 하나님께서는 이 아하수에로 왕을 크게 사용하셨음을 알
수 있다. 특히 느헤미야는 이 아하수에로 왕의 아들인 아닥사스다 왕을 섬기
는 술 맡은 관원이었으나 왕의 허락을 받아 유다의 총독으로 임명되어 예루살
렘에 와서 왕의 많은 도움을 힘입어 예루살렘 성벽 공사를 성공적으로 완수할
수 있었다. 이것은 아하수에로 왕의 권세가 그의 아들 아닥사스다 왕 때까지
이어져 왔으며 유대인들이 하나님의 섭리 아래 계속 페르시아 제국에서 중요
한 위치를 차지하고 있었음을 간접적으로 말해 준다.

　이 아하수에로 왕이 국제적으로나 국내적으로 강한 군주가 되지 못했다면
여러 민족이 섞여 살면서 반역과 시기와 미움이 뒤엉켜 있는 페르시아 제국 아
래서 유대인들은 그 생명이 보존되기 어려웠을 것이다. 하나님께서는 강한 아
하스에로왕 곁에 에스더와 모르드개를 보내시고 위기에 처한 이스라엘 백성을
구출하셨다. 특히 유대 민족이 하만의 악한 계략으로부터 구원된 후에도 모르
드개는 계속 페르시아 제국의 제2인자가 되어 통치했다는 사실은 유대 민족이
그 후에도 안전하게 하나님의 섭리 아래 보호되었음을 암시하고 있는 것이다.
결론적으로 하나님께서는 당신의 택한 백성을 구원하시고 보호하시기 위해 아
하수에로 왕을 높이셨으며 또한, 당신의 언약 백성을 보호하시고 인도하시기
위해 모르드개를 존귀케 하셨음을 교훈하고 있다(2절). 역사적으로는 왕복과 관
복을 입고 역사의 무대에 등장한 아하수에로 왕과 모르드개의 모습이 보이지

만 그 배후에는 역사의 주인이시며 연출자인신 하나님의 능력과 섭리가 있음을 에스더서의 마지막 부분을 통해 더욱 확실히 깨달을 수 있다.

② 모르드개가 받은 영광과 유대인들에 대한 평강(10:3)

페르시아 제국의 역대 왕들의 치적이 기록되는 궁중 일기에 아하수에로 왕의 치적과 함께 그 왕을 도와 페르시아를 통치한 모르드개의 사적도 기록되었다. 모르드개는 당시 유대인들에게도 크게 높임을 받는 존귀한 자로 칭송되었으며 왕 다음가는 권세와 영화를 누렸으나 백성들의 안녕과 이익을 위해 힘썼다. 그는 유대인들에게도 칭찬과 존경을 받았을 뿐만 아니라 페르시아 제국을 구성하는 다른 민족들에게도 존경과 칭찬을 받았다. 무엇보다도 모르드개는 하나님께서 그 백성들을 위로하듯 유다 백성들을 위로하며 평강을 주었다. 이것은 모르드개를 통해 베푸시는 하나님의 위로와 평강이었다. 하나님께서는 당신의 언약 백성들을 살피시고 돌보실 때에 변함없이 신실하게 사랑하시는 하나님이심을 보여 주는 것이 에스더서의 목적이다. 즉 바벨론 포로생활에서 해방되어 고국으로 돌아간 유다 백성들뿐만 아니라 아직 페르시아 제국의 통치를 받으며 살고 있는 유다 백성들도 대적의 손에서 구원하시며 보호하시는 하나님의 신실하신 사랑을 감동적으로 보아주고 있다. 성경 전체를 하나님의 말씀으로 인정하지 않으려는 일부 사람들은 에스더서에 하나님의 이름이 전혀 언급되지 않고 또한, 기도나 찬양의 내용이 없다는 이유로 에스더서의 정경성을 의심하기도 했다. 그러나 아직 고국으로 돌아가지 못하고 페르시아 제국 전역에 흩어져 살고 있는 유다 백성들을 구원하기 위해서 하나님께서는 유대인 모르드개와 에스더를 사용하심으로 하나님의 언약 백성을 보호하시고 구원하시는 여호와 하나님의 신실성을 엿볼 수 있기 때문에 에스더서의 정경성 곧 에스더서를 역사 속에 계시된 하나님의 말씀으로 인정하는 사실에 대해서는 조금도 의심할 수 없다.

(11) 에스더서의 결론과 교훈

이스라엘 백성의 범죄에 대한 징계로 바벨론을 일으키신 하나님께서는 징계 기간이 끝나갈 즈음 페르시아 제국을 일으키시고 바벨론의 교만을 꺾으시면서 택한 백성 이스라엘을 고국으로 돌아가게 하셨다. 역사의 주관자이신 하나님께서 이스라엘의 범죄에 대해서는 바벨론을 일으켜 징계의 수단으로 사용하시고 페르시아를 통해서는 그들을 해방시키시고 구원하시는 도구로 사용하셨다.

이처럼 하나님께서는 어느 민족과 개인을 높이시기도 하시고 낮추시기도 하시며 당신의 뜻대로 역사를 이끌어 가신다. 국가와 민족, 개인과 단체, 가정과 사회 등 모든 영역의 배후에는 살아계신 하나님의 주권적 섭리, 곧 재창조와 보존과 통치의 역사가 지속적으로 나타나고 있다는 사실을 에스더서를 통해 배울 수 있다. 온 인류의 역사가 교만하고 탐욕스러운 인간의 뜻대로 인도되지 않고 전능하신 하나님의 섭리 아래 이끌림을 받고 있다는 사실이 그리스도인들의 큰 기쁨이요 미래의 구원에 대한 확실한 소망이다. 세계 역사와 개인의 역사 및 그리스도를 통한 구원의 역사도 하나님의 뜻과 주권적 섭리 아래서 지금도 계속되고 있다. 이것이 에스더서의 결론이며 교훈이다.

제9장

시가서의 메시아언약

1. 욥기와 메시아 이해

1) 욥기 서론

(1) 저자와 명칭

욥기서의 저자에 대해서는 욥, 모세, 솔로몬, 이사야 등 수많은 이견이 있으나 가장 일반적인 견해로는 문학적 재능이 뛰어난 경건한 지혜자 중 한 사람으로 추론되고 있다(익명). 명칭은 욥기서의 주인공의 이름인 욥을 따랐으며 그 이름의 뜻은 회개하다, 돌아오다 는 의미를 가진다. 욥이 회개하고 하나님께 돌아와 필경 하나님의 주권적인 은혜와 복을 회복했음을 드러낸다. 욥은 우스 땅 곧 북아라비아 지역인 티그리스 유프라테스 강 근처에 실제로 살았던 부자요 경건한 한 신앙인이었다.

(2) 구약에서 욥기서의 위치

성경의 어느 부분도 성경 전체의 다른 부분과 연관 없이 따로 존재하는 것은 없다. 욥기서도 마찬가지다. 그러나 욥기서는 성경의 다른 시가서들과 공통점을 가지고 있으면서도 구약의 다른 책들과는 명백한 대조를 이루고 있다. 즉 모세의 율법이나 역사서들은 하나님과 이스라엘 백성과 맺은 언약을 중심으로 전개되고 있으나 욥기서는 이스라엘 공동체와 관련된 약속의 내용은 없고 다만 한 개인과 관련된 하나님의 의를 말하고 있을 뿐이다. 이처럼 욥기는 풍요와 번영이 없는 경건이 얼마든지 있을 수 있으며 경건한 자에게도 얼마든지 고통이 가해질 수 있는 하나님의 의를 다루고 있다. 욥은 하나님의 은혜를 받은 사람이었으며 풍요와 번영의 복을 받은 자였다.

하지만 하나님의 의를 이루기 위해 욥은 고난 속으로 곤두박질치고 만다. 욥은 처음에 자신의 고난에 대한 이유를 변명하는 듯 보였지만 혹심한 고난과 기도를 통하여 자신의 연약성을 발견하고 회개하고 자신에게 고난을 주신 하나님의 뜻에 순종한다. 하나님은 고통을 통하여 당신의 의를 이루신다. 이것은 고통과 기도를 통하여 순종을 배우셨던 메시아 예수 그리스도에 대한 모형이다.[1] 욥기서는 하나님의 사람이 사단과 악의 세력으로부터 당하고 있는 고난에 그 초점을 맞추고 있다. 이것은 여인의 후손의 발꿈치를 물고 늘어지는 사단의 후손과의 영적 싸움에서 비롯되는 고통이며 하나님의 의를 이루는 그리스도인들의 애매한 고난이다.

2) 욥기서와 신정론

신정론(神正論)이란 하나님의 의(義)를 학문적으로 다루는 용어로서 이 세상에 존재하는 악과 세상과의 조화를 다룰 때 하나님의 의는 그것이 통용되지 않는 상황이 있음을 배경으로 전개되는 학문을 말한다.[2] 신정론의 가장 큰 핵심은 악의 존재가 하나님의 섭리인가 아닌가 하는 문제이다. 이 경우 종교적인 악, 자연적인 악, 도덕적인 악 등 세 가지 유형의 악에 대해 깊은 관심이 있다. 성경에는 신정론이란 용어가 직접 나오진 않지만, 하나님께서는 스스로 악을 행하시거나 악을 용납하지 않으시는 분이라는 사실은 너무나 분명하다. 그러나 때때로 세상의 악, 또는 악인이 세상의 의나 의인을 압제하고 이기는 것 같은 상황을 직면한다.

이런 경우 하나님께서는 사탄이나 악을 사용하시는 것은 아닌가? 하나님은 공의의 하나님이 아니신가 하는 의구심을 갖게 된다. 일반적으로 고대 근동에서는 이집트인, 메소포다미아인 및 히브리인들은 불공평한 고통의 문제에 대

---

1 W. H. 그린 저, 윤영탁 옮김,『욥기 이해』(서울:엠마오, 1996), p. 183.

2 Theodicy. 신정론은 세상에 존재하는 악과 하나님의 섭리 아래 전개되는 세상과의 관계를 학문적으로 다룬다.

해 그 책임을 인간이나 신들에게 돌리는 경향이 있음을 발견한다. 예를 들어 소경으로 태어난 아이를 두고 유대인들은 그 책임이 그 아이에게 있는가 아니면 그 부모에게 있는가(아니면 하나님께 있는가) 하는 식으로 예수님께 질문을 했었다. 그러나 우리 주님께서는 그 아이의 책임도 아니요 그 부모의 죗값도 아니라고 대답하셨다. 오직 하나님께서 하시는 일이며 하나님의 영광을 위한 것이라고 말씀하셨을 뿐이다. 욥기서를 잘 이해하기 위해서는 성경 전체에 흐르고 있는 신정론을 바르게 이해할 필요가 있다.

첫째, 하나님은 악을 창조하셨거나 사탄을 창조하지 않으셨다. 하나님께 수종들 영적 존재로 창조된 대상(천사)이 교만하여 하나님을 대적하다가 쫓겨난 세력이 곧 악과 사탄이다. 하나님은 죄와 죄인을 창조하지 않으셨으나 아담과 하와의 불순종의 결과로 이 세상에 죄가 들어왔고 죄인이 된 것과 같은 결과다. 하나님의 처음 창조는 모든 것이 보시기에 좋으셨다. 즉 하나님의 창조물은 다 선하고 아름다웠다. 그러나 피조물인 인간이 하나님의 말씀에 불순종함으로 그 결과로 이 세상에 죄가 들어온 것이다. 즉 불순종의 결과가 죄이며 그 죄의 결과는 고통과 사망(죽음)이다. 그러므로 죄인인 인간은 궁극적으로 고통과 죽음을 통하여 자신들이 하나님께 불순종한 처량한 인간임을 깨닫게 하시는 구속자의 섭리와 뜻 아래 존재할 수도 있는 것이다. 이것은 하나님이 악을 인정하거나 악을 사용하신다는 의미와는 전혀 다르다. 그러므로 그리스도인들은 고난과 고통 속에서도 구속자이신 하나님을 바라보며 하나님께 회개하고 그 분의 섭리와 뜻에 순응하는 믿음의 삶을 지속해야 한다. 고통과 극한 고난 속에서도 인내하고 하나님을 바라보며 도리어 감사하는 자세는 창조주 하나님이시며 구속의 하나님을 이 세상에 가장 잘 선포하며 드러내는 최고의 신앙표시가 될 수 있다.

둘째, 하나님께서는 사단의 활동이나 행동을 제한적으로 허용하신다. 이것은 하나님이 사단과 악의 세력의 정당성을 인정하고 그들을 사용하신다는 의미가 아니라 그들의 활동이 다만 하나님의 계획 가운데 제한적으로 허용될 뿐임을 가리킨다. 즉 사탄의 활동과 세력은 여자의 후손을 통해 죄인의 구원이 완성될 하나님의 때가 이르기까지는 그들의 활동이 제한적으로 허용되어 있

다(창 3:14-17). 이 사단과 악의 세력이 완전히 제거되는 시기가 오기까지(주님
의 재림)는 그들의 활동이 제한적이지만 계속되어 성도들에게 잠시나마 고통
을 주고 위협하며 유혹할 것이다. 하지만 하나님의 영 곧 성령께서 모든 그리
스도인을 고아와 과부처럼 내버려 두지 않으시고 눈동자처럼 지키시고 보호
하시기 때문에 결국 신자들은 최후의 승리를 얻어 천국에 이르게 될 것이다.
따라서 모든 신자의 싸움은 혈과 육에 있는 것이 아니라 악과 사단과의 싸움
이며 그 싸움에서 날마다 승리해야 한다.

셋째, 이 땅에 살고 있는 모든 신자는 어떠한 역경과 시련 속에서도 하나님
의 선하심과 인자하심을 바라고 믿으면서 하나님께 찬양할 것이 요구된다(욥
1:21; 2:10). 때때로 성도들의 고난은 그것이 불순종하거나 죄로 인한 고통일지
라도 그 고통을 통해 회개케 하시는 하나님의 또 다른 은혜이다. 뿐만 아니라
아무 잘못도 없는 상황에서 받는 소위 애매한 고난이라면 그 고난을 잘 이겨
내고 극복할 때 하나님의 갚으심의 복이 임하는 기회가 된다. 하지만 이 모든
고난의 배후에는 하나님의 주권적인 섭리가 있다. 하나님께서는 모든 사람에
게 똑같은 방법으로 은혜를 주시거나 징계하지 않으시고 하나님의 선하신 방
법과 뜻대로 언제나 어디서나 가장 정당하시고 적절한 방법으로 역사하신다.
하나님이 하시는 모든 일은 언제나 선하고 아름다우시다. 욥에게 고난을 주시
는 하나님은 여전히 선하고 아름다우시다.

> 주신자도 여호와시요 취하신 자도 여호와시오니 여호와의 이름이 찬송을 받으실지니이다
> (욥 1:21).

> 우리가 하나님께 복을 받았은즉 재앙도 받지 아니하겠느뇨 하고 이 모든 일에 욥이 입술
> 로 범죄치 아니하니라(욥 2:10).

3) 욥기 내용 이해

욥기의 내용은 크게 세 부분으로 나누어진다.

첫째는 경건한 욥의 생활과 고난(1-2장),
둘째는 욥과 그의 세 친구들과의 변론(3-37장),
셋째는 욥의 구원과 회복(38-42장)이다.

이것을 문학적 양식 아래 좀 더 세분화하면 다섯 부분으로 구성된 한 편의 드라마 같다. 우선 산문으로 된 서문 형식의 웅장한 욥의 모습이 나온다(1-2 장). 다음에 욥과 세 친구와의 긴 대화 형식의 문장이 지속되며(3-31장), 엘리 후의 강론(32-37장)이 특별하게 나오고, 마침내 하나님의 등장과 말씀으로 절 정에 다다르며(38:1-42:6), 산문 형식의 결론(42:7-17)으로 막을 내린다.

(1) 경건한 욥의 경건과 고난(1-2장)

> 우스 땅에 욥이라 이름하는 사람이 있었는데 그 사람은 순전하고 정직하며 하나님을 경 외하며 악에서 떠난 자더라(욥 1:1).

욥은 동방에서 가장 존경받는 큰 부자요 경건한 가장이었다. 그리고 그가 누리는 모든 행복은 하나님이 하락하셨다. 그의 개인적인 위치나 사회적인 신 분은 모두 존경의 대상이 되었다. 하나님과 상관없는 부자도 많지만, 욥은 하 나님이 인정하는 부자였으며 경건한 신앙인이었다(욥 1:8). 하나님께서는 사단 에게 욥의 신앙과 경건을 자랑하기까지 했다.

> 네가 내 종 욥을 유의하여 보았느냐 그와 같이 순전하고 정직하여 하나님을 경외하며 악 에서 떠난 자가 세상에 없느니라(욥 1:8).

욥은 자신이 누리는 모든 복의 근원이 하나님께 있음을 알고 있었다(욥 1:21; 2:10). 이것이 그의 경건의 시작이었다. 하나님의 은혜로 자신과 가정이 존재 하며 하나님의 복을 받아 지금의 행복을 누리고 있다는 욥의 믿음은 큰 믿음 이며 하나님을 경외하는 근원이었다. 믿음이 없이는 아무도 하나님을 기쁘시 게 할 수 없다. 신앙의 출발은 하나님을 인정하며 하나님을 경외하는 것이다.

동방에서 가장 크다고 소개된 욥과 그의 행복한 가정의 모습은 모든 신앙인의 모델처럼 욥기서 1장(1-5절)에 기록되어 있다. 욥은 하나님 앞에서 경건했고 사람들에게는 인자하고 존경을 받았으며 가족에게도 늘 하나님과 경건을 가르치는 신실한 남편이요 10명의 자녀의 아버지였다. 아들이 7명이었고 딸이 셋이었다. 양이 7,000마리, 약대가 3,000마리, 소가 500겨리, 암나귀가 500마리 종들도 많이 거느린 동방에서 큰 자였다. 욥의 자녀들의 형제자매 우애도 남달랐다. 자녀의 생일이 되면 잔치를 베풀고 누이들까지 다 초청해서 함께 음식을 먹고 하나님의 은혜를 감사했다(1:4).

욥은 풍성하고 번영할 때에만 주께 감사하고 영광을 돌린 것이 아니라 인간적인 모든 풍성함과 복이 다 사라진 후에도 그는 하나님을 인정하고 감사하며 영광을 돌리는 신앙인이었다. 욥은 자신이 누렸던 모든 풍성한 복이 자신의 노력의 결과가 아니라 주신 분 곧 하나님의 은혜였음을 고백했다. 후에 고난 속에서도 그가 고백한 믿음의 발언들과 그에 대한 해석들은 모두 그의 신앙을 잘 표현하고 있다.

> 주신 자도 여호와시요 취하신 자도 여호와시오니 여호와의 이름이 찬송을 받으실지니이다 이 모든 일에 욥이 범죄하지 아니하고 하나님을 향하여 어리석게 원망하지 아니하니라(1:21, 22).

> 우리가 여호와께 복을 받았은즉 재앙도 받지 아니하겠느뇨 하고 이 모든 일에 욥이 입술로 범죄치 아니하니라(2:10)

심지어 하나님을 대적하는 사단도 하나님이 욥에게 복을 주셨음을 시기할 정도였다.

> 주께서 그와 그 집과 그 모든 소유물을 산울로 두르심이 아니니이까 주께서 그 손으로 하는 바를 복되게 하사 그 소유물로 땅에 널리게 하셨음이니 이다(1:10).

욥에 대한 하나님의 자랑에 대하여 사단은 하나님께 한 가지 제안을 한다. 욥의 모든 재산을 치게 되면 욥이 반드시 하나님을 정면 대면하여 욕하게 될 것이라는 것이다. 하나님께서는 사단에게 욥을 치도록 그의 모든 재산을 맡기셨다. 사단은 즉시 욥을 향해 공격을 개시했다.

욥의 첫 번째 시련이 닥쳐왔다.

주변 스바 사람을 통해 재산을 탈취하게 했으며 모든 종을 죽였다. 불이 하늘에서 내려와 양과 종들을 태워 죽였다. 갈대아 사람들이 약대를 빼앗고 종들을 죽였다. 장남의 집에서 아들들이 형제 우애를 과시하며 음식을 먹고 있을 때 갑자기 태풍이 몰려와 집이 무너졌고 아들들이 모두 죽고 말았다.

욥의 두 번째 시련이 닥쳐왔다.

사단은 하나님의 허락을 받아 욥의 뼈와 살을 쳤다. 욥은 사단의 공격으로 그의 발바닥에서 머리 한 가운데 곧 정수리까지 악창이 나서 재 가운데 앉아 기와 조각을 가져다가 몸을 긁는 악성 피부염에 시달리는 시련 속에 내동댕이쳐졌다.

이렇게 욥의 시련이 계속되고 있을 때 그의 세 친구 데만 사람 엘리바스와 수아 사람 빌닷과 나아마 사람 소발이 욥을 위로하기 위해 찾아왔으나 욥의 몰골이 너무나 상하여 그들은 욥인 줄 알지 못할 정도였다. 욥의 세 친구는 욥을 찾아와 일주일 동안 함께 땅에 엎드려 아무말도 못하고 함께 욥의 고난에 동참하였다. 드디어 욥이 자신의 생일을 저주하며 입을 열었을 때 기다렸다는 듯이 데만 사람 엘리바스가 먼저 욥을 책망하기 시작했다. 그 후에는 빌닷과 소발이 차례로 욥을 책망하고 공격하면서 욥을 괴롭게 했다. 특히 엘리바스는 하나님의 주권을 강조하며 욥을 위로했으나 욥은 하나님께서 지금 자신을 멸망시키고 있다고 변명하면서 자신은 망할지라도 거룩하신 하나님의 말씀을 거역하지 아니했기 때문에 무정한 고통 가운데서도 도리어 기쁘다고 항변했다(1:9-10). 욥은 고난 속에서 세 친구들의 공격을 받고 엘리후의 강론을 들어야 했다.

(2) 욥과 그의 세 친구들과의 변론(3-31 장)

욥과 세 친구와의 논쟁(3-31장)은 크게 세 단락으로 나누어진다.

첫 번째는 욥의 슬픈 애가(3장)에 이어 엘리바스의 공격(4-5장)과 그에 대한 욥의 반박 (6-7장), 빌닷의 공격(8장)과 욥의 반박(9-10장), 소발의 공격(11장)과 욥의 반박(12-14장)이 차례로 나온다. 이 첫 번째 논쟁에서 욥은 자신의 무죄를 주장하며 그의 고난은 근거가 자신의 죄라면 그 죄를 지적하라고 주장한다 (6:24-30). 그러나 엘리바스는 욥의 고난의 근거는 죄라고 거듭 강조하며 하나님 앞에서 회개하라고 공격한다.

또한, 빌닷은 엘리바스 보다도 더 강하게 욥의 고난의 근거를 죄와 연결시킨다. 특히 빌닷은 아이들의 죽음이 하나님의 심판이라고 말하며 회개를 촉구한다. 욥은 두 사람의 공격에 대해 인간은 하나님 앞에 의로울 수 없지만 자신을 세상에 태어나게 하신 하나님 앞에서 조금은 한탄했으나 다시 하나님께 애원하기 시작했다. 소발은 엘리바스와 빌닷의 주장에 동의하였으나 욥의 가련한 처지를 이해하면서도 역시 하나님께 회개하기를 촉구했다. 그러나 욥은 소발의 지혜는 교만으로 가득차 있으며 자신에 대한 하나님의 고난도 공정하지 못하다고 항변하였다(욥 12:7-25). 욥은 세 친구와의 대화를 계속하면서 선은 좋은 보상을 받고 악은 벌을 받는다는 일반적인 논리에 의문을 갖기 시작했다. 급기야 그는 죽음이 끝이라는 생각을 포기하고 인간의 나약함에 대해 크게 슬퍼하기 시작한다.

두 번째 논쟁은 엘리바스의 공격(15장)과 욥의 반박(16-17장), 빌닷의 공격(18장)과 욥의 반박(19장), 소발의 공격(20장)과 욥의 반박(21장)이 다시 이어진다. 이 두 번째 논쟁에서 엘리바스는 욥의 모든 주장과 반박은 이치에 맞지 않으며 경건하지 못하다고 비난하고 자신과 같은 지혜자와 권위자의 말에 복종할 것을 강조하였다. 빌닷은 사악한 자들에게 임하는 비통함을 부정적으로 묘사하며 욥을 공격했을 때 욥은 가시 돋힌 대답을 하며 격론을 벌였다.

욥은 친구들이 자신의 처지를 동정해 주지 않고 오히려 판단하고 비난하는 사실에 대해 화를 내며 자신의 무죄를 주장하기도 했다. 이에 대해 소발은 사악한 자들은 이미 하나님의 심판을 받았다고 주장하며 욥의 말을 무시해 버렸다. 욥은 사악한 자들의 번영은 반드시 끝이 있으며 죽음은 모든 사람에게 임하는 하나님의 섭리라고 말하며 친구들의 말 속에는 하나님의 뜻을 비난하는 잘못이 있다고 비판했다.

마지막 세 번째 논쟁은 엘리바스의 공격(22장)과 욥의 반박(23장), 빌닷의 공격(25장)과 욥의 반박(26-31장)이 있고 소발의 침묵으로 나타난다. 결국 욥과 그의 세 친구와의 논쟁은 거의 세 차례나 반복되었다. 이 세 번째 논쟁에서 엘리바스는 인간이 하나님의 공의에 순종할 경우에만 구원해 주신다고 공격하며 욥에게 회개할 것을 다시 촉구하였으나 오히려 욥은 하나님의 공의 아래 자신의 무죄가 정당하다고 말했다. 그러나 욥은 점점 하나님 앞에서 당혹감을 드러내며 공의를 행하실 하나님을 더 신뢰한다.

(3) 엘리후의 강론(32-37장)

욥의 세 친구와 욥과의 논쟁이 중단되었을 때 아마도 가장 나이가 어린 지혜자였던 엘리후는 욥에게 강론하기 시작했다. 그의 네 번의 연설 가운데 첫 번째는 욥이 무죄할지라도 고난에는 반드시 하나님의 뜻이 있을 수 있으며 모든 고난에는 징벌의 의미가 반드시 포함되는 것은 아니라고 말했다. 또한, 엘리후는 욥이 하나님의 공의를 의심함으로써 하나님을 모독했고 경건이 아무런 가치가 없다고 말함으로써 역시 하나님을 모독했다고 욥을 비난했다.

또한, 욥은 축복과 징벌을 주시는 하나님의 공정성을 부인함으로써 하나님의 권위를 손상하여 죄 위에 하나님을 배반하는 죄까지 더했다고 엘리후는 공격했다.[3] 마지막으로 엘리후는 하나님의 정의와 공의를 주장하며 하나님의 섭리 아래서의 고통은 오히려 인간의 구원의 방법이 될 수 있다고 강조하였다.

---

3   R. K. 해리슨, 박철현. 노항규 역, 『구약 서론. 하』(서울: 크리스찬다이제스트, 1997), p.83.

(4) 하나님의 개입과 말씀(38-42장)

마침내 하나님께서는 욥에게 나타나셨다. 폭풍 가운데서 욥에게 나타나신 하나님께서는 욥의 무지를 꾸짖으시며 질문을 퍼부으셨다. 그것은 창조주 하나님의 능력과 다스림과 섭리에 대한 가르침이었다(욥 38-39장). 하나님의 창조사역과 모든 창조물의 신비함, 능력, 그리고 우주의 무한한 신비와 속성을 말씀하신 하나님께서는 하나님의 주권과 능력을 인정하고 믿을 것을 종용하셨다. 즉 창조에 선포된 하나님의 능력을 믿는다면 욥의 행복과 고난도 얼마든지 하나님께서 바꾸시고 조정하시고 새롭게 창조하실 수 있는 하나님으로 믿을 것을 요구하신 것이다. 욥은 드디어 하나님의 전능성 앞에 회개하기 시작하였다. 욥은 인간의 불완전함과 나약함 그리고 죄성을 인정하고 하나님의 긍휼과 자비를 호소했다. 하나님의 말씀 앞에 드디어 욥은 겸손해지기 시작했다(40장). 그리고 회개하기 시작했다(42장). 욥은 그동안 변명하며 세 친구에게 항변하면서 자신도 모르게 하나님 앞에서 자신의 의를 자랑하며 죄가 없다고 주장했던 모든 말들에 대해 스스로 인정하며 회개하였다(욥 42:1-6).

욥이 회개할 때 비로소 하나님께서는 욥을 공격했던 그의 세 친구의 말들은 정당성이 없었다고 지적하셨다. 그리고 수송아지 일곱과 수양 일곱 마리를 욥에게 가지고 가서 욥이 대신 번제를 드리며 기도해 주기를 청원하라고 말씀하셨다. 엘리바스와 빌닷과 소발이 여호와의 명하신 대로 행하였을 때 여호와께서 욥을 기쁘게 받으셨다. 욥과 그의 세 친구가 하나님의 말씀 앞에서 겸손하게 순종했을 때 하나님께서 기뻐하셨다. 욥을 비롯하여 인간은 본질적으로 죄인이다. 죄를 짓기 때문에 죄인이 되는 것은 아니며 의로운 행동을 했기 때문에 의인이 되는 것은 아니다. 인간은 다만 죄인이기 때문에 죄를 짓는 것이며 하나님께서 의롭다고 인정해 주시는 은혜 아래서만 의인이 될 수 있다.

(5) 욥의 회복(42:7-17)

욥이 그 친구들의 허물을 용서해 주시기를 하나님께 간절히 빌었을 때 하나님께서는 욥의 곤경을 돌이키셨다. 그리고 욥에게 그 전 소유보다 갑절을 주셨다. 하나님께서는 욥의 말년(모년)에 더욱 복을 주셨으며 처음 복보다 더 많게 하셨다. 그의 재산은 처음 받은 것보다 두 배가 되었으며 처음처럼 아들 일곱과 딸 셋 모두 열 명의 자녀를 하나님의 선물로 얻었다. 자녀의 수는 처음과 같았으나 세 딸의 미모는 전국에서 가장 아름다웠다. 욥은 140년을 살았으며 자손 사대를 보았고 나이 늙고 하나님의 정하신 기한이 차서 죽었다. 성경은 욥의 인내를 모든 그리스도인의 인내에 대한 모델로 제시한다.

참된 그리스도인이라 할지라도 고난 속으로 곤두박질 할 경우에는 전혀 예상치 못하는 말과 행동을 할 수 있음을 보여 준다. 고난 속으로 들어간 욥은 입술로 범죄치 아니하고 어리석게 하나님을 원망하지 않음으로써 사단의 계획과 그의 활동을 무력화시켰다. 반면에 욥의 아내는 예상치 못한 환경에 당황하며 하나님을 욕하고 죽으라는 독설적인 말을 서슴지 않았다. 하지만 하나님의 은혜와 축복은 인간의 행위와는 상관없이 하나님의 주권적 섭리 아래서 이루어지고 있음을 보여 준다.

욥이 고난을 잘 극복했기 때문에 하나님의 복을 받을 수 있었다고 보기보다는 고난 중에서도 그가 하나님을 인정하며 원망하지 않았고 입술로 범죄하지 않음으로써 하나님의 의를 드러냈으며 사단의 의도를 무력화시켰다는 것이 더욱 중요한 주제다. 그리고 욥이 고난받기 이전보다 갑절의 복을 받은 것은 그렇게 은혜를 베푸시는 하나님의 또 다른 주권적 섭리일 뿐이다.

하나님은 공의로우신 분이시며 하나님의 행하시는 모든 일은 언제나 참되며 옳다. 왜냐하면 하나님은 우주 만물을 만드신 창조주 하나님이시며 이 세상과 인간 속에서 이루어지는 모든 일은 하나님의 의지와 뜻에 따라 마음대로 인도되어야 하기 때문이다. 하나님은 홀로 하나님이시며 만물의 주인이시며 모든 일을 마음대로 하실 수 있는 주권적 아버지이시기 때문이다.

4) 하나님을 욕하고 죽으라(욥 2:9)

욥의 극심한 고난을 지켜보던 욥의 아내는 하나님을 욕하고 죽으라는 말을 했다.[4] 욥에 대한 욥의 아내의 이 말의 의미는 일반적으로 세 가지 견해가 있다.

---

4   בָּרֵךְ אֱלֹהִים וָמֻת (바레크 엘로힘 와무트). 여기서 בָּרֵךְ는 복을 빌다는 말의 피엘 명령 2인칭 남성 단수로서 보통 문장에서는 너는 복을 빌라는 의미가 된다. 그러나 이 문장에서는 설의법으로 사용되어 반어적인 의미가 있다. 따라서 너는 저주하라(욕하라)로 번역된다.

첫째, 욥의 아내의 불신앙적인 욕설로 보는 견해다. 욥의 아내는 지금의 비참한 욥의 고난이 하나님으로부터 왔다면 왜 지금이라도 하나님을 배신하지 않느냐고 탄식을 했다고 보는 것이다. 즉 지금까지 하나님을 성심으로 섬긴 결과가 기껏 이런 고난과 재앙이라면 차라리 하나님을 욕하고 죽는 편이 낫다고 욥의 아내가 욥에게 화를 냈다고 보는 견해다.

둘째, 욥의 극심한 고난을 지켜보던 욥의 아내는 욥이 그 고통을 참고 견뎌내는 것보다는 차라리 죽는 편이 더 낫다고 생각하고 제발 하나님을 욕하고 빨리 죽음으로써 고통을 느끼지 말라고 통곡했다는 것이다. 이것은 하나님을 저주하고 욕하면 하나님이 죽이신다는 고대 근동의 일반적인 사상 아래서 제기되는 의미라는 것이다.

셋째, 욥의 아내는 극한 고난 중에서 욥의 신앙을 상실케 함으로써 입술로 하나님을 욕하고 범죄케 하려는 사탄의 도구로 사용되어 하나님을 욕하고 죽으라고 말했다는 것이다.

이 세 가지 견해의 공통점은 욥이 당하는 고난의 극심함이다. 하나님을 섬기며 경건한 부자로 살았던 욥의 모습은 지금 세상에서 가장 초라하고 극심한 피부 질환에 시달리는 비참한 상태의 천한 모습이다. 욥의 곁에서 욥의 마지막 위로자로 남아 있어야 할 욥의 아내의 말과 행동은 욥의 고난과 상처에 바늘을 꽂는 격이었다. 결국 욥의 아내의 말은 욥의 고난에 고난을 더욱 가중시키는 의미가 크다. 욥의 극심한 육체적 고통에서 메시아 예수 그리스도의 십자가 고통을 바라본다. 이런 의미에서 욥의 고난은 그리스도의 고난에 대한 모형이다.

5) 욥기서의 메시아 사상(욥 19:25-27)

내가 알기에는 나의 구속자가 살아계시니 후일에 그가 땅 위에 것이라 나의 이 가죽 이 것이 썩은 후에 내가 육체 밖에서 하나님을 보리라 내가 친히 그를 보리니 내 눈으로 그

이 문장은 '너는 하나님을 저주하라 그리고 너는 죽으라'고 해석된다.

를 보기를 외인처럼 하지 않을 것이라 내 마음이 조급하구나(욥 19:25-27).

욥의 확신에 찬 이 말은 욥기서 전체 중에서도 가장 중요한 의미를 갖는다. 욥은 자신의 이 극한 고통으로부터 구출해 주시고 해방시켜 주실 구속자(גֹּאֵל)를 바라보며 믿고 의지하고 있다. 욥은 구속자에 대한 강한 신념과 부활 신앙을 찬양하고 있다. 신학적으로나 영적인 해석에 있어서 이 부분의 욥의 응답은 메시아적이다. 즉 십자가의 고난과 죽음을 통해 육체의 극한 고통을 견디고 하나님의 뜻을 이루신 그리스도의 죽음과 부활을 연상케 한다. 구약에서 하나님을 구속자로 언급할 때는 직접 간접적으로 언제나 메시아언약과 연결되어 있다. 구약에서 이 구속자(גֹּאֵל) 사상은 족장 시대부터 그 모습을 드러냈으며 모세 시대를 지나 왕국시대와 그 이후의 시대 속에서 점점 유기적이며 점진적인 발전을 계속해 왔다.[5] 급기야 구약에 그림자로 나타난 구속자 사역은 죄인을 대신하여 십자가에 죽으시고 부활하신 메시아 예수 그리스도의 구속 사역을 통해 역사 속에서 성취되었다. 욥기서의 메시아 사상도 구약 전체에 흐르고 있는 소위 구속자 사상 곧 고엘 사상과 연결되어 있다.

구약에서 이 구속자 사역의 모형은 너무나 많다. 친족(친척)의 어려움을 도와주는 제도로써 대신 땅을 사주는 '기업 무를자'를 비롯하여 아들을 낳지 못하고 죽은 형제를 대신하여 아들을 낳게 해 주는 계대 결혼도 구속자 사상 곧 고엘 사상이다(창38장; 룻4장). 이 고엘 사상의 올바른 이해는 구약 전반에 흐르고 있는 메시아언약을 이해하는데 있어서 매우 중요하다. 욥기의 구속자 곧 고엘 사상은 족장 시대의 족장 유다와 다말과의 결혼(창 38), 모세 시대의 모세의 율법(신 25장), 사사 시대의 보아스와 룻의 결혼(룻4장) 등을 통해 성경 전반에 흐르는 중요한 메시아 사상으로 점진적 발전을 지속하였으며 그리스도의 대속 사건으로 성취되었다.

---

5   여기서 나의 구속자에 해당하는 말 גֹּאֲלִי(고알리)이다. 이 말은 גָּאַל(가알) 곧 속전을 주고 구제하다. 대신 보상해 주다는 뜻을 가지고 있는 말의 분사 형태에 1인칭 대명사 접미어가 결합된 형태다. 구약에서는 일반적으로 이 분사 형태인 (גֹּאֵל)고엘이 구속자(re-deemer), 구속주 등으로 자주 사용되어 메시아언약과 연결되고 있다.

(1) 족장 시대의 고엘(גאל) 사상

창세기 37장에서부터 50장까지에는 요셉의 생애가 길게 기록되어 있다. 그런데 갑자기 창세기 38장에는 유다 가정의 소위 계대 결혼 사건이 길게 기록되어 있다. 이것은 아브라함과 이삭을 통해 이어지는 메시아언약이 야곱에게서 요셉으로 내려가지 않고 유다에게로 이어지고 있음을 알리기 위해 성경의 기록자들을 사로잡으시는 성령께서는 요셉의 긴 생애를 기록으로 남기기 시작하면서 먼저 유다 가정의 계대 결혼 사건을 메시아적 계보로 남긴 것이다. 즉 창세기 37장에서부터 50장까지 계속되어야 할 요셉의 생애는 창세기 15장의 아브라함과의 하나님의 언약이 성취되기 위해 요셉을 먼저 애굽으로 보내시는 하나님의 언약사가 펼쳐짐으로써 마치 아브라함과 이삭과 야곱의 메시아언약이 요셉으로 이어지는 것처럼 보일 수 있다. 이러한 오해를 방지하기 위한 메시아적 계보가 창세기 38장의 계대 결혼 사건이다. 이 계대 결혼의 주제가 구속자 사상 곧 고엘 사상이다.

야곱의 넷째 아들 유다에게는 세 아들 엘, 오난, 셀라가 있었다(창 38장). 유다는 장남 엘을 위해 이방 여인 다말을 며느리로 맞았다. 그러나 하나님 앞에 악한 엘은 아들을 낳지 못하고 죽었다. 하나님의 계시로 전해 오는 계대 결혼에 의해 둘째 아들 오난이 죽은 형 엘을 대신하여 형수인 다말과 동침하여 아들을 낳아 주어야 했다. 이윽고 오난이 형수인 다말과 동침하던 중에 오난은 형수의 몸 안에 사정(射精)하지 않고 땅바닥에 사정함으로써 하나님의 진노를 받아 죽임을 당한다. 다말은 계대 결혼의 순서에 따라 유다의 세 번째 아들 셀라와 동침해야 하지만 셀라가 어리다는 이유로 유다는 다말을 친정으로 보낸다. 한편 유다는 아내가 죽는 슬픔을 겪는다. 이윽고 양털 깎는 시기가 이르자 유대의 남자들이 들에 나가 양의 털을 깎는 일에 여념이 없는 틈을 이용해 친정에 가 있던 다말은 창녀로 변장하고 시아버지 유다에게 접근하여 결국 동침하기에 이른다.

유다는 며느리 다말을 창녀로 알고 그녀에게 도장과 끈과 지팡이를 담보물로 맡기고 동침하였다. 다말은 유다와 동침한 후 도망치듯 친정으로 갔지만 석 달 후 잉태한 사실이 발각되어 재판정에 회부된다. 당시 남편 있는 여자가 간음하거나 임신을 하면 화형에 처하는 규례가 있었고 다말은 이 재판을 거쳐 유죄가 확정되면 죽음을 면치 못하게 된다.

이 재판의 재판장은 시아버지 유다였다. 당시 도장과 끈과 지팡이를 소유한 사람은 한 부족의 지도자(족장)로서 사법권(재판권)과 행정권을 모두 가지고 있는 통치자였다. 다말과 동침할 때 유다가 다말에게 담보물로 준 그것들은 후에 재판정에서 다말의 목숨을 살리는 증표가 되었다. 다말은 재판이 진행될 때 유다의 소지품을 증거로 제출하여 죽음을 면했다. 그 이유는 유다의 가정에서 다말을 위한 계대 결혼의 순서가 오난을 거쳐 셀라에게로 이어지지만 셀라가 너무 어려서 그 순서를 잇지 못함으로 그다음 유다에게로 그 순서가 이어져야 한다.

그러나 유다는 계대 결혼이라는 하나님의 언약의 규례에 열심을 다하지 않았으며 오히려 며느리 다말이 목숨걸고 유다와 동침하는 계대 결혼에 열심을 내었다. 그러므로 재판 후에 유다는 다말에게 "너는 나보다 옳도다"라고 칭찬하며 다말의 언약적 행동에 감사했다. 여기서 유다 가정의 계대 결혼의 대상자인 다말과 남자들 사이에 구속자 곧 고엘 사상이 담겨 있다. 즉 아들을 낳지 못하고 죽은 엘을 대신하여 아들을 낳아 주어야 할 오난, 셀라 및 유다가 바로 유다 가문의 대를 이어주고 죽은 자를 대신하여 결혼해야 하는 구속자 곧 고엘이다.

창세기 38장의 계대 결혼 속에 있는 고엘 사상은 모세의 율법으로 성문화되었으며(신 25:5-10) 룻기의 계대 결혼을 거쳐 예수 그리스도에게서 성취되었다. 즉 유다는 다말에게서 베레스와 세라를 낳고 베레스는 그 후손으로 보아스를 낳았으며 보아스는 다시 룻과의 계대 결혼을 거쳐 다윗의 조상을 낳았으며(룻 4장) 그 후손은 메시아로 이어졌다(마 1장). 구약의 구속자는 예수 그리스도에 대한 그림자요 모형이다. 그리스도는 인간의 죄를 대신 지시고 십자가에 죽으신 구속자(גאל)시다.

(2) 모세 시대의 고엘 사상

하나님의 계시의 한 형태로 창세기 38장에서 나타나기 시작한 계대 결혼과 고엘 사상은 급기야 모세 시대에 율법의 형태로 성문화되기에 이른다(신 25장). 하나님의 법의 최종요약으로 주어진 십계명과 율법은 이후 왕국 시대와 바벨론 포로 및 그 이후 시대를 거쳐 메시아 예수 그리스도에 의해 성취되었다. 따라서 신명기 25장(5-10절)의 계대 결혼에 대한 구체적인 법은 창세기 38장의 계대 결혼이 유기적이며 점진적인 과정을 거쳐 더욱 발전된 형태로 최종 성문화된 것이다. 하나님께서는 이 계대 결혼을 통해 후손이 없는 가문에 대신 후손을 잇게 해 주는 사람을 가까운 혈족의 순서로 정하도록 했다. 이때 대신 후손을 이어주고 그 가문에 후손을 이어가도록 보상해 주는 의미에서 그를 구속자 또는 기업 무를 자로 불렀다. 이렇게 대신하여 보상해 준다는 의미는 죄인 대신 죽으시는 우리 주님 예수 그리스도의 십자가 사건에 대한 모형이요 예표이다.

이스라엘 백성들은 이 계대 결혼의 구례를 잘 알고 있었으며 그들의 삶 속에서 계대 결혼은 일반적인 규례로 자리잡고 있었다. 가장 좋은 예로는 룻기의 보아스와 룻의 결혼 모습이다(룻 3-4장). 보아스는 룻의 친족이었으나 보아스보다 더 가까운 친족 곧 기업 무를 자가 있었다(룻 4:1, 2절). 이 경우 그 친족이 자신의 의무 이행에 대한 포기를 한 이후에 보아스가 룻과 결혼 할 수 있는 규례에 따라 보아스는 그 친족을 데리고 성읍 장로들을 찾아가 모세의 규례대로 그 친족의 신발을 벗긴 것이다(신 25:7-10; 룻 4:2-10). 창세기 38장에 언급된 유다와 다말의 계대 결혼은 모세의 율법으로 성문화되었고(신 25장) 룻기의 보아스와 룻의 계대 결혼을 통해 구체화 되었으며 그리스도에 의한 십자가 사건으로 성취되었다.

(3) 룻기의 고엘 사상

사사 시대의 한 경건한 엘리멜렉 가문에 말론과 기론 두 아들이 있었다. 그들의 고향인 예루살렘에 오랜 기근이 들게 되자 그들은 모압 지방으로 이민을 갔다. 그곳에서 가장인 엘리멜렉이 죽은 후 말론과 기론 두 아들이 결혼했으나 그들 역시 모두 죽고 말았다. 시어머니 나오미는 두 며느리 중에 한명을 데리고 고향으로 돌아오지만, 너무 경제적으로 빈약하여 친족 보아스 밭에서 이삭을 주워 연명해 나간다. 나오미는 남자들이 하나도 없는 가문에 며느리 하나만 데리고 살면서 그 가문으로 이어지는 토지를 대신 사줄 친척(친족)을 기다리고 있었다. 마침 과부된 며느리 룻을 사모하는 남자 보아스가 친족임을 알고 그에게 며느리 룻을 접근시켜 계대 결혼을 성사시킨다.

이 계대 결혼은 농사지을 남자가 없는 엘리멜렉(나오미) 가문의 토지를 대신 보아스가 사줌으로써 희년이 될 때까지 경제적으로 어려운 친척인 나오미와 룻을 도와주는 제도이다. 대신 보상해 준다는 의미에서 땅을 대신 사주는 친족을 기업 무를 자(גאל) 곧 구속자라고 불렀다(룻3:9, 12). 구속자 곧 기업 무를 자 보아스는 룻을 위해 대신 땅을 사주었으며 그녀와 계대 결혼을 이루어 오벳을 낳았고 오벳은 이새를 낳았으며 이새는 다윗을 낳음으로 아브라함과 다윗의 자손 예수 그리스도가 탄생하게 되는 언약이 성취되었다(룻 4:18-22; 마 1장).

(4) 예수님 당시 고엘 제도의 흔적(마 22장)

바리새인과 사두개인과의 부활 논쟁은 급기야 예수님의 판결을 받기에 이르렀다. 신명기 25장의 계대 결혼에 대한 의미를 오해한 그들은 일곱 형제들이 한 여자와 결혼했으나 아들을 낳지 못하고 죽었을 때 만약 부활이 있다면 이 여자의 진정한 남편은 누가 되느냐고 물었던 것이다. 이 질문 속에는 은근히 부활이 없음을 드러내고 있다. 우리 주님은 이 질문에 대해 그들이 성경도 하나님의 말씀도 오해하였다고 지적하시면서 부활 때에는 시집도 장가도 안 가며 모든 사람을 신령한 몸으로 변화되어 하늘에 있는 천사와 같이 된다고 말씀하셨다(마 22:23-33). 결혼은 이 세상에 인간을 보존하기 위한 하나님의 창조언약이었으나 주님의 재림과 함께 이 세상 질서는 끝나게 됨으로 창조언약인 결혼, 안식 및 노동의 제도 역시 사라지게 됨을 의미한다. 계대 결혼의 고엘 사상은 이미 그리스도에게서 그의 십자가의 죽으심과 부활로 이루어졌으며 주님의 부활을 믿는 모든 그리스도인은 우리 대신 십자가를 지신 구속자 그리스도를 통해 이미 구원을 받은 것이다. 구약의 구속자 곧 고엘 사상은 그리스도의 십자가 사역을 통해 성취되었다.

2. 시편과 메시아 이해

1) 시가서 이해의 서론

시가서의 말씀은 많은 부분이 히브리 시의 형태를 갖추어 기록되어 있다. 따라서 시편을 비롯한 시가서의 말씀을 잘 이해하기 위해서는 히브리인의 시 사상을 잘 이해해야 한다. 히브리 시를 이해하는 커다란 두 요소가 있는데,

첫째는 평행법(Parallelism)이고
둘째는 이미지(Image)이다.

즉 형식적으로는 평행법의 구조를 이루고 있으며 내용적으로는 이미지가 내재되어 있다. 이 두 가지 요소는 지금까지 시가서를 이해하는 가장 중요한 원리로 인정되어 왔다. 여기에 형태적 요소로서 운(Rhyme)이 있으며 두운 각운 반복운 등이 있다. 히브리 시는 형식적으로는 평행법(Parallelism) 구조에 기인하고 있다. 로스(R. Lawth)는 "히브리인의 거룩한 시"(De Sacra Poesie Hebraeorum)라는 그의 저서에서 평행법을 세 가지로 구분하였다.[6]

(1) 평행법

① 동의적 평행법(Synonymous Parallelism: Iterative)

동의적 평행법은 한 가지 사상을 표현할 때 같은 의미의 단어 또는 비슷한 단어를 두 행 이상 평행으로 나열하여 강조하는 히브리 시의 한 방법이다. 아래의 예들은 히브리 원문 성경의 동의적 평행법을 우리말로 비교적 잘 번역한 것들이다. 시편 19편 1절을 예로 들어보자

---

6 옥스퍼드대학교 교수였던 R. Lawth가 히브리 시를 외적 형식에 따라 동의적 평행법, 반의적 평행법 및 종합적 평행법으로 구분한 이래(1753년) 오랫동안 이 구조 아래 히브리 시가 연구해 왔다. 그는 히브리 시의 리듬을 음절 리듬(소리)과 사상 리듬으로 나누기도 하였다.

(시 19:1)הַשָּׁמַיִם מְסַפְּרִים כְּבוֹד־אֵל וּמַעֲשֵׂה יָדָיו מַגִּיד הָרָקִיעַ

a 하늘이	b 하나님의 영광을	c 선포하고
הָרָקִיעַ	וּמַעֲשֵׂה יָדָיו	מַגִּיד
a' 궁창이	b' 그 손으로 하신 일을	c' 나타내는 도다
הַשָּׁמַיִם	כְּבוֹד־אֵל	מְסַפְּרִים

위에서 하늘(a)과 궁창(a'), 하나님의 영광(b)과 그 손으로 하신 일(b'), 선포한다는 말(c)과 나타낸다는 말(c')은 서로 동의적 댓귀를 이루며 한 가지 사상(내용)을 강조한다. 곧 하늘은 궁창이며 하나님의 영광은 그 손으로 하신 일이며 선포한다는 말과 나타낸다는 말을 서로 같다. 평행법(대구(對句)법)의 가장 중요한 성격은 비록 두 행 이상으로 나열되어 있다 하더라도 전체 내용이나 주제는 한 가지 사상(내용)을 드러낸다는 사실이다. 시편 19편 1절의 시의 형태는 동의적 평행법이며 동시에 교차 댓구 평행법이다. 이 시의 구조적 배열은 다음과 같다.

a 하늘이(הַשָּׁמַיִם)

   c 선포하고(מְסַפְּרִים)

      b 하나님의 영광을(כְּבוֹד־אֵל)

      b' 그 손으로 하신 일을(וּמַעֲשֵׂה יָדָיו)

   c' 나타내는 도다(מַגִּיד)

a' 궁창이(הָרָקִיעַ)

a 어찌하여	b 열방이	c 분노하며
a	b' 민족들이	c' 허사를 경영하는고(시 2:1)

a 흑암중에서	b 주의 기사와
a' 잊음의 땅에서	b' 주의 의를 알 수 있으리까(시 88:12)

a 그 때에 새벽별들이   b 다함께 노래하며

a' 하나님의 아들들이   b' 다 기쁘게 소리하였었느니라

(새벽별=하나님의 아들들, 노래하다=소리하다)

② 반의적 평행법(Antithetic Parallelism: Contrastive)

반의적 평행법은 한 가지 사상을 표현할 때 서로 반대되는 의미의 단어를 두 행 이상 평행으로 나열하여 강조하는 히브리 시의 한 방법이다. 잠언 10:1, 시 18:27등이 반의적 평행법의 좋은 예로써 단어가 정확하게 반대의 의미를 가진 말로 대조되고 있다.

a 의인의 길은   b 여호와께서 인정하시나

a' 악인의 길은   b' 망하리로다(시 1:6)

a 지혜로운 아들은   b 아비로   c 기쁘게 하거니와

a' 미련한 아들은   b' 어미의   c' 근심이니라(잠 10:1)

a 의는   b 나라로 영화롭게 하고

a' 죄는   b' 백성을 욕되게 하느니라(잠 14:34)

(의 <-> 죄, 영화<->욕)

③ 종합적 평행법(Synthetic Parallelism: Completive)

종합적 평행법은 앞줄 첫째 행의 사상이 이어지는 둘째 행에서 종합되고 완성되어지는 형식의 평행법을 일컫는다.

a 여간 채소를 먹으며   b 서로 사랑하는 것이

a' 살찐 소를 먹으며   b' 서로 미워하는 것보다 나으니라(잠 15:17)

위의 경우는 반의적 평행법이면서 동시에 종합적 평행법의 구조를 이루고 있다. 즉 시의 형식적 단어 선택에 있어서는 반의어로 구성된 반의적 평행법이요 내용과 사상적 면에서는 앞의 행에 나타난 사상이 뒤의 행에서 더욱 종합되고 완성되어지는 종합적 평행법의 구조를 이룬다. 즉 첫 행은 무엇인가

부족한 듯이 암시를 주고 둘째 행에서 비로소 그 원인이나 결과를 말함으로써 전체의 뜻을 종합해 주는 시의 형태를 종합적 평행법이라고 부른다.

> a 내가 내 왕을 세웠다
> a' 내 거룩한 산 시온에(시2:6)

원문 성경에는 위의 내용이 의미의 평행법이라기 보다는 히브리 시의 운율적 평행법으로 되어 있다. 내가 한 왕을 세웠는데 그곳은 다름 아닌 언약의 산 시온 산에 세웠다는 말을 평행법의 구조를 살려서 시적으로 표현하였다.

> a 먼 땅에서 오는 좋은 기별은
> a' 목마른 사람에게 냉수 한 그릇 같으니라(잠 25:25)

위의 시도 원문에는 순서가 바뀌어 있다.

> a 목마른 사람에게 냉수 한 그릇
> a' 그리고 먼 땅에서 오는 좋은 기별

즉 좋은 소식을 기다리는 사람의 애타는 마음을 해갈시켜주는 좋은 소식은 목마른 사람에게 주는 냉수 한 그릇처럼 그렇게 좋은 것임을 평행법으로 표현하였다.

> a 아름다운 여인이 삼가지 아니하는 것은
> a' 마치 돼지 코에 금고리 같으니라(잠 11:22)

위의 시가 히브리어 원문 성경에는 다음과 같이 표현되어 있다

> a 돼지 코에 금고리
> a' 아름다운 여인과 삼가지 않은 것

아름다운 여인은 매사를 정숙하고 조심스럽게 처신할 경우에 그 아름다움과 걸맞는 삶의 품위를 유지할 수 있다. 그러나 얼굴은 아름다운 여인이 천박하게 산다면 그것은 마치 돼지 코에 금고리를 장식해 놓은 것과 같이 우스광스럽고 잘 어울리지 않는다는 의미를 평행법의 구조로 잘 표현하고 있다.

이처럼 로스(R. Lawth)는 히브리 시 전체를 동의적 평행법, 반의적 평행법 및 종합적 평행법으로 구분하여 해석할 때 동의적 및 반의적 평행법이 아닌 모든 것은 종합적 평행법의 범주에 넣어 해석하고 말았다. 그러나 대부분의 학자는 로스(R. Lawth)의 이 구분을 따르면서도 이 세 개의 범주로는 히브리 시를 모두 해석하기에 무리라는 지적을 하며 다음과 같이 몇 가지 평행법을 더 첨가하였다.[7]

④ 비유적 평행법(상징적 평행법: Emblemetic Parallelism)

일반적으로 직유나 은유가 사용된 평행법이 이 범주에 속한다(시 42:6; 22:13; 28:2). 비유적 평행법의 발견은 히브리 시를 더욱 폭넓게 이해할 수 있도록 하는 데 큰 공헌을 하였다.

> a 저는 시냇가에 심은 나무가 시절을 좇아 과실을 맺으며
> b 그 잎사귀가 마르지 아니함 같으니
> a' 그 행사가 다 형통하리로다

의인의 모습이 시절을 좇아 과실을 맺는 나무의 푸르고 청청한 모습으로 비유되어 표현되고 있다. 물론 이 시도 종합적 평행법의 구조 아래 이해할 수도 있으나 더 세분화하여 비유적 평행법이라고 부른다.

> a 철이 철을 날카롭게 하는 것같이
> a' 사람이 그 친구의 얼굴을 빛나게 하느니라(잠 27:17)

---

7 S.R. Driver 같은 학자는 지금까지의 세 가지 형태에 네 번째라 할 수 있는 소위 점층법을 제시하기도 하였다. 시편 19편 1절을 그 예로 들었다.

a 다투는 부녀는

a' 비오는 날에 이어 떨어지는 물방울이라

비올 때 계속 이어 떨어지는 물방울의 모습처럼 다투는 여인의 모습도 그와 같다는 이 시는 종합적 평행법이면서 비유적 평행법의 구조를 이루고 있다.

⑤ 계단식 평행법 (Staircase Parallelism)

계단식 평행법은 어떤 사상을 표현할 때 마치 계단을 차례로 오르듯이 점층적으로 그 내용이나 사상을 심화시켜 나가는 표현법을 말한다.

d 저는 하나님께 도움을 받지 못한다 하나이다 (시 3:1-2)

c 많은 사람이 있어 나를 가리켜 말하기를

b 일어나 나를 치는 자가 많소이다

a 여호와여 나의 대적이 어찌 그리 많은지요

위와 같이 새로운 단어들이 첨가되어 '많다'는 요소를 반복하면서 한 단계씩 올라가는 아름다운 4행시의 형태를 유지하고 있다. 일반 평범한 문장으로 나타내면 다음과 같은 의미가 된다.

하나님 나의 대적이 많습니다. 그들은 나를 치는 자들입니다. 나를 치는 많은 대적들은 '말'로써 나를 칩니다. 제가 하나님께 도움을 받지 못한다고 말로 나를 치며 공격하는 사람이 많습니다.

즉 나의 대적이 많으며 나의 대적은 나를 치는 자들이며 나를 치는 나의 대적은 나를 향하여 말로 나를 칠 때 하나님의 도움을 받지 못하는 자라고 나를 치며 공격한다는 뜻의 계단식 평행법으로 구성된 히브리 시다.

b (여호와는 또) 환란 때의 산성이시로다 (시 9:9)

a 여호와는 또 압제를 당하는 자의 산성이시요

시인은 사상의 단위를 나누고 있다. 즉 여호와는 박해받는 자의 산성이시며 동시에 환란 받을 때의 산성이시다. 이와같이 '압제를 당하는 자'를 '모든 경우의 환란 때'와 연결시켜 압제를 당하는 자의 모든 환란 때 그를 도와주고 보호하시는 하나님의 은총을 계단적으로 더욱 강조하고 있다.

⑥ 교차 대구 평행법(Chiastic Parallelism)
첫행과 둘째행이 서로 교차하며 댓귀를 이룬다.

> a 주는 나의 반석과 산성이시니
> b 주의 이름을 인하여 나를 인도하시고 지도하소서
> b' 저희가 나를 위하여 비밀히 친 그물에서 나를 빼어내소서
> a' 주는 나의 산성이시니이다(시 31:3,4)

위와 같이 a와 b가 나오고 뒤따라 a' 및 b' 순서대로 나와야 하는데 여기서는 b'가 먼저 나오고 a'가 나중에 나옴으로써 서로 교차 되어 평행을 이루고 있다. 또한, 시편 127편의 시의 구조도 교차 대구 평행법으로 볼 수 있다.

(2) 이미지(Image)
히브리 시를 이해하는 첫 번째 요소가 평행법이라면 두 번째 요소는 이미지(image)이다. 이미지는 시가 가지고 있는 형식이나 글 저편에 숨겨져 있는 내적인 어떤 의미를 일컫는다. 예를 들어 사랑이라는 말의 이미지를 생각할 때 여러 가지 영상이 떠오른다. 사랑이라는 말에 가장 많은 영향을 주는 이미지는 역시 시각적인 이미지다. 서로 아끼고 베풀고 그리워하고 좋아하는 그 무엇이 보이는 듯이 느껴지기 때문이다. 그 다음에 촉각적 이미지, 청각적 이미지, 후각적 이미지 그리고 미각적 이미지 등이 있다.

이 다섯 가지의 감각은 의식의 끝이기 때문에 어떤 사실이나 상황을 이미지화하여 전달할 수 있다. 따라서 이미지는 내면적 사실을 나타내며 전달하는 내적인 언어이다. 히브리 시를 이해하기 위해서는 형식이나 문자 이면에 숨겨져 있는 내면적 언어인 이미지를 이해해야 하는 것이다. 예를 들어 시편 17편

8절의 시를 보자.

> a 나를 눈동자 같이 지키시고
> b 주의 날개 그늘 아래 감추사

한글 개역 성경에 표현된 이 부분을 히브리 원문대로 직역해 보면 그 의미를 더욱 분명히 알 수 있다.

> a 나를 당신의 눈동자 같이 지키시고
> b 당신의 날개 그늘 아래 감추사

즉 시인은 하나님의 도우심을 구할 때 시각적으로 하나님의 형상을 보는 것 같은 이미지를 사용하여 '하나님의 눈동자'처럼 자신을 보호해 줄 것을 호소하고 있다. 또한, 어미 새가 새끼를 자신의 날개 아래 감추어 위험으로부터 새끼를 안전하게 보호하는 시각적 이미지를 사용하여 하나님의 보호를 요청하고 있다. 이때 '눈동자'와 '날개 그늘'이 이미지화 한 언어이다. 이 이미지의 의미를 바르게 이해할 때 시인이 얼마나 하나님의 보호를 간구하고 있는가를 알 수 있다.

> a 내 명령을 지켜서 살며
> b 내 법을 네 눈동자 같이 지키라

여기서도 하나님의 명령 곧 하나님의 법을 지킬 때 완벽하고 소중하게 지킬 것을 전달하는 말로써 '눈동자'라는 말 속에 숨겨져 있는 이미지를 통해 강하게 전달하고 있다.

① 시각적 이미지

> a 나의 고통이 계속하며 상처가 중하여 낫지 아니함은 어찜이니이까
> b 주께서는 내게 대하여 물이 말라서 속이는 시내 같으시리이까(렘 15:18)

예레미야는 하나님의 심판 충격을 '시'로 표현하고 있다. 그는 국가의 멸망에 대한 충격을 낫지 않는 상처에 비유하여 '이미지'로 표현하고 있다. 동시에 이스라엘을 향하신 하나님의 은혜가 사라진 사실을 마치 물이 있어야 할 시내에 물이 없어서 당하는 고통으로 영상(이미지)화하여 표현하고 있다.

> a 자기의 아비나 어미를 저주하는 자는
> b 그 등불이 유암 중에 꺼짐을 당하리라(잠 20:20)

부모를 저주하는 자에 대하여 하나님께서는 결코 간과하시지 않고 징계와 심판을 내리신다는 의미를 시각적 이미지를 사용하여 더욱 분명하게 표현하고 있다. 등불은 어두울 때 밝히 켜져 있어야 한다. 그런데 켜져 있던 등 불마저 도리어 어두울 때 꺼졌을 때 얼마나 답답하고 절망적이겠는가?

이와같이 부모를 저주하는 자의 앞길도 비참하고 절망적일 수밖에 없음을 시각적 표현의 이미지를 사용하여 표현한 것이다.

② 청각적 이미지

> a 사람이 지혜자의 책망을 듣는 것이
> b 우매자의 노래를 듣는 것보다 나으니라(전 7:5)
> c 우매자의 웃음 소리는
> d 솥 밑에서 가시나무의 타는 소리 같으니 이것도 헛되도다(전 7:6)

둘째 행의 우매자의 노래(히, 쉬르)와 셋째 행의 우매자의 웃음소리(히, 사하크)는 마지막 넷째 행의 솥 밑에서 타는 가시나무 타는 소리와 연결된다. 아부

나 아첨에 속하는 어리석은 자들의 말은 화려하고 듣기에 좋으나(마치 요란한 타는 소리와 함께 순식간에 타 없어져 버리는 가시나무처럼) 유익없이 사라져 버릴 것이라는 의미를 소리라는 청각적 이미지를 사용하여 우매자의 어리석음을 시적으로 표현한 것이다. 세속적인 일반 시에도 청각적인 이미지가 사용되어 의미의 극대화를 이룬 경우가 많다. 눈이 오는 소리, 여인의 옷 벗는 소리와 같은 이미지 효과도 매우 독창적이다.

③ 촉각적 이미지

> a 그 입은 b 우유기름보다 c 미끄러워도 d 그 마음은 전쟁이요
> a' 그 말은 b'기름보다   c 유하여도   d'실상은 뽑힌 칼이로다(시 55:21)

위의 경우에는 동의적 평행법이면서 동시에 촉각적 이미지를 사용하여 의미를 잘 살렸다. 아무리 그 사람의 입의 말이 부드럽고 상냥해도 그 마음속의 잔인한 품성을 속일 수는 없다는 의미를 촉각적인 이미지를 사용하여 시적으로 잘 표현하고 있다.

④ 후각적 이미지

> a 네 유방은 포도송이 같고
> b 네 콧김은 사과냄새 같고
> c 네 입은 좋은 포도주 같으니이다(아 7:8, 9)

위의 경우는 시각적, 촉각적 이미지를 사용했을 뿐만 아니라 둘째 행처럼 후각적 이미지까지 사용하였다. 사랑하는 사람에게서 사랑의 감정이 풍부하게 나타나고 있으며 결코 저속하지 않으면서도 남녀 간의 진한 사랑의 향기를 영상화(이미지) 시켰다.

⑤ 미각적 이미지

> 너희는 여호와의 선하심을 맛보아 알지어다

시편에 가끔 나타나는 이러한 표현(맛보아, 히브리어로 '타암 라아')은 여호와 하나님의 은혜와 사랑을 직접 경험하여 느끼라는 뜻의 미각적 이미지로 형상화한 것이다.

(3) 히브리 시의 운(Rhyme)

일반적으로 시와 산문과의 차이는 운(韻)의 유무에 있다. 운이 있으면 시요 운이 없으며 산문이다. 히브리 시의 운에는 두운, 각운 및 후렴운이 있다.

① 두운(頭韻 Alliteraction)

시의 첫 부분을 같은 리듬으로 시작한다

첫째, 시의 각 소절의 시작이 같은 말이나 운으로 시작된다.

עַד־אָנָה······················· 시 13:2
עַד־אָנָה······················· 시 13:3
עַד־אָנָה······················· 시 13:4

둘째, 알파벳 순서에 따라 각 소절이 차례로 시작된다.

시 9, 10, 25, 34, 37, 111, 112, 119, 145; 렘; 애 1, 2, 3, 4장 등이 이에 속한다. 알파벳 시(acrostic)라고도 불리우는 이 시들은 알파벳 순서에 따라 시를 구성하는 문학적 형식을 갖고 있으나 알파벳 순서라는 기존 틀 속에 사상을 집어넣는다는 의미에서 사상의 자유를 억압한다는 느낌을 주기도 한다. 하지만 히브리어 알파벳 처음부터 마지막 자음까지(22자)를 모두 사용하여 한 편의 시를 만든다는 것은 시 전체의 통일성 및 완전성을 강조하는 의미가 크다.

이것은 일반적으로 영어의 A부터 Z까지라고 말할 때 그것은 '모두, 모든 것'을 가리키는 것과도 같다. 시편과 애가에서 많이 볼 수 있으며 특히 시편 119편은 알파벳 시의 최고의 작품이다. 시가서 및 애가에 나오는 알파벳 시는 히브리어의 자음수에 따라 22절로 구성된 시가 대부분이지만 같은 자음으로 시작되는 절이 2회 이상 반복될 경우에는 44절, 66절, 176절 등의 많은 행(行)을 거느린 시가 되기도 한다.

····················· אוֹדֶה (א)시 111:1

····················· בְּסוֹד (ב)시 111:2

····················· גְּדֹלִים (ג)시 111:3

② 각운(脚韻)

시의 끝 소절을 같은 리듬으로 맺는다.

예를 들면 시편 45편의 각 소절의 끝은 ך(카)로 나타난다.

····················· וַהֲדָרְךָ   시 45:4

····················· יְמִינֶךָ   시 45:5

····················· הַמֶּלֶךְ   시 45:6

③ 반복운(反復韻)

시의 각 소절에 같은 리듬의 말을 반복해 준다.

'후렴운'이라고도 부른다(시29, 42, 43, 136편 등). 시편 42편이나 43편은 부분적으로 후렴운이 나오지만, 시편 136편은 매 절마다, '왜냐하면 그 인자하심이 영원하기 때문이다'라고 흥겹게 반복되고 있다.

כִּי לְעוֹלָם חַסְדּוֹ: ·····················   시 136:1

כִּי לְעוֹלָם חַסְדּוֹ: ·····················   시 136:2

כִּי לְעוֹלָם חַסְדּוֹ: ·····················   시 136:3

כִּי לְעוֹלָם חַסְדּוֹ: ·····················   시 136:4

כִּי לְעוֹלָם חַסְדּוֹ׃	시 136:5
כִּי לְעוֹלָם חַסְדּוֹ׃	시 136:6
כִּי לְעוֹלָם חַסְדּוֹ׃	시 136:7
כִּי לְעוֹלָם חַסְדּוֹ׃	시 136:8
כִּי לְעוֹלָם חַסְדּוֹ׃	시 136:9
כִּי לְעוֹלָם חַסְדּוֹ׃	시 136:26

2) 시편 이해의 서론

(1) 제목: 테힐림(תְּהִלִּים Tehillim)

시편의 히브리어 명칭은 "테힐림"(תְּהִלִּים Tehillim)이다. 이 말은 찬양이라는 히브리 말 "테힐라"(תְּהִלָּה)의 복수 형태로서 문자적으로 번역하면 '찬양들'이란 뜻이다. 하나님의 영감으로 기록된 수많은 찬양시 가운데 '천지창조의 하나님', '구원의 하나님'을 찬양하며 경배하는 아름다운 시들 가운데서 150편의 찬양시가 선택되어 정경으로 채택되었다. 이 명칭에 해당하는 헬라어는 "프살모이"(Ψαλμοι, Psalmoi)인데 현악기와 함께 부르는 노래라는 뜻이다. 헬라어로 번역된 칠십인역(LXX)에서 시편의 명칭으로 사용하는 "프살모이"가 현대어로 음역 되면서 "살모이"(Psalmoi)로 통일되었다.

(2) 시편의 구분

시편의 150편의 내용은 토라(율법)의 다섯권에 따라 다섯 구분으로 나누어지며 각 부분은 송영으로 끝이 난다.

제1권은 시편 1-41편(창세기에 해당한다)이며 중심 주제는 사람이다.
제2권은 시편 42-72편(출애굽기)이며 중심 주제는 건짐(구원)이다.
제3권은 시편 73-89편(레위기)이며 중심 주제는 성소이다.
제4권은 시편 90-106편(민수기)이며 중심 주제는 방황이다.
제5권은 시편 107-150편(신명기)이며 중심 주제는 하나님의 말씀이다.

(3) 시편의 저작 시기

금세기의 최고의 구약 권위자들 중 한 명인 아쳐(G. L. Archer) 박사는 시편에 모세의 글(시 90편)이 있는 점으로 미루어 모세 시대 때부터 찬양시들이 기록되기 시작한 것으로 본다(B.C. 1400년대). 그리고 다윗 시대를 거쳐 솔로몬 및 포로시대까지 찬양시들이 기록된 것으로 추정하여 적어도 시편은 B.C. 1400-1500년 사이에 기록되었을 것으로 간주하고 있다. 즉 문서설 입장의 자유주의자들의 주장인 B.C. 500년 이후에 기록되었다는 견해를 아쳐 박사는 강하게 부정하고 있다.[8]

시편 150편 중에는 모세의 시 한 편(시 90편)을 비롯하여 가장 많은 다윗의 시 73개(대부분 1권과 3권에 있다), 12개의 아삽의 시들(50, 73-83), 10개의 고라의 후손의 시들(42, 44-49, 84, 87, 88), 2개의 솔로몬의 시들(72, 127), 1개의 헤만의 시(88) 그리고 1개의 에단의 시(89)가 있다고 본다.

(4) 각 시편의 표제(제목)

히브리어 원문 성경에 보면 대부분의 시편 첫째 행은 그 시의 제목과 함께 시작되고 있다. 예를 들어 시편 제3편의 첫 부분은 "미즈모르 레다윗"인데 이 말은 '다윗의 찬양시'라는 뜻으로 시편 3편의 제목이다. 또한, 시편 제9편의 첫 시작은 '람낫체아흐' Lamnacheah)로 시작되고 있는데 이 말은 '찬양대 지휘자에게'라는 뜻이다. 한글개역성경에는 '영장에게'라고 번역되어 있다. 이처럼 대부분의 시편 본문에는 표제가 붙어 있는데 아쳐 박사(G. L. Archer)에 의하면,

첫째, 시의 형태에 따라 일곱 가지 형태로 나타나고 있으며,
둘째, 음악적 지시나 용어 또는 악보에 따라 여섯 가지로 표제가 달려 있고,
셋째, 멜로디에 따라 여섯 가지의 표제가 붙어있는 것으로 분류하였다.[9]

---

8   G. L. Archer, 『구약 총론』, 김정우 역(서울: CLC, 1985), p.503.

9   Ibid., pp.515-517.

그러나 영 박사는 이 세 가지 분류에 '성전에 올라가는 노래'라는 표제 한 가지를 더 넣어 모두 넷으로 표제를 분류하기도 하였다.[10]

① 시의 형태에 따른 표제들

· **미즈모르**(מִזְמוֹר Mizmor): '시'라는 의미로서 본래는 '현악기에 맞추어서 부르는 시'라는 의미를 가지고 있는 말이다. 다윗의 시로서 약 57개의 시편이 여기에 속한다.

· **쉬르**(שִׁיר Shir): 악기없이 부르는 '성악'을 의미한다. 약 30개의 시편이 여기에 속하며 그중 15개가 성전에 올라가는 노래(쉬르 함마로트)이다.

· **마쉬킬**(מַשְׂכִּיל Mashkil): '명상시'라는 의미를 가진다. 13개의 시편이 여기에 속한다.

· **믹탐**(מִכְתָּם Miktam): 이 말의 뜻은 분명치 않다. 그러나 속죄의 노래라는 의미로 이해한다. 6개의 시가 여기에 속한다.

· **테필라**(תְּפִלָּה Tepillah): '기도'라는 뜻의 이 표제가 붙은 시편은 모두 5개이다.

· **테힐라**(תְּהִלָּה Tehillah): '찬양'이라는 뜻의 이 표제가 붙은 시편은 4개이다. 이 표제의 복수 형태는 '테힐림'(תְּהִלִּים Tehillim)이다. 이 테힐림 이라는 말이 시편 전체에 대한 히브리 명칭이 되었다.

· **쉭가욘**(שִׁגָּיוֹן Shiggayon): 이 말의 뜻은 분명치 않다. 오직 시편 7편만 이 이 표제를 가지고 있는데 '방랑하다'라는 말에서 유래된 시를 가리킨다고 본다.

② 음악적 지시나 용어 또는 악보에 따른 표제들

· **람낯체아흐**(לַמְנַצֵּחַ Lamnachcheah): 이것은 성전 안의 성가대 지휘자들이 노래 부르는 자들의 편리를 위해 특별히 뽑은 시편들을 가리키는 것으로 이해되고 있다. 55개의 시편이 여기에 속한다.

10　E. J. Young, 『구약총론』, 홍반식 ● 오병세 역 (서울: 한국개혁주의신행협회, 1986), p.333.

- 네기놋(נְגִינוֹת Neginot): 이 표제의 의미는 '현악기에 맞추어 부르는 노래'이며 거의 대부분 '람나체아흐'와 함께 나타난다. 6개의 시편이 여기에 속한다.
- 네힐롯(נְחִילוֹת Nehillot): '플룻들'이라는 문자적 의미가 있으며 관악기에 맞추어 부르는 노래라는 뜻이다. "람낮체아흐"(לַמְנַצֵּחַ)와 함께 나타나며 시편 제5편이 여기에 속한다.
- 쉐미닛(שְׁמִינִית Sheminit): 이 말은 8개의 현을 가진 악기라는 뜻이며 한 옥타브를 가리키는 말로도 사용된다. 소프라노(알라못)보다 한 옥타브가 낮은 음을 가리키기도 한다. 시편 6편과 12편 등 두 편이 여기에 속한다. 특히 시편 제6편의 표제에는 람낮체아흐 비네기놑 알-핫쉐미닡 미즈모르 레다윗 등 4개의 표제가 함께 나타난다.[11] 이 표제의 단어들을 모두 연결하면 '성가대 지휘자가 지정해 놓은 시로서 현악기에 맞추고 또 낮은 옥타브의 음에 맞추어 부르는 다윗의 시'라는 의미가 된다.
- 알라못(עֲלָמוֹת Allamot): 이 말은 소프라노 또는 고음을 가리킨다. 시편 46편에는 이 말이 '쉬르'(שִׁיר Shir: 악기없이 부르는 노래)와 함께 나타난다.
- 마할랏(מָחֲלַת Mahallat): 질병 또는 근심이라는 뜻을 가지고 있는 이 말은 애가의 노래를 암시하고 있다. 시편 53편과 88편이 여기에 속한다. 시편 53편에는 람나체아흐와 함께 '마할랏 마쉬킬'로 나타난다. 즉 시편 53편은 명상시이며 애가의 노래이다.

③ 멜로디에 따른 표제들

이 표제들은 원래의 시편이 작성된 상황을 가리키기도 하며 시편을 노래하는 멜로디를 가리키는 말로 이해한다.

- 알뭇 랍벤(עַלְמוּת לַבֵּן 시9편): 이 말은 문자적으로 '아들의 죽음을 위해'라는 뜻이다. 시편 9편에서는 '람낮체아흐 알뭇 랍벤 미즈모르'라는 표제로 나타난다.

---

11 לְדָוִד   מִזְמוֹר   עַל-הַשְּׁמִינִית   בִּנְגִינוֹת   לַמְנַצֵּחַ
[레다윗] [미즈모르] [알-핫쉐미닡] [비네기놑] [람낮체아흐]

- 알 아엘렛 핫샤하르(עַל־אַיֶּלֶת הַשַּׁחַר 시22편): '그 아침의 사슴에 따라서'라는 뜻이다.
- 알 쇼샨님(עַל־שֹׁשַׁנִּים 시45, 69편): '백합들에 따라서'라는 뜻이다.
- 알 타쉬헽(עַל־תַּשְׁחֵת 시57, 58, 59, 75편): '멸망시키지 마소서'라는 뜻이다.
- 알 요낱 엘렘 레호킴(עַל־יוֹנַת אֵלֶם רְחֹקִים 시 56편): '먼 곳에 있는 사람들에게 침묵의 비둘기를 따라서'라는 뜻이다.
- 셀라(סֶלָה Sella): 이 말은 시의 표제에서는 나타나지 않으나 시의 끝이나 중간에 나타난다. 시편 46편 7절을 비롯하여 39개의 시편에서 71번이나 나타나고 있다. 이 말은 본래 '끝을 올린다'는 뜻을 가진 말에서 유래하였기 때문에 이 말이 있는 부분에서 소리를 높여 크게 읽으라는 표시로 보기도 한다. 그러나 이 말이 음악과 관련된 용어라는 사실로 볼 때는 낭송하는 자가 이 부분에서 잠시 쉬고 악기를 두드리면서 묵상 또는 명상을 하라는 지시로 이해하기도 한다.

④ 성전에 올라가는 노래
- 쉬르 함마알롯(שִׁיר הַמַּעֲלוֹת 시 120-134편): 문자적으로는 여호와께 '올라가는 노래'이다. 일반적으로 '성전에 올라가는 노래'라는 의미로 사용된다. 유대의 전통에 따르면 성전의 계단을 통해 성전 안뜰까지 올라갈 때 부르는 노래를 가리킨다고 본다. 후에는 이스라엘의 공식 행사 때 순례자들이 예루살렘으로 올라가면서 순례 길에 부른 노래라고 알려져 있다.

3) 역사 해석으로서의 시편

시편 150편의 내용은 토라(율법)의 다섯 권의 내용에 따라 다섯 부분으로 나누어지며 각 부분은 송영으로 끝난다. 앞의 서론에서도 이미 밝혔듯이 제1권(1-41편)은 창세기에 해당하며 중심 주제는 사람이다. 제2권(42-72편)은 출애굽기에 해당하며 중심 주제는 건짐(구원)이다. 제3권(73-89편)은 레위기에 해당하며 중심 주제는 성소이다. 제4권(90-106편)은 민수기에 해당하며 중심 주제는 방황이다. 제5권(107-150편)은 신명기에 해당하며 중심 주제는 하나님의 말씀이다. 따라서 시편 해석에 있어서도 이러한 다섯 원리를 따라야 한다. 특히 광야 생활과 밀접한 관련이 있는 시편의 제2, 3, 4권의 내용은 광야 생활 약 40년 동안의 이스라엘 백성들의 삶에 대한 해석이다. 이런 의미에서 시편 은 해석된 역사로서의 하나님의 말씀이다.

(1) 만나와 메추라기 사건(출 16장; 민 11장)

시편에서는 이 역사적 사건을 잘 해석해 놓았다(시 78-83편). 하나님께서 택한 백성 이스라엘을 너무 사랑하셨기 때문에 만나와 메추라기를 주신 것만은 아니다. 출애굽 1세대들의 불신앙적인 모습에도 불구하고 긍휼과 자비를 베푸시는 하나님의 사랑 안에서 이스라엘 백성들은 만나와 메추라기를 먹을 수 있는 은혜를 입은 것뿐이다.

그뿐만 아니라 하나님을 믿지 못하고 계속 불신앙을 드러내는 이스라엘 백성들에게 하나님의 전능성을 보이시며 그들을 심판하시고 부끄럽게 하시는 수단으로 만나와 메추라기를 주셨다고 시편 기록자들은 해석했다(시 78-83편). 이스라엘 백성들이 엘림을 떠나 시내 산 사이의 신광야에 이르렀을 때 모세와 아론을 원망하기 시작했다. 그들은 애굽의 고기 가마솥 곁에서 고기를 먹고 떡을 배불리 먹을 때가 그립다고 말했다. 하나님께서는 만나와 메추라기를 백성들에게 주실 때 그들이 하나님의 입으로 나오는 말씀을 듣는지 아니 듣는지 시험하셨다. 하나님께서는 만나를 통해 그들의 불신앙을 시험하시고 메추라기를 통해 그들의 불신앙을 심판하신 것이다. 만나와 메추라기는 신앙과 불신앙을 시험하시는 하나님의 시험의 도구였다. 즉 만나를 거둘 때 식구 숫자만큼(먹을 수 있는 양)만 매일 거두라고 말씀하셨다.

그러나 하나님의 말씀에 순종하지 않고 그 이상으로 많이 거둔 자들은 남은 만나에 벌레가 생김으로 부끄러움을 당했다. 또 안식일에는 만나가 내리지 않으므로 제6일에는 이틀 먹을 양을 거두라고 말씀하셨으나 그 말씀에 순종하지 않은 자들은 안식일에 만나를 거두러 나갔다가 빈손으로 돌아오는 부끄러움을 당했다. 심지어 광야에서 하나님은 과연 식탁을 베푸실 수 있을까 하면서 하나님의 능력을 불신했던 자들은 메추라기를 먹을 때 목구멍에 넘어가기 직전 모두 죽임을 당했다. 메추라기 기적은 순종하는 백성들에게는 은혜와 축복이었으나 불신앙을 드러낸 백성들에게는 심판과 죽음의 도구였다는 해석이 시편의 말씀이다(시 78-83편). 민수기 11장에도 백성들의 불신앙과 메추라기 사건이 나온다. 만나를 먹으면서도 감사는커녕 불평을 터뜨리며 엉엉 우는 백성들의 모습을 보고 모세는 기분이 좋지 않았으며 여호와 하나님께서는 진노하셨다.

모세의 불평을 들으신 하나님께서는 한 달 동안이나 고기를 주어 백성들이 실컷 먹게 하겠다고 말씀하셨다(민 11:20). 이스라엘 백성들은 이십 세 이상의 보행자 육십만 명에게 어떻게 한 달이나 고기를 먹게 해 줄 수 있겠느냐고 불평하며 하나님의 말씀을 믿지 못했다. 그러나 하나님께서는 메추라기를 보내주셔서 순종하는 백성들에게는 한 달간 실컷 고기를 먹여주셨다. 하지만 탐욕을 부리며 불평하고 하나님의 말씀을 믿지 않았던 불신앙적인 백성들은 메추라기 고기를 요리하여 입속에 넣었으나 하나님의 진노를 받아 모두 고기를 입속에 넣은 채 죽임을 당하였다. 탐욕을 부리며 하나님을 믿지 않고 불평하던 자들을 하나님께서 죽이셨으며 그들을 장사지낸 곳의 이름은 기브롯 핫다아와였다. 메추라기 사건은 불신앙을 드러낸 자들에게 내리신 하나님의 징계요 심판이었다고 해석한 것이다(시 78, 79편). 이것은 예수 그리스도가, 믿고 순종하는 자들에게는 구원의 은총이었으나, 믿지 않는 자들에게는 거치는 돌이 되는 것과 같다.

(2) 요셉의 생애에 대한 시편의 해석(창 37-50장)

요셉의 생애는 창세기 15장의 아브라함과 맺으신 하나님의 언약이 역사 속에서 성취되어 가는 하나님의 역사라고 시편 기록자는 해석하였다(시편 105:16-21). 따라서 요셉의 생애(창 37-50장)는 역사이며 그 역사에 대한 해석은 시편 105편(16-21절)이다. 이것은 시편의 해석된 역사를 통해서만 요셉의 생애에 대한 진정한 의미를 바르게 이해할 수 있다는 결론에 이르게 된다.

창세기 37장에서 시작되는 요셉의 파란만장한 생애는 한 편의 드라마처럼 역사 속에서 전개된다. 즉 요셉의 생애와 그 역사는 요셉이 자신의 꿈을 이루기 위해 노력하여 기필코 성공했다는 성공드라마가 아니다. 하나님께서 창세기 15장의 아브라함과 맺은 언약을 이루시기 위해 야곱의 열한 번째의 아들 요셉을 역사 속에서 도구로 사용하셨다. 요셉의 꿈은 자신의 비전이 아니라 하나님이 이끌어 가시는 역사에 대한 앞선 그림자였다. 요셉이 종으로 팔렸으나(창 37장) 사실은 하나님께서 요셉을 애굽으로 보내셨다고 해석된다(시 105:16-21). 또한, 그가 억울하게 감옥에 갇히는 무고를 당했으나(창 39장) 그것은 하나님의 말씀이 응할 때까지 요셉의 허리와 발에 착고를 채워 기다리게 하셨다. 또한, 가나안 땅에 기근이 들어 애굽에 내려가야만 했던 야곱의 식구들의 모습도 사실은 그들을 애굽에 내려가도록 하시기 위해 하나님께서 가나안 땅에 기근을 불러일으키시고 그들이 의지하던 양식을 끊으신 것이라고 시편 기록자는 해석한다(시 105편).

요셉의 생애는 아브라함과의 언약을 이루시려는 하나님의 계획 아래서 요셉의 순종의 믿음을 통해 성취되었다. 요셉의 고난과 인격 속에 메시아언약이 모형론적으로 담겨 있다. 요셉의 팔려가는 모습과 주님의 팔리시는 모습, 형들을 용서하는 요셉의 모습과 자신을 미워하고 조롱하던 자들의 죄를 용서하시는 주님의 모습 등은 모형(예표)적인 메시아 사상의 좋은 예가 될 수 있다. 하지만 요셉이 꿈을 꾸고(갖고) 그 꿈을 이루기 위해 노력하여 결국 그 꿈을 이루었다고 설교하는 성공 드라마식 해석은 언약과 메시아 사상 아래서 해석하는 성경 자체(시편)의 해석을 통해서 볼 때 수정될 필요가 있다.

1) 시편의 메시아적 해석

시편의 시 속에는 이스라엘 역사와 그 해석을 넘어 더 깊은 미래적인 언약적 의미가 있다. 이 미래적인 의미 속에는 넓은 의미의 메시아 사상과 좁은 의미의 메시아 사상이 숨겨져 있다. 시편에는 메시아에 대한 직접, 간접적인 언급 속에 이 세상을 구원하러 오실 메시아 사상이 풍부하게 내재되어 있다.

시편의 해석사를 보면 초대 교회 시대에는 알렉산드리아를 중심으로 풍유적 해석이 유행하였다. 이는 본문의 역사성을 소홀히 하는 결과를 초래하였다. 중세 시대에는 성경의 사중의미(문자적, 비유적, 천상적, 그리고 도덕적 의미)를 강조하였다. 종교개혁 시대에 루터는 오늘날 소위 '제왕시'(Royal Psalm)로 부르는 모든 시의 구절에서 그리스도와 그의 나라를 발견하려 하였다.[12] 그래서 루터는 성경을 가리켜 그리스도가 누워있는 구유와 같다는 표현을 서슴치 않았던 것이다. 칼빈은 문학적 및 역사적 의미에 기초한 예표론(모형론적)으로 시편의 기독론적 의미를 정당화시켰다. 그는 일차적으로 시편의 해석이 다윗과 이스라엘 민족을 가리키지만, 그것은 그리스도의 통치의 예표라고 보았다. 예수께서 직접 시편은 성령의 영감을 통해 기록되었으며 그리스도 자신을 가리키는 말씀이라고 말씀하셨다(마 22:43).

엠마오로 내려가는 두 제자에게 우리 주님은 "시편에 나를 가리켜 기록된 모든 것이 이루어져야 하리라"(눅 24:44)고 말씀하셨다. 우리 주님의 이 말씀은 시편에 메시아적 의미가 내포되어 있음을 가장 잘 선포하고 있는 성경적 근거가 된다. 일반적으로 시편의 메시아 사상은 다음 세 가지의 메시아 시로 분류된다.

첫째는 예언적 메시아 시이다.

비록 "하나님이 가라사대"나 "여호와께서 말씀하시니라"라는 직접적인 내용은 없을지라도 메시아적 단어들의 분명한 언급이 있을 때와 신약의 분명한 언급이 있을 때 그리고 그 성취가 현저한 시편들이 여기에 속한다(2, 8, 16, 22, 40, 69, 89, 102, 110편 등).

둘째는 모형론적 메시아 시이다.

신약에 인용되지는 않았으나 모형적으로나 예표적으로 분명히 메시아적인 시들이 여기에 속한다(18, 20, 21, 23, 24, 41, 45, 68, 72, 118편).

셋째는 일반적 메시아 시이다.

메시아적이기는 하지만 신약에 전혀 언급이 되어 있지 않거나 풍유적 해석의 위험성이 큰 시들을 여기에 분류하였다(12, 101, 109).

---

12 일반적으로 시편의 메시아 사상은 왕권 사상과 같다. 시편의 신관이 왕권 사상이기 때문이다. 따라서 '메시아적 시'(Messianic Psalm)라는 의미를 제왕시(Royal Psalms)라고 부르기도 한다.

시편의 본문	신약의 입음과 성취	메시아 사상
21어찌하여 열방이 분노하며	행 4:25-26(베드로의 인용)	그리스도에 대한 분노
27 너는 내 아들이라… 너를 낳았도다	마 3:17, 17:5, 행 13:33, 히 1:5, 5:5	예수님의 세례, 변화산, 부활, 성취

시편 1편과 2편은 시편 전체의 서론이며 메시아 시편의 서문 형태를 이루고 있다. 본래 하나로 되어 있었으나 후에 시편 1편과 2편으로 분리되었다. 우선 문학적으로 보면 시편 1편은 완벽한 히브리어 알파벳 시이다. 히브리 원문 구성은 히브리어 알파벳 첫글자인 알레프(א)로 시작하는 단어 אַשְׁרֵי로 시작하여 히브리어 마지막 자음인 타우(ת)로 시작하는 단어(תֹּאבֵד)로 끝을 맺는다. 그뿐만 아니라 1절과 6절은 '교차대구(對句)법'을 통하여 아트바쉬(Atbash) 형식을 취하고 있으며 이 시의 구조적 전환을 이루는 4절은 이 시의 중앙이며 히브리어 자음의 중앙에 위치한 라멧(ל)과 카프(כ)가 나온다. 내용적으로도 하나님의 말씀과 율법은 인생 전체를 다 포괄하는 인간 삶의 모든 도리임을 교훈한다.

신학적으로 볼 때 제1편이 메시아의 인성 곧 죄 없으신 인격과 영광을 보여 주는 것이라면 제2편은 그리스도의 공적 사역과 영광을 잘 노래하고 있다. 제1편에 나타난 복은 메시아(그리스도)의 행복이다. 시편 1편 1절의 첫 단어는 한 사람, 곧 바로 '그 사람'의 행복을 노래하고 있다.[13] 즉 악인의 꾀를 좇지 않고 죄인의 길에 서지 않으며 오만한 자리에 앉지 아니하는 '바로 그 사람'은 죄 없으신 메시아 한 분 뿐이다. 특히 시편 1편의 첫 행은 메시아의 개인적 인격과 죄 없으신 인성을 잘 표현하고 있다. 우리말로 번역된 복 있는 사람은 다름 아닌 메시아 곧 그리스도다. 죄가 없으시고 범죄를 할 수 없는 분은 오직 하나님의 아들 그리스도뿐이다.

---

13 시편 1:1의 첫 세 단어(…אַשְׁרֵי הָאִישׁ אֲשֶׁר)는 메시아적 의미를 잘 나타내 준다. 즉 관계 대명사 אֲשֶׁר(아쉐르)는 그 뒤의 문장 전체를 앞의 선행사인 הָאִישׁ(그 사람)와 그것의 연계형 명사인 אַשְׁרֵי(-의 행복)에 연결해 주는 문장 구조를 이룬다. 따라서 시편 1:1의 첫 세 단어는 "-하는 바로 그 사람의 행복"으로 번역된다. 악인의 꾀를 좇지 않고 죄인의 길에 서지 않는 바로 그 사람(메시아)의 행복을 노래하고 있다.

복 있는 사람인 그리스도는 악인의 꾀를 좇지 않고 죄인의 길에 서지 않으시며 오만한 자의 자리에 앉지 않으시고 오직 여호와의 율법을 즐거워하며 주야로 묵상하시는 분이시다. 복 있는 사람 메시아는 시냇가에 심은 나무가 시절을 좇아 과실을 맺으며 그 잎사귀가 마르지 않음 같으며 그 행사가 다 형통한 분이시다. 이 복 있는 분은 다름 아닌 하나님께서 보내신 메시아로서 하나님의 아들이시다. 이 땅에 메시아로 오신 하나님을 의지하는 자 곧 믿는 자는 복 있는 자가 된다(시 2:12). 이 복 있는 분이신 메시아가 시편 제2편에는 장차 철장으로 열방을 다스리게 될 하나님 곧 왕으로 묘사되어 있다.

이처럼 제1편이 메시아의 인성을 보여 주고 제2편은 그리스도의 수난을 잘 나타내고 있다. 이 두 시는 세상의 모든 무질서와 악함에도 불구하고 장차 세계 통치와 보좌를 차지하게 될 하나님의 아들인 메시아의 영광을 잘 보여 준다.[14] 그러므로 시편 제1, 2편도 제왕시(Messianic Psalm)에 속한다(시 18, 20, 21, 45, 72, 89, 101, 132, 144편 등).[15]

일반적으로 제왕시들은 왕의 등극, 전쟁 전후, 왕의 결혼, 성전 봉헌 등의 배경과 연관되어 있다. 신약에서는 특별히 메시아의 인성과 신성 및 그의 사역을 다루는 기독론과 연결된다.[16] 이 중에 본 시는 왕의 즉위시라고 할 수 있다. 특히 시편 2편은 네 단락으로 나뉘어 해석된다.

첫째, 7-9절에는 한 아들 곧 메시아를 보내 주시는 분으로서의 구원의 하나님 여호와의 사역과 메시아의 사역이 언급된다.
둘째, 1-3절은 메시아가 오셨을 때 그를 대적하는 세상 권세가들의 반항을 언급한다.
셋째, 4-5절은 메시아를 대적하는 열방과 민족과 세상의 악한 세력에 대한 창조주 하나님의 비웃음과 심판을 언급한다.

---

14 김성호 역,『메시아 시편 강해』(경기도: 전도출판사, 1996), p. 13
15 제왕시라는 표현은 메시아적인 시편들을 통칭하는 말이다. 만왕의 왕으로서 이 땅에 오신 메시아에 관한 직·간접적인 시편의 시를 제왕시라 부르는 것이다.
16 김정우,『시편강해 I』(서울: 엠마오, 1994), p.99.

넷째, 마지막으로 10-12절은 하나님의 보내심을 받은 메시아를 의지하고
그를 인정하는 자에게 베풀어지는 하나님의 최상급의 복이 언급된다.

우선 시편 2편 2절에는 메시야적인용어인기름 부음 받은 자(Anointed)라는
표현이 나온다.[17] 원문의 메시호(מְשִׁיחוֹ)는 그의 기름 부음 받은 자 곧 메시아
를 가리킨다. 이 메시아의 탄생에 대해 세상의 악한 세력들이 대항할 것을 말
하고 있다.[18] 이것은 메시아 곧 그리스도가 이 땅에 태어나셨을 때 헤롯과 유
대 지도자들이 메시아를 죽이기 위해 대항한 역사적 사실의 메시아적 예언이
다.[19] 신약에서는 베드로가 예수님을 대적했던 유대 지도자들을 이방의 왕들
과 동일시하면서 2편 1절을 인용하기도 했다(행 4:25-26). 또 7절의 너는 내 아
들이라는 말씀도 그리스도 예수를 가리키는 명칭으로 신약에 많이 나타난다.
메시아가 하나님의 아들로 표현된 때는 예수님의 수세시(마 3:17), 변화산 사건
(마 17:5) 그리고 부활에 관한 바울의 인용(행 13:33)과 부활을 통한 그 아들의
이상적 성취(히 1:5; 5:5)를 말할 때 등이다.[20]

시편 2편 7절의 메시아는 하나님의 아들이시며 인간의 몸을 입고 이 땅에
오신 예수 그리스도의 성육신을 통해 성취되었다.[21] 시편 2편에 언급된 하나
님의 영원하신 아들로서의 메시아는 이스라엘의 왕이시며(2절) 그 왕은 하나
님의 아들이심을 밝히고 있다. 오늘날 그리스도인의 진정한 신앙고백은 예수
는 메시아(그리스도)이시며 하나님의 아들이심을 고백하는 데 있다. 예수 그리
스도는 시편에 언급된 메시아로서 모든 믿는 자들의 구세주이시며 범우주적
통치를 하시는 분이다. 이것은 신약의 중심 사상이다. 메시아 통치의 도래(마

---

17 기름 받은 자에 대한 언급은 18:50; 20:6; 45:7; 84:9; 89:20; 109:15 등에 나타난다.
18 라형택 편, "시편" 『원어분해성경』(서울: 로고스, 1996), p 34; 히브리어로 '웨알-메시호'
    (עַל־מְשִׁיחוֹ)의 대부분의 영역(英譯)은 '그리고 그의 기름부은 자에게 대항하여'(NIV)라고
    되어 있다.
19 여기서 메시호'(מְשִׁיחוֹ)는 '마쉬아흐'(מָשִׁיחַ)에 3인칭 남성 단수 소유격 접미사 '오 -'(וֹ)를
    접미시킨 형태이다.
20 그 외에도 메시아를 하나님의 아들로 표현한 곳은 많다(롬 1:4, 19; 9:15; 계 12:5).
21 다윗이 사무엘하 7장 14절을 인용한 구절이다. 앨런 로스는 메시아의 육적인 출생이
    아니라 하나님의 아들 됨에 대한 은유라고 하였다.

3:2; 4:17)와 보편성(마 28:19; 행 1:8), 교회의 신앙고백(마 16:16)은 이러한 사실을 분명히 한다. 하나님께서 메시아이신 예수를 이 세상에 보내셨을 때 헤롯을 비롯한 유대 종교지도자들이 소동하며 그를 십자가에 못박아 죽였으나 부활, 승천하심으로 만왕의 왕이 되시고 철장의 권세로 이 땅에 다시 오실 것을 예언하고 있는 시편 2편의 시는 예언적 메시아 시로 분류된다.[22]

시편 1편 첫 단어에서 시작되는 행복은 시편 2편 마지막 소절(12절)에서 분명히 드러나고 있다. 여호와께서 보내시는 자 곧 메시아를 의지하는 모든 죄인에게 가장 큰 복(행복)이 임하게 될 것이다. 그래서 시인은 "여호와를 의지하는 자는 다 복이 있다"라고 선언하고 있다. 이 복은 악인의 꾀를 좇지 않고 죄인의 길에 서지 않은 바로 그 메시아를 통해 나타날 것이다. 그 메시아를 의지하고 믿는 자에게 베푸시는 하나님의 구원의 복이 바로 행복의 최상급이다. 시편 1편에서 시작된 복은 메시아의 초림과 재림을 통한 구원의 복으로 2편에서 완성된다. 동시에 오늘날 복 있는 분 곧 메시아 예수 그리스도를 믿어 가장 행복한 자들이 된 그리스도인들도 역시 악인의 꾀를 좇지 않고 죄인의 길에 서지 않으며 오만한 자리의 자리에 앉지 않으시는 그리스도를 경배하고 찬양하는 일에 힘쓰는 자들이 되어야 한다. 동시에 복 있는 바로 그 분을 본받아 거룩하고 구별된 생활에 힘써야 한다. 시편 1, 2편은 복되신 분 예수 그리스도에 대한 찬양이며 그 분을 이 땅에 메시아로 보내신 하나님을 믿는 자에게 베푸시는 구원의 복을 노래한 메시아 찬양시다.

6) 시편 8편의 메시아 이해

8:2 "어린아이와 젖먹이의 입…"	마 21:16(아이들의 찬양)	다윗의 자손, 찬양의 대상이 됨
8:4-6 "사람이 무엇이관대…"	히 2:6-8(그리스도의 우월성)	메시아의 인성과 통치의 영원성
8:6 "만물을 그 발아래…"	고전 15:27(마지막 아담 예수)	메시아의 부활과 영원한 통치

22 시편의 메시아 시들은 일반적으로 세 가지로 분류된다. 신약에 예언된 시편의 시들은 예언적 메시아 시로, 신약에 예언되지는 않았으나 모형적으로 메시아를 나타내는 시들은 모형론적 메시아 시로, 나머지 메시아를 기리킨다고 보는 시는 일반적 메시아 시로 분류한다.

시편 8편은 창조주이신 하나님 여호와(YHWH)의 아름다움을 찬양한 시다. 이 시는 신약성경에 인용되어 그리스도 예수와 연결되어 위 도표와 같이 나타난다. 시편 8:2은 메시아가 이 땅에 오셨을 때 어린아이들에게 찬양과 경배를 받으실 것에 대한 예언의 말씀이다. 예수님께서 성전 정결 후에 어린이들을 통해 다윗의 후손으로 찬양과 경배를 받으실 때 유대인들이 분노하며 거칠게 항의했다. 그때 주님은 본 시의 2절을 인용하셔서 그들을 책망하셨다(마 21:16).

> 그렇다 어린 아기와 젖먹이들의 입에서 나오는 찬미를 온전케 하셨나이다(시 8:2) .

> 함을 너희가 읽어 본 일이 없느냐(마 21;16).

예수님께서는 시편에 기록된 말씀들이 메시아이신 예수 그리스도 자신을 가리키고 있음을 직접 언급하신 것이다(눅 24:44). 시편 8편 4, 5, 6절은 그리스도의 인성과 신성 곧 성육신하시고 고난당하신 후 부활하시고 높임을 받으신 예수 그리스도의 통치와 관련해서 초대 교회 시대에 인용되었다(히 2:6-8)..[23]

> 사람이 무엇이관대 주께서 저를 생각하시며 인자가 무엇이관대 주께서 저를 권고하시나이까(시 8:4, 히2:6).

> 저를 천사보다 조금 못하게 하시고 영화와 존귀로 관을 씌우셨나이다(시 8:5, 히2:7).

> 주의 손으로 만드신 것을 다스리게 하시고 만물을 그 발 아래 두셨으니(시8:6, 히2:8, 고전 15:27).

특히 바울은 본 시의 6절인 "만물을 그 발아래 두셨으니"를 인용하면서 첫 사람 아담의 실패와 부활을 통한 마지막 아담 안에서의 영원한 통치를 설명한다(고전 15:27). 이처럼 시편 8편은 직접적으로는 메시아를 나타내는 용어가 없

는 듯 보이지만 신약의 많은 인용을 통해 정확히 그리스도에 대해 예언한 시 곧 메시아적인 시편임을 분명히 알 수 있다(엡 1:22). 장차 이 땅에 오실 메시아를 시편 8편 5절(맛소라 사본은 6절)에서는 "천사보다 조금 못한" 존재로 묘사하고 있다. 메시아가 천사보다 조금 못한 존재라는 의미는 문자적으로만 이해할 때 부적절하다. 왜냐하면 창조주 하나님과 동일하신 예수 그리스도가 창조된 천사보다 못하다는 말은 오해의 소지가 있기 때문이다. 여기서 천사라고 번역된 말의 히브리어 본문인 맛소라 사본(MT)에서 보면 "메야트 메엘로힘"(אֱלֹהִ֑ים מְעַט)으로 기록되어 있다.

일반적인 직역으로는 '하나님보다 조금 덜한(못한)'의 뜻이다. 여기서 "엘로힘"(אֱלֹהִים)은 '하나님'이란 의미 외에도 일반적인 '신'(god)을 가리킬 때 또는 천사를 가리킬 때도 사용되는 히브리적 표현이다. 초기의 헤라어 역본인 칠십인경(LXX)이나 아람어 역본인 탈굼(Talgum)은 엘로힘을 천사들(αγγελους)로 번역하였다. 따라서 히브리서에서는 70인역(LXX)을 따라 천사들이라고 인용하였다(히 2:7). 하지만 아퀼라역(축자적 헬라어역)과 심마커스역(칠십인경[LXX]을 개정한 성경)에는 이 엘로힘을 하나님으로 번역하는 맛소라 사본(MT)을 따르고 있다. 결국 히브리어성경인 맛소라 사본(MT)을 따르면 "하나님보다 조금 못한 존재"로 번역해야 하며 헬라어성경인 칠십인경(LXX)을 따르면 "천사보다 조금 못한 존재"로 번역해야 한다. 어쨌든 이 구절은 그리스도의 성육신과 비하(卑下 낮아지심)와 연결하여 해석하면 정확하다. 히브리서 기자는 그대로 그리스도에 적용하고 있다. 왜냐하면 그리스도의 고난 이후에 그의 승귀(昇貴 높아지심)를 말하고 있기 때문이다(히 2:9). 그리고 4절의 '벤 아담(בֶן־אָדָם)' 즉 인자(人子, 사람의 아들)는 예수께서 자신에 대해 적어도 50회 이상을 말씀 가운데 사용하셨다.[24]

예수께서 이 인자를 사용하실 때에는 일반적으로 인간이 아닌 천상적이면서 고난받는 메시아이시며 부활하신 왕적 메시아다. 결론적으로 본 시는 예언적 메시아 시로 분류함이 옳은 듯 하다. 비록 본 시가 하나님의 창조를 노래하고 그 피조물로서 하나님의 형상인 인간의 높아진 모습을 노래하고 있을지라

---

24 최갑종, op. cit., p. 106.

도, 시편 기자는 종말에 있을 메시아의 구속 사역-비하와 승귀-을 통한 재창
조와 인간의 영화를 내다 보는 예언자적 입장이다. 본 시의 메시아 사상은 종
말의 메시아는 세상을 창조한 메시아로서 이 세상에 오신다(그의 비하). 그리고
인자로서 고난과 죽음과 부활을 통과해서 높아지실 것이다(그의 승귀). 그는 왕
으로서 재창조된 우주를 다스리실 것이다. 그러므로 메시아의 아름다운 이름
은 찬송 받으시기에 합당하시다. 시편 8편의 메시아적 의미는 낮아지신 하나
님 곧 사람의 아들 그리스도를 잘 보여 준다.

7) 시편 12편의 메시아 이해

> 여호와의 말씀에 가련한 자의 눌림과 궁핍한 자의 탄식을 인하여 내가 이제 일어나 저를
> 그 원하는 안전지대에 두리라 하시도다(시 12:5).

이 말씀은 메시아 사상을 나타내는 구절이다. 가련한 자와 궁핍한 자에 대
한 구원의 요청은 이스라엘 민족의 애굽 생활을 생각나게 한다(출 2:23-25).
아울러 모든 인류의 죄악 가운데 있는 모습을 상징적으로 나타내고 있다.
하나님께서는 이러한 가련한 자와 궁핍한 자들의 탄식을 아시고 그들을 안전
지대에 두실 것이다. 이 안전지대는 구원의 안전지대이다. 하나님 앞에서 모
든 죄인은 불쌍하고 가련하며 궁핍한 자들이다. 하나님의 심판 아래 위험하고
불안하다. 이러한 자들은 구원의 안전지대로 옮기기 위하여 메시아 예수 그리
스도께서 인간의 몸을 입으시고 이 땅에 오실 것이다.

> 여호와의 말씀은 순결함이여 흙도가니에 일곱 번 단련한 은 같도다(시 12:6).

이 말씀도 말씀 자체이신 예수 그리스도를 생각나게 한다(요 1:1). 물론 모든
말씀을 전부 인격화할 수는 없지만 6절의 말씀은 분명히 메시아적 요소(말씀
의 인격성)가 있다. 메시아는 사람의 몸을 입고 있지만(인성) 순결하고 죄가 없
으시다(신성). 흙도가니에 일곱 번 단련한 은이 불순물이 전혀 없듯이 말씀 자
체이신 메시아는 흠이 없고 죄가 없는 완전한 하나님이심을 상징적으로 보여

준다. 또한, 하나님의 약속 말씀은 잘 정제된 은처럼 순결하다. 그 약속은 변하지 않는 구원의 약속이다. 이러한 변하지 않는 하나님의 약속에 따라 하나님의 구원이 이루어진다. 시편 8편은 신약성경에 인용되지는 않았기 때문에 예언적 메시아적 시라고 분류할 수는 없으나 메시아적인 의미가 분명한 시이므로 일반적 메시아 시로 분류된다.

8) 시편 16편의 메시아 이해

시편 16편은 다윗이 죽음의 위험에 있음에도 불구하고 끝까지 하나님의 보호와 구원을 확신하고 신뢰하는 시이다. 본 시의 8절에서 11절은 오순절에 베드로 사도가 성령강림사건 직후에 유대인들과 예루살렘 사람들에게 성령의 강림은 요엘서 2장 28절에서 32절의 성취임을 인용한 후에 그리스도의 승귀를 설명하기 위해서 인용하였다(행 2:25-28).

> 내가 여호와를 항상 내 앞에 모심이여 그가 내 우편에 계시므로 내가 요동치 아니하리로
> 다(시 16:8).

그리고 사도 바울은 본 시의 10절의 "썩지 않게 하실 것"에 대해 그리스도의 부활과 재림을 증거 할 때 사용하였다(13:35-37).

> 이는 내 영혼을 음부에 버리지 아니하시며 주의 거룩한 자로 썩지 않게 하실 것임이니라
> (시 16:10).

시편 16편은 일차적으로 다윗의 위기와 관련이 있다. 그러나 이것은 언약의 이중성 즉 당시의 시대적 정황과 미래적 메시아를 바라보는 예언적 성격을 가진다. 크레이기를 비롯한 비평주의자들은 본 시를 메시아적 시로 볼 수 없다고 주장하였다.[25] 그러나 대부분의 개혁주의자들은 메시아적인 시로 보

---

25 Ibid., p.215.

고 있다.

이들은 다윗이 명확한 선견을 가지고 메시아를 바라보며 시를 쓰도록 영감 받았다고 주장한다. 그는 베드로의 관점이 이와 같은 해석의 관점임을 주장하였다. 어네스트 윌슨도 본 시를 그리스도의 장사(葬事), 부활, 하나님의 우편에 앉으심에 연결시켜 본 시의 메시아 사상을 설명한다. 따라서 본 시는 다윗이 자기의 위기 상황을 통해서 구원자 하나님을 바라보았을 뿐만 아니라 성령의 조명하심을 통해서 메시아를 바라보았다고 할 수 있다. 결론적으로 본 시는 그의 부활과 승천을 예언적으로 노래한 예언적 메시아 시이다.

9) 시편 18편의 메시아 이해

시편 18편은 제왕시 가운데 '왕의 감사시'다. 이는 다윗이 사울을 포함한 그의 대적들로부터 자신을 구원하신 하나님께 감사드리는 배경 속에서 기록되었다. 저자 다윗은 기름 받은 왕이었다. 그는 의롭지만(20, 24절), 고난받는 종이었다. 그는 죽음(4, 5절)과 부활(16-19)을 체험한다. 즉 고난 뒤에 영광이 있었다. 시편 18편은 신약에는 그 인용이 없지만, 메시아이신 그리스도에게 잘 적용이 되는 구절이다.[26] 특히 이방인들의 구원에 관한 메시아적인 예언으로 볼 수 있다(시 18:43-47).

> 주께서 나를 백성의 다툼에서 건지시고 열방의 으뜸으로 삼으셨으니 내가 알지 못하는 백성이 나를 섬기리이다(43절).

바울도 이방인들이 하나님의 구원에 동참할 것을 말할 때에 간접적으로 인용하였다(49절; 롬 15:9).

> 내가 열방 중에서 주께 감사하며 주의 이름을 찬양하리이다(49).

---

26 김정우, op. cit., p. 152.

마지막으로 본 시의 메시아 사상의 근거는 50절의 '리메쉬호'(לִמְשִׁיחוֹ 기름 부음 받은 자에게)라는 단어의 사용과 '큰 구원'(great victories, NIV)을 통해서도 알 수 있다.

> 여호와께서 그 왕에게 큰 구원을 주시며 기름 부음 받은 자에게 인자를 베푸심이여 영영토록 다윗과 그 후손에게로다(시 18:50).

시편 18편은 신약의 분명한 인용이나 예언적 요소가 결여되어 있으나 이방인들이 하나님의 구원에 동참할 것에 대한 분명한 메시아적인 시이다. 또한, 다윗은 기름 부음 받은 왕의 모형(type)으로서 원형이신 메시아를 증거하고 있다. 특히 하나님의 풍성한 은혜로 이방인에게도 구원이 임하여 그들도 메시아 앞에 복종하게 될 것이라는 말씀에서 메시아 사역의 보편성을 알 수 있다(44, 45절). 결론적으로 본 시는 모형론적 메시아 시로써 메시아의 왕적 통치와 그의 구원의 보편성 그리고 그의 죽음과 부활을 예표하고 있다.

10) 시편 20편의 메시아 이해

본 시도 역시 제왕시다. 왕이 전쟁하러 가기 전에 성소에 기도하기 위해 멈추어 선다. 이때 그를 위해 기도하는 회중과 만나면서 왕이 승리에 확신을 가지게 되는 '왕을 위한 중보의 시'라고 할 수 있다. 본 시를 인용한 신약의 구절은 없는 것 같다. 다만 6절(맛소라 사본(MT)은 7절)의 기름 부음 받은 자인 '야웨 메시호'(יהוה מְשִׁיחוֹ)는 사울에게도 사용되었고(삼상 12:3, 5), 다윗에게도 사용되었다(삼하 9:22; 23:1). 따라서 6절은 다윗과 그 가문에게 적용되는 왕적 메시아를 나타낸다.

> 여호와께서 자기에게 속한바 기름 부음 받은 자를 구원하시는 줄 이제 내가 아노니 (6절).

따라서 본 시는 예언적일 수는 없으나 다윗을 모형으로 한 모형론적 메시아 시라고 볼 수 있다. 본 시는 사단의 씨와 싸우는 여인의 후손으로서의 전투적 메시아를 나타낸다. 또한, 이 왕적 메시아는 반드시 승리할 것을 보여 준다.

11) 시편 21편의 메시아 이해

많은 학자가 시편 21편은 20편에 긴밀히 연결되어 있다고 주장한다.[27] 이 시는 왕의 전투 이후의 하나님께 감사하는 내용이다.[28] 본 시를 인용한 신약의 구절은 없다. 그러나 시편 21편에 흐르는 내용은 다윗을 모형으로 하는 메시아적 은총과 축복을 노래한다. 1절에서 6절은 왕이 받은 하나님의 축복, 전투에서의 승리에 관해 서술한다. 왕은 여호와로 인하여 기뻐한다.

그 이유는 그는 여호와를 통해 구원받은 왕이기 때문이다. 그는 구원받았다. 그가 받은 생명은 영원한 생명이다(4-6절). 다윗은 자신을 보좌에 앉게 하신 하나님으로부터 영원한 생명을 받은 사실에 관해 감사하고 찬양한다. 다윗은 살아있는 왕이다. 또한, 기쁨의 왕이며 영광과 아름다움을 얻은 왕이다. 기쁨의 왕 다윗은 여호와의 언약적 성실하심을 신뢰하는 믿음의 왕이다(7절). 마침내 다윗은 승리의 왕이다. 여호와께서 다윗을 위해 싸워주시기 때문이다. 따라서 다윗은 전심으로 여호와를 높인다. 그는 여호와를 찬양하며 예배하는 진실한 왕이다.

반면에 8절에서 12절은 왕에 의해 집행될 승리에 대해 회중이 왕에게 말하고 있다. 아울러 후자는 왕에게뿐만 아니라 미래적 왕의 승리에 대해서도 말하는 것처럼 보인다. 그 이유는 8절부터 미완료형 동사들이 사용되기 때문이다. 또한, 10절(맛소라 사본(MT)은 11절)의 '후손'인 '페리-'(כְּרִי '땅의 열매', '태의 열매')를 신국제역(NIV)는 'descendant'(자손, 후예)로 예루살렘 성경(JB)은 'children'으로 번역했다. 이 말은 왕적 씨(royal seed)에 대한 여호와의 약속을 생각나게 한다. 즉 뱀의 후손을 멸하는 여인의 후손이 바로 그 왕일 수 있다는 사실이다. 본 시는 창세기 3장 15절의 예언을 이루는 한 과정으로 볼 수 있다. 따라서 본 시를 모형론적 메시아 시로 간주한다.

---

27   그로닝겐, op. cit., p.409.

28   전광규 역, op. cit., p.83.

왕적 메시아는 마침내 승리할 것이다. 그 메시아는 여인의 후손으로서 다윗의 후손일 것을 말해 준다. 하나님은 메시아적인 모형으로서 다윗을 붙드신다. 시편 21편에 직접적인 메시아적 언급은 없을지라도 다윗이 그리스도의 왕적 인물 및 모형으로서 메시아 의미가 잘 반영되는 메시아 시다.

12) 시편 22편의 메시아 이해

그리스도의 십자가와 관련된 시로 잘 알려져 있는 시편 22편의 시작은 "엘리 엘리 라마 사박타니"(아잡타니), 곧 죽음에 임박한 자의 기도이다. 역사적 배경으로는 다윗이 사울을 피해 블레셋으로 도피하는 상황을 생각할 수 있다. 다윗의 생애 가운데 이러한 사형 집행을 묘사하는 사건을 발견할 수 없을지라도 그의 고난의 세월은 하나님께서 자신을 버리시는 것처럼 느꼈을 것이다.[29] 이러한 다윗의 기도는 미래에 있을 메시아의 절규를 성령의 감동으로 미리 예언한 예언적 메시아 시라고 할 수 있다. 시편 22편은 크게 두 부분으로 분명하게 나누어진다. 첫 부분은 버림받음, 비하, 죽음에 대한 위협 및 이러한 것들에 대한 반응이다(1-21절). 두 번째 부분은 여호와에 대한 찬양, 위탁 및 우주적 통치에 대한 노래이다(22-32절). 시편 22편의 신약의 인용은 많다(마 27:34, 48; 눅 24:46; 요 19:33-36). 시편 22편의 첫 부분인 1절에서 21절은 고난당하는 왕(다윗)의 모습을 통해 메시아의 고난을 예견하고 있다. 둘째 부분인 22절에서 33절은 감사의 선포이다. 특히 전반부에 대한 신약의 인용이 현저하다. 이는 그리스도께서 십자가에 못 박히실 때의 상황을 묘사한 것이다. 메시아 예수 그리스도께서는 본 시편의 1절 곧 "내 하나님이여 내 하나님이여 어찌 나를 버리셨나이까"를 십자가상에서 인용하셨다.

본래 시편 22편에는 "엘리 엘리 라마 아잡타니"로 되어 있으나 신약에는 모두 "엘리 엘리 라마 사박다니"라는 아람어로 인용되어 있다. 시편 기록자

---

29 나의 하나님 나의 하나님 어찌하여 나를 버리셨나이까. 본래 시편 22편에는 "엘리 엘리 라마 아잡타니"(אֵלִי אֵלִי לָמָה עֲזַבְתָּנִי)로 되어 있으나 신약에는 모두 엘리 엘리 라마 사박다니로 인용되어 있다. 그 이유는 시편 22편의 히브리어를 예수님께서 당시 평민들이 주로 사용했던 아람어로 바꾸어 외치셨기 때문이다

의 기록은 메시아 자신의 역사적 성취에 대한 예언으로서 그 외로움과 고난을 자신의 것과 동일시하였다. 8절은 마태복음 27장에 인용되었다(42, 43절). 그리스도를 비웃는 사람들의 말에서 인용되었다. 그리스도의 인격에 대한 죄인들의 모독이 가득하다. 또한, 16절은 유대의 제사장들을 비롯하여 종교지도자들이 로마의 권력을 이용하여 메시아를 죽이는 역사적 사실에서 잘 성취되었다. 이것은 시편 2편과 72편의 내용과 연결된다. 성육신하신 메시아에 대한 사탄의 세력과 세상의 악한 세력들의 반항을 예견한다. 18절은 예수님의 겉옷을 제비뽑아 나누어 가져가는 역사적 사실에서 성취되었다(마 27장).

이와같이 시편 22편은 신약의 인용이 풍부할 뿐만 아니라 메시아의 고난과 그의 구속적 죽음을 분명히 증거 한다. 그러므로 본 시는 예언적 메시아 시로 분류된다. 결론적으로 본 시는 이사야 53장의 고난받는 종으로서의 메시아 사상과 연결된다. 구속사의 흐름 가운데 메시아의 대제사장적 대속 사역을 분명하게 보여 준다.

13) 시편 23편의 메시아 이해

시편 23편은 다윗의 시로서 일명 목자의 시이다.[30] 다윗은 하나님과 그의 백성과의 관계를 목자와 양과의 관계로 비유하여 정제된 언어인 시적 형태로 잘 묘사하였다. 또한, 시편 23편은 시편 100편과 함께 목자이신 여호와 하나님의 긍휼과 사랑을 잘 표현하고 있는 양들의 찬양이다. 특히 시편 100편 3절의 말씀 속에는 창조주 하나님의 모습과 구속의 하나님의 모습이 잘 어우러져 있으며 목자와 그의 기르시는 양과의 모습이 너무나 행복하게 묘사되어 있다.

그는 우리를 지으신 자시요 우리는 그의 것이니 그의 백성이요 그의 기르시는 양이로다 (시 100:3).

30 Ibid., p.273.

분열 왕국 중 유다가 멸망당하는 시점에서 하나님께서는 에스겔을 선지자로 부르시고 하나님 자신의 양을 찾는 한 목자를 보내 주시겠다고 약속하셨다 (겔 34장).[31]

에스겔 34장의 내용 ···

책망받는 거짓 목자(1-10절)와 선한 목자의 구원 사역(11-22절)이다.

책망받는 거짓 목자(1-10절)

에스겔은 이스라엘의 목자들을 쳐서 예언하라는 명령을 받고 백성들의 목자인 정치지도자들과 제사장들의 잘못을 지적하고 그들에게 임할 하나님의 심판을 선포해야만 했다. 백성들의 지도자들인 목자들은 백성들인 양을 돌보지도 않고 먹이지도 않으며 목자 없는 양같이 백성들을 방치하였다. 이들은 사리사욕만 채우는 거짓 목자들이었다.

이 거짓 목자들의 삶은 오히려 양을 잡아 먹고 그 털을 입는 불의한 지도자들의 전형적인 모습이었다. 참된 목자는 연약한 자를 강하게 하며 병든 자를 고치며 상한 자를 싸매주며 쫓긴 자를 돌아오게 하며 잃어버린 자를 찾으며 온유함으로 다스리지만 거짓 목자는 그 반대로 행동하였다(겔 34:4).

하나님의 양을 찾지 않고 양의 무리를 먹이지 않는 거짓 목자들은 자기만 먹고 배부르며 목자의 사명을 다하지 않았다. 그리하여 하나님의 양들인 이스라엘 백성들은 목자 없는 양들처럼 흩어져 유리 방황하다가 붙잡혀 죽거나 들짐승들의 밥이 되고 말았다. 하나님께서는 이러한 목자들을 심판하신 후 도리어 그 목자들의 손에서 양들을 구원하실 것이라고 말씀하셨다. 거짓 목자들에 대한 하나님의 심판이 선포된 후 하나님께서는 친히 이스라엘의 목자가 되셔서 흩어진 양을 찾아 다시 모으고 그들을 살지게 먹이며 상처를 싸

---

31 에스겔 34장 내용 / 본문 참조

매주고 위로해 줄 것이라고 약속하셨다. 이것은 죄로 인해 흩어진 백성들을 다시 모으시고 하나님께서 친히 그들의 하나님이 되어주실 것에 대한 은혜스러운 약속이다. 따라서 본장에서 강조되고 있는 일인칭 대명사(내가, 나는)는 하나님이 친히 하나님의 양들의 목자가 되어 주실 것에 대한 분명한 약속으로 반복되고 있다. 또한, 하나님의 양들이 거짓 목자들 때문에 배불리 먹지 못하여 파리하고 또한, 발로 밟힌 꿀을 먹으며 서러움을 당한 일들에 대하여 침묵하지 않으시고, 거짓 목자들 편에 서 있는 살찌고 힘 센 양들을 심판하시겠다고 강조하신다.

참 목자이신 메시아와 화평의 언약(겔 34:23-31)

이스라엘의 목자이신 여호와께서는 흩어진 양들을 모아 구원하시고 양들 사이에 있는 악한 자들을 제거하신 후 선한 양떼들을 위해 한 이상적인 목자를 세워 주신다고 약속하셨다. 이 목자는 하나님의 종 다윗이라고 말씀하셨다. 그러나 실제로는 다윗의 후손으로 오실 메시아를 가리키는 것이다. 이 다윗의 후손으로 오실 메시아가 곧 택한 백성들의 목자일 뿐만 아니라 왕이 되실 것이다. 그분은 만왕의 왕으로서 자기 백성들을 죄에서 구원하시고 구원받은 백성들의 영원한 왕이 되신다.

> 내가 한 목자를 그들의 위에 세워 먹이게 하리니 그는 내 종 다윗이라 그가 그들을 먹이고 그들의 목자가 될지라(겔 34:23).

즉 참 목자가 없어서 멸망하여 흩어지는 이스라엘 백성들을 모으기 위해 장차 한 목자를 보내 주실 것이라는 에스겔의 선포는 이스라엘 백성들이 듣든지 아니 듣든지 에스겔이 전해야 할 소망의 메시지였다. 이사야 선지자는 이스라엘의 참 목자가 왔을 때 그 참목자를 치면 양들 곧 하나님의 백성들이 흩어지게 될 것이라고 예언하였다(사 53장).

에스겔 및 이사야 선지자가 예언한 그 목자는 하나님의 양들을 찾기 위해 이 땅에 오신 예수 그리스도이시다. 예수님은 자신을 선한 목자로 선포하며 자신이 양의 문이라고 직접 밝히셨다(요 10장). 선한 목자는 양들을 위해 생명을 바친다고 말씀하신 후 자신의 양을 위해 십자가에서 죽으셨다. 목자이신 여호와는 양인 자기 백성을 인도하고(시 23:2, 3) 보호하며(시 23:4) 좋은 것으로 풍성히 공급해 주신다(시 23:5). 급기야 목자이신 하나님은 자신의 양을 여호와 의 집 곧 하나님 나라로 인도하고야 만다(시 23:6절). 자기 백성의 목자이신 메 시아(그리스도)가 이 땅에 왔으나 자기 백성인 양들은 목자를 거절하고 믿지도 않았다.

그러나 참 목자이신 그리스도는 양들을 위해 스스로 목숨을 버리셨다. 부활 하신 예수 그리스도는 우리의 주님이시며 구주이시다. 우리의 목자이신 주님 은 양들인 모든 성도를 인도하고 보호하며 영육 간의 은혜를 풍성히 공급해 주신다. 마침내 하나님 나라 곧 천국으로 양들을 인도하시고야 만다. 시편 23 편의 목자는 목자장이시며 큰 목자이신 우리 주님의 모형이다. 신약의 기록자 들은 예수 그리스도를 큰 목자(히 13:20) 또는 목자장(벧전 5:4)으로 분명히 밝 히고 있다. 본 시를 인용한 신약의 구절은 없다. 따라서 시편 23편은 예언적 메시아 시로 말할 수는 없지만 목자를 메시아 예수님에 대한 모형으로 볼 때 모형론적 메시아 시임에 틀림없다(눅 24:44).

14) 시편 24편의 메시아 이해

시편 24편은 사무엘하 6장을 역사적 배경으로 한 다윗의 시이다. 즉 다윗 이 법괘를 예루살렘 성으로 모셔오면서 너무나 감격하여 이 찬양의 시를 썼다 고 볼 수 있다. 이 시는 영광의 왕 곧 왕이신 하나님을 드높히는 찬송시다.[32] 이것은 장차 만왕의 왕으로 오실 메시아 예수 그리스도에 대한 찬양과 경배에 대한 모형이다. 히브리 문학적 구조 속에서 보면 시편 24편은 세 개의 연(단 락)으로 구성되었다. 곧 창조의 주님(1, 2절), 경배의 주님(306절), 영광의 주님 (7-10절)으로 나뉜다.

우선 1절과 2절에서 창조주 하나님의 왕권을 찬양한다. 여호와는 창조주시 며 온 세상의 주인이심을 선언한다. 땅과 그 안에 충만한 것은 세상과 그의 거

32　Ibid., p.281.

민이라는 말과 함께 동의적 평행법을 이루며 온 세상과 인간의 진정한 주인은 여호와 하나님이심을 강조하고 있다. 인간과 우주 만물의 주인은 하나님이시다. 메시아이신 예수 그리스도는 창조주이시며 우주 만물의 주인이시다(골 1:15, 16). 온 세상은 그리스도 안에서(in) 창조되었고 그로 말미암아 창조되었으며(by) 그를 위하여(for) 창조되었다. 예수 그리스도는 창조주 하나님이시며 구원받은 모든 하나님의 백성들의 주님(Lord)이시다.

3절에서 6절은 참된 예배자로서의 자격과 신분을 말하고 있다. "여호와의 산에 오를자 누구며 그 거룩한 곳에 설 자가 누군가"라는 질문에 "손과 마음이 깨끗하며 뜻을 허탄한 곳에 두지 않고 거짓 맹세치 않는 자"라고 대답한다. 이것은 하나님 앞에서 짐승의 피로 죄가 가리워진 자들을 가리키며 그리스도 안에서는 믿음으로 모든 죄사함을 받은 하나님의 자녀 곧 성도들을 지칭한다. 그들이 참 예배자들이다.

마지막 7절에서 10절은 영광의 왕의 입성에 대해 노래한다. 위대한 설교가였던 스펄전(Spurgeon)은 이 부분을 그리스도의 승천에 대한 노래라고 강조했으며 음악가 헨델(George Hendel)은 그의 가장 유명한 작곡 <메시아>에서 이 부분을 우렁차고 장엄하게 노래했다.[33] 또한, 이 부분은 그리스도의 재림과 함께 있을 영광에 비유되어 재림하시는 만왕의 왕 예수 그리스도를 찬양하는 영광의 노래로 해석되기도 한다. 그러므로 시편 24편은 구약의 주된 주제인 하나님의 왕권을 노래하는 시로서 예수께서 성취하신 죽음 가운데서의 승리를 확증하며 동시에 그의 승천과 승리의 재림을 기대하게 한다.[34]

참 예배자의 관심과 시선은 언제나 창조주 하나님과 십자가의 주님에게 머물러 있어야 한다. 본 시의 역사적 배경을 다윗이 법궤를 예루살렘의 다윗성으로 옮기면서 노래한 것으로 보는 이유가 거기에 있다. 왕이 된 이후 다윗은 자신을 왕으로 세우신 하나님께 온 마음과 시선이 집중되어 있었다. 그는 왕이신 창조주 하나님의 영광을 넘어 메시아 그리스도 예수님의 부활과 승천과 재림의 영광을 성령 안에서 노래하였다. 많은 시편 연구가가 시 24편을 상징

33 T.어네스트 윌슨, op. cit., p. 124.

34 Ibid., p.288.

적으로는 그리스도의 승천을 노래한 것으로 보면서도 예언적으로는 그리스도의 재림을 바라본다고 동의하였다. 그리고 재림 때에 주님은 만왕의 왕으로서 나타날 것이라고 하였다.

본 시는 신약의 인용되지는 않았다. 그러나 모형적으로 영광의 왕은 메시아를 가리킴에 틀림없다. 따라서 예언적 메시아 시라고는 볼 수 없으나 본 시는 모형론적 메시아 시로 이해될 수 있다. 시편 24편은 영광의 왕이신 하나님을 찬양하는 찬양의 시이며 동시에 만왕의 왕이신 메시아 예수 그리스도의 영광과 통치를 말해 주는 메시아 시(Messianic Psalm)이다. 예수 그리스도는 영광의 하나님(행 7:2)이시며 영광의 아버지(엡 1:17)시며 영광의 주님(고전 2:8)이시다. 예수 그리스도는 영광의 왕이시다.

15) 시편 40편의 메시아 이해

시편 40편은 감사(1-10절)와 간구(11-17절)로 되어 있다. 저자 다윗은 구원에 대한 확신과 맹세 그리고 구원의 필요성을 노래한다. 이 시는 크게 두 부분으로 나뉜다. 우선 첫 부분은 구원에 대한 확신과 순종에 대한 맹세이다(1-10절). 두 번째 부분에는 구원의 필요성을 말하고 있다.

시편 40편의 핵심은 6절에서 10절이다(맛소라 사본은 7절에서 11절). 이 부분은 히브리서 10장 5절에서 7절까지에 인용되었다. 다윗은 왕으로서 제의에 참여했을 뿐만 아니라 합당한 희생 제사를 드려야 했다. 그 합당한 제사는 순종이었다(삼상 15:22). 히브리서 기자는 그리스도의 완전한 순종을 구약의 제사의 불충분함과 대조시킨다. 7절의 "그때에 내가 말하기를 내가 왔나이다"라는 구절은 그리스도의 성육신을 나타내는 것 같다. 카이저는 본 시의 6절에서 8절은 옛 질서를 제거하고 새 질서를 세우는데 있어서 히브리서 기자가 모형론적으로 구약을 사용했다고 보았다.[35] 7절의 "나를 가리켜 기록한 것이 두루마리 책에 있나이다"는 일차적으로 신명기의 율법을 가리킨다.

---

35 성기문 역, op. cit., pp.226-227.

그러나 이것은 구약의 메시아 사상의 전반적인 약속들과 예언들을 말하는 것이 분명하다. 또한, 8절의 "내가 주의 뜻 행하기를 즐기오니"라는 구절은 그리스도의 성육신을 통한 그리스도의 순종을 분명히 가리킨다고 할 수 있다. 9절의 "기쁜 소식을 전하였나이다"는 그리스도의 복음 사역을 말한다. 본 시는 모형론적 성격이 강하기도 하지만 예언적 메시아 시로 분류하는 것이 옳다. 결론적으로 본 시의 메시아 사상은 그리스도의 성육신과 새로운 질서로서의 복음 전파를 나타내준다. 메시아는 율법을 온전히 이루신다. 그리고 그는 제사보다 순종을 통해서 의를 이루시는 분이시다.

16) 시편 41편의 메시아 이해

시편 41편의 역사적 배경은 사무엘하 11-16장이다. 다윗이 하나님 앞에서 범죄한 후 다윗의 신하였던 아히도벨이 다윗을 배반하고 압살롬의 모반에 가담한 역사적 사건에 그 배경을 두고 있다. 다윗의 아들 압살롬은 아버지의 왕권에 도전하고 자신을 추종하는 세력들을 모아 반란을 일으켰다. 이것은 다윗의 범죄에 대한 하나님의 심판이었다. 다윗의 간음죄와 살인죄에 대한 나단 선지자의 지적에 따라 다윗은 침상이 젖도록 회개하며 기도하여 하나님의 용서를 받았으나 칼이 다윗의 집을 떠나지 않으리라는 선언을 받았다. 우리야와 밧세바의 가정을 파괴한 다윗도 자신의 가정이 흔들렸다. 다윗 자신이 가장 사랑하는 아들 압살롬이 자신을 향해 칼을 빼들고 도전해 왔으며 설상가상으로 자신의 가장 절친한 친구이자 모략가였던 아히도벨이 자신을 배반하고 압살롬의 편에 가담하여 다윗을 죽이는 계략을 끊임없이 만들어내고 있었다.

다윗은 이 슬픈 소식을 듣고 여호와여 원컨대 아히도벨의 모략을 어리석게 하옵소서 라고 기도하기도 했다. 하나님은 다윗의 범죄에 대한 진노와 용서 가운데서도, 회개하며 기도하는 다윗의 기도를 들으셨다. 아히도벨이 다윗을 죽일 수 있는 마지막 계략을 압살롬에게 말하며 군사를 요청했을 때 하나님께서는 백성들의 마음을 움직여 모략가 후세의 계략도 들어야 한다고 주장케 했다. 아직은 다윗의 시대가 계속되어야 하는 하나님의 뜻에 따라 다윗을 죽일 수 있는 아히도벨의 계략이 받아들여지지 않고 대신 후세의 계략이 받아들여지자 아히도벨은 자신의 집으로 가 목을 매달아 스스로 목숨을 끊고 말았다.

이러한 역사적 사실은 예수 그리스도와 그의 제자인 가룟 유다 사이의 배반 사건에 대한 모형이다. 그러므로 "내 떡을 먹던 나의 가까운 친구도 나를 대적하여 그 발꿈치를 들었나이다"는 시편 41편 9절의 말씀을 예수님께서는 유다의 배반을 예언하실 때 인용하셨다(요 13:18). 이처럼 시 41:9의 역사적 삶의 정황은 다윗을 배반하고 스스로 목 매달아 죽은 아히도벨에 대한 것이다.[36]

신하이자 친구였던 아히도벨이 다윗을 배반한 사건은 결국 제자이자 친구였던 유다가 예수님을 배반하는 역사적 사건의 모형이다. 결론적으로 시편 41편은 메시아 예수 그리스도께서 그의 가장 가까운 자에게 배반을 당하게 될 미래의 역사적 사실에 대한 앞선 모형이라는 점에서 모형론적 메시아 시다.

이 외에도 가룟 유다의 메시아 배반에 대한 예언은 많다. 베드로가 사도행전 1장 20절에 인용한 시편 69편 25절 이하의 말씀도 주님을 배반한 자에 대한 하나님의 진노와 심판을 촉구하는 내용이다. 역시 베드로가 인용한 가룟 유다의 직분을 타인이 취하게 해 달라는 말씀도 시편 109편 8절 이하의 내용이다. 마지막으로 마태복음 27장 9절 이하의 말씀도 스가랴 11장 12, 13절의 말씀을 인용한 것으로서 예수 그리스도가 은 30에 팔리실 것을 예언한 것이다.

17) 시편 45편의 메시아 이해

본 시는 제왕시(Royal Psalms)로서 왕의 결혼 노래라고 할 수 있다. 본 시의 메시아 사상의 핵심은 6절에서 7절이다. 이 구절은 히브리서 1장 8절에서 10절에 인용되었다.

> 하나님이여 주의 보좌가 영영하며 주의 나라의 홀은 공평한 홀이니이다(6절).

---

36 전광규 역, op. cit., p. 126.

6절의 왕의 보좌는 하나님의 보좌에 대한 지상의 그림자이다. 왕은 의의 원수들을 정복하고 하나님에 의해서 왕위에 오른다. 그 왕의 통치는 정의를 사랑하고 악을 미워하는 통치이다. 그에게 기쁨의 기름이 부어져서 다른 어떤 왕보다 승귀하게 된다. 그리고 그 왕은 신부와 결혼식을 올린다. 본 시는 왕과 왕비의 결혼을 노래한다. 그러나 히브리서 기자는 본 시를 인용하면서 천사보다 우월하신 왕으로 묘사한다. 그리고 왕과 신부의 결혼은 그리스도와 교회를 신랑과 신부로 비유한 바울(엡 5:25, 26)과 요한(계 19:7)을 떠오르게 한다.

> 그러므로 하나님 곧 왕의 하나님이 즐거움의 기름으로 왕에게 부어왕의 동류보다 승하게 하셨나이다(7절).

7절은 왕에게 기름을 붓는 내용이다. 이것은 결혼식의 준비일 것이다.[37] 여기서 기름 부음을 받은 신랑인 왕은 신약의 메시아를 가리키는데 거의 이의가 없다.[38] 또한, 기름 부음이란 성령의 임하심을 묘사하는 것이다. 그러므로 본 시의 왕과 왕비의 결혼은 그리스도와 교회의 관계의 모형이다. 그리고 왕의 보좌는 그리스도의 통치의 모형이다. 따라서 시편 45편은 모형론적 메시아 시라고 할 수 있다.

결론적으로 본 시는 앞으로 임할 메시아는 왕으로서 정의와 공평의 통치를 할 것이다. 그는 어떠한 왕보다도 높으시며 그의 결혼은 기쁨으로 기름 부어지는 성령의 기름 부은 결혼이 될 것이다. 그리고 메시아의 결혼의 의미는 성령을 통한 그의 사역과 교회의 시작을 나타낸다(행 2:1-3).

---

37   Ibid., p.443.

38   강정보 역, op. cit., p. 162.

18) 시편 68편의 메시아 이해

시편 68편은 왕의 승리의 노래이다. 저자는 다윗이며 이 시의 배경은 예루
살렘 정복(삼하 5:6-8) 또는 언약궤의 이동 사건이다(삼하 6장).[39] 특히 18절은
에베소서 4장 8절에서 그리스도의 승리와 승천을 적용할 때에 인용되었다.

> 주께서 높은 곳으로 오르시며 사로잡은 자를 끌고 선물을 인간에게서, 또는 패역자 중에
> 서 받으시니 여호와 하나님이 저희와 함께 거하려 하심이로다(18절).

윌슨은 본 시가 왕이요 신랑이신 메시아(45편), 승천하신 인자(68편), 그리고
속건 제물되신 메시아 사상(69편)을 모두 보여 준다고 보았다.[40] 특히 4절에 타
고 광야에 행하시던 자라는 귀절이 나온다. 여기서 '타고'로 번역된 "라로케
브"(לָרֹכֵב)는 분사 형태로서 '그 타고 가는 자를 위하여'로 번역하는 것이 옳
다.[41] 위 단어의 원형은 '라카브'(רָכַב)로써 전차(war-chariot)나 말(horse) 혹은 낙
타(camel) 등에 오르다(타다) 등의 뜻이 있다.[42] 많은 영역본(NIV)은 구름을 타신
자(who rides on the clouds)로 번역하였다. 이는 하나님의 도래에 대한 은유적 표현
이다. 이는 분명히 그리스도의 재림과 연결된다. 그리고 본 시의 엘로힘은 정
복자(12절), 가난한 자에게 은택을 베푸시는 자(10절), 그리고 심판자(30절)로 묘
사된다. 따라서 시편 68편은 메시아적 개념이 정교하게 다루어지고 있다. 결론
적으로 본 시는 메시아의 승리(승귀)와 그의 긍휼 그리고 그의 심판하심을 보
여 주며 동시에 메시아의 비하와 재림까지도 엿볼 수 있는 예언적 메시아 시
이다. 따라서 본 시는 모형론적 메시아 시인 동시에 예언적 메시아 시라고 볼
수 있다.

---

39 전광규 역, op. cit; p. 174.
40 김상호 역, op. cit., p. 100.
41 타고가다(רָכַב)는 말의 분사 형태에 전치사가 결합되어 "타고가는 자를 위하여"라는 의
    미이다.
42 BDB, p.938.

19) 시편 69편의 메시아 이해

저자 다윗의 고난과 핍박이 그리스도의 고난에 적용되고 있기 때문에 애가 (哀歌, Lament) 라고 불리운다.[43] 신약에서 본 시를 인용한 부분은 7곳이나 된다. 4절은 주님께서 자신의 유일한 속죄 사역에 대해 미움을 받을 것에 대해 인용하셨다(요 15:25). 이는 구약의 속건제와 연결된다.[44] 8절은 그 인용이 신약에는 없지만, 요한복음 7장 3절에서 5절에 "그 형제들이라도 예수를 믿지 아니함이라"는 구절 속에서 그리스도의 외로움을 묘사하는 것 같다. 9절의 상반절은 예수께서 성전에서 장사하는 자들을 책망하실 때 인용되었다(요 2:17). 이는 메시아가 성전의 주인이심과 메시아 당시의 성전 개념의 왜곡을 보여 준다. 9절의 하반절은 바울이 그리스도께서 약한 자를 위해 자신의 영광을 버리고 비방을 받은 것에 대해 인용하였다(롬 15:3). 이는 메시아의 사랑과 긍휼을 보여 준다. 21절은 총독의 군병들이 골고다에서 쓸개 탄 포도주를 예수께 마시게 하려는 사건 속에서 인용되었다(마 27:34). 이는 메시아의 죄인을 위한 고통을 나타낸다. 22절은 바울이 메시아를 넘겨주는 자들의 동기가 세상의 부요함을 좇는 것임을 지적하는데 인용되었다. 이들의 실패는 결국 이방인의 구원을 이루게 한다(롬 11:9). 이는 메시아 구원의 우주성을 말하는 것이다.

마지막으로 25절은 베드로가 유다의 죽음으로 인해 공석이 된 사도의 자리를 보충하기 위해 인용하였다(행 1:20). 이는 그리스도를 배신한 자의 비극적인 종말을 잘 보여 준다. 시편 69편의 메시아 사상은 메시아 당시에 유대인들이 인식하지 못했던 이사야 53장의 고난받는 메시아를 정확히 묘사하고 있다. 그 메시아의 고난은 우리의 죄값을 배상하는 속건제의 의미를 가진다. 그리고 그 메시아는 성전의 주인이시다. 그는 가족들에게 외면을 당하는 외로운 분이시다. 아울러서 그 메시아를 부인하는 자들은 처참한 종말을 당할 것을 보여 준다. 그러므로 본 시는 일차적인 다윗의 고난이 미래적인 그리스도의 고난을 바라보게 하는 모형론적 의미도 있으나 메시아적 의미와 사건을 말할 때 신약

---

43   유재원, 류호준 역, op. cit., p.447.

44   김상호 역, op. cit., p.79.

에 많이 인용된 사실로 보아 예언적 메시아 시로 분류되고 있다.

20) 시편 72편의 메시아 이해

본 시의 표제는 "솔로몬의 시"라고 되어 있다. 비평주의 입장에서는 이 시편을 어떤 사람이 솔로몬을 위해 기록한 것으로 보기도 하지만 시편 72편의 저자는 솔로몬이 분명하다.[45] 왜냐하면 시 자체가 선택된 왕의 번영을 위한 기도이기 때문이다. 본 시의 제목은 "왕에 대한 노래"가 타당하다.[46] 이 시는 이사야 11장과 매우 비슷하다(사 11:1-5; 60-62). 본 시를 인용한 신약의 구절은 없다. 그러나 본 시는 이상적인 왕의 모습을 잘 보여 준다. 그 왕은 공의를 행하며, 가난한 자와 압박당하는 자를 구원하신다(2, 4, 13절). 그의 통치는 온 세계에 확장된다(8절). 또한, 그의 통치는 자연에도 영향을 미친다(16 절). 그리고 그의 통치는 아브라함에게 하신 약속의 성취이다(17-19절).

윌슨은 본 시를 천년 왕국의 모형이라고 하였다.[47] 로스도 본 시를 메시아의 1천 년 통치에 대해 말하는 것으로 보았다.[48] 이들은 전천년주의자들(Premillenialists)의 입장을 대변하고 있다. 그러나 메시아의 정의로운 통치가 분명하지만, 이 공의로운 통치는 어떤 한정된 기간이 아닌 하나님의 나라 그 자체로 보는 것이 타당하다. 시편 72편은 모형론적 메시아 시라고 볼 수 있다. 본 시에 나타난 대로 메시아는 가난하고 궁핍한 자를 구원하신다. 그의 통치는 전 세계적이다. 그의 통치는 공의 그 자체이다. 그의 사역은 아브라함 언약의 성취인 것이다. 이러한 통치자는 누구이겠는가.[49] 만왕의 왕으로 오실 메시아이신

45　유재원, 류호준 역, op. cit, pp.445, 449. 시편 72편의 제목인 리쉘로모(לשלמה)는 솔로몬의 이름(שלמה 쉘로모)에 전치사(ל)가 결합되어 '솔로몬을 위한' 또는 '솔로몬을 향한'의 문자적인 의미가 있다. 이 문자적 의미 때문에 다른 사람이 솔로몬을 위해 기록한 것으로 이해하기도 한다. 그러나 일반적으로 사람 이름 앞에 전치사(ל)를 결합시켜 저자의 의미를 나타내는 유대 사상 아래서 볼 때 리쉘로모(לשלמה)는 '솔로몬에 의한 것' 즉 솔로몬에 의한 저작임을 잘 말해 준다. 그로닝겐도 솔로몬을 저자로 이해하고 있다.

46　김정우, 『시편강해 I』, p. 193.

47　김상호 역, op. cit., p.161.

48　전광규 역, op. cit., p. 184.

49　눅 4:18과 마 1:1과 행 1:8을 참조하라.

우리 주 예수 그리스도이시다.

21) 시편 89편의 메시아 이해

본 시의 저자는 레위 족속인 에단이다(대상 15:17-18). 아마 시의 배경은 열
왕기상 14장의 애굽의 시삭이 유다를 침공한 일과 바벨론 포로와 같은 군사적
패배 이후에 쓴 것 같다.[50] 바울은 본 시의 20절을 다윗의 씨(descendants, NIV)
로부터 오신 분이 구주 예수이심을 증거하는 데 인용하고 있다(행 13:22).

> 내가 내 종 다윗을 찾아 나의 거룩한 기름으로 부었도다(20절).

또한, 시편 89편에는 언약이라는 용어가 반복 나타난다. 즉 본 시의 저자는
사무엘하 7장에 있는 왕조의 약속을 언약 곧 베리트 (בְּרִית)라는 용어를 도입한
다(3, 28, 34, 39절). 그는 주께서 그의 택하신 왕과 공식적이고 법적인 언약적 관
계를 노래하고 있는 것이다. 이 언약은 그 성격에 있어서 일방적(주권적)인 것
이며 왕조의 언약적 특징을 제시하는 것이다. 이는 본 시가 7회에 걸쳐 그 특
징을 강조하는 것을 볼 때 알 수 있으며(2, 3, 5, 29, 37, 38, 53절) 이것은 언약의
영속성과 완전성을 강조한다. 그리고 노아의 언약과 아브라함의 언약의 연장
선상에 있다.

본 시에 묘사된 다윗 왕의 모습은 기름부음을 받은 메시아로 나타나고 있
다. 그리고 선택된 자(바후르, בָּחוּר), 주의 종(에베드, עֶבֶד), 장자(베코르, בְּכוֹר) 등
으로 나타나고 있다. 이러한 표현은 메시아의 인격과 사역에 대한 언약적 용
어이며 장차 미래에 올 다윗 언약의 왕에 대한 소망을 이상적으로 나타낸 것
으로서 후대 메시아 사상의 뿌리가 된다.[51] 따라서 본 시는 예언적 메시아 시
이다. 결론적으로 본 시의 메시아 사상은 다윗의 후손을 통해서 메시아가 온
다는 사실이다. 그리고 그 후손의 통치는 영원하고 완전한 통치인 것이다. 그

---

50 전광규 역, op. cit., p.218.

51 Ibid., p. 106.

는 하나님과의 관계에서 그를 아버지라고 부를 수 있을 것이다(26절).

22) 시편 96-100편의 메시아 이해

시편 96-100편의 시들은 여호와의 등극시로 알려져 있다. 그리고 본 시들은 신약에서의 언급이 없다. 그러나 대부분의 보수주의 학자들(칼빈, 행스텐베르그, 델리취, 그리고 박윤선 등)은 본 시들을 메시아 시들로 해석하였다. 본 시들에는 복음의 보편성(96:1-2; 99:1), 그리스도의 구속, 의와 속죄(98:1, 2), 그리스도의 재림(99:7), 그리고 하나님의 통치(99:5) 등의 메시아 사상들이 있다.

시편 96편 1, 2절은 메시아를 통한 구원이 선포될 것을 말하며 10-13절은 만방에 메시아의 구원과 통치가 임하는 사실을 노래하고 있다. 시편 97편은 의의 왕으로서의 메시아의 통치에 대한 기쁨과 감격을 노래한다. 시편 98편의 내용은 하나님께서 기이한 일 곧 메시아를 통한 죄인의 구원을 이루실 때 창조된 모든 피조물이 기뻐하며 하나님께 영광을 돌릴 것에 대한 모형으로 나타난다. 그리고 시편 99편은 메시아의 통치에 대하여 그 통치를 받는 자들 곧 그 발등상 아래 있는 모든 자가 구원의 하나님 여호와를 경배할 것에 대한 모형적 의미를 나타낸다. 마지막으로 시편 100편은 하나님을 모든 구원받은 자들의 진정한 목자로 언급한다. 그리고 구속을 받은 모든 사람은 하나님의 기르시는 양이며 하나님의 것이요 하나님의 백성들이다. 이것은 메시아의 십자가 사건을 통해 죄인을 그 피로 값 주고 사시는 하나님의 구속 사건에 대한 모형이다(3절).

> 여호와가 우리 하나님이신 줄 너희는 알지어다 그는 우리를 지으신 자시요 우리는 그의 것이니 그의 백성이요 그의 기르시는 양이로다(시 100:3).

따라서 96-100편의 시들은 하나님과 그의 택한 백성들의 모습을 통하여 모든 믿는자의 진정한 목자이신 메시아와 그를 따르는 택한 백성들의 모습을 모형적으로 잘 보여 주고 있는 메시아 시들이다.

23) 시편 101편의 메시아 이해

시편 101편은 다윗의 생애 초기에 기록된 것으로 간주된다. 다윗이 왕이 되기 전이나 법궤가 예루살렘으로 옮겨오기 전에 기록되었을 것으로 본다.[52] 다윗이 1, 2절에서 인자와 공의를 찬양한다는 표현은 인자와 공의의 유일한 대상이신 메시아에 대한 찬양을 의미한다. 그뿐만 아니라 시편 101편의 다윗과 하나님과의 관계는 장차 오실 메시아와 그를 보내신 하나님과의 관계를 모형적으로 보여 준다. 이 시는 시편 72편과 함께 이해될 수 있다.

24) 시편 102편의 메시아 이해

시편 102편의 제목은 "슬픔에서 찬양으로"라고 이름 붙여진다. 이 시의 25절에서 27절은 히브리서 1장 10절에서 12에 인용되었다. 히브리서 기자는 그리스도의 영원성, 세상의 창조주 되심, 그리고 세상의 보존자로서 그가 하나님의 아들이심을 증거하기 위해 사용하였다. 저자는 하나님의 무응답으로 인해 오는 고통 즉 육체적, 정신적, 영적, 그리고 사회적 고통에 대해 묘사한다 (1-11 절).[53] 이러한 장면은 겟세마네에서의 그리스도를 연상시킨다.[54] 그리고 왕적 메시아는 그의 원수들에게 고난을 당한다(8절). 10절에서 "주께서 나를 드셨다가 던지셨나이다"라고 했다. 이는 메시아의 대속사역을 바라보게 한다. 그럼에도 그는 영원하시며 영광 중에 시온에 나타날 것이다(16절). 그리고 복음은 전 세계에 확산 될 것이다(21-22절).

위와 같이 시편 기자는 자신의 곤고한 마음을 여호와 앞에 아뢰면서 그의 구원을 간구하고 있다. 그러면서도 저자는 미래의 구원을 바라보고 있는 것이다. 따라서 본 시는 예언적 메시아 시라고 할 수 있다. 결론적으로 본 시는 고난 당하는 메시아를 말하고 있다. 그 메시아의 죽음의 의미와 메시아의 신분

---

52   그로닝겐, pp.450-451.

53   Ibid., p.54.

54   김상호 역, op. cit., p. 178.

(하나님의 아들)과 그의 영원한 통치를 바라본다.

25) 시편 107편의 고엘(לֵאָג) 사상

시편의 정경은 토라의 다섯 부분에 따라 다섯 부분으로 이루어져 있다. 시편 107편은 마지막 다섯 부분의 시작으로서 여호와께 감사하라고 선언하며 (1절) 하나님께 감사해야 할 이유를 분명하게 가르치고 있다. 우리가 여호와께 감사해야 할 이유는 여호와께서 구속하셨기 때문이며 우리는 구속함을 받은 자들이기 때문이다(2절). 시편 19편 14절(나의 구속자)과 함께 이 부분은 시편의 메시아 사상인 고엘 사상을 잘 보여 준다. 시편의 구속자는 메시아의 모형으로서 이스라엘을 구원하시는 여호와 하나님이시다. 여호와 하나님을 구속의 하나님 또는 나의 구속자라고 하는 이른바 고엘 사상은 구약성경 전반에 흐르고 있는 메시아 사상이다.

특히 이사야 선지자는 여호와를 구속자라고 자주 언급하면서 야곱의 자손과 이스라엘과 예루살렘을 위해 대신 값을 지불하시고 그들을 샀다고 강조하였다(사41:14; 43:1; 44:22; 49:7; 42:23-24; 47:4; 48:17, 20). 이 고엘 사상의 흔적은 이미 창세기 38장의 유다의 가정에서 계대 결혼과 함께 나타나 여자의 후손 계열을 보여줌으로써 메시아의 계보를 확실하게 보여 주었다. 또한, 이 고엘 사상은 신명기 25장(5-10)에 모세의 율법으로 성문화되어 모든 택한 백성이 지켜야 할 하나님의 계명으로 구체화 되었다. 이 고엘 사상은 사사시대의 한 경건한 가문 엘리멜렉의 집안을 통해 나타나 메시아의 계보를 이루는 역사적 사건으로 성취되었다(룻기 1-4장). 마침내 이 고엘 사상은 시편의 저자들과 선지자들의 입을 통해 구체화 되었으며 결국 메시아이신 예수 그리스도의 탄생과 십자가 사건 및 부활을 통해 완전히 이루어졌다. 욥기 19장의 욥의 대답 속에도 고엘 사상이 담겨 있다.

> 내가 알기에는 나의 구속자가 살아계시니 후일에 그가 땅 위에 서실것이라 나의 이 가죽 이것이 썩은 후에 내가 육체 밖에서 하나님을 보리라 내가 친히 그를 보리니 내 눈으로 그를 보기를 외인처럼 하지 않을 것이라 내 마음이 초급하구나(욥 19:25-27).

욥의 확신에 찬 이 말을 욥기서 전체 중에서도 가장 중요한 의미를 갖는다.
욥은 자신의 이 극한 고통으로부터 구출해 주시고 해방시켜 주실 구속자(גֹּאֵל)
를 바라보며 믿고 의지하고 있다. 욥은 구속주에 대한 강한 신념과 부활 신앙
을 찬양하고 있다. 신학적으로나 영적인 해석에 있어서 이 부분의 욥의 응답
은 메시아적이다. 즉 십자가의 고난과 죽음을 통해 육체의 극한 고통을 견디
고 하나님의 뜻을 이루신 그리스도의 죽음과 부활을 연상케 한다. 구약에서
하나님을 구속주 또는 구속자로 언급할 때는 직접 간접적으로 언제나 메시아
언약과 연결되어 있다. 구약에서 이 구속자(גֹּאֵל) 사상은 족장시대부터 그 모습
을 드러냈으며 모세 시대를 지나 왕국 시대와 그 이후의 시대 속에서 점점 유
기적이며 점진적인 발전을 계속해 왔다.[55] 급기야 구약에 그림자로 나타난 구
속자 사역은 죄인을 대신하여 십자가에 죽으시고 부활하신 메시아 예수 그리
스도의 구속 사역을 통해 역사 속에서 성취되었다. 욥기서의 이 구속자 사상
도 구약 전체에 흐르고 있는 소위 구속자 사상 곧 고엘 사상과 열결된다.

구약에서 이 구속자 사역의 모형은 너무나 많다. 친족(친척)의 어려움을 도
와주는 제도로써 대신 땅을 사주는 '기업 무를 자'를 비롯하여 아들을 낳지
못하고 죽은 형제를 대신하여 아들을 낳게 해 주는 계대 결혼(창 38장; 룻 4장)
도 구속자 사상 곧 고엘 사상이다. 이 고엘 사상의 올바른 이해는 구약 전반에
흐르고 있는 메시아언약을 이해하는 데 있어서 매우 중요하다.

창세기 37장에서부터 50장까지에는 요셉의 생애가 길게 기록되어 있다. 그
런데 갑자기 창세기 38장에는 유다 가정의 소위 계대 결혼 사건이 길게 기록
되어 있다. 이것은 아브라함과 이삭을 통해 이어지는 메시아언약이 야곱에게
서 요셉으로 내려가지 않고 유다에게로 이어지고 있음을 알리기 위해 성경의
기록자들을 사로잡으시는 성령께서는 요셉의 긴 생애를 기록으로 남기기 시
작하면서 먼저 유다 가정의 계대 결혼 사건을 메시아적 계보로 남긴 것이다.

---

55 여기서 나의 구속자에 해당하는 말은 גֹּאֲלִי(고알리)이다. 이 말은 גָּאַל(가알) 곧 속전을 주
    고 구제하다. 대신 보상해 주다는 뜻을 가지고 있는 말의 분사 형태에 1인칭 대명사 접
    미어가 결합된 형태다. 구약에서는 일반적으로 이 분사 형태인 גֹּאֵל(고엘)이 구속자(re-
    deemer), 구속주 등으로 자주 사용되어 메시아언약과 연결되고 있다.

즉 창세기 37장에서부터 50장까지 계속되어야 할 요셉의 생애는 창세기 15장
의 아브라함과의 하나님의 언약이 성취되기 위해 요셉을 먼저 애굽으로 보내
시는 하나님의 언약사가 펼쳐짐으로써 마치 아브라함과 이삭과 야곱의 메시
아언약이 요셉으로 이어지는 것처럼 보일 수 있다. 이러한 오해를 방지하기
위한 메시아적 계보가 창세기 38장의 계대 결혼 사건이다. 이 계대 결혼의 주
제가 구속자 사상 곧 고엘 사상이다. 야곱의 넷째 아들 유다에게는 세 아들 엘,
오난, 셀라가 있었다(창 38장). 유다는 장남 엘을 위해 이방 여인 다말을 며느
리로 맞았다. 그러나 하나님 앞에 악한 엘은 아들을 낳지 못하고 죽었다.

하나님의 계시로 전해 오는 계대 결혼에 의해 둘째 아들 오난이 죽은 형 엘
을 대신하여 형수인 다말과 동침하여 아들을 낳아 주어야 했다. 이윽고 오난
이 형수인 다말과 동침하던 중에 오난은 형수의 몸 안에 사정(射精)하지 않고
땅바닥에 사정함으로써 하나님의 진노를 받아 죽임을 당한다. 다말은 계대 결
혼의 순서에 따라 유다의 세 번째 아들 셀라와 동침해야 하지만 셀라가 어리
다는 이유로 유다는 다말을 친정으로 보낸다. 한편 유다는 아내가 죽는 슬픔
을 겪는다. 이윽고 양털 깎는 시기가 이르자 유대의 남자들이 들에 나가 양의
털을 깎는 일에 여념이 없는 틈을 이용해 친정에 가 있던 다말은 창녀로 변장
하고 시아버지 유다에게 접근하여 결국 동침하기에 이른다.

유다는 며느리 다말을 창녀로 알고 그녀에게 도장과 끈과 지팡이를 담보물
로 맡기고 동침하였다. 다말은 유다와 동침한 후 도망치듯 친정으로 갔지만
석 달 후 잉태한 사실이 발각되어 재판정에 회부된다. 당시 남편 있는 여자가
간음하거나 임신을 하면 화형에 처하는 규례가 있었고 다말은 이 재판을 거쳐
유죄가 확정되면 죽음을 면치 못하게 된다. 이 재판의 재판장은 시아버지 유
다였다. 당시 도장과 끈과 지팡이를 소유한 사람은 한 부족의 지도자(족장)로
서 사법권(재판권)과 행정권을 모두 가지고 있는 통치자였다. 다말과 동침할
때 유다가 다말에게 담보물로 준 그것들은 후에 재판정에서 다말의 목숨을 살
리는 증표가 되었다. 다말은 재판이 진행될 때 유다의 소지품을 증거로 제출
하여 죽음을 면했다. 그 이유는 유다의 가정에서 다말을 위한 계대 결혼의 순
서가 오난을 거쳐 셀라에게로 이어지지만, 셀라가 너무 어려서 그 순서를 잇
지 못함으로 그다음 유다에게로 그 순서가 이어져야 한다.

그러나 유다는 계대 결혼이라는 하나님의 언약의 규례에 열심을 다하지 않았으며 오히려 며느리 다말이 목숨걸고 유다와 동침하는 계대 결혼에 열심을 내었다. 그러므로 재판 후에 유다는 다말에게 너는 나보다 옳도다라고 칭찬하며 다말의 언약적 행동에 감사했다. 여기서 유다 가정의 계대 결혼의 대상자인 다말과 남자들 사이에 구속자 곧 고엘 사상이 담겨 있다. 즉 아들을 낳지 못하고 죽은 엘을 대신하여 아들을 낳아 주어야 할 오난, 셀라 및 유다가 바로 유다 가문의 대를 이어주기 죽은 자를 대신하여 결혼해야 하는 구속자 곧 고엘이다.

창세기 38장의 계대 결혼 속에 있는 고엘 사상은 모세의 율법으로 성문화되었으며(신 25:5-10) 룻기의 계대 결혼을 거쳐 예수 그리스도에게서 성취되었다. 즉 유다는 다말에게서 베레스와 세라를 낳고 베레스는 그 후손으로 보아스를 낳았으며 보아스는 다시 룻과의 계대 결혼을 거쳐 다윗의 조상을 낳았으며(룻 4장) 그 후손은 메시아로 이어졌다(마 1장). 구약의 구속자는 예수 그리스도에 대한 그림자요 모형이다. 그리스도는 인간의 죄를 대신 지시고 십자가에 죽으신 구속자시다.

사사 시대의 한 경건한 엘리멜렉 가문에 말론과 기론 두 아들이 있었다. 그들의 고향인 예루살렘에 오랜 기근이 들게 되자 그들은 모압 지방으로 이민을 갔다. 그곳에서 가장인 엘리멜렉이 죽은 후 말론과 기론 두 아들이 결혼했으나 그들 역시 모두 죽고 말았다. 시어머니 나오미는 두 며느리 중에 한 명을 데리고 고향으로 돌아오지만, 너무 경제적으로 빈약하여 친족 보아스 밭에서 이삭을 주워 연명해 나간다. 나오미는 남자들이 하나도 없는 가문에 며느리 하나만 데리고 살면서 그 가문으로 이어지는 토지를 대신 사 줄 친척(친족)을 기다리고 있었다. 마침 과부된 며느리 룻을 사모하는 남자 보아스가 친족임을 알고 그에게 며느리 룻을 접근시켜 계대 결혼을 성사시킨다. 이 계대 결혼은 농사지을 남자가 없는 엘리멜렉(나오미) 가문의 토지를 대신 보아스가 사줌으로써 희년이 될 때까지 경제적으로 어려운 친척인 나오미와 룻을 도와주는 제도이다. 대신 보상해 준다는 의미에서 땅을 대신 사주는 친족을 기업 무를 자(גאל) 곧 구속자라고 불렀다(룻 3:9, 12). 구속자 곧 기업 무를 자 보아스는 룻을 위해 대신 땅을 사 주었으며 그녀와 계대 결혼을 이루어 오벳을 낳았고 오벳은 이새를 낳았으며 이새는 다윗을 낳음으로 아브라함과 다윗의 자손 예수 그리스도가 탄생하게 되는 언약이 성취되었다(룻 4:18-22; 마 1장).

예수님 당시에도 이 고엘 제도의 흔적이 남아 있었다. 바리새인과 사두개인과의 부활논쟁은 급기야 예수님의 판결을 받기에 이르렀다. 신명기 25장의 계대 결혼에 대한 의미를 오해한 그들은 일곱 형제들이 한 여자와 결혼했으나 아들을 낳지 못하고 죽었을 때 만약 부활이 있다면 이 여자의 진정한 남편은 누가 되느냐고 물었다. 이 질문 속에는 은근히 부활이 없음을 드러내고 있다. 우리 주님은 이 질문에 대해 그들이 성경도 하나님의 말씀도 오해하였다고 지적하시면서 부활 때에는 시집도 장가도 안 가며 모든 사람을 신령한 몸으로 변화되어 하늘에 있는 천사와 같이 된다고 말씀하셨다(마 22:23-33).

계대 결혼의 고엘 사상은 이미 그리스도에게서 그의 십자가의 죽으심과 부활로 이루어졌으며 주님의 부활을 믿는 모든 그리스도인은 우리 대신 십자가를 지신 구속자 그리스도를 통해 이미 구원을 받은 것이다. 고엘 사상은 구약성경을 이해하는 중요한 신학적 해석이요 메시아적 요소이다. 시편 107편의 저자는 자신의 구속자를 바라보며 위로를 얻고 있다. 이 구속자는 값을 지불하고 대신 사 주는 사람을 일컫는 말로서 룻기에는 기업 무를 자(גאל, 고엘)로, 신명기 25장에는 가문을 잇기 위한 계대 결혼의 친족(גאל, 고엘)으로 언급된다. 대신 값을 지불하고 산다는 의미를 가진다. 이것은 예수 그리스도께서 인류의 죗값을 대신하여 십자가에 죽으실 것에 대한 예표요 모형이다.

26) 시편 109편의 메시아 이해

시편 109편은 "적들에 대한 고소"(appeal against enemies, JB)라고 봄이 적절하다. 저자 다윗은 악한 계교로 대적하는 원수들에게 주께서 보복해 주시기를 기도한다. "원수들에 대한 복수를 요청하는 다윗의 기도는 과연 합당한가"라는 질문을 받을 수 있다. 즉 시편 109편을 읽는 그리스도인들은 원수를 사랑하고 박해하는 자를 축복하라는 신약의 가르침과 어긋남을 인식하게 된다(마 5:44; 롬 12:14). 그러나 4-5절로 미루어 볼 때 시편 기자가 몹시 화가 나 있다는 것은 분명한 사실이지만 그가 단순히 개인적인 원한에 자극을 받고 있지 않다는 것이 강조되어야 한다.

그의 가장 큰 관심사는 하나님의 정의와 명예이다. 그리스도는 잡히셔서 재
판을 받으시고 십자가에 달리실 때 그들을 저주하지 않으시고 오히려 용서를
구하셨다(눅 23:34). 그러나 그는 바리새인들과 악하고 음란한 세대를 책망하
신 일이 있었다(마 15:7-8; 16:4). 이것은 심판주로서의 그리스도를 표현한 모습
이다. 본 시에서 어떤 현저한 모형이나 예언적인 내용을 찾아보기는 힘들다.
단지 메시아는 고난당하시고 통치하시는 분임을 묘사하고 있다. 신약에서 인
용한 구절은 8절 "그 직분을 타인이 취하게 하소서"이다. 이는 가룟 유다의
배반과 그에 대한 예언을 다루고 있다(행 1:20). 그러나 시편 자체의 문맥은 전
혀 예언적이 아니며, 시인의 원수에 대한 저주형 시로 제시되고 있다.[56] 그러
므로 본 시는 일반적인 메시아 시로 분류된다.

27) 시편 110편의 메시아 사상

시편 110편의 제목은 "하나님이 세우신 왕과 제사장"이라고 할 수 있다. 한
영어성경(JB)에는 왕과 제사장으로서의 메시아(The Messiah: King and Priest)라고
제목을 붙였다. 우리는 본 시를 통해서 구약에 나타난 다윗 왕의 모습과 신약
의 그리스도를 연결시켜 볼 수 있다. 신약에서의 인용은 예수께서 자신이 다
윗의 후손임을 증거하기 위하여 그리고 그의 주가 되심을 증거하기 위하여 1
절을 인용하였다(마 22:44; 막 12:36; 눅 10:42). 더욱 중요한 사실은 예수께서 본
문을 다윗이 성령의 감동으로 기록했다고 말씀하신 사실이다(마 22:43). 이
는 본 시의 메시아 사상 뿐만 아니라 시편과 구약의 메시아 사상 연구의 기초
가 된다.

또 1절은 히브리서 1장 13절에서 그리스도의 우월성을 설명하기 위해 인용
하였다. 베드로는 그리스도의 승천과 하나님 우편에 앉으심, 그리고 성령을
보내시는 사역을 설명하기 위해 1절을 인용하였다(행 2:34-35). 4절의 "여호와
는 맹세하고 변치 않는다"라는 구절은 그리스도의 영원한 제사장 되심을 가

---

56 김정우, op. cit., p.211.

르치는데 인용되었다. "멜기세덱의 반차를 쫓는 영원한 제사장"은 히브리서에서 불완전한 레위 계통의 제사가 아닌 멜기세덱과 같은 별다른 제사장을 설명하기 위해 인용되었다(히 5:6; 7:17, 21). 또한, 본 시의 2절과 3절은 왕의 통치를 명백히 보여 준다. 그러므로 본 시는 예언적 메시아 시가 분명하다.

결론적으로 본 시의 메시아 사상은 장차 올 메시아는 왕이며, 제사장으로서 오실 것이다. 이 왕은 권능의 홀을 통해 다스리시는 통치자이시다. 그는 열왕을 통치하는 분으로서 백성을 구원할 영원한 대제사장이시다.

28) 시편 118편의 메시아 이해

시편 118편은 장막절을 위해 쓰여졌을 것이며, "하나님께서 주신 승리"를 노래한다.[57] 본 시는 할렐(Hallel) 시편들(113-118편)의 절정으로서 이 시들은 다윗 왕조와 이스라엘 전체에게 행하신 여호와의 과거의 선하심에 대한 정기적인 기념행사(유월절, 오순절, 장막절)에 사용되었던 것 같다.[58]

건축자의 버린 돌이 집 모퉁이의 머릿돌이 되었나니(22절).

예수 그리스도께서는 포도원의 비유를 통해서 하나님의 아들이신 자신의 죽음과 악한 농부들의 심판과 더불어 이방인의 구원을 말씀하실 때 시편 118편 22절을 인용하셨다(마 21:42). 메시아 예수 그리스도는 유대인의 구원을 위해 오셨으나 유대인들은 그를 대적하고 멸시하였다. 그러나 이방인들은 메시아를 믿고 영접하여 유대인들보다 먼저 구원에 이르렀으며 하나님 나라의 백성들이 되었다. 즉 건축자들의 버린돌처럼 유대인들에게 버림받은 그리스도가 이방인들에게는 집 모퉁이의 머릿돌처럼 가장 중요한 구원의 주로서 받아들여질 것에 대한 앞선 모형이다. 네 명의 복음서 기자들은 모두 종려 주일 기사에서 본 시편을 스가랴 9장 9절과 결부시켜서 사용하고 있다(마 19:9; 막

57 Ibid., p.198.
58 Ibid., p.205.

11:9-10; 눅 19:38; 요 12:13). 이는 메시아의 왕적 입성을 나타낸다. 6절과 7절은 히브리서 13장 6절에서 그리스도께서 그를 따르는 자를 도우시는 주로 묘사하기 위해 인용되었다.

> 여호와는 내 편이시라 내게 두려움이 없나니 사람이 내게 어찌할꼬 여호와께서 내편이
> 되사 나를 돕는 자 중에 계시니 그러므로 나를 미워하는 자에게 보응하시는 것을 내가
> 보리로다(6-7절)

또한, 10절은 그리스도의 생애를 바라보게 한다. 그러므로 시편 118편은 예루살렘으로의 왕적 입성의 모형을 제공해 준다고 할 수 있으며[59] 이방인에 대한 구원의 빛을 볼 수 있다. 따라서 본 시는 모형론적 메시아 시로 분류할 수 있다. 결론적으로 본 시의 메시아 사상은 장차 올 메시아는 권능으로 승리할 메시아 시다. 그리고 그는 이방인의 구원을 비추시는 자이심을 보여 준다. 시편 속에 나타나 있는 그리스도를 만나기 위해서는 먼저 율법의 형태로 기록된 말씀에 헌신하지 않으면 안 된다.[60] 따라서 여호와의 율법을 좋아하는 자가 복이 있다(시편 1편).

29) 시편의 메시아 이해 결론

시편에 나를 가리켜 기록된 모든 것이 이루어져야 하리라 한 말이 이것이니라(눅 24:44)라고 말씀하신 주님의 말씀은 시편의 메시아 사상을 단적으로 지적하신 것이다.[61] 따라서 시편의 메시아 사상은 신약의 성취면에 무게를 두고 고찰하였다. 시편의 메시아 사상은 시의 형식을 취하고 있지만, 그 이전의 메시아 사상보다 더욱더 분명하고 발전된 모습을 보여 준다. 특히 시편에는 오실 메시아에 대한 다양한 성격이 묘사되어 있었다.

---

59 유재원, 류호준 역, op. cit., p.471.

60 김정우, op. cit,. p. 11.

61 김상호 역, op. cit., p.9.

첫째, 시편은 메시아의 직분에 대해 다양한 표현을 사용하고 있었다. 메시아는 전 우주적인 통치를 행하시는 영광스러운 왕이시다(2, 18, 24, 45, 69, 72, 89, 96-100, 110편). 그는 하나님의 아들이시며(2, 89편), 그는 영원한 대제사장이시다(22, 110편). 그는 창조주로서(8편), 목자로서(23편), 그리고 하나님과 인간(God - man)으로서(40편) 구약의 예언을 성취하시는 분이시다(40, 72편).

둘째, 시편은 메시아의 다양한 사역을 말해 주고 있었다.

메시아는 하나님으로서 육신을 입고 오신다(메시아의 성육신 - 21, 40. 89편). 그는 비천한 모습으로 낮아지신다(비하 - 8, 68편). 그의 삶은 고난 속에서 결국 죽음을 맞이할 것이다(대속 - 8, 18, 22, 69, 102, 109편). 그는 율법을 온전히 순종하시며(수법 - 40편), 그는 악의 세력과 싸우신다(20, 102편). 그는 가까운 사람에게 배반당하시며(41편), 그는 죽음에서 부활할 것이다(8, 16, 18). 그는 이제 하늘에 오르사(16, 45편) 승리한 왕으로서 높여지신다(20, 21, 68, 118편). 그는 자신을 따르는 무리에게 명령하시고(40, 45편), 이 세상에 다시 오실 것이다(재림 -24, 96' 110편). 결국 그는 온 우주를 심판할 심판주로 오실 것이다(68, 69편). 또한, 시편의 메시아 사상은 세 가지로 분류되어 해석된다. 시편에서의 "예언과 모형"의 관계를 신약에서의 "성취와 원형"의 관계로 적용하였다. 첫째로 예언과 성취의 관계를 통해 예언적 메시아 시로 분류하였다(2, 8, 12, 16' 40, 69, 89, 102, 110편). 둘째로 모형과 원형의 관계를 통해 모형론적 메시아 시로 분류하였다(18, 20, 21' 23, 24, 41, 45, 68, 72, 118편).

셋째, 메시아 사상은 다른 시편들보다 분명하나, 예언과 모형론적 시 보다는 약하다고 판단되는 일반적 메시아 시로 분류하였다(12, 109편).

시편의 모든 말씀은 창조주 하나님의 크고 위대하심을 드러내고 있다. 동시에 인간은 하나님의 피조물로서 얼마나 완악한 죄인인가를 극명하게 밝히고 있다(시 78편 등). 더욱 중요한 사실은 시편을 통해서 메시아이신 예수 그리스도를 분명하게 바라볼 수 있다는 것이다. 또한, 시편의 기자들이 그렇게 바라보고 대망했던 메시아를 우리는 만났다. 그들보다 더욱더 분명히 그분의 정체성을 아는 놀라운 축복을 받았다고 할 수 있다.

이제 우리는 이런 복된 입장에서 메시아의 다시 오심을 시와 찬미와 신령한 노래로 소망하고 바라보면서 현재의 삶을 기뻐하고 열매 맺으며 그분을 찬양해야 한다. 그분은 분명히 다시 오신다! 시편에는 메시아 사상 외에 하나님의 임재와 왕권사상 등이 풍부하게 드러나 있다. 즉 시편에는 메시아의 인격과 사역은 물론 하나님의 임재와 사역에 대한 찬양과 감사를 개인적 및 공동체적으로 표현되어 있다. 여호와께서는 역사를 주관하시는 주(Lord)요 죄인을 구원하시는 구원의 하나님이시요 은혜와 복의 근원이시며 약속에 대한 성취와 심판의 주님이시다. 여호와 하나님은 시인들의 시를 통해 창조와 심판과 구원을 말씀하실 때 메시아의 초림과 재림에 대한 약속으로 드러내셨다. 이것이 시편에 나타난 메시아 사상이다. 시편의 메시아적 성격은 좁은 의미의 메시아 개념과 넓은 의미의 메시아 개념에서 가장 잘 표현된다.[62]

하나는 그리스도의 인격이요
다른 하나는 그리스도의 사역이다.

아직도 시편에 나타난 메시아 사상에 대해서는 더 연구해야 할 부분들이 많이 있음을 발견한다. 그런데도 시편 속에 담겨 있는 메시아적 의미를 이해하고 해석하여 신약에 인용했던 성경 기록자들의 인도와 가르침 아래서 시편에 담겨 있는 그리스도 우리 주님을 발견하는 작업이 성경해석의 중요한 과제임을 재확인할 수 있다.

시편에 나를 가리켜 기록된 모든 것이 이뤄져야 하리라 한 말이 이것이니라(눅 24:44).

---

62 유재원 • 류호준, op. cit., p.388.

3. 잠언과 메시아 이해

1) 미쉴레 쉘로모와 미쉴림

우리말로 이스라엘 왕 다윗의 아들 '솔로몬의 잠언들'(מִשְׁלֵי שְׁלֹמֹה)이라는 긴 표제가 붙어 있는 잠언서는 말 그대로 '미쉴레 쉘로모'(מִשְׁלֵי שְׁלֹמֹה 솔로몬의 잠언들)이거나 '미쉴림'(מְשָׁלִים 잠언들)이다.[63] 잠언이라고 번역되는 히브리어 마샬(מָשָׁל)은 속담이나 격언 등의 의미가 있으나 그보다는 더 넓은 의미로서 인생의 경험을 압축하여 간결하게 표현한 지혜로운 문장 등을 가리킨다. 그러므로 우리말의 잠언서는 히브리어로 마샬(מָשָׁל)의 복수인 미쉴림 잠언들이거나 저자인 솔로몬을 붙여 '미쉴레 쉘로모'(מִשְׁלֵי שְׁלֹמֹה 솔로몬의 잠언들)라고 불러야 한다.

잠언서의 저자는 원문에 나타난 긴 표제처럼 솔로몬이다. 비록 잠언서의 몇 부분이 솔로몬이 아닌 다른 이름으로 나타나 있으나 대부분이 솔로몬의 저자인 점을 감안하여 솔로몬을 잠언서의 저자로 안정하고 있다. 솔로몬은 3천여 잠언을 말하였고(왕상 4:30-34) 수천 편의 시와 노래를 지었다. 그러므로 잠언서의 솔로몬의 잠언들은 그가 쏟아 놓은 잠언들에 비하면 몇 편에 지나지 않는다. 솔로몬의 지혜를 소문으로 들었던 스바 여왕은 솔로몬을 만나 그의 지혜를 들은 후에는 '소문의 절반도 못된다'(왕상 10:17)고 말했다. 전체 31장으로 구성된 잠언서의 실제 저자는 솔로몬(1-24장), 히스기야 왕의 서기관들의 수집(25-29장), 아굴(30장), 르므엘(31장) 등이다.

2) 주제와 목적

잠언서는 전체가 하나의 주제로 이어진다. 그것은 인생을 시작하는 젊은이(아들)에게 주는 삶의 철학 곧 지혜를 가르친다(잠 1:7). 여기서 젊은이는 인생

---

63 '솔로몬의 잠언들'(מִשְׁלֵי שְׁלֹמֹה)이라는 표제에서 미쉴레(מִשְׁלֵי)는 미쉴림(מְשָׁלִים 잠언들)의 연계형으로서 직역하면 '-의 잠언들'이라는 뜻이다. 그러므로 잠언서를 히브리어로 말할 때는 연계형으로 불러서는 안되며 반드시 절대형으로 불러 "미쉴림"(מְשָׁלִים 잠언들)이라고 해야 한다.

을 살아가는 남녀노소 모두를 포함하는 히브리적 통칭 명사이다. 특히 잠언서가 말하는 중심 단어(key word)인 지혜(חָכְמָה 호크마)는 창조주요 주권자이신 하나님 그 자체를 가리키며 또한, 하나님을 중심으로 살아가는 삶의 자세를 의미한다. 그러므로 하나님을 떠난 삶이나 하나님 없이 살아가는 삶은 지혜롭지 못하거나 미련한 삶이다. 반대로 지혜로운 사람은 하나님의 창조질서에 순종하며 하나님의 말씀을 깨달으며 사는 자이다. 지혜는 젊은이를 보호하며(잠 2:8), 인도하고(잠 3:5-6), 젊은이의 삶을 원만하게 만든다(잠 4:18). 결국 잠언의 주제는 하나님의 자녀들(젊은이)이 이 세상에서 어떻게 살아야 할 것인지를 여러 상황에 따라 구체적으로 가르쳐 주는 지혜 그 자체라고 볼 수 있다.

잠언서의 기록 목적은 잠언 1장 2-4절에 크게 다섯 가지로 잘 요약되어 있다. 지혜와 훈계를 알게 하며, 명철의 말씀을 깨닫게 하며, 지혜롭게 의롭게 공평하게 정직하게 행할 일에 대하여 훈계를 받게 하며, 어리석은 자로 슬기롭게 하며, 젊은 자에게 지식과 근신함을 주기 위한 것이다. 한마디로 말하면 그리스도인들의 경건하고 구별된 삶의 자세와 태도를 유지하게 해 주는 지혜를 주기 위한 것이 잠언서의 목적이다.

3) 주요 소 주제들

일반적으로 잠언서를 요약하면 열두 가지의 소주제로 나눌 수 있다.[64]

> ① 부지런함과 게으름(잠 6:6; 12:27; 19:24; 20:4; 30:24,25),
> ② 젊은이와 훈계(잠 13, 17, 19, 22, 23, 25, 29, 30장 등),
> ③ 사업에 관한 교훈(잠 3, 6, 10, 11, 16, 17, 20, 24, 27장 등),
> ④ 결혼생활과 아내(잠 5:15, 18; 11:22, 29; 12:4; 14:1; 18:22; 19:13; 21:9,19; 25:24; 31:19),
> ⑤ 부도덕한 생활(잠 2:17, 18; 5:4, 12, 13, 21; 6:26, 27, 32; 7:22, 23; 9:18 등),

---

64   H. L. 윌밍턴, 『윌밍턴 성경연구』, 나침반社 역(서울: 나침판사, 1992), pp.332-337. 윌밍턴은 열두 가지 소주제의 첫 번째 목록을 '의인의 이름'이라고 했으나 필자는 '부지런함과 게으름'으로 바꾸었다.

⑥ 나쁜 친구(잠 1:10-19; 4:7; 23:6-8; 27:19 등),

⑦ 지혜(잠1:1-7, 잠13,10-15),

⑧ 절제(잠 20:1; 25:8; 25:28 등),

⑨ 음주와 폐해(잠 23:29, 32, 33, 34, 35; 31:5 등),

⑩ 친구와 우정(잠 17:17; 27:6,9,10,17; 18:24 등),

⑪ 말과 혀(잠 10:19, 20, 21; 11:9, 12, 13; 12:18; 13:3; 14:25; 15:1, 4, 23, 28; 16:24; 17:14, 27; 18:8, 13, 21; 19:5, 11, 15; 26:17, 20; 27:2 등),

⑫ 기타 교훈들의 숫자 묶음(잠 6:16-19; 30:15, 16; 18, 19; 21-23; 24-28; 29-31; 7-9) 등이다.

여기서 열두 번째의 소주제인 교훈들의 숫자 묶음에는 일곱 가지가 있는데 한 가지는 잠언 6장에 있으며 나머지 여섯 가지는 잠언 30장에 몰려 있다. 즉 하나님께서 미워하시는 일곱 가지(잠 6:16-19), 족한 줄을 알지 못하는 네 가지 (잠 30:15,16), 놀랍고 기이한 것 네 가지(잠 30:18-20), 세상이 참지 못하는 것 네 가지(잠 30:21-23), 가장 작고도 지혜로운 것 네 가지(잠 30:24-28), 위엄있는 거 물 네 가지(잠 30:29-31) 마지막으로 아굴이 하나님께 구한 것 두 가지(잠 30:7-9)가 그것이다.

> 사람은 그 입의 대답으로 말미암아 기쁨을 얻나니 때에 맞은 말이 얼마나 아름다운고
> (잠 15:23).

4) 구성과 내용

(1) 잠언서의 서론(1:1-7)

이 부분은 잠언의 서언으로서 저자, 명칭 및 목적 등이 자세히 언급되어 있 다(1:1-7). 저자는 솔로몬이며 명칭은 히브리어로 미쉴림(מִשְׁלֵי 잠언들)이다. 특히 잠언서의 기록목적이 다섯 가지로 잘 설명되어 있다. 즉 지혜와 훈계를 알게 하며, 명철의 말씀을 깨닫게 하며, 지혜롭게 의롭게 공평하게 정직하게 행할 일에 대하여 훈계를 받게 하며, 어리석은 자로 슬기롭게 하며, 젊은 자에

게 지식과 근신함을 주기 위한 것이다(1:2-4).

(2) 지혜자와 우매자(1:8-9:18)

지혜자는 여선지자, 아내, 건축자, 현숙한 여인(31장) 등으로 묘사되며 우매자는 음녀와 이방 계집과 창녀로 나타난다. 특히 지혜와 계집 두 여인이 의인화되어 둘 다 사람을 초대하고 있다. 잠언서는 내용 그 자체가 지혜와 교훈이요 설교다. 읽고 묵상하고 실천에 옮기는 자가 지혜자다.

(3) 솔로몬의 첫 잠언들(10:1-22:16)

솔로몬의 잠언이라고 표제가 붙어있는 솔로몬의 첫 잠언의 시작(10:1)부터 잠 22장 16절까지에는 모두 375개의 잠언이 있다는데 이것은 '솔로몬'이라는 히브리 문자를 알파벳 숫자로 환산하면 375를 가리키는 것과 일치한다.[65] 이 부분에는 말과 혀, 부지런함 지혜와 어리석음, 슬픔, 가난, 절제, 백발, 뇌물, 용서, 거만한 자와 겸손한 자, 결혼과 아내, 가난과 부요함, 음주, 왕의 자세, 보복, 기름과 향수 등에 대한 격언(잠언)이 가득 담겨 있다. 반복되는 말이지만 잠언서는 내용 그 자체가 지혜와 교훈이요 설교다. 읽고 묵상하고 실천에 옮기는 자가 지혜자다.

(4) 지혜자의 첫 번째 잠언(22:17-24:22)

솔로몬의 잠언 속편으로 여겨지는 이 부분은 젊은이 곧 그리스도인들의 올바른 윤리적 삶의 자세를 가르쳐 준다. 특히 가난한 자에 대한 무자비한 착취에 대해 하나님의 징계가 경고된다. 고아와 과부와 가난한 자를 보호하시는 하나님의 성품을 강조하며 윤리적이며 신앙적인 긍휼과 자비를 강조한다. 어린아이들에게는 십계명이 요구하는 규율을 엄격히 지키도록 교육해야 한다. 부모 공경에 대한 예의를 지키며 원수들에게도 연민과 동정심을 갖도록 가르쳐야 한다.

---

65 솔로몬의 이름인 שְׁלֹמֹה(쉘로모)는 자음 네 개로 구성되어 있다. 히브리어 알파벳 שׁ는 300을, ל는 30을, מ는 40을, ה는 5를 의미한다. 이 숫자를 다 합하면 375가 된다.

(5) 지혜자의 두 번째 잠언(24:23-34)

지혜자의 첫 번째 잠언에 계속 이어지는 이 부분은 특히 재판의 공정성에 대해 강조한다. 재판하는 자는 형평에 맞게 법을 집행하고 절대로 낯을 보아 주어서는 안 된다. 또한, 증인을 서는 사람은 사실대로 말해야 하며 거짓 증거 해서는 안 된다. 마지막으로 지혜자는 게으름에 대해 질책한다. 게으른 자의 밭과 포도원에 가시덤불이 퍼졌고 거친 풀이 지면을 덮었다면 교훈과 훈계를 얻는 것이 지혜로운 자의 태도임을 밝힌다.

> 네가 좀 더 자자 좀 더 졸자 손을 모으고 좀 더 눕자 하니 네 빈궁이 강도 같이 오며 네 곤핍이 군사 같이 이르리라(잠 24:33).

(6) 히스기야의 신하들이 편집한 솔로몬의 잠언(25:1-29:27)

이 부분은 히스기야 왕의 신하 곧 서기관들이 편집한 솔로몬의 잠언으로서 앞부분의 솔로몬의 잠언들(10-22장)의 주제와 거의 비슷하다. 즉 다투는 아내, 게으른 자와 문설주, 정욕에 빠져 패가망신하는 자들, 겸손, 조심스런 책망 등 일상생활의 지혜에 관한 잠언 등이 대부분이다.

(7) 아굴의 잠언(30:1-33)

아굴은 창조주 하나님의 전능성과 하나님의 말씀의 권위를 드높힌다.

> 너는 그 말씀에 더하지 말라 그가 너를 책망하시겠고 너는 거짓말 하는 자가 될까 두려 우니라(잠 30:6).

특히 아굴은 숫자적 묶음을 사용하여 지혜의 말을 계속한다. 그는 우선 두 가지 일을 하나님께 구하며 죽기 전에 그 구한 것을 이루어 달라고 기도하였다.

> 곧 허탄과 거짓말을 내게서 멀리 하옵시며 나로 가난하게도 마옵시고 부하게도 마옵시고 오직 필요한 양식으로 내게 먹이시옵소서 혹 내가 배불러서 하나님을 모른다 여호와가 누구냐 할까 하오며 혹 내가 가난하여 도적질하고 내 하나님의 이름을 욕되게 할까 두려

워함이니이다(잠 30:8-9).

너무 풍족해도 교만하게 될 염려가 많고 너무 가난하여도 도적질하는 범죄의 유혹을 을 염려가 있음을 경고한다. 일용할 양식을 얻기 위해 날마다 하나님께 기도할 것을 가르키신 우리 주님의 기도 정신과 부합된다. 아굴은 계속 숫자적 묶음으로 잠언을 말한다. 족한 줄을 알지 못하는 네 가지(잠 30:15, 16), 놀랍고 기이한 것 네 가지(잠 30:18-20), 세상을 진동시키며 세상으로 참지 못하게 하는 것 네 가지(잠 30:21-23), 가장 작고도 지혜로운 것 네 가지(잠 30:24-28), 위엄있는 거물 네 가지(잠 30:29-31)가 그것이다. 마지막으로 아굴은 부모를 경외하며 순종할 것을 교훈한다.

> 아비를 조롱하며 어미 순종하기를 싫어하는 자의 눈은 골짜기의 까마귀에게 쪼이고 독수
> 리 새끼에게 먹히리라(잠 30:17).

(8) 르무엘의 잠언(31:1-31)

지혜자는 총명한 왕(잠 31:2-9)과 현숙한 여인(잠 31:10-31)에 대해 말한다.

첫째, 르무엘의 어머니는 아들 르므엘 왕에게 왕의 직무를 잘 감당하기 위해서는 헛된 일에 힘을 쓰지 말 것을 가르친다. 즉 여자들에게 힘을 쓰는 일 곧 성적 방종에 빠지지 말아야 하며 왕들을 멸망시키는 일 곧 힘을 과시하기 위한 헛된 전쟁에 힘을 쏟지 말아야 한다고 가르친다.

둘째, 왕은 술을 마시지 말아야 한다고 가르친다. 술을 마시다가 법을 잊어버리고 법으로 백성을 다스려야 할 왕이 법을 지키지 않는다면 백성들이 비웃을 것이다.

셋째, 공의로 재판하며 가난한 자와 궁핍한 자를 신원해 주며 고독한 자와 벙어리를 위해 '입을 열어'라고 가르친다. 다음으로 현숙한 여인에 대한 가르침이다. 현숙한 여인을 아내로 맞는 남자는 진주를 얻는 것보다 더 가치가 크다. 현숙한 여인은 남편에게 유익을 주며 순종하며 부지런하며 솜씨가 좋으며 집안일을 잘 꾸려나가며 장사 수완이 좋아 집안을 만들며 자녀들은 감사하

며 남편은 칭찬하는 여인이다. 그 손의 열매가 그에게로 돌아가며 그 행한 일로 성문에서 칭찬을 받는다. 덕행 있는 여자가 많지만, 그중에서도 가장 뛰어난 여자다.

> 고운 것도 거짓되고 아름다운 것도 헛되나 오직 여호와를 경외하는 여자는 칭찬을 받을 것이라(잠 31:30).

5) 잠언서의 메시아 사상

잠언서의 내용은 하나님을 경의하는 자들(아들, 젊은이)이 구할 지혜에 대한 가르침으로 일관한다. 또한, 지식과 지혜의 근원을 여호와를 경외하는 것에 둔다. 이 지혜는 예표적이며 모형적이다. 특히 지혜를 얻는 것 자체가 생명을 얻는 것이며 하나님의 은총을 얻는 것과 일치한다(잠 8:35-36). 잠언 8장의 지혜는 의인화된 인격체로 소개된다(8:1-36).

첫째, 잠언의 지혜는 모든 죄인을 부르시고 천국으로 초청하는 그리스도의 인격과 사역에 대한 모형이다. 즉 인격체인 지혜는 길가의 높은 곳과 사거리에 서서 성문을 출입하는 모든 사람을 부르며 소리친다(잠 8:1-3). 이것은 유대의 길거리에서 회개하라 천국이 가까웠느니라고 소리치던 그리스도 예수 우리 주님의 모습을 연상시킨다. 지혜의 입은 선한 것을 말하며(8:6) 지혜의 입은 진리를 말하며 그 입술은 악을 미워한다(8:7). 이것은 천국의 가르침과 지혜를 말씀하시던 주님의 사역에 대한 예표다. 그리스도의 말은 다 의롭고 굽은 것이나 패역한 것이 없으며 그리스도는 진주보다 귀하며 세상의 그 어느 것과도 비교할 수 없는 가장 귀한 분이시다(잠 8:8-11).

둘째, 인격체로 묘사되는 지혜는 그리스도의 창조사역에 대한 앞선 모형으로 제시된다(잠 8:22-30). 그리스도는 창세 전 만세 전부터 계신 하나님이시며(요 17:5) 하나님의 창조사역에 동참하신 창조주이시다(잠 8:27-30; 요 1:1-3).

> 내가 그 곁에 있어서 창조자가 되어 날마다 그 기뻐하신 바가 되었으며 항상 그 앞에서 즐거워하였으며 사람이 거처할 땅에서 즐거워하며 인자들을 기뻐하였었느니라

(잠 8:30-31).

창조주이시며 창조주 하나님과 함께 창조사역에 동참하신 거룩하신 지혜 곧 메시아는 사람이 거처하는 땅에서 기뻐하실 것으로 이미 예정되어 있었고 하나님의 구원 계획의 섭리 아래 때가 찼을 때 이 세상(사람이 거처할 땅)에 육신을 입고 오셨다. 그리고 죄인들을 기꺼이 부르시고 하나님 나라의 택한 백성들로 모으시며 그들을 기뻐하셨다(잠 8:31). 그리스도는 보이지 아니하시는 하나님의 형상이요 모든 창조물보다 먼저 나신 분이시며 만물이 그에게 창조되었다는 바울 사도의 가르침도 잠언의 지혜 곧 그리스도의 창조사역에 대한 해석으로 볼 수 있다(골 1:15-18; 계 3:14; 고전 1:30). 특히 예수 그리스도는 하나님께로 나와서 우리에게 의로움과 거룩함과 구속함이 되셨다고 말함으로써 그리스도가 지혜 그 자체임을 잘 설명하였다(고전 1:30).

셋째, 지혜는 우리를 하나님 나라로 초청하는 그리스도의 앞선 모형이다. 그리스도는 하나님 나라에 들어가는 문이며 새로운 생명 곧 영생의 복을 주시는 복의 근원이시다(잠 8:32-35). 그러므로 지혜를 잃는 자는 자기의 영혼을 해하는 자가 되고 지혜를 미워하는 자는 사망에 이르게 되는 것처럼(잠 8:36) 지혜의 근본이신 그리스도를 믿지 않고 그를 배척하는 자들은 영생의 복을 잃어버리고 영원한 심판에 처하는 영벌의 대상이 되고 만다. 지혜가 집을 짓고 일곱 기둥을 다듬고 짐승을 잡아 상을 갖추고 사람을 보내어 성 중 높은 곳에서 사람들을 불러 모은다(잠 9:1-6). "너희는 와서 내 식물을 먹고 내 혼합한 포도주를 마시라"(잠 9:5)라는 지혜의 부름은 죄인을 초청하시는 메시아의 십자가에로의 초대의 말씀이며 이사야 선지자의 메시아에로의 초대의 말씀이다(사 55:1).

잠언은 지혜와 지혜자의 삶 곧 그리스도와 그리스도를 믿고 따르는 자들을 위한 하나님 나라의 삶을 가르치는 천국의 길 안내서다. 즉 잠언의 지혜와 그 지혜의 요구는 메시아 구원의 길로의 초청이며 그리스도를 통해 하나님을 경외하는 자들의 지혜 있는 삶을 가르친다. 잠언은 그 자체가 설교이며 지혜이다.

4. 전도서와 메시아 이해

1) 코헬렛과 디브레 코헬렛

우리말로 "예루살렘의 왕 다윗의 아들 '코헬렛의 말씀들'(רִבְרֵי קֹהֶלֶת)이라는 긴 표제가 붙어 있는 전도서는 전도자의 말씀들 곧 전도자의 가르침이라고 볼 수 있다. 이 경우 전도자로 번역된 코헬렛(קֹהֶלֶת) 단어만으로는 전도서 전체를 다 표현하는 명칭으로 볼 수 없다. 따라서 전도서의 히브리어 명칭은 단순히 코헬렛 곧 전도자가 아니라 "디브레 코헬렛"(רִבְרֵי קֹהֶלֶת) 곧 전도자의 말씀들이다. 특히 코헬렛(קֹהֶלֶת)은 번역상 어려움이 많은 용어다.[66]

다윗의 아들로서 예루살렘의 왕이 된 사람은 솔로몬뿐이다. 그러므로 여기서 전도자 코헬렛은 솔로몬이며 그는 지혜자요 스승이요 가르침을 줄 수 있는 위치의 사람이다. 솔로몬의 저작설을 부인하는 많은 견해가 있으나 유대인들의 증언과 경건한 개혁주의 성경관 아래서는 전도서의 저자로 솔로몬을 인정한다.

2) 주제와 목적

전도서의 일부 내용은 인생의 모든 삶이 헛되다는 사실을 가르친다. 분명 그렇다. 그렇다고 해서 전도서를 이상한 책 또는 어두운 수수께끼와 같은 책이라고 말하거나 정경성의 문제를 일으킬 만한 책으로 여기는 말에 동의하는 듯한 인상을 줌으로써 하나님의 말씀으로서의 권위를 손상시키는 일은 분명

---

66   코헬렛(קֹהֶלֶת)은 동사 קָהַל(부르다, 모으다)의 칼형 능동태 분사 여성 단수 형태로서 명사적으로 사용될 때는 '모으는 자', '소집하는 자'의 의미로 해석된다. 이 말에서 전도자, 성직자, 가르치는 자(교사), 지혜자, 학자 등의 여러 가지 직업을 표시하는 말이 유래하였다. 혹자는 여성 분사 형태의 코헬렛(קֹהֶלֶת)이 잘못 사용된 예라고 말하기도 하지만 여성 분사 형태는 직업을 가리키는 사람을 표시하는 일반적인 히브리적 용법 아래서 그 정당성을 인정한다. 이 코헬렛(קֹהֶלֶת)은 지혜자의 스승이거나 가르침을 줄 수 있는 위치의 지도자임에는 틀림없다.

잘못된 태도이다.[67] 역사 속에 계시된 하나님의 말씀으로서의 전도서는 분명 그리스도를 알게 하는 지혜의 말씀이며 모든 그리스도인의 삶을 지도하고 바른 길로 인도하는 하나님의 말씀임을 믿음으로 받아 들여야 한다.

전도서의 중심 주제는 1장 2절과 12장 13절에 잘 나타나 있다. 헛되고 헛되며 헛되고 헛되니 모든 것이 헛되도다(전 1:2). 이제 일의 결국을 다 들었으니 하나님을 경외하고 그 명령을 지킬지어다 이것이 사람의 본분이니라(전 12:13). 전도서를 포함하여 모든 성경은 성령의 감동으로 기록된 하나님의 말씀이라고 인정할 때 세상의 모든 수고가 다 헛되고 의미가 없지만 하나님을 경외하고 그분의 말씀에 순종하며 사는 것(수고)은 헛되지 않다는 사실을 역설적으로 교훈하고 있다. 이것이 전도서의 주제다. 즉 인간은 죄인이며 죄인의 모든 수고는 당연히 헛되고 무의미하다. 바람은 절대로 손에 잡히지 않지만, 그 바람을 손에 잡으려고 안간힘을 쓰며 무의미한 수고를 계속하는 것이 인간의 헛된 우스꽝스러운 모습이다. 하나님 없이 사는 인생의 모든 수고는 무의미하다고 반복 강조하는 전도자는 헛되다는 주제를 통하여 헛되지 않는 가치 있는 삶의 길을 제시한다. 그것은 여호와를 경외하고 그 명령을 지키는 삶이다.

3) 주요 내용

전도서는 구약성경 전체의 한 부분을 차지하는 시가서 전체의 내용과 조화를 이루며 하나의 주제 아래 지혜자의 가르침으로 구성되어 있다.

첫째, 우선 전도서 전체의 서론 부분은 인간의 삶의 무의미함을 선언하며 역사의 진행도 하나님의 창조질서의 한 부분임을 밝히고 있다(전 1:1-11).

둘째, 해 아래서 하는 인간의 모든 수고는 다 헛되어 바람을 잡으려는 것과 같다고 구체적인 무의미함을 말하고 있다(전 1:12-6:12). 인간의 지혜도 헛되며 (1:12-18), 낙을 누리고자 수고하는 것도 헛되며(2:1-11), 지혜 자체가 뛰어나긴

하지만 죽음은 지혜자나 우매자나 똑같이 멸망시키므로 지혜자가 되는 것도 헛되다(2:24-26). 하나님은 인간에게 미래의 일을 알지 못하게 하셨으며 결국에는 흙으로 돌아갈 수밖에 없는 유한한 존재로 남겨 두셨기 때문에 짧은 기간의 인생의 삶이란 너무나 무의미한 것이다(전 3:9-11; 16-22). 따라서 인간의 생명은 하나님께 속한 것으로 개개인에게 주어진 일에 만족하며 최선을 다 해 사는 것이 그나마 각자에게 주어진 분복이다(전 3:20-22). 즉 하나님의 주권을 인정하며 하나님의 행하시는 모든 일은 항상 선하고 옳다고 인정하며 사는 것이 최선의 도리임을 가르친다.

셋째, 인간의 모범적인 지혜로운 삶에 대한 실질적인 가르침이 여러 가지 주제와 함께 언급된다(전 7:1-12:7). 여기서 처음 취급하는 문제는 죽음에 대한 태도다. 죽음을 인정하고 겸허히 받아들이는 자세는 지혜자의 모범적인 삶의 일부다(전 7:1-14). 다음으로 인간은 죄인임을 가르친다(전 7:15-29). 선을 행하고 죄를 범치않는 의인은 세상에 없다(전 7:20). 모든 사람은 죄인임을 선언한다. 죄인인 인간은 악을 행하면서도 하나님의 징벌이 속히 실행되지 않음으로 악을 행하는 일에 마음이 담대하다고 지혜자는 말한다(전 8:12). 죄인의 소망없는 헛된 삶을 지적한다. 따라서 이 세상에서의 선한 자나 악인이나 그들이 살아가는 모든 삶의 모습은 모두 똑같다(전 9장). 하지만 청년의 때 곧 심판의 때가 이르기 전에 창조주 하나님을 기억하고 그 하나님을 경외하며 살 것을 강조한다(전 12:1). 나머지 모든 것은 헛되고 헛되다(전 12:9).

넷째, 전도서의 끝부분(전 12:9-14)에는 지혜자이며 한 스승이요 한 목자의 말씀이 결론으로 나온다. 그것은 하나님을 경외하고 그의 명령을 지키며 사는 일만이 헛되지 않는 인생의 본분이라는 것이다.

> 일의 결국을 다 들었으니 하나님을 경외하고 그 명령을 지킬지어다 이것이 사람의 본분이니라(전 12:13).

> 하나님은 모든 행위와 모든 은밀한 일을 선악간에 심판하시리라(전 12:14).

4) 전도서의 메시아 사상

아담의 불순종에 대한 하나님의 심판 속에서 흙으로부터 빚어진 인간은 다시 흙으로 돌아가야 했다. 그러나 아담은 하나님의 메시아언약 아래서 긍휼과 자비를 얻었다. 심판 속에서도 긍휼과 자비를 베푸시는 하나님의 은혜는 언제나 죄인의 구원 사역으로 연결된다. 전도서는 영혼과 육체로 구성된 인간이 창조주 하나님의 섭리 아래서 죽음을 통해 각각 하늘과 흙으로 돌아감을 강조한다(전 3:21). 그리고 잔치집 보다도 초상집에 더욱 관심을 두는 삶이 지혜자의 모습이라고 말한다. 그리고 인간은 죄인일 뿐이라고 강조하는 전도자는, 인간은 하나님 앞에서 구원받아야 할 대상임을 보여 준다. 마치 율법은 우리가 죄인임을 알려 주고 선언하며 우리를 그리스도에게로 이끄는 몽학선생의 역할을 하는 것과 같다.

이런 의미에서 전도서는 인간을 죄인으로 선언함과 동시에 죄인인 인간을 그리스도에게로 인도하는 스승이요 몽학선생의 역할을 하고 있다. 특히 장래 일을 알지 못하는 인간에게 장래 일을 가르칠 자로서의 메시아적 의미와 생기를 주장하여 생기로 머무르게 할 사람으로서의 메시아적 의미(전 8:7-8)는 허물과 죄로 죽은 인간을 살리시는 하나님의 긍휼 아래 메시아 그리스도의 구속 사역의 예표로 볼 수 있다. 인간의 모든 삶의 헛됨을 선언하고 가르치는 전도서의 모습은 율법 아래 죄인으로 선언되는 인간의 초라함과 모형적으로 같다. 하나님의 언약서로서의 율법이 인간을 그리스도에게로 인도하는 몽학선생의 역할을 충실히 감당했듯이 인간의 헛됨을 가르치는 전도서의 모든 교훈들도 인간이 죄인임을 가르쳐, 결국 예수 그리스도에게로 나아가게 하는 또 다른 몽학선생 역할의 그림자로서의 선생과 스승이다.

전도자는 하나님의 심판 아래(죽음) 육체는 흙으로 돌아가고 영혼은 위 곧 하나님께로 돌아가야 하는 인생들의 가장 헛되지 않은 삶을 가르칠 때, 그것은 그리스도를 믿는 믿음 안에서 하나님을 기억하고 하나님을 경외하며 그의 말씀에 순종하며 사는 것임을 강조한다. 하나님을 모르고 사는 인생들의 헛된 삶의 모습을 크게 강조하면 할수록 그리스도 안에서 하나님을 경외하며 사는 사람들의 의미 있고 행복한 삶의 모습은 더욱 크게 부각 될 수 있다. 이것이

전도서를 기록한 전도자의 의도적인 바램이다.

5. 아가서와 메시아 이해

1) 쉬르 핫쉬림(שִׁיר הַשִּׁירִים)

우리말로 '아름다운 노래'라는 의미의 아가(雅歌)는 본래 히브리성경 맛소라 사본에 의하면 쉬르 핫쉬림(שִׁיר הַשִּׁירִים)이다.[68] 이 말은 노래들 중의 노래 즉 '최고의 노래' 또는 '가장 아름다운 노래'라는 뜻이다. 대부분의 영어성경도 노래들 중의 노래(Song of Songs) 곧 가장 아름다운 노래라는 의미로 제목을 삼았다. 특히 "쉬르"(שִׁיר)라는 표현은 심오한 사상과 의미를 내포하고 있는 잘 정제된 언어들이 노래를 목적으로 하는 시적 형태를 띠고 있다는 사실을 잘 말해 주고 있다. 이것은 아가서를 어떻게 해석해야 하는가를 분명히 해 주는 특징이다.

히브리 문법적 구조 아래 히브리 사상과 시적 형태를 이해해야만 아가서를 바르게 이해할 수 있다는 결론에 이른다. 아가서에 나타나 있는 두 남녀의 사랑의 밀려드는 가장 아름다운 사랑의 노래로서 교회와 성도들을 향한 하나님의 완전하고 거룩한 사랑을 모형적으로 예표하고 있다. 따라서 아가서는 하나님의 창조질서 아래서 솔로몬과 술람미 여인 사이의 최고의 사랑 노래이며 그

---

68 맛소라 사본에 나타나 있는 아가서의 첫 시작은 : שִׁיר הַשִּׁירִים אֲשֶׁר לִשְׁלֹמֹה이다. 여기서 처음 두 단어 '쉬르 핫쉬림'(שִׁיר הַשִּׁירִים)은 '노래들의 노래'라는 문자적 의미로서 곧 '최고의 노래'라는 뜻이다. 히브리인들이 '최고'(the Best)의 의미를 나타낼 때는 명사를 두 번 반복하여 표현하는데 이 경우 연계형 단수 명사에 이어 복수 명사를 사용하는 문장 표현법이 그것이다. 대부분 고대 역본들도 이러한 히브리어 표현법을 그대로 사용하여 번역했다. 예를 들면 하나님만이 '최고의 유일한 왕'이란 의미의 왕 중 왕(King of Kings), 가장 거룩한 장소라는 의미의 '지성소'가 거룩들 중의 거룩(Holy of Holies), 여호와만이 온 세상의 가장 위대한 주님이 되신다는 의미의 '만주의 주'는 주들의 주님(Lord of lonis) 등으로 표현된 것이 그 대표적이다. 아가서가 헬라어성경 번역 중 하나인 70인역에도 '아스마 아스마톤'(Ασμα ασματον) 즉 '노래들 중의 노래'라는 히브리어 의미에 맞게 번역하였으며 역시 고대 역본의 하나인 라틴어성경에도 '캔티꿈 캔티꼬룸'(Canticum Canticorum)으로써 노래들 중의 노래 곧 '최고의 노래'라는 명칭을 사용했다.

리스도 우리 주님과 구원받은 성도 사이의 최고의 영적 사랑을 아울러 예표하
고 있는 노래들 중의 노래 곧 최고의 노래인 것이다. 아가서는 일찍부터 유대
인의 정경에 포함되었고 오축 곧 다섯 두루마리 책들 가운데서도 제1두루마
리로 여겨졌으며 유월절 절기에 낭송되었다.

아가서는 유월절에, 전도서는 장막절에, 애가서는 예루살렘이 함락된 아법
월(압월, 또는 아브월 제9일에)에, 룻기서는 오순절에, 에스더서는 부림절에 낭
송된 정경이었다. 아가서의 내용을 문자적으로만 볼 때는 세속적이라 하여 정
경으로 결정하는데 많은 반대와 어려움이 있었다. A.D. 90년 경 소위 얌니야
(Jamnia, 잠니아) 회의 때 학자들이 열띤 토론을 벌이기도 했으나 람비 아키바의
비유적 해석으로 인한 영적 가치가 인정되어 신적 영감의 문제가 일단락되기
도 했다. 특히 팔레스타인 계통의 샴마이(Shammai) 학파는 아가서를 정경으로
인정하는 일에 반대했고 바벨론 계통의 힐렐(Hillel) 학파는 지지하는 우여곡
절도 있었으나 결국 구약의 마지막 정경으로 이 아가서가 포함되었다.[69]

2) 아가서의 저자

아가서의 맛소라 사본 첫 문장은 저자와 명칭을 동시에 알려 주고 있다. '쉬
르 핫쉬림, (שִׁיר הַשִּׁירִים)이 명칭이며 '아쉐르 리쉘로모'(אֲשֶׁר לִשְׁלֹמֹה)는 저자를
말해 준다.[70] 솔로몬에게(לִשְׁלֹמֹה)라고 기록된 형식 때문에 어떤 학자들은 누
군가 다른 사람이 기록하여 솔로몬에게 헌사한 것으로 주장하기도 하지만 시
편의 많은 다윗의 시들이 역시 다윗에게 라고 표현된 것으로 볼 때 아가서의
저자는 솔로몬이 분명하다. 히브리 문학에서는 동일한 저자가 다른 많은 저서

---

69 강신홍, 『아가서 강해』(서울: 엠마오, 1990), pp.7-9.

70 맛소라 사본의 '쉬르 핫쉬림 아쉐르 리쉘로모'(שִׁיר הַשִּׁירִים אֲשֶׁר לִשְׁלֹמֹה)는 저자와 명칭
을 동시에 알려 주고 있다. 첫 두 단어 '쉬르 핫쉬림'(שִׁיר הַשִּׁירִים)이 명칭이며 마지막
두 단어 '아쉐르 리쉘로모.'(אֲשֶׁר לִשְׁלֹמֹה)는 저자를 말해 준다. 리쉘로모(לִשְׁלֹמֹה)는 솔로
몬의 이름(שְׁלֹמֹה 쉘로모)에 전치사(ל)가 결합되어 '솔로몬을 위한' 또는 '솔로몬을 향한'
의 문자적인 의미로써 그 앞의 관계대명사 아쉐르(אֲשֶׁר)와 함께 '솔로몬에 의한 것'이란
뜻이다. 어떤 학자는 이 단어를 오히려 이 단어를 솔로몬을 위해 어떤 다른 사람이 기
록한 것이라고 주장하기도 하지만(Alders) 전통적인 견해 아래서 볼 때 아가서의 저자는
솔로몬이 분명하다.

를 냈을 때 전치사 '레'(לְ)를 사용하는 관습을 이해해야 한다.[71]

대부분의 유대인 주석에서도 아가서의 저자가 솔로몬임을 밝히고 있다. 한글성경에도 맛소라 사본의 첫 시작을 따라 '솔로몬의 아가'로 되어 있다. 즉 솔로몬에 의해 기록된 최고의 아름다운 노래라고 언급된 것으로 보아 아가서의 저자는 솔로몬이다(E.J.Young; Keil and Delitsch; Hengstenberg). 특히 이 책 여러 곳에서 발견되는 문학적 표현과 역사, 지리 등에 대한 밝은 식견 및 동식물에 대한 안목 등은 히브리 최고의 지혜자로서 잠언 삼천과 일천 다섯의 노래를 말한 솔로몬의 기록임을 드러내고 있다.[72] 즉 아가서에 스물 한 가지 이상의 다양한 식물들의 이름이 나오며 열 다섯 종류 이상의 동물 이름이 나온다. 그리고 지리적인 이름들도 팔레스틴 남쪽과 북쪽을 가리지 않고 아가서에 언급되는데 이것은 이스라엘이 남북으로 분열되기 이전의 기록임을 보여 주는 증거다. 또한, 아가서는 그의 왕으로서의 재위 기간(B.C. 970-930) 약 40년 중에서도 초기에 속하는 때에 기록한 것으로 추정하며 많은 여자를 아내로 맞이하기 이전의 저작으로 보아야 한다는 것이 대부분의 개혁주의자들의 견해이다.

3) 주제와 메시아 사상

아가서의 주제는 하나님의 창조질서 아래서 누리는 남녀 간의 순수하고 아름다운 사랑을 통하여 그리스도와 교회 및 주님과 성도 사이의 진실한 사랑의 관계를 보여 주는 것이라고 말할 수 있다. 특히 나는 나의 사랑하는 자에게 속하였고 나의 사랑하는 자는 내게 속하였다(אֲנִי לְדוֹדִי וְדוֹדִי לִי 아 6:3)는 너무나 짧은 이 히브리 시는 압운(押韻)을 맞춘 전형적인 교차 대구(對句)법의 히브리적

---

71 김정우, op. cit, pp. 292, 293. 시편의 표제인 레다윗(לְדָוִד)도 마찬가지다. 여기서 문제가 되는 것은 전치사 누를 어떻게 해석하는냐이다. 김정우 교수는 이 전치사의 주요 의미 일곱 가지로 잘 요약하여 소개하고 레다윗(לְדָוִד)은 다윗이 지은 시로 해석하는 것이 문법적으로도 맞다고 말했다.

72 김희보, 『아가서』(서울:총신대학 출판부, 1994), p. 17. 여기서 김희보 박사는 솔로몬이 자연을 사랑하며 자연을 연구하며 실재로 자연 속에서 사랑하는 여인에 대한 '최고의 사랑 노래'를 지었다고 보았다.

시다.[73] '아니 레도디 웨도디 리'(אֲנִי לְדוֹדִי וְדוֹדִי לִי 아 6:3)는 "나는 나의 사랑하는 자에게(있고), 나의 사랑하는 자는 나에게(있다)"이다.

이러한 솔로몬과 술람미 여인과의 사랑은 신랑과 신부와의 사랑이며 동시에 하나님과 그의 백성과의 사랑 곧 그리스도와 교회와의 사랑이며 주님과 성도와의 사랑을 모형적으로 보여 준다. 이것은 주님이 내 안에, 내가 주님 안에 동거하며 교제하는 최고의 아름다운 사랑을 예표한다(계 3:20; 참조, 요10:38).

4) 아가서 해석의 견해들

아가서에 대한 해석은 매우 다양하다. 현대에 와서는 해리슨(Roland K. Harrison)이 그동안의 아가서에 대한 여러 해석과 접근 방법들을 여섯 가지의 명칭으로 종합하여 설명하기도 했다.[74]

그러나 크게 나누면 서너 가지로 요약할 수 있는데,

첫째는 구약 시대 유대교의 전통적인 해석 방법의 하나인 풍유적 해석법이 있다. 이 아가서 해석법은 초대 교회 시대와 교부 시대를 거쳐 중세 시대까지 널리 이용되어 왔으나 두 남녀의 역사적 사실을 간과한다는 이유로 오늘날 대부분의 개혁주의적 입장 아래서는 거부되고 있다.

둘째는 아가서를 역사적 사실에 근거한 두 남녀의 실제 사랑이야기로 보면서 동시에 그 역사적 사실은 상호 동일한 유형의 절대적인 사랑이 어떤 모형이나 유형(Type)으로 나타나 있다는 소위 모형론적 또는 예표론적 해석 방법이 있다. 이 해석 방법이 오늘날 개혁주의적 해석 방법으로 널리 지지된다.

셋째는 아가서를 문자적인 인간의 사랑 이야기로만 보는 해석 방법들이 있다. 대표적으로 이 아가서를 한 편의 드라마로 보는 소위 희곡설(극적인 방법)

---

73 אֲנִי לְדוֹדִי וְדוֹדִי לִי 는 네 단어의 끝이 모두 장모음 이(ㅇ ㅁ)로 끝나는 운(韻)을 맞추었다. 아니(אֲנִי 나는), 레도디(לְדוֹדִי 너의 사랑하는 자에게), 웨도디(וְדוֹדִי 그리고 나의 사랑하는 자), 리(לִי, 나에게)는 운을 맞추었을 뿐만 아니라, אֲנִי לְדוֹדִי 와 וְדוֹדִי לִי 는 절묘하게 교차된 단어 배열을 이룬다. 직역하면 "나는 나의 사랑하는 자에게"(있고), "나의 사랑하는 자는 나에게"(있다).

74 유재원, 류호준 역, 『구약의 메시아 사상』 (서울: CLC), P.472.

과 여러 세기에 걸쳐 전해 내려오는 히브리인들의 연애 시들을 한 편으로 편집한 소위 히브리 단편 시들의 모음집(문자적 방법)으로 보는 이 두 가지 해석 방법은 후에 발전되어 문서설 입장의 비평적 견해(자유주의) 아래서 해석되고 있는 대표적 견해들이다.

넷째는 마지막으로 아가서를 결혼 축가 모음집, 예전적 방법, 교훈적-도덕적 밥법 등으로 해석해야 한다는 주장들이 있으나 설득력이 매우 약하다.

(1) 풍유적 해석(諷諭: The Allegorical Interpretation)

이 해석은 유대인들의 전통적인 해석 방법으로서 초대 교회 시대와 중세 교회 시대를 거쳐 종교개혁 후에도 널리 지지를 받던 아가서 해석 방법이다. 유대인의 구약성경 주석들(미쉬나, 탈굼, 탈무드 등) 중 하나인 탈굼(Targum)에는 아가서에 나타나 있는 신랑과 솔로몬은 신인동형동성론적으로 여호와를, 술람미 여인은 여호와의 사랑을 받는 그의 백성 이스라엘로 해석되어 있다.

그 후 이 유대적 해석은 아가서에 나오는 남녀 주인공의 사랑을 하나님과 그의 백성인 이스라엘과의 사랑을 나타낸 것으로 해석했다. 즉 왕과 솔로몬은 하나님을 가리키고 술람미 여인은 이스라엘을 가리키는 것으로 해석했으며 아가서를 이스라엘의 역사 과정에 있어서 그의 택한 백성에 대한 하나님의 순전한 사랑을 풍유한 것으로 보았다.

이처럼 아가서 전체는 출애굽에서부터 메시아를 맞을 때까지의 역사를 비유한 것으로 본 것이다. 마침내 이 풍유적 해석 방법은 초대 교회 시대와 교부 시대를 거치면서 오리겐, 제롬, 아다나시우스, 어거스틴과 같은 지도자들에 의해 받아들여졌는데 솔로몬은 그리스도를, 신부는 그의 교회를 가리키는 것으로 수정하여 해석하게 되었다.[75] 결국 이 해석은 아가서의 남녀 주인공의 사랑 이야기를 하나님과 그의 백성 이스라엘과의 거룩한 사랑으로 보면서 오늘날에는 그리스도와 교회와의 거룩한 사랑의 관계 또는 그리스도와 성도와의 사랑의 관계를 보여 주는 풍유(Allegory)라고 보는 견해다.

---

75 유재원 · 류호준 역, op. cit., pp.472-473.

하지만 이 해석 방법은 아가서에 나오는 두 주인공의 역사적 사실이나 실재
적 사랑 여부에는 주목하지 않고 다만 이 두 주인공의 사랑 이야기를 통해 하
나님과 이스라엘 또는 그리스도와 교회와의 사랑을 풍유한 것으로만 보는 측
면에서 오늘날 그 지지가 약하다. 이 풍유적 해석을 지지하는 자들이 솔로몬
과 두 남녀의 역사적 사실에 무관심하려고 하는 가장 큰 이유는 역사적 솔로
몬은 너무나 많은 여인을 취했기 때문에 하나님의 순전한 사랑을 표현하기에
는 무리가 따른다는 것 때문이다. 이 풍유적 해석의 가장 큰 단점은 아가서의
두 주인공을 역사적 실존 인물로서가 아닌 단지 비유로 보는 것이다. 즉 두 남
녀의 사랑 이야기를 하나님과 이스라엘 백성과의 사랑 또는 그리스도와 교회
(성도)와의 사랑을 풍유한 것으로만 보는 것이다.

(2) 모형론적 해석(模型: The Typological Interpretation)

구약에 기록된 어떤 사건이나 인물은 그 자체로서의 독립성을 가지면서도
후 시대의 어떤 사건이나 인물(특히 메시아)과 상호동일한 유형(Type)을 가진다
는 역사적 사실에 근거하여 해석하는 것을 말한다. 또한, 구원 역사를 이끌어
가는 삼위일체 하나님의 섭리에 의하여 후 시대에 이루어질 결정적 사건이나
인물을 역사적으로 선행하여 미리 예표적으로 보여 주시는 것으로 해석한다
는 의미에서 예표론적 해석이라고 부르기도 한다. 이러한 특성 때문에 예표론
적, 유형적 또는 모형론적 해석 등 여러 이름으로 불리기도 한다.

이 모형론적 해석이 풍유적 해석의 결론과는 언뜻 비슷하게 보일지라도 두
해석 방법의 결정적 차이는 '사건이나 인물의 역사적 사실의 여부'에 달려
있다. 즉 풍유적 해석법은 사건이나 인물의 역사적 사실 여부에는 관심이 없
으나 모형론적 해석법은 그 사건이나 인물을 역사적 사실로 보고 그것을 장차
하나님의 언약 아래 이루어질 모형이나 예표로 해석하는 것이다.

아가서에 나타난 솔로몬과 술람미 여인의 사랑 노래는 실제로 있었던 역사
적 사실이며, 동시에 그것은 단지 두 남녀의 사랑 이야기로만 그치는 것이 아
니라, 그것을 모형으로 하나님과 선민 이스라엘 백성과의 지고한 사랑을 나타
낸 것으로서 오늘날 그리스도 예수와 신약 교회 및 성도들과의 사랑을 예표한
것으로 해석하는 것이 모형론적 또는 예표론적 해석 방법이다. 아가서에 언급

된 한 남자와 한 여자의 절대 지순한 사랑의 관계는 그리스도와 교회, 하나님과 성도 사이의 절대 지순한 고귀한 사랑을 예표한 것이다. 또한, 두 남녀 사이의 노골적이며 적나라한 육체적 사랑 표현도 하나님과 그의 택한 백성 사이의 구체적이며 실제적인 사랑을 모형적으로 나타낸 것이다. 하나님께서는 인간을 창조하실 때 성적인 존재(Sexual Being)로 창조하셨다. 그 이유는 성적인 결합을 통해 경건한 후손을 이 세상에 남기시기 위한 하나님의 거룩한 목적 때문이다.

아가서에 나타난 두 남녀의 가슴 벅찬 사랑 이야기는 하나님의 창조질서인 결혼 제도 아래서 두 남녀가 누리는 육체적, 정신적, 영적인 모든 면에서의 "완전한 사랑의 결합"을 사실적으로 표현하고 있다. 두 남녀의 이러한 온전하고도 완전한 사랑의 일체감은 그리스도와 교회, 하나님과 성도와의 "완전한 사랑에 대한 모형"이다.

이 견해에 대한 반대 의견들이 많다. 그 이유는 솔로몬의 순결하지 못한 결혼생활 때문이다. "솔로몬의 순결치 못한 결혼생활이 어떻게 하나님과 그의 택한 백성 사이의 순결한 사랑을 나타낼 수 있는가" 하는 것이다. 그러나 아가서의 기록이 솔로몬의 결혼 초기 곧 솔로몬이 많은 여인을 아내나 후궁으로 맞이하기 이전의 기록으로 볼 때 모형적으로 해석하는 데 무리가 없다는 것이 일반적인 개혁주의 성경해석가들의 견해이다. 또한, 열왕기서의 기록에 의하면 술람미가 수넴과 같은 지역인 것으로 보아 술람미 여인은 아비삭일 가능성이 크다는 이유로 아가서는 솔로몬의 결혼 초기에 기록된 것으로 보는 데 무리가 없다(왕상 1:3; 왕하 4:12).

아비삭은 이스라엘 중에서 뽑힌 가장 아름답고 순수한 처녀였음에 틀림없다(왕상 3:3). 복음주의 아래서 개혁주의 성경해석을 하는 학자들의 견해 가운데서도 아가서를 단순히 풍유적으로만 해석해야 한다는 주장도 있고(E. J. Young) 모형론적으로 해석해야 한다는 주장도 있어서 아직도 그 연구가 계속되고 있으나 아가서의 역사적 사실을 무시하는 풍유적 또는 비유적 해석 방법보다는 역사적 사실에 근거한 모형론적(예표론적) 해석 방법이 훨씬 폭넓은 지지를 받고 있다. 풍유적 해석은 역사적 사실을 인정하지 않으나 모형론적 해석은 역사성을 인정하고 그 역사적 사실에 근거하여 하나님과 이스라엘의 관계속에서 그리스도와 교회와의 관계로 해석하는 것이 두 해석 방법의 큰 차이다.

우리는 아가서가 하나님의 섭리 가운데 정경에 포함된 하나님의 말씀임을 간과해서는 안된다. 하나님께서는 당신의 크신 사랑을 인간의 언어를 통해 전달하시기 위해 인간이 느끼고 잘 알아들을 수 있도록 아가서에 언급된 두 남녀의 실재적 사랑의 신비를 모형으로 삼으신 것이다. 즉 아가서는 역사적으로 실존한 솔로몬과 술람미 여인의 사랑 이야기이며 문학적으로는 흠잡을 데 없는 완벽한 한 편의 시와 노래이며 영적으로는 하나님과 성도 간의 사랑 및 교회와 그리스도와의 관계를 가장 잘 나타내고 있는 '하나님의 말씀' 그 자체인 것이다. 결국 아가서는 오늘날 역사적, 문학적, 영적인 의미 아래서 해석될 때 가장 올바른 해석이 될 수 있을 것이다.

(3) 목자론적 해석 또는 극적인 해석(희곡설)

유대교의 전통적 해석인 풍유적 해석이나 기독교적 전통적 해석인 모형적 해석에 이어 아가서 해석으로 목자론적 해석이 있다. 이 해석법은 델리취(F. Delitzsch)와 비평주의 신학자 에발트(Heinrich Ewald)에 의해 주장되었다(1826년).[76] 에발트의 소위 목자 가설(Shepherd Hypothesis)은 후에 드라이버(S.R. Driver)에 의해 발전되었다. 델리취는 솔로몬과 술람미 여인 두 사람의 사랑의 극으로 해석했으며 에발트는 솔로몬, 술람미 여인 및 그녀의 애인 목자 이 세 사람의 드라마로 해석하였다. 에발트의 해석에 따르면 아가서의 주인공은 솔로몬이 아니라 어떤 비천한 목자이다. 그리고 술람미 여인이 사랑한 남자는 그 비천한 목자였다. 이 술람미 여인이 어느 날 자신의 포도원에 갔다가 왕의 신하들에게 납치되어 왕궁으로 끌려가게 되었다(6:11-13). 왕은 술람미 여인의 마음을 자기에게 돌이키게 하려고 온갖 애를 썼으나 그녀는 끝까지 저항하고 거부하였다(7:10-8:3).

마침내 왕은 그녀를 집으로 돌려 보냈으며(8:5) 그녀는 자신의 사랑하는 자인 옛 애인에게로 돌아가 그의 형제들의 칭찬을 받는다는 해석이다(8:8, 9). 이처럼 솔로몬이 주인공이 아니라 어떤 목자가 주인공이라는 의미에서 '목

---

76 이학재,『구약성경에서 배운다』(서울: 이레서원, 2001), p.301.

자론적 해석'이라고 부른다. 또한, 솔로몬이 왕권을 가지고 이 여인을 차지하려 하였으나 술람미 여인은 옛 애인인 목자에게 끝까지 충실하여 마침내 솔로몬 조차도 이긴 사실을 노래한 희곡으로 보는 의미에서 '희곡설'이라고도 부르며 이와 같이 극적인 요소를 가미시킨 노래라는 의미에서 '극적인 해석'(The Dramatic Mathod) 등의 이름으로 불리어진다. 이 해석에 의하면 솔로몬은 이 세상의 혈육의 모형이며 목자는 그리스도를 비유하고 술람미 여인은 충성되고 신실한 그리스도인을 비유한다. 이 세상의 혈육의 요소가 그리스도와 그의 신실한 성도와의 사랑의 관계를 결코 훼손할 수 없으며 신자는 그리스도 안에서만 진정한 행복과 평안을 누린다는 사실을 비유적으로 말한 것으로 해석한다.

(4) 문자적 해석(A Literal Method) 또는 단편집합설

이 해석은 풍유적(우화적) 해석에 의한 영적인 의미를 강조하는 것에 반발하여 나타난 해석법이다. 즉 아가서를 세속적인 연애시들의 모음집으로 이해하고 문자 그대로 해석한다. 아가서는 남녀 간의 세속적인 사랑 노래들이 문학적 가치를 갖고 표현된 것이며 후에 종교적 의미가 부여되기도 했다는 것이다.

이 견해는 모든 성경을 철저하게 문학적으로 다루고 해석하는 데오도르(Theodore, A.D. 429)에 의해 주장된 이래 현대 비평주의 신학자들에 의해 확대 발전된 합리주의 해석 방법이다. 후에 아이스펠트(Eissfeldt)를 비롯한 많은 비평주의 학자들은 아가서를 히브리인들의 단편 연애시들이나 노래들(있었을 것으로 추정되는)을 모아 놓은 모음집이라고 주장하였다. 이런 의미에서 '단편 집합설'이라고도 부른다(A Collection of Songs). 특히 어떤 비평주의 학자(W.O.E. Oesterly)는 아가서를 이미 있었을 것으로 추정되는(가설) 28개의 각각 독립된 단편시라고 주장함으로써 아가서의 단일성을 부인하기도 했다. 이들은 대부분 아가서를 고대 근동에 널리 유행되던 사랑의 노래들이 모여진 것으로 본다. 따라서 아가서의 두 주인공 솔로몬과 술람미 여인은 수세기에 걸친 사랑 노래의 대표적 인물로 선정된 것으로 본다. 이 아가서 해석법은 성경을 문서 가설에 의한 편집물이라고 주장하는 소위 자유주의와 비평주의적 입장의 성경해석가들에 의해 발전되었다.

5) 기타 아가서를 해석하는 방법

결혼 축가 모음, 사랑의 노래 모음, 예전적 방법, 교훈적-도덕적 방법 등이 있다. 이러한 해석 방법들은 일종의 문서 가설에 의한 비평주의적 해석들이거나 개혁주의적 성경관과 다른 입장의 성경관 아래서 나타난 해석으로서 개혁주의 입장의 성경해석 아래서는 별로 흥미가 없는 이론들에 불과하다.[77] 그뿐만 아니라 현대 신학자들의 아가서에 대한 소위 신화적 해석에 현혹될 필요도 없다. 그들은 아가서가 메소포타미아의 신화에 있는 신들의 결혼 축제 노래와 유사성이 있다는 이유로 아가서가 고대 근동의 메소포타미야 결혼 축제 노래를 흉내내어 편집된 것으로 보고 있으나 오늘날 비평주의 입장의 자유주의 신학자들의 일부 이외는 관심을 두지 않는다.

아가서에 대한 해석 방법은 단순히 아가서 해석에만 머무르는 것이 아니라 일종의 성경해석사에 대한 단면이다. 결론으로 말하면 아가서는 지혜문학으로 구분되는 정경이다. 문자적으로 기록된 두 남녀의 극진한 사랑의 노래인 아가서는 역사적 사실에 근거한 하나님과 그의 택한 백성과의 사랑을 잘 표현한 것이라고 말할 수 있으며 모형적으로는 주님과 성도, 그리스도와 교회와의 사랑의 관계를 가장 잘 표현한 정경이라고 결론지을 수 있다.

(1) 아가서의 모형론적 해석

성경해석을 통해 하나님의 주권 사상과 구원의 의미를 바르게 전달하려고 애썼던 칼빈도 아가서 해석에는 주저하였다. 또한, 많은 사람들이 아가서를 가리켜 열쇠를 잃어버린 자물통이라고 부르는 것도 아가서 해석의 어려움을 단적으로 드러낸 말이다.[78] 그런데도 전통적으로는 이 아가서가 성경의 가장

---

77 유재원·류호준, op. cit., p.474.

78 김희보, op. cit, p.4. 아가서가 일반적으로 '열쇠를 잃어버린 자물통'이라고 불리는 사실에 대하여 김희보 박사는 아가서가 해석하기 어려운 신비스러운 책이라는 말이 아니라 해석에 따른 책임이 그만큼 크다는 것을 의미하는 것이라고 말한다. 본래 이 말의 실재 주인공 사디아(Saadia)는 "내 형제들이여 아가서 해석에서 당신들은 너무나 큰 해석상의 차이를 발견할 것입니다. 이렇게 서로 다른 해석들이 많은 이유는 아가서가 마치 열쇠를 잃어버린 자물통 같기 때문입니다."

대표적인 해석 방법의 하나인 모형론적(예표론적)인 해석의 원리에 따라 해석되어야 한다고 주장되어 왔다. 그러나 문제는 여기에 있다. 소위 모형론적 해석 방법으로 아가서를 해석해야 한다는 주장에는 대부분 동의한다 할지라도 실제로 아가서를 해석해 나가는 과정에서는 성경해석의 기본이 무시되거나 아예 성경 본문의 내용과는 반대로 그 결론이 돌출되는 경우가 너무 많이 발견되는 것이 오늘날 한국 교회 강단의 현실이다.

예를 들면 '내가 비록 검다(1:5)'는 말을 죄를 가리키는 것으로 이해한다든지 '두 유방'(4:5)이라는 말을 무조건 신약과 구약으로 이해하는 것 등은 너무 지나친 풍유적 해석의 결과가 아닐 수 없다. 이것은 마치 성경 본문과 이 본문을 해석하는 목회자 그리고 청중과의 송수신 주파수가 서로 다른 것과 마찬가지의 결과이다.[79] 일반적으로 성경 본문 이해를 위한 성경주해란 매우 둔하고 흥미가 없는 작업처럼 생각될 수도 있다. 그것은 성경주해가 성경 본문의 실용적인 해석을 위한 철두철미한 분석적 연구라고 할 수 있기 때문이다. 그러나 힘들고 어려운 작업이라고 해서 이 과정을 소홀히 한다면 산모가 열 달이라고 하는 임신 기간의 과정 없이 아기를 얻겠다고 하는 것과 같다. 아가서의 성경해석도 마찬가지다. 최근 성경해석의 모델로서 통시적인 방법(diachronic)과 공시적인 방법(synchronoc)이 한국 교회에 소개되기도 하지만 구약은 언약 중심의 메시아 사상 아래서 하나님 나라와 교회에 유익하도록 실제적으로 해석되어야 한다.[80]

아가서는 히브리인들이 가장 일반적으로 사용하는 시적 인 형태로 기록되었다. 동의적 대귀법을 비롯하여 반의적, 종합적 대귀법 등 실로 다양한 표현 방법이 사용되었음을 간과해서는 안 된다. 결국 아가서를 해석할 수 있는 자

---

79 김의원 역, 『성경해석 방법론』(서울: CLC, 1987). 역자인 김의원 박사는 성경해석 방법론의 최고의 권위자들인 D. S. Stuart와 G. D. Fee의 공저인 Old and New Testament Exegesis를 번역하면서 올바른 성경해석의 중요성에 대해 다음과 같이 강조하였다. "현대 목회전선에서 비상이 걸렸다면 그것은 다름 아닌 성경 본문과 강단에서 퍼져나가는 메시지의 주파수가 일치하지 않는 것이라고 진단할 수 있다"(역자서문에서)

80 Ibid., p. 12. 김의원 박사는 공시적 방법을 '동시적'이라고 번역했으나 의미는 같다. 왜냐하면 우리말로 공시적 또는 동시적으로 번역되는 이 방법은 한 언어가 일정한 체계 아래서 각 부분들이 전체와의 균형된 조화 아래서 동시에 이루어져야 하기 때문이다.

격자는 현대 번역서를 보고 적당하게 느낌을 말하거나 또는 억지로 교회와 그리스도에게 맞추려고 시도하는 자가 아니다. 적어도 히브리어의 문법적 특성뿐만 아니라 문장 구조의 원리 그리고 히브리적 사상에 깊은 이해가 있는 사람에 의해서만 비로소 이 아가서는 바르게 해석될 수 있음을 주지해야 한다. 아가서는 역사적 사실에 근거한 솔로몬과 술람미와의 순수하고도 완전한 사랑의 노래이다. 동시에 아가서에 기록된 두 남녀 주인공의 완전한 사랑은 장차 이 세상에 오실 그리스도와 그의 택한 백성 사이의 완전한 사랑의 관계에 대한 모형으로 보아야 한다.

예컨대 아브라함의 두 아내와 그 두 아내 사이에서 태어난 아들들에 관한 창세기(창 16, 17장)의 이야기는 실제로 있었던 역사적 사실이다. 그러나 아브라함의 두 아내인 사라와 하갈 사이의 역사적 사실은 그 시대의 역사적 사실의 의미에서 멈추는 것이 아니라 먼 미래의 사건을 예표한 것으로 바울은 설명하였다(갈 4:21-31). 즉 아브라함의 두 아내인 사라와 하갈은 두 언약이며 사라는 위에 있는 예루살렘과 자유하는 여자를 예표하였고 반면에 하갈은 시내산의 예루살렘 곧 땅의 예루살렘과 종노릇 하는 자로 예표되었다. 또한, 이삭은 자유하는 자에게서 약속으로 태어난 자이며 이스마엘은 육체를 따라난 자라고 설명하고 있다. 이처럼 아브라함 가정에 있었던 역사적 사건은 먼 미래에 이루어질 구원사건을 미리 모형적으로 나타낸 것이며 하나님의 약속의 말씀을 믿는 믿음으로 구원과 해방과 자유를 얻는 구원사건의 예표인 것이다.

또한, 이스라엘 백성들의 광야 생활 40년의 역사적 사실 가운데 많은 부분이 모형적으로 해석되고 있다. 또 다른 예로 모세가 광야에서 놋뱀을 든 사건도 그리스도 예수께서 십자가에 매달리시는 미래의 사건에 대한 모형이었으며 반석에서 샘물이 터져 나와 그 물이 갈증으로 죽어가던 이스라엘 백성을 살린 사건도 예수 그리스도의 십자가 사건에 대한 모형으로서 그를 믿는 모든 자가 새 생명을 얻고 구원을 받는 미래의 사건에 대한 예표로 바울은 설명하였다(고전 10장). 이처럼 아가서의 내용도 역사적 사실 안에서 그리스도와 교회의 모형으로서 해석될 때 비로소 바른 해석이 될 수 있다. 즉 아가서의 내용은 솔로몬과 술람미 여인과의 사랑 노래라는 역사적 사실 안에서 그리스도와 교회의 모형으로서 해석될 때 비로소 바른 해석이 될 수 있다. 요약하면 아래의 두 가지 원리 아래서 아가서는 해석되고 선포되어야 한다.

첫째, 아가서는 두 남녀 주인공의 역사적 사건이 실제적으로 기록된 것이며 동시에 이 시대의 그리스도인들에게 사랑과 결혼 및 그 순결성을 가르쳐주는 최고의 아름다운 노래들 중의 노래이다. 두 남녀는 결혼이라는 하나님의 창조 질서 아래서만 마음껏 육체적 정신적 영적인 행복을 누릴 수 있다. 동시에 결혼이라는 하나님의 창조언약과 그 울타리 안에서 순결성을 유지해야 함을 가르쳐 주고 있다. 본래 하나님께서 인간을 창조하실 때는 남자와 여자로서뿐만 아니라 성적인 존재 즉 남성과 여성으로 창조하셨는데 그 이유는 결혼이라는 창조질서를 통해 이 땅에 경건한 후손을 계속 남기시려는 섭리 때문이다. 남녀 간의 아름다운 사랑의 감정이 불일 듯 일어나야 육체적 신비인 성적인 결합이 이루어지고 그 결과 하나님의 형상을 닮은 새 생명이 탄생되는 것이다. 육체적 사랑의 신비까지도 세상에 인간을 보존하시려는 하나님의 섭리의 결과이다. 바울은 그리스도와 교회와의 사랑과 순결성을 강조할 때 남편과 아내와의 사랑과 순결성을 통해 설명하였다(엡 5장). 아가서는 그리스도인의 진정한 사랑과 올바른 결혼생활을 알려 주는 최고의 아름다운 사랑 노래다.

교회사적으로나 설교사적으로 보면 지금까지 아가서는 교회의 강단에서 빼 버린 느낌을 받는다. 그 이유는 교회에서 성(sex)의 문제를 죄악시했거나 또는 너무 세속적인 쾌락적 우상(idol)으로만 잘못 가르치거나 오해했기 때문이다. 아가서의 여인의 아름다움에 대한 성적 묘사는 여인의 신체 전부를 망라하고 있다. 죄가 세상에 들어온 이후에도 하나님께서는 결혼이라는 제도 아래서의 성적인 기쁨을 인간에게 허락하셨다(고전 7:4,5). 교회가 이천년 이상 풍유적으로만 아가서를 해석하려는 이유도 남녀 간의 성적인 문제를 취급하지 않으려는 의도이거나 성(sex)에 대한 왜곡된 태도 때문으로 해석된다.

아가서가 지혜문학이며 하나님의 완전한 율법의 일부로 받아들인다면 두 남녀 간의 실제 사랑의 기쁨을 통해 그리스도와 교회 및 주님과 성도와의 완전한 사랑의 기쁨을 아가서가 보여 준다고 확신할 수 있다.

둘째, 아가서는 기록된 두 남녀 주인공의 완전한 사랑의 희열과 행복을 통해 그리스도와 교회, 주님과 성도와의 완전한 사랑의 관계를 알게 한다. 교회는 그리스도의 몸이다. 우리 주님 예수 그리스도께서는 그의 몸인 교회를 사랑하실 때 죽기까지 사랑하셨다. 또한, 교회는 죽기까지 우리 주님께 순종하고 복종하면서 그 사랑의 귀중성을 나타내야 한다. 아가서의 남녀 간 사랑의 노래는 그리스도와 교회 나아가 주님과 성도와의 가장 완벽하고 행복한 사랑의 관계를 보여 주는 최고의 사랑 노래 곧 최고의 행복 노래이다. 그래서 바울은 그리스도와 교회를 신랑과 신부로 설명하고 있지 않는가!

6) 아가서 내용 이해

아가서는 해석의 다양성 만큼 내용 분해도 다양하다. 가장 일반적으로는 크게 셋으로 구분된다. 두 남녀의 사랑의 시작(1:1-3:5), 사랑의 연합과 기쁨(3:6-5:1), 두 사람의 사랑의 성숙(5:2-8:14)이 그것이다.

첫 부분(1:1-3:5)은 다시 신랑에 대한 신부의 갈망(1:1-2:7)과 점점 커지는 사랑의 감정(2:8-3:5)으로 나누어 이해할 수 있다.
둘째 부분(3:6-5:1)은 신랑인 솔로몬에 대한 칭찬과 신부인 술람미 여인에 대한 아름다움이 묘사된다.
셋째 부분(5:2-8:14)은 신랑을 갈망하는 신부(5:2-6:9), 신부의 아름다움에 대한 묘사(6:10-8:4), 맺는말로써 진정한 사랑의 불변성(8:5-14) 등 다시 세 부분으로 나눌 수 있다.

결국 아가서 전체는 크게 셋으로 요약될 수 있으며 다시 여섯 부분으로 세분화 될 수 있다. 앞의 여섯 부분과 거의 비슷하지만 조금 다르게 다섯 부분으로 나뉘어 이해되기도 한다.[81]

첫째, 아가서는 두 남녀의 사랑의 시작으로 문을 연다(1:2-3:5).

---

81 김정우, op. cit., pp. 513-514. 저자는 그의 저서 구약통전에서 셋이나 여섯으로 나누는 일반적인 방법을 약간 수정하여 아가서를 다섯 부분으로 나누어 간략히 설명하였다.

그 사랑은 우선 신랑에 대한 신부의 갈망으로 시작된다. 술람미 여인은 신랑인 솔로몬이 신부인 자신에게 입맞춤해 주기를 간절히 바라고 있다(1:2절). 이러한 신부의 소원은 서로 떨어져 지내는 동안의 마음 졸이는 시간을 지나 끝내 이루어진다(2:6). 신부는 이루어진 이 사랑을 오래 느끼고 간직하기 위해 흔들지 말고 깨우지 말라고 노래한다(2:7). 두 사람의 관계가 형성되고 사랑이 시작된 것이다. 이제 신부 술람미 여인은 입맞춤의 관계를 지나 신랑 솔로몬의 입에서 나오는 목소리를 갈망한다. 마침내 신부는 파숫군을 만나고 신랑을 만나 어머니의 방으로 들어간다. 신부는 또 자신의 사랑을 깨우지 말라고 여인들에게 당부한다(3:5).

둘째, 신랑의 위엄과 신부의 아름다움이 어우러진 사랑의 연합과 기쁨이 절정을 이룬다(3:6-5:1).

신랑인 솔로몬의 외적인 위엄과 아름다움(3:6-11)은 신부인 술람미 여인의 육체적 아름다움(4:1-15)과 잘 조화를 이루고 있다. 가장 완전한 사랑은 영적이며 정신적인 사랑과 함께 육체적 사랑을 포함한다. 서로 한 몸을 이루는 이 사랑은 하나님의 창조질서인 결혼 제도의 원리다. 결혼 제도 아래서 두 남녀는 당당히 한 몸을 이룬다. 이것은 그리스도와 교회를 설명할 때 결혼의 원리를 통해 한 몸된 원리와 또한, 사랑과 순종의 관계를 설명한 바울 사도의 가르침과 일치한다. 결혼의 한몸 되는 원리는 그리스도가 내 안에 내 안에 그리스도가 임재하는 원리로서 교회와 성도 그리고 주님과 구원받은 그리스도인과의 영적 관계를 모형적(예표적)으로 보여 준다.

셋째. 신랑과 신부 두 사람의 사랑의 성숙단계를 보여 준다(5:2-8:14).

이 부분에는 신랑의 사랑을 찾는 신부의 애절함도 나타나며 또한, 신부에 대한 신랑의 마음도 애틋하다. 서로에 대한 믿음과 신뢰 그리고 사랑함으로 병이 들만큼의 서로에 대한 그리움(5:8)은 두 사람의 사랑의 관계가 한층 성숙해 가고 있음을 보여 준다. 또한, 신부의 아름다움에 도취된 신랑의 표현도 이전의 표현(4장)보다 더욱 성숙해졌다(6, 7장). 그리고 마지막으로 아가서의 결론으로서 사랑의 아름다움이 다시 묘사된다.

7) 아가서의 해석과 메시아 이해

아가서는 전체가 모형론에 근거한 메시아(그리스도) 중심의 해석을 가능케한다. 솔로몬과 한 여인(술람미 여인)과의 진실한 사랑은 그리스도와 교회 및하나님과 성도와의 구원과 사랑의 관계를 잘 보여 준다. 아가서 1장의 첫 여섯 절의 모형론적 해석을 통하여 그리스도 중심의 메시아적 의미를 이해할수 있다.

(1) 아가서 1:1의 해석과 적용

솔로몬의 아가라(:שִׁיר הַשִּׁירִים אֲשֶׁר לִשְׁלֹמֹה)[82]

아가서의 첫 시작은 맛소라 사본에 '쉬르 핫쉬림 아쉐르 리쉘로모'(לִשְׁלֹמֹה
שִׁיר הַשִּׁירִים אֲשֶׁר לִשְׁלֹמֹה)로써 저자와 명칭을 동시에 알려 준다. 이 부분은 맛소라 학자들이 장, 절 표시를 하기 전의 모습으로 본다면 아가서 전체의 제목으로 볼 수 있다. 여기서 '쉬르 핫쉬림'

(שִׁיר הַשִּׁירִים)은 명칭이며 '노래들 중의 노래' 곧 '최고의 노래' 라는 의미이다.
이 명칭이 한글 개역성경에는 아름답고 고상한 노래라는 뜻의 아가(雅歌))라고 번역되었다.[83] 이것은 솔로몬이 두 남녀의 사실적인 사랑의 희열을 자신이 노래한 것이라고 밝힌 것이며 인간이 누릴 수 있는 최고의 사랑 노래임을강조하는 제목이다. 솔로몬은 부귀영화를 모두 누린 사람으로서 두 남녀가 맛보는 사랑의 노래야말로 '최고의 노래'라고 당당히 말하고 있다. 앞으로 전개될 솔로몬과 술람미 여인 곧 두 남녀의 아름다운 사랑의 이야기들은 한편의멋진 시이며 노래다. 평범한 말보다는 시적 표현이 더 사람의 감성을 자극하며 시보다도 노래가 더 크게 인간의 감정을 드러낸다. 잠언 삼천과 일천 이상의 노래를 지은 솔로몬이 이 아가서를 최고의 노래라고 제목을 붙였다. 그는

---

82 원문: שִׁיר הַשִּׁירִים אֲשֶׁר לִשְׁלֹמֹה
음역: (쉬르) (핫쉬림) (아쉐르) (리쉘로모)
해석: (-의 노래) (그 노래들) (관계대명사) (솔로몬을 위한)
직역: 솔로몬의 최고의 노래(그 노래들 중의 노래)이다.

83 아가서 서론 『쉬르 핫쉬림』 참조.

만물의 이치를 알고 논할 수 있는 지혜를 하나님으로부터 받은 지혜로운 왕이요 예술가요 과학자요 시인이었다(왕상 4:32,33). 식물과 동물과 곤충과 물속의 각종 물고기까지 통달하였으며 이러한 그의 지혜로운 모습이 그의 시와 노래 속에 그리고 그가 기록한 최고의 노래인 아가서 속에 용해되어 아름답게 넘쳐 난다.

(2) 아가서 1:2의 해석과 적용

내게 입맞추기를 원하니 네 사랑이 포도주보다 나음이로다

(יִשָּׁקֵנִי מִנְּשִׁיקוֹת פִּיהוּ כִּי־טוֹבִים דֹּדֶיךָ מִיָּיִן)[84] 한글개역성경의 번역에는 '누가' 누구에게 입맞춤하기를 원하는지 분명치 않다.

솔로몬이 술람미 여인을 향하여 입맞춤하기를 원하는가? 아니면 누군가가 술람미 여인 자신에게 키스해 주기를 그녀 자신이 원하는가?

그러나 히브리 원문에 의하면 본문의 첫 동사에 나타난 인칭에서 누가 누구에게 입맞춤하기를 원하는지 알 수 있다. 즉 술람미 여인은 신랑인 솔로몬(그)이 신부인 자신에게 입맞춤해 주기를 그녀가 간절히 원하고 있다. 문장의 인칭 구조로만 본다면 첫 행의 주어는 3인칭으로 '그, 이며 둘째 행의 주어도 '너의 사랑'으로서 3인칭이다.[85] 본문을 노래하는 주인공 신부는 '그와 너의 사랑'을 하나로 연결하여 '그'는 자신에게 입맞춤해 주기를 바라는 자신의 애인이며 '너의 사랑'은 자신에게 키스하는 사랑하는 자의 그 사랑을 가리킨다. 결국 첫 행에서는 사랑받기를 원하는 신부 술람미 여인의 간절한 열망이

---

84 원문: יִשָּׁקֵנִי מִנְּשִׁיקוֹת פִּיהוּ
　　음역: (피후) (민네쉬코트) (잇샤케니)
　　해석: (그의 입술) (-의 입맞춤으로) (그는 나를 입맞춤하기를 내가 간절히 원한다) (그로 하여금 나를 맞춤하게 하라)
　　직역: "그는 그의 입술의 입맞춤으로 나를 입맞춤하기를 간절히 원한다."
　　원문: כִּי־טוֹבִי דֹּדֶיךָ מִיָּיִן
　　음역: (미야인) (도데카) (키-토빔)
　　해석: (포도주보다) (너의 사랑) (좋다-왜냐하면)
　　직역: "왜냐하면 포도주보다 더 너의 사랑이 좋기 때문이다."

85 맛소라 사본에는 첫 행의 마지막 단어 פִּיהוּ(피후) 위에 분리 부호 자캡카톤(:)이 있다. 여기까지 끊어 읽고 해석하는 것이 좋다는 맛소라 학자들의 권고다.

나타나 있고 둘째 행에서는 사랑받는 자가 이미 알고 느끼는 사랑의 진실과 아름다움이 묘사되어 있다.

첫 행은 사랑하는 자가 찾아와 자신에게 입맞춤해 주기를 바라는 간절한 소망이, 둘째 행에는 사랑받는 자가 느끼는 상대방의 그 사랑의 진실과 만족감이 시적인 형태로 묘사되었다. 특히 입술과 포도주의 댓구는 절묘하다. 사랑하는 자의 입술에 입맞춤함으로 취하는 행복과, 포도주를 마시고 취하는 즐거움과의 비교를 통하여 자신을 사랑하는 '그'의 사랑에 취하고 싶어하는 한 여인의 간절한 기대와 소망이 잘 나타나 있다. 이것은 우리 주님 예수 그리스도의 사랑이 임하기를 바라는 신자들의 소원인 동시에 주님의 사랑은 이 세상의 그 어떤 즐거움이나 행복에 비교될 수 없는 최고의 사랑임을 고백하는 신자들의 기쁨을 예표하고 있다. 주님의 은혜와 사랑을 받으며 살고있는 신자들의 행복과 기쁨은 포도주로 비유되는 이 세상의 그 어떤 풍요나 즐거움과는 비교도 할 수 없을 정도로 크고 위대함을 선포한다. 술람미 여인이 원하는 입맞춤과 사랑은 죽기까지 우리를 사랑하시는 주님의 망극하신 사랑에 대한 예표이며 그 사랑은 세상이 주는 어떠한 기쁨이나 즐거움과는 비교가 될 수 없는 최고의 행복이다.

(3) 아가서 1:3의 해석과 적용

네 기름이 향기로와 아름답고 네 이름이 쏟은 향 기름 같으므로 처녀들이 너를 사랑하는구나(לְרֵיחַ שְׁמָנֶיךָ טוֹבִים שֶׁמֶן תּוּרַק שְׁמֶךָ עַל־כֵּן עֲלָמוֹת אֲהֵבוּךָ)[86]: 맛소라

---

[86] 원문: לְרֵיחַ שְׁמָנֶיךָ טוֹבִים
  음역: (토빔) (쉐마네키) (레레아흐)
  해석: (좋다.아름답다) (너의 기름) (~의 향기 때문에)
  직역: 너의 기름(향유)의 향기는 아름답다(좋다)
  원문: שֶׁמֶן תּוּרַק שְׁמֶךָ
  음역: (쉐메카) (투라크) (쉐멘)
  해석: (너의 이름)(그녀는 쏟아낼 것이다) (~기름, 향유)
  직역: 너의 이름은 기름(향유)을 쏟아낼 것이다(쏟아내기를 간절히 바란다)
  원문: עַל־כֵּן עֲלָמוֹת אֲהֵבוּךָ
  음역: (아헤부카) (알라모트) (알-켄)
  해석: (그들은 너를 사랑했다) (처녀들) (그리하여, 그 결과로)
  직역: 그러므로 처녀들이 너를 사랑했다.

사본에 의하면 1장 3절의 내용은 위와 같이 세 단락으로 나누어 읽고 해석되도록 분리 부호가 각각 붙어 있다. 특히 세 단락은 모두 음운을 맞추어 시적 형태를 갖추고 있다.[87] 즉 형식적으로 압운을 맞춘 완벽한 시적 노래이다. 특히 첫 단락과 둘째 단락은 '너의 향유의 향기는 아름답고' 너의 이름은 그 향유를 쏟아낼 것이다'로 직역될 수 있다. 이것은 외적으로 풍겨나는 솔로몬의 향기(향유)조차도 내적인 아름다움인 그의 인격을 가리키는 '이름'에서 계속 쏟아져 나오고 있다는 술람미 여인의 노래이며 그 향유가 계속 쏟아지기를 간절히 바라는 고백이다. 이러한 멋진 남자인 솔로몬을 처녀들이 어찌 사랑하지 않겠는가! 즉 평화의 왕 솔로몬에게서 풍기는 향기의 아름다움은 평화의 왕이요 만왕의 왕이신 그리스도 예수의 인성과 신성의 아름다움을 가리킨다고 볼 수 있다. 낮은 자들 곧 가난한 자와 병든 자와 멸시받는 자와 천대받는 자를 용납하시고 받아들이시며 용서하시고 사랑을 베푸시는 그리스도의 외적, 내적인 아름다움이 솔로몬에게서 모형적으로 나타나 있다. 오늘날 예수 그리스도의 이름으로부터 구원의 향기가 계속 쏟아지고(계속 쏟아지기를 간절히 바라는) 그 향기에 취해 하나님 나라의 영적 평화를 맛보는 모든 그리스도인(처녀들)이 어찌 그 향기의 주인공이신 그리스도를 사랑하지 않겠는가!

아가서의 첫 절이 아가서 전체의 제목이라면 2절은 그리스도의 사랑을 받고 싶어하는 성도들의 간절한 마음을 노래했고 3절은 그리스도의 아름다운 인성과 신성 곧 십자가의 죽으심과 부활을 통한 구원의 향기에 취하여 뭇성도들(처녀들)이 구세주 예수 그리스도를 진심으로 사랑하고 있음을 노래하고 있다. 상대방의 사랑을 받고 싶어하며 동시에 그 상대방을 사랑하는 것이야말로 가장 아름답고 진실한 사랑이 아니겠는가! 그리스도의 사랑을 받고 싶어 하며 동시에 그리스도를 마음속 깊이 사랑하는 성도들의 아름다움이 2절과 3절의 시적인 형태로 잘 나타나 있다.

---

87 첫 행의 שְׁמָנֶיךָ와 둘째 행의 שְׁמֶךָ 그리고 셋째 행의 אֲהֵבוּךָ는 모두 발음상 같은 음가인 ךָ(-카)로 끝난다. 음율을 맞춘 흔적이다. 그래서 아가서는 맛소라 사본 곧 히브리성경으로 볼 때 한편의 아름다운 시요 노래인 것이다.

(4) 아가서 1:4의 해석과 적용

왕이 나를 침궁으로 이끌어 들이시니 너는 나를 인도하라 우리가 너를 따라 달려가리라 우리가 너를 인하여 기뻐하며 즐거워하니 네 사랑이 포도주에서 지남이라 처녀들이 너를 사랑함이 마땅하니라

מָשְׁכֵנִי אַחֲרֶיךָ נָּרוּצָה הֱבִיאַנִי הַמֶּלֶךְ חֲדָרָיו נָגִילָה וְנִשְׂמְחָה בָּךְ
נַזְכִּירָה דֹדֶיךָ מִיַּיִן מֵישָׁרִים אֲהֵבוּךָ:

원문: מָשְׁכֵנִי   אַחֲרֶיךָ   נָּרוּצָה

음역: (나루차) (아하레카) (모쉬케니)

해석: (우리가 달려갈 것이다)(당신의 뒤에) (나를 인도하라)[88]

직역: 나를 당신의 뒤로 이끌어라, 우리가 달려갈 것이다

원문: הֱבִיאַנִי   הַמֶּלֶךְ   חֲדָרָיו

음역: (하다라유) (함멜 렉크) (헤비 아니)

해석: (그의 침실) (그 왕) (그가 나를 데려갔다)

직역: 그 왕이 나를 그의 침실로 데려갔다[89]

원문: נָגִילָה   וְנִשְׂמְחָה   בָּךְ

음역: (바크) (웨니스메하) (나길라)

해석: (당신 안에서) (우리가 즐거울 것이다) (우리가 매우 기뻐할 것이다)

직역: 우리가 당신으로 인해서 매우 기쁘고 즐거울 것이다.[90]

---

88 מָשְׁכֵנִי (모쉬케니)는 מָשַׁךְ (당기다, 끌다)의 칼, 명령형 2인칭 남성 단수에 1인칭 단수 접미어가 결합되어 '너는 나를 이끌어라'는 의미가 된다. אַחֲרֶיךָ (아하레카) 역시 전치사(뒤에, 뒤로)에 2인칭 남성 단수접미어가 결합된 것으로 '너의 뒤로'라는 뜻이다. 또한, 나루차는 רוּץ (달리다)의 칼, 미완료 1인칭 공통단수로서 '우리가 달려갈 것이다'라는 문자적 의미를 갖는다.

89 הֱבִיאַנִי (헤비에니)는 בּוֹא (인도하다, 데려가다)의 힐일 완료 3인칭 남성 단수에 1인칭 공통단수가 접미된 형태로서 '그가 나를 데려갔다'라는 뜻이다.

90 נָגִילָה (나길라)는 본래 '회전하다, 빙빙돌다'라는 말(גיל)의 칼 미완료1인칭 공통복수로써 '우리가 춤추며 기뻐할 것이다'라는 뜻을 가진다. וְנִשְׂמְחָה (웨니스메하)는 즐겁고 기쁘다는 말(שָׂמַח)의 칼 미완료 1인칭 공통복수로서 '우리가 매우 즐거워할 것이다'는 의

원문: נַזְכִּירָה   דֹּדֶיךָ   מִיַּיִן

음역: (미야인) (도데카) (나즈키라)

해석: (포도주보다 더) (너의 사랑을) (우리가 기억할 것이다)[91]

직역: 우리는 포도주 보다도 더 너의 사랑을 기억할 것이다)

원문: מֵישָׁרִים   אֲהֵבוּךָ

음역: (아헤부카) (메솨림)

해석: (그들이 너를 사랑하였다) (올바르게)

직역: 올바르게 그들이 너를 사랑하였다

    맛소라 사본(히브리 성경)에 의하면 4절의 문장은 전체가 크게 둘로 나누어지며 둘로 나뉘어진 두 번째 문단은 다시 네 단락으로 나누어 읽고 해석하라는 분리 부호가 있다. 그래서 전체를 위와 같이 다섯 단락으로 나누어 해석한 후 전체를 연결하는 것이 좋은 해석 방법이다. 신부인 술람미 여인은 신랑 솔로몬의 인도를 따라 어디든지 가겠다고 다짐한다. 사랑하는 자가 인도하는 대로 어디든 그 뒤를 따라가겠다고 다짐하며 그 뒤를 따르는데 마침내 그가 자신을 침대로 데려갔다고 말함으로써 남녀 간의 사랑의 절정을 잘 표현하고 있다. 어디든 뒤따라가겠다는 술람미 여인의 각오는 고난과 역경 속에서도 사랑하는 자를 결코 포기하지 않겠다는 결심이다. 그런데 그녀의 사랑하는 자인 솔로몬은 남녀 사랑의 최고의 절정인 침실로 그녀를 인도하고 만 것이다.

    그녀가 뒤따르는 솔로몬은 그녀에게 최고의 기쁨과 행복을 주기 때문에 술람미 여인이 기쁨과 행복에 도취되는 것은 지극히 합당하다고 말한다. 또 이러한 솔로몬 왕의 사랑은 포도주에 비교할 수 없는 최고의 사랑이며 그 사랑을 기억하고 칭송할 수밖에 없다고 고백한다. 당시 고대 근동에서는 포도주가 기쁨을 표시하는 대명사였으며 또 물 대신으로도 사용되는 중요한 식수였다.

미로 해석된다.

91 נַזְכִּירָה 는 זָכַר (기억하다)의 힢일 미완료 1인칭 공통복수로서 '우리가 기억케 할 것이다', '우리가 칭찬하게 할 것이다'라는 의미를 갖는다.

솔로몬의 사랑을 일상 생활에서 없어서는 안될 중요한 필수품이기도 한 포도주에 비교하여 그것보다 더 소중하다고 고백한 것이다. 예루살렘의 다른 처녀들(그들)은 이렇게까지 극진하고 아름다운 사랑을 베푸는 솔로몬을 사랑하지 않을 수 없었으며 또 처녀들이 그렇게 그를 사랑하는 것은 지극히 합당하다는 평가를 내린다. 이것은 신랑이신 예수 그리스도의 인도하심과 구속의 사랑에 대하여 주님의 사랑을 받은 모든 성도들이 우리 주님의 그 사랑의 크기와 넓이와 높이를 기억하며 감사하고 칭송하며 사랑하는 것은 지극히 합당하다는 것을 말하고 있는 것이다. 어찌 주님의 사랑을 세상이 주는 기쁨(포도주)에 비교할 수 있으랴. 주님을 뒤따르는 성도들은 세상으로부터 오는 고난과 역경을 감수해야 하지만 주님이 베푸시는 기쁨과 행복은 술람미 여인이 고백한 최상급의 행복과 기쁨이 아닐 수 없다. 오늘날 주님의 몸된 교회와 성도들이 이러한 주님을 사랑하며 섬기는 것은 지극히 합당하며 마땅한 일이 아닌가!

(5) 아가서 1:5의 해석과 적용

예루살렘의 여자들아 내가 비록 검으나 아름다우니 계달의 장막같을지라도 솔로몬의 휘장과도 같구나.

:שְׁחוֹרָה אֲנִי וְנָאוָה בְּנוֹת יְרוּשָׁלָיִם כְּאָהֳלֵי קֵדָר כִּירִיעוֹת שְׁלֹמֹה

원문: שְׁחוֹרָה אֲנִי וְנָאוָה בְּנוֹת יְרוּשָׁלָיִם

음역: (예루살라임) (베노트) (웨나와) (아니) (쉐호라)

해석: (예루살렘) (-의 딸들) (그러나 아름답다) (나는) (검다, 새까맣다)

직역: 나는 검다 그러나 아름답다 예루살렘의 딸들이여

원문: כְּאָהֳלֵי קֵדָר כִּירִיעוֹת שְׁלֹמֹה

음역: (쉘로모) (키리오트) (케다르) (케오홀레)

해석: (솔로몬) (-의 휘장처럼) (게달) (-의 텐트처럼)

직역: 게달의 텐트와 같으며 솔로몬의 휘장과 같다.

위 문장은 두 문단으로 나눌 수 있으며 두 문단은 서로 대구(對句)를 이룬다.

첫 번째 문단: 나는 검다. 그러나 아름답다 예루살렘의 딸들이여
두 번째 문단: 게달의 텐트와 같으며 솔로몬의 휘장과 같다.

즉 아래와 같이 대구(對句)를 이룬다.

나는 검다(첫 번째 문단), 게달의 텐트처럼(두 번째 문단)
그러나 나는 아름답다(첫 번째 문단), 솔로몬의 휘장처럼(두 번째 문단)

술람미 여인의 검은 얼굴이 게달의 검은 텐트에 비유되었고, 검지만 아름다운 술람미 여인의 모습은 솔로몬의 처소에 있는 화려한 휘장으로 비유되었다. 이것은 히브리인들의 시적 표현 가운데 가장 일반적인 동의적 대구(對句)법이다. 우선 술람미 여인은 자신의 햇빛에 그을린 모습이 비록 검지만 너무나 아름답다고 고백한다. 즉 자신의 그을린 모습은 마치 게달의 장막처럼 검지만 자신을 사랑하는 솔로몬 앞에서 그녀는 솔로몬의 휘장처럼 화려하고 아름다운 여인이라고 자신 있게 말하고 있다. 이 세상에서 성도들의 모습은 비록 초라하게 보일지라도 주님의 은혜와 사랑 안에서 성도들의 모습은 너무나 아름다운 하나님의 자녀인 것을 모형으로 보여 준다.

(6) 아가서 1:6의 해석과 적용
내가 일광에 쬐어서 거무스름 할지라도 흘겨보지 말 것은 내 어미의 아들들이 나를 노하여 포도원지기를 삼았음이라 나의 포도원은 내가 지키지 못하였구나.

אַל־תִּרְאוּנִי שֶׁאֲנִי שְׁחַרְחֹרֶת שֶׁשֱּׁזָפַתְנִי הַשָּׁמֶשׁ בְּנֵי אִמִּי
נִחֲרוּ־בִי שָׂמֻנִי נֹטֵרָה אֶת־הַכְּרָמִים כַּרְמִי שֶׁלִּי לֹא נָטָרְתִּי׃

원문: אַל-תִּרְאוּנִי [94] שֶׁאֲנִי [93] שְׁחַרְחֹרֶת [92]

음역: (쉐하르호레트) (쉐아니) (알-티르우니)

해석: (햇빛에 탄,거무스레한) (내가 - 때문에) (너희들은 나를 결코 멸시하지 말아라)

직역: 내가 거무스레할 지라도(탓을지라도) 너희들은 나를 결코 멸시하지 말아라

원문: שֶׁשֱּׁזָפַתְנִי [95] הַשָּׁמֶשׁ

음역: (핫쇠메쉬) (쉣쉐자 파트니)

해석: (그 태양이) (그녀가 나를 태웠기 때문에)

직역: 그 태양이 나를 태웠기 때문에

원문: בְּנֵי [97] אִמִּי נִחֲרוּ-בִי [96]

---

92 검다(שָׁחַר)는 말에서 나온 형용사로서 오직 여성형으로만 사용된다.

93 שֶׁאֲנִי (쉐아니)는 1인칭대명사 אֲנִי(아니)에 관계대명사 אֲשֶׁר 의 א가 어두음 탈락에 의해 떨어지고 ר는 다음 문자에 동화되는 현상에 따라 שֶׁאֲנִי(쉐아니)처럼 된 것이다. 이 경우에 관계대명사는 이기 때문에' 또는 '아무리 - 할지라도'의 뜻이 된다. 그러므로 שֶׁאֲנִי (쉐아니)는 '내가 아무리 - 할지라도'의 의미가 된다.

94 אַל-תִּרְאוּנִי 는 רָאָה(보다, 쳐다보다, 멸시하다)의 칼형 미완료 2인칭 남성복수에 1인칭 공통단수접미어가 붙은 형태로서 문법적으로는 우선 '너희들은 나를 멸시할 것이다'라는 뜻이다. 그런데 미완료형이 여기서처럼 부정어(אַל not)와 함께 사용되면 강한 금지명령의 의미가 된다. 따라서 אַל-תִּרְאוּנִי 는 '너희들은 결코 나를 멸시하지 말아라'라는 의미가 된다.

95 שֶׁשֱּׁזָפַתְנִי의 접두어 שֶׁ는 관계대명사 אֲשֶׁר 의 א가 탈락되고 는 뒤 문자에 동화된 후 생긴 현상이다. 이 경우 관계대명사는 때문에' 또는 '비록 - 할 지라도'의 의미가 된다. 또 접두어를 떼어낸 שֱּׁזָפַתְנִי 는 שָׁזַף (굽다,태우다,그슬리다)의 칼완료 3인칭 여성단수에 1인칭 공통단수접미어가 붙은 형태로서 '그녀가 나를 태웠다'라는 뜻이 된다. 따라서 שֶׁשֱּׁזָפַתְנִי 는 '비록 그녀(태양)가 나를 태웠다 할지라도'의 뜻이 된다.

96 נִחֲרוּ-בִי에서 נִחֲרוּ 는 חָרַר(태우다, 타다)에서 원형을 찾기보다는 חָרָה(불타다, 성내다)에서 그 기원을 찾는다. נִחֲרוּ는 חָרָה의 닢알 완료 3인칭 공통단수로 '그들이 성냈다'라는 뜻이다.
그리고 뒤의 בִי는 전치사 בְּ에 1인칭 대명사 접미어가 결합되어 '나에게, 나를'이란 의미이다. 연결하면 נִחֲרוּ-בִי는 '그들이 나에게 성냈다'는 뜻이다.

97 בְּנֵי אִמִּי 에서 אִמִּי는 명사 여성단수에 1인칭 공통 접미어가 결합된 형태로서 '나의 어머니'의 뜻이 되며 בְּנֵי는 명사 남성복수의 연계형으로 "-의 아들들"이란 의미가 된다. בְּנֵי אִמִּי는 "나의 어머니의 아들들"이란 의미로서 술람미 여인에게는 그녀의 오빠들을 가리킨다.

음역 : (니하루-비) (임미) (베네)

해석 : (그들이 나에게 성냈다) (나의 어머니) (-아들들)

직역 : 나의 어머니의 아들들이 나에게 성냈다.

원문 : שָׁמְנִי [100] נֹטֵרָה [99] אֶת־הַכְּרָמִים [98]

음역 : (엘-학케라밈) (노테라) (사무니)

해석 : (그 포도원들을) (지키는 여자) (그들이 나를 두었다)

직역 : 그들이 나를 그 포도원을 지키는 사람(지키는 여자로)으로 나를 두

원문 : כַּרְמִי [103] שֶׁלִּי [102] לֹא [101] נָטָרְתִּי

음역 : (나토르티) (로) (쉘리) (카르미)

해석 : (내가 지켰다) (아니다 나에게 속한) (나의 포도원)

직역 : 나는 나에게 속한 나의 포도원을 지키지 않았다

술람미 여인은 자신의 피부가 검게 그을린 이유를 설명하고 있다. 어머니의 아들들 곧 자신의 오빠들이 술람미 여인을 포도원 지킴이로 만들어 포도원으로 내몰았기 때문에 태양이 자신을 태워 검게 되었다고 설명하고 있다. 왜 오빠들이 이 여인을 포도원으로 내 몰았을까? 그 이유에 대한 해석은 많으나 가정 형편상 그녀의 오빠들이 술람미 여인을 집안에서만 머물도록 내버려 두지

---

98 אֶת־הַכְּרָמִים는 직접 목적격 전치사 אֶת와 정관사가 붙은 명사 남성복수 형태가 연합하여 마치 한 단어처럼 해석된다. '그 포도원들을'이란 뜻이다.

99 נֹטֵרָה는 נָטַר(보호하다, 지키다)의 칼 능동태 분사 여성 단수로서 '지키는 여자'라는 의미가 된다.

100 שָׁמְנִי는 שִׂים또는 שׂוּם(놓다, 두다)의 칼 완료 3인칭 공통복수에 1인칭 공통단수접미어가 결합된 형태로서 '그들이 나를 두었다'라는 뜻이 된다.

101 נָטָרְתִּי는 נָטַר(지키다)의 칼형 완료 1인칭 공통단수로서 '내가 지켰다'라는 의미가 된다. 앞의 부정어 לֹא와 함께 נָטָרְתִּי는 '내가 지키지 않았다'이다.

102 שֶׁלִּי는 전치사 לְ에 1인칭 대명사 접미어가 붙은 후 다시 그 앞에 관계대명사 אֲשֶׁר의 אֲ가 탈락되고 ר가 뒤 문자에 동화되어 이루어진 형태이다. 따라서 שֶׁלִּי는 '나에게 속한'의 뜻이다.

103 명사 남성 단수(포도원) 1인칭 대명사 접미어가 붙어 '나의 포도원'의 뜻이다.

않고 당시 고대 근동의 사회적 관습에 따라 그녀를 일터로 내보냈을 것으로 이해된다. 그뿐만 아니라 '내 어미의 아들들'이란 표현을 통해서 볼 때 이들은 술람미 여인의 아버지가 다른 오빠들이며 이 오빠들이 어머니의 사랑을 독차지하고 있는 여동생에 대한 시기와 미움으로 그녀를 들판으로 내몰았다고 보기도 한다.[104]

하지만 '내 어미의 아들들' 이란 표현을 아버지가 다른 오빠들을 가리키는 말로 보는 것은 무리가 따른다. 왜냐하면 일반적인 히브리 사상 아래서 볼 때 '내 어미의 아들들'이란 표현은 형이나 오빠를 가리키는 전형적인 표현법이기 때문이다. 따라서 아버지가 다르다는 이유로 오빠들이 술람미 여인을 미워한 것이 아니라 아마도 가정형편의 어려움 등 다른 이유로 술람미 여인은 포도원지기가 되었을 것으로 보아야 한다. 즉 요셉이 형들의 시기와 미움 때문에 팔려간 것과 같은 의미로 해석할 수 있다. 그래서 대부분의 개혁주의 학자들은 이 부분을 성도들의 고난으로 해석하고 있다. 술람미 여인이 그 오빠들의 미움을 사서 햇빛에 피부를 그을리며 포도원지기로 일해야 하는 사실은 그리스도를 따르는 신자들의 고난으로 이해한 것이다.

그런데 '나에게 속한 나의 포도원을 지키지 못하였다'는 의미는 무엇일까? 많은 학자가 이 부분을 비유나 상징적으로 이해하기도 하고 문자 그대로 이해하기도 했는데 세 가지로 요약될 수 있다.

첫 번째 해석은 술람미 여인이 말한 자신의 포도원을 상징적으로 이해하여 그녀의 신랑으로 이해하는 경우다. 즉 그녀는 그의 사랑하는 신랑을 지키지 못하고 놓쳤다는 것이다. 이 해석은 술람미 여인이 오빠들의 시기에 의해 포도원지기가 되어 포도원에 가 있는 동안 그의 사랑하는 남자를 지키지 못하고 놓쳐버리고 말았다는 결론에 도달한다.

두 번째 해석은 술람미 여인이 말한 그녀의 포도원은 그녀의 아름다운 모습에 대한 상징으로 보는 견해이다. 이 견해에 따르면 그녀가 포도원에 나가 일하다 보니 자신의 외모를 제대로 가꾸지 못하였다는 것이다. 즉 그녀는 오빠

---

104 김희보, op. cit,. p.45.

들의 강제적 요구로 포도원에 나가 일하는 동안 자신의 아름다움을 가꾸지 못했으며 그 결과 햇빛에 그을려 검게 되었다는 것이다.

세 번째 해석은 자신의 포도원을 지키지 못하였다는 술람미 여인의 이 말속에는 신랑에 대한 연민과 그리움이 담겨 있다고 보는 견해다. 즉 이 본문을 상징적으로 해석하지 않고 문자적인 말 그대로 이해하는 것이다. 실제로 그녀는 태양이 이글거리는 상황 아래 그의 피부를 검게 그을리며 그녀의 포도원을 지키도록 오빠들의 요구를 받았다. 이렇게 억지로 포도원 지기가 되었으나 그녀는 자신에게 속한, 즉 자신이 돌봐야 할 포도원을 제대로 보살피지 못했다. 왜냐면 거의 반강제적으로 포도원 지기가 된 그녀의 몸은 비록 포도원에 와 있으나 마음은 그녀가 사랑하는 신랑 곧 솔로몬에게 가 있기 때문이라는 것이다. 술람미 여인은 자신이 돌봐야 할 포도원 일에는 관심이 없고 오직 사랑하는 남자에게 마음을 빼앗긴 상태에서 실제로 그의 포도원을 지키지 못했다는 의미로 해석하는 것이다. 이와같이 우선 세 가지로 내게 속한 나의 포도원은 내가 지키지 못하였구나 라는 본문을 해석해 보았다. 이 본문을 어떻게 해석하느냐에 따라 그 결과와 적용은 너무나 차이가 남을 볼 수 있다.

첫 번째의 경우는 자신이 포도원지기가 된 이후에 사랑하는 남자를 지키지 못하고 놓쳐버렸다는 의미로 해석되었다. 두 번째의 경우는 포도원에 나가 일하는 동안 일에 파묻혀 자신의 아름다운 얼굴을 가꾸지 못하고 돌보지도 못했다고 해석했다. 세 번째의 경우는 그녀가 오빠들의 강압에 의하여 자신의 포도원지기가 되긴 했으나 사랑하는 남자를 사모하며 그리워하는 간절함 때문에 자신의 본분인 포도원을 가꾸고 지키는 일에는 소홀하여 결국 자신의 포도원을 지키지 못하게 된 것으로 보는 해석이다.

이 세 가지 경우의 해석 아래서 볼 때 본문인 "네게 속한 나의 포도원은 내가 지키지 못하였구나"라는 말의 진정한 의미는 무엇인가? 술람미 여인이 그녀의 남자를 놓쳐버렸다는 의미인가? 아니면 자신의 아름다움을 가꾸지 못했다는 의미인가? 그것도 아니라면 사랑하는 남자를 그리워하는 마음이 지나쳐 실제로 자신의 포도원을 돌보지 못했다는 의미인가?

가장 일반적인 해석으로 여겨지는 세 번째 경우의 해석을 받아들인다면 사랑하는 자를 떠나 포도원에 와 있는 이 여인에게서 자신의 터전인 포도원을 지키지 못할지언정 사랑하는 남자를 포기할 수 없다는 한 여인의 애절함을 볼 수 있다. 즉 자신이 포도원지기로 있는 동안 사랑하는 남자를 잃지는 않을까 하는 술람미 여인의 불안한 심정 아래서의 마음의 독백으로 보아야 한다는 것이다.[105]

이러한 그녀의 애틋하고 불안정한 마음은 급기야 그의 신랑을 찾아 나서기에 이른다. 이제 이 해석을 예표적 의미 아래 그리스도와 교회에 적용시켜 보자. 술람미 여인의 이러한 고백은 그리스도인들이 그들의 신랑이신 주님과 교제하는 기쁨을 떠나서는 세상의 그 어떠한 일에도 만족스럽지 못하고 주님만을 그리워하며 갈망하는 것에 대한 예표적 모델로 이해한다.

술람미 여인이 신랑인 솔로몬을 떠나 몸은 포도원에 머물러 있을지라도 그녀의 마음은 솔로몬에게 가 있기 때문에 포도원을 지킬 수 없게 되고 말았다. 이것은 하나님의 사랑을 받고 사는 주님의 백성들이 주님을 떠나서는 다른 아무 일에도 만족함이 없고 오직 하나님의 은혜와 사랑을 그리워하며 주님 안에서 사는 기쁨만이 최고의 행복임을 고백하는 예표적 의미로 해석한 결과이다. 즉 신부인 그리스도인들의 행복과 기쁨은 포도원에서 일하는 세상적인 것에서 비롯되는 것이 아니라 신랑이신 그리스도와 함께 교제하는 것임을 예표적으로 보여 준다고 해석한다. 더 나아가 그리스도를 위해서는 우리의 세상 기업이나 심지어 부모나 처자도 돌보지 못하는 처지에 놓일 수도 있음을 예표하는 술람미 여인의 고백으로 보기도 한다.[106] 이처럼 본문의 해석의 결과에 따라 아가서의 예표적, 상징적 해석은 너무나 서로 다른 결과를 초래하고 만다.

---

105 Ibid., p.47.

106 Ibid.

8) 아가서의 개혁주의적 해석 방향

구약의 정경 가운데 그 해석에 있어서 자칫 소홀히 하기 쉬운 아가서는 기독교 역사와 더불어 함께 발전되어온 성경해석사와 그 역사를 같이 한다. 즉 시대마다 성경을 어떻게 해석했느냐에 따라 아가서 해석도 그 방향을 함께해 왔다. 칼빈을 비롯한 개혁주의자들의 성경해석은 언제나 기독론적이거나 메시아 중심의 해석으로 그 결과가 나타나곤 했다. 아가서의 해석도 마찬가지다. 이미 서론에서 밝힌 바대로 아가서는 히브리인들이 가장 일반적으로 사용하는 시적인 형태로 기록되었다. 동의적 대구법을 비롯하여 반의적, 종합적대구(對句)법 등 실로 다양한 표현 방법이 사용되었음을 간과해서는 안 된다.

결국 아가서는 적어도 히브리어의 문법적 특성 뿐만 아니라 문장 구조의 원리 그리고 히브리적 사상에 깊은 이해와 함께 모형론적인 신학적 배경 아래서만 비로소 바르게 해석될 수 있음을 주지해야 한다. 또한, 아가서는 구약에 기록된 어떤 사건이나 인물은 그 자체로서의 독립성을 가지면서도 후 시대의 어떤 사건이나 인물(특히 메시아)과 상호 동일한 유형(Type)을 가진다는 역사적 사실에 근거하여 해석하는 소위 모형론적인 해석 방법을 따를 때 그리스도 중심적인 바른 해석에서 벗어나지 않을 것이다. 이 모형론적 해석 방법은 구원 역사를 이끌어 가는 삼위일체 하나님의 섭리에 의하여 후 시대에 이루어질 결정적인 사건이나 인물을 역사적으로 선행하여 미리 예표적으로 보여 주시는 것으로 해석한다는 의미에서 예표론적 해석이라고 부르기도 한다. 이러한 특성 때문에 특히 아가서는 예표론적, 유형적 또는 모형론적 해석 등 여러 이름으로 불리기도 한다.

아가서는 역사적 사실에 근거한 솔로몬과 술람미와의 순수하고도 완전한 사랑의 노래이다. 동시에 아가서에 기록된 두 남녀 주인공의 완전한 사랑은 장차 이 세상에 오실 그리스도와 그의 택한 백성 사이의 완전한 사랑의 관계에 대한 모형으로 보아야 한다. 결국 히브리 사상이 녹아있는 아가서 본문을 히브리 사상과 문법적 구조와 특성에 맞게 해석하면서 동시에 아가서의 두 남녀 주인공을 그리스도와 교회로 보는 모형론적 또는 예표론적으로 이해하는 해석 방법이 아가서 해석의 모델이 되어야 한다고 본다. 즉 문법적, 역사적 해석에 근거하여 모형론적, 예표론적 해석의 결과로 그 적용을 이끌어 내야 한다. 이것이 아가서 해석의 기본 방향이 되어야 한다고 본다. 그러나 모형론적인 해석을 아가서의 기본 방향으로 본다고 할지라도 마지막 부분, 곧 아가서 1장 6절의 해석과 그 결과에서 드러난 것처럼 그 해석의 결과와 적용은 너무나 다를 수 있다.

> 먼저 알 것은 경의 모든 예언은 사사로이 풀 것이 아니니 예언은[107] 언제든지 사람의 뜻으로 낸 것이 아니요 오직 성령의 감동하심을 입은 사람들이 하나님께 받아 말한 것임이니라(벧후 1:20, 21)

---

[107] 여기서 "예언"은 앞일을 미리 알린다는 의미로서의 예언이 아니라 이미 구약에 기록된 하나님의 말씀으로서의 예언을 가리킨다.

제10장

대선지서의 메시아언약

1. 이사야서와 메시아 이해

1) 저자와 역사적 상황

이사야서의 저자는 선지자 이사야이다. 이 책은 유일하게 이사야의 이름을 들어 그의 예언이라고 말한다(1:1; 2:1; 13:1). 이사야는 B.C. 739/740년 경에 선지자 활동을 시작한 것으로 보여지며 B.C. 687년 경에 순교하였다.[1] 이사야 선지자는 유다 왕 웃시야 요담 아하스 히스기야 시대에 활동하였으며 구약의 복음 선지자라는 별명에 맞게 그리스도에 관한 많은 예언을 하였다.

이사야서의 주제는 이사야의 이름이 갖는 의미대로 "구원은 여호와께 있다"이다. 이사야는 그의 이름과 인격이 메시아의 모형이다. 이사야는 메시아가 누구이며, 그의 성격, 그의 직무, 그의 존재와 사역의 열매에 대해서도 상세히 설명하였다. 또한, 이사야는 메시아 개념을 새로 소개한 것이 아니라 아담, 족장들, 모세, 다윗, 그리고 그 이전의 선지자들에게 나타난 하나님의 계시를 다루었다. 따라서 이 계시에서 약속들이 설명되고 거듭되며 확장되고 그가 살고 있었던 그 시대의 상황들에 적용되었다. 선지자 미가가 농촌 유다를 향한 메시아 메시지를 선포한 반면, 이사야는 도시 유다를 향해서 메시아 메시지를 선포했다. 이사야가 활동한 역사적 상황 즉 유다의 국가적 및 국제 정치적 상황, 그리고 유다를 위한 영적 도덕적 사회적 희망뿐만 아니라 정치적

---

1   G. V. 그로닝겐, p.569.

희망 등은 이사야에 의해 제시된 메시아 예언들의 완전한 의미를 올바로 이해하는 데 아주 중요하다. 당시의 역사적 상황은 유다 왕들이 앗수르(아하스), 애굽(히스기야), 바벨론(히스기야)과 정치적, 외교적 관계를 유지하고 있었다.

2) 이사야서의 통일성

하나님의 칭호인 '이스라엘의 거룩한 자'라는 용어가 전반부(1-39장)에 12회, 후반부(40-66장)에 14회 나타난다. 이것은 전반부와 후반부가 통일성이 있으며 같은 저자에 의하여 기록되었음을 뒷받침해 주는 증거다. 전반부(1-39장)에 언급된 사건은 대부분이 이사야 활동 당시에 일어났다(참조 6:1; 14:28; 36:1). 따라서 이 부분의 내용은 앗수르 군대가 예루살렘을 치러 올라 왔다가 크게 패전하던 해 곧 B.C. 701년 이후 얼마 되지 않아 완성되었다. 그리고 선지자가 적어도 B.C. 681년(산헤립이 그의 신전에서 살해당하던 해)까지는 생존했을 것이므로 그의 여생 동안에 후반부(40-66장)을 기록했을 것으로 본다.

이사야서의 주제는 구원은 여호와께 있다는 메시아 사상으로 하나님의 백성과 이스라엘과 그 주변 국가들, 나아가 온 인류에 대한 하나님의 심판과 구원을 밝혀주는 책이다. 이사야는 하나님의 뜻을 거역하며 그분께 반항하는 이스라엘 백성과 모든 민족들에게 장차 무서운 심판이 임할 것을 예언했으며, 이 심판의 날을 '여호와의 날'이라고 언급했다. 더 나아가 이사야서에서 하나님은 모든 나라와 그 나라들의 통치자들과는 비교할 수 없는(40:15-24) 절대주권을 지니신 분으로 소개되었다(25:8). 그러나 하나님은 당신의 백성을 긍휼히 여기시며(14:1-2), 그들을 죄와 어두움의 권세로부터 또한, 정치적인 압박으로부터 구원하실 것이다. 메시아 시대의 특징으로서 이 책에는 평강과 안전이 묘사되었다(11:6-9). 다윗의 왕위를 잇는 한 왕이 의로움으로 통치하실 것이며(9:7; 32:1), 그 왕으로 인해서 모든 나라가 예루살렘의 거룩한 산으로 모여들 것이다(2:2-4). 그리고 하나님의 백성은 더 이상 악한 지도자들로부터 압제를 당하지 않을 것이며(11:14; 45:14), 예루살렘은 '여호와의 성읍'이라고 불릴 것이다. 이사야서는 '여호와의 종'인 의로운 통치자의 나라를 건설하고 확장해 나아가리라는 그 정점을 향해 예언의 논리를 전개시킨다. 그 때에 하나님의 백성은 그분의 뜻을 온전히 따를 것이며, 하나님의 백성을 비롯하여 모든 피조물은 이스라엘의 거룩하신 자가 성취하신 바를 찬양하고 그분께 영광 돌릴 것이다.

3) 처녀의 아들(1-8장)[2]

이사야서 1-8장은 이사야서 전체의 예리한 서론을 제공해 준다. 아모스의 아들 이사야는 이상을 통해 계시를 받았다(1:1). 이사야서 예언의 주제는 '구원은 여호와께 있다'(Salvation is of Yahweh)인데 이사야의 이름의 뜻도 이와 동일하며 이사야는 이 주제를 선포하라는 소명을 하나님으로부터 받은 선지자이다. 구약에서의 메시아 계시에 대한 연구에서 그의 인격, 경험, 직무들에 대해 해석될 때 아들이라는 용어가 이사야의 초기 예언들에서 중심 개념으로 사용되었다(사 7:14).

① 전체적으로 이사야의 인격과 사역 속에 메시아적 의미가 있다(사 1-6장).

이사야는 선지자적 대언자로서 여호와의 대언자적 역할을 담당하는 메시아의 한 모형이다. 그는 선지자 활동 전 기간 내내 자신의 이름을 통해 선포해야 하는 메시지를 몸에 지니고 다녔다. 이사야의 신분에 있어 성경에 그가 왕족이라는 언급은 없지만 성경에 기록된 당시의 많은 정황을 볼 때 왕족일 가능성이 매우 크다. 그가 왕족이면서 선지자로서 당하는 굴욕은 장차 오실 메시아가 어떠한 분이신가를 미리 보여 주었다.

우선 이사야서 2장(2-4절)의 메시아 예언이다. 이 부분의 내용은 미가서에도 나타난다(미 4:1-3). 따라서 미가 선지자가 이사야 선지자의 예언을 인용했는지, 아니면 그 반대의 경우인지 또는 두 선지자가 어느 또 다른 선지자의 예언을 인용했는지는 잘 모른다. 그러나 여러 가지 정황으로 볼 때 이사야가 미가의 예언을 인용했을 가능성이 크다.[3] 이사야는 말일에 즉 메시아가 강림하

---

2   G. V. 그로닝겐, pp.598-769. 그로닝겐은 이사야서의 메시아 사상은 넷으로 구분하였다. 즉 이사야서의 메시아는 처녀의 아들, 다스리는 아들, 종으로서의 아들, 고난과 사역의 종 등이다.

3   E. W. 행스텐베르그, op. cit., p. 195.

실 때에 찬란한 신정국가가 세워지며 이방인들이 주의 백성으로 받아들여질 것임을 예언하고 있다.

② 다음으로는 이사야서 4장(2절 이하)의 메시아 예언이다.

그날 곧 하나님의 언약 성취의 날에 여호와의 싹인 메시아가 오실 것에 대한 예언이다. 가지와 그루터기는 메시아적 의미다. 메시아는 '체마흐 야 웨'('여호와의 가지, 여호와의 싹) 또는 그루터기로 묘사되어 여러 번 나타난다.[4] 여기서 여호와의 가지는 여호와께서 자라게 하시는 가지를 의미하는 약속된 메시아를 의미하는 것으로 이 가지의 근원은 이새의 집의 줄기(11:1)인 다윗 집이 영원한 왕조가 될 것이라고 약속하셨던 '그 아들'(the Son)을 가리킨다(삼하 7:11-16).

다윗 왕조는 여호와께서 시내 산에서 언약을 맺으신 백성의 일부이며 아브라함과의 언약의 성취인 동시에 아담의 후손언약을 위한 여호와의 목적들의 성취이다.[5] '그루터기'는 족장들에 대한 여호와의 계속성을 말하기 위해 은유적으로 사용된 말인데(6:13) 거대한 재난이 예루살렘과 유다를 휩쓸어 황폐화 되어 언약 백성이 완전히 사라져 '그루터기'에 불과한 한 그루 나무의 죽은 줄기처럼 될 것이나 그 그루터기(거룩한 씨)에는 아직 생명이 있음을 확신 시켜 준다.[6]

③ 처녀의 아들(사 7:1-17)은 분명히 메시아를 가리키는 언약의 명칭이다.

> 그러므로 주께서 친히 징조로 너희에게 주실 것이라 보라 처녀(Almah)가 잉태하여 아들
> 을 낳을 것이요 그 이름을 임마누엘이라 하리라(사 7:14).

---

4   צֶמַח יהוה(체마흐 야웨). 서로 다른 히브리어 명사들을 통해 이사야서에 여러번 나타나는 데 한글 개역 성경에는 '여호와의 싹'(사 1:2)으로 번역되었다.

5   첫 메시아 약속'(창 3:8-4:10) 부분.

6   이사야는 바벨론이 유다땅을 공격하고 약탈할 것이라는 것을 여호와께로부터 알게 되었음을 결론 내리고 있다.

이사야 7:14에 나타난 처녀(Almah)와 임마누엘 예언에 대한 해석들은 수없이 많으며 서로 대립되며 논란이 되는 경우들도 많다. 여기서 "알마"(עַלְמָה Almah)가 처녀인가, 젊은 여자인가가 문제이다. 물론 처녀도 경우에 따라 젊은 여자라 할 수 있겠으나 "알마"(עַלְמָה Almah)가 분명 결혼 전의 여자를 가리킨다면 단순한 젊은 여자가 아니라 복음서와 연결하여 생각한다면 반드시 처녀라고 해야 옳다.[7]

칼빈(J. Calvin)은 이러한 '알마'의 어원의 뜻은 일반 대중에게 나타나기를 부끄러워하고 꺼려하는 처녀성을 의미하는 것이라 했다.[8] 성경에서 볼 때 '알마'는 결혼 전의 처녀에게 사용되었다(창 24:43; 출 2:8; 아 1:3; 6:8; 시 68:25; 잠 30:19). 또한, '임마누엘' 예언에 대한 대립되는 논란을 이해하기 위해서는 이사야 7:1-9의 문맥을 이해해야 한다.

첫째, 다윗의 집과 다윗 집의 통치 아래 있는 전 유다가 다루어지고 있다. 언약의 여호와께서는 다윗과 언약을 맺으셨다(삼하 7:14-17; 23:5). 따라서 다윗의 언약은 다윗 왕가의 한 아들인 아하스가 기억해야 할 중요한 것이며, 유효한 것으로 유다의 정치사에서 언약적 대리자로 섬겨야 할 특권과 책임이 있다. 그러나 아하스는 그 언약을 지키지 못하고 열왕의 길로 행하므로 여호와의 언약의 저주 아래 있게 된다.[9]

둘째, 그러나 주권적인 주 여호와께서는 다윗에게 하신 약속을 잊지 않고 계신다. 오히려 그 언약은 굳건히 세워지고 제 기능을 다하여 비록 '그루터기'와 같지만, 열매를 맺는 "가지"가 될 것이다(사 4:2; 11:1).

셋째, 여호와께서는 유다 백성들에 대해 아하스에게 "남은 자가 돌아올 것이다"라는 의미와 남은 자가 회개하리라는 의미를 동시에 가지고 있는 이름

7 김희보 『구약신학논고』(서울: CLC), 1991. p.293. 본래 히브리어 'Almah'는 '감추이다'(conceal) 또는 '숨기우다'(hidden)라는 뜻인 어근 Alam에서 온 여성명사이다. 옥스포드(Oxford)의 히브리어 사전에 의하면 '알마'의 뜻은 '젊은 여자'(young woman)라 했고, 또 '성적으로 성숙된'(ripe sexually) 소녀(maiden) 혹은 '갓 결혼한 자'(newly married)라 했다.

8 Ibid., p.295. (Calvin's Commentary on Isaiah Vol. 1. p.247.)

9 우상 숭배와 이방사람의 가증한 일을 본받는 것.

을 가진 이사야의 아들 '스알-야숩'을 통해 말씀을 주신다. '남은 자' 개념
은 미래에 대한 확신을 표현하기 위한 것뿐 아니라(아들은 다음 세대를 가리킴)
여호와의 백성의 핵심을 가리키는 것이다. 이 핵심은 유다의 하나님을 충실히
섬기는 자들로 구성된 보호받는 자들로서 여호와의 언약 백성이 어떤 환경 속
에서라도 계속됨을 보여 준다.

넷째, 이사야는 다윗적인 왕으로서 아하스가 가지는 특권들과 그가 이행해
야 하는 책임들 즉 여호와께서 다윗과 맺으신 언약에 따라 행동하라는 명령을
한다.[10] 아하스로 하여금 여호와의 말씀을 믿고 완전히 의지하며 확신과 인내
를 얻으라는 것이다. 즉 아람과 에브라임(이스라엘)이 아하스와 유다를 무너뜨
릴 것이라는 생각에 두려워하고 있는 아하스에게 이사야는 불신앙과 믿음의
결핍이 그를 무너뜨리고 있다고 말하고 있다.[11] 여호와께서는 이사야를 통해
아하스에게 한 징조를 구하라(7:11)고 말씀하신다. 이것은 여호와의 말씀에 대
한 확증을 구하라는 충고로 하나님께 대한 아하스의 순종과 믿음을 요구하시
는 것이다. 그러나 아하스는 "나는 구하지 않겠나이다 나는 여호와를 시험치
않겠나이다"(사 7:12)라는 순종과 믿음에 대한 거부 의사를 표현하여 불신앙
의 길을 선택한다. 이 대답에 아하스는 '징조를 구하라'는 요구를 거부한 분
명한 이유를 말하지 않고 다만 '여호와를 시험치 않겠다"라는 이유를 댈 뿐
이다.

아하스가 이렇게 대답한 것은 이스라엘 백성들이 출애굽 당시 광야생활에
서 하나님을 시험할 때 모세가 백성들에게 율법 정신을 시험치 말라는 의미의
'하나님을 시험하지 말라'고 경고한다(신 6:16). 내용을 문자적으로 인용하고
있다. 아하스는 하나님을 따르는 '사람들'을 괴롭게 할 뿐 아니라 '하나님을 괴
로우시게' 하고 있다. 그러나 하나님은 당신이 의도하신 대로 '주께서 친히 징
조를 너희에게 주실 것이라'고 말씀하신다. 이것은 여호와는 주권적인 주인이
시며 다윗의 집을 인도하고 다스리고 계신다는 것을 강조하는 것이다. 그 징
조란 '처녀가 잉태하여 아들을 낳을 것'이라는 것인데 이사야가 '처녀' 앞에 정

---

10 이사야는 아하스에게 이렇게 말해야 한다. ① 삼가라, ② 종용하라, ③ 두려워 말라, ④
    낙심치 말라
11 "만일 너희가 믿지 아니하면 정녕히 굳게 서지 못하리라 하셨다 할지니"(사 7:8-9b).

관사를 붙여 '그 처녀'(הָעַלְמָה 하알마)라고 했다.[12] 이 표현은 특별히 결혼하지 않은 한 젊은 여성을 말하고 있으며 마태가 이해했던 것처럼 미래에 처녀 마리아의 몸을 빌려 탄생할 그리스도를 가리킨다(마 1:23).

4) 다스리는 아들(9-11장)

이사야서 9장(2-7절)은 구약성경의 메시아 개념 계시에서 축이 되는 구절이라고 할 수 있다. 이 구절은 이사야의 예언에서도 중심이 되며 이사야가 이미 선포한 것을 설명해 준다. 또한, 앞으로 선포할 메시아 예언들의 항목들도 보여 준다. 즉 약속된 통치자(사 9:2-7)와 칭호(사 11:1-6)들은 메시아적 특징에 대한 분명하고 명확한 이해를 반영하고 있다. 이 칭호들에는 이사야 예언에서의 메시아–왕, 메시아 왕권, 평강의 왕, 다윗의 나라 등이 내포되어 있다. 실제로 이러한 구절들은 이사야 시대에 다윗의 집에 의해 대표되고 모형화 되었다(삼하 7:1-17). 하나님께서는 다윗에게 "네 집과 네 나라가 내 앞에서 영원히 보전되고 네 위가 영원히 견고하리라 하셨다 하라(16절)"는 말씀으로 언약을 맺으시고 메시아를 계시하셨다.

(1) 왕적인 통치자의 다스림(사 9:2-7)

한 아기 또는 한 아들은 구약성경 메시아 개념의 계시에서 한 축이 된다. 이사야 9장과 11장의 역사적 정황은 7장의 역사적 정황과 동일하다. 즉 유다의 정치적 군사적 어려운 정황 속에서 아람과 앗수르가 여호와의 심판 도구로 사용될 것을 예언하고 있다. 이스라엘 백성들이 어두움 가운데서도 빛을 가져다주실 여호와께로 눈을 돌릴 때 흑암에 한 빛이 비추어져 다윗의 집은 계속될 것이라는 주제를 남기고 있다. 흑암을 비추는 빛은 승리와 자유를 주며 이 빛은 언약 백성을 위해 태어날 '한 아기' 또는 '한 아들'이다. 그는 그의 이름들이 보여 주듯이 가장 특별한 인물 '그 왕'(the King)이다.[13] 그 왕의 나라

---

12 한글개역성경에는 정관사가 없지만 히브리어 원문에는 정관사가 있다.

13 그 이름은 기묘자라, 모사라, 전능하신 하나님이라, 영존하시는 아버지라, 평강의 왕이라 할 것임이라(사9:6b).

는 공평과 정의로 보존될 것이며 정사와 평강의 있는 무궁하고 영원한 나라이다.[14] 한 아기 곧 한 아들의 이름은 기묘자, 모사, 전능하신 하나님, 영존하시는 아버지, 평강의 왕이시다(사 9:6).

(2) 메시아적 측면

이사야서 9장과 10장에 나타난 메시아 개념은 에덴동산에서 약속된 구원 사역(창 3:15), 아브라함의 씨, 그 씨에서 나올 '그 왕'(the King, 창 12:2; 21:1-3), 유다의 후손으로 올 왕적 인물(창 49-8-12), 다윗의 언약(삼하 7:12-16), 그리고 솔로몬과 그의 나라(왕상 2-11장; 시 72편)등의 언약이 이사야 선지자에 의해 한데 모아져 간결한 구절로 함축되었다. 즉 아담, 노아, 아브라함, 모세, 다윗에 걸친 하나님의 메시아에 대한 언약이 유기적이며 점진적으로 확대되어 구체적으로 드러났다. 메시아 개념의 중심은 다윗의 집과 그의 왕조들로서 그 속에서 예언의 뼈대를 형성한다. '그 처녀'에게서 태어날 '한 아기' 또는 '한 아들'은 다윗의 후손(사 7:14)으로서 인간이시며 하나님이시고 또한, 왕이시며 영원한 분이시다. 그의 통치는 열방들에 대한 주권적인 다스림과 언약 백성을 압제하는 자들을 심판하실 분이시다. 아하스와 유다 백성이 이웃 나라들로부터 위협당하고 있는 정황 속에서 이사야가 이 메시지를 주고 있다는 것은 매우 중요하다. 아하스가 여호와의 말씀에 불순종했지만 여호와께서는 그 처녀의 '한 아들'을 통해 유다의 구원 계획을 알려 주셨다.

(3) 종말론적 측면

이 예언의 종말론적 측면들은 그분의 이름에서 알 수 있다. 그 이름은 기묘한 모사, 전능하신 하나님, 영존하시는 아버지, 평강의 왕이시다. 그의 나라와 왕권은 여러 측면에서 점진적으로 실현될 것이다. 이 나라는 구약에서 신정(神政)으로 표현되었지만 이것은 실제 나라에 대한 모형적인 나라로서 장차 모든 세대의 구속받은 자들이 구성원이 되어 정의와 평화와 기쁨이 있는 완전한 나라로 발전할 것이다. 흑암에 있는 백성들이 큰 빛을 보았다(사 9:2-4).

---

14 사 9:7

(4) 이새의 아들의 통치(사 11:1-16)

한 싹과 가지. 이사야가 공의로운 통치자에 관해 선포한 메시지(사 11:1-5)는 아하스가 아람과 이스라엘 왕들을 두려워하고(사 7:1-2) 북쪽의 이 두 이웃 나라와 맞서기 위해 앗수르에게 군사적, 정치적 도움을 구할 때 제시한 전체 예언에서 중요한 부분이다. 이 구절에서 이사야는 자신이 '말일'(사 2:2)에 관해 기록했던 것들, 즉 다윗 집의 공평과 정의로 다스릴 '한 아기' 또는 '한 아들'(사 9:2-7)을 가리키기 위해 '가지'(사 4:2-6)와 '그루터기'(사 6:13)의 은유를 다시 사용한다(사 11:1). 이사야 11장에서는 영원한 우주적 왕국의 통치에 대해 자세히 말하고 있다. 여기서 이사야는 그 시대의 정황에 관계가 있는 세 가지 주제에 대하여 예언을 한다.

첫째, 심판이 곧 임할 것이라는 징후와
둘째, 앗수르에게 임할 분명한 심판과
셋째, 언약 백성이 완전히 없어지지 않을 것이라는 것이다.

우주적 통치의 완성과 언약 백성들에 대한 심판과 축복, 그 왕의 의로운 통치, 열방들에 임하는 심판과 여호와의 백성들의 보존 그리고 구속받은 자들을 위한 우주적 축복과 기쁨이 선포되어지고 있다. 이사야의 예언들은 대부분 역사적 사실로 성취되었고 또한, 성취되어가고 있는 것이 분명하다. 여호와의 계시는 열방에 전해졌고 유대인이나 헬라인이나 믿음을 통하여 여호와의 계시된 말씀 아래 함께 거하며 그와 한 몸이 되었다. 그는 굴욕을 당하였으나 승천하셔서 아버지의 우편에서 공평과 정의와 성실함으로 계속해서 다스리고 계신다.

5) 종과 아들(40-50장)

이사야의 메시지의 지배적인 주제들은 여호와의 왕권과 나라다. 본문(사 40:1-50:12)에서는 구약 전체에 흐르는 메시아적 예언의 특별한 측면들을 자세하게 다루고 있는데 그 주제 구조는 '종의 노래들, (Servant Song)이다. 종이라는 개념은 주인에게 예속된 혹은 구속되어 있어 주인을 위해서만 봉사해야 하는 자유의지가 없는자 란 뜻으로 신약성경에서는 자기들이 섬기는 유일신 여호와 하나님 앞에서 자기를 낮추는 대명사로도 자주 사용했다. 또한, 주인의 명령권을 갖고 주인을 위해 일하며, 행한 일에 대해 책임을 지는 중재적인 대리자로서의 기능을 암시한다. 우리는 보통 성경에 '메시아'라는 히브리어가 자주 사용된 것으로 생각할 수 있지만 '메시아'라는 용어보다 '그 종' 또는 '나의 종'이란 용어가 중추적 역할을 한다.[15]

(1) 선지자로서의 '여호와의 종'을 가리킨다

> 내가 붙드는 나의 종 내 마음에 기뻐하는 나의 택한 사람을 보라 내가 나의 신을 그에게 주었은즉 그가 이방에 공의를 베풀리라(사 42:1).

이 구절의 '공의'는 재판을 의미하는 것이 아니라 '참된 종교' 또는 '교훈'을 의미하는 뜻으로 '여호와의 종'은 심판을 베푸는 높은 자리에 군림하는 심판자를 의미하는 것이 아니라 '여호와의 종'이 진정한 종교를 이방에 어떻게 전파할 것을 묘사한 말씀이다.[16] 그러므로 '여호와의 종'은 심판자로서의 모습을 보여줌이 아니라 참된 복음의 전파자로서 선지자의 풍채를 보여 준다.

(2) 제사장으로서의 '여호와의 종'이다

여호와의 종의 수난은 중보적이요 대속적인 것임을 상기할 때에 그 '종'은 선지자로서 뿐 아니라 제사장으로서의 면모를 생각하지 않을 수 없다. 제2(사 49:1-9), 제3(사 50:4-11), 제4(사 52:13-53:12)의 종의 노래에서 여호와의 종의 수난의 정도는 점점 높아 간다. 여기서 "그가 열방에 뿌릴 것이며"(사 52:15) (한글개역성경에 "열방을 놀랠 것이며")라는 말씀은 제사장들이 물이나 피를 뿌려 이

---

15   히브리어의 『종』 '에벧'(עֶבֶד)은 본래 '노동' 혹은 '봉사'를 의미하는 동사 עָבַד(abad)에서 왔다. 그러나 이 말이 사용되는 경우는 항상 '주종적 예속 관계'를 표시했으며, '에벧,은 헬라어에서 '둘로스'라는 말로 옮겨졌다.

16   김희보, 『구약신학논고서울:CLC, 1991. p.320.

스라엘 백성들의 죄를 씻는 속죄 사역을 의미하며 그 '종'은 메시아가 몸소 자기의 피를 뿌림으로써 언약을 성취할 것에 대한 말씀이다.[17]

(3) 왕으로서의 '여호와의 종'의 개념이다

"종"이라는 말은 선지자나 제사장으로서만 아니라 왕에게도 사용된 것을 구약에서 발견할 수 있다(삼하 3:18; 겔 34:28; 학 2:23; 시 89:4; 렘 27:6 등). "섬들이 그 교훈을 앙망하며"(사 42:4), "이방의 빛(사 42:6)이 되게 하며", "기쁜 소식을 전할"(사 41:27) 그 "학자의 혀"를 받은(사 50:4) 선지자는 '다스리고' '제도를 베풀어' '갇힌 자를 옥에서 이끌어 내는' 권위의 행사인 『왕』이기도 하다. '여호와의 종'이 때로는 개인인지 집단인지 분별하기 어려운 때도 있으나 결국 그 '종'이 가리켜 보이는 것은 대선지자시요 대제사장이시요 만왕의 왕이 되시는 모든 언약의 성취자 그리스도에 이루어진다.[18]

(4) 메시아적 측면들

이사야서에서 메시아 대신 '종'이란 용어로 사용된 것은 이사야 메시지의 중심이 창조주시며 통치자요 구속자이신 여호와께서 그의 언약 백성들을 위해 무엇을 행하실 것 즉 야곱의 후손들에게 주신 그의 약속들을 이루시기 위해 낮아지실 것에 대한 예표의 말씀이다. 그러므로 이사야서에 나타난 종의 개념은 왕권개념으로 왕적 종을 말하는 것으로 '메시아'라는 의미로 이해해야 한다. 이사야서에 나타난 메시아적 대리자는 여호와를 대신하여 말하는 이사야 자신, 사 40:3-6에 언급된 메시아적 사자의 역할인 '그 소리', 집합적인 이스라엘, 기름 부음 받은 종 고레스, 개인적인 '그 종'(Servant) 등이다. 이사야는 '개인적인 종'과 '집합적인 종' 사이의 매우 긴밀한 관계를 제시하고 있는데 '개인적인 종'이 '집합적인 종'의 일원이며 그는 그 집합을 대표하며, 집합적인 종의 역할도 수행한다(사 49:3). 개인적인 종에 대한 특별한 사실은 그는 여호와의 직무를 수행하라는 '임무'를 부여받은 '그 종'으로 선택

---

17   Ibid., p.323.

18   Ibid., p.332.

되고 세워졌다(사 42:1). 그는 의롭고 공의를 조장할 것이며 모든 열방에게 복의 수단이 되라는 언약적 의무를 성취할 것이다. '그 종'은 하나님과 동일시될 것이지만(사 50:1-3) 그 분과 구분될 것이며(사 50:14-17), 굴욕을 당하며, 집합적인 종을 대신하여 고난을 당하며(사 50:4-9), 속전을 주고 구원하는 구세주가 될 것이다. '그 종'은 '메시아'로 언급되지는 않지만 구약 전체를 통해 메시아에게 귀속한 모든 성격들과 책임들을 가지고 있는 '그 종'과 '나의 종'으로 지명되었다. 결론적으로 이사야서 본문(사 40:1-50:12)에 나타난 한 가지 중요한 핵심은 여호와의 개인적인 '그 종' 또는 '나의 종'은 여자의 후손(창 3:15), 아브라함의 씨(창 15:1-6; 17:1-11), 유다 지파의 사자(창 49:8-12), 다윗의 아들(삼하 7:11-16), '그 처녀'에게서 태어날 아들(사 7:14), 그리고 다윗 왕조의 이전 영토를 해방할 책임을 가진 '그 아기' 또는 '그 아들'과 동일시 되어야 한다(사 9:2-7; 11:1-16). 이 모든 용어와 문장들은 장차 오실 메시아에 대한 앞선 예표들이다.

특히 구속자로서의 메시아적 의미는 너무나 중요하다(46:6; 49:7). 이스라엘의 왕이요 구속자이신 여호와는 미래의 대속자이신 그리스도를 가리킨다. 본래 구약 시대의 구속자바)는 토지 제도에서는 대신 토지를 사 주는 사람을 가리키며 계대 결혼에 있어서는 대신 결혼하거나 동침하여 아들을 낳아 주는 사람을 일컫는 말이다. 다말과 동침한 유다가 고엘(גֹּאֵל)이며(창 38장) 룻과 결혼한 보아스가 고엘이다(룻 4장). 이 고엘(구속자) 사상은 그리스도의 십자가 사건으로 성취되었다. 죄인 대신 십자가에서 죽은 그리스도가 바로 고엘이다.

(5) 종말론적 측면들

언약의 백성들은 그들의 죄로 인하여 바벨론으로 유수될 것이다. 그러나 후에 고레스를 통한 언약 백성들의 귀환을 강조한다(사 45:1-7). 이사야는 고레스를 기름 부음받은 자 곧 메시아로 이해했다. 즉 고레스는 하나님의 택한 백성들을 바벨론의 지배 아래서 구원해 낼 메시아였다. 그는 하나님으로부터 선택되고 지명되었으며 사명을 받았다(사 45:4). 고레스의 메시아적 사역은 그리스도의 구원 사역과 모형적으로 닮았다. 고레스가 언약 백성들을 바벨론 통치로부터 해방시키고 구원해 내듯이 그리스도께서 죄인들을 구원할 것이다.

6) 고난과 사역의 종으로서의 메시아(52:13-66장)

(1) 우선 고난받는 종으로서의 메시아(사 52:13-53:12)

우선 고난받는 종으로서의 메시아의 모습은 가장 길면서 가장 쉽게 규명되는 종의 노래로 구성되어 있으며 앞에서 언급한 '그 종' 또는 '메시아의 높아짐과 낮아짐'에 관해 계시되었던 것들을 더욱 자세히 설명하고 있다.[19] 여기서 주목해야 할 메시아의 의미는 '아브디'(עַבְדִּי 나의 종, 452:13; 53:11)라는 말에 의해서만 직접적으로 설명된다는 사실이다. 그는 다윗의 아들, 족장의 후손들 중 하나, 또는 메시아로 언급되지 않지만, 그와 똑같은 인물로 인정되어야 한다. 이사야는 언약의 씨, 즉 섬기는 동안에 여호와의 백성을 위해 굴욕과 고통을 당해야 하는 여호와의 종으로 부름받고 지명된 다윗 집의 기름 부음 받은 자에 대한 여호와의 계시를 선포한다. 고난받는 종으로서의 메시아 내용(사 52:13-53:12)은 세 절씩 다섯 부분으로 구성되어 있다.

첫 번째 부분(52:13-15)은 여호와의 종인 메시아의 고난과 영광을 보여 준다.

두 번째 부분(53:1-3)은 인간의 죄 때문에 멸시와 천대를 받는 메시아의 모습이 그려진다.

세 번째 부분(53:4-6)은 메시아의 찔림과 상함과 징계는 죄인인 우리의 허물과 죄악 때문임을 선언한다. 죄 없으신 메시아 그는 인간의 죄를 대신하여 죄 값을 치르신다.

네 번째 부분(53:7-9)은 하나님 앞에서 순종하는 메시아의 모습을 보여 준다. 메시아는 도수장으로 끌려가는 양 같으며 털 깎는 자 앞에서 잠잠한 양 같이 죽음의 길을 묵묵히 걸어가셨다.

다섯 번째 부분(53:10-12)은 앞의 네 부분을 종합하는 메시아 사역의 절정이다. 메시아는 자신의 영혼을 버려 범죄자 중 하나같이 사망에 이르렀으나 실상은 자신의 죄 때문이 아니라 많은 사람의 죄를 짊어지셨기 때문이다.

---

19 그로닝겐, p.715.

(2) 사역의 아들로서의 메시아(54-66장)

이 부분에 대한 통일성이 논란의 대상이 되기도 하지만 이사야의 글로서 앞부분과 통일성을 이룬다.[20] 이사야 54-66장에 주어진 표제는 '사역의 아들'이다. 여기서 강조하는 것은 '사역하는'이란 형용사에 있는데, 앞서 구속의 대리자의 역할을 하기 위해 온 '그 종'에 대해 언급되었었다. 본문에서는 '그 종'의 우주적(universal, 보편적) 사역, 즉 그의 대속사역으로 인해 이루어질 한 사역에 대해 말하고 있는 것이다.

본문(54-66장)의 메시지는 구약 전체의 주요 주제나 중심 개념 즉 메시아 사상을 암시하는 '씨'의 개념인 언약적 구조와 메시아적 요지를 가진다. 여호와께서는 다윗에게 약속한 언약을 계속적으로 유지시키신다. 결국 구원은 여호와께서 지정하신 수단인 그의 팔인 구속자에 의해 자신들의 죄를 회개하는 자들에게 성취된다. 본문에서 이사야는 시작되고, 성취되며, 적용되는 구속의 계획을 요약하고 있다.

이 계획의 중심에는 구속자가 있으며, 그 구속자는 그 처녀에게서 태어날 '그 아들(7:14), 다스리실 전능하신 하나님으로 불릴 다윗의 왕적 아들(사 9:6-7; 11:1-11), 반역하는 이스라엘을 대신할 '그 종'(40:1-52:12) 그리고 굴욕 가운데 대속의 사역을 행하는 높아진 왕적인 분(사 52:13-53:12)으로 이사야는 그를 규정했다. 이사야는 유수라는 심판을 받고 위협을 받는 한 백성에게 여호와께서 언약 백성이든 이방인이든 회개하는 모든 자에게 효과적으로 사역하실 것이다. 다윗적 왕적 메시아의 사역을 통하여 열방들은 그 빛과 축복들에 참예하게 되며, 아브라함의 씨가 모든 민족에게 복이 될 것이라는 언약이 마침내 실현될 것이다.

---

20 많은 자유주의의 비평적인 학자들은 이사야 예언의 여러 부분을 과연 어디에서 나누어야 할 것인가에 대해 여러 가지 의견을 주장하고 있다. 그들은 이사야서를 제1이사야(1-39장), 제2이사야(40-66장), 또는 제1이사야(1-39장), 제2이사야(40-53장), 제3이사야(54-66장)로 나누어, 본문이 이사야가 아닌 다른 어떤 저자에 의해 기록되었다는 주장을 하고 있다. 본문의 문체와 쓰여진 용어들이 포로기 이후의 예루살렘 상황을 반영하고 있기 때문에 자유주의-비평주의 학자들은 본문을 기록한 저자가 이사야 1-53장을 기록한 이사야가 아닌 다른 어떤 저자에 의해 기록되었다는 논란이 되었던 부분이지만 이 본문도 이사야가 기록했다는 확신을 가지게 된다.

이사야 예언에서 메시아의 직무는 다윗 집의 왕, 포괄적이며 단회적인(once-for-all) 희생 제물로 드리는 대속자(대제사장), 그리고 한 사람의 선지자 등 삼중직으로 나타난다. 메시아적 선지자-제사장-왕이 섬길 대상은 가난한 자, 마음이 상한 자, 포로된 자나 갇힌 자, 신음하는 자, 절망에 빠진 자들로 그는 말씀과 그를 능하게 하는 영과 더불어 치유하며 위로하며 섬길 것이다.

(3) 종말론적 전망

이 단락에서 이사야의 전망은 그가 예언하던 시대 즉 아하스 시대로 므낫세 통치의 전기에서부터 그리스도의 사역의 시대에까지 확대되었다. 그는 유다가 장차 겪게 될 유수와 예루살렘의 재건, 자신의 삼중적 직무에서 그리스도의 사역, 영원히 커지며 확대되는 교회의 사역, 영광과 새로운 이름에 관해 예언하면서 예언의 마지막 장들에서(사 63-66장) 완성에 관심을 집중한다. 이사야는 그의 선지자 활동 전체를 통해 여호와의 영광스러운 통치, 즉 확신과 희망의 메시지를 계속 선포한다. 여호와의 영원하고 활동적인 다스림은 미래에 대한 확신을 가져다 준다.

7) 이사야의 메시아언약 성취

이사야서에 계시는 그리스도는 이방의 빛으로 오셨고(마 4:15; 사 9:1), 인간의 연약함을 친히 담당하러 오셨다(마 8:18; 사 53:4). 그는 다윗의 씨를 통하여 '유대인의 왕'으로, '하나님의 종'(마 12:18; 사 42:1-3)으로 오셨으며, 그 처녀의 '한 아이' 또는 '한 아들'(마 1:23; 사 7:14)로 오셨다. 그리스도인들을 박해하던 바울은 다메섹 도상에서 그리스도를 만난 후, 예수가 '하나님의 아들'이요 '그리스도' 즉 '메시아'라는 확신을 가지고 유대인뿐만 아니라 이방인들에게 복음을 전하였다. 그의 많은 성경 기록에서 예수는 약속된 메시아로 구속과 구원을 성취하신 왕이요 통치자요 주로 고백하고 있다.[21] 당시 유대인들

21 롬 1:3-4; 15:7-13(삼하 22:50; 시 18:49; 신 32:43; 시 117:1; 사 11:10); 고전 15:20-28(시 8:6); 고전 15:54-57(사 25:8; 호 13:14); 갈 3:12-13(레 18:5; 신 21:23)

의 메시아 사상에 대한 통념은 모세와 같이 그들을 정치적인 메시아로서 영광스런 다윗의 왕적인 메시아로 올 것을 기대하고 있었다. 그러나 그들의 기대와는 달리 예수님께서는 언약의 백성들을 위해 십자가에서 고난을 받으셔야만 하는 고난의 종, 고난의 메시아로 오셨다. 특별히 이사야 53장은 예수님의 죽으심에 대한 배경의 말씀으로 이 말씀이 가장 명확하게 암시되어 있는 곳은 마가의 다락방에서의 주님의 '최후의 만찬'때 와 관련된다. 예수님께서는 "많은 사람을 위하여 흘리는바 나의 피 곧 언약의 피니라"(마 26:28; 막 14:24)고 하셨다. 이것은 자신이 피를 흘려 대속의 죽음을 죽으셔야 함을 예보하시는 것이다.

예수께서는 유대인의 왕이며 대제사장이며 대선지 자로서 이 땅에 오셔서 우리의 죄를 대속해 주셨다. 그는 천상적, 우주적, 종말론적 메시아로 오셨다. 여호와의 종이 성취할 사역은 집합적인 이스라엘 국가에 의해서가 아니라 '한 아들'인 '한 개인'을 통해서 성취될 것이라는 이사야의 예언이 성취된 것이다. 이러한 이사야의 예언들은 대부분 역사적 사실로 성취되었고 또한, 성취되어가고 있는 것이 분명하다. 한 아기가 처녀에게서 났으며, 그는 인간이요 하나님이시며, 참으로 임마누엘이었다. 그 아들은 다윗과 유다와 아브라함의 후손이었으며, 이스라엘과 유다의 남은 자들은 약 속의 땅으로 돌아와 그의 깃발아래 모인 자들과 연합하여 한 백성을 이루었다.

여호와의 계시와 그의 아들과 그의 성령에 관한 지식은 열방들에게 전해졌고, 유대인이나 헬라인이나 믿음과 순종으로 여호와의 계시된 말씀아래 함께 거하며 신약 교회로서 그와 한 몸이 되었다. 그는 굴욕을 당하였으나 승천하셔서 아버지의 우편에서 공평과 정의와 성실함으로 지금도 계속해서 다스리고 계신다.

2. 예레미야서와 메시아 이해

1) 저자와 역사적 상황

예레미야는 B.C. 627년 요시야 왕 제13년에 선지자로 부르심을 입고 예루살렘이 함락될 때(기원전 586)까지 선지자로 활동하였다. 저자 예레미야는 여호와께서 세우신다는 이름의 뜻을 갖고 국가와 민족의 멸망을 지켜보면서 하나님의 말씀을 전해야 하는 눈물의 선지자였다. 예레미야 당시 가나안 주변의 국제 정세는 앗시리아가 사라지면서 애굽과 바벨론이 고대 근동의 패권을 다투고 있었으며 마침내 바벨론이 갈그미스 전투에서 애굽을 이긴후 바벨론은 고대 제국의 맹주로 떠올랐다. 바벨론은 하나님의 계획과 섭리 아래 범죄한 유다를 징벌하시기 위한 하나님의 도구였다. 예레미야는 유다 왕국이 바벨론에 의해 멸망당하는 전 과정을 지켜 보면서 바벨론에 항거하는 마지막 유다 왕실의 왕들과 그들의 불신앙 및 불순종을 꾸짖어야 했다. 즉 요아스 가문의 여호아하스, 여호야김, 여호야긴, 시드기야 왕들의 몰락과 그들의 불신앙을 바라보면서 70년 후의 이스라엘의 회복을 외쳤다. 예루살렘이 망한 후 예레미야는 예루살렘의 통치자로 임명된 그달랴의 안전한 보호 아래 있었으나(렘 39:11-14), 그달랴가 살해된 후 애굽으로 보내어졌다. 그는 애굽에서도 하나님의 말씀을 계속 전하는 선지자로서의 사명을 다했다.

2) 주제와 메시아 예언

예레미야서의 주제는 유다와 예루살렘에 대한 하나님의 심판과 심판 후의 회복에 대한 예언이다. 특히 예루살렘의 멸망과 70년 후의 해방은 단순한 이스라엘의 국가적 정치적 회복만을 의미하지는 않는다. 이러한 이스라엘의 역사적 회복을 통해 먼 미래의 메시아 예수 그리스도에 의한 구원의 진정한 회복을 내다보고 있다. 이것이 예레미야서의 메시아 사상이다. 그의 인격과 삶의 모습에서도 메시아적 요소를 엿볼 수 있다. 예레미야는 태어나기 전에 구별되었고 지명되었으며 선지자로 하나님의 보내심을 받았다. 그는 결혼하지 않았으며 오지병과 그릇을 가지고 멍에를 메는 상징적인 행위를 하기도 했으며 언약 백성의 굳은 마음을 슬퍼했다. 예레미야서의 메시아 사상은 크게 다섯 부분으로 요약된다. 즉 예레미야 3:14-17을 비롯하여 23:1-8; 30:8-9; 31:31-40; 33:14-26 등이다.

(1) 예레미야서의 첫 번째 메시아 예언(3:14-17)

16대 왕 요시야 시대에 유다와 예루살렘의 멸망에 대한 예언에서 비롯된다. 하나님의 언약 백성들은 마치 결혼한 아내가 남편과 맺은 언약을 파기하고 다른 남자를 따라 가버렸듯이 하나님을 배반하고 등을 돌리고 말았다. 그러나 하나님은 회개하고 돌아오라고 외치신다(3:14). 왜냐하면 하나님과 언약 백성이 맺은 언약 관계는 하나님 편에서 볼 때 여전히 유효하기 때문이다. 하나님께서는 아브라함이나 다윗과 맺은 언약을 이루시기 위해서라도 언약 백성들을 시온으로 다시 데려오실 것이다. 특히 하나님의 마음에 합하는 목자 곧 메시아를 보내 주실 것이며 그 메시아가 하나님의 언약 백성을 시온으로 데려오실 것이다. 징계와 심판 중에서도 긍휼과 자비를 베푸시는 하나님의 은혜스러운 언약 곧 구원의 회복을 미리 보여 준다.

(2) 예레미야서의 두 번째 메시아 예언(23:1-8)

19대 왕 여호야긴 시대에 유다와 예루살렘의 멸망에 대한 예언에서 비롯된다. 이 부분은 언약 백성들을 돌보지 않은 유다 왕들에 대한 하나님의 심판 및 심판 후의 흩어진 백성들을 다시 모아 고국으로 돌아오게 하시고 그들을 기르는 새로운 목자들을 세우실 것에 대한 예언이다. 즉 때가 이르면 다윗에게 한 의로운 가지를 일으킬 것이며 그는 곧 약속된 메시아로 오신다(23:5). 예레미야의 예언은 항상 이중적이다. 죄로 인한 하나님의 심판선언과 동시에 심판 후의 회복에 관한 약속으로 나타난다. 심판 받아 흩어진 백성들을 모으시고 돌아오게 하신다(23:1,2). 고레스를 목자로 세워 흩어진 이스라엘 백성들을 모으듯이(사 44:28; 45:1) 장차 다윗의 후손으로 오실 메시아가 이 땅에 오셔서 하나님의 언약 백성들을 모으시고 하나님 나라로 인도하실 것이다. 그 메시아의 이름은 '여호와 우리의 의'라고 호칭될 것이다(렘 23:6).

(3) 예레미야서의 세 번째(30:8-9), 네 번째(31:31-40), 다섯 번째(33:14-26) 메시아 예언

유다의 마지막 20대 왕 시드기야 시대에 예루살렘의 멸망이 임박했을 때 희망과 위로의 측면에서 주어졌다. 대부분의 학자는 이 부분 곧 예레미야 30-33장의 내용을 '위로의 책'이라고 불렀다.

특히 예레미야의 세 번째의 예언인 30장의 8절은 언약 백성에 대한 자유와 회복의 약속이다. 그 자유와 회복은 다윗이 돌아옴으로써 가능할 것이다. 여기서 다윗은 다윗의 후손으로 오실 메시아를 의미한다. 하나님의 언약 백성들의 진정한 자유와 회복은 다윗의 후손 메시아 예수 그리스도가 오심으로 비로소 가능해질 것이다.

예레미야의 네 번째 메시아 예언(31:31-40)은 이스라엘과 유다가 하나님의 새 언약 아래서 회복될 것이며 비로소 하나님은 그들의 하나님이 될 것이다(31:33). 새 언약 아래서의 이스라엘의 회복에 대한 하나님의 언약은 결코 폐기되지 않을 것이다(31:35-40).

마지막 예레미야의 다섯 번째 메시아 예언(33:14-26)은 하나님께서 친히 이스라엘(유다)의 구원 약속을 이루실 것을 말한다(23:5-6). 다윗으로부터 결코 잘리지 않을 한 사람이 다윗의 보좌에 앉게 될 것이다. 그는 '여호와 우리의 의' 라고 호칭 될 것이며 언약 백성을 다스릴 것이다. 그는 메시아다. 때가 차매 여자의 몸을 빌려 이 땅에 오신 그리스도 예수 우리의 주님이시다(창 3:15; 갈 4:4). 결국 예레미야가 보여 주는 메시아는 다윗의 계보 메시아, 갱신되고 영원한 언약의 메시아, 하나님의 언약 백성의 미래의 메시아였다.

3) 토기장이의 교훈과 오지병(렘 18-19장)

하나님께서는 예레미야를 토기장이의 집으로 데리고 가서 토기장이가 질그릇을 깨뜨리기도 하고 자기 뜻대로 다시 만들기도 하는 장면을 보여 주셨다. 그리고 이스라엘의 장래가 이와같이 하나님의 손에 달려있음을 말씀하셨다. 또한, 토기장이의 집에서 오지병을 사서 백성들 앞에서 깨뜨리고 그와 같이 이스라엘 백성들을 하나님께서 깨뜨리신 후 열방에 흩으실 것이라고 말하라고 예언하셨다. 예레미야는 하나님의 선하심과 주권을 배운다.

하나님께서는 범죄한 이스라엘 백성을 흩으시기도 하시고 다시 그들을 모으시기도 하실 수 있는 주권적인 창조주이시다. 한 민족을 없애기도 하시고 다른 한 민족을 일으켜 세우시기도 하신다. 하나님이 하시는 모든 일은 항상 옳고 정당하시며 선하시다. 하나님께는 불의가 없으시다. 이스라엘 백성들은 오지병처럼 깨뜨려져 바벨론으로 끌려간 후 70년 동안 바벨론을 섬기게 될 것이다(렘 25:11). 언약 백성들의 범죄에 대한 하나님의 심판과 징계의 기간인 70년은 다시 회복의 기회를 얻을 수 있는 회개의 기간으로서 하나님의 또 다른 은혜로 주어졌다.

4) 예레미야의 상징적 사건들(27장; 32장)

예레미야는 줄과 멍에를 만들어 자신의 목에 얹고 바벨론 왕의 멍에를 메고 그를 섬기라는 하나님의 말씀을 전했다. 만약 바벨론 왕을 섬기지 않으면 이스라엘 백성들은 칼과 기근과 염병(전염병)으로 죽임을 당할 것이다. 그러나 예레미야의 이 상징적인 행위와 말씀은 거짓 선지자 하나냐의 예언으로 무산되고 만다(28:1-14). 하나냐는 거짓 예언을 하고 난 후 예레미야의 목에 있는 멍에를 취하여 꺾으면서 이와 같이 하나님께서 바벨론 왕 느브갓네살의 멍에를 꺾어버릴 것이라는 거짓 예언을 계속하였다. 예레미야 선지자는 거짓 예언을 한 하나냐가 그해 안으로 죽을 것이라는 예언을 했는데 그해 칠월에 하나냐는 갑자기 죽어버렸다(28:15-17).

또 예레미야는 아나돗에 있는 밭을 샀다(렘 32장). 그 밭은 예레미야의 숙부의 아들 하나멜의 땅이었다. 하나멜은 자신의 땅을 사 줄 의무가 있는 기업 무를 자 곧 구속자(고엘)인 예레미야를 찾아와 땅을 사 줄 것을 요구했다. 하나님의 말씀 그대로였다. 예레미야는 그 땅을 증인들을 세우고 샀다.

그리고 백성들에게 하나님의 말씀을 선포했다. 만군의 하나님 여호와께서 흩어진 백성들을 다시 모아서 이 땅에 돌아오게 하실 때 예레미야처럼 이 땅의 집과 밭과 포도원을 다시 사게 될 것이라고 예언했다. 바벨론 포로 생활 후의 회복과 구원에 대한 상징적인 예언이다. 예레미야의 상징적인 행위들은 유

다의 멸망과 70년 동안의 포로생활 및 회복과 구원에 대한 하나님의 약속이며
성취될 예언이었다.

3. 예레미야 애가와 메시아 이해

1) 저자와 명칭

예레미야 애가의 저자는 예레미야이다. 본래 히브리어성경에는 첫 단어
(אֵיכָה)를 그대로 사용하여 '에카'라고 불렀다.[22] 그 후 70인역에서 예레미야
의 이름을 넣어 '예레미야 에카'(אֵיכָה)라고 호칭했다. 현대어로 번역된 거의
대부분의 성경에서는 70인역에 따라 예레미야 애가(the Lamentation of Jeremiah)
라고 부르고 있다. 예레미야는 예루살렘이 멸망하고 성전도 파괴된 사실을 목
도(目睹)하고 비탄해하며 슬픈 노래를 지었다. 전체 다섯장 가운데 네(1, 2, 3, 4
장)장이 히브리어 알파벳 순서에 따라 배열되었다. 특히 3장은 히브리어 각 자
음이 세 절씩 반복 나타나는 두운을 살린 시로서 66절로 구성되었다. 죄로 인
해 징계를 받는 언약 백성들의 극도의 슬픔을 기도 형식으로 표현한 노래다.

2) 주요 내용과 메시아적 의미

예레미야 애가는 다섯 편의 슬픈 시로 구성되었다.

첫 번째의 시(1장)는 멸망당한 예루살렘의 적막함과 황폐해진 도시에 대한
슬픔이 잘 묘사되어 있다. 히브리어 알파벳 22자의 순서를 따라 22행으로 나
타난다.

두 번째의 시(2장)는 예루살렘 성전과 성소의 파괴 및 예루살렘 성곽의 파
괴에 대한 슬픔을 그린다. 역시 히브리어 알파벳 22자의 순서를 따라 22행으

---

22   에카(אֵיכָה)는 '어찌'(how)라는 슬픈 감탄사이다.

로 나타난다.

세 번째의 시(3장)는 백성과 함께 고난당하는 예레미야 절규 및 신실하신 하나님의 품성 그리고 옥에 갇힌 예레미야의 고난이 그려진다. 여기서는 히브리어 알파벳 22자의 순서를 따라 66행으로 나타난다.

네 번째의 시(4장)는 유다와 예루살렘의 멸망은 죄로 인한 하나님의 징계임을 고백하고 또한, 환난과 고난의 원인은 언약 백성의 죄악과 허물임을 고백한다. 네 번째 시도 역시 히브리어 알파벳 22자의 순서를 따라 22행으로 나타난다.

다섯 번째의 시(5장)는 회개와 구원에 대한 간구의 내용이다. 이 부분은 알파벳 순서대로 구성되지 않았지만 22절로 되어 있으며 각 절은 모두 대구(對句)법으로서 서로 두 부분으로 나뉘어 사상의 흐름을 강조한다. 예를 들면 다음과 같다.

> a 우리의 당한 것을 기억하시고 b 우리의 수욕을 감찰하소서(5:1).
> a 우리가 은을 주고 물을 마시며 b 값을 주고 섶을 얻으오며(5:4).

결국 예레미야 애가는 죄로 인한 하나님의 심판의 정당성을 선포하며 심판 중에서도 하나님의 긍휼과 자비를 호소하는 예레미야의 애절한 간구와 기도다. 예레미야의 이와 같은 슬픈 기도는 죄인을 용서해 달라고 간청하시는 그리스도 예수 우리 주님을 닮았다. 예레미야의 애가는 죄 아래 처한 인간의 처량함과 불쌍함에 대한 앞선 모형이며 우리의 죄를 대신 지시고 골고다로 가시는 그리스도의 처량함의 모형이다.

4. 에스겔서와 메시아 이해

1) 저자와 목적

제사장 부시의 아들이며 제사장 신분이었던 에스겔이 이 책의 저자이다. 에스겔은 자서전적 표현으로 에스겔서 전체를 통일성 있게 기록했다.[23] 다니엘이 바벨론 왕 느브갓네살의 제1차 침공 때 곧 여호야김 왕(18대) 재임시(B.C. 605년 경) 포로로 끌려갔다면 에스겔은 바벨론 왕 느브갓네살의 제2차 침공 때인 여호야긴(19대) 왕 재임시(B.C. 597년 경)에 포로로 끌려갔다.

이처럼 하나님의 심판 도구로 사용되는 바벨론의 느브갓네살은 여러 번에 걸쳐 예루살렘을 침공하고 유다의 많은 백성을 포로로 끌고 가 바벨론 강가에 두고 집단 포로생활을 하게 했다. 바로 이러한 상황 아래서 여호야긴(19대) 왕 때 백성들과 함께 바벨론으로 끌려간 에스겔은 하나님의 부르심을 받고 긴급하게 하나님의 여러 계시와 말씀들을 듣고 또 전해야 하는 사명자로 세워진다. 에스겔은 바벨론에 끌려간 후 그의 나이 삼십 세쯤 되었을 때, 곧 여호야긴 왕이 포로된 지 5년째 되는 해에 선지자로 부름을 받았다(B.C. 593-570). 그리고 그는 환상과 계시로 보고 들은 모든 것을 기록으로 남겼다.[24] 하나님께서는 이미 바벨론으로 끌려온 사람들에게 아직 예루살렘에 살고 있는 이스라엘 백성들에게 징계 받은 후의 해방과 회복에 대한 소망을 주시기 위해 에스겔서의 말씀을 주신 것이다. 즉 예레미야 선지자에게 말씀하신 징계의 기간(약 70년)이 끝난 후에는 다시 고국으로 돌려보내 주실 것에 대한 하나님의 약속과 소망을 에스겔을 통해 이스라엘 백성에게 주셨다.

---

23 에스겔 1:4의 첫 단어는 וָאֵרֶא(와에레)이다. 이 말은 '그리고 내가 보았다'는 뜻이다. 이 외에도 '내가 들었다'는 표현도 수없이 반복된다. 이러한 자서전적 표현들은 에스겔이 이 책의 저자임을 밝히고 있다. A.D. 17세기 초엽까지도 에스겔서의 저작권에 대해서 이의가 없었다. 그러다가 네델란드의 철학자 스피노자(Spinoza, 1632-1677)가 에스겔서의 저작권을 의심하기 시작하면서부터 인본주의 신학의 발달과 더불어 에스겔의 단일 저작설이 부인되기에 이르렀다.

24 에스겔의 사역 연대와 그가 환상을 보기 시작한 것은 여호야긴이 사로잡힌 지 제5년 4월 5일(B.C. 593년)이다(겔 1:1, 2). 이후 22년이 지난 B.C. 571까지 그가 보고 들은 바를 기록으로 남겼다.

하나님은 죄에 대해서는 반드시 심판하시지만 죄인에게는 긍휼과 자비를
베푸셔서 하나님의 언약에 따라 반드시 구원하신다. 다니엘서가 이스라엘의
정치적 회복을 통한 메시아적 구원과 하나님 나라를 드러냈다면 에스겔서는
신앙적 회복과 성전의 회복을 통해 메시아의 십자가 사건과 구속의 회복을 보
여 준다. 그러므로 에스겔서를 읽을 때는 상징으로 때로는 모형으로 언급되어
있는 메시아를 만날 수 있어야 한다. 현재의 절망적인 암흑 시대에 하나님을
바라보는 믿음으로 절망을 넘어 소망을 배운다. 이것이 에스겔서의 저자를 통
해 말씀하시는 하나님의 목적이다.

2) 주제

에스겔서의 주제는 에스겔서 전체의 본문에서 쉽게 찾을 수 있다. 왜냐하
면 "그들이 나를 여호와인 줄 알리라" 또는 "너희가 나를 여호와인 줄 알리
라"(겔 37:13)라는 말씀이 자주 반복(약50-70회)되고 있기 때문이다.[25] 하나님
의 언약 백성들을 치시고 심판하시면서까지 다시 깨닫고 돌아오기를 기대하
시는 하나님의 오래 참으시는 긍휼을 배울 수 있다. 유다 백성의 죄를 심판하
시는 목적은 그들을 단지 괴롭히고 벌을 주려는 것이 아니라 그들을 사랑하시
는 하나님만이 참 여호와이심을 알게 하려는 데 있다.

또한, 택한 이스라엘 백성을 통해 반드시 언약을 이루실 것을 알려 주려는
데 더 큰 목적이 있음을 배운다. 또한, 죄는 반드시 심판하시지만 회개하고 돌
아오는 죄인을 용서하시고 구원하시는 하나님의 자비로운 속성을 알리는 것
이 에스겔서의 목적이기도 하다. 인간은 죄인이기 때문에 죄를 짓는다. 그 죄
인을 구원하시기 위해 언약을 주셨고 그 언약을 믿는 자들에게 구원을 베푸시
는 하나님의 구원 역사 중 일부가 에스겔서의 내용이다. 죄는 심판하시되 죄
인을 구원하시는 하나님의 열심을 에스겔서를 통해 배울 수 있다.

---

25   적적으로는 54회 이상 반복되지만 간접적인 표현까지 합하면 무려 72회 이상이나 된
다. 특히 에스겔 6장에는 무려 네 번이나 '너희가(그들이) 나를 여호와인 줄 알리라'는
말씀이 반복되고 있다.

3) 주요 내용

에스겔서 전체의 내용은 유다와 예루살렘에 대한 심판(1-24장), 이방국가들에 대한 심판(25-32장), 이스라엘 백성에 대한 용서와 회복(33-48장 끝) 등 크게 셋으로 나뉘어 이해되고 있는 것이 일반적이다. 그러나 마지막 부분(33-48장)을 다시 회복과 승리(33-39장), 새로운 성전과 제사 제도의 회복(40-48장)으로 나누어 에스겔 전체를 넷으로 나누기도 한다. 그러나 이 책에서는 좀 더 세분화하여 에스겔서 전체를 다섯 부분으로 나누어 서술하였다. 즉 에스겔의 소명(1-3장), 유다에 대한 심판(4-24장), 열방에 대한 심판(25-32장), 이스라엘의 회복(33-39장) 그리고 새 성전과 새 이스라엘(40-48장) 등 다섯 부분이다.

첫 번째 단락(1-3장)은 하나님의 영광(네 생물 환상) 아래 에스겔의 소명과 사명이 주된 내용이다. 제사장이던 에스겔은 유다가 망해가는 시점에서는 더이상 제사장의 직무를 수행할 수 없게 되었으며 이때 하나님의 강력한 부르심에 순종하여 말씀을 선포하는 선지자로서 세워지게 된다. 만약 그가 말씀 선포자로서의 사명을 제대로 수행하지 않으면 하나님께서 그 책임을 묻겠다고 강력히 경고하심으로서 선지자의 책임이 얼마나 중요한 것인가를 가르쳐 주고 있다.

두 번째 단락(4-24장)은 유다와 예루살렘에 대한 심판의 상징과 메시지가 언급된다.

심판에 대한 네 가지 상징과 네 가지 이상을 비롯하여 여러 상징적인 행위들과 비유가 수없이 언급되고 있다. 이 모든 환상, 이상, 비유 등은 모두 하나님의 심판의 임박성과 확실성을 보여 줌과 동시에 회개를 촉구하는 메시지다. 하나님의 백성들의 범죄에 대해 묵과하지 않으시고 반드시 심판하시는 하나님의 의지가 나타나 있다.

세 번째 단락(25-32장)은 열방에 대한 하나님의 심판을 말한다.

암몬, 모압, 에돔, 블레셋, 두로, 시돈 및 애굽에 대한 하나님의 심판이 차례로 반드시 실행되고야 말것임을 선언한다. 하나님의 백성에 대해서도 그 죄에 대해서는 반드시 심판하시는 하나님의 공의 아래 하물며 불의를 행하며 하나님의 뜻을 거스리는 이방인들과 불신자들이랴!

네 번째 단락(33-39장)은 이스라엘의 회복에 대한 예언이다.

하나님의 은혜 아래 유다와 이스라엘이 재통합되고 부흥할 것이다. 이것은 사단의 상징인 곡과 마곡과의 싸움에서 최종 승리하는 것으로 이루어진다.

다섯 번째 단락(40-48장)은 새 성전과 새 이스라엘의 회복에 대한 예언이다.

새로운 성전과 새 예루살렘 성읍이 재건된 후 새로운 영적 예배가 드려지고 보좌에서 흘러나오는 생명수를 통해 언약 백성의 구원이 실현되며 하나님의 영광이 재현될 것이다. 이처럼 에스겔서는 죄에 대한 하나님의 심판이 선행되고 그 후에 하나님의 긍휼과 자비에 의해 언약 백성의 용서와 회복과 구원이 선포됨을 보여 준다. 즉 하나님은 역사 속에서 심판과 구원의 행위를 반복하시면서 에스겔서의 주제인 '내가 여호와임을 알리라'는 하나님의 목적을 이루어 가신다. 죄인을 반드시 심판하시는 하나님의 공의 아래 멸망하는 자들과 그것을 바라보는 자들이 함께 여호와는 오직 홀로 하나님이심을 알게 될 것이다.

또한, 하나님의 심판 속에서도 은혜를 입고 하나님의 구원을 받는 소위 남은 자들도 그들을 구원하시는 여호와만이 홀로 하나님이 되신다는 사실을 비로소 알게 될 것이다. 결국 에스겔서를 통해 하나님의 존재와 하나님은 어떤 분이신가를 배우게 된다. 하나님은 홀로 한 분이신 살아계신 주권자이시며 심판과 구원을 통해 영광 받으시는 만유의 주이시다. 에스겔서의 내용은 죄에 대한 하나님의 심판과 죄인에 대한 하나님의 긍휼을 보여 준다. 동시에 훗날 메시아를 통해 받는 언약 백성의 구원의 은혜와 무조건적인 하나님의 사랑을 보여 준다. 이것이 에스겔서의 주요 내용이며 전체 개요이다.

4) 특징

에스겔서의 가장 큰 **첫 번째 특징은** 모든 내용이 저자 에스겔을 통해 기록된 주의 말씀이라는 사실이다. 거의 대부분이 연대순으로 기록되었으며 1인칭으로 기록된 자서전적 예언이라는 사실과 '그(주님)가 내게 이르시되'라는 말씀이 약 오십 회 이상 반복되고 있는 사실 등이 이를 반영해 준다.

두 번째 특징은 환상과 계시를 통한 예언이 대부분이며 에스겔의 상징적 행위 예언도 특이하다.[26]

세 번째 특징은 인간의 정체성을 폭로하고 있다. 인간은 죄인이며 끊임없이 반복하여 죄를 짓고 살다가 필경 하나님의 심판을 받고야 마는 존재이지만 하나님의 은혜 아래 언약을 믿는 자들은 성령의 은총으로 구원을 받게 됨을 보여 준다. 마지막으로는 이스라엘의 회복과 예루살렘 성전의 회복을 통해 메시아를 통한 인간 구원의 종말론적 축복을 보여 준다.

마지막으로 에스겔서는 신약에 많이 인용되었다는 사실과 요한계시록의 말씀과 평행을 이루며 장차 이 땅에 임할 하나님 나라의 도래를 예언하고 있다는 점이 큰 특징이다.

"심판은 먼저 하나님의 집에서 시작되리라"(겔 9:6)의 말씀은 베드로전서 4:17에서 발견되며 들을 자는 들을 것이요(겔 3:27)의 말씀도 신약성경에 여러 번 인용되고 있다(마 11:15; 눅 14:35; 계 13:9 등).[27] 특히 이 책의 38장과 39장의 곡과 마곡의 멸망에 대한 말씀은 요한계시록 20장의 사탄의 멸망에 관한 내용과 일치한다. 또한, 에스겔 47장의 생명수에 대한 말씀(1,2절)도 요한계시록 22장의 말씀과 일치하고 있다(계 22:1, 2). 새 예루살렘의 계시(겔 48:15-35; 계 21:10-27)나 선한 목자의 계시(겔 34:11-15; 요 10:1-18)도 서로 일치한다. 이것들은 모두 메시아 예수 그리스도의 초림과 재림을 통해 이루어질 구원과 하나님 나라의 도래에 대한 종말론적 사건의 예표들이다. 인간의 죄에 대한 하나님의 심판과 그 심판 속에서도 죄인을 긍휼히 여기시고 구원하시는 하나님의 언약적 행위와 종말론적 약속이 에스겔서의 총체적인 특징이라고 할 수 있다.

---

26 에스겔의 상징적 행위들이 예언의 한 요소였다. 예를 들면 좌우편으로 눕는 행동 (겔 4장), 머리를 깎는 행동(5장), 쇠사슬을 만드는 것(겔 7장) 등이다.

27 신약의 고후 6:16의 말씀이나 6:18의 말씀도 에스겔서의 말씀에서 간접 인용된 말씀들이다(겔 36:28; 37:27).

5) 에스겔서의 메시아 이해

(1) 에스겔서 1장의 중요성

에스겔서의 서론이라고 볼 수 있는 제1장에는 남왕국 유다가 하나님께 대한 죄악과 불순종의 결과로 멸망하고 있는 시대적 배경이 잘 묘사되어 있다. 그리고 멸망해 가는 유다 백성들의 비탄과 절망 속에서 하나님께서는 네 생물의 모습과 그 활동을 통해 하나님의 인내와 자비를 소망으로 던져 주고 있다. 즉 포로시기의 하나님의 역사와 메시아 사상을 이해하는 시작으로서의 중요성이 있다. 에스겔은 느브갓네살의 2차 침공 때 곧 여호야긴(19대) 왕 때 백성들과 함께 바벨론으로 끌려가 하나님의 부르심을 받고 긴급하게 하나님의 여러 계시들과 말씀들을 듣고 또 전해야 하는 사명자로 세워진다.[28] 그는 지금 망해 가는 과정 속에서도 범죄를 일삼고 있는 백성과 지도자들의 모습을 바라보면서 그들에게 임할 하나님의 임박한 심판을 선포하면서 하나님께로 돌아오기를 호소해야 할 하나님의 종으로 세워진 것이다. 바로 그때 하나님께서는 에스겔에게 네 생물의 환상을 보여 주심으로써 유다 민족이 느끼는 절망감을 소망으로 바꾸어 주신 것이다. 이 네 생물의 환상은 하나님의 주권과 무소부재하심 그리고 하나님의 전능성을 에스겔에게 보여 주신 것으로서, 지금 망하는 유다 왕국은 범죄의 결과로 잠시 식민지 생활로 전락되지만 다시 회개하고 가나안 땅으로 돌아오게 될 것이며 그 후 아브라함에게 주신 언약이 이 선택된 이스라엘 민족을 통해 하나님의 방법으로 이루어질 것임을 미리 알려 주고 있다. 에스겔은 여호와의 말씀이 자신에게 '특별히' 임했으며 또 여호와의 권능이 자신의 위에 임했다고 강조하고 있다(3절). 여기서 "특별히" 임했다는 표현은 방법이 특별했다는 의미라기보다는 히브리인들의 강조의 표현으로서 자신의 의지와는 상관없이 하나님의 주권적 섭리 아래 하나님의 말씀이 아주 강하게 자신을 덮쳤음을 말하고 있다.[29] 그는 스스로 선지자가 된 것이 아니라

28 G. V. Groningen, 유재원·류호준 역, 『구약의 메시아 사상』(서울: CLC, 1997), p.843.
29 '특별히 임했다'로 번역된 원문은 '하요 하야'(הָיֹה הָיָה)인데 '그가 임했다'라는 본동사 '하야'(הָיָה)를 강조하기 위해서 동사 앞에 그 동사의 부정사 절대형 הָיֹה(하요)를 써서 '하야'(הָיָה)동사를 강조하고 있다. 즉 하나님의 말씀이 에스겔에게 '감당할 수 없을 정

하나님의 백성을 위한 하나님의 계시로 선지자가 되었으며 포로생활의 비천한 생활 속에서 하나님의 말씀을 전해야 했다.[30] 이런 점에서 에스겔 선지자는 예수 그리스도의 선지자적 선구자요 예표이며 모형이다.[31]

에스겔은 본 네 생물의 형상을 보았다(1:4-14). 그는 북쪽에서 큰 폭풍우와 구름(한 강한 바람)이 밀려오며 그 속에서 불이 나오고 빛이 사면에 비춰며 또 그 불 가운데서 단쇠 (the glowing metal) 같은 것이 나타나는 것을 보았다.[32] 이 강한 바람은 단순한 자연의 바람이 아니라 신비한 능력의 기운이었다.[33] 그리고 숯불과 횃불 모양의 네 생물의 형상을 보았는데(13절) 전체적으로는 사람의 모양 같았으나 각각 네 개의 얼굴과 네 개의 날개를 갖고 있었다. 다리는 곧고 그 발바닥은 송아지 발바닥 같았는데 불타는 구리 같았다.

특히 네 개의 얼굴의 모습은 앞은 사람의 얼굴이며 우편은 사자의 얼굴, 좌편은 소의 얼굴 그리고 뒤편은 독수리의 얼굴이었고 동서남북 사면에 있는 날개 밑에는 각각 사람의 손이 있는 그런 생물들이었다.[34] 이 생물들은 그들을 움직이며 지시하는 능력의 신 곧 영의 기운(이1 루아흐)에 의해 전후좌우로 신속하게 움직였다. 즉 그들은 스스로 움직이는 것이 아니라 하나님의 영에 의해서만 신속이 행동하는 사역자들이었다. 숯불과 횃불 모양의 이 생물들 사이에서 불이 오르락 내리락 하였으며 그 불은 광채가 있고 번개가 났으며 그 생

도로 아주 강하게' 임했음을 가리키는 말이다. 결국 에스겔에게 임한 하나님의 말씀은 그 방법에 있어서 '특별한' 것이 아니라 하나님의 주권적 은혜의 정도가 어떠한가를 의미하고 있다.

30 P. Fairbaim, An Exposition of Ezekiel/(Evansville: Sovereign Grace, 1960), pp.41-43.

31 G. V. Groningen, op. cit., p.851.

32 단쇠(הַחַשְׁמַל 하하쉬말)는 빛나는 금속이란 뜻이다. 본래는 금과 은의 합성으로 아름다운 빛을 발한다는 뜻으로 하나님의 나타나심(顯現, 현현)을 표현하는 말이다.

33 רוּחַ סְעָרָה (루아흐 쎄아라)의 문자적 의미는 '한 강한 바람'이다. 한글개역성경에는 '폭풍과 큰 구름'이라고 의역하였다. 여기서는 자연의 질서에서 오는 폭풍과 큰 바람이라기보다는 영적인 신비한 하나님의 능력을 가리킨다고 볼 수 있다.

34 일반적으로 유대 사상 아래서 본문의 사람, 소, 사자, 독수리는 모든 피조물의 대표라고 해석된다. 또 전통적인 해석과 일부 개혁주의 해석 아래서는 이 네 짐승은 신약의 네 복음서를 상징하는 것으로 해석하고 있다. 하지만 그 적용에 있어서는 서로 다르다. 즉 사람(마태복음), 소(요한복음), 사자(누가복음), 독수리(마가복음) 또는 사람(마태), 소(마가), 사자(누가), 독수리(요한)으로 해석한다. 어거스틴은 사람-누가복음, 소-마가복음, 사자-마태복음, 독수리-요한복음으로 해석하기도 했다.

물들은 번개처럼 빠르게 움직였다.³⁵ 이렇게 신기하게 생긴 생물들의 정체는 다름 아닌 그룹들 곧 천사들이었다.³⁶

에스겔이 환상으로 본 네 생물은 하나님의 일을 수행하고 있는 천사들의 모습으로 그들은 역사를 다스리며 그의 뜻대로 이끌어 가시는 하나님의 주권적 사역을 수행하고 있는 모습이었다. 하나님은 이스라엘을 구원하시기도 하시고 때로는 이방인의 손에 맡겨 고통을 주실 수 있는 주권적 하나님이심을 가르쳐 준다. 불순종하며 범죄에 빠진 이스라엘 백성을 징계하시기 위해 북방의 바벨론을 심판의 도구로 사용하신다는 의미에서 폭풍우와 구름을 보여 주셨고, 징계받는 이스라엘 백성들을 통해 계속 하나님의 뜻을 이루어 가시려는 주권적 계획이 네 생물의 모습과 그들의 활동을 통해 드러나고 있다. 에스겔은 이스라엘에 대한 하나님의 심판 계획과 동시에 그들을 통해 언약을 이루시려고 열심히 활동하시는 하나님의 구원 계획을 동시에 볼 수 있다. 네 생물의 머리 위에는 수정같은 궁창의 형상이 펼쳐져 있었고 그 모습은 매우 두려웠다. 그리고 그 궁창 위에 보좌의 형상이 있고 그 보좌의 위에 또 하나의 형상이 있는데 사람의 모양 같았다(1:26).

그런데 그 사람의 형상 중 허리 이상의 모습은 불붙은 쇠같고 허리 이하의 모양도 불같아서 사면으로 광채가 가득했다. 이 광채는 비 온 뒤의 무지개 같은 아름다운 모습이었으며 여호와의 영광과 같은 모양이었다. 에스겔이 본 네 생물의 환상과 수레바퀴의 모습 그리고 그것들의 활동을 지시하시는 '사람의 모양과 같으신 분'은 하나님의 영광과 같은 광채를 드러내고 계셨다. 사람의 아들과 같으신 분은 인간의 몸을 입으시고 이 땅에 오실 메시아 예수 그리스도의 모습이다. 네 생물과 수레바퀴의 불같은 사역은 장차 이 땅에 오셔서 성령의 능력으로 각종 이적을 베푸시며 하나님 나라의 모습을 나타내고 죄인을

---

35 רָצוֹא וָשׁוֹב(라초 와쇼브)는 둘 다 칼형 부정사 절대형으로서 주어로 사용되었다. 직역하면 '달려가는 것과 돌아오는 것'의 의미로서 한글 개역성경에는 '왕래'라고 번역하였다.

36 '그룹들'은 히브리어로 כְּרוּבִים(케루빔)인데 일반적으로 천사들의 집합적인 의미로 사용되는 말이다. 에스겔서 1장의 신기한 이 생물은 에스겔서 10장에서 그 정체가 밝혀진다. 그것들은 다름 아닌 하나님의 일을 수행하는 일군들 곧 천사들이다. 그들은 하나님의 일이나 뜻을 알리는 심부름꾼으로, 때로는 하나님의 능력을 나타내는 강한 일군으로, 하나님의 심판을 대행하는 수단으로서 하나님의 부리시는 사역자들이었다.

얼마든지 구원하시는 하나님의 아들 예수 그리스도의 사역에 대한 앞선 예표로 볼 수 있다. 멸망하는 유다는 다시 회복될 것이다. 동시에 그리스도를 통한 죄인의 구원도 성취될 것이다.

(2) 에스겔의 소명과 사명 (2장)

여호와의 영광의 형상을 보는 에스겔은 땅에 엎드려 말씀하시는 자의 음성을 들었다. 주께서 에스겔을 인자라고 부르시며 일어서라고 재촉하셨다.[37] 그리고 주께서 친히 능력으로 임하여 에스겔을 일으켜 세웠다. 여기서 에스겔을 일으켜 세웠다는 것은 성령께서 친히 에스겔을 선지자로 세우셨음을 의미한다.[38]

에스겔은 하나님이 주신 말씀만을 가감없이 전해야 했다. 백성들이 듣기 싫어하든 좋아하든 전해야 했으며 듣든지 아니듣든지 주의 말씀을 그대로 전해야 했다(2:5-10). 에스겔의 이러한 선지자적 사명은 메시아 우리 주님의 사역에 대한 모형이다.

(3) 나를 여호와인 줄 알리라(6장)

선지자 에스겔이 전하는 심판 예언의 목적은 하나님을 이 세상에 드러내기 위한 것이다. 하나님은 심판을 통해서 모든 국가와 민족에게 자신이 하나님이심을 알리신다. 너희가 나를 여호와인 줄 알리라는 말씀은 에스겔서의 주제다.[39]

---

37 에스겔 2:1의 인자에 해당하는 말은 **בֶּן־אָדָם**(벤 아담)으로 사람의 아들 이란 문자적 의미를 가진다. 이 말은 하나님의 종을 가리키는 일반적인 호칭일 뿐이다. 그러나 다니엘 7:13의 '인자와 같은 분'(**כְּבַר אֱנָשׁ**)은 메시아를 가리킨다. 다시 말하면 '인자'라는 말이 메시아를 가리키는 것이 아니라 '인자와 같은 이(분)'라는 말이 메시아를 가리킨다. 요한 사도도 어린양 되시는 그리스도를 볼 때 '인자와 같은 이(분)'라고 불렀다(계 1:13). 그러나 그리스도 우리 주께서는 자신을 친히 '인자'라고 부르시기도 했다(공관복음에 약 90여 회 나온다).

38 에스겔이 인자로 언급될 때는 그의 신분(제사장, 선지자, 파수꾼)이 메시아의 모형이며 그리스도의 사역과 닮았기 때문이라고 이해할 수 있다.

39 너희가(네가, 그들이) "나를 여호와인 줄 알리라"는 말씀은 에스겔 전체에 흐르는 신학적 주제이다. 즉 하나님의 자기 계시에 대한 선언이다. 온 세상이 창조주 하나님을 선포하고 그분의 영광을 드러내듯이 죄에 대한 하나님의 심판과 죄인에 대한 하나님의 긍휼과 자비 역시 하나님을 선포하고 하나님 자신을 알리는 계시 그 자체이다. 이스라엘 백성에 대한 하나님의 심판과 구원 사역 및 이방인들에 대한 하나님의 심판은 온 인류에

언약 백성인 선민을 심판하시고 징계하시는 목적이 그들이 여호와 하나님 만이 참 하나님임을 가르치시기 위함이다. "너희로 하여금 나를 여호와인 줄 알게 하려 함이라"(6:7)라는 말씀과 "그때에야 그들이 나를 여호와인 줄 알리 라"(6:10)라는 말씀은 에스겔에게 임한 하나님의 심판 목적이다. 하나님께서 는 심판 속에서도 이스라엘 백성 중 얼마를 남겨 두실 것이다(6:8). 만약 하나 님께서 얼마를 남겨 두지 않으신다면 하나님의 무서운 심판 아래 살아남을 자 는 아무도 없다. 구원은 오직 하나님의 은혜로만 받는 하나님의 선물이다. 심 판 중에서도 남은 자들이 있도록 하시겠다는 하나님의 말씀은 에스겔에게뿐 만 아니라 모든 죄인의 소망 말씀이다.

(4) 남은 자의 구원 약속(11: 14-21)[40]

열방으로 흩어져 간 이스라엘 백성들을 위해 하나님께서 친히 잠깐 열방 의 성소가 되신다고 말씀하셨다. 성소는 하나님의 임재의 상징이므로 하나님 이 열방의 성소가 되신다는 의미는 흩어진 이스라엘의 남은 자들을 위해 하나 님께서 친히 그들과 함께 계시겠다는 임마누엘의 복을 의미한다. 또한, "내가 너희를 만민 가운데서 모으며 너희를 흩은 열방 가운데서 모아 내고 이스라엘 땅으로 너희에게 주리라".

이것은 하나님의 징계 기간이 끝나면 흩어진 백성들을 다시 가나안 땅으로 모으시겠다는 하나님의 말씀이다. 이 예언은 역사적으로 이스라엘 백성들이 페르시아 고레스 왕을 통해 해방되어 가나안으로 귀환할 것과 언약적으로는 메시아 예수 그리스도의 죽으심과 부활을 통해 죄인에 대한 하나님의 진노가 끝나고 모든 믿는 자들이 하나님 나라의 백성으로 회복될 것을 말하고 있다.

> 내가 그들에게 일치한 마음을 주고 그 속에 새 신(성령)을 주며 그 몸에서 굳은 마음을
> 제하고 부드러운 마음을 주어서 내 율례를 쫓으며 내 규례를 지켜 행하게 하리니 그들은

게 하나님 자신을 알리시는 계시의 수단이요 방편이다.

40 G. V. Groningen, op. cit., p.860. 그로닝겐은 행스텐베르그의 주석을 인용하여 이 부분 의 내용은 본질적인 면에서 메시아적이다 라고 말했다.

내 백성이 되고 나는 그들의 하나님이 되리라(19-20절).⁴¹

이처럼 하나님의 영 곧 성령의 능력에 사로잡힌 자들만이 하나님의 말씀을 믿고 따를 수 있으며 그들만이 하나님의 규례와 법도를 지키는 하나님의 백성이 될 수 있다. 이들이 바로 하나님의 은혜를 입은 남은 자들이다. 하나님이 우리의 마음에 성령을 보내 주셔서 하나님의 말씀을 따르고 그리스도를 믿을 수 있는 부드러운 마음을 주시지 않으면 아무도 구원을 받을 수 없다. 에스겔의 심판 선언과 회복의 약속은 죄를 죄로 인정하시는 하나님의 공의 아래 나타나는 하나님의 은혜와 사랑, 곧 심판받아 흩어진 백성들을 통하여 가증한 것들을 제거하시고 그들에게 부드러운 마음을 주셔서 회개케 하시는 긍휼과 자비가 동시에 이루어질 것을 미리 알려 준 것이다. 이것이 죄인을 용서하시고 구원을 베푸시는 하나님의 방법이다.

(5) 버려졌던 아이여, 창녀같은 예루살렘이여(16장)

16장은 하나님의 비유의 말씀으로서 예루살렘과 그 백성들의 배은망덕한 범죄 행위를 폭로하며 그들에게 임할 심판의 당위성을 강조하고 있다. 길가에 버려진 피투성이 한 아이의 성장과정과 성인이 된 후의 이 아이의 철저한 타락상을 통하여 예루살렘 백성들의 범죄 행위를 낱낱이 지적한다. 하지만 하나님께서는 이 비유를 통해 이스라엘의 범죄와 심판을 선언하면서도 언약을 통한 이스라엘의 회복을 동시에 보여 준다. 죄에 대해서는 반드시 심판하시지만, 죄인의 회개에 대해서는 언제나 용서하시고 언약을 통해 구원하시는 하나님의 신실하심을 배울 수 있다.

> 네가 한 모든 일을 내가 용서해 줄 때에 너는 옛일을 기억하고 부끄럽고 창피하여 다시는 입을 열지도 못할 것이다. 나 주 여호와의 말이다(겔 16:63).

---

41 עַם לִי־וְהָיוּ(웨-리 레암, '그리고 그들은 나에게 백성이 될 것이다'). 먼 미래에 메시아를 통해 성취될 하나님과 인간의 새로운 관계가 선포되고 있다. 그리스도 예수 안에서 인간은 비로소 하나님의 백성되 되고 하나님은 그들의 하나님이 되신다.

이것은 후에 예수 그리스도의 십자가와 죽으심으로 죄인에 대한 하나님의 심판이 이루어지고 우리 주님의 십자가의 죽으심과 부활을 믿는 모든 죄인은 하나님의 신실한 언약 아래 구원을 받는 모습에 대한 앞선 예표의 말씀이다.

(6) 수수께끼와 두 독수리(17장)

두 독수리 비유와 수수께끼 비유 마지막으로 백향목의 새 가지에 대한 비유가 에스겔을 통해 백성들에게 전달되었다. 여기서 두 독수리는 바벨론과 애굽을 가리키며 백향목의 새 가지는 이스라엘의 회복을 말하며 더 나아가 메시아를 통한 구원의 회복을 예표한다. 특히 주께서는 마지막으로 백향목 꼭대기에서 어린 가지 하나를 꺾어다가 높은 산에 심겠다고 말씀하셨다.[42] 이 높은 산은 시온 산을 가리키며(겔 20:40) 예루살렘이 이 산 위에 있었고 다윗의 집의 보좌가 이 산 위에 있었다. 주께서 그 가지를 이스라엘의 높은 산 위에 심으면 그 가지가 무성해지고 많은 열매를 맺어 큰 백향목이 될 것이며 온갖 새들이 그 나무에 둥지를 틀고 나뭇가지 사이에 보금자리를 만들어 살 것이다. 그 때에 주께서 높은 나무는 낮추고 낮은 나무는 높이고 푸른 나무는 마르게 하고 마른 나무는 무성하게 하실 때 비로소 사람들은 그 주님이 여호와인 줄 알게 될 것이라고 선포하셨다.

대부분의 에스겔서 주석가는 이 백향목 새 가지 비유는 메시아적 성격을 갖고 있다고 동의하고 있으며 이 메시아 개념은 종말론적 메시아 왕국에서 다윗의 집과 관련이 있는 것으로 해석하고 있다.[43] 결국 이 비유는 하나님의 은혜로 이스라엘 백성들의 남은 자들이 바벨론에서 돌아와 다시 가나안 땅에서 살게 될 것을 미리 보여 준 모형이다. 동시에 이 비유는 미래의 구원자이신 메시아 예수 그리스도를 통한 하나님 나라의 풍성한 은혜와 또한, 그 은혜를 거절한 자들에 대한 심판을 앞서 보여 준 것이다.

---

42 반적으로 '백향목에서 취한 높은 가지'는 메시아를 가리키는 것으로 이해되고 있다. 이 사야 11장 1절의 '이새의 줄기에서 한 싹이 나며 그 뿌리에서 한 가지가 나서 결실할 것이요'와 예레미야 23장 5절의 '내가 다윗에게 한 의로운 가지를 일으킬 것이라'에서 '가지'는 메시아를 가리키는 일반적인 호칭으로 해석된다.

43 G. V. Groningen, op. cit., pp.876-877.

(7) 오홀라와 오홀리바의 음행(23장)

에스겔 16장이 영적인 간음을 지적한 내용이라면 23장의 내용은 정치적 간음을 통렬히 지적한 내용이다. 이스라엘 백성들은 영적 간음인 우상 숭배와 함께 주변 여러 나라의 군사적 힘을 더 의지하다가 오히려 그들의 군사력에 의해 멸망하고 만다는 비유다. 23장에 비유로 등장하는 두 여인 오홀라와 오홀리바는 그들의 남편을 버리고 다른 남자들과 행음하기를 더 좋아하며 타락의 길을 계속했다. 마침내 두 여인은 오히려 그녀들이 즐기던 그 남자들에 의해 재산을 빼앗기고 죽임을 당하며 그녀의 자녀들도 잡혀가고 말았다. 이 두 여인은 각각 사마리아와 예루살렘을 상징하며 두 왕국 북쪽 이스라엘과 남쪽 유다를 가리킨다. 사마리아와 예루살렘은 각각 그들의 죄악으로 인해 하나님의 심판을 받게 될 것을 묘사하고 있다.

한 어머니에게 두 딸이 있었다. 두 딸은 어렸을 때 애굽으로 가서 창녀가 되었다. 많은 남자가 그들의 몸과 젖가슴을 어루만졌다. 언니의 이름은 오홀라였고 동생의 이름은 오홀리바였다. 오홀라는 '그 여자의 장막'이라는 뜻이며 오홀리바는 '나의 장막이 그 여자에게 있다'라는 뜻이다.[44] 이 비유에서는 오홀라는 사마리아이며, 오홀리바는 예루살렘을 가리킨다. 이들은 모두 하나님에게 속한 하나님의 언약 백성들이다(4절). 그들은 우상을 숭배하며 범죄하였다. 이러한 행위는 한 여자가 같은 침대에서 두 남자를 섬기는 것과 같은 무서운 범죄 행위가 아닐 수 없다.

하나님께서는 하나님만이 참 신이시면 그들이 섬기던 우상들은 모두 헛것임을 드러내시기 위해서라도 이와 같은 범죄자들을 반드시 심판하실 것이라고 경고하신다. 징계를 통해서라도 하나님만이 참 하나님이심을 깨우쳐 주시기 원하시는 하나님의 인내와 긍휼과 사랑을 배울 수 있다.

(8) 선한 목자를 통한 회복의 언약(34장)

참 목자이신 여호와와 그 구원의 사역 및 참 목자이신 메시아를 통한 구원과 화평의 언약에 대한 하나님의 말씀이 잘 설명되고 있다. 동시에 오늘날 주

---

44 오홀라와 오홀리바는 상징적으로 예루살렘과 사마리아를 가리킨다.

님의 양들을 돌보는 사명자들에게 교훈과 경고의 말씀이 선포되고 있다. 이스라엘 백성은 하나님의 양들이듯이 예수 그리스도 안에서 구원받은 모든 성도는 주님의 양들이다. 양들의 주인은 주님의 몸된 교회 곧 유형 교회로서의 지(支)교회의 목회자들이 아니라 예수 그리스도 우리 주님이시다. 하나님께서는 이스라엘의 목자로서 반드시 당신의 양들을 찾아 돌보시겠다고 단언하셨다.[45] 이것은 죄로 인해 흩어진 백성들을 다시 모으시고 하나님께서 친히 그들의 하나님이 되어주실 것에 대한 은혜로운 약속이다.[46]

이스라엘의 목자이신 여호와께서는 흩어진 양들을 모아 구원하시고 양들 사이에 있는 악한 자들을 제거하신 후 선한 양떼를 위해 한 이상적인 목자를 세워주신다고 약속하셨다. 이 목자는 하나님의 종 다윗이라고 말씀하셨다. 이 다윗은 다윗의 후손으로 오실 메시아를 가리킨다. 이 다윗의 후손으로 오실 메시아가 곧 택한 백성들의 목자일 뿐만 아니라 왕이 되실 것이다. 그분은 만왕의 왕으로서 자기 백성들을 죄에서 구원하시고 구원받은 백성들의 영원한 왕이 되실 것이다.

> 내가 한 목자를 그들의 위에 세워 먹이게 하리니 그는 내 종 다윗이라 그가 그들을 먹이고 그들의 목자가 될지라(겔 34:23).

(9) 회복되는 땅(산)과 백성들(36장)

이스라엘의 산(땅)의 회복과 이스라엘 백성의 회복에 관한 말씀이 회화적으로 언급되었다. 즉 하나님께서는 이스라엘 산들을 의인화하여 그들에게 예언하시며 말씀하셨다. 이것은 이스라엘의 새로운 목자가 오실 것에 대한 약속과 더불어 뒤따르는 하나님의 은총이다. 죄로 인해 침략군들에게 짓밟힌 이스라엘의 산(땅)들이 이전의 비옥한 땅으로 회복되며 아름다운 모습을 드러낼 것

---

45 '나 곧 내가'라고 번역된 말은, הִנְנִי(힌니) אָנִי(아니)로서 '보라 내가'라는 문자적 의미로써 '내가 반드시'라는 강조의 의미를 갖는다.

46 에스겔 34장 11절의 "나 곧 내가 내 양을 찾고 찾되"에서 찾고 찾되(וּבִקַּרְתִּים וְדָרַשְׁתִּי אֶת־צֹאנִי, 웨다라쉬티 에트 쪼오니 우빌카르팀)는 직역하면 '그리고 내가 찾을 것이며 내가 그들을 돌볼 것이다'이다.

이며 동시에 백성들도 다시 고국의 땅으로 돌아올 것이며 하나님이 그 백성
들과 함께하실 것이다. 이 예언은 이스라엘 백성들의 귀환을 통해 역사적으로
회복되는 은총을 누렸으며 또한, 메시아 예수 그리스도께서 이 땅에 오셔서
하나님과 죄인과의 화목을 이루셨기 때문에 구원받은 영적 이스라엘 백성 곧
모든 그리스도인의 구원을 위한 회복을 통해 영적으로 성취되었다.

여호와의 이름을 회복하기 위한 하나님의 **첫 번째** 사역은 이스라엘 백성을
고국으로 돌아오게 하는 일이었다. 이러한 이스라엘의 회복은 무조건적인 하
나님의 은혜이며 이것은 먼 미래에 있을 구원의 회복을 의미한다. 이방인과
이스라엘의 남은 자들이 메시아를 통한 하나님의 구원 사역에 동참하게 될 곳
을 예견하고 있다(24절).

두 번째는 이방의 나라에서 포로생활을 하며 더러워진 몸과 마음을 맑은 물
로 뿌려서 깨끗하게 하시는 하나님의 은혜를 입게 된다. 이것은 그리스도의
십자가 은총으로 죄가 용서됨을 상징한다. 그리스도의 십자가 은혜는 유대인
이나 이방인이나 헬라인이나 야만인이나 차별없이 구원의 은총을 가져다준다.

세 번째 과정은 "새 영을 너희 속에 두고 새 마음을 너희에게 주되, 내 신을
너희 속에 두어"(26-27절) 라는 말씀에 나타난 성령의 사역이다. 고국에 돌아
온 이스라엘 백성들에게 베푸시는 하나님의 은혜는 '새사람이 되는 것'이다
(고후 5:17). 이것은 장차 성령의 인도와 지도를 받는 택함 받은 자들에게 하나
님의 영을 부어 주셔서 예수 그리스도를 믿게 하시고 그를 믿어 영생의 복을
얻게 하시는 하나님의 은혜를 상징한다.

(10) 너희 마른 뼈들아 들을 지어다(37장)

이스라엘 족속으로 비유되는 마른 뼈들의 소생(1-14절)과 두 막대기가 하
나로 연합되는 비유(15-28절) 등 이 두 가지 상징적 비유는 아브라함과 다윗의
후손 곧 언약 백성들의 역사적 회복을 미리 알려 준 계시이며, 아울러 미래의
영적인 회복 곧 메시아를 통한 죄인의 구원을 상징적으로 표현하고 있다. 에
스겔이 주님의 명대로 말씀을 대언했을 때 그들이 곧 살아나서 큰 군대를 이
루었다. 이것은 장차 하나님께서 이루실 이스라엘의 회복에 관한 상징이었다.
에스겔이 골짜기에서 본 그 뼈들은 이스라엘 온 족속이었다(11절). 즉 죄악으

로 인하여 바벨론에 의해 멸망당한 이스라엘 민족의 모습은 골짜기에 나뒹구는 뼈들처럼 아무런 소망이 없는 상태가 되어 버렸으나 그 뼈들이 살아나 큰 군대를 이룬 것처럼 장차 하나님께서 이스라엘 백성들을 회복시키셔서 가나안 땅으로 돌려보내실 것에 대한 하나의 상징이다. 이 모든 일은 하나님께서 홀로 행하시는 이스라엘에 대한 구원 사역이며 장차 성령의 능력을 통하여 이 땅의 죄인들에게 역사하시는 하나님의 구원 사역에 대한 예표다. 특히 골짜기의 뼈들이 살아나 큰 군대를 이루는 과정에서 하나님께서는 죽은 자들의 무덤을 열고 죽은 자들을 일으키신다고 말씀하셨다. 이것은 영적으로 죄 아래 죽어 있는 모든 죄인을 살리시는 하나님의 구원 능력(영적 부활)이며 동시에 주님의 재림 때 임할 모든 육체의 부활을 의미다. 그리스도인들은 이미 영생의 복을 받은 자들로서 하나님의 말씀과 성령의 능력으로 살아가는 구별된 거룩한 자들이다. 또 주님께서는 에스겔에게 두 막대기를 취하여 각각의 막대기에 글을 쓴 후 두 막대기를 합해, 하나가 되게 하라고 말씀하셨다.

한 막대기에는 유다와 그 짝 이스라엘이라고 썼으며 다른 막대기에는 에브라임의 막대기 곧 요셉과 그 짝 이스라엘 온 족속이라고 썼다. 두 막대기 중 요셉과 그 짝 이스라엘 지파들의 막대기를 취하여 유다의 막대기에 붙여서 에스겔의 손에서 한 막대기가 되게 하였다. 이것도 하나님께서 이루실 역사적 사건에 대한 상징이며 예표였다. 즉 이스라엘이 남북으로 분할되고 그들의 죄악으로 각각 망하는 하나님의 징계를 받았으나 그 징계의 기간이 끝나게 되면 다시 그들을 열국으로부터 해방시켜 고국으로 돌아오는 회복의 은총을 베푸실 것이다. 그리고 하나님의 종 다윗의 후손이 왕이 될 것이며 한 목자가 그들을 인도하게 될 것이다. 이것은 이미 하나님께서 아브라함과 다윗에게 약속하신 언약대로 하나님이 이루신 거룩한 회복의 역사를 의미한다. 결국 하나님께서는 이스라엘을 흩어진 열국으로부터 모아 다시 그들의 하나님이 되실 것이며 회복된 이스라엘 백성들은 다시 하나님의 백성들이 될 것이다. 이것은 장차 온 지구상에 흩어져 있는 선택된 백성들이 하나님의 은혜와 성령의 역사 가운데 예수 그리스도를 믿는 믿음으로 구원을 받아 그들이 하나님의 백성이 되고 하나님은 그 구원받은 백성들의 하나님이 되셔서 영광을 받으실 것에 대한 예표요 상징이다.

나는 그들의 하나님이 되고 그들은 내 백성이 되리라(27절).

(11) 회복되는 성전의 환상(40장)

에스겔서의 마지막 부분(40-48장)에는 이스라엘의 진정한 회복에 대해 언급되어 있다. 이것은 새로운 성전(40-43장)과 새로운 예배(44-46장) 및 새로운 나라(47-48장)에 대한 환상과 계시로 더 세분화된다. 결국 이스라엘의 회복은 장차 오실 메시아 왕국의 도래와 함께 모든 죄인에게 임하는 하나님의 은총과 축복임을 보여 준다. 특히 40장에서는 회복되는 예루살렘의 환상을 보여 준다. 에스겔이 본 이 모든 환상은 영적인 사실의 모형이다. 파괴된 성전이 회복되는 이러한 환상은 바벨론 땅에서 포로생활을 하고 있는 이스라엘 백성들에게는 놀라운 은총이며 소망이 될 수 있다.

더 나아가 이러한 이스라엘의 회복은 메시아를 통한 영적 이스라엘의 회복 곧 모든 믿는 자들에게 임하는 하나님의 구원의 회복을 모형적으로 보여 준다. 문들의 크기와 너비와 높이를 정확하게 재는 모습을 에스겔이 보는 이 환상은 예루살렘 성전이 반드시 회복될 것에 대한 하나님의 계시였다. 동시에 이것은 신약 시대의 메시아로 인한 교회의 모습이다. 즉 이스라엘 백성들의 성전 회복은 장차 이 땅에 약속된 메시아로 오실 성전보다 큰 분이신 그분의 십자가 사역을 예비하는 것으로 성전의 각 문과 그 크기 및 방들의 기능은 그리스도의 보혈과 대속 사건을 상징적으로 보여 준다. 이스라엘의 회복과 성전 제도의 회복은 하나님의 무조건적인 용서와 은혜를 의미하며 이것은 예수 그리스도를 믿는 모든 죄인에 대한 하나님의 용서와 사랑을 보여 준다.

(12) 성전 내부에 대한 환상(41장)

에스겔 41장에는 성전 내부에 환상 곧 성소 내부의 전반적인 모습(1-4), 지성소와 골방(5-12), 성전 외부 크기(13-15) 및 성전 내부의 모습(16-26) 등이 기록되어 있다. 이러한 성전의 모습은 솔로몬 성전의 모습과 비슷하였다. 성전 내부와 문들의 크기, 너비, 높이를 정확하게 재는 모습을 에스겔이 보는 이 환상은 예루살렘 성전이 반드시 회복될 것에 대한 하나님의 계시였다.

에스겔은 성소 내부와 지성소의 벽 및 골방(1-12절) 모두 재었다. 성소는 평상시에 제사장들이 들어와서 백성과 자신을 위해 하나님께 제사 업무를 수행하는 곳이었다. 그러나 지성소는 그 해의 대제사장만이 일 년에 단 한 번 들어가는 곳으로서 오직 7월 10일 대속죄일에 대제사장이 들어가 그곳에 있는 속죄소 위에 피를 뿌리는 예식을 하는 곳이다. 이것은 예수 그리스도의 단 한 번의 속죄 사역 곧 십자가의 죽으심과 부활 사건을 예표하는 것으로써 에스겔이 지금 보는 환상은, 아무도 지성소에는 들어가지 못하도록 엄격하게 제한했던 제사 제도의 완전한 회복을 상징적으로 보여 준다.

또 에스겔이 본 성전 벽의 아름다운 그림은 신약 교회의 영적 통일성과 아름다움을 말해 준다. 또한, 지성소 앞 나무로 만든 제단은 예수 그리스도의 십자가 속죄 사역을 예표한다. 마지막으로 내전과 외전 곧 안쪽 성소와 바깥 성소에는 이중문이 있었고 문마다 두 짝의 문들이 있었다. 이 문을 통과해야만 성소 안쪽으로 들어갈 수 있다. 이 문은 구원의 문이며 예수 그리스도를 통해서만 들어갈 수 있는 문이었다(요 10:9).

(13) 성전에 가득한 하나님의 영광(43장)

동문으로 떠나갔던 여호와의 영광이 다시 돌아오며(1-5절) 하나님과의 진정한 회복을 위해서는 죄의 문제가 해결되어야 함을 강조하고(6-12절) 마지막으로 하나님의 임재의 상징이며 죄의 용서를 위해 예물을 드리는 제단의 모습과 그 제단의 봉헌 예식에 대한 환상(13-27절)이 언급된다. 특히 하나님과 이스라엘 백성과의 영적인 진정한 회복은 눈에 보이는 제단의 회복과 봉헌 예식을 통해 분명하게 드러난다. 제단을 하나님께 봉헌하는 봉헌 예식(18-27절)이 자세히 보여짐으로써 하나님과 택한 백성 사이의 인격적인 회복은 제단의 회복으로 완성됨을 보여 준다. 그리고 이 제단의 회복과 봉헌은 장차 죄인들을 위해 피 흘려 돌아가실 메시아 예수 그리스도의 구속 사건을 통해 죄인과 하나님 사이의 진정한 구원의 회복이 이루어짐을 보여 주는 언약적 사건의 모형이다. 구약 시대에 죄인이 하나님께 나아가기 위해서는 반드시 제단에 제사를 드리는 행위를 거쳐야 한다. 이때 반드시 세 가지 조건이 필요하다.

첫째는 죄인이 몸을 드려야 하며 둘째는 반드시 제물을 가져와야 하며 셋째는 제사장이 있어야 한다. 즉 죄인과 제물과 제사장은 하나님께 드리는 제사의 필수 요소였다. 이러한 구약의 제사 모형은 장차 오실 메시아의 대속 사건의 모형이다. 예수 그리스도께서 자신이 죄인들을 대신하여 죄인이 되셨고, 자신이 한 마리 어린양처럼 제물이 되셨으며, 자신이 제사장이 되셔서 자신의 몸을 단번에 하나님께 드리시는 십자가의 죽음을 통해 속죄 사역을 완성하셨다. 피 흘림이 없이는 결단코 죄사함이 없다.

구약 시대의 모든 제사 종류와 모든 제사 형태의 피 흘림 사건들은 죄인들 대신에 십자가에서 죽으시는 우리 주님 예수 그리스도의 대속 사건을 의미하는 것 외에 다른 의미는 결코 없다. 구약 시대 번제단에 뿌려지는 짐승들의 피 흘림을 통해 죄인과 하나님 사이에 화목이 이루어진 것처럼 예수 그리스도의 죽으심을 통해 죄인과 하나님 사이의 진정한 구원의 회복과 화목이 이루어진 것은 가장 큰 하나님의 은혜의 결과다.

죄에 대한 하나님의 심판이 이루어져 하나님의 공의가 만족된 이후 떠났던 주의 영광이 다시 회복됨을 알 수 있다. 인간의 죄에 대한 하나님의 심판은 메시아 예수 그리스도의 십자가 형벌과 죽으심으로 대신 이루어졌고 이 은혜스러운 대속적 죽음을 믿는 모든 죄인은 하나님의 은혜로 구원을 받게 된다.

(14) 성 전문을 닫아라(44장)

하나님의 현현으로서 천사는 장차 회복될 새 성전과 그 주변의 모양과 크기를 보여 준 후(40-43장) 새 성전에서 새로운 제사 업무를 수행할 제사장의 규례와 기업에 대해 설명하고 있다. 이것은 메시아 왕국의 실현 때 있을 영적 새 예배에 대한 예표다. 특히 오직 왕만 현관문을 통해 성전에 들어와서 여호와 앞에서 음식을 먹을 수 있는 이 환상에서의 왕은 장차 오실 이스라엘의 영원한 왕으로서의 메시아를 예표한다.[47] 또 할례를 받지 않은 이방인을 몰아내고 (4-9절) 사독의 후손들만 성전을 출입하라(10-16절)는 말씀은 그리스도 안에서

---

47 왕에 해당하는 히브리어의 의미는 백성의 지도자로서 목자를 의미한다. 그렇다면 여기서 왕은 장차 이 땅에 오실 이스라엘의 왕으로서의 메시아를 가리킨다고 볼 수 있다.

구별된 하나님의 백성들만이 주님의 몸된 교회의 구성원으로서 거룩하신 하나님을 구별되게 섬길 수 있음을 의미한다.

(15) 절기와 제사 제도의 회복(45-46장)

하나님의 심판과 징계가 끝난 후, 새롭게 회복되는 이스라엘 백성은 가나안 땅의 새로운 규례를 지시받았다. 그리고 땅의 새 질서와 새 제사 제도의 회복을 말함으로써 이스라엘 백성을 향한 하나님의 긍휼과 자비를 보여 준다. 특히 절기의 회복은 중요한 의미가 있다. 신년이 시작되는 첫날의 제사 제도와 칠일동안 계속되는 유월절 제사(21-24절) 및 초막절(25절) 이 두 절기는 구원과 해방을 감사하며 하나님의 보호와 인도를 기억하고 감사하는 최고의 감사절기다. 또한, 유월 절기와 초막 절기는 언약적으로 예수 그리스도의 십자가의 죽으심과 부활을 통한 죄인의 구원을 보여 주는 예표적인 절기이다. 장차 회복될 가나안 땅에서의 모든 제사의 회복은 장차 이 땅에 오실 어린양 되시는 그리스도의 십자가 사건을 예표하고 있다. 결국 가나안 땅의 분배와 지도자들을 위한 거룩한 땅의 구별은 하나님 중심의 생활을 강조하고 있다. 또한, 각종 절기의 회복과 그 절기에 따른 제사의 회복은 하나님과의 진정한 회복이 이루어졌음을 상징한다. 특히 유월절과 초막절 절기의 제사 회복은 메시아를 통한 구원의 회복을 모형적으로 보여 준다. 가나안 땅에서의 이스라엘 백성과 하나님 사이의 진정한 회복은 그리스도 안에서 하나님과 죄인 사이의 온전한 회복을 보여 준다. 그뿐만 아니라 제사 제도의 회복은 그리스도의 속죄 사역에 대한 모형이다. 이 제사 제도는 메시아 예수 그리스도의 십자가와 부활 사건을 통해 성취되었다.

제사 제도는 성취되었고 나은 예배의 형태로 남아 있다. 구약의 할례가 세례로 성취되었고 안식일이 주일로 대치되었듯이 구약 시대의 모든 회복된 제사 제도는 그리스도의 십자가를 거친 후에 주님의 이름으로 드리는 예배로 성취되어 하나님을 경배하고 섬기며 하나님의 이름을 선포하는 최고의 신앙 행위로 여전히 남아 있다. 제사의 회복은 하나님과 택한 백성 사이의 화목과 회복을 의미하며 이것은 오늘날 그리스도 안에서 진정한 예배의 회복을 의미한다. 즉 죄로 인한 하나님과 인간 사이의 불화는 그리스도의 십자가 사건으로 중지되었고 믿음으로 모든 죄인은 하나님과 화목을 이루게 되었다.

① 생명강과 새 땅의 경계(47장)

하나님의 구속 사역의 최종 완성으로서 성전에서 흘러 나오는 생명수의 강에 대한 환상은 에스겔서 전체 예언의 절정을 이룬다. 성경의 모든 언약이 죄인의 구원을 위한 하나님의 구원과 연관되어 있으며 본 장의 생명수의 흐름에 대한 환상은 장차 메시아의 오심과 그리스도의 십자가 사건을 통해 하나님의 구원의 역사가 얼마나 풍성하게 이루어질 것인가를 잘 보여 준다. 에스겔 47장의 생명강의 흐름은 요한계시록 22장에 언급된 어린양의 보좌 아래서 흘러내리는 생명수와 연결되며 장차 이루어질 구원과 하나님 나라의 풍성함을 예표하고 있다. 결국 에스겔이 본 생명수의 환상과 요한 사도가 본 생명수의 환상은 모두 하나의 역사적 사실 곧 예수 그리스도의 초림과 재림 때 이루어질 구원과 하나님 나라의 도래를 예표한다. 예수 그리스도를 믿는 자는 그 배에서 생수의 강이 흘러넘칠 것이라는 주님의 말씀에서도 확인할 수 있다(요 7:37-39). 가나안 땅이 회복될 때 이스라엘 백성과 함께 사는 외국인들이 자녀를 낳고 살 경우 그들에게도 가나안 땅을 기업으로 나누어주고 이스라엘 족속처럼 대우해 주도록 했다.

하나님의 구원 역사가 이방인들에게까지 확대될 것을 보여 주는 예표다. 에스겔서의 종말론은 이스라엘의 회복을 통하여 영적으로 하나님의 택한 백성 곧 영적 이스라엘 백성의 온전한 회복을 바라보고 있다. 장차 유대인이든 헬라인이든 로마인이든 어떤 이방인들이라 할지라도 주의 이름을 부르는 자는 구원을 받아 하나님 나라의 자녀들이 될 것이며 이것은 영적 이스라엘의 완전한 회복을 가리킨다. 이것은 아브라함에게 가나안 땅을 그와 그 후손에게 주겠다는 약속의 완전한 성취이다(창 12장). 성전 문지방으로부터 흐르는 생명수가 큰 강을 이루는 환상은 스가랴와 요엘 선지자가 본 환상과도 같다(슥 14:8; 욜 3:18). 이것은 구원이 하나님에서부터 나오게 됨을 가리킨다.

역사적으로는 이스라엘의 회복이 하나님의 절대주권적 은혜로 이루어졌으며 예수 그리스도를 통한 인간 구원의 역사도 하나님의 절대적인 은혜의 결과로 이루어진 것을 알 수 있다. 땅을 기업으로 받는 이스라엘의 모습도 메시아

를 통해 구원받은 하나님의 자녀들이 하나님 나라를 유업으로 받을 것을 예표
하며 외국인들에게도 땅을 기업으로 나누어주라는 것은 이방인들까지도 하나
님의 구원 은혜에 동참하게 될 것을 보여 주었다. 성전으로부터 흐르는 생명
수 강물이 이스라엘 모든 땅을 적시고 그 주변의 모든 과일나무는 달마다 실
과를 맺는 이 환상은 장차 메시아 예수 그리스도를 통하여 구원받은 백성들의
삶이 얼마나 풍성하게 나타날 것인지를 미리 보여 준 하나님의 은혜이다.

② 새 땅의 분배와 여호와 삼마(48장)

새 시대의 새로운 회복은 성전 제도의 회복과 함께 제사와 각종 절기의 회
복(46장)과 생명수 강의 흐름(47장)으로 이어졌다. 그리고 땅의 회복과 분배를
마지막으로 하나님의 공동체인 이스라엘의 상징적인 회복이 마무리되고 있
다(48장). 하나님의 새로운 통치와 이스라엘 백성의 회복 그리고 그들이 살아
갈 땅의 회복은 장차 그리스도를 통해 나타날 하나님 나라의 도래를 상징적
으로 보여 준 것이다. 동시에 이것은 주님의 재림 때 이루어질 새 하늘과 새
땅에서 부활한 그리스도인들이 하나님과 함께 영원히 살게 되는 구원과 영생
의 회복을 예표한다. 마지막으로 하나님의 거룩한 성전이 있는 성읍의 동서
남북에는 같은 크기의 성전 출입문들이 있었으며 이 문들에는 각기 이스라엘
지파의 이름들이 붙여졌다. 이처럼 이스라엘 모든 공동체는 누구나 언제라도
성전이 있는 거룩한 성에 자유롭게 출입할 수 있도록 성읍 사방에 열두 개의
문을 만들었는데 이것은 백성들과 하나님이 항상 함께 교제할 수 있어야 한
다는 상징적인 의미가 더 크다. 그래서 이스라엘 민족이 회복되고 땅이 분배
된 후에는 중앙에 있는 이 거룩한 성읍의 이름은 '여호와 삼마'라고 불려질
것이라고 했다. 에스겔이 본 계시와 환상 중에 마지막 이스라엘의 회복과 함
께 불려질 성읍의 이름이 여호와 삼마다. 이 말의 문자적 의미는 '여호와께서
거기 계시다'이다.[48]

---

48 "여호와 삼마"(יְהוָה שָׁמָּה 여호와 삼마)는 문자적으로 '하나님이 거기에'라는 의미다. 히브
리어 문장은 일반적으로 '하야'(be동사)동사는 생략되어 있기 때문에 이 동사를 넣어 해
석하면 '하나님이 거기에 계시다'라는 의미다.

그러나 이 말의 언약적 의미는 하나님께서 당신의 언약 백성과 함께 거하신 다는 임마누엘 원리에서 이해할 수 있다. 여자의 후손으로 오실 메시아를 통 해 죄인을 구원하시려는 하나님의 구원 계획이 구약성경에 나타난 역사 속에 이미 계시되었고 이제 마지막으로 새 땅과 새 예루살렘 성의 회복을 통해 성 취될 것을 예표하고 있다. 즉 여호와 삼마는 하나님께서 이스라엘 백성의 회 복을 통해 이스라엘과 함께해 오셨음을 밝혀주셨고 또 바벨론 포로 이후에도 이스라엘과 함께하실 것이며 이스라엘 후손으로 오실 메시아 예수 그리스도 를 통해 모든 죄인을 구원하시기까지 언약 백성들과 함께하신다는 의미다.

'여호와 삼마'는 인간 구원의 역사를 이루시기 위해 온 우주에 편만하게 거하시는 하나님의 무소부재 하심을 나타내며, 과거에도 현재에도 미래에도 영원히 언약 백성과 함께하시는 하나님의 놀라우신 은혜를 표현하고 있는 메 시아 중심의 언약적 의미를 보여 준다. 마지막으로 이 열두 문이 있는 회복되 는 예루살렘의 이름을 여호와 삼마라고 하는 것은 요한계시록 21장 22절 이 하의 열두 진주문이 있는 하늘의 새 예루살렘과 일치하고 있다. 구약의 메시 아 사상은 성전 중심이었으나 계시록에 나타나는 하나님 나라는 어린양 예수 그리스도와 함께 누리는 새 예루살렘의 아름다움으로 가득 차 있다. 거기에는 하나님 자신이 해요 달이며 별도의 성전이 필요치 않다. 하나님이 거기에 계 시다는 의미의 여호와삼마와 하나님이 우리와 함께 계신다는 임마누엘의 원 리는 모두 메시아 예수 그리스도의 왕국을 예표하는 교회와 하나님 나라를 예 표한다.

6) 결론과 교훈

유다의 멸망하는 과정 속에서 여호야긴(19대) 왕 때 백성들과 함께 바벨론 으로 끌려간 에스겔은 하나님의 부르심을 받고 긴급하게 하나님의 여러 계시 와 말씀들을 듣고 또 전해야 하는 사명자로 세워졌다. 에스겔서의 주제는 에 스겔서 전체의 본문에서 쉽게 찾을 수 있다. 그들이 나를 여호와인 줄 알리라 또는 너희가 나를 여호와인 줄 알리라(겔 37:13) 라는 말씀이 자주 반복되고 있 기 때문이다(60-70회 정도). 또한, 하나님의 언약 백성들을 치시고 심판하시면서까지 다시 깨닫고 돌아오기를 기대하시는 하나님의 오래 참으시는 긍휼이 역사 속에서 반복되고 있다. 유다 백성의 죄를 심판하시는 목적은 그들을 단지 괴롭히고 벌을 주려는 것이 아니라 그들을 사랑하시는 하나님만이 참 여호와이심을 알게 하려는 데 있으며 또한, 택한 이스라엘 백성을 통해 반드시 언약을 이루실 것을 알려 주려는데 더 큰 목적이 있음을 배울 수 있다. 또한, 죄는 반드시 심판하시지만 회개하고 돌아오는 죄인을 용서하시고 구원하시는 하나님의 자비로운 속성을 알리는 것이 에스겔서의 목적이기도 하다.

인간은 죄를 짓기 때문에 죄인이 아니라 죄인이기 때문에 죄를 짓는다. 그 죄인을 구원하시기 위해 하나님께서는 언약을 주셨고 그 언약을 믿는 자들에게 구원을 베푸시는 하나님의 구원 역사 중 일부가 에스겔서의 내용이다. 죄는 심판하시되 죄인을 구원하시는 하나님의 열심을 에스겔서를 통해 배울 수 있다. 하나님은 언약을 이루시며 언약 백성들을 인도하시고 보호하시며 임마누엘의 하나님으로 역사 속에 항상 계신다. 여호와 삼마로 '거기에 계시는' 하나님은 역사를 친히 주관하시고 인도하시면서 우리 주님의 재림 때까지 역사 속에서 언약 백성의 구원과 그 성취를 위해 항상 거기에 계시는 사랑과 구원의 아버지이시다.

에스겔서의 메시지는 분명하게 메시아적인 방향을 가진다. 에스겔은 범죄한 유다와 그 백성들에 대한 하나님의 심판을 선포함과 동시에 하나님의 주권적인 은혜 아래서 미래에 회복되고 용서 받는 구속자들에 대한 종말론적 대망을 분명하게 알리고 있다. 에스겔은 자신이 제사장이요 선지자요 파수꾼으로서 메시아의 모형이다. 또한, 그는 장차 오실 메시아를 제시해 주었다. 특히 바벨론 식민지 아래서의 절망적인 백성들에게 새 땅과 새 성전에 대한 비전을 제시해 주었는데, 이것은 흑암 중의 백성들에게 빛으로 오실 메시아에 대한 하나님의 구속사적 시간표였다.[49] 에스겔은 자신이 살고 있는 시대의 중요성을 알고 있었다. 그 시대는 하나님의 심판이 진행되고 있었던 절망의 시대였다. 그러나 에스겔은 자신이 보고 들은 대로 절망의 시대에 희망을 선포하는 선지자가 되지 않을 수 없었다. 왜냐하면 하나님은 죄인이 모두 멸망하는 것

---

49 G. V. Groningen, op. cit., p.907.

을 기뻐하지 않으실 뿐만 아니라 그 죄인들을 위해 메시아를 예비하고 계신다는 사실을 알았기 때문이다. 그러므로 대부분의 에스겔서 주석가가 에스겔서의 메시지를 희망의 예언이라고 말하는 것은 너무나 정당한 것이다. 에스겔의 예언은 첫째, 역사 속에서 이스라엘의 해방과 회복으로 이루어졌고 둘째, 다윗의 언약 아래 새 영의 도래와 함께 시작된 메시아의 십자가 사건 속에서 이루어졌으며 셋째, 그리스도의 재림과 함께 이루어질 영원한 하나님 나라의 도래로 성취될 것이다.

5. 다니엘서와 메시아 이해

1) 서론

(1) 명칭과 위치

다니엘서의 명칭(다니엘, דָּנִיֵּאל 또는 דָּנִאֵל)은 주인공인 다니엘의 이름을 따라 붙여진 것이다. 히브리어의 음역인 다니엘의 뜻은 '하나님은 나의 심판자'이다. 고대 70인역(LXX)과 라틴역(Vulgate)을 비롯해 대부분의 역본은 이 히브리어 명칭을 음역하여 그대로 사용하고 있다. 포로 기간에 쓰인 세 권의 대선지서 가운데 예레미야 애가는 이스라엘의 파괴를 슬퍼하며 뒤돌아본 내용이며 에스겔과 다니엘은 이스라엘의 회복을 내다 본다. 에스겔이 성전의 회복을 기대한 반면, 다니엘은 이스라엘 국가의 회복을 내다 본다. 또한, 에스겔이 제사장적 관점에서 말했다면 다니엘은 예언자적 및 정치적 관점에서 말했다. 인간의 왕국을 다스리며 역사의 주인이신 하나님의 주권을 강조하기 위해 기록된 다니엘서는 내용상 크게 두 부분으로 나눠진다.

첫째 1장부터 6장까지에는 역사적 내용이 기록되어 있으며 7장부터 마지막 12장까지에는 예언적 내용이 기록되어 있다. 이러한 사실 때문에 히브리어로 된 맛소라 사본의 정경에는 다니엘서가 역사서로 분류되어 있고 헬라어로 된 70인역 성경을 비롯 대부분의 역본 성경(한글개역성경 포함)에는 다니엘서를 예언서(선지서)로 구분하고 있다. 즉 다니엘서가 히브리어 원문 성경에는 역사서로, 70인역을 비롯한 현대 역본에는 대선지서로 구분되는 것은 다니엘서의 내용과 특징을 잘 보여 준다. 그것은 다니엘서가 역사(1-6장)이면서 예언(7-12장)이기 때문이다.

(2) 저자

다니엘서의 저자가 다니엘이라는 분명한 언급은 없으나 다니엘서의 내용을 역사적 사실 그대로 받아들일 때 다니엘을 저자로 보는 견해가 우세하다. 다니엘은 유다 왕 여호야김 3년(B.C. 605년)에 바벨론 왕 느브갓네살에 의해 포로로 바벨론에 붙잡혀 갔다. 그는 바벨론 포로생활의 시작부터 정치가로서의 성공과 원수들의 핍박, 메시아 왕국에 대한 환상 등 자신이 직접 보고 듣고 행한 모든 일을 기록해 놓았다. 특히 비평주의 아래 자유주의 신학자들은 다니엘서는 다니엘이 기록한 것이 아니라 익명의 저자가 마카비 시대인 B.C. 167년경에 안티오쿠스 에피파네스의 핍박 아래 고생하는 유대인들을 위로하고 격려하며 그들의 순교의 신앙을 찬양하기 위해 기록한 것이라고 주장하기도 한다. 그러나 전통적인 견해와 다음과 같은 몇 가지 큰 이유로 다니엘이 다니엘서의 저자로 지금까지 인정되고 있다.

첫째, 다니엘은 젊은 나이에 바벨론으로 끌려가 백발이 성성한 나이까지 바벨론에서 살았기 때문에 자신이 직접 경험한 생생한 역사적 사실들을 기록할 수 있는 충분한 적격자이다.

둘째, 비평주의자들은 다니엘 1:1의 내용과 예레미야 25:1의 내용이 서로 일치하지 않다는 역사적 불일치를 이유로 들어 다니엘 저작설을 부인하고 있으나 다니엘 1:1에서 다니엘이 여호야김 3년이라고 말한 부분과 예레미야가 여호야김 4년이라고 말한 부분의 차이에 대해서는 왕의 재임 기간에 연대기 계산법의 차이 때문에 나타난 결과로서 아무런 문제가 되지 않는다. 즉 바벨론식의 연대기 계산법은 왕이 왕위에 오른 첫해는 등극의 해로 여기며 그다음 해를 왕의 재임 첫해 곧 제1년으로 계산한다. 또한, 팔레스틴(유다)연대 계산법에 따르면 왕이 왕위에 오른 첫해를 제1년으로 계산하고 있다. 그러므로 다니엘이 말한 여호야김 3년은 바벨론식 연대 계산법에 의한 것으로서 팔레스틴 방식으로 계산한 예레미야의 여호야김 4년과 같은 의미가 된다.

셋째, 예수 그리스도께서는 다니엘서를 인용하실 때 이 책의 마지막 부분이 선지자 다니엘의 작품이라고 말씀하셨다(마 24:15; 단 9:27; 11:30; 12:11).

넷째, 이 책에서 다니엘은 역사적 부분을 서술할 때 자신을 3인칭으로 계시 부분을 서술할 때는 인칭 단수로서 자신을 표현하면서 자신이 직접 하나님의 계시를 받았다고 주장하고 있다. 다니엘은 의로운 하나님의 종이요 충성된 사역자로서 노아와 욥과 같은 구약의 대표 인물 중의 하나로 인정되는 것도 다니엘의 저작설을 인정하는 증거이다(겔 14:14, 20; 28:3).

다섯째, 마지막으로 유대인의 교훈집인 탈무드에도 이 책이 B.C. 6세기경의 다니엘의 작품이라고 말한다.

(3) 기록 목적과 주제

인간의 왕국을 다스리시며 역사의 주인이신 하나님의 주권을 강조하기 위해 이 책은 기록되었다. 열국들은 하나님의 심판 도구로 사용되지만, 훗날에 하나님께서는 결코 망하지 않을 한 왕국을 세우실 것이다. 하나님의 섭리 아래 이 왕국을 이루실 메시아가 반드시 올 것이며, 이 계획을 이루시기 위해 하나님께서는 역사를 당신의 의지대로 이끌어 가실 것이다. 결국 하나님의 주권적인 섭리 아래 인간의 구원 역사가 메시아의 도래로 이루어질 것임을 보여준다. 다니엘서의 주제는 다음과 같이 요약된다.

> 살아계신 하나님만이 참되시며 그 하나님은 절대적인 주권을 가지시고 그를 거역하는 세계의 열강들을 쳐부수고 그를 진실되게 믿는 언약의 백성들을 신실하게 지키시고 구원하시는 주권적인 하나님이시다.

(4) 언어와 단일성

다니엘서는 히브리어와 아람어 두 언어로 기록되어 있다. 2장 4절 후반부터 7장 28절까지는 아람어로 기록되어 있고 나머지는 히브리어로 기록되어 있다. 이러한 이유 때문에 다니엘서를 하나의 단일한 내용으로 여기지 않고 서로 다른 두 권의 책(1-6장과 7-12장)으로 보려는 경향도 있다. 그러나 다니엘서는 2

장의 계시가 7장에서 말하는 짐승과 서로 조화를 이루고 있으며 1-6장의 내용이 역사에 대한 다니엘의 서술이라면 나머지 7-12장의 내용도 다니엘이 받은 계시의 글임에 틀림이 없다.

다니엘서는 내용상 크게 두 부분으로 나눠진다.

첫째 1-6장까지는 역사적 내용의 기록이며,

둘째 7-12장까지는 예언적 내용의 기록이다. 역사적 기사에는 바벨론의 세 통치자(느브갓네살, 벨사살, 다리오)아래서의 역사적 사실이 나타나며(1:1-6:28), 예언적 기사에는 크게 네 가지 환상이 미래에 이루어질 사건으로 나타나고 있다(7:1-12:13).

2) 인자 사상(7장)

다니엘 7장 13절의 인자(人子) 사상은 매우 중요한 메시아 개념이다. 성경 원문에 나타난 문자 그대로 번역하면 '사람의 아들 같은 이'(כְּבַר אֱנָשׁ 케바르 에 나쉬)라는 뜻이다. 단순히 인자 곧 사람의 아들이 아니라 '사람의 아들 같은 (분)'이라는 문자적 의미다. 따라서 다니엘서의 인자 사상은 사람의 아들이 아니라 사람의 아들과 같은 분이 장차 오실 것에 대한 예언이다.

바벨론 이후 네 왕국이 차례로 지나가면 마지막으로 '사람의 아들 같은 이'가 하늘 구름을 타고 옛적부터 항상 계신 이에게로 나아온다. 그리고 사람의 아들과 같은 이(인자)에게 권세와 영광과 나라가 주어지며 모든 나라와 백성과 방언하는 자들이 그를 섬긴다. 이 '사람의 아들(인자)과 같은 이'가 누구인가? 여러 가지 해석들이 존재하고 있다.

(1) 천사로 보는 견해

다니엘서 전체를 조사해 보면 인자는 천사를 가리킨다고 한다. 특히 그 천사는 미가엘 천사로서 이스라엘 민족을 호위하며 돕는 위대한 대장이다(N. Schmidt). 또 다른 견해로는 가브리엘 천사를 가리킨다고 본다(Z. Zevit). 그는 9장 21절의 내용을 7장에 연결시켜 '이전 이상 중에 본'이란 구절에서 이전

이상을 7장의 이상으로 보고 '가브리엘이 빨리 날아서 저녁 제사를 드릴 즈음에'와 연결시켜 인자를 가브리엘 천사로 보고 있다. 그러나 우리가 이 견해를 받아들일 수 없는 이유는 구약에서 천사가 하늘 구름을 타고 올 수가 없기 때문이다. 즉 구약에서 하늘 구름들이 천사의 동반물로 나타나는 경우가 없다. 반면에 구름은 하나님께 속한 동반물로서 나타난다. 또한, 인자를 천사로 볼 때 천사가 옛적부터 항상 계신 자에게 내려왔다고 한다면 9-14절과 모순된다. 왜냐하면 천사들은 이미 '옛적부터 계신 자'의 주위에 벌써 옹위하고 있었음을 볼 수 있다. 결국 인자는 천사보다 더 높은 존재여야만 한다.

(2) 성도들로 보는 견해

인자 같은 이가 영원한 나라를 받으며(단 7:1-14) 지극히 높으신 자의 성도들이 영원한 나라를 받는다(단 7:5-28)는 내용에 근거하여 인자를 '지극히 높으신 자의 성도들'로 봄으로써 집합적 해석을 하고 있다. 그러나 이 견해도 구름을 타고 오시는 신적 존재로서의 인자의 모습과는 거리가 있다. 또 이 해석은 인자가 영원하며 멸망하지 않을 나라의 왕으로서 나타나는 문맥의 가르침을 무시하고 있는 해석으로서 받아들일 수 없다.

(3) 혼합적 해석

인자를 지극히 높으신 자의 성도들로 볼뿐만 아니라 메시아로도 보는 두 가지 혼합적 의미가 있다고 보는 견해이다. 이 견해를 그대로 따른다면 메시아인 주님과 성도와의 구분이 사라지게 되고 구속받은 백성과 머리 되신 그리스도와의 관계가 모호해지고 만다.

(4) 신화적 해석

신화적 해석이란 인자의 기원에 대해 말할 때 인자는 바벨론 신화에서 기원된 것이라는 해석이다. 바벨론 신화에 의하면 인자는 정복자로서의 위엄을 가지고 있는 신이다. 따라서 이스라엘의 가을 축제에는 혼돈의 짐승을 정복하신 위대한 여호와가 찬양되며 왕으로서 다시 즉위되는 제관식 장면이 있는데 이

모습은 바벨론의 인자 사상 곧 정복자로서의 신이 영광을 받고 추앙되는 것과
비슷하다는 것이다. 그러나 구약성경을 볼 때 오히려 이스라엘의 종교적 지도
자들은 이방 종교적인 요소가 이스라엘 종교 속으로 들어오지 못하도록 싸운
사실을 알 수 있다. 그러므로 바벨론 신화적 요소가 이스라엘 종교에 영향을
미쳤다는 이 해석은 받아들일 수 없다.

(5) 메시아적 해석

일반적으로 인자는 단순히 사람을 가리킬 때 사용되지만 에스겔서나 다니
엘서에 사용된 '인자와 같은 이'는 메시아로 보아야 한다. 특히 다니엘서 7
장의 인자는 높임을 받고 권세와 영광과 나라를 받는다. 예수님께서도 다니
엘서 7장의 인자와 같은 모습으로 하늘 구름을 타고 오실 것에 대해 말씀하
셨다(마 24:30; 19:29). 밧모섬에서 요한도 이상 가운데 그리스도를 볼 때 '인자
같은 이'라고 부르고 있다(계 1:13). 인자는 그리스도의 특징적인 칭호이다(시
80:17). 마태, 마가, 누가, 요한 네 복음서에 그리스도를 지칭하는 인자라는 말
이 무려 80-90번 이상 언급되는 사실 속에서도 인자는 그리스도를 가리키고
있음을 알 수 있다. 결국 다니엘서의 인자와 같은 이는 신약의 메시아이며 예
수 그리스도이시다.

3) 하나님 주권 사상(1장)

다니엘서의 종말론은 역사(1-6장)와 예언(7-12장)을 통해 하나님의 주권 사
상과 우주적 왕권 사상의 이해로부터 출발한다. 즉 살아계신 하나님만이 참
되시며 거역하는 세계의 열강들을 쳐부수고 그를 진실되게 믿는 언약의 백성
들을 신실하게 지키시고 구원하시는 주권적인 하나님이심을 이해하는 것이
다. 바벨론으로 붙잡혀 온 다니엘은 하나님의 섭리 가운데 느브갓네살의 총애
를 받으며 그 지위가 높아간다. 특히 하나님의 계시 아래 느브갓네살 왕의 꿈
을 해석하며 하나님의 주권과 명예를 드높인다. 그 후 교만한 왕 벨사살에 대
한 하나님의 심판 선언이 벽에 쓴 글씨로 나타나며 벨사살 왕은 죽고 다니엘
은 더욱 존귀한 자가 된다.

마침내 다니엘은 원수들의 모함으로 사자 굴에 들어가는 위기를 당하지만 하나님의 특별하신 보호로 구원을 받고 당시 다리오 왕의 입을 통해 하나님의 주권이 나타난다. 다니엘은 역사를 주관하시며 당신의 뜻을 이루어가시는 하나님의 주권적 섭리를 다니엘서 앞부분을 통해 강조하고 있다. 유다가 멸망한 것은 죄로 인한 하나님의 심판으로서 바벨론 느브갓네살 왕은 단지 하나님의 심판을 수행하는 도구일 뿐이다. 하나님께서는 느브갓네살을 내 종이라고 부르시기도 하셨는데 이것은 그가 하나님의 심판을 수행하는 도구임을 보여 준다(렘 25:9). 따라서 하나님께서 느브갓네살 왕에게 유다와 성전의 기구들을 탈취해 가도록 '얼마를 그의 손에 붙이시매' 그는 예루살렘을 함락시키고 성전의 기명들 가운데 일부를 전승물로 가져가 바벨론 신의 보물창고에 두었고 건강하고 총명한 젊은이들을 포로로 붙잡아 갔다.

느브갓네살에게 손에 붙이신 성전의 기구들은 후에 페르시아의 고레스 왕의 손에 붙여 스룹바벨을 통해 가나안 땅으로 다시 옮겨진다. 열국들은 일시적으로 흥왕하기도 하며 하나님의 심판의 도구로 사용되지만 결국 그들의 죄악으로 인해 멸망하고 말지만 훗날에 하나님께서는 결코 망하지 않을 한 왕국을 세우실 것이다. 하나님의 섭리 아래 이 왕국을 이루실 메시아가 반드시 이 땅에 오실 것이며 이 계획을 이루시기 위해 하나님께서는 역사를 당신의 의지대로 이끌어 가실 것이다. 결국 하나님의 주권적인 섭리아래 인간의 구원 역사가 메시아의 도래로 이루어질 것임을 보여 준다. 다니엘서는 하나님의 주권 아래 언약의 중심인 메시아의 초림과 재림을 바라본다.

4) 다니엘서의 메시아 이해

(1) 느브갓네살 왕의 꿈과 뜨인돌(2장)

왕은 한 큰 신상을 보았다. 그 신상은 크고 광채가 특심하며 모양이 심히 무서웠다. 신상의 머리는 정금이요 가슴과 팔은 은이요 배와 넙적 다리는 놋이요 종아리는 철이요 그 발의 얼마는 철이요 얼마는 진흙으로 되어 있었다. 그런데 사람의 손으로 하지 아니한 뜨인 돌이 신상의 철과 진흙의 발을 쳐서 부수뜨리니 철과 진흙과 놋과 은과 금이 다 부숴져 없어지고 신상을 친 돌은 태산을 이루어 온 세계에 가득하게 되었다.

다니엘은 하나님의 계시 아래 그 꿈을 해석하였다. 신상의 금머리는 곧 느브갓네살왕이며 그 권세와 능력은 하나님께서 주셨다고 하였다. 그리고 바벨론이 멸망한 후에 일어나는 나라는 바벨론만 못하다고 하였다. 둘째 나라는 가슴과 팔(메데 파사)로, 셋째 나라는 배와 넓적 다리로(헬라), 넷째 나라는 종아리와 발(로마)로 상징되었다. 그리고 그 마지막 나라는 철같이 강하기는 하지만 발과 발가락들이 나누인 것 같이 혼성되어 있고 서로 연합되지 않음을 가리키고 있다. 그리고 이 나라들 다음에 뜨인 돌이 신상을 부숴뜨리는 사건은 그리스도의 초림과 재림을 통한 영원한 하나님 나라의 완전한 질서와 능력을 상징한다.

(2) 황금 우상과 넷째 모양(3장)

느브갓네살이 만든 황금 우상은 세상 통치자들의 근본적인 교만을 보여 주는 것으로서 그는 다니엘의 해석을 듣고 하나님을 찬양했음에도 불구하고 금신상을 만들어 그 앞에 모두 숭배하라는 명령을 내린다. 왕의 세력 팽창과 정복을 기념하고, 자신을 신격화시켜 모든 국민으로부터 숭배를 받기 위한 것으로 다니엘의 하나님보다 높아지려는 우상 숭배적인 동기가 내포되어 있다. 느브갓네살이 세운 금신상에 대한 경배는 종교적인 우상 숭배뿐만 아니라, 정치적인 성격이 강하게 내포되어 있다. 즉 모든 관리에 대한 금신상 숭배 요구는 바벨론의 승리를 기념하고 왕 자신의 통치의 우월성을 과시하며 속국의 통치자들에게 충성을 강요하기 위한 방편이다. 따라서 금신상에 대한 경배의 거부는 곧 바벨론 제국에 대한 반역인 동시에 정복자인 느브갓네살의 통치 및 권위에 정면으로 도전하는 행위로 취급되었다. 그러나 다니엘의 세 친구 하나냐 미사엘 아사랴 곧 사드락 메삭 아벳느고는 금신상에 절하지 않고 하나님의 이름을 드러냈다. 다시 기회를 줄테니 금신상에 절하고 생명을 보존하라는 왕의 말에 그들은 다음과 같이 대답하며 절하지 않았다.

우리가 이 일에 대하여 왕에게 대답할 필요가 없나이다. 만일 그럴 것이면 왕이여 우리가 섬기는 우리 하나님이 우리를 극렬히 타는 풀무 가운데서 능히 건져내시겠고 왕의 손에서도 건져내시리이다. 그리 아니하실지라도 왕이여 우리가 왕의 신들을 섬기지도 아니하고 왕의 세우신 금신상에게 절하지도 아니할 줄을 아옵소서(3:16-18).

다니엘의 세 친구는 하나님의 능력을 믿을 뿐만 아니라 하나님의 주권을 인정하는 성숙한 신앙을 소유하고 있었다. 특히 '그리 아니하실지라도'의 신앙은 그들의 생명이 하나님께 속해 있음을 드러내고 있다. 느브갓네살 왕은 자기가 만든 신상에 절하지 않는다고 극렬히 타는 풀무불 속에 다니엘의 세 친구는 곧 하나님의 사람들을 집어넣었지만, 그들은 죽지 않았다. 오히려 그들과 함께 하시는 넷째 모양 곧 주님(메시아)의 은혜를 체험했다. 결국 우상은 허무한 것이며 여호와 하나님이 참 신이심을 만천하에 공포하는 것이 되었다(단 3:18-30).

(3) 느브갓네살 왕의 두 번째 꿈(4장)

한 나무의 왕성함을 보았는데 나무가 자라서 견고하여지고 그 높이는 하늘에 닿았으며, 그 잎사귀는 아름답고 그 열매는 많아서 만민의 식물이 될만하고 공중에 나는 새는 그 가지에 깃들이고 들짐승이 그 그늘에 있으며 무릇 혈기 있는 자가 거기서 식물을 얻었다(4:10-12). 한 순찰자, 한 거룩한 자가 하늘에서 내려왔는데 소리 질러 외치기를, 나무를 베고 그 가지를 찍고, 그 잎사귀를 떨고, 그 열매를 헤치고, 짐승들로 그 아래서 떠나게 하고, 새들을 그 가지에서 내어 쫓아내라고 했다. 그러나 그 뿌리의 그루터기를 땅에 남겨두고 철과 놋줄로 동이고 그것으로 들 청초 가운데 있고 하고 짐승의 마음을 받아 일곱 때를 지내게 될 것이다(4:13-18). 다니엘은 하나님의 계시 아래 이 꿈을 해석했다(4:19-27).

이 나무는 곧 왕이며 왕이 자라서 견고하여지고 창대하여 하늘에 닿으며 그 권세는 땅끝까지 미친다. 느브갓네살의 제국이 가장 절정기에 이른 사실과 함께 그의 인간적 세력과 신적 교만이 극에 달했다는 사실을 보여 준다. 마지막으로 바벨론 제국의 강성함으로 인한 느브갓네살의 교만과 이에 대한 하나님의 징계가 계시된다. 특히 한 순찰자(עיר 이르)는 이곳에만 유일하게 나타나는 단어로써 하나님께서 보내신 사자, 곧 거룩한 천사이다. 느브갓네살 왕의 꿈은 계시의 주체가 하나님이심을 강조하고 있다.

왕의 꿈은 다니엘의 해몽한 그대로 성취되어 1년 후에 왕은 발광하여 사람에게서 쫓겨나 소처럼 풀을 먹으며 몸이 하늘 이슬에 젖고 머리털이 독수리털과 같았고 손톱은 새 발톱과 같아졌다. 이것은 왕이 짐승으로 변했다는 뜻이 아니라 그의 정신 상태가 이상하게 되어 백성으로부터 추방당한 뒤 들짐승처럼 지냈다는 뜻이다. 왕은 일정한 기간이 지난 후에 회복되어 하나님을 찬미한다(34-37).

회복된 느브갓네살의 입을 통해 하나님의 주권과 영광이 선포된다. 하나님을 전 우주의 영원하고 전능한 통치자이시며 영원히 멸망하지 않는 왕국의 통치자이시다. 또한, 아무리 강대한 나라일지라도 하나님 앞에서 멸망할 수 있으며 오직 역사의 주관자이신 하나님이 세우시는 나라만이 영원하다. 또한, 하나님 앞에서 인간은 보잘 것 없는 존재에 불과함을 고백했다.

(4) 벨사살 왕의 잔치와 손가락 글씨(5장)

바벨론의 첫 왕은 느브갓네살(B.C. 605-562)이며 그 다음이 에윌므로닥(B.C. 562-559)이다. 세째 왕은 에윌므로닥의 매부인 네르갈 살루슬(B.C. 559-555)이며 그 다음(네째)은 그의 아들 라바시 말둑이었으나 왕위에 오른지 9개월 만에 암살되고 그의 친구 나보니더스(B.C. 555-538)가 왕위를 계승하였다. B.C. 538년에 바벨론이 바사의 고레스에 의해 멸망할때까지 나보니더스는 뒤에서 섭정하는 정도였고 그의 아들 벨사살이 통치하였다. 벨사살은 선왕들이 이룩한 업적 아래 사치와 방탕한 생활로 세월을 보냈다. 그는 여호와 하나님을 모독하는 교만한 심정으로 성전 기명들을 술잔으로 삼아 술을 마시며 성대한 잔치를 베풀었다. 이때 역사를 이끌어 가시는 하나님의 섭리가 손가락 글씨로 나타났다. 벽에 나타난 손가락 글씨는 교만한 벨사살 왕의 심판일 뿐만 아니라 바벨론에 대한 하나님의 심판이요 이스라엘 백성에 대한 하나님의 무조건적인 해방 선언이요 언약의 성취로 나타난 것이다. 바벨론의 마지막 왕 벨사살의 죄악과 그것을 책망하는 하나님의 최후 통첩은 예레미아 선지자가 바벨론의 멸망에 대해 예언했던(렘 25:11) 70년의 포로생활이 끝나가는 시점과 연결된다. 메네 메네 데겔 우바르신이라는 글씨는 바벨론 벨사살 왕의 통치가 끝났다는 의미이며 동시에 바벨론의 통치가 끝났음을 선언한다. 바벨론은 그들의 교만과 죄악으로 망하지만, 그 망하는 시점은 언약 백성의 해방과 구원의 시점과 일치된다. 바벨론의 멸망과 언약 백성의 해방은 장차 이 세상의 멸망과 메시아를 통한 언약 백성의 구원에 관한 모형이다.

(5) 다니엘의 기도와 음모(6장)

다니엘은 하나님의 섭리 가운데 포로였음에도 불구하고 바벨론의 다른 정치인들보다도 더 높은 지위에 오르게 되자 바벨론 다른 총리들과 방백들은 다니엘에 대하여 못마땅한 생각을 품고 그를 제거하기 위한 고소거리를 찾았으나 발견하지 못하였다. 이때 방백들과 총리들은 다니엘을 모함할 구실을 찾던 중 다니엘이 하나님의 율법을 지키고 하루에 3번씩 예루살렘으로 향해 창문을 열고 기도하는 모습을 포착한다. 그리하여 다니엘의 신앙을 이용하여 그를 제거하려는 계획을 세우게 되었다. 그들은 왕에게 충성을 가장하고 이제부터 30일 동안 누구든지 왕 이외에 다른 신이나 사람에게 무엇을 구하면 사자굴에 던져넣기로 금령을 세우고 조서에 기록하여 어인을 찍어 변경치 못하도록 하였다. 다니엘은 자기를 제거하려는 원수들의 함정을 알고 있으면서도 전에 하던 대로 예루살렘을 향하여 하루 세 번씩 기도하며 하나님께 감사하였다. 즉 환경은 바뀌었으나 다니엘은 살아계신 하나님께 겸손한 자세로 규칙적인 기도생활을 계속하였다. 비록 그것이 자신의 생명에 위협이 된다 하더라도 그는 하나님께 대한 그의 신앙을 드러내 보였다.

왕의 명령을 거역한 죄로 다니엘은 사자들이 우글거리는 굴속으로 던짐을 당하게 되었다. 인간의 힘으로 구원해 낼 수 없는 불가능한 상황 속에서 이제 다니엘은 하나님의 도우심으로 구원을 받았다. 미쁘신 우리 하나님께서는 신앙 제일주의로 살며 하나님을 섬긴 다니엘을 결코 죽음 가운데 버려두시지 않고 사자의 입을 봉하셔서 살리셨다. 이제 다니엘은 하나님의 능력으로 사자굴 속에서 무사할 수 있었고 왕의 절대적인 신임을 회복하게 되었다. 왕은 다니엘을 모함하고 죽이려던 자들의 계략에 속은 것을 알고 그들을 사자굴에 던지도록 명령을 내려 사자들의 밥이 되게 하였다. 이것은 유다 백성과 신실한 모르드개를 죽이려 했던 하만의 계략이 드러나 모르드개를 죽이려고 만든 나무 장대에 하만이 매달려 죽은 것과 같은 상황이었다. "저가 웅덩이를 파 만듦이

여 제가 만든 함정에 빠졌도다"라는 말씀은 시대를 초월하여 성취되는 하나
님의 진리이다(시 7:4).

(6) 다니엘의 꿈과 네 짐승(7장)

다니엘이 꿈 속에서 본 네 짐승의 공통점은 잔인하고 포악한 성격을 가지
고 있으며 이 세상에서 보는 일반적인 동물과는 달리 모습이 매우 괴이하다는
점이다. 그리고 마지막 네 번째 짐승이 이전의 짐승보다 막강한 힘을 가진다
는 점이 독특하다(7절). 특히 '뿔'이라는 표현을 많이 사용하므로 짐승의 힘,
권세 등을 부각시키고 있다(8절). 이러한 모습은 세상나라의 포악성과 잔인함
을 보여 주며 권세가 상당할 것임을 예견케 해 준다. 또한, 네 번째 짐승이 이
전의 짐승보다 막강한 힘을 행사하고 있다는 점을 통해서 이 세상 마지막 정
점으로 갈수록 힘이 커지며, 하나님의 나라를 적극적으로 방해하게 됨을 알려
준다. 그러나 네 짐승은 위엄과 권위가 서려 있는 보좌와 한 인물에 의해 철저
하게 심판을 받게 된다(9절).

이 인물은 '옛적부터 항상 계신 이'(9절, 13절)로서 신적인 존재임이 분명하
다. 다니엘이 목격한 사자, 독수리, 곰, 표범 등 네 짐승은 앞으로 세계를 주도
할 네 제국을 의미한다. 이 세상 나라는 그리스도의 출현으로 결정적인 타격
을 입으며 재림으로 인하여 완전히 붕괴된다. 하나님은 역사의 주관자로서 종
말론적 하나님 나라를 완성시키실 것이다. 다니엘서 2장은 메시아의 초림으
로부터 재림까지의 긴 기간 즉 메시아 시대를 보여 주지만 7장은 그리스도의
재림에 관심을 집중하고 있다. 다니엘의 꿈의 계시는 지상에 존재했던 막강한
국가들이 메시아의 재림으로 완전히 패망하고 오직 새로운 평화의 시대 곧 완
전한 하나님 나라의 도래에 대해 강조하고 있다.

5) 현저한 뿔과 작은 뿔

(1) 수양과 수염소 환상(8장)

다니엘서 8장은 메데, 파사가 헬라에 의해 멸망하고 다시 헬라가 분열되
어 유다를 핍박할 것에 대한 예언이다. 수양의 두 뿔은 메데 및 파사를 가리키

며 파사가 메데보다 늦게 일어났지만, 나중에는 파사가 메데를 정복하여 하나의 페르시아 제국을 이룬다(3, 4절). 그러나 서편에서 숫염소, 곧 헬라가 일어나 재빠르게 영토를 확장하며 현저한 뿔 곧 알렉산더 대왕(B.C. 336-323)이 페르시아 제국을 쳐서 이기나 메데, 파사는 당할 힘이 없다(6, 7절). 페르시아 제국을 이긴 헬라는 알렉산더가 죽은 후 네 장군에 의해 넷으로 영토가 분할되고 만다. 셀루쿠스 장군은 수리아를, 톨레미 장군은 애굽을, 카산더 장군은 헬라 본토와 마케도니아를, 리시마쿠스는 소아시아(트라스와 아르메니아)를 차지하였다(8절). 헬라가 넷으로 분할된 이후 작은 뿔의 출현은 수리아의 안티오쿠스 에피파네스 4세(B.C. 175-168)를 일컫는다.

그의 세력은 하늘 군대에 미칠 만큼 강성하여 신앙을 지키는 성도들을 박해하기 위해 등장한다. 그는 교만하여 성도들을 박해할 뿐만 아니라, 하나님을 대적하여 제사를 폐지하고 성소를 파괴할 것이다(11절). 이처럼 매일 드리는 제사가 폐지된 것은 하나님의 백성인 유다가 범죄한 까닭이다(12절). 그러나 제사가 폐지되고 예루살렘 성전이 훼파되지만 2,300일이 지나면 다시 원수들을 하나님께서 물리치시고 박해를 거두실 것이다(13, 14절). 일반적으로 2,300일에 대해서는 B.C. 171년 9월 6일 시작되어 B.C. 165년 12월 25일에 끝났다는 견해를 비롯하여 많은 견해가 있으나 안티오쿠스 에피파네스 4세의 유대인 핍박 기간과 관련된 것으로 본다.[50] 제7일 안식일 예수 재림교의 창시자 윌리암 밀러(William Miller)는 2,300 주야의 주야(Day)를 해(Year)로 간주하여 해석함으로써 그리스도의 재림 시기를 1844년 10월 22일이라고 주장했으나 잘못된 주장으로 끝나고 말았다.

(2) 작은 뿔 안티오쿠스 에피파네스

다니엘서 8장 9절의 뿔은 역사적으로 성취된 안티오쿠스 에피파네스(B.C. 175-168-164)를 가리킨다. 그는 아람(수리아) 사람으로서 셈족에 대해서는 철저히 적대적이었다. 그는 자신의 이름을 데오스 에피파네스(신이 나타났다)란 칭호로 불려지길 좋아했다. 왜냐하면 그는 자신이 올림피아 제우스신의 몸을 입

---

50 래온 우드, 『다니엘 주석』, 정일오 역(서울: CLC, 1995), p.315.

628   구약의 언약과 그리스도

은 사람이라고 여겼기 때문이다. 그러나 그의 신하들은 그의 변덕스러운 면 때문에 그를 에피마네스(미친 사람)라고 부르기도 하였다. 그는 시리아의 왕으로서 로마와 친선관계를 유지하며 영토를 확장하려고 힘썼다. 이 당시 예루살렘의 제사장은 오니아스 3세였는데, 175년 그의 아우인 야손이 150달란트를 주고 왕으로부터 제사장직을 샀다.

이로 인해 오니아스 3세는 대제사장직에서 쫓겨나게 되었으나 백성들은 여전히 정통 제사장인 그를 제사장으로 여겼다. 그 후 야손은 안티오쿠스 에피파네스의 환심을 사기 위해 헬라문화를 예루살렘에 심겠다고 약속하였다. 야손은 많은 공물을 에피파네스에게 보내곤 했다. 그런데 이 공물 운반자로 임명된 성전장 메네라우스는 안티오쿠스에게 300달란트를 주겠다고 약속하고 야손보다도 더 많은 돈으로 제사장직을 살 때 오니아스는 이 사실을 비난하다가 죽음을 당하였다.

이러한 종교적 무질서 속에서 급기야 안티오쿠스는 예루살렘을 공격하여 3일 동안에 40,000명 이상을 학살하였다. B.C. 168년 12월 15일에 그의 성전 모독은 극에 달했다. 그는 예루살렘 성전에 우상 제단(쥬피터)를 세우고 암돼지를 제물로 바쳤다. 그리고 그 고깃국을 끓여 제사장들에게 먹으라고 강요하며 성전 안에 그것을 뿌렸다. 그 후 팔레스틴 전역에는 쥬피터(제우스) 제단이 세워졌고 유대인들은 그 제단에 희생 제물을 바치도록 강요받았다. 이때 하스몬가의 맛다디아라는 유대인 제사장이 있었는데 그는 아들 다섯 명과 함께 안티오쿠스의 우상 숭배 정책을 반대하기 시작하였다. 이 제사장은 아들들과 함께 왕의 종교적 사신을 살해하고 반란을 일으켰다. 이 아들들 중에 하나가 마카비라 일컬어지는 유다였다.

유다(마카비)는 부친의 뒤를 이어 수리아에 대항하여 싸우며 유다의 반란군을 성공적으로 잘 지휘하였다. B.C. 165년 12월 25일에 유다의 애국자들은 안티오쿠스가 더럽힌 성전을 정화하여 다시 봉헌하게 되었다. 이것이 후에 유대인의 명절 중의 하나인 수전절의 기원이 되었다(요10:22, 마카비상하 참조). 안티오쿠스는 로마와의 전쟁에서 패배한 후 B.C. 164년 바벨론에서 죽었다. 안티오쿠스 에피파네스의 만행은 주님의 재림 직전의 핍박과 고난에 대한 예표요 모형이다.

6) 70이레와 62이레의 해석

(1) 70이레와 62이레(9장)

다니엘은 70년 후에 예루살렘이 회복될 것이라는 하나님의 약속의 말씀을 믿고 기다리고 있었다(렘 25:1, 11-14, 29:10-14; 대하 36:21).[51] 성경에 기록된 하나님의 말씀을 믿고 그대로 이루어질 것을 기다리는 선지자의 경건한 태도를 엿볼 수 있다. 다니엘은 하나님의 성품에 호소하여 자기 백성이 행한 죄들을 낱낱이 고백하였다. 요약하면 다니엘은 자신과 이스라엘 민족이 지은 죄의 고백(4-10)하였으며, 이스라엘에 내린 하나님의 심판의 정당성과 공의로움에 대한 인정(11-14)하였고, 하나님의 자비와 이스라엘의 회복을 간절히 요청하였다(15-19). 다니엘의 기도는 이스라엘의 회복의 시기가 언제인가 하는 것이었다. 이에 대해 천사 가브리엘은 다니엘에게 70이레에 대해 말했다(9:20-27). 여기서 70이레는 처음 7이레와 그 다음의 62이레 그리고 나머지 1이레로 나타난다. 이 기간은 일반적으로 예루살렘 성벽의 중건으로부터 예수 그리스도의 십자가 죽으심까지의 기간이라고 해석하는 개혁주의자들의 견해를 비롯하여 다른 견해도 많다.[52] 70이레의 예언은 다니엘의 기도에 대한 응답으로 주어졌다.[53] 이 기간은 이스라엘의 종말론적 회복의 기간이며 동시에 메시아를 통한 완전한 구원의 회복을 예언한다고 본다. 70이레에 대한 학설은 너무 많지만 다음과 같이 네 가지 견해로 요약된다.

---

51 여기서 70년의 수를 상징적으로 보는 견해와 문자적으로 보는 견해가 있다. 칼빈을 비롯한 대부분의 경건한 개혁주의 신학자들은 문자적으로 보고 있으나 연대 계산법에 있어서는 서로 약간의 차이가 드러난다. **첫째는** 여호야김 4년인 B.C. 606년부터(왕하 24:1 나) 바사왕 고레스가 포로들을 돌려보낸 B.C. 538년까지의 기간으로 보는 견해가 있다. **둘째는** B.C. 608년에서 B.C. 538년까지의 기간으로 본다. **셋째는** 여호야긴이 포로가 된 B.C. 97년부터 (왕하 24:1017) 527년까지로 본다. **넷째는** 시드기야가 포로가 되고 이스라엘이 망한 B.C. 586년부터(왕하 25:1-7) 성전이 봉헌된 516년까지의 기간으로 본다.

52 예언은 언제나 그 당시 시대적인 어떤 사건을 가리키며 동시에 그것을 모형 삼아 먼 미래적인 사건에 대한 예언으로 해석할 때 무리가 없다. 연대적이며 문자적인 의미만을 강조하여 해석할 때 시한부 종말론과 같은 잘못된 학설처럼 되고 만다.

53 이 70주에 대한 해석은 성경해석 가운데 가장 난해한 해석 가운데 하나다. 70이레란 말의 원어는 70이 7번(히브리어, 샤브임 쉬버임; 영어, seventy sevens) 곧 '70주'의 뜻이 있으며 70주는 곧 490일이며 하루를 1년으로 계산하여 490년으로 보고 있다.

첫째, 개혁주의자들의 견해는 70이레의 사건을 그리스도와 그의 십자가를 중심으로 해석한다. 이 견해에 의하면 70주의 시작 곧 처음 7주의 시작은 바사왕 아닥사스다(Artaxerxes 스 7:1)가 에스라에게 명하여 이스라엘 백성을 이끌고 예루살렘으로 돌아가 예루살렘을 중건하고 여호와께 예배하라는 명령을 내린 때(B.C. 458년)로 본다. 그리고 7주(49년)의 끝은 예루살렘의 성벽이 완성된 때이며, 다시 62주(434년)후는 그리스도가 공생애를 시작하여 복음을 전하실 때이다(A.D. 25년). 즉 62주 기간은 예루살렘의 중건 때(B.C. 409년)로부터 메시아의 탄생과 죽음 및 부활까지의 기간으로 본다. 마지막 1주의 절반의 때는 곤란한 때로써(25절) 그리스도가 십자가에 못 박히신 때이며 나머지 절반의 끝은 A.D. 70년 예루살렘의 멸망으로 본다(Augustine, E. J. Young, Hengstenberg 등).

둘째, 보수주의 자들의 견해는 70이레를 이스라엘의 귀환 때부터 역사의 종말까지의 긴 기간으로 본다. 70주의 시작을 B.C. 538년 고레스를 통한 이스라엘 백성의 귀환으로 보며, 7주 후는 그리스도가 오시는 때이며, 62주는 상징적으로 신약 시대 전체를 가리키며 62주의 끝에는 적그리스도가 출현한다. 그리고 마지막 1주는 세상 끝의 적 그리스도의 활동기로 보는 것이다(Keil, Leupold, Kliefoth).

셋째, 자유주의자들의 견해는 70이레 사건을 수리아와 안티오쿠스 에피파네스와 그가 유대인을 박해한 것을 가리킨다고 본다. 이 견해는 B.C. 586년 예루살렘이 폐망된 때를 70이레의 시작으로 본다. 그리고 7주(49년) 후는 B.C. 538년 고레스가 포로의 귀환을 명한 때로 보며 62주(434년) 후는 B.C. 171년 대제사장 오니아스 3세가 죽은 때이며, 마지막 1주(7년)는 에피파네스가 유대인을 박해한 시기로 보고 있다(Montgomery, Rowley, Heaton).

넷째, 마지막으로 세대주의자들의 견해로서 70이레를 이스라엘의 귀환부터 역사의 종말까지로 보는데 그 중간에 큰 삽입적 기간이 있는 것으로 이해한다. 즉 70주 시작은 아닥사스다왕의 20년(느 2:1) B.C. 445년으로 보며, 7주 후는 예루살렘의 재건이 완성된 때이며, 62주 후는 그리스도께서 예루살렘에 입성하시고 십자가에서 죽으시는 때이다. 그리고 그다음 신약 시대 곧 교회 시대는 긴 공백기(삽입시대)로서 그냥 넘어가며, 마지막 1주는 7년 대환난으로써 종말에 있을 적그리스도에 의한 성도들의 박해의 기간을 뜻한다(Chafer,

Ironside). 어느 견해를 취하든 분명한 것은 신구약 중간시대에 안티오쿠스 에피파네스의 박해의 기간이 끝나고 메시아가 오셨듯이 얼마의 기간일지는 모르나 일정 기간의 큰 환난의 때를 겪은 후 종말이 이르고 주님이 재림하게 될 것이다.

(2) 헛데겔 강 가의 세마포 입은 한 사람(10장)

다니엘서 9장에는 70이레의 환상을 통하여 역사적으로 예루살렘의 회복을, 궁극적으로는 하나님의 통치가 묘사되었다. 제10장에서 다니엘은 환상 중의 한 사람과 만나고 대화를 하며 인자와 같은 이의 격려를 듣는다. 이것은 메시아적인 환상으로서 '세마포를 입은 한 사람'(5절)이 전쟁의 흐름을 결정적으로 좌우하며 미래의 역사를 주관한다는 사실을 알려 주고 있다. 즉 신적인 존재가 다니엘의 기도 응답으로 나타나서 다니엘을 위로하며 미래에 이루어질 일을 밝힌다(10-17절).

특히 사람의 아들과 같은 분이 입술을 만지며 다니엘을 위로하였고 장차 페르시아(바사)와 헬라가 차례로 일어날 것을 예언했다. 이것은 이스라엘 백성이 바벨론에게 70년 포로생활을 마친 후 페르시아를 통해 해방시키시고 구원하지만, 다시 헬라 제국이 오고 그 후에야 메시아가 이 땅에 진정한 구원자로 오실 것에 대한 암시다. 이스라엘에 대한 진정한 해방과 구원은 메시아의 초림과 재림으로 이루어질 것에 대한 예표다.

7) 톨레미 왕조와 셀류쿠스 왕조

(1) 헬라 제국과 분열 시대(11장)

다니엘 11장 1나절의 예언은 바사와 헬라 역사 속에서 실제로 성취되었다. 고레스 이후의 바사 즉 페르시아의 왕은 캄비세스(B.C. 529-521), 스메르디스(B.C. 521), 다리우스(B.C. 521-486) 그리고 '아하수에로'라 불리는 크세르크세스(B.C. 486-465)로 이어진다. 다니엘 11장 2절의 '세 왕'과 '넷째'는 바로 이 왕들을 가리킨다. 에스더서에 기록된 크세르크세스(아하수에로)는 전국을 120도나 되는 큰 제국을 이루었으며 B.C. 480년에 대군을 거느리고 헬라를 침공했으나 살라미스 해전에서 대패하고 말았다.

그 후 한 왕(3절) 곧 알렉산더 대왕(B.C. 336-323)이 일어나 단시일 내에 거대한 헬라 제국을 이루었고, 그가 마음먹은 것은 그의 '임의대로' 모든 것을 행하였다(3절). 그러나 헬라제국은 알렉산더가 죽은 이후 네 개로 분할되어 점차 쇠퇴의 길로 접어들었으며, 결코 옛 영화를 회복하지 못하였다(4절). 헬라는 알렉산더가 죽은 후 네 장군에 의해 넷으로 영토가 분할되고 만다. 셀루쿠스 장군은 수리아를, 톨레미 장군은 애굽을, 카산더 장군은 헬라 본토와 마케도니아를, 리시마쿠스는 소아시아(트라스와 아르메니아)를 차지하였다. 그후 프톨레미(톨레미) 왕조와 셀류시드(셀류쿠스) 왕조 사이의 전쟁이 지속된다(11:5-20). 알렉산더 대왕의 가장 유능한 부하였던 프톨레미 1세(소텔 Soter)는 애굽의 총독으로 있다가 남방의(5절 상) 왕이 되어 애굽을 다스리게 되었다.

또한, 알렉산더의 부하였던 바벨론 총독 셀루쿠스 1세(Nicartor)는 안티고누스의 압력으로 애굽으로 도망하여 프톨레미의 부하가 되었으나 다시 프톨레미의 원병으로서 안티고누스를 정복하고 셀류쿠스 왕조를 세웠다. 그는 인도와 갑바도기아에 이르는 수리아 대제국을 건설하였고, 강하고 심히 큰 권세를 떨쳤다(5절 하). 그 사이에 있던 베니게와 팔레스틴(가나안 포함)은 애굽과 수리아 간의 백여 년간의 전쟁터가 되었다. 팔레스틴은 대체로 초기에는 애굽이 지배하였고, B.C. 198년 파네이온 전쟁 이후에는 수리아의 세력 하에 들어갔다. 애굽과 수리아는 일시적으로 화친하고 서로 정략결혼까지 하였으나 비극으로 끝나고 말았다(6절 상). 즉 애굽 왕 프톨레미 2세(필라델푸스. Philade-lphus)의 딸 베레니케(Berenice)가 수리아의 안티오쿠스 2세의 아내가 되었으나 프톨레미 2세가 죽은 후 안티오쿠스 2세는 베레니케와 이혼하고 전처인 라오디케(Laodice)를 다시 데리고 온다. 다시 돌아온 라오디케는 남편 안티오쿠스 2세를 암살하고 또한, 그녀의 아들과 모의하여 베레니케와 그 아들을 죽이고 자신의 아들 셀류쿠스 2세를 왕위에 앉힌다(6절 하 및 7절 상). 그 후 베레니케의 남동생인 프톨레미 3세(유에르게토스 Euergetes)는 애굽의 왕의를 계승하면서 B.C. 246년 누나(베레니케)의 암살에 대한 복수를 감행하기 위해 수리아 셀류쿠스 2세를 쳐서 승리하고 수리아의 대부분의 영토를 차지하였다(7절 하).

애굽의 프톨레미 3세는 수리아와의 전쟁에서 승리하였을 때 엄청난 전리품을 가져갔다. 기록에 의하면 4만 달란트의 은과 2,500개에 달하는 금우상 등 귀중품을 빼앗아 갔으며, 고레스의 아들 캄비세스(Cambyses)가 B.C. 525년 애굽을 정복했을 때 빼앗아 갔던 애굽의 우상들도 다시 찾아간 것이다(8절). 이후 몇 년간은 애굽이 수리아보다 우세한 상태로 지속되다가 수리아의 셀류큐스 2세는 패배 당한지 2년 후인 B.C. 242년 다시 애굽을 침략하였다. 그러나 그는 비참한 패배를 당하여 그의 모든 군사를 잃고 불과 수십 명의 신하들과 함께 안디옥으로 쫓겨나고 말았다(9절). 셀류쿠스 2세 이후 그의 장자인 세라우누스(Caraunus)는 왕위에 올라 셀류쿠스 3세가 되었다. 그러나 그는 오래가지 못하고 피살되고 만다. 그리고 그의 동생 마구스(Magus)가 안티오쿠스 3세가 되어 대진격을 감행하여 애굽의 프톨레미 4세의 약세를 틈타두로 및 수리아를 다시 점령하고 B.C. 218년에는 팔레스틴을 그의 수중에 넣고 그 해 겨울을 프톨레마이스에서 보낸 후 217년 다시 애굽의 요새들을 공격하였다(10절).

애굽의 프톨레미 4세는 분노하여 수리아의 안티오쿠스 3세와 전쟁을 하였으며 이 전쟁에서 쌍방은 6-7만 이상의 대군을 동원하였다. 그 유명한 라피아(Raphia)에서의 접전 끝에 수리아의 안티오쿠스가 패하였으며 그는 다시 안디옥으로 물러갔다(11절). 대승을 거둔 애굽의 프톨레미 4세는 많은 수리아 군을 죽이고 포로로 붙잡아 갔다. 그는 교만하였으며 팔레스틴의 예루살렘에 들어와 성전에서 율법을 무시하는 만행을 저지르기도 하였다. 그러나 그의 세력은 더 계속되지 못하였다(12절). 애굽의 승리로 끝난 라피아 전쟁 후 12년이 되는 B.C. 205년에 애굽의 프톨레미 4세가 죽고 당시 4살 된 어린 에피파네스(Epiphannes)가 프톨레미 5세로 즉위하자 수리아의 안티오쿠스 3세는 마게도냐의 빌립과 동맹을 맺고 애굽을 공격하여 소아시아에서 인도에 이르는 큰 나라를 이루었다(13절). 그 후 여러 사람 곧 마게도냐의 빌립까지도 안티오쿠스를 돕고 또 애굽 내에서도 내란이 일어나 왕을 대항하였던 것이다(14절 상).

설상가상으로 유다에서도 안티오쿠스 편을 돕는 헬라주의자들이 일어났다. 모두 식민지 통치 아래서 권세를 얻으려는 비겁한 유다의 종교 지도자들이었다(14절 하). B.C. 198년 안티오쿠스 3세는 중동의 애굽군을 공격했으며 애굽의 스코파스 장군은 시돈에 웅거하며 항전했지만 수리아 군을 당해내지 못하였다.

이 당시 정예 부대인 스코파스 장군이 이끄는 군대도 수리아 군을 당해내지는 못하였다. 모두 예언대로 이루어졌다(15절). 이처럼 전성기의 안티오쿠스 3세는 자기 마음대로 행하였으며 아무도 그의 세력을 대항하지 못하였다. 영화로운 땅 팔레스틴을 점령하고 B.C. 200년경 예루살렘에 입성할 때에 유다의 헬라주의자들은 열렬히 그를 환영하며 맞이하였다(16절). 수리아와 팔레스틴을 장악한 안티오쿠스 3세는 힘을 모아 애굽을 멸하려고 하였으나 후에 애굽과 화친 정책을 쓰고 자신의 딸 클레오파트라(Cleopatra)를 프톨레미 5세의 아내로 준다. 그러나 그의 딸 클레오파트라는 남편 프톨레미를 도와 아버지 안티오쿠스를 대항하면서 남편이 로마와 동맹 맺기를 권하기도 하였다(17절).

애굽과 화친한 안티오쿠스 3세는 서쪽으로 방향을 돌려 소아시아로 진격하여 B.C. 196년경에는 소아시아 전체와 그 연안 섬들을 지배하게 되었다. 그리고 바다 건너 헬라를 공격하였으나 191년 텔모피레(Thermopylae)에서 로마군에게 패하여 유럽에서 철수하게 된다. 이때의 로마의 대장은 스키피오(Lucius Cornelius Scipio)였으며 안티오쿠스는 건국 초기에 있던 로마를 공격하였으나 패함으로써 그 수욕을 도리어 받은 셈이다(18절). 로마군에 패전한 안티오쿠스 3세는 자기의 영토로 돌아왔다. 그는 각지에서 보물들을 약탈하였고 로마에게 패전하였을 때 약속한 배상금을 갚기 위해 바사의 엘리마이스(Elymais)에 있는 벨(Bel)의 신전에서 보물을 탈취하다가 백성의 저항을 받아 피살되고 말았다(19절). 안티오쿠스 3세에게는 두 아들이 있었는데 그들을 필로파토스(Philopator)와 에피파네스(Epiphanes)이다. 먼저 필로파토르가 셀류쿠스 4세(B.C. 187-175)로 왕위에 올라 9년간 매년 로마에 일천 달란트의 보상금을 지불하면서 그 징수관으로 헬리오도루스(Heliodoms)를 임명하여 예루살렘 성전의 보물까지도 탈취하려 하다가 백성들의 방해를 받기도 했다. 후에 그는 보상금 징수관 헬리오도루스에게 독살되고 말았다(20절). 셀류쿠스 4세가 독살된 후 그의 아우 에피파네스가 안티오쿠스 4세로 수리아의 왕위를 계승하였다(B.C. 175-164).

셀류쿠스 4세가 헬리오도루스에게 독살되었을 때 그의 동생 에피파네스는 로마의 인질 생활에서 돌아오는 길이었으며 그 당시 왕위 계승자는 셀류쿠스 4세의 아들인 데메토리우스 였다. 에피파네스는 당시 로마에 항복한 아버지 안티오쿠스가 배상금 일천 달란트를 매년 로마에 배상하기로 약속하면서 인질로 붙들려 가게 되었기 때문에 그는 매우 비천한 사람이 된 것이다(21절). 그러다가 왕이 된 그의 형 셀류쿠스 4세가 자신의 아들 데메토리우스를 로마에 인질로 보내고 대신 인질로 로마에 있던 에피파네스를 돌아오게 한 것이다. 이렇게 돌아오는 그는 헬리오도루스가 그의 형을 독살하고 대신 왕이 되었다는 소식을 듣고 버가모 왕 유메네스(Eumenes)의 도움을 얻어 헬리오도루스를 무찌르고 왕위에 올랐다. 왕이 된 후 그는 감언이설로 백성들을 설득하여 그의 왕위를 더욱 굳혀 나갔다(21절). 에피파네스는 왕이 된 후 팔레스틴까지 장악하였고 수많은 재물을 마구 뿌려 민심을 자기에게로 돌리려고 애를 썼다 (22-24절).

안티오쿠스 에피파네스의 제1회 및 제2회 애굽 원정은 다음과 같다(11:25-30). 에피파네스가 왕으로 등극할 무렵 애굽에서는 클레오파트라의 아들 필로메토르(Philometor)가 15세의 어린 나이로 프톨레미 6세가 되었다. 그러나 클레오파트라가 죽자 나라의 실권은 유레우스(Eulaeus)와 수리아인 레네우스(Lenaeus)에게 달려있었다. 이들은 어린 왕을 섭정하며 수리아 원정을 준비하고 있었는데 이 소식을 들은 에피파네스는 대군을 모아 애굽을 공격하기 위해 B.C. 169년 출전하였다. 원정 도중 에피파네스는 예루살렘에 들러 대제사장 야손을 중심으로 하는 헬라주의자들의 열렬한 환영을 받았고 거기서 로마에 사신을 보내어 애굽 원정의 정당성을 변명하기도 했다. 에피파네스는 B.C. 169년 애굽을 공격하여 프톨레미 6세를 포로로 붙들어 그의 보호 아래 두었고, 돌아오는 길에 예루살렘에 들렀으나 헬라주의자들의 아첨에 속아 헬라주의자들과 합세하여 엄청난 예루살렘 시민을 학살하고 성전에 들어가 보물도 약탈하였다(25절). 이 전쟁에서 애굽왕 프톨레미 6세와 그와 함께 진미를 먹는 자들 곧 유레우스와 레네우스가 도리어 왕을 패하게 했으며 수많은 애굽 군들이 전사하게 되었다(26절). 안티오쿠스 에피파네스는 자기 조카인 애굽 왕 프톨레미 6세를 그의 보호 아래 두고 함께 식사하며 친밀한 관계를 유지하는 것 같았으나 사실 그들의 마음은 서로 거짓과 음모로 가득차 있었으며 마침내 에피파네스가 죽임을 당하는 것으로 끝이 오게 될 것이다(27절).

그는 애굽 원정을 마치고 돌아오는 길에 예루살렘에 들러 헬라주의자들의 거짓된 참소에 의해 예루살렘이 반역했다고 오해한 나머지 백성들을 대량 학살하고 성전의 보물을 약탈하여 전승물로 얻은 재물과 예루살렘에서 노략질

한 재물을 가지고 안디옥으로 돌아갔다(28절). 이것이 에피파네스의 제1차 애굽 원정이다. 그후 에피파네스는 제2차 애굽 원정을 감행하였다. 왜냐하면 애굽왕 프톨레미 6세는 그의 아우 피스콘과 연합하여 외숙부인 에피파네스를 대항하였기 때문이다. 그는 대군을 일으켜 해군을 파송하고 자신은 육군을 거느리고 진격하였으나 매맞은 학생처럼 상처만 안고 돌아왔다(29절). 왜냐하면 깃딤의 배 곧 로마의 원로원이 애굽의 프톨레미 6세의 구원병 요청에 따라 해군을 파송했기 때문이다. 에피파네스는 제2차 애굽 원정에서 패배한 분풀이를 예루살렘에서 자행하여 전무후무한 종교 박해를 가했다(30절).

8) 적그리스도적인 박해

(1) 안티오쿠스 에피파네스의 적그리스도적인 박해(11:31-39)

에피파네스는 안식일에 군대를 예루살렘에 보내어 공격하였고 성전을 더럽혔다. 그는 매일 드리는 제사 곧 유대 종교의 기본인 상번제를 중지시켰고, 급기야 B.C. 168년 12월 15일에 칙령을 내려 유대교의 모든 종교행위를 금지시켰다. 그뿐만 아니라, 할례와 음식의 정한 규례와 부정한 규례 등을 지키지 못하게 했으며 성경 휴대를 금지시켰고 이를 어길 때는 사형으로 다스렸다. 또한, 예루살렘 성전에 미운 물건 제우스 신상을 세웠고, 번제단이 있던 장소에는 이교의 제단을 세워 돼지고기를 제물로 드렸다. 그는 헬라주의 유대인들을 계속 속이고 부추겨서 타락시켰지만, 언약을 준수하는 자들은 죽을지언정 용감하게 저항하였다(32절). 이때 랍비 엘리에셀의 영도 아래 헬라주의를 반대하며 율법을 준수하였고, 박해 속에서 신앙을 지키는 방법을 가르치는 지혜로운 자들이 많이 나타났다. 그들은 결국 에피파네스의 칼날 아래 순교하게 될 것이다(33절; 히 11:36-38).

후에 마카비 운동으로 인하여 성전이 정화되는 등 얼마간 신앙의 도움을 얻게 될 것이지만, 이 독립 운동은 B.C. 37년 로마의 세력 아래 다시 꺾어질 것이다(34절). 이러한 박해로 인하여 경건한 자들이 순교하게 될 것이지만 그런 박해가 도리어 성도들의 신앙을 단련하여 마지막 때까지 인내하도록 힘을 주게 될 것이다(35절; 벧전 1:7 참조). 그는 제우스신 이외는 아무 신도 인정치 않앉으며 이전 왕조가 섬기던 우상도, 여자들이 좋아하는 신인 탐무즈 신도 인정치 않았다(37절). 그는 힘의 신 제우스 올림푸스(로마명 Jupitor Capitdinus)만을 인정하였는데 제우스는 올림푸스 산 위에 사는 신들의 신으로서 모든 신을 총괄하는 신이다. 에피파네스는 자신이 바로 그 제우스에 해당한다고 여겼다(38절). 에피파네스는 자신을 제우스와 동일시함으로써 견고한 산성들을 빼앗고 종교박해를 하였으며 자신에게 충성하는 자에게 지위와 뇌물을 주어 본보기로 삼았다. 이때 유다의 제사장직을 돈으로 산 야 손이나 메네라우스 같은 사람이 대표적이다(39절). 드디어 에피파네스의 마지막 때 곧 최후의 날이 이른다(11:40-45). 애굽의 프톨레미 6세는 병거와 기병과 해군을 총동원하여 그를 반격한다(40절). 제1, 2차 애굽 원정 때는 많은 국가가 에피파네스의 종이 되었으나 후에 반란이 일어날 것이며 이때 그는 뜻대로 반격하지도 못하고 갑작스런 정신분열 증세를 일으켜 죽고 말 것이다(41-45절).

에피파네스는 자기를 신(나타난 제우스)으로 추앙하여 모든 신보다 크다고 여겼으며 신들의 신 곧 여호와를 대적하고 여호와의 성전을 더럽힘으로써 하나님을 모독하는 적 그리스도적인 만행을 감행하였다. 그는 성전을 더럽히고 "자신이 하나님이다"라고 외치기도 하였다(외경, 마카비 1서 1:24). 하나님을 대적했던 그는 말세에 일어날 적 그리스도의 모형이다(36절).

9) 일정 기간의 환난 예언

(1) 대환난과 부활(12장)

다니엘은 마지막으로 하나님의 계시를 받는다. 그것은 이스라엘의 마지막 구원과 최종 성취에 관한 것이다. 역사적으로는 이스라엘의 구원과 가나안 땅으로의 회복이며 언약적으로는 메시아의 초림과 재림을 통한 최종 구원의 완성을 가리킨다. 즉 이스라엘 백성은 안티우쿠스 에피파네스의 무서운 박해의 시기를 지난 후 해방되어 구원을 얻듯이 이 세상의 성도들도 주님의 재림 전 무서운 박해의 시기를 거친 후에 마침내 구원에 이르게 될 것을 보여 준다. 마지막 때는 많은 사람이 빨리 왕래하며 지식이 더할 것이라는 다니엘의 예언은 해석하기 어렵다.[54] 마지막 적그리스도의 무서운 핍박과 환난이 시작될 것과 책에 기록된 모든 사람을 구원을 얻을 것에 관한 예언이었다. 그리고 죽은 자들이 부활할 것이며 영생을 얻을 것이다.

특히 한 때 두 때 반 때를 지나 성도의 권세가 다 깨어질 때가 이를 것이며 비로소 모든 일이 그 때에 끝나게 될 것이다. 무서운 핍박이 시작된 이후 1,290일이 지난 후 1,335일까지 이르는 그 사람을 복이 있을 것이다. 한 달을 30일로 계산할 때 1290일은 3년 반보다 1개월이 더 길다. 또 1335일은 앞의 1,290일보다 45일이 더 길다. 이 두 수는 모두 다 3년 반보다 얼마간 더 긴 기간이 포함되어 있는 것으로 볼 때 후 이 기간(삼 년 반)의 환난은 이전보다 더 심한 환난의 일정한 기간으로 볼 수 있다.[55] 여기서 환난의 기간보다 30일이 더 긴 것은 아마겟돈 전쟁으로 절정을 이룰 무서운 심판과 죽음 이후에 질서를 바로 잡기 위해 30일이 더 걸릴 것이다(Norman L. Geisler).

그러나 더 기다려서 1335일이 되는 날까지 인내하는 그 사람은 복이 있을 것이다. 즉 환난 기간보다 45일 곧 일정한 기간을 더 기다리고 승리하는 자는 세상을 심판하시고 영원 무궁히 다스리시는 메시아 왕국의 도래와 함께 최후 영광을 맛보는 자가 될 것이다. 결국 1,290일이나 1,335일 등의 숫자는 정확하게 날짜 계산을 하는 의미의 숫자로 보기보다는 '하나님이 정하신 일정한 기간'으로 본다.

신앙을 위협하는 무서운 박해와 핍박의 일정한 기간을 믿음으로 잘 극복하고 인내하는 자는 메시아 왕국의 도래와 함께 최후의 복 있는 자가 된 것이다(12:12). 우리 주님께서도 세상 끝날의 무서운 박해와 환난이 있을 것을 말

---

54 E. J. 영, op. cit., pp.375-376. 빨리 왕래한다는 말은 많은 사람이 연구한다(칼빈)는 견해를 비롯하여 많은 견해가 있으나 영 박사는 지식을 얻기 위해 헛되게 돌아다니는 것을 묘사한 것으로 해석하고 있다.

55 이 환난의 기간에 대해서는 많은 견해가 있다. 대환난의 후 3년 반, 환난의 전 기간(Young), 안티오쿠스 에피파네스의 핍박기간(Kliefoth), 안티오쿠스 에피파네스의 박해가 모형이 된 종말의 적 그리스도의 박해기간(Keil), 두 기간이 차이인 45일은 그리스도의 십자가에 달리신 때부터 승천하신 때까지의 기간(Thomson), A.D. 66-70년간 로마군이 예루살렘을 포위한 때부터 함락되었을 때까지 등 여러 견해가 있으나 문자적인 기간으로 보기보다는 문자로 표현된 것을 볼 때 하나님이 정하신 '일정한 기간'으로 보는 것이 좋을 듯하다.

쓸하신 후 "그러나 끝까지 견디는 자는 구원을 얻으리라"라고 말씀하셨다(마 24:13). 다니엘서의 마지막 교훈은 주님의 재림을 기다리며 사는 성도들의 인내를 말한다. 마지막 때에 수많은 적그리스도적인 만행과 위협과 유혹이 있을 것이지만 끝까지 견디는 자는 최후 승리에 동참할 것이다.

제11장

소선지서의 메시아언약

1.소선지서 서론

1) 명칭과 위치

본래 히브리어성경인 맛소라 사본에는 한 권으로 되어 있었던 이 부분이 헬라어로 번역될 때(70인역) 호세아, 요엘, 아모스, 오바댜, 요나, 미가, 나훔, 하박국, 스바냐, 학개, 스가랴, 말라기 등 열두 명의 선지자의 이름을 따라 각기구분되어 열두 선지서가 되었다(B.C. 150-250). 그러나 히브리어로 된 성경이헬라어를 비롯해 여러 민족의 언어로 번역되면서부터는 대부분 헤라어 역본에 나타난 순서에 따라 소선지서로 구분되어 구약성경 맨 뒷부분에 호세아부터 말라기까지에 이르는 12선지자의 이름으로 나열되었다.[1] 특히 소선지서라고 명명된 이유는 대선지서와 비교할 때 메시지의 내용이 덜 중요하기 때문은결코 아니다. 단지 책의 부피나 내용이 적기 때문에 소선지서라고 불려진 것이다. 또한, 호세아부터 말라기까지 배열된 것은 연대기적 순서에 따른 분류가 아니다. 단지 편집자 주관에 따라 호세아부터 말라기까지 순서가 결정되었을 뿐이다.

---

[1] 맛소라 사본에는 후선지서(이사야, 예레미야, 에스겔, 12소선지서) 부분의 끝에 위치해있었다.

2) 소선지서의 구분

열두 소선지서는 선지자와 그 내용에 따라 크게 바벨론 포로전 선지서와 포로 후 선지서로 나누어진다. 그리고 포로전 선지서는 다시 북왕국 이스라엘, 남왕국 유다 및 이방인을 대상으로 선포된 계시로 구분된다. 포로전 선지서 가운데 북왕국 이스라엘을 중심으로 한 계시로는 호세아, 아모스이며 남왕국 유다를 중심으로 한 계시는 요엘, 미가, 하박국, 스바냐이다. 그리고 이방인을 중심으로 한 계시는 오바댜, 요나, 나훔 등이다. 포로 후 선지서는 학개, 스가랴, 말라기이며 역사적 성전 재건과 영적 하나님 나라 건설과 장차 오실 메시아에 대한 예언이 그 핵심 내용이다.

3) 남북 왕국 비교

하나님의 언약 백성으로 출발한 이스라엘은 사울, 다윗 그리고 솔로몬까지의 통일왕국 시대를 보냈으나 솔로몬왕 이후 분열하여 지리적으로 남과 북으로 분열되어 두 왕국이 되고 말았다. 이 두 왕국은 서로 다른 뚜렷한 특징을 보이며 계속되다가 결국 그들의 죄로 인한 하나님의 징계 아래 멸망하였고 그후 계속 외세의 식민지 통치 아래서 고통의 세월을 보내야만 했다. 소선지서를 바르게 이해하기 위한 예비 단계로 계시 전달의 대상인 당시 남북 이스라엘 왕국의 서로 다른 특징을 살펴보는 것은 대단히 중요하다. 일반적으로 볼때 북왕국 이스라엘은 군사지도자들을 중심으로 하는 야심가, 권세가들의 힘의 논리 아래 왕국이 전개되었다. 반면에 남왕국 유다는 예루살렘을 중심으로 하여 하나님의 언약 성취의 중심 역사를 이루어갔다. 하지만 두 왕국 모두 하나님의 심판을 받고 일정기간 동안 징계의 기간을 보냈으나 언약을 신실히 지키시는 하나님의 은혜로 회복되어 결국 메시아의 강림을 이루는 민족으로 사용되었다. 역사의 흥망성쇠는 보이지 않는 하나님의 구원역사 곧 언약 성취의 역사를 위한 그릇이요, 도구이다. 따라서 소선지서의 메시지도 언약 성취를 중심으로 하는 하나님의 구원 역사의 눈(렌즈)을 통해서만 바르게 이해할 수 있다.

두 왕국의 특징을 비교하면 다음과 같이 요약할 수 있다.

구분	남왕국 유다	북왕국 이스라엘
1. 제단위치	예루살렘	벧엘(남쪽), 단(북쪽)
2. 제사장, 왕	레위 지파(기름 부음)	비레위지파(임명)
3. 절기	7월 절기(1, 10, 15일)	8월 절기
4. 기준	신적목적	인간편의주의
5. 특징	언약 및 메시아 대망	힘, 권세, 군사지도자
6. 결과	하나님의 뜻 성취	인간의 탐욕 극대화

4) 소선지서의 메시아 이해

선민 이스라엘과 그 주변 국가들은 그들의 범죄에 대해 침묵하지 않으시는 하나님의 공의 아래 선지자들을 통해 심판이 선언된다. 그러나 심판 중에서도 회개를 촉구하시는 하나님의 음성은 죄인을 불쌍히 여기시고 구원하시려는 하나님의 언약과 또 다른 은혜의 속성을 보여 준다. 하나님께서는 죄에 대해서는 반드시 심판하시지만, 심판 중에서도 긍휼과 자비를 베푸시고 회개케 하신 후 다시 구원하시는 구원자이심을 나타낸다. 이것은 죄인을 부르시고 회개케 하시는 메시아의 사역에 대한 앞선 모형이다. 결국 소선지서도 메시아를 통한 하나님의 구원 언약이라는 구약 전체의 주제 아래서만 올바르게 이해될 수 있다.

2. 호세아서의 메시아 이해

1) 저자와 명칭

북왕국 이스라엘을 대상으로 선포된 하나님의 말씀인 호세아서의 저자는 호세아다. 히브리어로 여호수아, 예수라는 명칭과 함께 '호세아'는 구원자라는 의미다. 호세아서는 호세아의 삶의 모습과 그의 선포되는 말씀을 통하여 여호와 하나님은 죄인을 심판 속에서 구원하시는 구원자이심을 나타낸다. 호세아서에 나타난 호세아와 그의 부정한 아내와의 관계는 하나님과 이스라엘의 관계를 나타내며, 호세아가 그의 부정한 아내를 끝까지 사랑하는 모습을 통해 죄인을 사랑하시되 끝까지 사랑하시는 하나님의 뜨거운 사랑을 가르쳐준다. 하나님을 떠나는 죄는 공의의 심판을 초래하고, 하나님의 값없이 주시는 은혜는 언제나 자기 백성에 대한 소망이 된다. 이렇게 죄에 대한 하나님의 심판과 죄인을 불쌍히 여기시는 하나님의 긍휼과 사랑은 하나님의 구원 사역의 핵심요소다. 호세아서는 죄인을 부르러 오신 메시아 예수 그리스도의 사역에 대한 앞선 모형이다.

2) 죄에 대한 지적과 회복

하나님께서는 이스라엘 백성이 망하는 이유를 지적하신다. 그것은 이스라엘 백성 전체의 범죄 결과였다(1:2; 4:1, 6, 9, 10; 5:4). 따라서 호세아 선지자는 여호와께로 돌아가자고 외치며 힘써 여호와를 아는 것이 회복의 길임을 선포했다(6:1-3). 이것이 호세아서의 주제이다(6:1; 12:6). 하나님께서는 자기 백성들에게 돌아오라고 요구하신다(12:6; 14:1; 6:1; 11:7). 먼훗날 메시아에게로 돌아와 그를 믿는 모든 자에게 구원을 베푸시는 하나님의 은혜 모형이다.

오늘날도 마찬가지다. 그리스도를 믿고 하나님께로 돌아오는 자들은 어떤 죄인이라 할지라도 구원을 받는 하나님의 은혜는 계속되고 있다. 하나님은 고치시고 치료하시고 새롭게 하시는 창조사역과 구속 사역을 계속하신다(호 11:3, 4, 5 및 11-14장 참조). 하나님은 심판과 구원을 통해 자신이 하나님이심을 선포하시고 창조와 구속의 하나님으로서의 영광을 드러내신다(호 2:23; 11:9; 12:5; 13:4, 10).

3) 호세아의 결혼과 메시아 사상

호세아 선지자가 음란한 여인을 아내로 삼았다는 것은 역사적 사실이 아니라 가상적 예언에 불과할 뿐이라고 주장하는 사람들은 다음과 같은 두 가지 이유를 그 근거로 말한다.

첫째, 선지자가 기생이나 부정한 여인과 결혼하는 것은 율법에 어긋나며
(레 21:7),

둘째, 호세아가 그처럼 부도덕한 가정생활을 했다면 선지자로서의 사역을
제대로 감당할 수 없었을 것이다.

그러나 호세아 선지자의 아내 이름이 디블라임의 딸 고멜(1:3)이라고 표기
되어 있으며 가출한 아내를 데려오기 위해 선지자가 보낸 은 15개와 보리 1.5
호멜 등의 당시 수량의 표시는 호세아서의 역사성을 분명히 해 주는 근거가
되고 있다. 특히 부정한 아내를 데려오기 위해 큰 값을 지불하는 것은 죄인을
구원하시기 위해 예수 그리스도를 십자가에 죽게 하시는 하나님의 사랑에 대
한 모형이다. 호세아는 대신 값을 지불하고 그의 아내를 데려왔다는 의미에서
그는 아내에 대한 구속자였다. 구약에서 이 구속자 사역의 모형은 너무나 많
다. 친족(친척)의 어려움을 도와주는 제도로써 대신 땅을 사 주는 '기업 무를
자'를 비롯하여 아들을 낳지 못하고 죽은 형제를 대신하여 아들을 낳게 해 주
는 계대 결혼도 구속자 사상 곧 고엘 사상이다(창 38장; 룻 4장).

이 고엘 사상의 올바른 이해는 구약 전반에 흐르고 있는 메시아언약을 이해
하는 데 있어 매우 중요하다. 구약에서 이 구속자(גֹּאֵל 고엘) 사상은 족장 시대
부터 그 모습을 드러냈으며 모세 시대를 지나 왕국 시대와 그 이후의 시대 속
에서 점점 유기적이며 점진적인 발전을 계속해 왔다. 욥은 극한 고난 중에
도 구속자를 통한 구원과 고난에서의 해방을 기대하고 있었다.[2]

급기야 구약에 그림자로 나타난 구속자 사역은 죄인을 대신하여 십자가에
죽으시고 부활하신 메시아 예수 그리스도의 구속 사역을 통해 역사 속에서 성
취되었다. 그러므로 호세아의 결혼은 하나님께서 인간을 사랑하시는 실제적
사건이며, 십자가의 역사적 사건이 갈보리 언덕에서 실제로 존재하듯, 호세아
의 부정한 여인과의 결혼 역시 역사적 사실에 근거하여 해석해야 한다. 부정

---

2   욥기 19:25-27. 여기서 나의 구속자에 해당하는 말은 גֹּאֲלִי(고알리)이다. 이 말은 גָּאַל(가
     알) 곧 속전을 주고 구제하다, 대신 보상해 준다는 뜻을 가지는 말의 분사 형태에 1인칭
     대명사 접미어가 결합된 형태다. 구약에서는 일반적으로 이 분사 형태인 גֹּאֵל(고엘)이
     구속자(redeemer), 구속주 등으로 자주 사용되어 메시아언약과 연결되고 있다.

한 여인 고멜같은 죄인인 나를 위하여 메시아를 이 세상에 보내 주신 하나님의 사랑을 잘 보여 준다. 특히 다윗을 구하시겠다는 하나님의 말씀은(호 3:5) 다윗의 후손으로 오실 메시아를 통해 죄인을 구원하시겠다는 하나님의 신실하신 언약을 나타낸다.

3. 요엘서의 메시아 이해

1) 저자와 명칭

요엘서의 저자는 1장 1절에 근거하여 "브두엘의 아들 요엘"이라고 보는 견해가 가장 타당하다. 요엘의 '요'는 여호와를 가리키며 '엘'은 하나님을 가리키는 '엘로힘'의 준말이다. 따라서 요엘이라는 이름에는 히브리어로 '여호와는 하나님이시다(Jehovah is God)'는 신앙 고백적인 의미가 있다. 요엘 선지자 당시 우상 숭배가 만연했던 사실로 볼 때, 요엘의 아버지 브두엘은 아들의 이름을 지을 때 하나님만이 참 신이시며 유일한 숭배의 대상임을 아들에게 가르치고 싶어 그렇게 이름을 지었을 것으로 본다.

요엘의 아버지 이름인 '브두엘'의 '브두'는 '강권되다, 설복당하다' 등의 뜻이 있는 말이며, '엘'은 역시 하나님을 가리키는 엘로힘의 준말이다. 그러므로 요엘 선지자의 아버지도 역시 하나님에 의해 강권된 자, 또는 하나님에 의해 설복당한 자라는 신앙적인 이름을 가진다. 요엘과 브두엘의 이름이 하나님과 연관되어 있다면 그들은 당연히 하나님의 이름에 합당한 영광을 위해 한 시대를 살았을 것으로 본다. 하나님의 이름을 드러내며 한 시대를 경건하게 살아가는 믿음의 가정을 엿볼 수 있다.

2) 요엘의 메시지

요엘서는 1:1-2:17까지(총 37절)와 2:18-3:21(총 36절)까지 두 부분으로 나누어 설명할 수 있다. 앞부분에는 회개에 대한 경고와 회개에 대한 촉구가 강

력하게 언급되고 있다. 그리고 뒷 부분은 회개의 결과와 축복에 대한 언급이
다. 요엘 선지자를 통해 나타나는 하나님의 강력한 요구는 다가오는 여호와의
날, 크고 두려운 여호와의 날이 이르기 전에 회개하라는 절박한 외침이다.

이날은 비로소 하나님의 하나님 되심을 드러내는 심판의 날이다. 창조 이
래로 하나님께서 인간의 역사에 강력하게 간섭하실 때는 심판과 구원의 양
면성으로 나타난다. 그러므로 이 책의 핵심인 '여호와의 날'은 다가올 심판
의 날이며 동시에, 회개하고 여호와의 이름을 부르는 자들의 구원의 날(2:31,
32)이다.

심판과 구원을 통해 하나님의 하나님 되심이 선포되는 날을 준비하고 대비
하는 유일한 길은, 예수 그리스도를 믿고 그를 보내신 하나님께로 돌아가는
진정한 회개뿐이다. "회개하라 주의 날이 이르기 전에"라고 외쳤던 요엘 선
지자의 외침과 "회개하라 천국이 가까웠느니라"라고 똑같이 외치던 한 시대
의 선구자요 순교자인 세례 요한과 예수 그리스도의 외침이 이 시대에도 선지
자적 사명을 받은 우리의 삶을 통해 그대로 선포되어야 한다.

3) 언약과 메시아 사상

요엘서의 신학적 주제는 두 가지의 약속으로 나타난다.

첫째는 2:23에 근거한 메시아 약속이다.

대부분의 역본과 학자들은 2:23의 이른 비와 늦은 비를 자연적인 하나님의
은혜를 가리키는 것으로 이해하고 있다. 그러나 언약적으로 생각할 때, 이 부
분의 '비'는 장차 나타나실 약속된 '의(義)의 교사' 곧 메시아로 보는 것이
일반적인 해석이다.

둘째는 2:28에 근거한 오순절 강림에 대한 약속이다.

하나님께서는, 인류를 죄에서 구원할 메시아를 보내 주신 후 구원 역사를
신속히 이루시기 위하여 성령 강림이 있을 것을 약속하셨다. 요엘서에 나타난
이 예언은 예수님께서 승천하시기 직전 제자들에게 상기시켜 준 바로 그 말씀
이며(행 1:4), 사도행전 2장에 나타난 오순절 성령 강림은 요엘서 2장의 예언이

성취된 것이라고 베드로는 설교하였다(행 2:14-41). 메시아의 탄생과 오순절 성령 강림에 관한 이 두 가지 약속은 하나님의 구원 역사에 있어서 두 개의 큰 기둥이다.

4) 회복의 은혜

진정으로 회개하는 자에 대해서는 하나님의 마음이 움직여 그를 불쌍히 여기시고 그의 간구에 대해 응답과 회복의 은총을 베푸신다. 즉 1, 2장에 언급된 전쟁의 두려움을 없애주시고 경제적으로도 안정된 생활을 누리도록 물질적인 풍요도 회복된다. 특히 이 회복의 은혜는 장차 이다음에 오실 메시아에게로 집중되며, 메시아 강림은 죄인에 대한 하나님의 가장 크신 은총으로써 회개하는 자에 대한 구원의 은총이다. 이 구원의 역사가 마침내 성령의 강림으로 급속히 이루어지게 되는 최대의 사건이 역사 속에서 성취되는 날이 있을 것을 예언의 축복으로 보여 주신 하나님께서는 우리 주 예수 그리스도의 승천 이후 오순절 날에 이 엄청난 축복을 허락하셨다.

4. 아모스의 메시아 이해

1) 저자와 시대적 배경

아모스서의 저자는 아모스이다. 그는 예루살렘 남쪽 약 16km 떨어진 곳에 위치한 드고아 출신의 선지자였다. 그에 대해서는 직업과 관련하여 여러 가지 견해가 있으나 그는 학문적으로 매우 탁월한 사람으로서 당시 정치적으로나 사회적으로 타락한 사회로부터 은둔 생활을 하며 목축업에 종사하는 목자(7:14)로 보는 견해가 일반적이다. 그러나 하나님께서 한 시대의 사역자로 그를 부르셨을 때 그는 자신의 개인적인 모든 일을 포기하고 즉시 순종하였다.

아모스 1:1에 언급된 대로 당시 이스라엘은 종교적으로는 이방의 우상 숭배가 만연된 여로보암 2세의 치세 아래 사치와 향락문화가 극에 달했으며, 도덕

적으로는 살인, 간음 등의 범죄와 사회악이 넘실거리고 있었다. 물질적 풍요
속에서 영적, 도덕적으로는 하나님의 준엄한 심판의 문턱에 와 있었던 시기였
다. 풍요와 번영 아래 사치와 타락이 극에 달했으며 왕과 소수의 정치인은 여
름 궁과 겨울 궁을 따로 건축하여 계절에 따라 쾌락을 추구했다(3:15). 또한,
소수의 부자는 상아 침대에서 뒹굴었고, 송아지를 잡아먹으며 비파에 맞추어
헛된 노래를 지절거렸다(6:5). 빈부의 차이는 극심하여 부정과 부패가 극에 달
했으며, 돈을 받고 의인을 팔며 신 한 켤레 값으로 궁핍한 자를 팔기도 했으며,
안식일과 월삭등의 하나님의 모든 규례가 무시되는 시대였다(2:6-7). 이러한
시대에 세속에 묻혀 은둔 생활을 하던 아모스를 하나님께서 부르셔서 그의 입
을 통해 공의를 외치게 하셨다.

2) 주요 사상

호세아가 하나님의 사랑을 강조했고, 요엘이 하나님의 긍휼과 자비를 말했
다면 아모스는 하나님의 공의를 선포했다. 창조주 하나님은 사랑과 긍휼을 한
없이 베푸시지만, 죄에 대해서는 심판하시는 공의의 하나님이심을 강조한다.
그러므로 하나님의 속성을 말할 때 사랑의 하나님이신 동시에 공의의 하나님
이심을 말하는 것은 곧 구원의 하나님을 선포하는 것이 된다. 죄에 대한 하나
님의 심판 아래 주님은 우리 대신 십자가를 지셨고(죽으셨고), 우리는(죄인들은)
하나님의 긍휼과 자비에 근거한 사랑 때문에 구원을 받았다. 역사상 하나님의
공의와 사랑이 실현된 곳이 골고다 언덕이다. 주님의 십자가 형틀은 하나님의
공의와 사랑의 일치점이다. 아모스는 악에 대한 하나님의 공의로운 심판을 선
포하면서 하나님의 심판의 때는 악인의 징벌의 날이며 동시에 의인에게는 구
원의 날임을 말한다. 동시에 아모스 시대에 요구되는 공의와 정의의 실현은
오늘날 이 시대에도 똑같이 요구된다.

3) 메시아 대망

제1장에서부터 이스라엘 주변 국가들의 죄악상과 그에 대한 하나님의 심판 선언이 계속된다. 이것은 죄에 대하여 심판하시고 마지막 징벌을 하시는 특별한 날로서의 '여호와의 날'에 대한 앞선 경험이다. 미래에 하나님께서는 메시아를 '다윗의 장막에 거하는 자'(9:11)로 보내시고 모든 나라 위에 뛰어난 자(9:12) 세우실 것이다. 이것은 자기 백성을 죄에서 구원할 자로서의 메시아 사역에 대한 예언이다. 아모스서의 결론은 역시 메시아의 대망으로 요약된다.

이스라엘의 회복을 약속으로 주시는 하나님의 긍휼과 사랑은 오늘날에도 죄인을 사랑하시는 하나님의 사랑으로 여전히 남아 있다. 이 사랑은 한 사람이라도 더 회개하고 돌아오기를 기다리시는 하나님의 사랑이다.

5. 오바댜의 메시아 이해

1) 저자와 시대적 배경

오바댜서의 저자 오바댜는 히브리어로 '여호와의 종' 또는 '여호와를 예비하는 자'라는 의미가 있다. 이러한 뜻을 가진 오바댜 선지자는 하나님의 부름을 받고 계시를 전달하는 평범하고 신실한 종으로서 순종하였다. 그에 대한 가문이나 혈통에 대해서 성경에 아무런 언급이 없으나, 그는 왕족이나 제사장 가문에 속하지 않은 평민이라는 사실이 일반적인 견해이다. 여호람이 유다의 왕으로 있을 때 이웃 블레셋과 아라비아가 예루살렘을 침공했던 시기에 이 책이 기록되었을 것으로 추측된다(대하 21:16, 17).

오바댜서의 역사적 배경은 창세기 25장 이하의 '에서 곧 에돔'의 역사에 근거한다. 에돔은 에서의 후손이 이룬 나라로서 영적 가치에 무감각한 망령된 자(히 12:16)와 그 후손들의 망령된 행실에 따라 부득불 하나님의 공의로운 심판을 받게 될 운명에 처해 있다. 족장 시대 이후 에돔 족속은 줄 곧 하나님의 언약 백성들의 진행에 반대하며 하나님의 섭리에 저항해 왔다. 결국 오바댜서

를 잘 이해하려면 다음과 같은 성경 구절을 통하여 에돔과 유다와의 관계를
우선적으로 이해해야 한다(창 36장; 25:22-23; 30-33; 히 12:16; 말 1:2,3; 롬 9:13; 민
20:14-21; 삼하 8:14; 왕하 14:7; 대하 28:17; 사 34:5; 렘 49:7-22; 겔 25:12-14; 욜 3:19;
사 63:1-6).

2) 중심 사상

오바댜서는 한 장으로 구성된 매우 간결하고 짧은 내용이다. 그러나 그 중
심 사상은 구약의 어느 긴 내용만큼이나 심오하다. 에돔 족속의 시조인 에서
의 교만과 반역, 그리고 하나님의 뜻에 대한 도전적 행위에 대해 하나님께서
궁극적인 심판을 내리신다는 사실을 나타내고 있다. 또한, 하나님의 심판은
범죄한 에돔 족속에게 임할 뿐만 아니라 모든 세상 나라에게도 똑같이 임할
것임을 경고한다. 그러나 시온 산에 피하는 자는 구원을 받으며 야곱의 집은
이방인들의 땅을 차지하게 될 것이다(17, 19-21절). 에돔 족속에 대한 하나님의
심판을 통하여 그 사상은 우주적인 하나님의 심판으로 나아간다.

더 나아가 이방인에 대한 하나님의 심판과 이스라엘의 회복이 중심 사상이
다. 결국 끝까지 반역하고 회개치 않는 에돔의 모습은 불신자의 모습이며, 야
곱 족속의 회복은 회개하고 믿는 자들에 대한 하나님의 구원의 은총을 가리킨
다. 하나님의 언약에 의한 남은 자의 회복은 구약 전체의 핵심 주제이며 구약
의 복음이다. 한마디로 요약할 때 오바댜서의 핵심 내용은 이방인에 대한 하
나님의 심판과 이스라엘의 회복이다.

3) 메시아언약

메시아는 모든 대적을 심판하시고 만국을 벌하실 것이며 시온 산에 강림하
셔서 새로운 왕국을 건설하실 것으로 약속되었다(1:15, 21). 에돔의 교만하고
악한 행동들은 우주적인 심판자이신 하나님의 심판을 받고야 말듯이 메시아
의 초림과 재림을 통해 우주적 심판이 나타날 것이다. 또한, 택한 백성 이스라
엘의 회복은 하나님의 언약의 반복과 갱신으로 이루어지듯이 메시아를 통한

구원과 회복도 언약의 백성들에게 은혜로 주어질 것이다.

6. 요나서의 메시아 이해

1) 저자와 저작연대

요나서는 주인공인 요나의 이름을 따라 붙여졌다. 요나는 아밋대의 아들로서 실존 인물이다. 누가복음 11장 30절에서 주님은 요나의 역사성을 입증해 주셨다.

> 요나가 니느웨 사람들에게 표적이 됨과 같이 인자도 이 세대에 그러하리라.

요나의 아버지 아밋대는 그의 이름이 '아멘'이라는 이름과 어근이 똑같은 말에서 파생된 것으로 보아 신앙이 무척 좋았던 사람임에 틀림없다. 한 시대에 '하나님은 진실하십니다', '하나님은 진리이십니다'라고 고백하며 살아갔던 한 가문의 가장 밑에서 요나는 하나님을 섬기는 신앙을 배웠을 것이다. '비둘기'라는 이름의 요나는 하나님의 소식을 비둘기처럼 증거하는 일을 위해 부름을 받았고, 그는 니느웨에서 돌아온 즉시(B.C. 760년경) 이 책을 기록했을 것으로 믿어진다.

2) 중심 사상

온 우주를 창조하신 하나님은 선민 이스라엘 백성 뿐 아니라 이방인에게도 관심을 갖고 계시며 그들의 구원을 위해 당신의 종들을 보내시는 일에 주저하지 않으신다. 이러한 하나님의 목적들을 이루는 일에 간혹 인간이 불성실하게 임한다고 하더라도 하나님께서는 모든 여건을 동원하여 반드시 그 목적을 이루시고야 만다는 교훈을 준다. 또한, 요나처럼 불순종할 때는 하나님의 징계가 뒤따르지만 회개하고 다시 순종하게 되면 하나님의 은혜와 긍휼을 받게 된다는 영적 교훈이 생생하다. 이방인의 구원에 대한 하나님의 관심이 중심 사상이다.

3) 사명자 요나의 모습

하나님의 사명을 받은 요나는 그 사명을 피해 도망간다. 그러나 그를 추적하시는 하나님이 섭리는 요나를 물고기 뱃속에 집어 넣는다. 도망가는 요나와 그 뒤를 추적하시는 하나님의 열심을 본다. 이윽고 하나님의 징계를 받은 요나는 고난 중에 물고기 뱃속에서 기도한다. 다시 하나님의 말씀을 전달받은 요나는 니느웨 성에 가서 전도하게 된다(3:1-10). 태풍과 물고기를 예비하시면서까지 요나를 사명자의 길로 재촉하시는 하나님의 열심과 세밀한 계획은 이 시대에 또 다른 주의 종들에게서 반복되고 있다.

4) 요나와 그리스도

첫째, 요나의 물고기 뱃속의 경험은 예수 그리스도의 죽음과 3일 만의 부활을 예표하는 역사적 사실이다(눅 11:30). 이것은 불뱀에 물린 자들을 구원하기 위해 모세가 장대 끝에 매달아 놓은 놋뱀이 그리스도의 십자가 사건의 모형인 것과 같은 의미이다. 니느웨 백성들의 구원을 위해 보냄을 받은 요나가 물고기 뱃속에서 삼일 삼야를 보내게 되는 역사적 사건은 그리스도가 이 세상에 보냄을 받아 3일 동안 무덤 속에 계실 것에 대한 표적이었다고 주님은 말씀하셨다.

둘째, 요나를 통한 이방 민족 곧 니느웨 백성의 회개와 구원은 예수 그리스도를 통한 이방 민족의 회개와 구원을 예표한다.

7. 미가서의 메시아 이해

1) 저자와 시대적 배경

미가서의 저자인 미가는 갓 지파에 속하는 팔레스틴 남서부의 모레셋 출신의 선지자다. '누가 여호와와 같은가'라는 뜻을 가진 이름의 미가는 유다 왕 요담, 아하스, 히스기야의 통치 시대에 활동했던 선지자였다. 이 시기의 사회적 배경은 선민들이 타락한 예배 의식 아래서 여호와께 대한 신앙을 버렸으며, 빈부의 격차가 심하였고, 학대와 착취가 성행했으며, 상인들의 부도덕성이 무거운 추(살 때)와 가벼운 추(팔 때) 사이에서 극에 달하였다. 이러한 상황 아래 미가는 하나님의 최고선을 외치며 하나님의 심판을 외쳤다.

2) 중심 사상

백성들의 죄에 대한 하나님의 심판을 선언하는 선지자의 외침은 즉시 회개하고 범죄의 자리에서 돌아와 하나님께로 돌아가도록 하는 데 있다. 그래서 미가서에서 가장 중요한 구절은 6:8이다. "사람아 주께서 선한 것이 무엇임을 네게 보이셨나니 여호와께서 네게 구하시는 것이 오직 공의를 행하며 인자를 사랑하며 겸손히 네 하나님과 함께 행하는 것이 아니냐"

첫째, 공의를 행해야 한다. 이미 아모스 선지자를 통해 전달되었다.
둘째, 인자를 사랑해야 한다. 인자는 긍휼과 자비를 베푸는 사랑의 마음이다.
셋째, 겸손히 하나님과 동행해야 한다. 공의와 사랑과 겸손은 미가서의 가장 두드러진 주제이며 진실된 회개자의 반응이다.

3) 내용 요약

미가서는 하나님의 심판 선언(1-3장)과 하나님의 긍휼(4-7장)로 나누어진다. 먼저 1-3장에 나타난 하나님의 심판 원인은 우상 숭배(1:6-7), 부당한 착취

(2:1-3), 약자에 대한 수탈(2:9), 종교의 부패(3:4) 등이었다. 그러나 하나님의 심판을 외치는 미가의 외침에 대한 백성들의 반응은 너무나 실망스러웠다. 설상가상으로 이스라엘의 정치 지도자들의 죄악과 선지자들이 저지른 죄악은 너무나 엄청난 것이었다(3장). 이러한 죄인들에게 내려지는 하나님의 심판이 선포되는 중에도 미가서 4장에는 복스러운 소망 곧 말일에 나타날 영광과 그리스도 왕국의 평화 그리고 고통에서의 회복 등 메시아적인 은총이 약속된다.

4) 그리스도의 탄생 장소 예언

미가서의 꽃은 5장의 내용이다. 메시아의 탄생 장소로서 베들레헴이 언급되어 있다. 또한, 메시아 왕국의 모습은 어떠하며(5:4-9), 메시아의 통치 사역은 무엇인가(10-15)에 대해서도 잘 예언되어 있다. 베들레헴에서 탄생하실 메시아는 온 세상을 통치하실 주권자이시다. 그는 평강의 왕이며 세상을 다스리고 의로 통치하실 것이며 만왕의 왕으로 다시 오실 것이다. 미가 선지자는 아브라함과 야곱에게 인애를 더하시는 하나님의 언약에 호소한다(7:18-20). 즉 야곱과 아브라함에게 약속한 메시아언약이 이루어지는 것을 기대하고 있다. 미가 선지자가 말하는 인애는 메시아에게 적용되는 은혜와 진리의 모습이다(요 1:14).

8. 나훔서의 메시아 이해

1) 저자와 기록 목적

나훔서의 내용은 니느웨의 멸망에 대한 것이다. 당시 니느웨는 고대 근동을 식민지로 거느리고 있던 앗수르의 수도로서 교만과 포악으로 가득차 있었다. 이스라엘 백성들도 하나님의 징계 기간으로써 얼마 기간 동안 앗수르의 식민지 생활을 해야 했으며, 이 시기에 하나님은 나훔 선지자를 통해 당신의 백성들을 위로하고 있다. 앗수르의 멸망은 곧 이스라엘의 해방을 의미하기 때문이다. 요나서가 니느웨의 구원을 위한 회개를 외쳤었다. 그러나 회개의 기간이 지난 후 나훔 선지자는 회개치 않고 교만한 니느웨의 멸망에 대해 선언한다.

2) 중심 사상

나훔서의 중심 사상은 나훔이 외치는 하나님의 성품에서 잘 나타난다(1:2-8).

첫째, 투기하시며 보복하시는 하나님,
둘째, 노하기를 더디하시며 권능이 크시며 죄인을 결코 사하지 않으시는 하나님,[3]
셋째, 창조와 심판의 하나님,
넷째, 선하시며 환난날에 산성이신 하나님으로 묘사되고 있다. 하나님의 성품 중 죄인을 구원하시기까지 오래 참으시는 속성이 긍휼과 자비와 인애(인자)의 모습이다. 온유하시고 겸손하신 하나님의 속성은 메시아 예수 그리스도에게서 가장 잘 나타났다.

3) 나훔의 메시아적 선포

요나를 통해 회개와 구원이 선포되었다. 그러나 니느웨 백성들은 그들의 교만을 드러내며 계속 우상을 숭배하며 멸망과 그들의 무덤을 준비하고 있었다(1:14). 이러한 심판 선언 속에서도 하나님은 아름다운 소식을 보하고 화평을 전하는 자의 발이 산 위에 있음을 미래의 소망으로 말씀하셨다(1:15). 이것은 이사야 52장 7절의 말씀과 함께 메시아 예수 그리스도가 이 세상에 오셔서 아름다운 소식 곧 하나님 나라의 구원 소식과 천국의 평화를 선포할 사실에 대한 앞선 예언이다. 심판 속에서도 구원과 자비를 베푸시고 인간을 죄로부터 구원해 주시는 하나님의 사랑이 나훔서에 잘 나타나 있다.

---

3 결코 죄인을 형벌 받지 않은 채로 내버려 두지 않으신다(never lest the guilty go unpunished).

9. 하박국의 메시아 이해

1) 특징과 주제

하박국서는 하나님께서 계속 불의를 행하는 유다에 대한 심판의 도구로 바벨론을 사용하실 것을 말하고 있다. 하박국 선지자 시대에는 불의하고 강포한 자들에 의해 이 세상은 통치되고 있다. 또한, 의인이 악인에 의해 계속적인 핍박을 받으며 오히려 악인이 더 잘 사는 모습에 대해 하박국 선지자는 하나님께 원망을 터뜨린다. 그러나 하나님께서는 결코 악인의 모든 악을 언제까지나 방관하지 않으시고 반드시 악인들을 벌하시며 의인들을 악의 고통으로부터 구출하신다.

"의인은 그 믿음으로 말미암아 살리라"(2:4)라는 말씀이 악인의 멸망과 의인의 마지막 승리를 보장하는 하나님의 최종 위로이다. 이러한 하박국서의 주제는 사도바울과(롬 1:17; 갈 3:11) 히브리서 기자(히 10:38)에 의해 인용 해석되었으며 종교개혁과 루터의 개혁 이념이 되기도 했다.

2) 하박국의 기도와 응답

하박국 선지자는 당시의 불의와 죄악상에 대해 울부짖으며 하나님께 불평을 토로했다(1:2-4). 어찌하여 하나님께서는 악인과 죄인들을 그냥 두시며 악을 방치하고 계시느냐고 하박국 선지자는 질문하였다. 이에 대한 하나님의 응답은 "비록 더딜지라도 기다리라 지체되지 않고 정녕 응하리라"(2:3)라는 말씀과 "그러나 의인은 그 믿음으로 말미암아 살리라"(2:4)는 말씀이었다. 하나님께서는 유다를 징계하기 위해 바벨론의 악행을 사용하시는 주권적인 하나님이심을 보여 준다(2:5-8, 9-20. 악인도 하나님의 도구로 얼마든지 사용될 수 있으나 하나님께서는 그 악인들을 그들의 죄악 가운데 멸망시키신다.

3) 찬양과 메시아 사상

첫째, 하박국 선지자의 불평에 대한 응답 가운데 "그러나 의인은 그 믿음으로 말미암아 살리라"(2:4)는 말씀은 로마서에서 구원을 설명하는 바울 사도의 중심 주제였다. 모든 죄인은 그리스도 안에서 믿음으로 구원을 받고 영생의 축복 속에서 하나님의 자녀로 살게 될 것에 대한 하박국서의 메시아적 예언이다.

둘째, 하나님의 응답을 들은 하박국은 여호와 하나님을 인하여 즐거워할 수 있는 행복을 맛본다. 이윽고 그는 힘찬 찬양의 기도를 드린다. 인간의 불의를 보았을 때는 절망적이었으나 하나님을 바라보았을 때 그는 소망과 경외심이 우러나왔다(3:2, 18). 그의 찬양과 고백은 메시아를 보내 주신 하나님의 사랑에 대한 예표적 감사이다.

> 비록 무화과나무가 무성치 못하며 포도나무에 열매가 없으며 감람나무에 소출이 없으며 밭에 식물이 없으며 우리에 양이 없으며 외양간에 소가 없을지라도 나는 여호와를 인하여 즐거워하며 나의 구원의 하나님을 인하여 기뻐하리라 주 여호와는 나의 힘이시라 (합 3:17-19).

하박국의 이 찬양은 메시아 그리스도를 믿어 의에 이르고 구원받은 모든 성도가 이 세상에서 살 때 누리는 최고의 기쁨과 소망이며 행복이다. 메시아의 탄생에 대한 천군 천사들의 찬양은 영광과 평화였다. 즉 메시아를 보내신 하나님께는 영광이요 기뻐하심을 입은 자 곧 메시아를 통해 구원의 선물을 받은 자들에게는 하나님 나라의 진정한 평화가 임했다.

10. 스바냐의 메시아 이해

1) 기록 배경

스바냐 선지자는 앗수르가 강력한 힘을 발휘하던 시기인 유다의 요시아 왕때(B.C. 640-609) 예언 활동을 하였다. 당시 성전에까지 우상을 세운 극악한 왕(대하 33:7) 므낫세와 그의 아들 아몬은 백성들을 핍박하고 하나님을 멀리하다가 신하들에 의해 아몬왕은 살해되었다. 그 후 백성들은 하나님을 경외하는 요시아를 왕으로 추대하였으며(대하 33:25), 이때부터 스바냐의 본격적인 사역이 시작된다. 여호와가 자신을 감추셨다는 뜻의 이름을 가진 스바냐의 예언은 직선적이며 대단히 단호한 어법과 생동감 넘치는 언어로 나타난다(1:2,14; 2:1-2; 3:8, 17).

2) 여호와의 날

스바냐가 선포한 주요 내용은 '여호와의 날'이다. 여호와의 날은 희생의 날, 분노의 날, 고통의 날, 황무와 파괴의 날, 캄캄하고 어두운 날, 구름과 흑암의 날(2:15)로서 하나님의 진노가 임하여 모든 사람이 멸망당하는 날이다. 하나님의 존재를 부인하고 하나님을 멸시하며 거역하고 반항하는 모든 자와 유다를 괴롭혀 온 이방 모든 민족도 여호와의 날에는 살아남지 못한다. 그러나 한편 백성들에게 진노의 날이 이르기 전에 회개할 것을 권면한다(2:3). 그래서 회개한 자들에게 여호와의 날은 도리어 기쁨의 날이 될 것이며 하나님께서 언약 가운데 남겨 두신 남은 자들이 구원을 받는 날이 될 것이다. 메시아를 통한 구원의 약속이 절정을 이루고 있다.

최후의 날인 여호와의 날은 하나님의 원수들과 불신자들에게는 심판의 두려운 날이 되지만, 의로운 남은 자들 곧 믿는 자들에게는 구원의 날로서 기쁨의 날이다. 결국 스바냐서에는 여호와의 날을 통한 하나님의 심판 경고, 회개의 촉구 및 구원의 약속과 기쁨이 선포되어 다른 모든 선지서의 주제와 사상인 '구원과 심판'이 그 핵심 사상으로 담겨 있다. 특히 남은 자 사상은 스바냐서에 더욱 강하게 나타나 있다. 우리를 둘러싸고 있는 역사가 아무리 어둡다 해도 하나님은 여전히 역사를 통치하시며 당신의 택한 백성을 구원하신다.

11. 학개의 메시아 이해

1) 역사적 배경과 주제

학개, 스가랴, 말라기 선지자는 모두 포로 후기 선지자들이며 이들은 주로 메시아 예언을 하였다. 나의 절기 또는 축제라는 뜻의 이름을 가진 학개는 바벨론 전 포로 기간을 보내고 제1차 포로 귀환 때에(B.C. 538) 스룹바벨과 함께 고국 팔레스틴에 돌아온 선지자이다. 하나님의 약속대로 고국에 돌아온 이스라엘 백성들은 성전 건축을 시작했으나 사마리아인들의 방해와 거짓 상소로 중단된 채 15-6년의 세월을 허송하게 되었다. 이때 하나님께서 학개 선지자를 보내어 성전 건축을 촉구하셨으며 백성들은 하나님의 말씀과 학개 선지자의 말을 동시에 청종하였다. 하나님께서는 성전의 외모를 원하심이 아니었다. 재건되는 성전의 참된 의미는 이전의 솔로몬의 성전 같은 영화가 아니라 장차 오실 메시아에 대한 믿음이다. 따라서 성전 재건을 촉구하시는 하나님의 열심은 장차 오실 메시아에 대한 계시이며, 메시아를 통한 구원 역사의 한 성취 과정으로서 그 의미가 있다.

2) 성전과 메시아

학개 선지자를 통해 선포되는 말씀의 대상은 판벽한 집에 살고있는 이스라엘 백성들이었다. 그들은 성전 건축 공사가 중단된 상태로 방치되고 있음에도 불구하고 성전 건축에는 무관심하게 살고 있었다. 학개 선지자는 이스라엘 백성들의 경제적 파탄 상태가 성전 건축 중단과 무관하지 않다고 역설하며 삶의 우선순위를 성전 건축에 둘 것을 촉구했다. 하나님의 말씀에 대한 백성들의 반응은 즉각적인 순종으로 나타났다. 그리고 하나님의 격려에 힘입어 한창 추수기인 시기에 성전 건축에 온 힘을 다하여 완공하였다. 하나님은 이 성전의 나중 영광이 이전의 영광보다 크다고 말씀하셨다. 이것은 솔로몬의 크고 화려한 성전의 영광보다 귀국한 이스라엘 백성들이 지은 이 성전의 영광이 더욱 크다는 의미로서 장차 성전보다 더 큰 분이신 메시아의 영광이 구약 시대의 성전의 영광보다 크다는 메시아언약이다.

성전이 건축된 후 하나님께서는 "오늘부터는 내가 너희에게 복을 주리라"라고 말씀하셨다. 성전 건축과 함께 하나님의 품 안에 돌아온 이스라엘의 모습은 메시아 우리 주님의 품 안에 들어와 안식을 누리는 모든 그리스도인에 대한 앞선 모형이다. 또한, 열국의 소원인 메시아의 도래와 하나님의 인장 반지로서의 메시아를 대망하는 예언 등은 학개서의 메시아 사상이다(2:6-9; 21-23).

12. 스가랴서의 메시아 이해

1) 역사적 배경과 주제

학개 스가랴 말라기 선지자는 모두 포로 후기 선지자들이며 이들은 주로 메시아 예언을 하였다. 여호와께서 기억하신다는 뜻을 가진 스가랴 선지자는 학개 선지자와 동시대에 활동한 선지자이다. 당시 바벨론에서 돌아온 백성들은 성전 건축이 중단된 상태에서 절망하였으며, 영적 생기가 약해져 있었고, 미래에 대한 소망도 약했다. 이러한 상황 아래 하나님께서는 학개 선지자를 통해 성전 재건을 촉구했으며, 스가랴 선지자를 통해서는 미래에 대한 밝은 소망과 영광스러운 환상을 그려주었다.

스가랴서는 크게 두 부분으로 나누어져 있다. 전반부(1-6장)는 환상들을 내용으로 하는 예루살렘의 재건과 시온의 영광 회복이 그 주제이다. 후반부(7-12장)는 예언을 중심으로 하는 기독론으로 메시아의 초림과 재림에 관한 내용이 그 주제이다. 일반적으로 구약의 모든 사상이 미래에 성취될 그리스도의 초림과 재림 사건에 집중되어 있듯이 스가랴서의 주제도 하나님의 심판과 메시아를 통한 구원이다. 특히 7장의 참된 금식에 대한 가르침은 오늘날의 모든 그리스도인에게도 큰 의미가 있다.

2) 스가랴서의 환상들(1-6장)

소선지서 가운데 스가랴서에는 죄에 대한 심판 및 구원에 대한 환상(계시)이 많다. 네 명의 말 탄 자의 환상(1:7-17), 네 뿔과 네 공장에 대한 환상(1:18-21), 척량 줄을 손에 쥐고 있는 사람의 환상(2:1-13), 여호수아가 정결하게 되는 환상(3:1-10), 금 등대와 두 감람나무의 환상(4:1-14), 날아가는 두루마리의 환상(5:1-4), 에바 가운데 앉아 있는 여인의 환상(5:1-11), 네 병거의 환상(6:1-8) 등 8개의 환상이다. 이 모든 환상은 죄에 대한 하나님의 심판과 밀접한 관계가 있다.

3) 메시아 예언들

스가랴는 에스겔이나 예레미야처럼 제사장 가문의 후손이다. 스가랴 선지자는 성전 건축을 독려하기 위해 선지자로 부름을 받은 학개 선지자 보다 약 2개월 먼저 선지자 활동을 시작하였다.[4] 스가랴 선지자는 학개, 말라기, 선지자들과 함께 포로 후 선지자로서 바벨론에서의 해방을 지나 메시아의 도래에 대한 더욱 분명한 확신이 있었다.

스가랴서에는 메시아에 대한 많은 예언이 있다. 특히 후반부(7-12장)에 일곱 개가 나오며 전반부(1-6장)에는 한 개가 나온다. 스가랴서의 메시아 예언을 그리스도의 역사적 성취와 연결하면 다음과 같다. 순(筍 3:8)과 대제사장으로서의 메시아(3:8-10), 나귀 새끼를 타시고 예루살렘에 입성하시는 왕으로서의 메시아(9:9), 메시아의 죽음과 언약의 피 (9:11), 메시아의 구원 사역(9:16), 은 30에 팔리시는 버림받는 메시아(11:12), 찔림과 수난을 당하시는 메시아(12:10), 칼 맞는 목자로서의 메시아의 구원 성취(13:7), 메시아의 승천과 재림의 사건(14:3, 4) 등이다. 특히 스가랴 11장은 참 목자의 수난과 구원 사역을 보여 준다.

---

4   E. W. 행스텐 베르그, pp.373-374.

즉 스가랴 11장은 요한복음 10장의 말씀과 연결되어 참 목자이신 우리 주님의 배척당하시는 모습에 대한 모형이다. 은 30에 팔리는 메시아의 모습과 그 메시아의 수난(12장)이 예고되어 있으며 메시아를 통한 구원의 성취가 나타난다(13장).

마지막으로 메시아의 승천과 재림의 모습이 예견된다(14장). 스가랴서는 메시아의 수난과 구원 그리고 승천과 재림 등이 언급된 메시아 사역의 그림자다. 그러나 위의 경우처럼 직접적으로 메시아를 가리키는 내용 외에도 간접적으로 메시아의 도래에 의한 영광스러움에 대해서는 스가랴 각 장에 가득 담겨 있음을 간과해서는 안 된다.

13. 말라기서의 메시아 이해

1) 역사적 배경과 주제

나의 사자라는 뜻의 말라기 선지자는 허탈감에 사로잡혀 맹목적인 삶을 살아가는 당시의 백성들을 위해 회개와 소망을 일깨웠다. 학개와 스가랴 선지자가 그렇게 강조했던 꿈의 시대나 하나님의 영광은 도래하지 않았다. 그래서 사람들은 점점 하나님의 일이나 영적 사역에는 무관심하거나 형식에 그치는 정도였다. 이른바 종교적 냉소주의와 도덕적 부패까지 겹쳐 있었다. 이러한 시대적 상황 아래 말라기 선지자는 백성들의 회개를 촉구하며 올바른 신앙생활로 하나님께 돌아올 것을 강조했으며, 동시에 새 소망을 선포하고 가르쳤다.

2) 지적되는 죄악들

말라기서의 종교적 상태는 지도자들의 타락과 함께 나타난다. 당시 제사장들의 모습은 하나님을 모독하고 무시하는 불신앙적 만행에 가까웠다. 더러운 떡을 바치며 병들고 마른 비루한 짐승을 바쳤다. 백성들도 하나님의 언약을 어기고 이방 여인을 아내로 삼으며 아무렇게나 이혼하고 이웃을 학대하며 살았다. 하나님은 이방인과의 잡혼을 금하고 이스라엘 백성의 이혼을 싫어하신다고 말씀하시면서 공의를 행할 것은 요구하셨다(2:16). 한 시대의 타락은 언제나 종교적 타락과 함께 정치적 사회적 도덕적인 타락이 총체적으로 나타난다. 하나님께서는 가난한 자들을 학대하는 것과 이혼하는 것을 특히 싫어하신다는 사실을 교회가 강조해야 한다.[5]

3) 회개의 촉구와 십일조

말라기 3:7-10에 나타난 십일조와 헌물에 대해 설명은 십일조 제도에 대한 일반적인 설명이라기보다는 이스라엘 백성들에 대한 회개의 표시로서의 십일조를 강조하고 있다. 즉 하나님의 언약을 지키지 않고 모세의 율법을 지키지 않은 이스라엘 백성들의 생활은 너무나 초라하고 피폐해 있었다. 그것은 선민들이 하나님의 말씀을 지키지 않은 결과였다. 따라서 하나님께서는 즉각 회개를 촉구하시면서 회개의 표시로 그동안 중단했던 십일조도 드려야 함을 강조하고 있다.

다시 말하면 말라기서의 십일조 강조는 "십일조를 드리면 복받는다"라는 것이 주제가 아니라 그동안 십일조 드리는 일을 중단함으로써 결과적으로 하나님의 것을 도적질한 죄를 회개하고 그 회개의 표시로 다시 십일조를 드려보라는 것이다. 곧 십일조를 다시 드린다는 것은 하나님의 언약 백성의 자리로 회개하고 돌아온 표시이며 십일조를 드리는 언약 백성의 창고가 가득 차도록 복을 주실 것이라는 말씀이다. 회개하고 하나님께로 돌아오라는 의미에서 회개의 표시로 십일조를 드려보라는 주님의 말씀을 전한 것이다. 말라기서의 십일조 강조는 십일조와 축복의 관계로서가 아니라 십일조는 회개의 표시임을 강조하는 경고의 메시지다.

---

5 하나님의 창조질서인 결혼 제도의 파괴는 심판을 초래한다. 동성연애와 일부다처제와 이혼은 결혼 제도를 파괴하는 무서운 범죄 행위다.

4) 엘리야와 메시아

구약의 끝에서 말라기 선지자는 먼저 엘리야가 다시 올 것이라고 예언했다 (말 4:5,6). 마태복음의 기록자 마태는 세례 요한의 등장을 엘리야가 오리라는 말라기 예언의 성취로 보았으며 유대인들은 엘리야와 성격이 비슷한 세례 요한에게 "당신이 엘리야냐"하고 묻기도 했으나 그는 "아니다"라고 대답했었다(요 1:21). 그러나 우리 주님은 세례 요한을 말라기서의 장차 올 엘리야로 분명히 인식하셨다(마 11:14; 17:12). 말라기 선지자가 외치는 희망의 날에 여호와의 사자 곧 세례 요한이 메시아의 앞길을 예비하기 위해 등장하며(말 3:1) 크고 두려운 날이 이르기 전에 엘리야가 나타날 것이다(말 4:5).

세례 요한의 사역과 그 뒤를 따르는 메시아의 구원 사역을 미래의 희망으로 선포하는 말라기서는 회개와 구원을 강조하는 구약의 복음서이다. 말라기는 하나님 나라의 도래를 외치며 회개를 촉구하는 세례 요한과 메시아의 사역을 대망하고 있다. 따라서 최근 마태복음 연구에서 마태는 아합왕 시대의 엘리야와 엘리사의 생애를 신약 시대 세례 요한과 예수님의 생애에 대한 문학적 모델로 사용했다는 해석은 정당한 평가를 받는다.[6]

두 번째는 의의 태양으로서의 메시아를 예언했다(말 4:2). 의로운 해가 떠올라서 치료하는 광선을 발할 것이라는 예언은 예수 그리스도의 오심과 구원 사역을 의미한다. 즉 그리스도의 사역 가운데 각종 질병으로부터의 치유의 사역은 죄의 용서와 죄인에 대한 완전한 치유 곧 구원을 의미한다.

---

6   김정우, op. cit., pp.731-734.

1. 성경 및 사전

『구약원어대조성경』. 서울: 로고스, 1997.
『구약장절 원어 분해 사전(제10권)j. 서울:로고스, 1996.
『분해대조 로고스 성경j. 서울: 로고스,1992.
『기독교 대백과 사전』. 서울: 기독교문사, 1982.
『쉬운성경』. 서울: 아가페, 2001.
『스데반원어성경』. 서울: 원어성서원, 1993.
『아가페성서지도』.문창수 역, 서울: 아가페출판사, 1988.
『원어분해성경(에스겔)』. 서울: 로고스, 1996.
『원어성구사전』. 서울: 원어성서원, 1992.
r오픈성경』. 서울: 아가페출판사, 1989.
『한글개역성경』. 서울: 대한성서공회, 1995.
『히브리어, 아람어 사전』. 손석태 · 이병덕 공역. 서울: 참말, 1994.
Biblia Hebraica Stuttgartensia(abbr. BHS)
Hebrew and English Lexicon(dbbr. BDB)
King James Version
Living Bible
New American Standard Bible
New International Version
Revised Standard version
The new Bible Dictionary. Grand Rapids ; Eerdmans, 1962
The NIV Interliner Hebrew-English Old Testament
Theological Dictionary of the New Testament(abbr. TDNT)

2. 일반 서적

· 강병도.『호크마종합주석』. 서울: 기독지혜사, 1997.
· 강신흥.『아가서 강해』. 서울: 엠마오, 1990.
· 강창헌.『성경해석학 개론』. 서울: 은성, 1996.
· 김두석.『역대상하 강해』. 서울: 칼빈서적, 2000.
· 김의원.『성경해석 방법론』. 서울: CLC, 1987.

· 김정우.『구약통전 상, 하』. 서울: 이레서원, 2002.
· ___.『메시아 시편 강해』. 서울: 엠마오, 1994.
· ___.『시편 89편: 그 문학과 신학』. 서울: 총신대출판부, 1994.
· ___.『시편사색』. 서울: 총신대출판부, 1994.
· 김지찬.『요단강에서 바벨론 물가까지』. 생명의말씀사, 1999.
· 김중은. "표준 새번역 성경 구약번역에 관한 비평적 고찰"『그 말씀』. 1993, 10.
· ___. "한국어 성경번역의 역사"『기독교사상』.1993, 2.
· 김희보.『구약신학논고』. 서울: CLC, 1996.
· ___.『구약이스라엘사』. 서울: 총신대학출판부, 1990.
· ___.『아가서』. 서울: 총신대학 출판부, 1994.
· 민영진.『히브리어에서 우리말로』. 서울: 두란노, 1996.
· 박윤선.『성경주석』. 서울: 영음사, 1971.
· 송락원.『신구약 중간서』. 서울: 기독교문화사. 1973.
· ___.『성서 고고학』. 서울: 기독교서회 1974.
· 유재원.『성경히브리어』. 서울: 원어성경연구소, 2000.
· ___.『창세기 1장 강해』. 서울: 대영사, 1986.
· 이동원.『에스겔서 연구: 절망의 밤에 본 비전』. 서울: 나침반사, 1991.
· 이동주.『구약주석과 설교』. 서울: 장로회신학대학교출판부, 2000.
· 이학재.『구약에서 배운다』. 서울: 이레서원, 2001.
· 장일선.『구약신학의 주제』. 서울: 대한기독교서회, 1994.
· 정규남.『구약개론』. 서울: 개혁주의 신행협회, 1985.
· 최갑종.『나사렛 예수』. 서울: CLC, 1996.
· 최종진.『구약성서개론』. 서울: 소망사, 2000.
· 홍반식.『구약 총론』. 부산: 성암사, 1978.

3. 번역 서적

· 권호덕 역.『구약 속의 그리스도』. 서울: 한국로고스연구원, 1995.
· 김근수 역.『신약의 기독론』.서울: 나단, 1995.
· 김상호 역.『메시아 시편 강해』. 서울: 전도출판사, 1996.
· 김인환 역.『성경신학 1, 2』. 서울: 크리스챤다이제스트, 1999.
· 김의원 역.『계약신학과 그리스도』. 서울: CLC, 1997.
· ___.『이스라엘의 역사』. 서울: CLC, 1985.
· 류호준 역.『개혁주의 인간론』. 서울: CLC, 1995.
· 류근상 역.『구약성경신학』. 서울: 크리스챤출판사, 2000.
· ___.『성경 히브리어』. 서울: 생명의말씀사, 1998.
· ___.『히브리어 문법』. 서울: 크리스챤출판사, 2000.
· 류호준 역.『개혁주의 인간론』. 서울: CLC, 1995.
· 박문제 역.『이스라엘 역사』. 서울: 크리스챤다이제스트, 1993.

· 박현철 역.『최신 구약개론』. 서울: 크리스찬다이제스트, 1977.
· 박철현, 노항규 역.『구약 서론.상,중,하』. 서울: 크리스찬다이제스트, 1997.
· 방성종 역.『구약성서개론』. 서울: 성광문화사, 1985.
· 성기문 역.『신약의 구약 사용』. 서울: 크리스찬다이제스트, 1997.
· 안병호 · 김의원 역.『구약계시의 발전사』 서울: 성경읽기사, 1996
· 엄현섭 역.『십계명』. 서울: 컨콜디아사, 1982.
· 오광만 역.『성경핸드북』. 서울: 크리스찬다이제스트, 1992.
· 원광연 역.『구약의 기독론』. 서울: 크리스쳔다이제스트, 1997.
· ___.『신약과 비평 외』. 서울: 크리스찬다이제스트, 1997.
· 유재원, 류호준 공역.『구약의 메시아 사상』. 서울: CLC, 1997.
· 윤영탁 역.『구약성서개론』. 서울: 엠마오, 1988.
· 이정남 역.『창세기 1장 강해』. 서울: 성광문화사, 1990.
· 장세훈 역.『언약신학과 종말론』. 서울: CLC, 2000.
· 전광규 역.『시편』. 서울: 두란노, 1998.
· 정일오 역.『다니엘서 주석』. 서울: CLC, 1999.
· ___.『히브리서』. 서울: CLC, 1994.
· 최종진 역.『고대 이스라엘 예언과 사회』. 서울: 예찬사, 1991.
· ___.『구약성경신학』. 서울: 생명의말씀사, 1982.
· 최종태 역.『모형론』. 서울: 새순출판사, 1993.
· 홍반식 · 오병세 역.『구약 총론』. 부산: 한국개혁주의신행협회, 1971.

4. 외국 서적

· Aalders, G. Ch. Genesis, Bible Student's Commentary. 2 Volums. Grand Rapids:- Zondervan Publishing House, 1981.
· Allders, Gerhard. Ezechiel. kampen: KoK, 1955.
· Allen, Leslie C. The Book of Joel Obadiah, Jonah, and Micah. Grand Rapids:Wm. B. Eerdmans Publishing Co., Reprinted 1980.
· Allexander, Ralph H., Ezekiel, Chicago: Moody, 1976.
· Alexander, W. The Witness of the Psalm to Christ and Christianity. John Murray, 1877.
· Allis, O. T. The Unity of Isaiah. Philadelphia: Presbyterian and Reformend,1950.
· Anderson, B. W. The Beginning of History, Genesis. New York: Abingdon Press, 1963.
· Anderson, B. W. Out of the Depths: The Palms Speak to Us Today. Westminister.1983.
· Archer, Gleason L. Jr. A Survey of Old Testament Introduction. Chicago :Moody press, 1964: Revised Edition, Tenth Printing, 1975.
· Baily, Lloyd L. Resent English Version of the Bible: Knox Press.
· Bellett, J. G. Short Meditation on the Psalm. London: G. Morris, 1910.
· Borland, James A. Christ in the Old testament. Chicago: Moody, 1978.
· Botterweck, G.J. Theological Dictionary of the Old Testament, translated by John, T.

Willis, Grand Rapids; Eerdmans, 1974.
- Bright, John. The Authority of the Old Testament. New York: Abingdon Press,1967.
- Brown, F., Driver S. R., and Briggs, C. A. Hebrew and English Lexicon(abbr.BDB). Peabody, Mass.: Hendriksen, 1979.
- Buber, Marten. Kinship of God, Trans. R. Scheimann, 3d ed. Haper & Low,1967.
- Bullock, C. Hassell. An Introduction the the old Testament Prophetic Books. Chicago: Moody Press. 1986.
- Callaway, Timothy Walton. Christ in the Old Testament. New York: Loizeaux,1950.
- Calvin, J., Calvin's Commentaries, Grand Rapids. Eerdmans.
- Carley, Keith W., The Book of the Prophet Ezekiel, Cambridge: Cambridge University Press, 1974.
- ＿＿＿ . Ezekiel among the Prophets. Naperville, Ind.: Allenson, 1974.
- Cassuto, U. The Documentary Hypothesis, Translated by I. Abraham. Jerusalem:- Magnes, 1961.
- Childs, Brevard S. The Book of Exodus, A Critical Theological Commentary. Philadelphia: the Westminister Press, 1974.
- Clines, D. J. A. Ezra, Nehemiah, Easter, New Century Bible Commentary. Grand Rapids: Wm. B. Eerdmans Publishing Co., 1984.
- Coats, G. W. Rebellion in the Wilderness. Abigdon, 1968.
- Coote, Robert B. Amos Among the Prophets: Composition and Theology. Philadelphia: Fortress, 1974.
- Copass, B. A., and E. L. Carlson. A Study of the Prophet Micah. Grand Rapids: Baker, 1950.
- Cragie, Peter C. The Book of Deuteronomy. Leicester. England: Inter-Varsith press, Eerdmans Publishing Co., 1976.
- Crenshaw, James. Old Testament Wisdom: An Introduction, Atlanta; John Knox Press, 1981.
- Crockett, William Day. A Harmony of the Books of Samuel, Kings, and Chronicles. Grand Rapids: Baker Book House, 1975.
- Cundall, Arthur E. Judes, An Introduction and Commentary. Downers Grove: Inter-Varsity Press, 1968.
- Dalitzsch, Franz J. Messianic Prophecies in Historical Succession. Edinburgh: T & T Clark, 1981.
- Davidson, A. B., The Book of Ezekiel, Cambridge: Cambridge University Press,1974.
- Ellis, Peter F. The Men and the Messagefo the Old testament. Collegeville, Minn.: Liturgical, 1963.
- Ellison, Henry L., Ezekiel: The Man and His Message, Grand Rapids: Eerdmans, 1982.
- Excell, Joseph S., The Biblical Illustrator, Grand Rapids: Baker, 1973.956.
- Fairbaim, P., An Exposition of Ezekiel, Evansville: Sovereign Grace, 1960
- Feinberg, Charles L. The Minor Prophets. Chicago: Moody Press, 1952 ; Sixth Printing 1982.
- Gaebelein, Frank E. The Expositor's Bible Commentary, Grand Rapids; Zondervan, 1972.
- Ginberg, C.D. The Song of Songs and Coheleth, New York; Ktav, 1970.

- Gordis, Robert. The Song of Songs and Lamentations, New York; Ktav, 1974.
- Halpen, B. The First Historian, Harper & Low, 1988.
- Harbel, Borman C. Yahweh versus Baal; A Conflict of Religious Cultures, New York: Schocken Books, 1964.
- Harden, Donard. The Phoenicians, Ancient People and Praces9 London: Thamesand Hudson, 1963.
- Harbel, Borman C. Yahweh versus Baal; A Conflict of Religious Cultures, New York: Schocken Books, 1964.
- Habel, Norman C. Jeremiah Lamentation. Concordia commentary. St. Louis: Concordia, 1968.
- Harrison, R. K. Introduction to the Old Testament, Grand Rapids; Eerdmans, 1969.
- Holtz, Barry W. Back to the sources: Reading the classic jewish texts. New York: Summit Book, 1984. Hubbard. David Allan. More Psalms for all seasons. Grand Rapids: Wm. B. Eerdmans Publishing Co., 1975.
- Joseph, S. Exell. The Biblical Illustrator, Grand Rapids: Baker, 1973.
- Kaiser, W. C. Jr. Ecclesiastes: Total Life, moody, 1979.
- ____ . "Leviticus." In New Interpreter's Bible Commentary. 12 vols. Nasville: Avingdon. 1994.
- ____ .The Messiah in the Old Testament. Studies in the Old Testament Biblical Theology. Grand Rapids. Zondervan. 1995. Keel, Othmar. The Song of Songs, Continental Commentaries. Minneapolis: Fortress, 1994.
- Kittel, G., Friedrich, G., eds. Theological Dictionary of the New Testament(dbbr.TDNT). Trans. G.W. Bromiley. 10 vols. Grand Rapids, ML: Wm. B. Eerdmans, 1964-1976.
- Kohlenberger 111, John R., The NIV Interliner Hebrew-English Old Testament, Grand Rapids: Zondervan, 1982.
- Leupold. H. C. Exposition of isaiah. 2 vols. Grand Rapids: Baker. 1968.
- Maclaren,A. The Book of Psalm. (3volumes). London: Hodder and Rich, Max Issac. The Messianic Hope of Isreal.Chicaco: Moody Press, 1945.
- MacRae, Allan A. The Gospel of Isaiah. Chicago: Moody Press, 1977.
- Maier, Walter A. The Book of Nahum, A Commentary, Saint Louis: Concordia Publishing House, 1977.
- Meyer, F.B. Bible Commentary, Wheaton: Tyndale, 1984.
- Murphy, ronard E. Wisdom Literature,Job, Proverbs, Ruth, Canticles, Ecclesiastes, and Esther. Grand Rapids: Wm. B. Eerdmans Publishing Co., 1981.
- Napier. B.D. Prophets in Perspective. New York: Abingdon Press, 1963.
- Orlinsky, Henry M. ed., Notes on the　New Translation of the Torah. Philadelphia: The Jewish Publication Society of America, 1970.
- Paterson, John. The Wisdom of Israel, Job and Proverbs. London: Lutterworth Press, 1961.
- Perdue, Leo G. Wisdom and Creation: The Theology of Wisdom Literature. Nashville: Abingdon, 1994.
- Reddit, Paul L. Haggai, Zechariah, Malachi. New Century Bible. Grand Rapids : Eerdmans, 1995.

- Richardson, E. H., The New Translation of the Bible: 1959.
- Robertson, O. P. The Christ of the Covenants. Phillipsburg: Presbyterian and Reformed Publishing co., 1980.
- Skinner, John, The Book of Ezekiel, New York: A. C. Armstrong and sons,1901.
- Smick, E.B. The Expositor's Bible Commentary, Grand Rapids: Zondervan, 1988.
- Snaith, John G. Song of Songs. New Century Bible. Grand Rapids: Eerdmans,1995.
- Stanton, Vincent H. The Jewish and Christian Messiah. Edinburgh: T & T Clark, 1886.
- Scroggie, W. Graham. The Psalm. London: Pickering and Inglis, 1948; Revell, 1965.
- Stott, John R. W. The Canticles and Selected Psalm. London: Hodder and Stughton, 1966.
- Talor, Jhon B. Ezekiely An Introduction and Commentary. Downers Grove: Inter Varsity Press, 1969.
- Taylor, K. N. Living Lessons of Life and Love. Wheaton: Tyndale House publisher, 1986.
- The New Bible Dictionary. Frand Rapids. Michigan: Eerdmans. 1962.
- Thiele, Edwin R.,A Chronology of the Hebrew Kings, Grand Rapis: Zondervan, 1982.
- Thompson, J. A. The Book of Jeremiah. Grand Rapids: Wm. B. Eerdmans Publishing Co., 1980.
- ___ . 2 Chronnicles. New American Commentary 9. Nashvills: Broadman, 1994.
- Unger, Merrill F. Introductory Guide to the old Testament Grand Rapids: Zondervan Publishing House, 1952.
- Unger,Merrill F. Zechariah, Prophet of Messiah }s Glory. Grand Rapids: Zondervan Publishing House, 1973.
- Vriezin, T. C. An Outline of Old Testament Theology, Oxford: Blackwell, 1970.
- Ward, M. James. The Prophets. Nashville: Abingdon. 1982.
- Weingreen, J. A Practical Grammer for Classical Hebrew, 2nd ed., Oxford; Clarendon, 1959.
- Wenham, Gorden J. The Book of Leviticus. Grand Rapids: Wm. B. Eerdmans Publishing Co., 1979.
- Wevers, J. W. "Exekiel ", The New Century Bible Commentary, Grand Rapids: Eerdmans, 1969.
- Wiseman, D.J. Illustrations from Biblical Archaeology. Grand Rapids: W.B.Erdmans, 1958.
- Wood, Leon J. Genesis, Bible Study Commentary. Grand Rapids: Zondervan Publishing House, 1982
- ___ . A Survey of Israel's History, Grand Rapids: Baker, 1979.
- Woudstra, Marten II. The Book of Joshua. Grand Rapids: Wm. B. Eerdmans Publishing Co., 1981.
- Wright, G.. Ernest. Biblical Archaeology, rev, ed. Philadelphia: Westminister press, 1962.
- Young, E. J. In the Beginning, Genesis Chapter 1 to 3 and the Authority of Scripture. Edinburgh: The Banner of the Truth Trust, 1976.
- ___ . Studies in Genesis One. Grand Rapids: Baker, 1965.
- ___ . The prophecy of Daniel, A Commentary. Grand Rapids: Wm. B. Eerdmans Publishing Co., 1949: Tenth

김두석교수가 집필한 저서 및 논문 목록입니다. 김두석 교수의 저서는 김두석 교수만의 독특한 히브리어 원문해석과 그리스도 중심의 성경해석서입니다.

*구입문의
도서출판 국제헤세드선교회
이메일 : THEWORDISMYGOD@gmail.com,
연락처 : 언약신학 010-8343-3122

저서명
1. 레위기와 그리스도
2. 민수기와 그리스도
3. 사무엘(상)과 그리스도
4. 사무엘(하)와 그리스도
5. 선지서와 그리스도(이사야 및 예레미야)
6. 여호수아와 그리스도
7. 역대기와 그리스도
8. 열왕기와 그리스도
9. 창세기와 그리스도
10. 히브리서와 그리스도
11. 구약성경(언약)과 그리스도
12. 기도는 무엇이며 어떻게 해야 하는가?
13. 다니엘서와 그리스도
14. 룻기와 그리스도
15. 사마리아 여인의 다섯 남편과 또 한 남자
16. 사사기와 그리스도
17. 성경해석의 이론과 실제
18. 시가서의 메시야 이해
19. 신명기와 그리스도
20. 에스겔서와 그리스도
21. 에스라서, 느헤미야서, 에스더서 강해
22. 출애굽기와 그리스도
23. 히브리어 성경과 문법

논문명(글 포함)

1. 칠십 이레의 언약적 의미(단 9:20-27)

2. 계대결혼과 고엘사상 연구

3. 구약에 나타난 영성의 본질이해

4. 구약권문번역의 중요성

5. 구약의 기름을 붓는 의식및 기름 부음의 용어사용에 관한 연구

6. 기도에 대한 칼빈의 이해

7. 구약에 나타난 영성의 본질 이해 : 하나님을 경외함
   - 다말, 룻 및 사마리아 여인의 영성을 중심으로

8. 다윗과 바나바의 동침

9. 문자적 6일 창조와 점진적 창조에 관한 연구
   - 창세기 1장 1절과 2, 3절과의 관계를 중심으로 -

10. 사사입다의 서원

11. 성경히브리어 미완료형 단축형의 해석 원리와 그 적용에 관한 연구

12. 성막, 회막 및 성전의 원어적 의미와 역할

13. 솔로몬의 일천 번제의 역사적 배경과 의미

14. 시아버지 유다와 며느리 다말의 동침 - 창세기 38장 1-30절의 재구성(희곡)

15. 신구약개론(교사교육용)

16. 아가서해석을 위한 서론적 고찰

17. 언약신학개론

18. 언약신학이란 무엇인가?

19. 엘로힘 이레와 여호와 이레의 메시야적 의미

20. 여리고성 점령에 나타난 헤렘의 이중적 의미

21. 유다와 다말의 동침 사건 및 사마리아 여인의 다섯 남편에 관한 이해
   - 모세의 언약과 계대 결혼 제도를 중심으로-

22. 이사야서의 메시야 이해에 관한 개론적 고찰

23. 입다의 서원및 서원이행에 관한 연구

24. 창세기 1장의 6일 창조사역에 사용된 동사 미완료 단축형 해석 연구

25. 최근 오경 연구의 동향과 전망

26. 출애굽기 강해(13.14.15.16.25.26장)

27. 여리고성 점령에 나타난 헤렘의 이중적 의미 연구
   - 여호수아 6장 16-18절의 주해를 중심으로 -